李炳南居士年譜圖冊

林其賢 編著

摘要

本書以編年體記錄李炳南居士一生行事德學，完整呈現其人格行誼與學思歷程，及其對國家、社會與佛教的貢獻。

全書分為年譜、圖冊兩部分。年譜收存學思、著述、書函、詩歌、文書等文字紀錄，圖冊則收存照片、手稿、書函、題字等圖像紀錄。圖文各繫年相輔互見。

取材以譜主著述及來往書信為主，並廣蒐期刊、公文檔案，以及友朋學生之傳記、訪談、著述、筆記，詳加考證，以呈現譜主行誼。

炳南先生出身法政學校，長年擔任至聖奉祀官府主任祕書。先是跟隨唯識學大家梅光羲居士學法，而後追從淨土宗祖師印光大師皈依三寶，專修專弘淨土念佛法門，並主張「廣學三藏教，不改彌陀行」、「白衣學佛不離世法，必須敦倫盡分；處世不忘菩提，要在行解相應。」平生儒佛並弘，著述豐贍，善說法要，且善於勤於教人說，培養無數弘法及護法人才。為大專青年開設「慈光講座」、「明倫講座」，編訂六門系統學習科目，影響尤為深遠。

創辦機構有重慶歌樂山蓮社、南京正因蓮社、台中蓮社、慈光圖書館、慈光育幼院、菩提醫院、菩提救濟院。有《李炳南老居士全集》十七冊、【數位典藏】行世。

李炳南居士年譜序

　　台中蓮社暨聯體機構創辦導師　雪廬老人（1891-1986），一生充滿傳奇。蓋秉天縱之姿，復得明師指引，崇重聖賢之學，內佛外儒，世出世法並進。既能深入義學探究，復肯落實躬親實踐。雖處歐風東漸之變局，且遭逢國步迍邅，內憂外患頻仍，乃至民國三十八年（1949），神州易幟，隨國民政府，隻身來臺。一生可謂多在顛沛流離中渡過，難怪於講學中屢自許為「逃難專家」。然而，患難世道，並未稍沮其自行之功與化他之志。反而更激勵其欲力挽狂瀾，弘傳聖學，廣度眾生之悲願。

　　如論自行方面，老人出生於清末鼎革之際，自幼既飽讀傳統經史子集，及長復接觸西方科哲新學，中年則受聘入奉祀官府，於周孔遺教，復得浸潤熏習之功；尤其於傳統詩學，更是數十年探究創作不斷，此為儒學之造詣。若論學佛，則初受梅擷芸大士（1880-1947）傳授唯識，奠定研經基礎；次依真空法師參究，達八年之久；迨入川之後，復依白教貢噶呼圖克圖（1893-1957）等西藏活佛，修持密法，亦達八載之功。如是歷經摸索參究，淬鍊抉擇，最終秉承印光祖師（1862-1940）法脈，專修專弘淨土一門。

　　至論化他方面，老人於儒佛聖學，內修蘊育既深，弘誓熏動，因緣成熟，自然進而外弘化他。先是入川期間（1938-1946），受太虛大師（1890-1947）引介，已曾至各監獄弘法，及於重慶長安寺、雲頂寺擔任講席；次返南京三年（1946-1948），也恆於普照寺、正因蓮社等處講經說法；俟蒞臺之後，更是大開法筵，除臺中本地定點定時傳經論學，復受外埠邀請，法音遠播南北各縣市。且民間講學之餘，復登大學殿堂，晝傳《禮記‧學庸》，夜授《詩階述唐》。不但如此，講經講學之外，又創辦各種慈善公益之佛教事業，如慈光圖書館、慈光育幼院、菩提仁愛之家、菩提醫院等，不一而足。尤其臨終末後一著，預知時至，手持念珠，吉祥右臥，如入禪定，自在往生，可謂所行如所說。噫吁！亦奇矣。古人以立德、立功、立言為三不朽，時賢朱鏡宙老居士（1890-1985）則評讚老人，三者兼而有之。

　　蓋老人之生平事蹟，當老人在世八十華誕時（1969），先進弟子即組成「祝嘏委員會」，出版《雪廬述學彙稿》八種中，有朱鏡宙、蔡運辰兩位老居士，及周師邦道之序，概已敘其大略；迨老人辭世（1986），其後進弟子復組成「全集編輯委員會」，於示寂滿二十週年時（2006），出版全集十七巨冊，則又有《雪廬風誼》，及《李炳南老居士年表》傳世。且於示寂滿二十五週年時（2011），由台中蓮社與中興大學中文系組成「數位典藏編輯小組」，向國科會申請通過「臺中蓮社宗教文物資

料──李炳南教化作品與生活紀錄典藏計畫」，將老人平生所有著作，予以數位化永久典藏，且置諸雲端平臺，方便普遍流通。雖然，或有以為不足，而復有倡議編撰《年譜》者。蓋老人之一言足為天下法，一行堪作後世則；而典型長存，哲人日遠，但憑已記錄之略傳，恐多遺珠之憾。然而《年譜》之編撰，寧易易哉？惟有待乎其人。

茲有林君其賢者，吳省常老師之高足，亦老人之再傳弟子也。渠就讀高中時，即嘗聞老人軼事，而潛懷仰止之志；隨而入大學，遂專攻中國文學，彼於義理、辭章、考據諸學，固兼容而並蓄，而獨於譜牒考據似又有偏好焉。先是於就讀研究所期間，即以撰《李卓吾研究初編》一書，獲頒碩士學位，內容包括《李卓吾事蹟繫年》，及《李卓吾的佛學與世學》；接著又撰《聖嚴法師的倫理思想與實踐》一書，榮獲博士學位；其次，於任教大學期間，復受聖嚴法師（1930-2009）青睞，於法師七十大壽時，撰《聖嚴法師七十年譜》鉅著，都四十六萬言慶壽，曾蒙法師再三讚賞，謂掌握資料，全面周延，取捨抉擇，眼光敏銳，手法俐落。是以，一旦蓮社倡議編撰老人《年譜》時，諸師友莫不異口共推，以為不復作第二人想。

雖然，其賢教授之為人，一向謙遜謹慎，故於允諾之餘，特別懇求由蓮社相關師友，組成「年譜編輯委員會」，作為諮詢單位。依編撰進度，定期召開審核會議，詳細推敲每一筆資料，務求正確無誤；每一篇論述文字，悉具信達且雅。由是，自民國一〇九年（2020）十月二十三日起，至民國一一三年（2024）八月十五日止，歷經四年，共召開三十一次編輯會議。每次會議，屢見其賢教授伉儷背負沉重行囊，遠從屏東北上，長途跋涉，不畏辛勞，雖經終日討論校對，而仍然精神奕奕，面露餘喜，未嘗有疲困之色。眾人不禁疑之曰：是老人之加被耶？亦自得法喜耶？竊以為斯二者悉皆有之。今《年譜》即將完稿付梓，請序於余，余忝為委員會召集人，義不容辭，遂將《年譜》編輯之原委，贅述如此。

受業弟子　吳聰敏
歲次甲辰（2024）夏曆七月地藏菩薩聖誕日
敬識於台中蓮社懷雪樓

自 序

這真是一趟奇異的旅程。出乎意料，但收穫良多。

一、緣起

二〇一九年，台中蓮社開始籌備擬於山東濟南舉行的「李炳南先生一百三十週年誕辰文物展」，我受邀與會，並奉指派擔任「文物展專集」執行編輯的工作，計劃發行一本先生生平簡介。後因疫情嚴峻以及時局變化，展會取消。但與會師長一致認為傳記的編輯應該繼續。於是原來計劃一百頁不到的小書，就發展成現在這個四千多頁、兩百萬言的《李炳南居士年譜》和《李炳南居士年譜圖冊》。卷帙如此龐大，始料未及。承接這項任務，更是意料之外。

炳南先生，從五〇年代起，即是學佛者心目中的大師；我的親炙學習，則是從大學一年級開始。每個寒暑假，赴臺中參加明倫講座外，每年慎齋堂聽元旦開示、靈山寺聆聽佛七開示……，附近的菩提樹雜誌社、菩提醫院、慈光圖書館、慈光育幼院，於我都是熟門熟路。和許多學長一樣，長長的假期，留在臺中的時間，比待在家裡的時間還多。讀研究所時，先生開辦「論語講習班」，家師吳省常老師特別安排借住巫錦漳學長家，又支持交通費，讓我得以每週三天從臺北到臺中學習。同時也附帶旁聽了先生在東海大學中研所的「詩學研究」，以及在中興大學夜間部中文系的「詩選」課程。

那時節，陳火爐校長是明倫講座的學員長。張清泉教授才師專三年級升四年級，上成功嶺參加大專暑訓，週日放假就到講座來。徐貴源學長正服預官役，逢例假日，穿著軍服來講座探望學弟。慧律法師那時尚未出家，還是大學生，承擔講座的總務工作，常看到他一手握騎單車，另一手提著大水壺，到講堂外的大茶桶為學員「加水」；輕鬆愜意，一派舉重若輕的瀟灑。講座課程緊密，我們一早出門，晚歸時，穿過熱鬧的中華路夜市回到借住的大樓。二十幾天的時間多次往返，同組有同學全心在功課上，渾然不知道有木瓜牛奶、烤玉米的夜市攤位。每週三傍晚，蓮友從四面八方漸次聚集來聽《華嚴經》。果清法師當時也還未出家，有時正巧跟在他後面，從中興大學旁的慈光育幼院，到柳川西路的慈光圖書館路上，會見到他逢廟必定從單車上下來，到廟前時彎身，過了廟再騎上車。頗有以前孔廟下馬碑：「文武百官至此下馬」之風。

研究所畢業後入伍，退伍後南下屏東任教，不久先生捨報，臺中受學的這些好風景，在我生命中戛然而止，和臺中是整個的分隔了。一直到二〇〇六年先生往生二十週年，參加紀念活動，在學術研討會發表了

一篇論文。而後又過了十年,在二〇一六年先生往生三十週年紀念活動,參與先生原音重現的電子書發行,與省常老師共同承擔先生幾首唐詩教學的講課筆錄。再來就是二〇一九年開始的傳記執編工作了。

這樣一個不遠不近的關係,恰恰成就了承接這項重任的適切距離。

二、寫作立場

社會學或人類學的研究,常講究「局內人」和「局外人」的角色辨識。局內人熟悉內部非結構組織、清楚內部潛規則,但會有當局者迷的主觀性缺點。局外人比較能保持科學的客觀立場,但對內部潛規則與非結構性的關係,則相對陌生。好的研究者得要能入乎其中,又能出乎其外。但這非常困難,因為不只是研究者的問題,還牽涉到閱讀者的角度。我在寫作博士論文時,對學術的客觀性自許尚能自覺,但口考委員還是覺得論文中「護教」意味濃重。友人在某教團創立的大學任教,嘗慨言其難處道:「裡面的人,覺得我批評太多、讚美太少;外面的人,覺得我讚美太多、批評太少。」入乎其中,又能出乎其外的境界不易企及,像我這樣,和譜主有點關係,又有相當距離的,也許就恰好合乎非局內、非局外,亦局內、亦局外的角色了。

十九世紀以來,西方學者就開始關心歷史學和科學的差異:歷史學有沒有可能成為一門科學?如何才能成為一門科學?科學的本質在「求真」,史學則在求真的基礎上更要「求善」。我國史家更早在先秦、兩漢時期,就對歷史學的學科本質有過定性。司馬遷說,孔子作《春秋》的用意在「善善,惡惡,賢賢,賤不肖。」也就是要「寓褒貶」於歷史寫作。這是重視其道德哲學、倫理學的一面。班固讚司馬遷:「其文直,其事核,不虛美,不隱惡,故謂之實錄。」這是注重史實、鑑別真偽,科學的一面。

從理想來說,重視歷史事實的「求真」,和重視價值應當的「求善」,理當合而為一。但實作上,重視褒貶鑑戒的道德判斷,會有「為賢者諱」的取向;注重史實真偽的客觀實錄,則傾向「不為賢者諱」。「為賢者諱」有失真之嫌,「不為賢者諱」有不敬之虞。兩者間如何取捨?前賢在人情上有「不以小嫌疏至感,不以新怨忘舊恩」的指點,此在史學的實作上即是「如實呈現」,不因後來發展而否定曾經過往。印順法師在《太虛大師年譜》中曾提出「重事實之原則,不依後以改前」,並舉例:「如大師與圓瑛之早年友誼,決不以晚年之扞格而故為歪曲。」印順法師編纂《太虛大師年譜》,不只於敘述史事時求真,且間加評論、判斷是非曲直以求善。此一夾敘夾議的筆法,非後學所能仿傚,但敘事「重事實之原則」,則最所遵循,盡力達成。

關係不太近,受到人事是非情感糾葛之影響較少;不太遠,則於精神宗風之具體實踐可有較為親切的體會。只是後者不易,前者亦難。做為先生後學,不可能沒有感情上的影響,但盡可能維持一定程度的理性客觀與學術自律,自許並非一人一道場之護衛者,而是站在尊重歷史、尊重世界悉檀的立場,盡可能還原歷史現場,讓後學者認識:先生固然天賦甚高,卻非天生聖賢。真實呈現修行者成學的艱難歷程,從而學習面對挫折困頓的自我轉化;這或許才是歷史的主要價值吧。把修行者神

化、聖化，反而會讓他遠離了人間。

三、寫作過程

憶昔編纂《聖嚴法師年譜》，從法師捨報，奉遺命續寫到定稿出版，為時七年；加上前期《七十年譜》的寫作時間，前後超過十年。炳南先生有關文獻材料相對多元且原始，費時恐多；期間蓮社多位師長先後往生，更覺時不我與。於是申請提早退休，學校兼課、各地演講一律婉謝，俾能全力寫作。省掉了備課、上課、輔導、會議⋯⋯，更省下了出門通勤，工作時間於是從每天三三兩兩的零碎時間，擴大成 7-11。從早到晚，幾乎都在書房。上大學時，跟隨張元老師讀《資治通鑑》，老師指導讀書要領，其中「勤於伏案」最為困難。那時參加球隊、參加社團，忙得不亦樂乎，「伏案」要搶時間！如今伏案成為慣性，一坐三、五小時，難的倒是離開座位。於是定課改以禮佛為主，充當運動；頂樓種菜澆花、晒晒太陽，權作調劑。

寫作前期，大張網目，除了《李炳南老居士全集》、【數位典藏】等基礎文獻，期刊報紙、國家檔案、公私文書、耆舊口訪⋯⋯，盡力蒐羅。而後依年月日一一排比對照，編成長編。有《全集》中的〈年表〉為基礎，再將先生詩作大致繫年，綱維既定，各宗文獻隨之一一就位。感覺像在拼綴萬片拼圖，有時是由大見小：從綱維來推估文件時間；有時則是由小見大：從文件時間回頭修正綱維。錢穆先生於清儒倡言之「考據明而後義理明」下一轉語曰：「義理明而後考據明」。編纂《年譜》時，亦深切體認：考據與義理，相駁相輔相成。

譜錄傳記，在記錄譜主做了哪些事、說了哪些話，此其立功與立言；更重要的是從這些行事與言語中，顯現出背後的精神風格，此為立德。行事與言語是具體的，精神風格是抽象的；沒有具象的言行，抽象的精神無從呈現；具象的言行背後沒有抽象的精神理念，則生命平淺缺少靈動深廣的力度。此猶龍身與龍睛的關係。年譜，期望能呈現龍之全身，一鱗一爪，精描細寫如工筆畫；但同時又期待能有點睛之效，單純概括如寫意畫，表顯譜主人品思想行誼之輕重與風采。

本譜於是採綱目體。各卷、各年以「大事」為綱，以下「譜文」為目；其下，又以「譜文」為綱、「引文」為目。從各卷各年「大事」，或卷末附錄的〈弘化志業總表〉、〈大事紀〉等表，掌握譜主的主要思想與行誼，再觀察其在不同的年代、面對不同的事件，做出相同或不同的應對，自可多分理解其不變與隨緣之取捨。

四、譜主特色

炳南先生少年任俠，及長仗義。典莒縣獄政時，遭逢世亂，然臨難不苟免，在兵匪圍城時縋城與之談判，多次拯城民於兵燹。政事之外，長於詩、書，深於儒、佛，金石、醫學、武術、植栽、樂器⋯⋯又其餘事。

先生著述雖富，講授更多，且善說法要，雖常自稱是錄音機，取前賢往聖語重述而已，但實不只如此。重視古德注疏恪遵經學家法，是為對治「思而不學」；而為對治「學而不思」，課間課後之教學，常以提問方式引逗思考，並且於無字書中提點，帶動學習。例如：《阿彌陀經》中「眾鳥演法」：五根五力七菩提分八聖道分。常見之依文解字，就只

照著解說這五五七八幾個名相；但先生會提問：既然是教導三十七道品，為何不從前面三支四念處、四正勤、四神足教起？又如：《論語》「衛靈公問陳於孔子」，孔子回答後，第二天，孔子就離開衛國了。「為什麼？」先生說「讀書有如參禪，到老不悟，那是書呆子。」先生講學，不斷有「為什麼」的提問，促發學者思考。

積學既久，益以精思，每於講述，屢出新詮。如：講說《論語》「君子憂道不憂貧」時稱：「這種講法，是吾的開創。」解說〈大勢至菩薩念佛圓通章〉時，提示「念佛、憶佛」之生活應用；以唯識學揭示臨終「亂心位」之情狀；俱見精微。

先生自己善說勤說，也善於勤於教人說。一九五一年春，台中蓮社尚未成立，就先在寶善寺舉行「佛學講演訓練班」；翌年蓮社成立後，除接續原有之佛學講演訓練教學，又成立弘法團，分別於監獄及蓮友家庭宣講。先生自編教材，每週先行講習，而後外派。同時，又將國文補習班結業男女學員分別組建「文藝班」、「中慧班」，於春節、佛誕，舉行「青年講演大會」，讓兩班學員登臺習講。「經學班」、「內典研究班」專為培養弘護人才固不必論，一直到晚年開辦的「論語講習班」，都期許學員不只是聽眾，而是要學會以後，講給別人聽。為培訓通俗講演與講經人才，分別編有《實用講演術要略》及《內典講座之研究》，俱為指點學習之軌範。一九六一年起，陸續為大專佛學青年開設「慈光講座」、「明倫講座」，編訂有《佛學概要十四講表》等六門科目授課。各校佛學社團幹部，參加講座後返校，即以此為教材，邊講邊複習深入，六門功課從此成為各大專佛學社團系統學習的核心科目。

對佛法之弘傳如此盡心盡力，對社會教育的推動與世間苦難之救濟，亦從來不落人後，更多見其創舉。如：二十歲時即組建通俗教育會，從事社會教育。典獄政時，在監獄裡施設職能教育，並於公餘從事社會教育。一時，莒縣社教成績甲於全省。來臺後，創設蓮社即同時成立國文補習班，一律免費教學。此一班隊延續至晚年，由論語講習班接續。另又創設佛教圖書館、兒童德育班、蓮友子弟輔導團、國學啟蒙班……，自兒童、少年，以至成人社會教育之推動，屢受主管機關之頒獎肯定。主持佛化婚禮，推動佛化家庭與家庭教育，更提升了白衣學佛的品質與數量。

慈善公益，則有早年在莒縣為戰亂喪命之兵匪流民收屍掩埋、為黃河水患難民成立救濟會；抗戰期間擔任中央振濟委員會專員，在重慶大轟炸中救助災胞。來臺後，先是以中醫師為市民義診，蓮社成立後即開辦冬令救濟，延續迄今；風災、水災、火災等臨時救濟外，長期興辦者有：為收留八七水災遺孤而成立育幼院、為施醫安老成立救濟院；直至晚年猶成立各項慈善公益基金。各項利生公益事業雖是隨順機緣而成就，而其隨緣而不變之內在，則是大乘佛法慈悲平等精神充分流露之切願。對蓮友的臨終關懷、助念往生，包括開頂、贈送光明咒砂、陀羅尼經被、組織念佛班、助念團，更是對佛教徒向上一著的接濟。

助人濟世、說法勝進……，這些行持都來自先生之勤學和篤行。先生自述少年時期曾經荒學，弱冠後醒悟立志向學，從此勤習不輟，到老彌堅。詩作既成，請師友指正，而自己修改更勤，手稿可見多次塗抹之痕跡。甚至已經刊行，猶見改動，始成定稿。讀書為唯一嗜好，不出

門辦事，就是在家讀書。曾指著滿屋書櫃對弟子說，架上書不是擺好看的，可以隨意抽一本考問。勤學精思，因此，日有進境。講學時，常提示：「這個講法和十五年前講法不同」，「這個講法，六十歲時講不出來。」

學問之外、篤於行持。自律嚴謹，護生於平常、守分於日常。物有定位、日有定課。即便帶領大眾共學共修後，夜返寓所，仍要完成自修定課。定課之外的所有時間，不論是行住坐臥、穿衣吃飯，或是事事迴向，都是修習從〈大勢至菩薩念佛圓通章〉領會來的「憶佛」功夫。

最讓我驚奇的是，先生晚年創設「論語講習班」，特別強調「學《論語》，學做人」，要以此來為學佛打好基礎。聖嚴法師晚年提倡「心六倫」，強調把人做好來學佛。一位提倡往生西方淨土，一位提倡建設人間淨土，兩位大德生年相去四十齡，捨報相距二十年，但在德學最成熟的晚年，如此一致地提倡重視人倫，寧無深意耶？

五、申謝與迴向

前賢徐復觀先生在發表文章前，常請好友過目，他戲稱此為「學術揩油」。因為好友提出的批評和修正，都是長久積學的心得，出於友情，不惜捨去先發來貢獻。這本《年譜》成書過程，屢承諸多師長、學校同事、教界及學界好友協助，心裡也常升起同樣的感念。諸位師長以及許多識與不識，乃至未記名者，或助砂、石、磚、瓦，或助門、牆、棟、樑，都是受炳南先生感召，愛屋及烏而護持協助者。叨受愛顧，難以回報，謹再申謝忱。

寫作期間，正逢疫情熾盛。多位至親師友捨報，謹致悼懷，時念無常。更至心迴向，願生者逝者，皆得身心安寧，各自安好。虔心祝禱，聞見眾生，信願行滿，見佛聞法，咸得法樂。

林其賢

甲辰十二月，炳南先生一百三十六歲冥誕紀念日

作者簡介／林其賢

因高中導師吳省常老師啟蒙學佛
先後依李炳南、劉梅生大德學法
並從懺雲法師、印順法師、星雲法師、聖嚴法師受皈戒
曾任大學佛學社社長、大專佛學社團指導老師
學術專長為隋唐佛學、宋明理學、佛教生死學

學歷
東吳大學中國文學系學士、碩士
國立中正大學中國文學系博士

經歷
國立屏東大學中文系教授
玄奘大學臺灣佛教研究中心研究員
上海大學禪文化研究中心研究員
東方設計大學董事
聖嚴教育基金會董事
聖嚴書院規劃建置
法鼓山佛教基金會佛學弘講師
法鼓山僧伽大學佛學教師
國立屏東商業技術學院主任祕書、研發長

主要著作
迎向現實人間：聖嚴法師的倫理思想與實踐
聖嚴法師年譜
聖嚴法師人間行履
李卓吾的佛學與世學
李卓吾事蹟繫年

申 謝

　　本書得以完成，仰賴各方諸多協助。文獻方面，除已列在「徵引文獻」或「注腳」出處中敬表謝意，要特別致敬的是，提供基礎文件，構成年譜根本的下列文獻、資料庫：

　　李炳南老居士全集編輯委員會（主任委員：徐醒民），《李炳南老居士全集》。

　　台中蓮社（總召集人：吳聰敏，主持人：周玟觀），《李炳南教化作品與生活紀錄數位典藏計畫》。

　　台中蓮社，《台中蓮社檔案》（日誌、年度報告、會議紀錄、口述歷史、照片）。

　　明倫月刊編輯部，「明倫月刊資訊網」。

　　香光尼僧團，「佛教期刊查詢系統」。

　　黃夏年，《民國佛教期刊文獻集成》、《補編》。

　　法鼓文理學院，「《民國佛教文獻期刊集成》目錄索引」。

　　國史館，「檔案史料文物查詢系統」。

　　國家檔案閱覽中心，「國家檔案資訊網」。

感謝這些機構付出極大智慧心力的工作人員，以及提供這許多照片、文書、稿件等文獻資料，助成這些偉業的大德。

　　師友方面，首先要感謝台中蓮社「年譜編輯小組」。台中蓮社為成就先生年譜，特別成立了這個支持小組，邀請多位師長作為諮詢顧問。小組諸位委員，長期經我頻繁提問、請求，總是即時回應，耐煩任勞，顯見先生德風。吳聰敏（希仁）老師、陳雍澤（任弘）老師、吳碧霞（省常）老師為「內典研究班」研究生，親炙先生日久，提供詳細而工整的聽課筆記與豐富的見聞，填補年譜許多空白。

　　黃潔怡、鍾清泉二位《明倫》前後任主編，對先生著述十分熟稔，又各有多篇譜主行蹤參訪紀錄，提供許多現地訊息。另，黃潔怡老師收存先生聘書、書信、手稿、印章、通訊錄等文獻，完整豐富。

　　張清泉老師擅長詩學、書法與國樂，先生詩作、手稿，以及來往書信之識讀偏勞最多。詹前柏主任、連文宗老師熟諳蓮社及聯體機構典章典故，提供資訊了解背景因緣。紀海珊老師為年譜重要推手，與老蓮友、講座學員熟稔，聯繫商量，盡心盡力，兩岸聯繫亦勞駕許多。行政支援則有蓮社董事長張式銘、前後兩任社長王明泉、陳雍政，以及賴建成、詹曙華兩位主任。張董事長長年關懷老蓮友，與老蓮友來往密切，近年帶領團隊採訪老蓮友，留下許多寶貴的口述紀錄。社長更指派詹曙華主任為蓮社窗口，協助處理文件檔案調閱等工作。詹主任為炳南先生數位

典藏的承辦人，對先生文獻十分熟悉，是檔案管理與文書高手。

編輯小組原來是不定期的諮詢備援，主要是回應我在通訊軟體群組中提出問題、請求支援。及至初稿粗完，即轉成定期集會，一方面幫忙校對，再者對有疑問或模糊待確定的部分，集會參商印證；屢次細心交叉比對，填補不少失落的印記。更多時候，經由集會交流，引動更深的熱切與願行，散會後回家，翻箱倒櫃、極力搜尋陳年舊物。一幀照片、一張講義、一頁筆記，都是拼湊大鵬身影的吉光片羽。弟子們敬重這些文物，猶如受之先生的身體髮膚，珍若拱璧；這些細心收藏的照片、文獻，充實了年譜內容，而一次次的精細校對更提升了文字品質，使本書得以目前堪稱精良的面容呈現。菩提仁愛之家董事長吳聰敏老師在百忙中受推舉擔任小組召集人，召開會議時，每每申明：「這些建議提供編者參考，由編者作最後決定。」對諸位委員的充分信任與尊重學術的節制，深生敬佩，謹申謝忱。更要謝謝聰敏老師在法務繁重之餘，撥冗賜序，提示炳南先生教法精神。

文獻尋訪過程，有賴諸多助緣，不論於譜主緣深緣淺，與筆者識與不識，皆受譜主感召，極力護成。蓮社前社長王炯如居士、陳火爐校長，任職日久，親炙先生也多，提供多項親歷見聞。臺中科技大學洪錦淳老師，其博士論文以炳南先生為研究主題。知道年譜編纂啟動，即將多年搜集相關文獻及整理表單傾囊相授，為年譜添加許多薪柴。

蓮社徐隆華組長，為徐醒民老師公子，提供多件徐老師筆記。華嚴講座日期進度，即係參照徐醒民、吳聰龍、吳碧霞、王志賢四位老師筆記而確認。江逸子、王瑋中、郭基發諸君，曾任職至聖奉祀官府，提供多件官府珍貴文書，並協助理解歷史背景。謝嘉峰、謝智光父女，提供智海學社及太虛紀念館建築相關資料。游青士，為周慧德、游俊傑後人，父祖三代與先生關係密切；鄭如玲，為先生侍者鄭勝陽老師之令媛；二位收存先生照片文件甚多，均慨允借用。菩提仁愛之家董事長特別助理倪榮隆、許克綏令媳趙麗真，嫻熟機構文書檔案，提供早期蓮社暨聯體機構許多歷史文件。

慈光講座早期學員蕭金松、楊惠南、林世敏、鄭振煌，中興大學中文系、東海大學中文研究所以及早期畢業學長如宋丘龍、王家歆、李建崑、李建福，協助了解先生教學實況。其間亦有勞東海大學嚴瑋泓教授多次居間協助。

屏東大學中文系同事朱書萱教授，為書法專業，協助書畫題跋之解讀校正。中國醫藥大學董事會祕書黃煜光提供董事會紀錄等訊息。六龜育幼院楊子江院長、劉行健組長，高中同學王天宇將軍，協助訪尋山東同鄉資料。屏東屏安醫院黃文翔院長、中研院單德興特聘研究員、政治大學林其昂教授，協助訪查資料並對年譜體例多所提示。

臺中學友蔡孟秩、洪雪香伉儷幫忙校閱初稿，又與廖順得、紀俊吉一起陪同尋訪文物；臺中學友陳麗馨、臺南學友涂藻芬，協助尋訪舊期刊。中華大學講座教授賴清祺、郭惠連伉儷，臺中學友林繁雄、蔡麗姿伉儷，高雄學友黃俊龍、陳秀蓮伉儷，屏東學友翁順祥、高梅芳伉儷在寫作期間多所關注繫念，充分支援。

遠在海峽對岸的助緣則有：山東莊陔蘭先生令曾孫莊德潤、王獻唐令孫王福來、孔令煜令孫孔眾、屈萬里令孫屈煥新、呂今山令孫呂偉、莒縣地方史志辦公室張同旭，以及曲阜孔子博物館，此皆有賴譜主令孫女李珊居間聯繫，尋訪家譜、公私文書等文獻，並辨識內容提供背景資

訊。李珊同時又以先生《詩集》精校年譜初稿，訂正許多失誤。另有上海大學成慶教授、博士生賴學輝，南京大學邵佳德教授，協助尋查文獻。

年譜寫作計畫歷時多年，先後擔任助理有東海大學日文系曾冠予、屏東大學中文系碩士班李維珊、中興大學中文系博士班李庚道。李庚道協助時間最長，貢獻亦多。先生蒞臺以前詩作繫年，即由其以王志賢老師初擬之「雪廬詩稿繫年」為基礎，再加細考而來。

慧炬雜誌社、慈光圖書館、法鼓文理學院圖書館、臺灣大學圖書館、高雄師範大學圖書館、屏東大學圖書館、國家圖書館，或提供照片文獻，或慨允參訪使用，同致敬謝。

此外，尚有多位師友，或不願記名、或輾轉託請未及留下大名，亦有個人失記者，都是因為身受先生德召而思回報，我卻是直接承受其益而無以回報。謹此敬致謝忱，感謝諸位無私的協助護持。

本書從開始擬稿起，便承蒙資深編輯胡琡珮提供非常專業的建議，並協助後續的編輯、排版，乃至付印。期間，多次校對改稿，不斷清稿重排。原先約定三校文稿，但初稿編成後，一年多來又增刪校改了多處多次，恐不只七校八校了，勞煩費心費力甚多。而且，胡居士不只是編排專業，對學科也非常內行；不但找到文獻原文出處來校對文句，對格式、稱謂等前後不一致的細微處亦均挑出、一一提醒。非常幸運有這麼專業的編輯協助出版。

二〇二四年初，適逢聯經出版慶五十週年，因緣殊勝，書稿蒙素孚眾望的聯經公司雅愛，得陳芝宇總經理、涂豐恩總編輯、陳逸華副總編全力協助出版事宜，實乃先生德感之美遇。

林家手足、郭家家人，長期以來，在精神上、在衣食上，對我們充分支持，問候關懷，愛顧有加；使我們無所顧慮，得以全力寫作；是我們最重要的外護同行善知識。非常感謝。

我們家一向以書房區分工作：「男主內、女主外」，書房外主中饋等生活起居事務由內人郭惠芯承擔。本書寫作期間，她又要扮演全職祕書，負責聯繫協調、照相記錄訪談等書房外之外的工作。不敢言謝，謹誌紀念。

體 例

一、主旨

本書記錄李炳南居士一生行事德學，完整呈現其人格行誼與學思歷程，及其對國家、社會與佛教的貢獻。

依據傳統史傳立德、立言、立功三面向，年譜錄記大致包括：譜主**個人精神修為、思想主張，以及公共事務的參與**，包括組織用人領導乃至經營制度的建立。

二、結構

1. **本書分為年譜、圖冊兩部分**。年譜收存學思、著述、書函、詩歌、文書等文字紀錄，圖冊則收存照片、手稿、書函、題字等圖像紀錄。圖文各繫年相輔互見。

2. 年譜分為：譜前、正譜、譜後，並附錄相關表件。**正譜分卷，依譜主《雪廬詩集》之分冊再參酌西曆紀年，卷名亦以該《詩集》之分冊書題為卷名**（《發陳別錄》除外），期符應譜主以詩作為日記之心曲。《雪廬詩集》有詩二千零二十八首，約十二萬字，為先生生平珍視之著作，分類編纂不假他人。本書編年基本上遵循該《詩集》排序，除非有明確證據，否則不輕易更動。

3. 正譜依序列：卷大事、年大事、譜文、引文、案語，出處於各頁列腳注。

三、體裁格式

1. 本書為編年體，以月繫年，以日繫月，以事繫日；將譜主一生事蹟繫年。事蹟時間未詳，無法繫日者，繫於旬之末、月之末、季之末、年之末，無法繫年者則繫於某一時期之末。事蹟跨越數日者，先總述該事，再別述各日行事。

2. **譜主年歲以「虛歲」計**，紀年以西曆為主，加注國曆，間附夏曆或佛曆，以知當時活動慣例。居重慶時紀事，多採孔德成先生《日記》，該書紀年在一九四〇年十二月三十一日以前，以夏曆紀年；一九四一年起，則採陽曆兼注夏曆。

3. 各日紀事均標示月份，並於單頁耳題標示紀年，以便檢索。

4. 先生蒞臺後，講經、講演、共修活動漸趨定期以週次為頻率。一九四九年三月起，譜文紀日之後括弧加注星期以方便查索。如：「一

月三日（四）」，指一月三日、星期四。

  5. 敘寫事蹟，採綱目體，**以「譜文、引文、案語」三層敘寫**。譜文為綱，引文為目；綱目之間或為詳略，或為互補。重要或來往密切人事或有考證須加說明者，酌加案語，或錄小傳。

  6. 譜文言必有據。引文、案語所引資料，均注明出處，以資覆核查考。至於友朋小傳，僅供了解交誼大概，除有細考，否則未必一一注記出處。重要事件之照片或文獻，收錄於《圖冊》供查考，《圖冊》中各件為台中蓮社或【數位典藏】收藏者，不再注記出處。引用文獻，盡可能上溯原始資料。依一手文獻、二手文獻等優先次序考量其信度。相關人物之口述回憶，亦盡可能交叉查證。至於孤例無徵者，或信或否，則視情理適度推斷以決定是否採用。

  7. 引文取材多有節略，為免太多刪節符號影響閱讀，**節略處不使用刪節號**。研究者務請依出處取讀原文。原始文件各種挪抬、平抬等文書格式，併同省略。若疑有錯字、衍字、脫字，補入〔　〕內；罕用字後亦以〔　〕列常用字；如：「江南梯〔柿〕葉罕成堆」。缺字未識字以□表示。引文用字與現行規範用字有異者，原則上保持原文不予改動。

  8.《李炳南老居士全集》未收見者，於出處後附注以供後續補遺查考。

  9. 譜主立說甚廣，**引文於譜主著作省略作者名**，以免繁複。各種講經、講演，擔任譯語、記錄者儘量著錄，以表尊重，亦以見其法務成就之助緣。

  10. 同一文件載錄於不同時間，採別裁或互著之法，引文儘量不重出。重要事件或人物，亦互見串聯，以見人事之全。藉此略補編年體割裂事件之失而有紀事本末體之效，讓全書為立體之關聯。如：一九五四年創辦「兒童德育班」，此與一九七五年興辦之「蓮友子弟輔導團」，一九八二年開辦之「國學啟蒙班」為系列發展，注記互見。

  11. 為求實體書與網路數位版之版式一致，並考量網頁網址出處之注記呈現，本書行文採橫書方式。

四、取材

  本書取材以《李炳南老居士全集》（以下簡稱《全集》）及「李炳南教化作品與生活紀錄典藏計畫」（以下簡稱【數位典藏】）為主，相關史料為輔。包括：譜主相關手稿、書函、題字、照片、當代佛教期刊文獻、公文檔案，以及師友學生之傳記、訪談、著述、筆記。

  1. 私文書：書函箋條，此為個別來往關係，常能顯現譜主真性情。

  2. 公文書：公文檔案、會議紀錄，能呈現成事之因緣，而不只是成果之展現。各種規章制度如社風、班訓、組織章程、推行辦法等，或為精神方向之提示，或為辦事之依據，見出組織領導風格與管理方法技術，亦多加採錄。會議紀錄為個人思想轉化為集體實踐之重要憑依，於志業之開展關係重大。唯會議紀錄之各項報告或提案只載錄譜主相關者，如：只錄提案第二案、第五案，並未將第一案至第五案，每案皆錄。

  3. 綜合學行與公私各面，譜主在精神思想方面的主張、組織管理制度的建立、個人與公共事務的實踐。

五、記事

  1. 譜主生平、學問歷程以及志業發展，為記錄重心。其重要著述、

有意識之行動、與時人時風時事之接觸，諸如：性情、志願、行為、思想、境遇、家教、師傳、友箴、思想發展、時人議論等皆所記述，而譜主志意所在之：儒佛教育、社會教化、淨土法門、居士學法……等，尤為記述重點。

2. 全部著述以書為單位繫年，重要論著以篇為單位繫年。早期文字未見收於《全集》者，以及弟子錄記之各類講演開示筆記，或**尚未刊行，或發行未廣，盡可能多錄**。《全集》**已收錄者，視程度摘要**；詩作以首為單位，視程度繫年月日，選錄能反映重要事件或譜主思想者。

3. 譜主至親師友遭際以及關係重大之時事，間亦錄載以見時局環境之大概。譜主長年擔任至聖奉祀官府幕僚長，尤其是一九三八年至一九四九年，自曲阜至重慶、再往南京、臺中，與奉祀官孔德成先生朝夕相處，關係密切，因此著錄至聖奉祀官行事亦多，以見譜主生活之景況。患難之交如呂今山、王獻唐、屈萬里、朱鏡宙等，亦同。

4. 譜主創設之各機構、組織及成員之活動，與譜主關係重大，**蓮社創建十年內活動擇要著錄**，以見其影響。此後則以著錄譜主活動為主。

5. 週期性活動，如任教大學課程、例行講經，仍依週依月呈現活動內容以見其行事之實況。唯某些時段因文獻無徵，如一九七五年九月任教東海大學，未能確知每週授課時段，僅能於學期始末登載，未能詳列每週授課行止。

六、稱謂

1. 譜文中，稱譜主為「先生、炳南先生」。引文中有稱「先生、老師、李老師、老居士、雪公」而未名者，係為原作者所稱，概照錄原文未予更動。

2. **本譜採「臨文不諱」**，除譜主之師長、直屬長官以及出家大德外，恕未敬稱。諸大德名諱除非以字號行世，眾所熟知外，均稱名而不稱字號。

3. 注記文獻出處時，**依學術慣例及圖書管理規範，皆直書姓名**，如：釋印順：《太虛法師年譜》、李炳南：《雪廬詩文集》。

4. 原文發表時使用代名（筆名、法名……），如能考得本名者，於注解出處作者欄位後括弧注記；於附錄**「徵引文獻」中則本名列前，代名置入括弧中**。

七、略稱

1. 機構略稱：台中市佛教蓮社，簡稱「台中蓮社」或「蓮社」。菩提救濟院，簡稱「救濟院」。菩提救濟院附設菩提醫院，簡稱「菩提醫院」。慈光圖書館，簡稱「慈圖」或「慈館」。慈光育幼院簡稱「慈院」。

2. 雜誌均略去雜誌、月刊、半月刊等通名，只稱：《覺群》、《覺生》、《人生》、《菩提樹》、《慈光》、《明倫》、《慧炬》。

3. 著述略稱：《李炳南老居士全集》，**簡稱《全集》**。《李炳南居士年譜圖冊》，**簡稱《圖冊》**。《全集》總目冊中之〈李炳南老居士年表〉，**簡稱〈年表〉**。

4.「臺中蓮社宗教文物資料──李炳南教化作品與生活紀錄典藏計畫」（http://www.lbn.nchu.edu.tw/intro/super_pages.php?ID=intro1），**簡稱【數位典藏】**。

目 次

李炳南居士年譜序 / 吳聰敏	004
自序	006
申謝	012
體例	015
1891 年（清光緒 16 年）・誕生	020
1894 年（清光緒 19-20 年）・5 歲	023
1895 年（清光緒 20-21 年）・6 歲	024
1910 年（清光緒 25-26 年）・21 歲	025
1914 年（民國 3 年）・25 歲	026
1920 年（民國 9 年）・31 歲	027
1921 年（民國 10 年）・32 歲	028
1930 年（民國 19 年）・41 歲	029
1931 年（民國 20 年）・42 歲	030
1932 年（民國 21 年）・43 歲	031
1933 年（民國 22 年）・44 歲	031
1934 年（民國 23 年）・45 歲	032
1935 年（民國 24 年）・46 歲	034
1936 年（民國 25 年）・47 歲	038
1937 年（民國 26 年）・48 歲	041
1938 年（民國 27 年）・49 歲	043
1939 年（民國 28 年）・50 歲	052
1941 年（民國 30 年）・52 歲	057
1942 年（民國 31 年）・53 歲	059
1943 年（民國 32 年）・54 歲	064
1944 年（民國 33 年）・55 歲	070
1945 年（民國 34 年）・56 歲	073
1946 年（民國 35 年）・57 歲	074
1947 年（民國 36 年）・58 歲	080
1948 年（民國 37 年）・59 歲	088
1949 年（民國 38 年）・60 歲	095
1950 年（民國 39 年）・61 歲	118
1951 年（民國 40 年）・62 歲	127
1952 年（民國 41 年）・63 歲	136
1953 年（民國 42 年）・64 歲	149
1954 年（民國 43 年）・65 歲	154
1955 年（民國 44 年）・66 歲	165
1956 年（民國 45 年）・67 歲	174
1957 年（民國 46 年）・68 歲	179
1958 年（民國 47 年）・69 歲	184
1959 年（民國 48 年）・70 歲	190

1960 年（民國 49 年）・71 歲	198
1961 年（民國 50 年）・72 歲	208
1962 年（民國 51 年）・73 歲	215
1963 年（民國 52 年）・74 歲	223
1964 年（民國 53 年）・75 歲	234
1965 年（民國 54 年）・76 歲	251
1966 年（民國 55 年）・77 歲	263
1967 年（民國 56 年）・78 歲	284
1968 年（民國 57 年）・79 歲	290
1969 年（民國 58 年）・80 歲	300
1970 年（民國 59 年）・81 歲	306
1971 年（民國 60 年）・82 歲	317
1972 年（民國 61 年）・83 歲	328
1973 年（民國 62 年）・84 歲	337
1974 年（民國 63 年）・85 歲	341
1975 年（民國 64 年）・86 歲	355
1976 年（民國 65 年）・87 歲	362
1977 年（民國 66 年）・88 歲	369
1978 年（民國 67 年）・89 歲	379
1979 年（民國 68 年）・90 歲	385
1980 年（民國 69 年）・91 歲	392
1981 年（民國 70 年）・92 歲	401
1982 年（民國 71 年）・93 歲	410
1983 年（民國 72 年）・94 歲	419
1984 年（民國 73 年）・95 歲	433
1985 年（民國 74 年）・96 歲	447
1986 年（民國 75 年）・97 歲	456
1987 年（民國 76 年）先生往生 1 年	469
1988 年（民國 77 年）先生往生 2 年	470
1989 年（民國 78 年）先生往生 3 年	471
1990 年（民國 79 年）先生往生 4 年・百歲冥誕	474
1991 年（民國 80 年）先生往生 5 年	475
1994 年（民國 83 年）先生往生 8 年	476
1996 年（民國 85 年）先生往生 10 年	477
2006 年（民國 95 年）先生往生 20 年	480
2010 年（民國 99 年）先生往生 24 年	482
2016 年（民國 105 年）先生往生 30 年	483
附錄一、李炳南居士弘化志業總表	486
附錄二、李炳南居士大事紀	488

1891年（清光緒16年）・誕生

圖1　1891年1月16日（清光緒16年，庚寅年12月7日），先生誕生於山東省濟南城內南券門巷李氏人家，取名豔，字炳南；約四十歲後，以字行。李氏三百年世居此地，詩書相傳，簪纓攸續。
①為故居大門、②為正廳、③為先生生辰八字。

1891年1894年圖1①

1891年圖1②

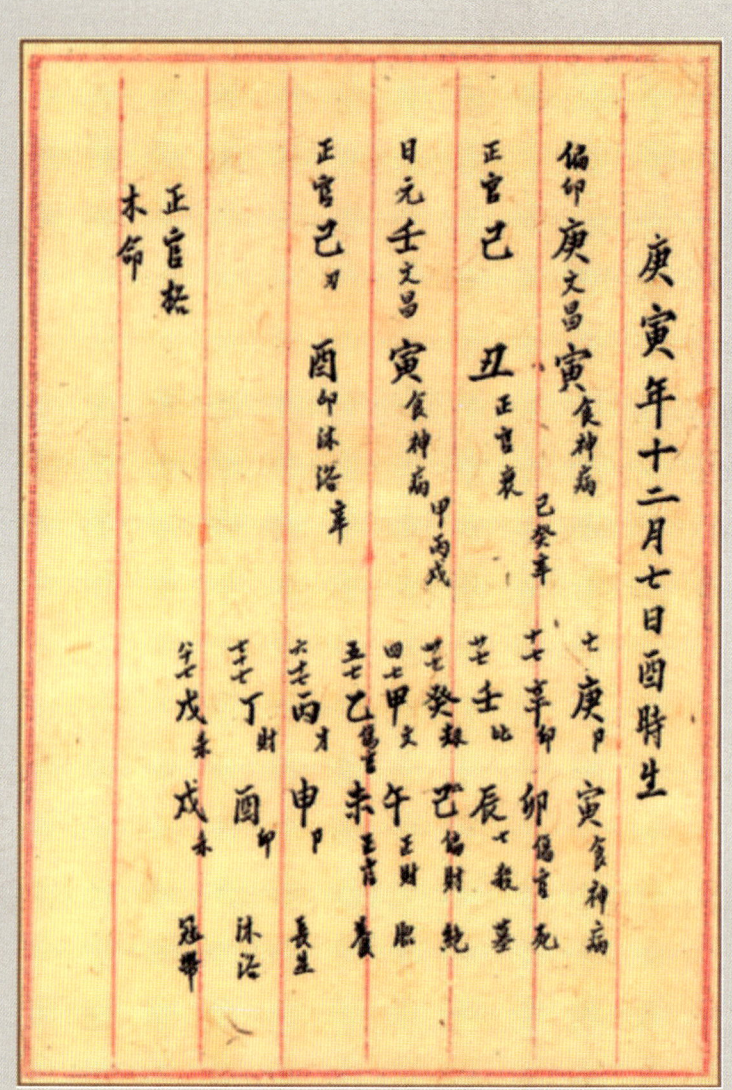

1891年圖1③

1891年（清光緒16年）・誕生

圖2　先生故鄉濟南為山東省省會，居全省中部。
① 為先生介紹濟南的手稿：

【釋文】
濟南是山東省的省會，居全省的中部，這一座城的形勢，是非常的雄壯。東南西三面，皆是重重高山，北面近一道是小清河，不過十里之遙，就是黃河，僅有拔地孤出鵲華二山，夾在黃河的左右，好像兩扇門柵，真是一山環水抱四塞之國。但那一種瀟灑氣象，更是各省都全比不了的，在城上向南看，丹嶂翠屏，雲霞若吐，自是北方景色。若向城北去看，全是稻田藕塘，漁村蟹舍，又是南方景色了。況且四時分明。

② 為1938年，日人繪製之〈新興濟南市圖繪〉。

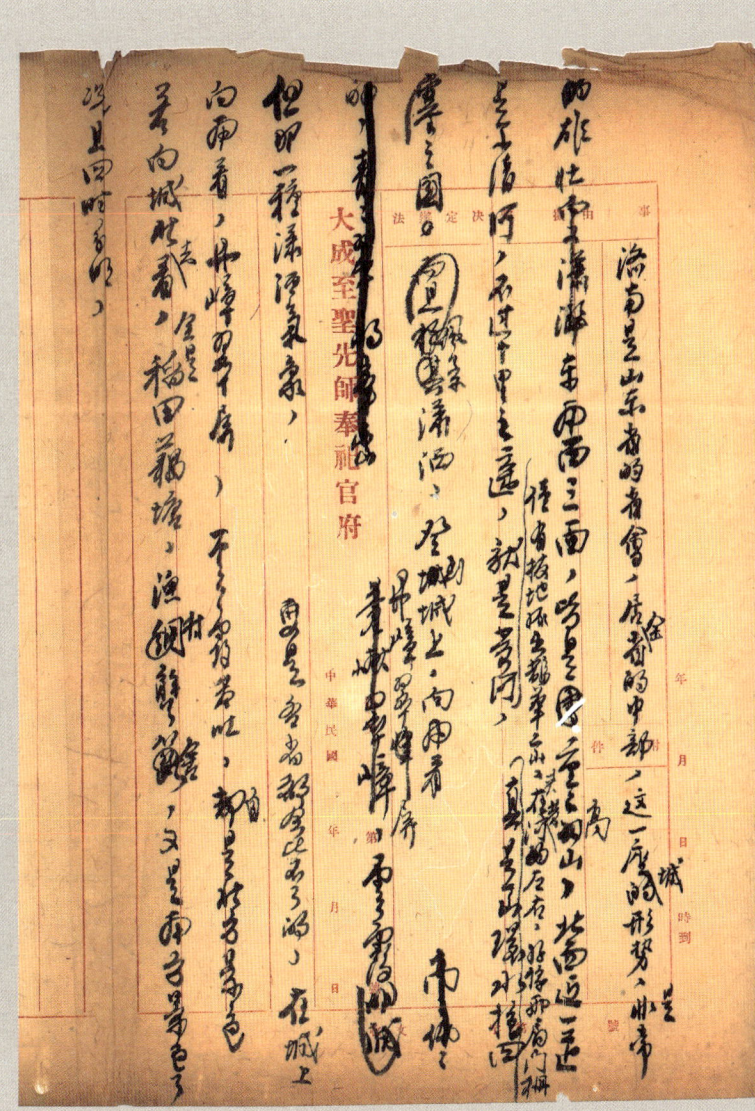

■ 1891年圖2①

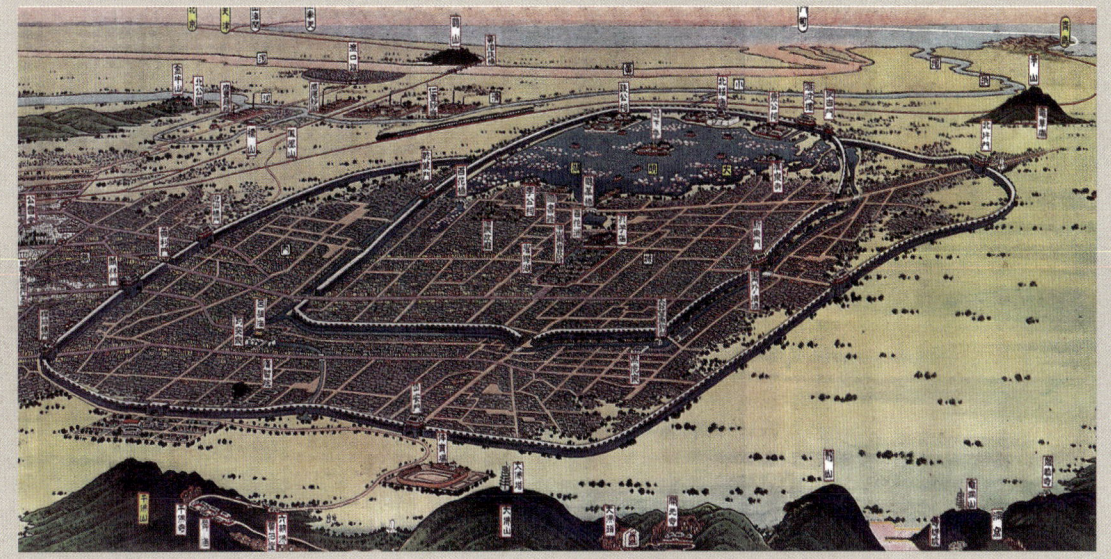

■ 1891年圖2②

圖3　先生晚年作〈李氏祠堂頌〉，述其家族榮光。

【釋文】
重華盛世，舉皋輔仁；宣尼咨周，禮乃中倫。
魏克傳詩，青蓮獨醇；漢唐以降，名儒經綸，
賢相良將，代有超人；百工六藝，燦若星辰。
根深枝繁，天地無垠；光前迪後，澤長德新。
　　　　　　　　　　　　　　後裔炳南恭頌

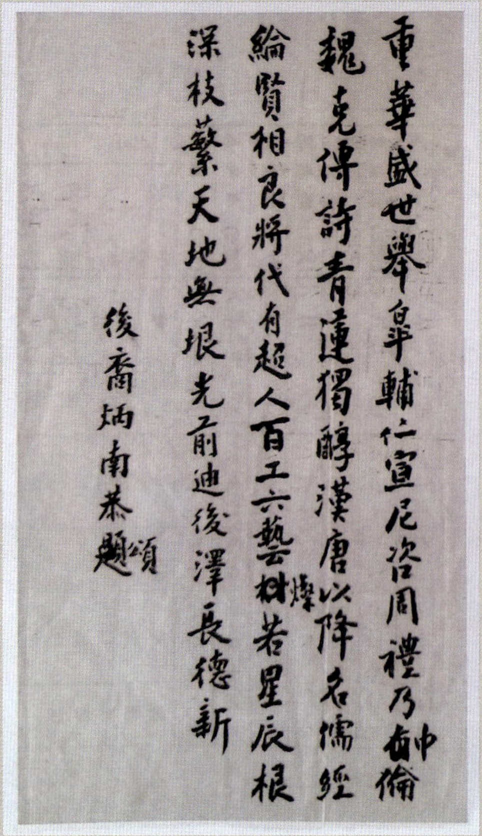

圖4　先生八十七歲（1976年）時，應《世界李氏宗譜》邀請，填報之「宗親調查表」。

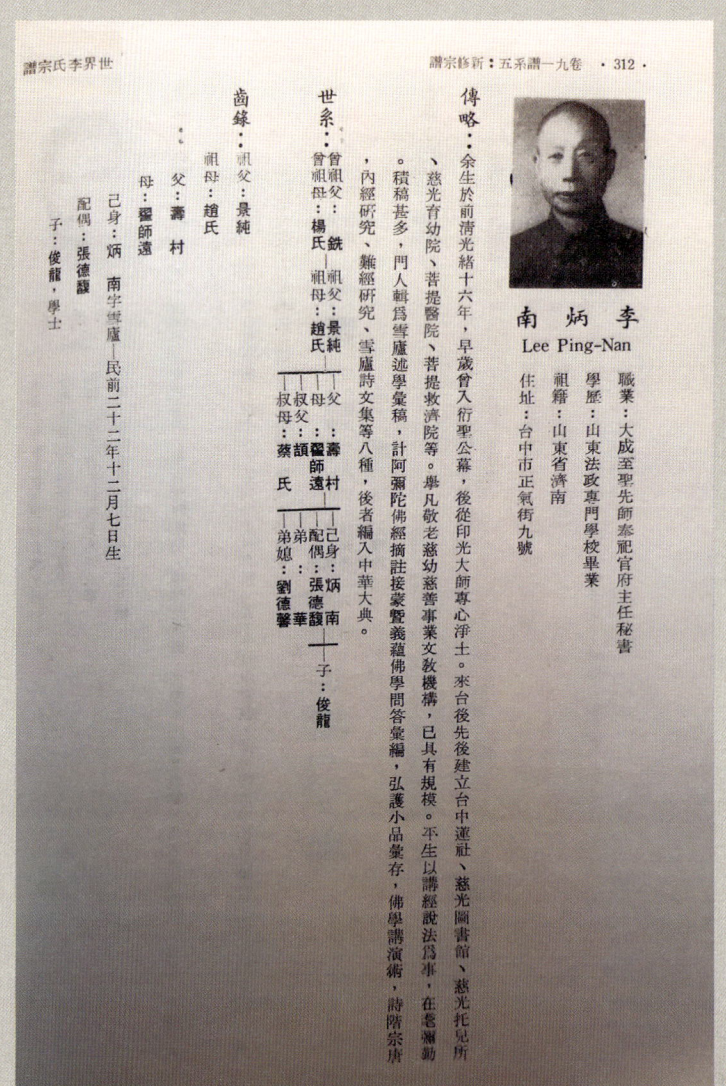

1891年圖3　　　　　　　　　　　　　　　1891年圖4

1894年（清光緒19-20年）‧5歲

圖1　家住南券門巷（4），巷弄縱橫；兒時走失曾被帶到西券門巷（2）。上學私塾在住家附近正覺寺（5）。民國後任通俗教育會長時，常在西門月洞（3）演講，圖右方是小學畢業後就讀的法律學堂（6），左邊則是佛法啟蒙師梅光羲大士任職的高等檢查廳【處】（1）。（底圖為1932年〈濟南市街道圖〉）

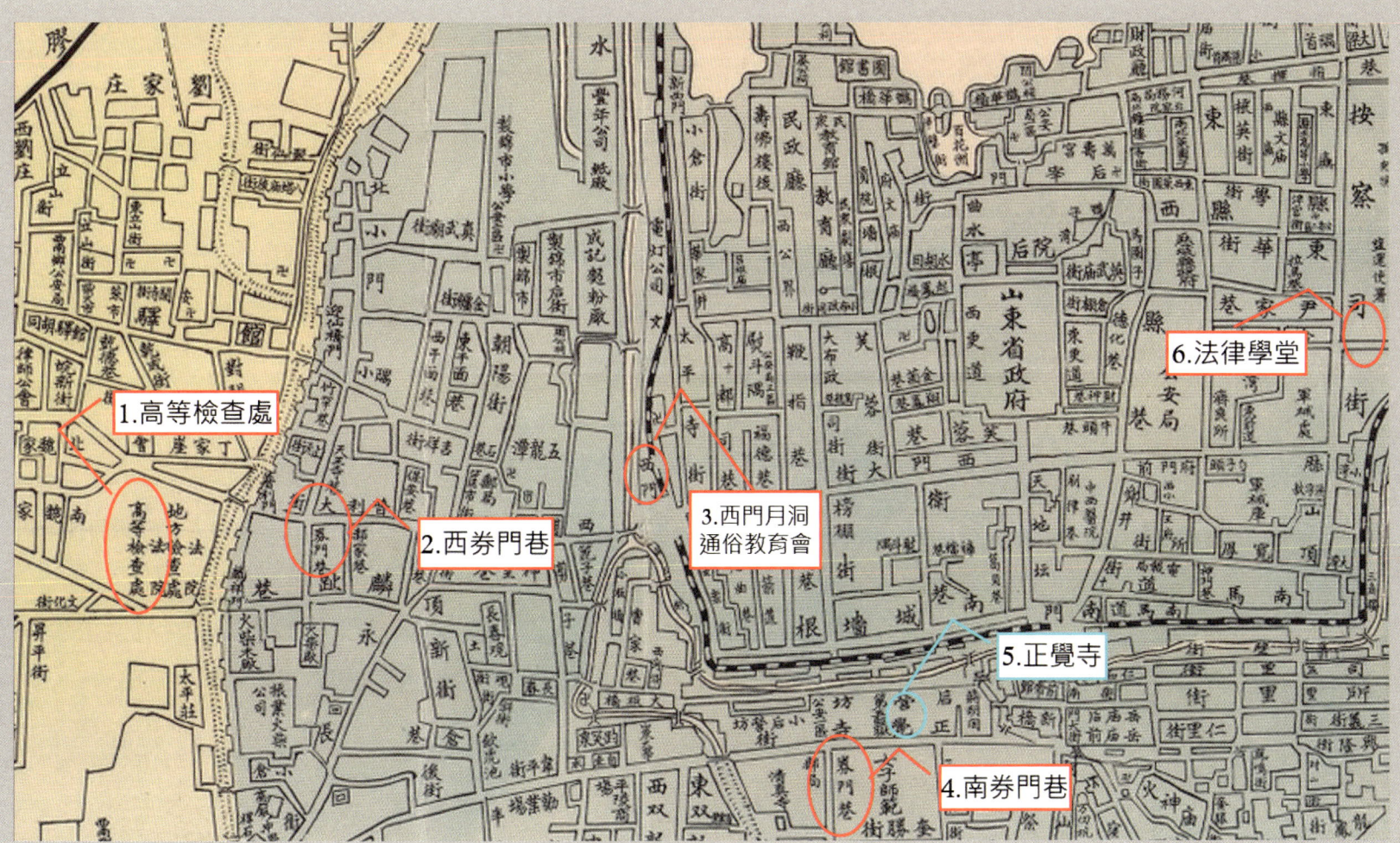

■ 1894年圖1

1895 年（清光緒 20-21 年）‧6 歲

圖 1　濟南地區活動地圖：左起，
1. 佛法啟蒙師梅光羲大士任職的高等檢察廳（處）　2. 先生受菩薩戒的山東女子蓮社　3. 梅光羲大士開設佛學講座的佛學社
4. 先生任會長之通俗教育會常設講演處所　5. 同為社會教育的友社通俗演講會所　6. 私塾所在正覺寺
7. 居宅　8. 初任職擔任司法科長的歷城縣府　9. 就讀學校法律學堂
10. 參究禪法所在之淨居寺
（底圖為 1906 年初版，1930 複修之〈山東省垣街市圖〉。）

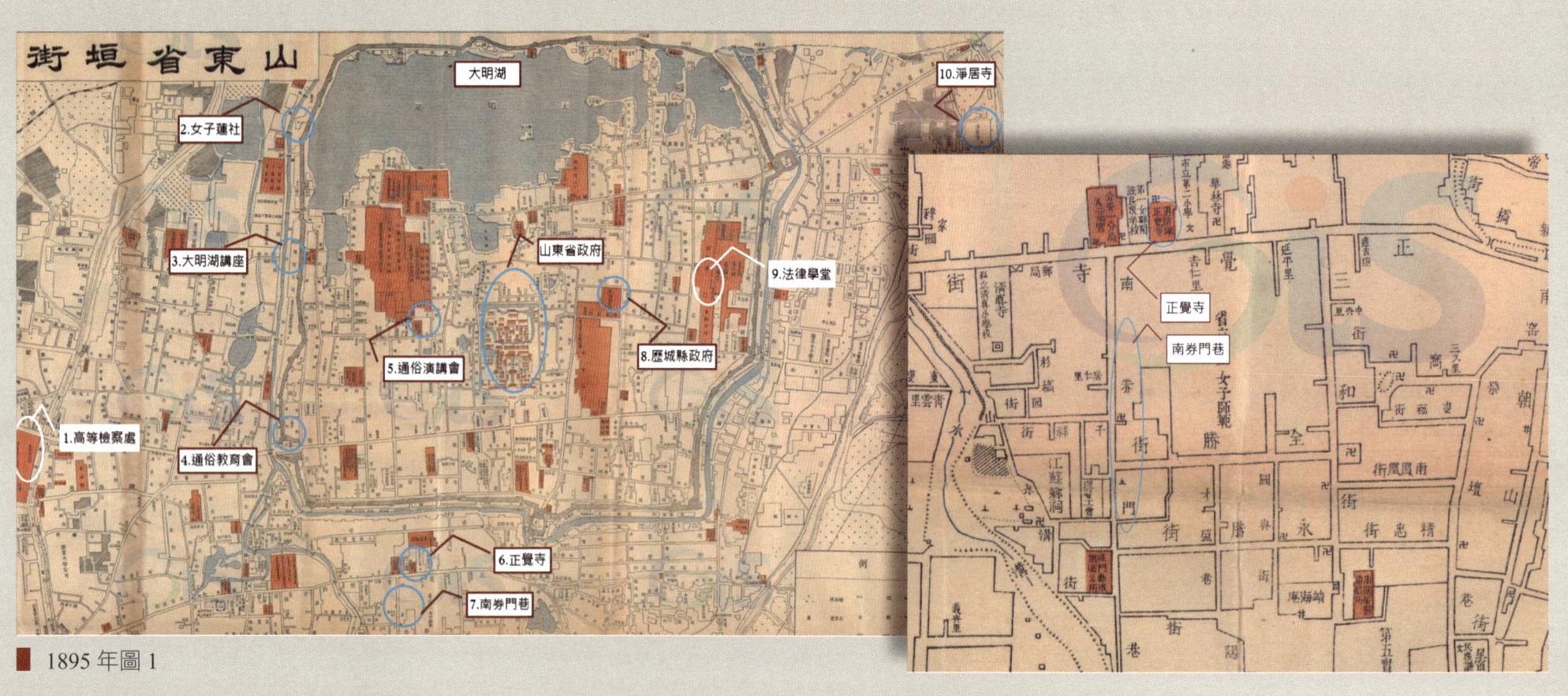

1895 年圖 1

1910年（清光緒25-26年）・21歲

圖1　二十一歲（1910年），至山東省「官立法律學堂」就學，「法律學堂」設於按察司街東司衙門內。二十四歲（1913年）畢業後，就職歷城縣政府任承審員，不久升任司法科長。（底圖同1895年）

圖2　1912年，山東省「官立法律學堂」改名為「山東第二法政學校」。1913年，該校與由「山東法政學堂」改名的「山東第一法政學校」，合併為「山東法政專門學校」。先生即畢業於此時。圖為董正之立法委員於1952年為先生具保之學歷證明。證明文中的「法律學校」當指原名「法律學堂」，於1913年合併改名之「法政專門學校」。（參見1891年圖4）

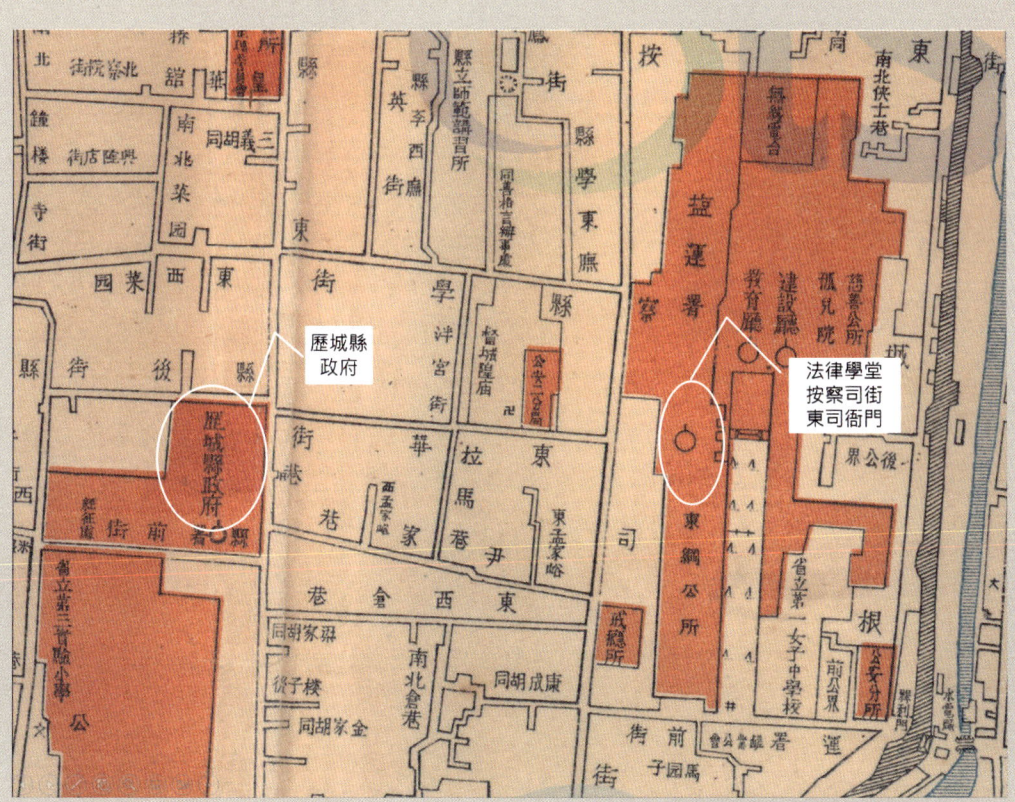

1910年圖1

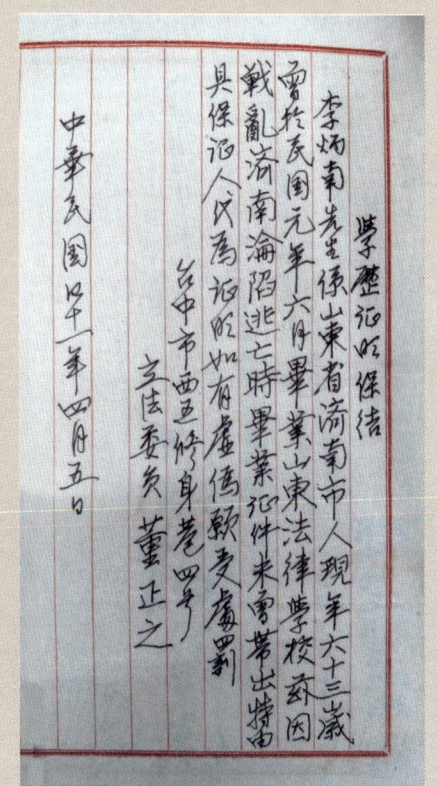

1910年圖2

1914年（民國3年）‧25歲

圖1　①學佛因緣網，濟南地區活動地圖：左邊大明湖畔，西門乾健門附近有女子蓮社、大明湖講座，梅光羲居士設講座於此。（底圖同1895年）
　　　②是年起，親近唯識學大家梅光羲居士學習。梅居士為山東司法界長者，歷任山東巡按使公署司法主任、山東高等檢察廳檢察長。

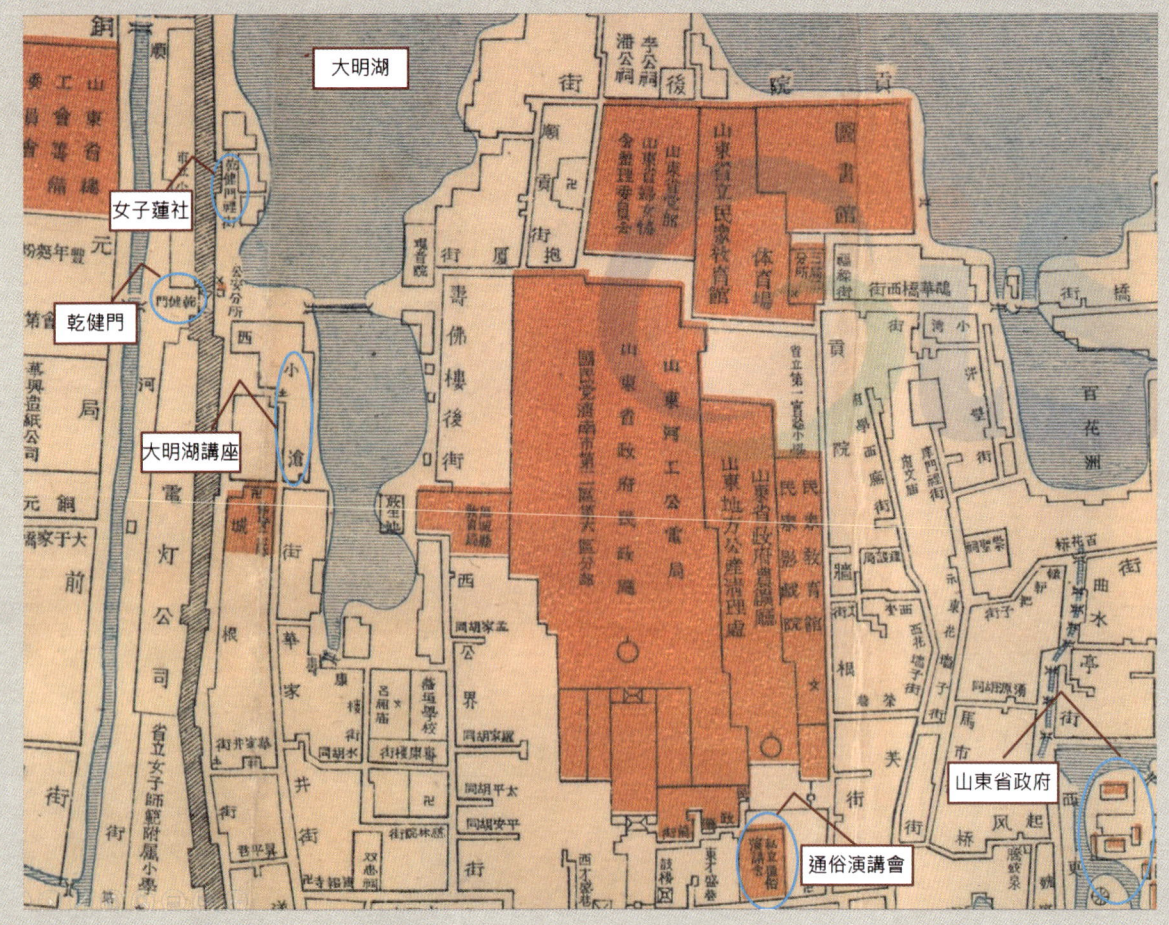

■ 1914年圖1①

■ 1914年圖1②
（梅光羲居士）

1920年（民國9年）・31歲

圖1 二十九歲（1918年），已升任歷城縣政府司法科長，因高等檢察長梅光羲推介，再至山東省立監獄專修科進修。兩年後畢業，赴莒縣任管獄員（典獄長），職級僅次於縣知事（縣長）。圖為莒縣職官表中所列簡歷。

圖2 從濟南（歷城）到莒縣交通：先搭膠濟鐵路到濰縣，再轉公路至莒縣。（底圖為〈1933年山東地圖〉，開源地理空間基金會中文分會收藏。）

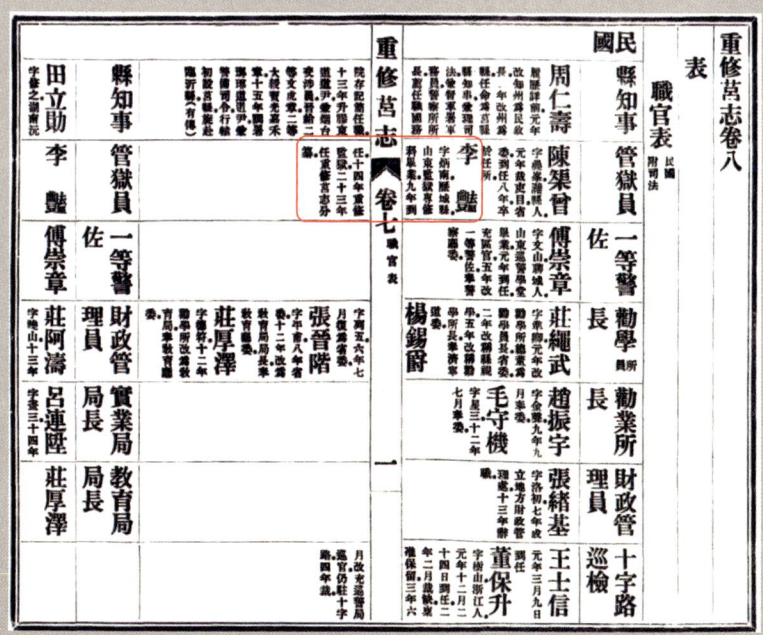

1920年圖1

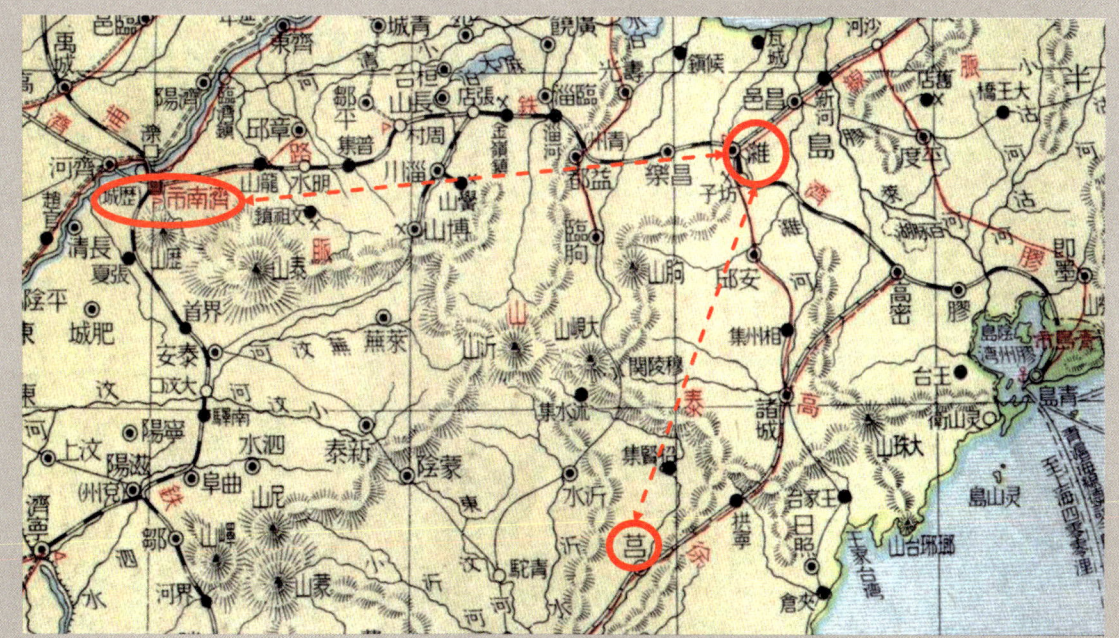

1920年圖2

1921年（民國10年）・32歲

圖1　先生赴莒主持獄政，多有興革。寓教於刑，人道善待囚犯，辦技藝輔就業；每日講善書，並設有圖書部、雅樂部，藉以陶冶性情，轉化劣習。
①為莒縣監獄平面圖（《重修莒志》卷首）
②為莒縣監獄大門

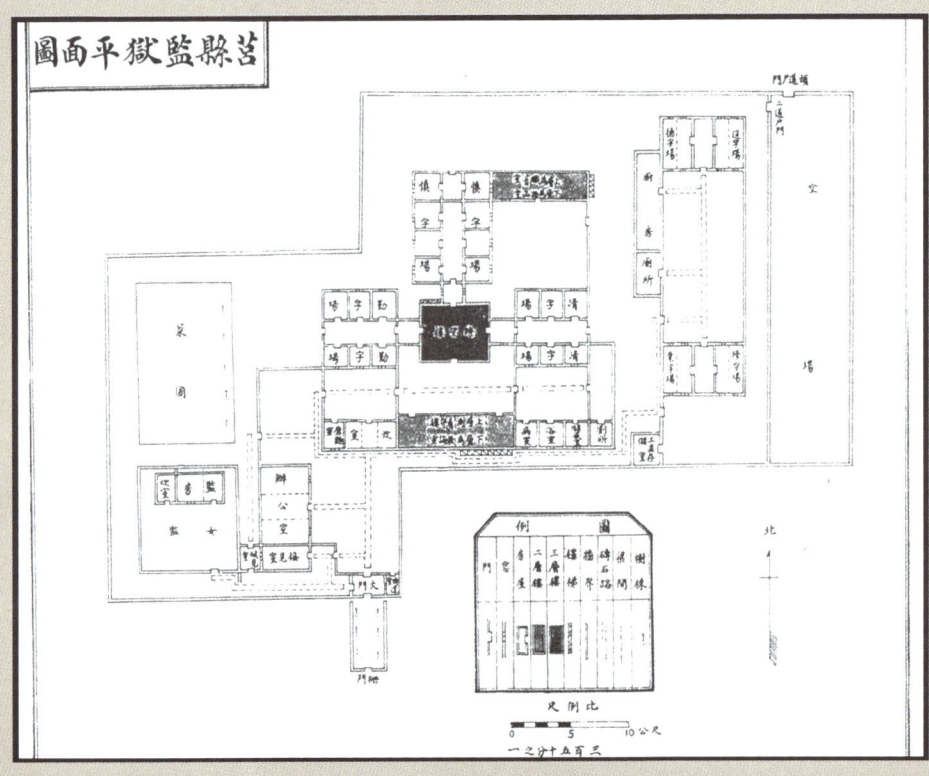

1921年圖1①

1921年圖1②

1930年（民國19年）‧41歲

圖1　近年戰事頻生，縣知事避走，縣政多賴先生出面維持治理。1930年，中原大戰爆發，莒城被圍半年，民不聊生。期間，先生縋城與圍軍斡旋，圍困中深體爭戰殺戮之苦。偶於縣黨部獲讀豐子愷《護生畫集》而立誓護生茹素。解圍後獲讀弘化社郵贈佛書而生信。

① 為莒縣〈縣城圖〉（《重修莒志》卷首），城中南為管獄署及監獄所在，東為縣政府及縣黨部所在，西北為纂修縣誌所在賈家花園。

② 為炳南先生公子李俊龍手繪之「莒縣城示意圖」，並補充說明：
1. 莒縣三〇年代示意圖是我的記憶所畫，內容是與先父工作生活有關的地方。
2. 沭河經流莒縣城東，從山東流到江蘇沭陽而入海。
3. 城西台濰公路，是由北面濰縣南到台兒莊，一條公路，我返回濟南時從莒縣出發到濰縣，再搭火車去濟南。
4. 地圖中賈家花園是縣志局，先父修縣志的地方。
5. 城東災民收容所，是先父辦理慈善事業的地方。
6. 文廟（孔子廟）改為民眾教育館，但在當時供奉的孔子及弟子像仍在，先父在那裡常做演說，並在那裡辦了幾期簡易師範。
7. 沭河岸邊及金龍河兩岸及賈家花園，先父工餘之暇常去欣賞風景。
8. 電報局、濟生藥房的領導人，都是先父摯友，前者是楊子餘，後者是王德一。

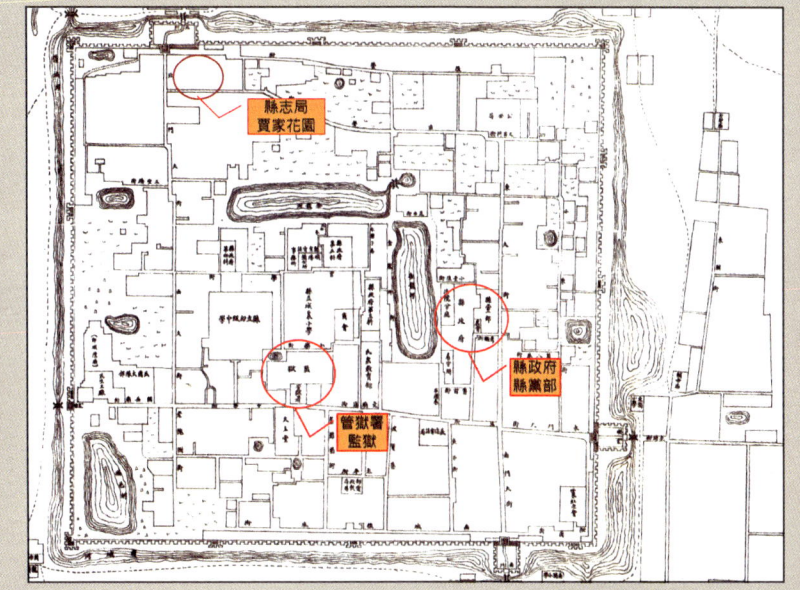

■ 1930年圖1①

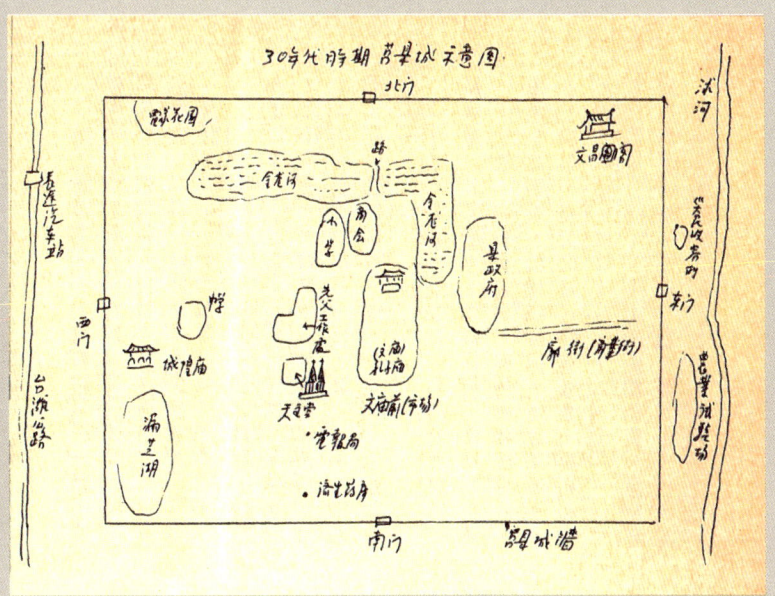

■ 1930年圖1②

1931年（民國20年）・42歲

圖1　5月，詩稿《雪廬吟草》初次編成，請莒縣友人呂今山、張瑞籤寫序。呂稱賞先生為豪雋士，雄於酒，好劍術，又深諳金石學。在莒迭遭兵燹時排難解紛，有魯仲連之稱。詩學李杜，多關懷家國之作。張則稱許其近體詩逼近杜甫，古體詩漸入漢魏。①為呂、張兩君序文，②為先生晚年編成之《雪廬詩集》。

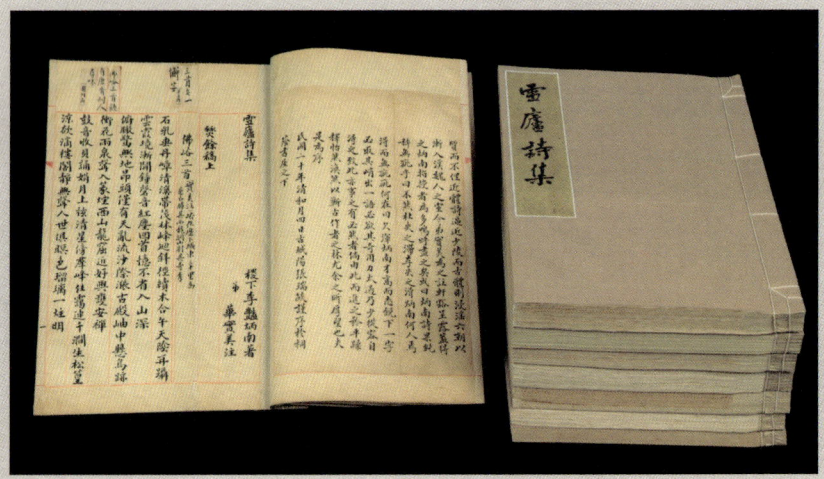

■ 1931年圖1②

■ 1931年圖1①

1932年（民國21年）·43歲

圖1　因發起掩埋土匪死屍事，得識印光大師之皈依弟子林居士，蒙其應允寫介紹信請求皈依，獲印光大師親函應允，賜法名「德明」，並開示敦倫盡分與念佛之法。是年8月14日，夏曆七月十三日，大勢至菩薩紀念日，依函示於佛前自行皈依禮，先生另加禮拜一百次，表示誠敬。爾後，數年間，與印光大師通信請問法要，郵遞頻繁。熱心弘化，並常引介信眾皈依，甚得大師嘉許。

1933年（民國22年）·44歲

圖1　與友人共同助成莒縣定林寺重修。
　　①莊陔蘭先生撰有〈重修定林寺碑〉；②碑陰則載有先生參與捐獻之紀錄。

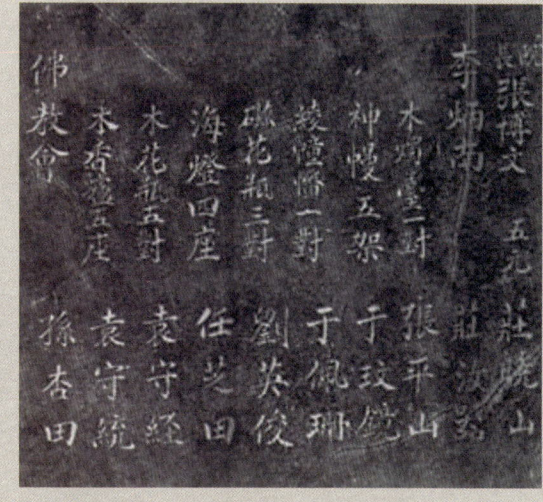
■ 1933年圖1 ②

■ 1932年圖1（印光大師）

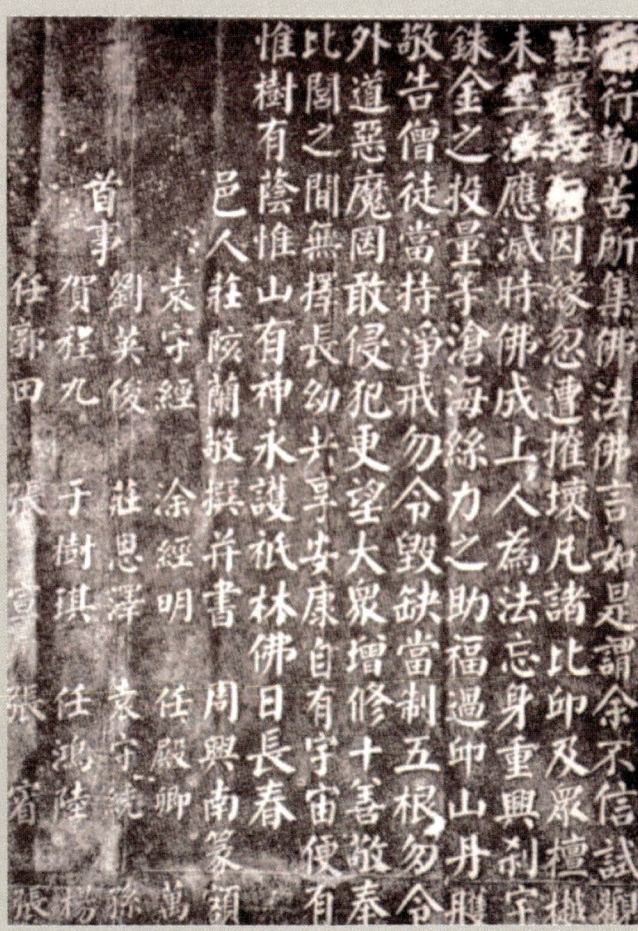
■ 1933年圖1 ①

1934 年（民國 23 年）· 45 歲

圖1　3月起，《重修莒志》於賈氏花園開局編纂。前清翰林莊陔蘭出任總纂，先生受聘任分纂，負責「古蹟、軍事、司法、金石」四類。
①為該書卷首，②為總纂莊陔蘭先生像。

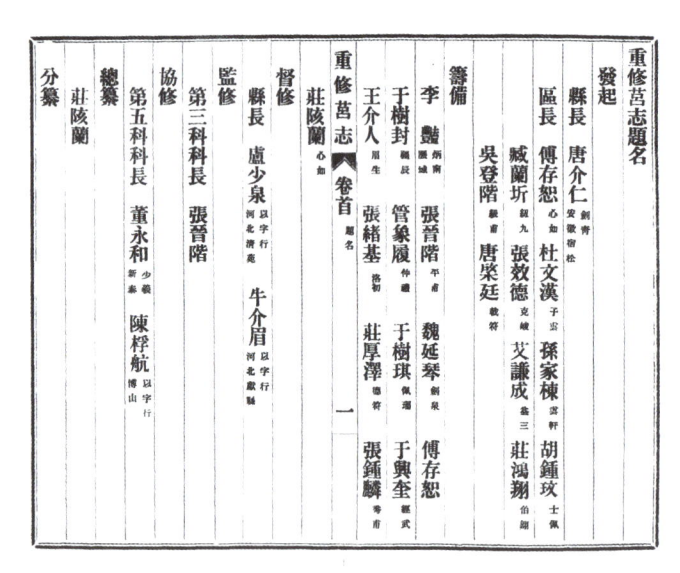

■ 1934 年圖 1 ①

■ 1934 年圖 1 ②
（莊陔蘭先生）

1934年（民國23年）·45歲

圖2　縣志局設於賈氏花園，位在縣城西北角，現為莒縣府招待所文心賓館，文心中路南側。（底圖為百度地圖）

圖3　12月22日，冬至日，因出差之宜，趨蘇州報國寺參謁印光大師。為唯一一次參謁。印光大師平常談話不過一、二十分就閉關門，待先生特別優遇。詢問念佛功課、素食等事，殷殷開示終日。二十多年後，先生有詩追憶此因緣：印光大師有許可之意，而先生亦有刮去心盲之感，對自己的修學，以及對家人對他人教說，皆大有提升。

1934年圖2

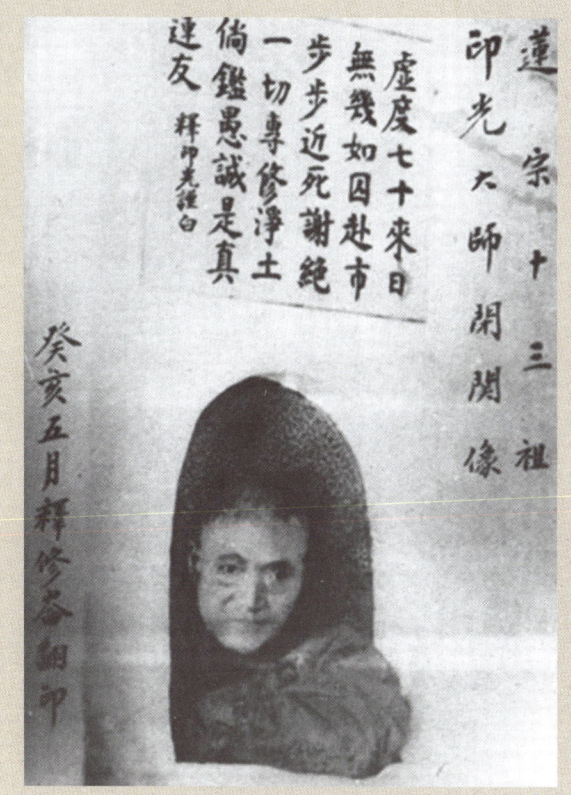

1934年圖3

1935年（民國24年）· 46歲

圖1 於賈氏花園編纂《重修莒志》期間，工作之餘，常於賈園與同仁師友莊陔蘭、趙阿南、莊厚澤，以及邑紳耆宿論史論詩，情意相通、德學相輔，為「賈園盛集」。圖為莊陔蘭太史評點先生詩作。

【釋文】

（評語：）苦心獨造，語必己出，胎息古人，而不蹈襲一字，是作者擅長處。譬之良玉在璞，精金在礦，尚待琢鍊之功。楊子雲云：「讀千賦乃能作賦」，惟詩亦然。自《毛詩》、《楚辭》、漢魏六朝以及三唐，作者一一會其旨趣，而熟其節奏，斯得之矣。嚴滄浪云：「詩有別材，非關書也。詩有別趣，非關理也。」而杜工部云：「讀書破萬卷」，又云：「精熟《文選》理」，此義可參。自耽禪悅，久謝綺語，略為檢點字句，無禪高深，不足為他山石也。　　心如居士妄談

（眉批：）集中古體，格意俱高，其規切時事者，感喟蒼茫，淋漓盡致，合於變風變雅之旨。惟渣滓未化，斧鑿有痕，是其通病。近體中，渾成跌宕之作，便覺前無古人。　　心如妄參

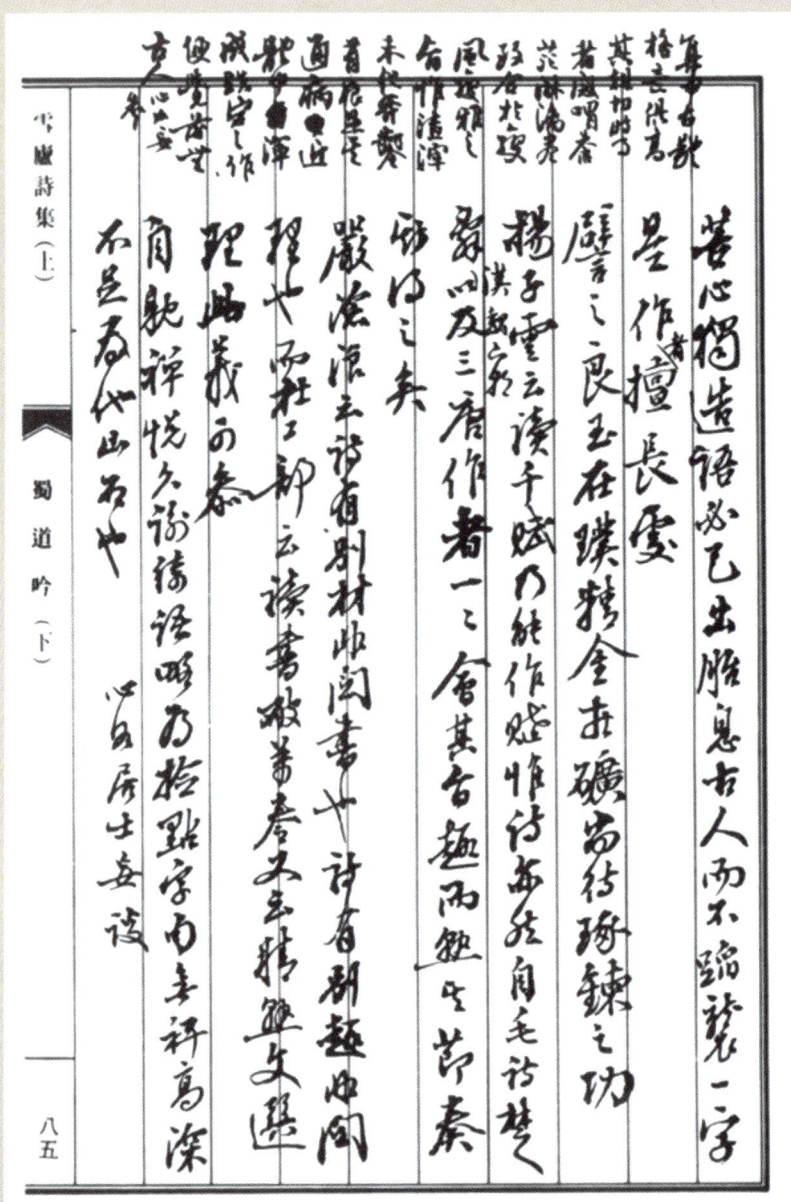

■ 1935年圖1

1935年（民國24年）・46歲

■ 1935年圖2

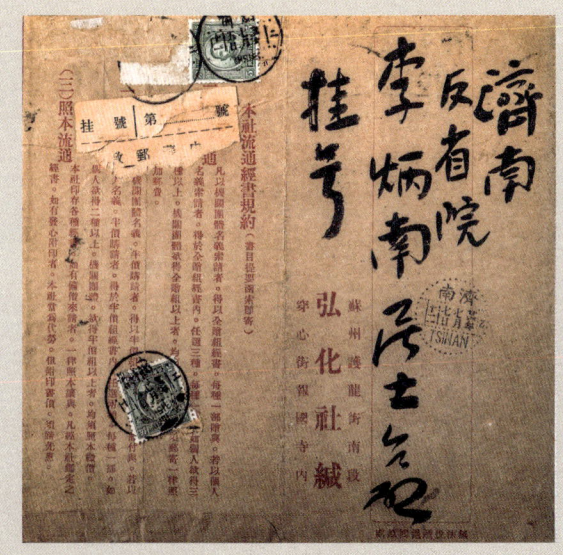

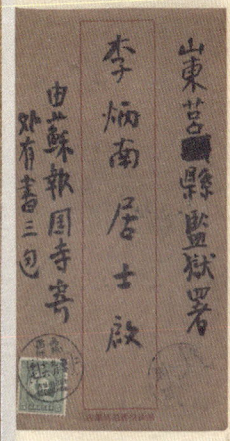

左戳：吳縣(蘇州?)年9月16日
右戳：無法辨識
上戳：南京24年11月？日
下戳：吳縣(蘇州)24年11月19日
上戳：無法辨識
下戳：24年4月10幾？日
上戳：南京24年12月18日
中戳：山東棗莊24年12月20日
下戳：吳縣(蘇州)，日期無法辨

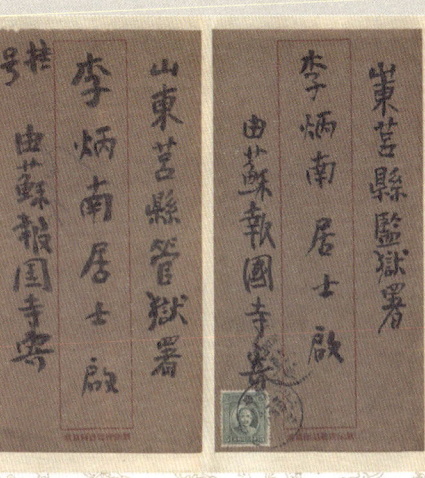

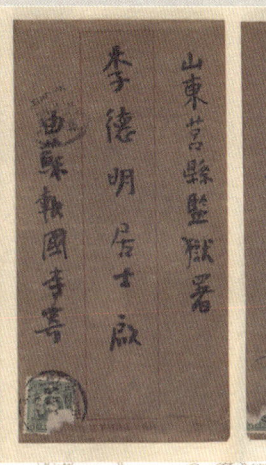

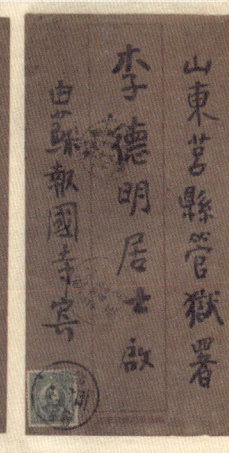

圖2　亂世相契：學人勤問向道，師長愛重點撥。印光法師來函，現存七件信封。最左件寄「濟南反省院」者，背面上下二郵戳清楚可見為「七月五日」發出，封面中間郵戳為「廿六年七月七日濟南」收件。

圖3　9月19日，夏曆八月十九日，印光大師來函開示：孝親當勸其吃素念佛，求生西方，方為究竟。

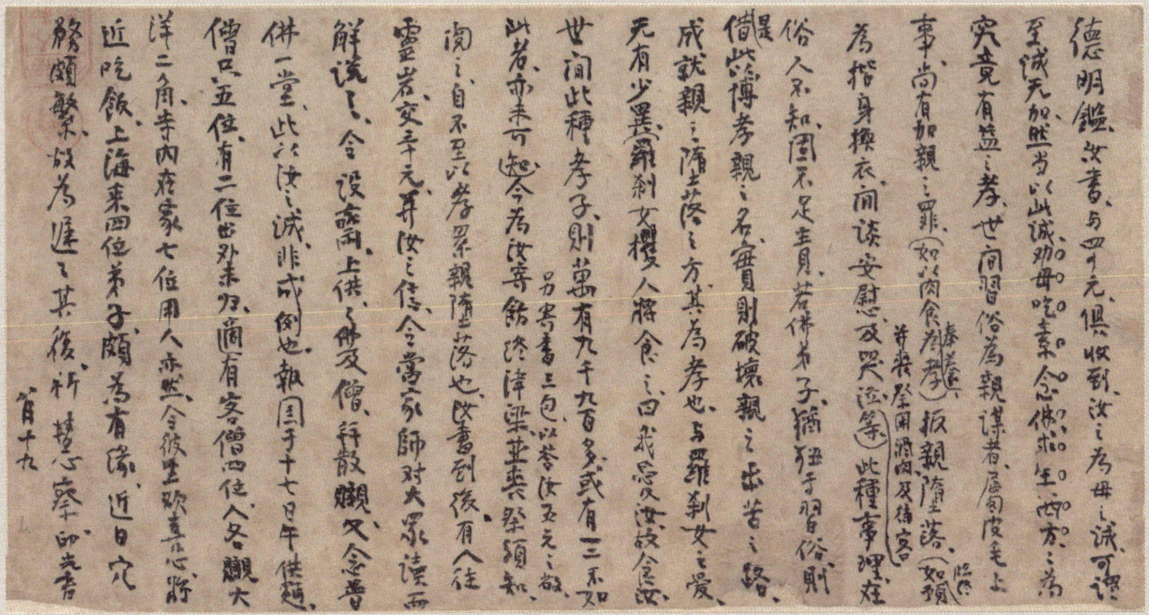

■ 1935年圖3

圖4　11月26日，夏曆十一月初一，印光大師函示，為先生所介紹皈依諸人取法名，並寄書請詳閱。同時囑咐先生當以因果輪迴事理勸世，再為說淨土法門。

【釋文】

德明鑑。人心本善，隨習而轉。隨于無信人，則便毀謗佛法；隨于有正信之人，則便修持淨業。社會國家之興敗，視其首領之人可知矣。現在亂至其極，當以三世因果、六道輪迴之事理為挽救。彼肯依從，則再為說淨土法門，俾其同念佛號，同生西方，是為最要一著。劉以書諸人，既欲皈依，今為各取法名，另紙書之。光老矣，目力精神均不給，不能詳為開示，今以彼等香儀六十五元，令寄書四十八包，每種各與八人一部，有餘則送有信心、通文理、能恭敬者。以後詳閱此各書，則無疑不釋，亦用不著函詢也。當令彼等敦倫盡分，閑邪存誠，諸惡莫作，眾善奉行，存好心、說好話、行好事。庶不負此日求皈依之素志也。餘詳《文鈔》、《嘉言錄》，此不備書。祈慧察，與彼等說之。

　　印光謹復　十一月初一

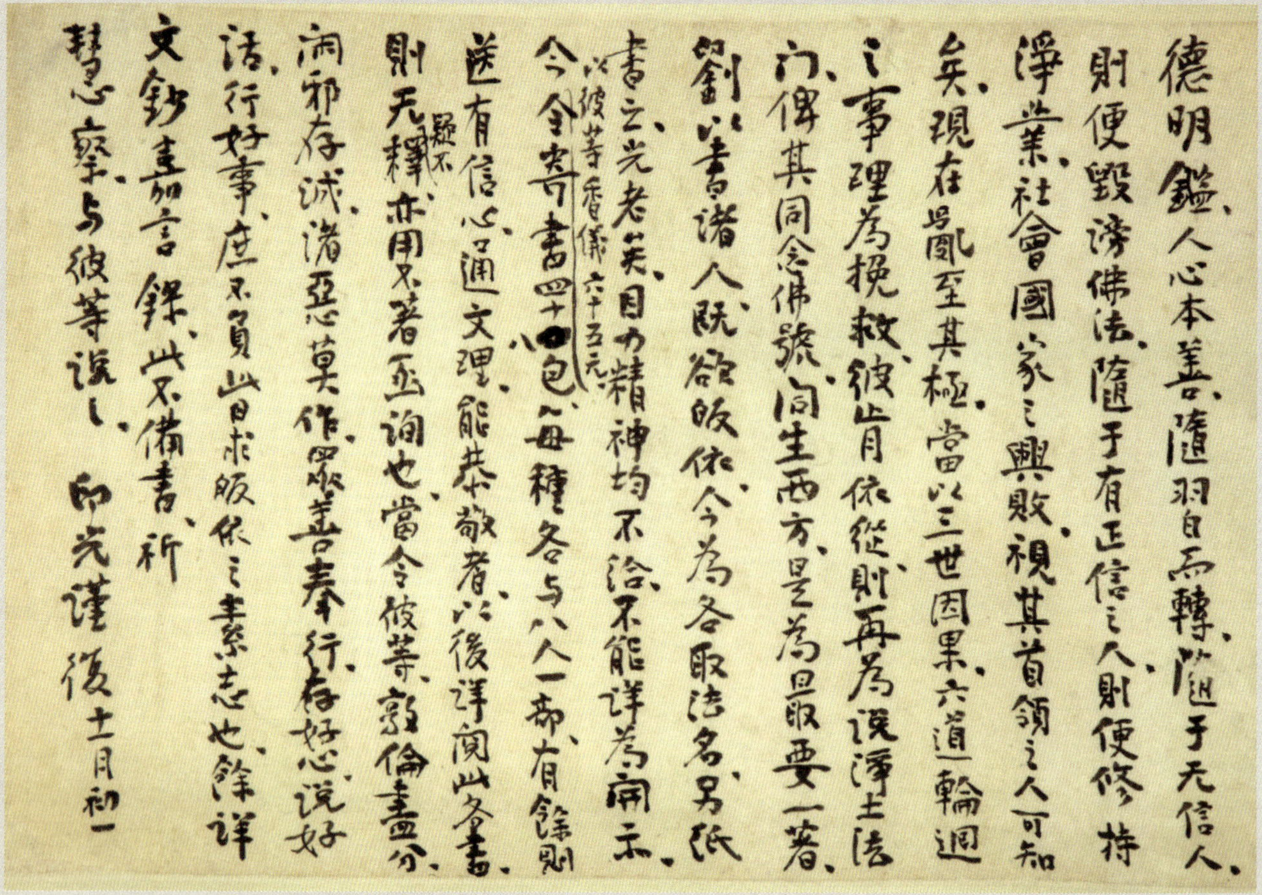

1935年圖4

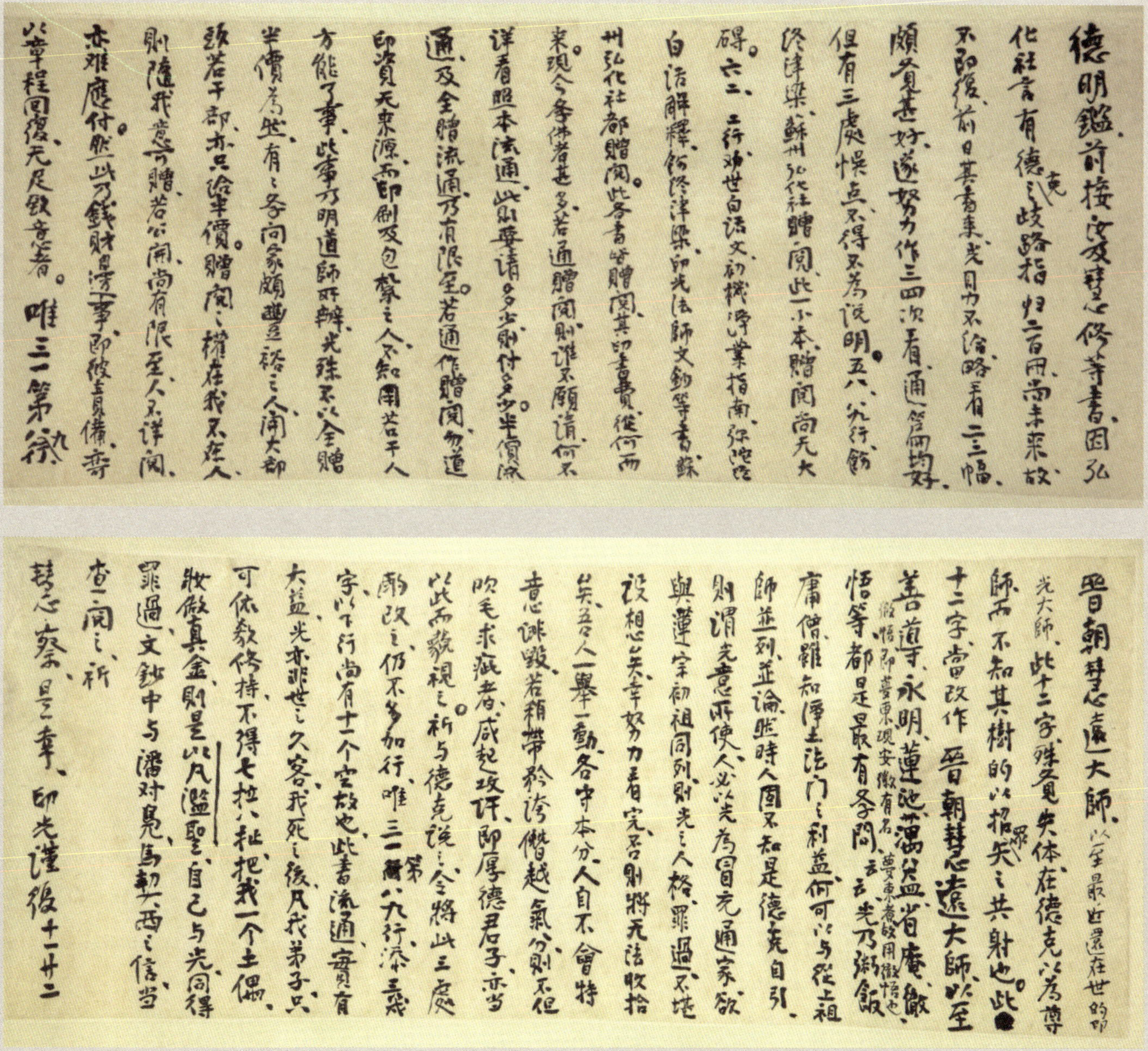
德明鑑：前接安及慧心修等書，因弘
化社言有德克之歧路指归二百冊，尚未来，故
不即復。前日其書来，光目力不給，略看一二三幅，
頗覺甚好，遂努力作三四次看通，[illegible]俱好。
但有三處悞，不得不為說明。五八，六行，飭
終津梁，蘇州弘化社贈閱，此一小本，贈閱尚無大
碍。六二，二行，勸世白話文，初機淨業指南，印光法師
白話解釋，飭終津梁，印光法師文鈔等書，蘇
州弘化社都贈閱。此各書皆贈閱，其印書費從何而
來。現今各佛書甚多，若通贈閱，則誰不願請，何不
詳看照本流通。此與要請多少，即付多少半價流
通，及全體流通，乃有限制。若通作贈閱，勿道
印資無來源，而印刷及包紮之人，知用若干人
方能了事。此事乃明道師所辦，光殊不以全贈
半價為然。有之各向家頗要些錢之人，開大部
頭若干部，亦只給半價。贈閱之稍存我不在人，
則隨我意亦贈，若不開，尚有限，至人不詳閱，
亦难應付。此乃錢財之事，即彼之具備，寄
以章程，同復，無足致意者。唯三一第二欵

晉朝慧遠大師，以至最近還在世的印
光大師。此十二字殊覺失体，在德克以為尊
師，而不知其樹的以招眾矢之共射也。此
十二字當改作：晉朝慧遠大師，以至
善導、永明、蓮池、蕅益、省庵、徹
悟等，（徹悟師夢東現安徽有名，夢東義故用徹悟也）都是最有學問，云云。光乃粥飯
庸僧，雖知淨土法門之利益，何可以與從上祖
師並列並論。彼時人固不知是德克自引，
則謂光意所使人必以光為冒充通家，欲
與蓮宗初祖同列。則光之人格，罪過不堪
設想也。光幸努力看完，否則將無法收拾
矣。吾人一舉一動，各守本分，人自不會特
意誹毀。若稍帶矜誇僭越氣分，則不但
吹毛求疵者，咸起攻訐，即厚德君子，亦當
以此而藐視之。祈與德克說之。今將此三處
所改之，仍不多加行。唯三一第八九行添三幾
字，以下行尚有十一個空故也。此書流通，實有
大益。光亦非世之久客，我死之後，凡我弟子，只
可依教修持，不得七拉八扯，把我一个土偶
妝做真金，則是以凡濫聖，自己與光同得
罪過。文鈔中與潘對鳧、馬契西之信，當
查閱之，祈
慧心察是幸。印光謹復 十一廿二

圖 5　12 月 17 日，夏曆十一月廿二日，印光大師函示，不宜將其與歷代祖師並列。

1935 年圖 5

1936 年（民國 25 年）・47 歲

圖 1　2 月 13 日，夏曆一月廿一日，印光大師函示《歧路指歸》一書校改過程及印刷等應注意事項。
該書印成時，正當先生《重修莒志》編纂事畢，請調回濟南服務，於是持以致贈送行者。

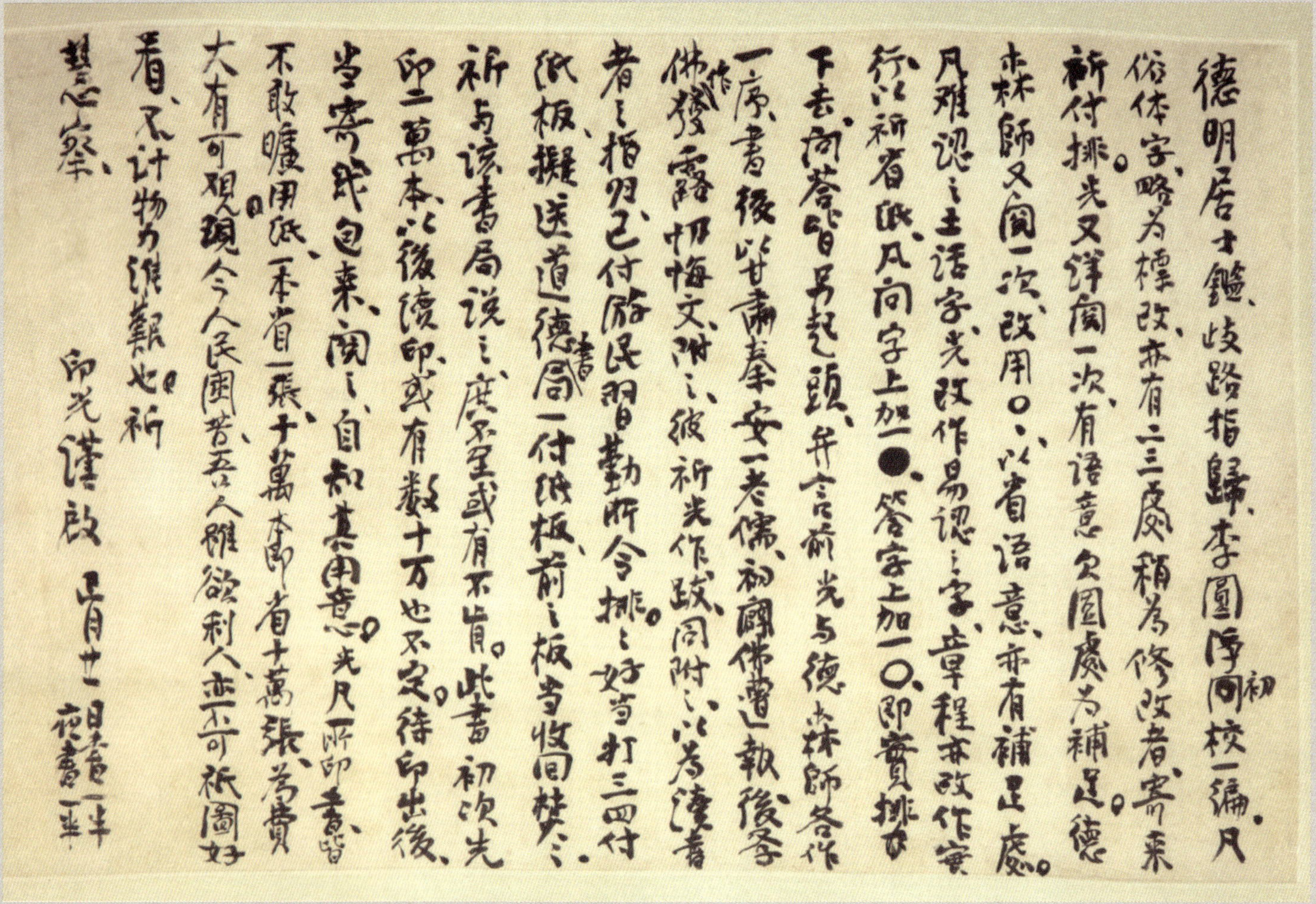

德明居士鑒：歧路指歸，李圓淨初同校一徧。凡俗体字，略為標改，亦有二三處稍為修改者，寄來祈付排。光又詳閱一次，有語意欠圓處，為補足。德森師又閱一次，改用○、以省語意，亦有補足處。凡難認之土語字，光改作易認之字，章程亦改作案行，以祈省紙。凡問字上加一●，答字上加一○，即貫排下去，問答皆另起頭。弁言前，光與德森師各作一序，書後以甘肅秦安一老儒，初闢佛遭報，後參佛作發露懺悔文，附之，彼祈光作跋，同附之，以為讀者之指歸。已付府民習勤所令排，排好，當打三四付紙板。擬送道德書局一付紙板，前之板當收回焚之。祈與該書局說之，庶不至或有不肯。此書初次先印二萬本，以後續印，或有數十万也不定。待印出後，當寄號包來，閱之自知其用意。光凡所印書，皆不敢曠用紙，一本省一張，十萬本即省十萬張，為費大有可觀。現今人民困苦，吾人雖欲利人，亦不可祇圖好看，不計物力維艱也。祈
慧察。
印光謹啟　正月廿一日夜書一半

1936 年圖 1

圖2　5月23日，夏曆四月三日，印光大師函復先生介紹皈依者法名，並開示宜早為慈母臨終準備。

【釋文】

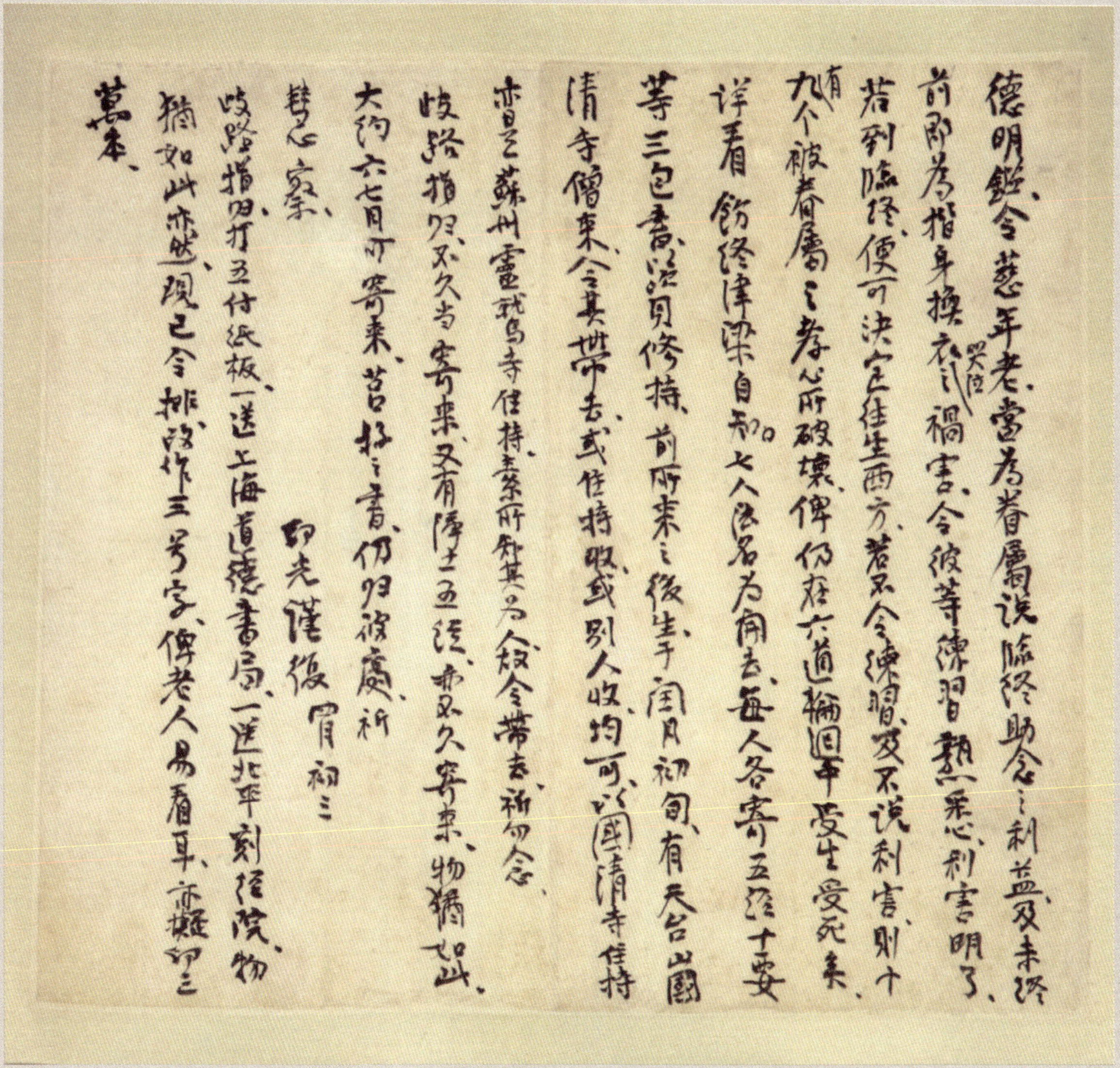

德明鑑。令慈年老，當為眷屬說臨終助念之利益，及未終前即為揩身換衣哭泣之禍害，令彼等練習熟悉，利害明了，若到臨終便可決定往生西方。若不令練習，及不說利害，則十有九個被眷屬之孝心所破壞，俾仍在六道輪迴中受生受死矣。詳看《飭終津梁》自知。七人法名為開去，每人各寄《五經》、《十要》等三包書，以資修持。前所來之後生，于閏月初旬，有天台山國清寺僧來，令其帶去，或住持收，或別人收，均可。以國清寺住持，亦是蘇州靈鷲寺住持，素所知其為人，故令帶去，祈勿念。《歧路指歸》，不久當寄來，又有《淨土五經》，亦不久寄來，《物猶如此》，大約六七月可寄來。莒縣之書，仍歸彼處。祈慧察。　　印光謹復　四月初三

《歧路指歸》，打五付紙板，一送上海道德書局，一送北平刻經院。《物猶如此》亦然，現已令排，改作五號字，俾老人易看耳，亦擬印三萬本。

1936年圖2

圖3　返回濟南後，精進修持。8月30日，於山東濟南淨居禪寺求受五戒，傳戒律師為可觀法師。

圖4　9月26日，於山東濟南女子蓮社求受菩薩戒，傳戒和尚為大雲法師。

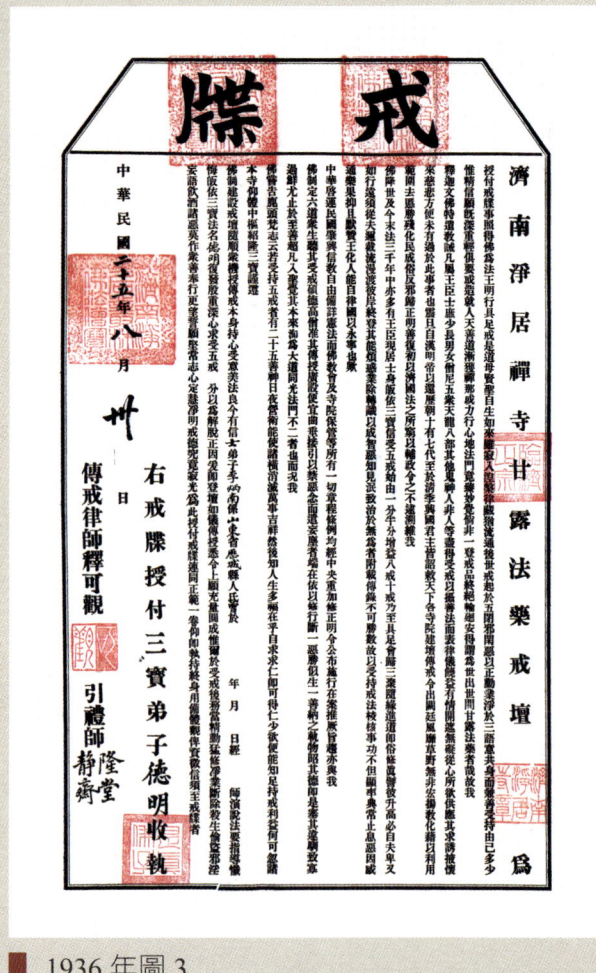

1936年圖3

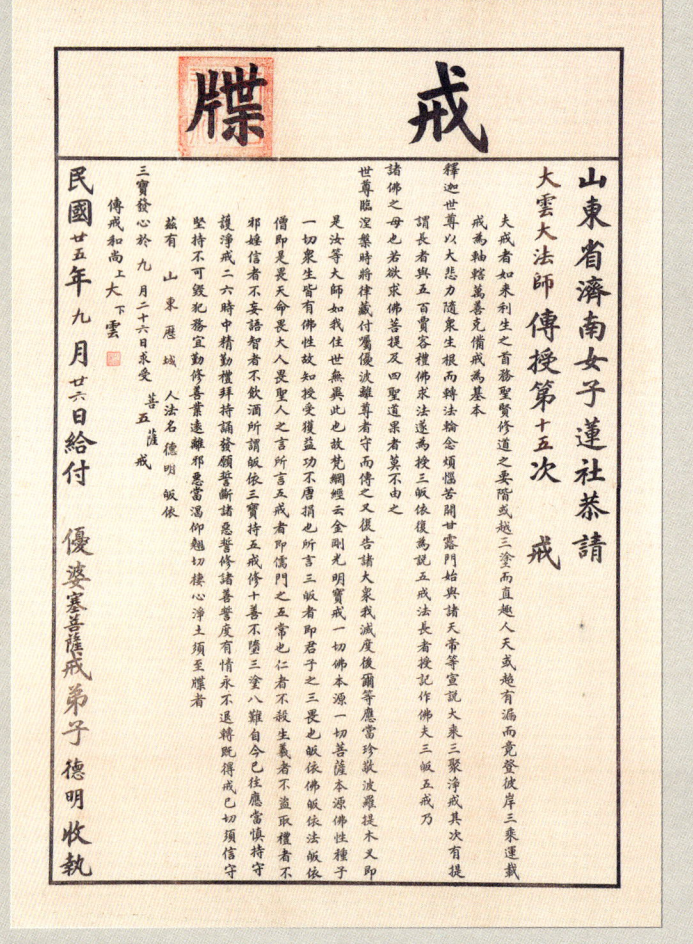

1936年圖4

1937 年（民國 26 年）· 48 歲

圖1　11月，經莊陔蘭先生引薦、祖父鼓勵，受聘入至聖先師奉祀官府服務，開啟與孔德成先生長遠而深刻的互成因緣。圖為六年後奉祀官府出具先生任中醫師之證明。先生在奉祀官府主要擔任為祕書工作。

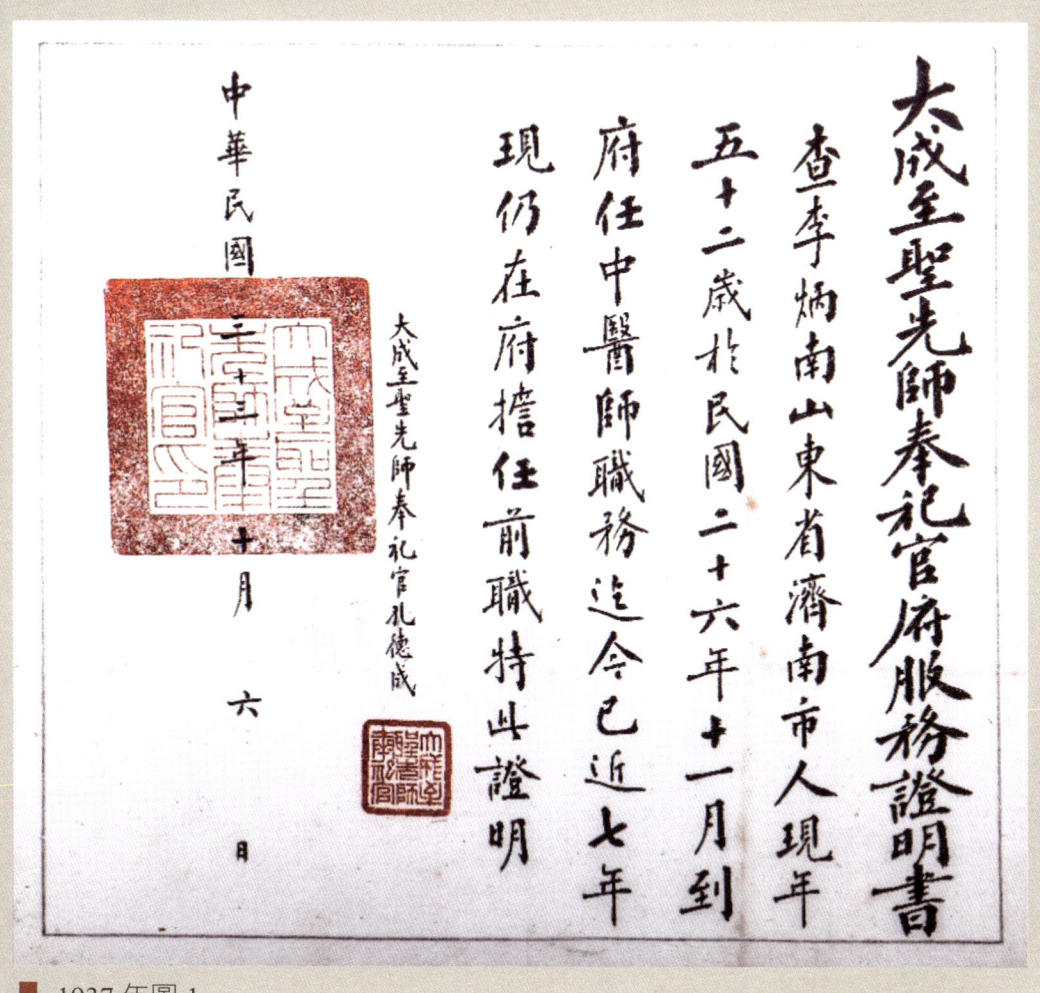

大成至聖先師奉祀官府服務證明書

查李炳南山東省濟南市人現年五十二歲於民國二十六年十一月到府任中醫師職務迄今已近七年現仍在府擔任前職特此證明

中華民國三十二年十月 六 日

1937 年圖1

圖 2　四十八歲以前在魯所作詩，日後集成《燹餘稿》。有《燹餘稿．小引》述緣由。

【釋文】

《燹餘稿．小引》：此稿為予幼學及艾，近四十年之所積也。時逢軍人割據，流寇縱橫，終招日人之侮，乘以進窺，侵地殖民，冀酬夙素，軍寇反從而結之，以圖自固。國勢之危如累卵矣。喪亂之世，寧免憂憤之鳴，故篇什間，言輒及於時政。迨蘆橋戰作，避地巴蜀，家人恐以賈禍，摘集中涉日人者，悉剔而焚之。勝後返里，檢其所遺，得老友序二篇、詩歌四百餘首。重吟之竟，覺其矜躁稚氣，又自刪去二百數十首。論今所存，非無匿瑕，未忍決然盡棄之者，欲藉鴻雪，聊貢後人采風，有所覽焉，非為取乎文也。因名之曰：《燹餘稿》，蘊結未窮，續成三絕。

拄笻五嶽碧雲端，回首邱陵睥睨看，
四十年間詩萬首，堪羞口乳未曾乾。
幾篇點竄幾篇留，快意終輸一筆勾，
正似糟糠下堂去，情絲欲割寸腸柔。
敝帚兩三非自珍，滄桑好助認前塵，
離騷雅頌誰還讀，鉛槧無心累後人。

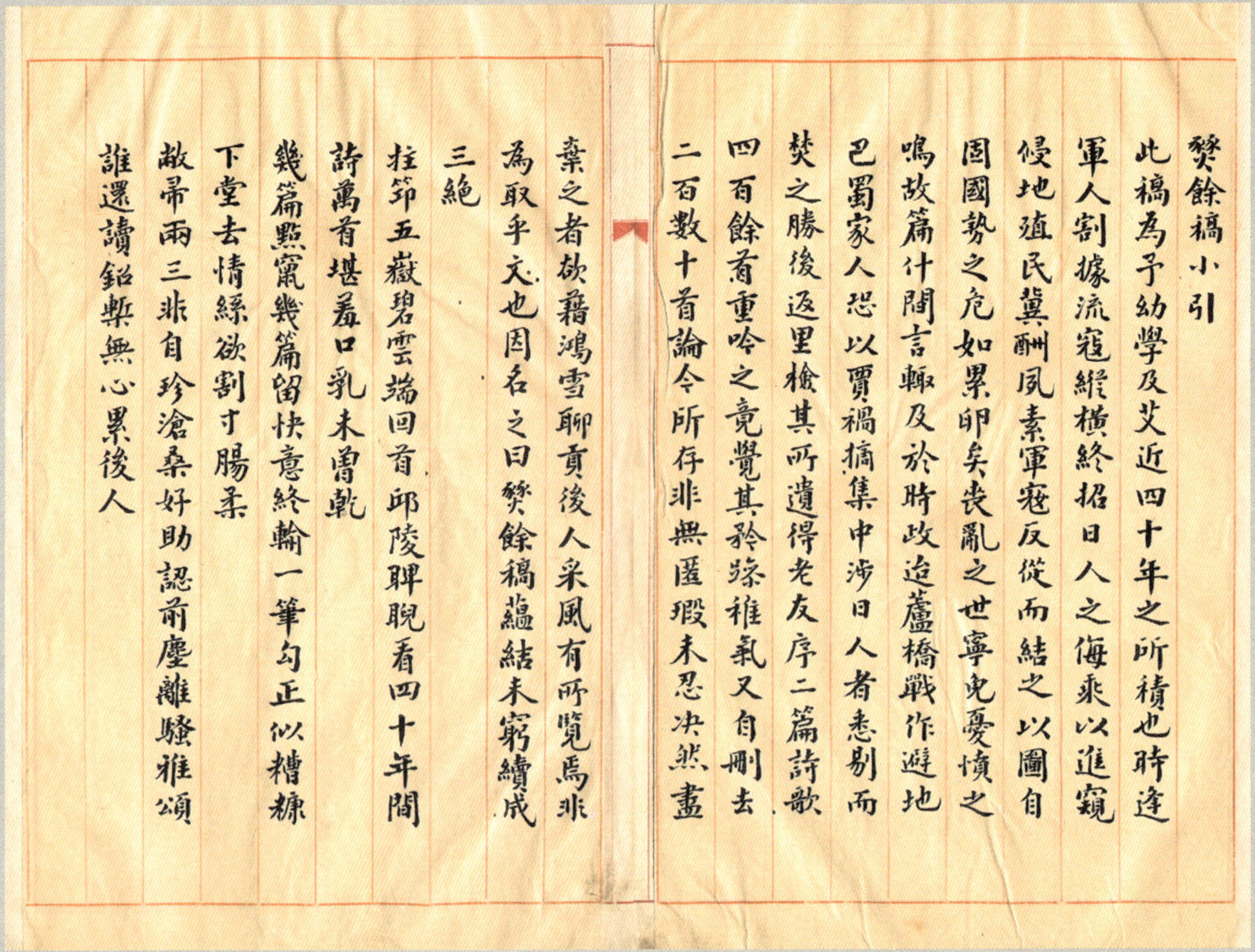
燹餘稿小引
此稿為予幼學及艾近四十年之所積也時逢
軍人割據流寇縱橫終招日人之侮乘以進窺
侵地殖民冀酬夙素軍寇反從而結之以圖自
固國勢之危如累卵矣喪亂之世寧免憂憤之
鳴故篇什間言輒及於時政迨蘆橋戰作避地
巴蜀家人恐以賈禍摘集中涉日人者悉剔而
焚之勝後返里檢其所遺得老友序二篇詩歌
四百餘首重吟之竟覺其矜躁稚氣又自刪去
二百數十首論今所存非無匿瑕未忍決然盡
棄之者欲藉鴻雪聊貢後人采風有所覽焉非
為取乎文也因名之曰燹餘稿蘊結未窮續成
三絕
拄笻五嶽碧雲端回首邱陵睥睨看四十年間
詩萬首堪羞口乳未曾乾
幾篇點竄幾篇留快意終輸一筆勾正似糟糠
下堂去情絲欲割寸腸柔
敝帚兩三非自珍滄桑好助認前塵離騷雅頌
誰還讀鉛槧無心累後人

1937 年圖 2

1938 年（民國 27 年）·49 歲

圖 1　1937 年，國府遷都重慶，至聖奉祀官府亦於 1938 年 1 月 2 日西遷。先生扈隨孔德成先生西行，從曲阜南下，先搭汽車再轉火車，經兗州、徐州，再西向，於 1 月 3 日晚抵達鄭州，1 月 5 日晚抵漢口。在漢口停留一個月後，2 月 9 日再西行，走水路入川。路線如圖①。（底圖為 1929 年〈中華國恥地圖〉）

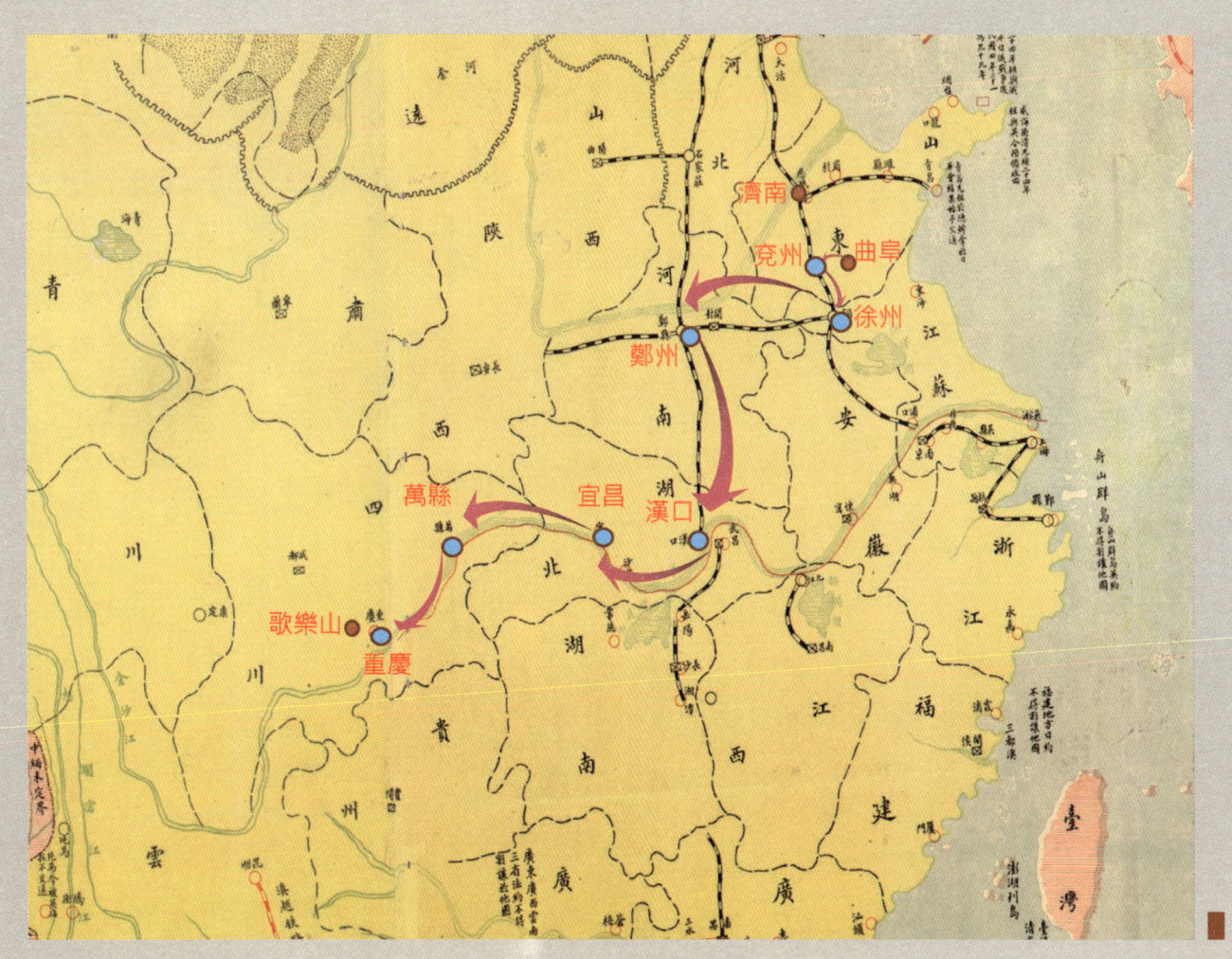

■ 1938 年圖 1 ①

此後八年避秦居蜀所作詩，輯為《蜀道吟》，有〈蜀道吟小引〉。

【釋文】

日人冀逞吞華夙謀，百計尋釁。歲丁丑，借端寇宛平，造成蘆溝橋之變。復傾陸海空軍，南北並進，九貢相繼陷。政府遷渝，余隨孔上公追扈之。日機飛渝轟炸無間宿夕，連續近四載，閭閻盡成焦土。上公兩易其居，俱化灰燼。因之城鄉互徙，後避入歌樂山結廬焉。然行役而歷山川，居處而棲巖岫；當其邂近乎朝暉夕陰、時花候鳥之變，流竄乎硝雲鐵雨、烽火羽書之交；感夫天涯崎嶇孤客淪落，未嘗不搔首扼腕，欲一吐其鬱積之氣，放之天壤也。歌歟？泣歟？發之於詩曰：《蜀道吟》。

1938 年圖1②

1938年（民國27年）・49歲

圖2　1月，疾走數千里後，在漢口與舊友第雲、傅覺夢、強小競重逢。
①前排中為呂今山，右為炳南先生。

【釋文】
歲丁丑冬莫國難方殷，今山、雪廬兩道長先生隨聖裔孔達生先生避地入蜀過漢小住。多年神交，晤談益契。當偕第雲、覺夢兩兄，邀請攝景。調寄過龍門率成一闋，呈奉鑒正：
東魯兩經師，千里心知。訂交漢上歲寒時，星聚數參天與地，春到南枝。　明鏡仰清輝，江水縈回。駒光驪唱漫相催，緣誌雪鴻留印迹，悵別雲泥。
　　　錫山弟強光治小競氏拜題

②一月三十日，除夕夜，強小競題畫相贈。

【釋文】
萬里歸來鬢未皤，又攜琴鶴到巖阿。
白雲故屋欣如舊，蒼翠長松未改柯。
　雪廬道長先生屬正　丁丑除夕　止庵作畫小競題句

■ 1938年圖2①

■ 1938年圖2②

045

圖3　1月，山東旅漢口同鄉會歡迎至聖奉祀官孔德成先生。孔先生中座，其左手邊為炳南先生。

圖4　2月9日，奉祀官府一行從漢口登船西行。21日，自宜昌換乘小輪民勤輪進三峽。孔德成先生循例通報中央，輪船抵達重慶時間。

【釋文】

摘由：茲乘民勤輪於箇日起程，敬日可到渝。謹聞請轉陳。（照片提供：國史館）

（說明：電文「箇日」為21日，「敬日」為24日。）

1938年圖3

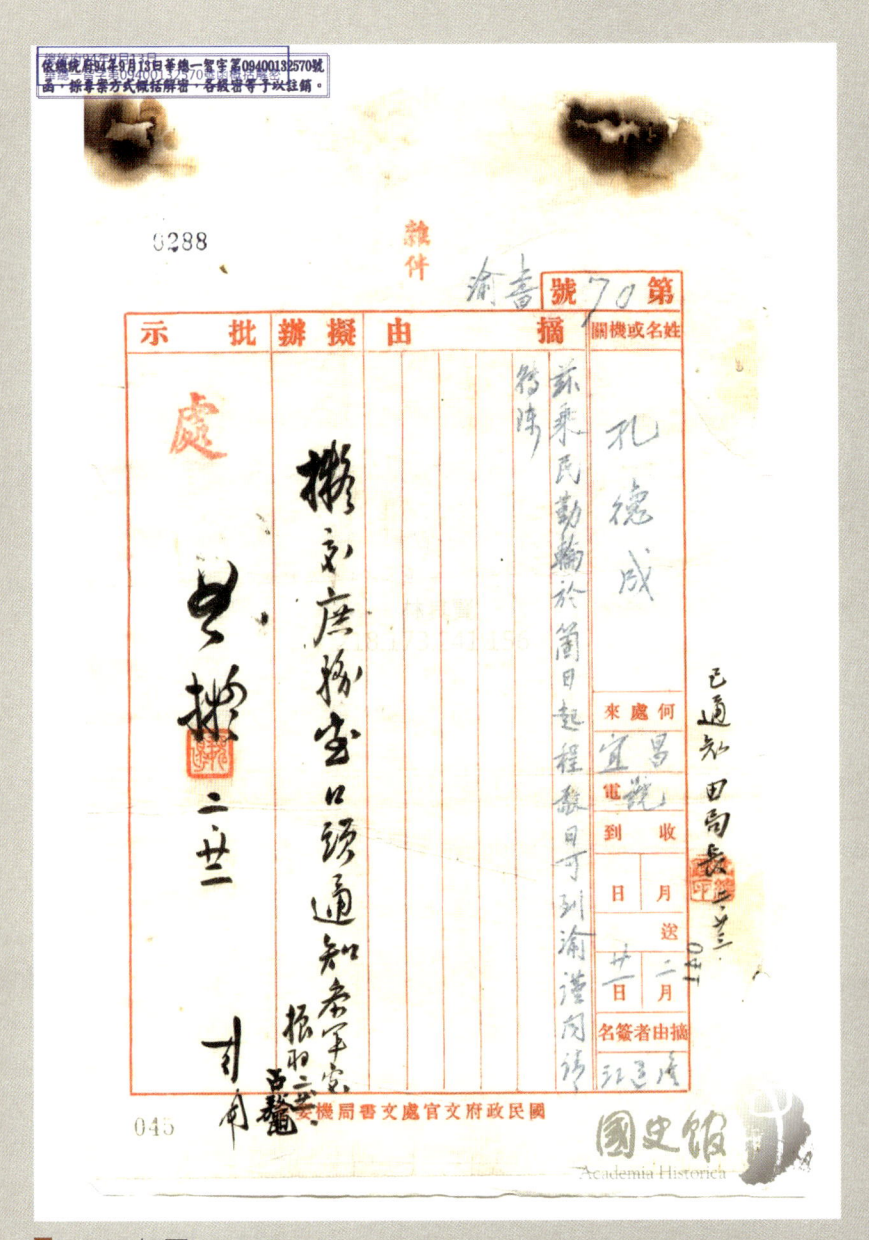

1938年圖4

圖5　旅居重慶八年半遷徙圖（底圖為1943年〈重慶市附近交通詳圖〉）：
1938年2月　於朝天門碼頭登岸(1)，賃居於兩路口新邨六號(2)。
1938年3月　首遇太虛大師於長安寺(3)。
1939年5月　遷居龐家岩17號(4)。
1939年9月　龐家岩屋舍被炸毀，移往重慶西郊歌樂山。孔德成先生住山間青雲路七號，先生住山麓棕嶺一號(5)。
1939年12月　歌樂山雲頂寺側，新建兩棟木造平房落成，取名「猗蘭別墅」。孔德成先生住蝦蟆石二號；先生住蝦蟆石八號，居室沿用故里齋名「雪廬」(6)。
1946年6月　遷返重慶國府路范莊(7)。

圖6　3月，擬借寺廟隱名與家人通信。訪長安寺時巧遇太虛大師與佛學啟蒙師梅光羲居士。經梅師推薦，太虛大師選派先生至監所弘化。弘講績效優良，獲大師題贈墨寶。

【釋文】
靈光獨耀，迥脫根塵。
炳南居士　　太虛

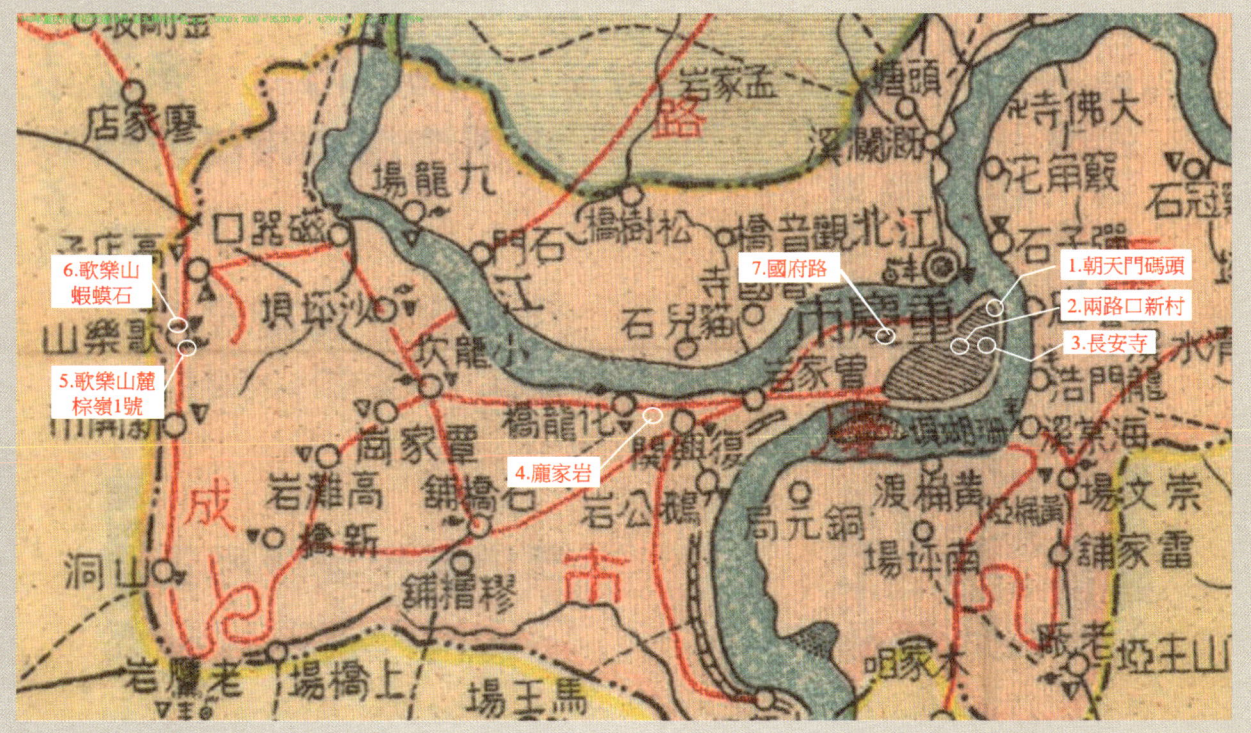

1938年圖5

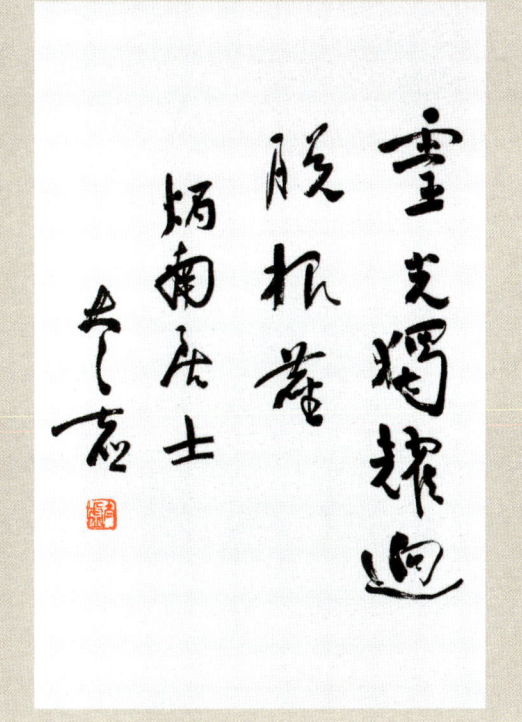

1938年圖6

李炳南居士年譜圖冊

圖7　3月，經太虛大師介紹，加入中國佛學會。
　　①中國佛學會會員證書
　　②中國佛學會會員證書封
　　③中國佛學會證章
　　④中國佛教會會徽
　　⑤1939年3月參加「護國息災法會」紀念章

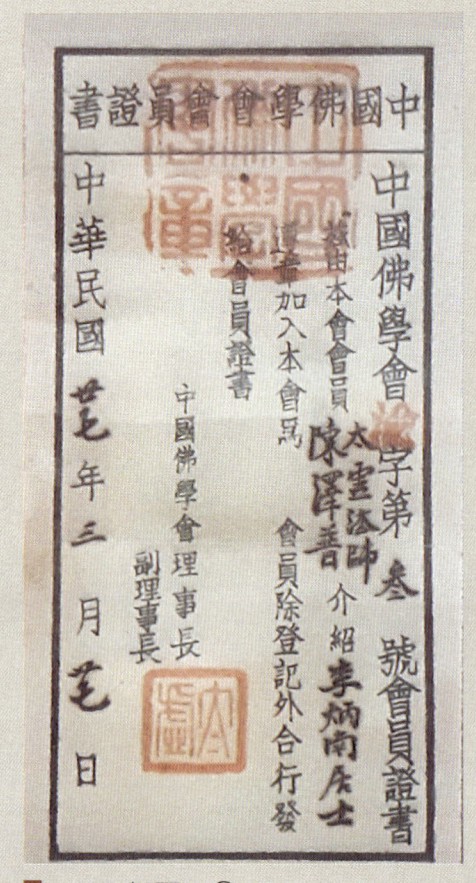

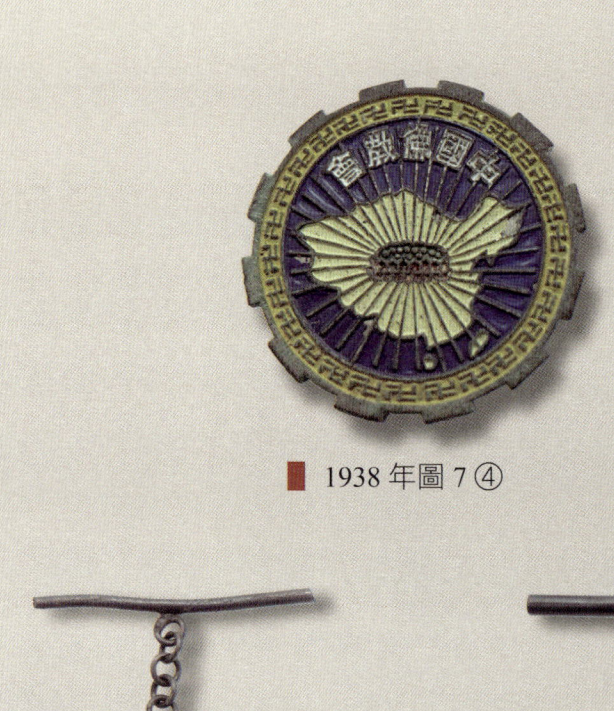

■ 1938年圖7④

■ 1938年圖7①

■ 1938年圖7②

■ 1938年圖7③

■ 1938年圖7⑤

1938年（民國27年）·49歲

圖8 受太虛大師命，在長安寺講演。同時受學梅光羲居士講述《百法明門論》。圖為先生在長安寺講述「淨宗三障」講綱手稿。

1938年圖8

圖9 10月27日，《佛化新聞》發行特刊，太虛大師題榜「峨眉龍門洞特刊」。先生題詞刊於太虛大師題榜下方。
先生題詞：〈演觀大和尚倡建峨山龍門洞放生林池紀念〉：已脫網羅魂尚驚，林池借爾樂餘生；人羊互啖知多少，喜到此間冤盡平。

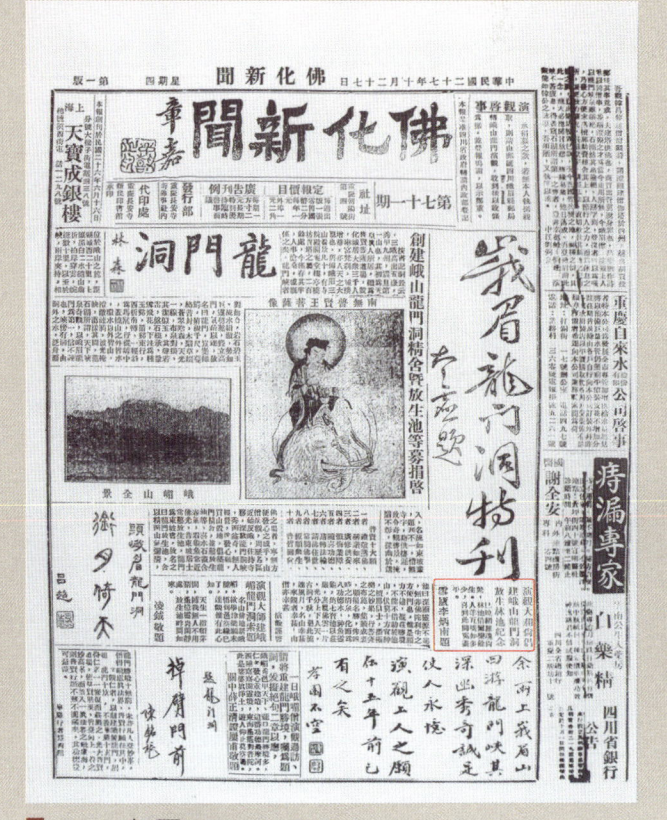

1938年圖9

圖 10　11 月 15 日，留守曲阜至聖奉祀官府莊陔蘭先生來信，談論詩道、報平安，略及戰區情形。

【釋文】

炳兄道鑒：九月惠函，七十餘日始到曲。〈酬阿南詩〉快讀之，格律神韻直逼少陵，只第二首蒲、團、北三字稍弱，然苦思無以易之，奈何。數月以來，雲狗變態又自不同，或獻歲開春有希望乎。此間諸同人自一公以次均佳。日前實美兄來信，云久不見家報，或亦郵遞遲滯之故。餘續陳，即頌

淨安　　老春肅啟　十一月十五日

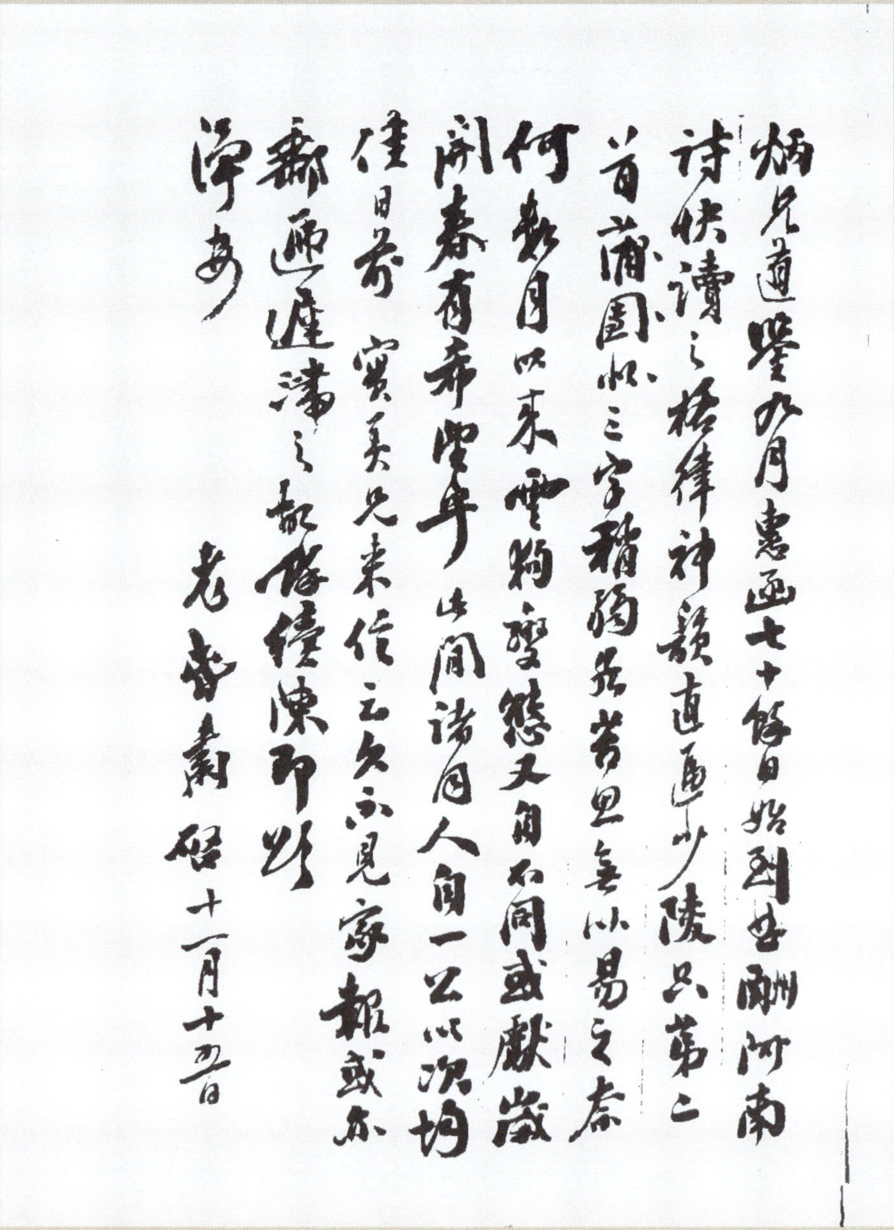

炳兄道鑒九月惠函七十餘日始到曲酬阿南
詩快讀之格律神韻直逼少陵只第二
首蒲團北三字稍弱然苦思無以易之奈
何數月以來雲狗變態又自不同或獻歲
開春有希望乎此間諸同人自一公以次均
佳日前實美兄來信云久不見家報或亦
郵遞遲滯之故餘續陳即頌
淨安
老春肅啟十一月十五日

1938 年圖 10

1938年（民國27年）·49歲

圖11 居重慶時，覓空襲之隙，常與文化界來往，詩畫酬答，得沈尹默（①）、張善子（②）、陳之佛（雪翁）（③）相贈之題畫。

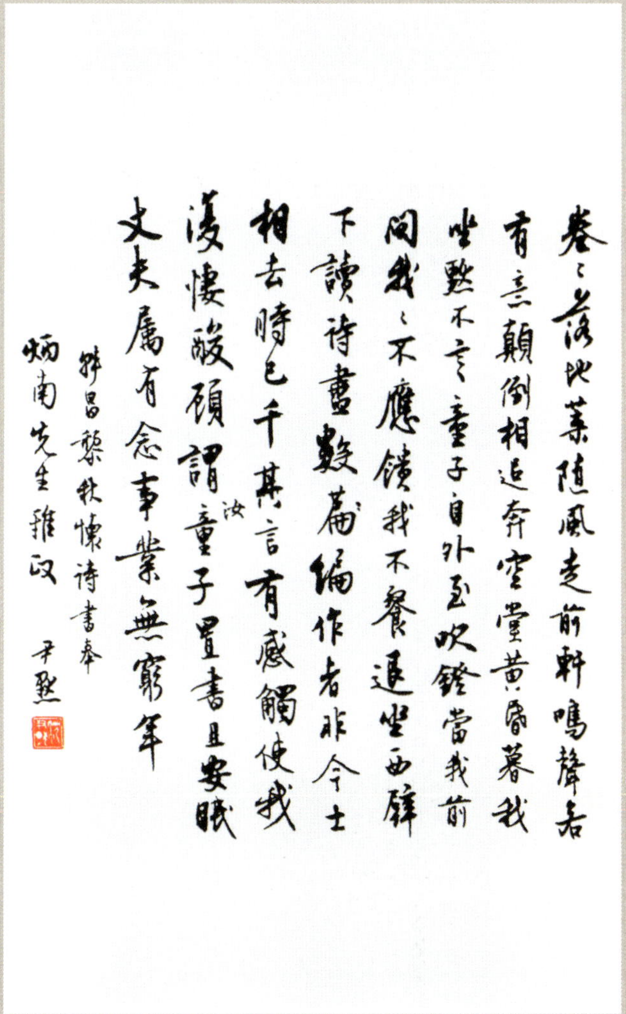

1938年圖11 ①

1938年圖11 ②

1938年圖11 ③

1939 年（民國 28 年）・50 歲

圖1　居蜀期間，再度親近梅光羲大士學習。圖為梅居士題錄《佛遺教經》法句相贈。

【釋文】

汝等比丘若攝心者，心則在定；心在定故，能知世間生滅法相。

是故汝等當勤精進，修習諸定。

炳南道兄　雅正　　弟梅光羲

圖2　居蜀期間，多次弘講往生淨土法門。又因有梅光羲先生同門以淨土為「寓言權說」，先生於是撰作《佛說阿彌陀經義蘊》以駁之。①該書封面、②小引、③內文。

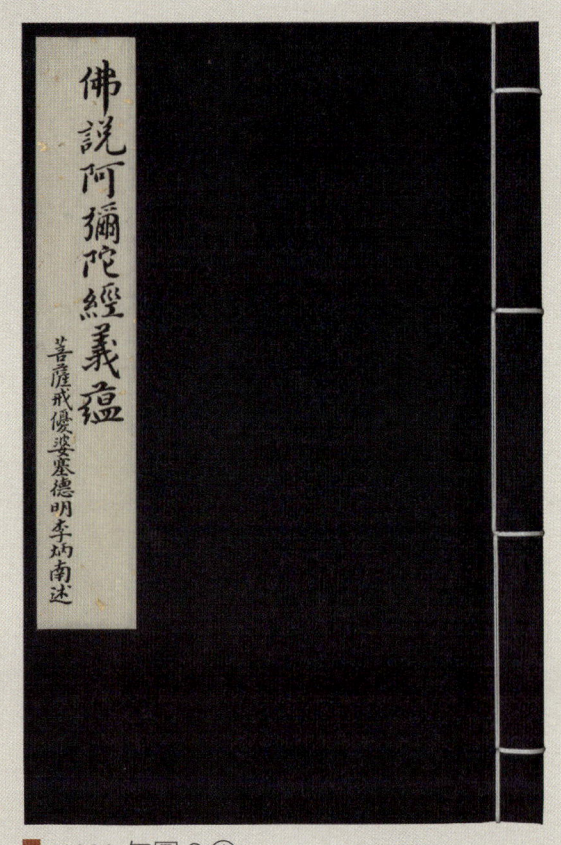

■ 1939 年圖 1

■ 1939 年圖 2①

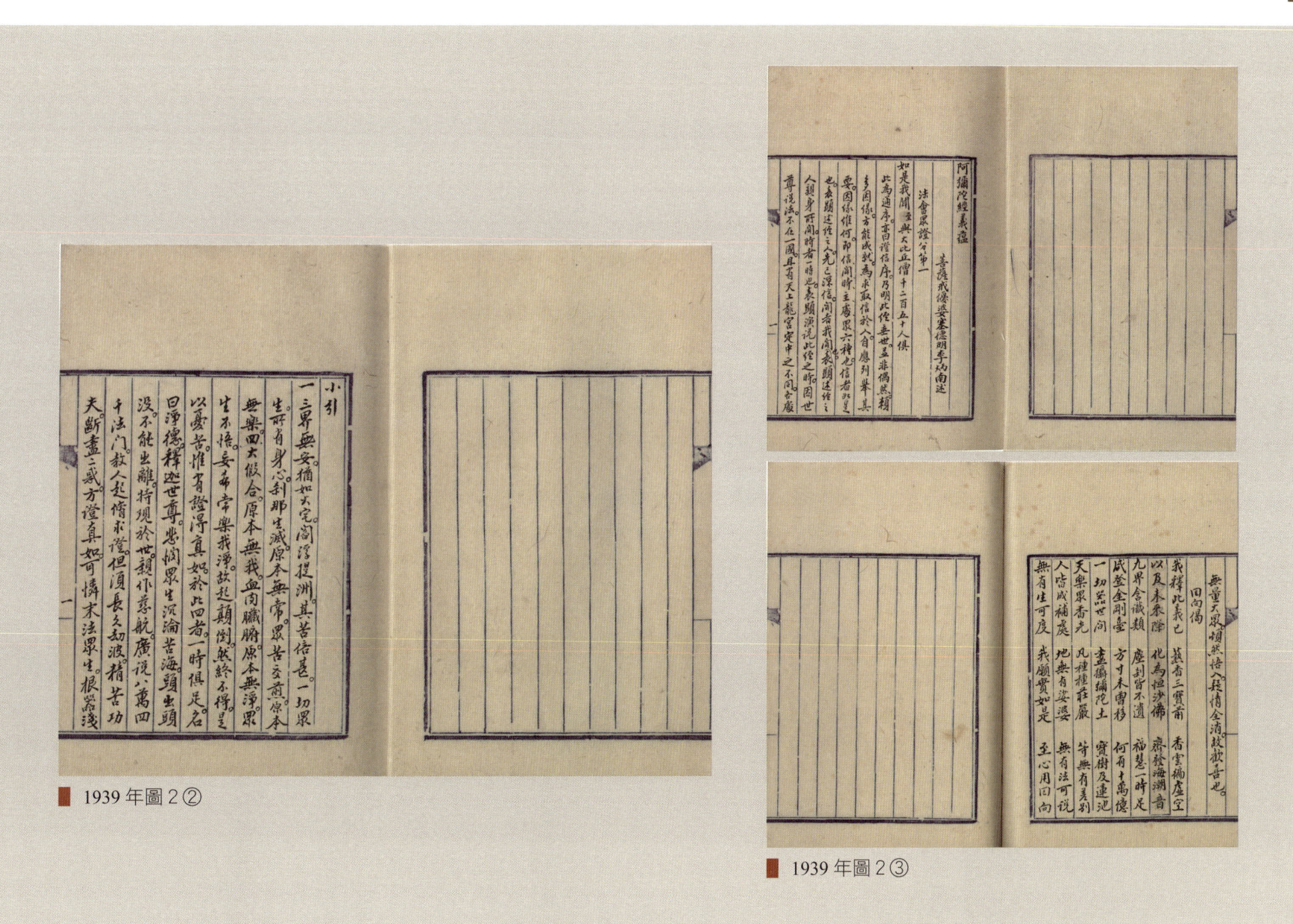

1939年（民國28年）·50歲

小引

一三界無安猶如火宅聞浮提洲其苦倍甚一切眾
生皆有身心剎那生滅原本無常眾苦交煎原本
無樂四大假合原本無我血肉臟腑原本無淨眾
生不悟妄希常樂我淨故於四者一時俱足是
以憂苦推有證浮真如此於四者一時俱足是
日淨德釋迦世尊悲憫眾生沉淪苦海頭出頭
沒不能出離持慈航廣說八萬四
千法門教人起修求證但須長久劫波精苦功
夫斷盡二惑方證真如可憐末法眾生根器淺

■ 1939年圖2②

阿彌陀經義蘊

菩薩戒優婆塞德明李炳南述

法會眾證分第一

如是我聞一時佛在舍衛國祇樹給孤獨園與大比丘僧千二百五十人俱
此為通序亦曰證信序乃阿難結集時所列舉
多聞緣起序亦曰發起序乃明此經之非偶然耳
要因緣方能成就
人親身所聞時者非也表顯演說此經之時固也
尊說法不在一國且有天上龍宮定中之不同各處
也表顯述維之先之深信聞者我聞故人自應列舉之
多聞緣方惟何即信聞維何即證信者乃為主聽也

無量大眾傾狀悟入發情合清故歡喜也

我釋此義已
以及未來障
九界含識類
武登金剛臺
一切諸世間
天樂眾香光
人情咸補處
無有生可度

蓋者三寶前
化為恒沙佛
應刻曾不遺
方寸不曾移
盡編彌陀土
凡種種莊嚴
地無有美別
我願賢如是

香雲補虛空
齋發海潮音
福慧一時足
何可上萬億
寶樹及蓮池
等無有差別
無有法可說
至心用迴向

迴向偈

■ 1939年圖2③

圖3　編述《佛說阿彌陀經義蘊》同時，多次演說淨土精要。圖為〈淨土大意〉講綱手稿。

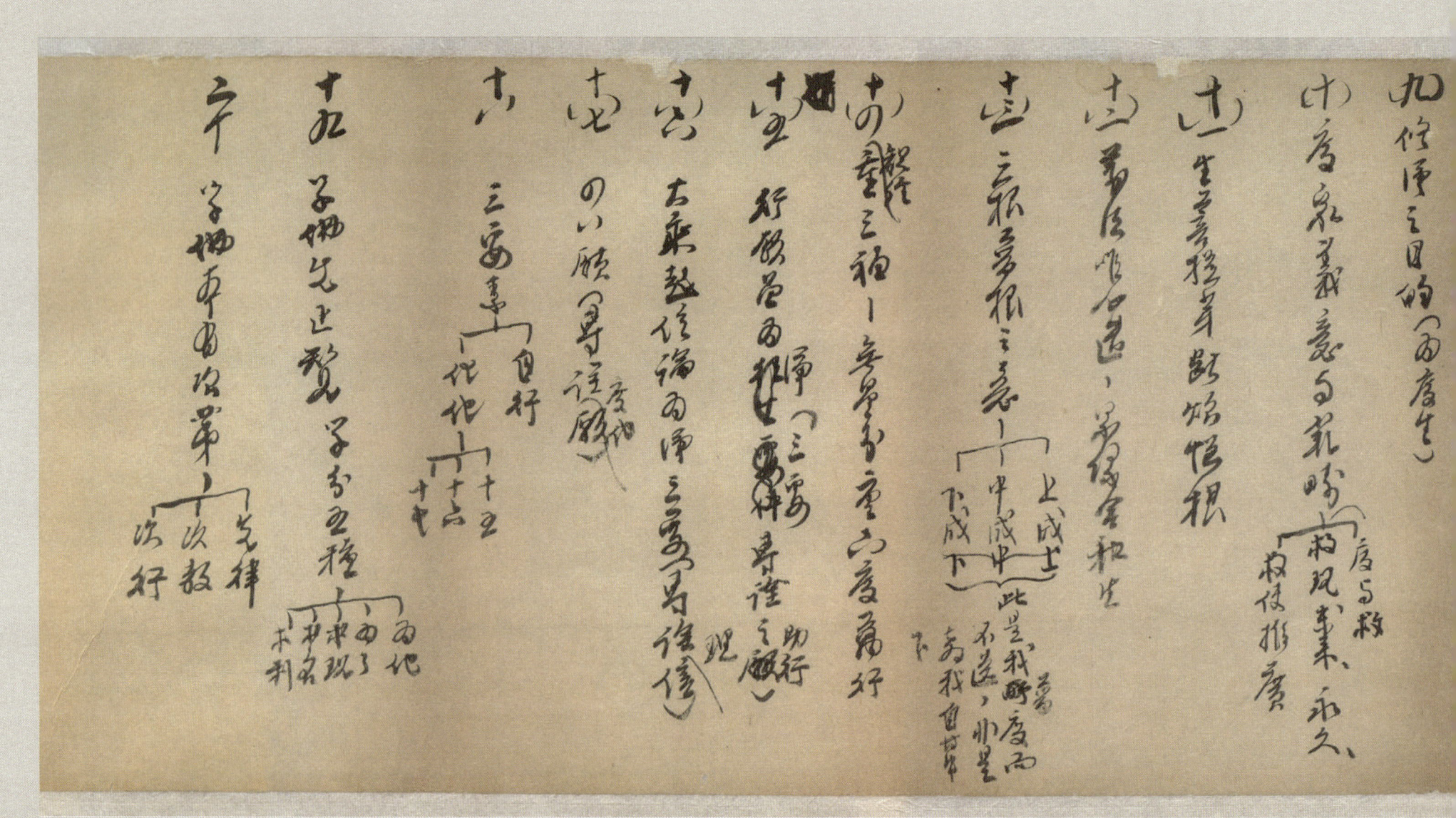

1939 年圖3

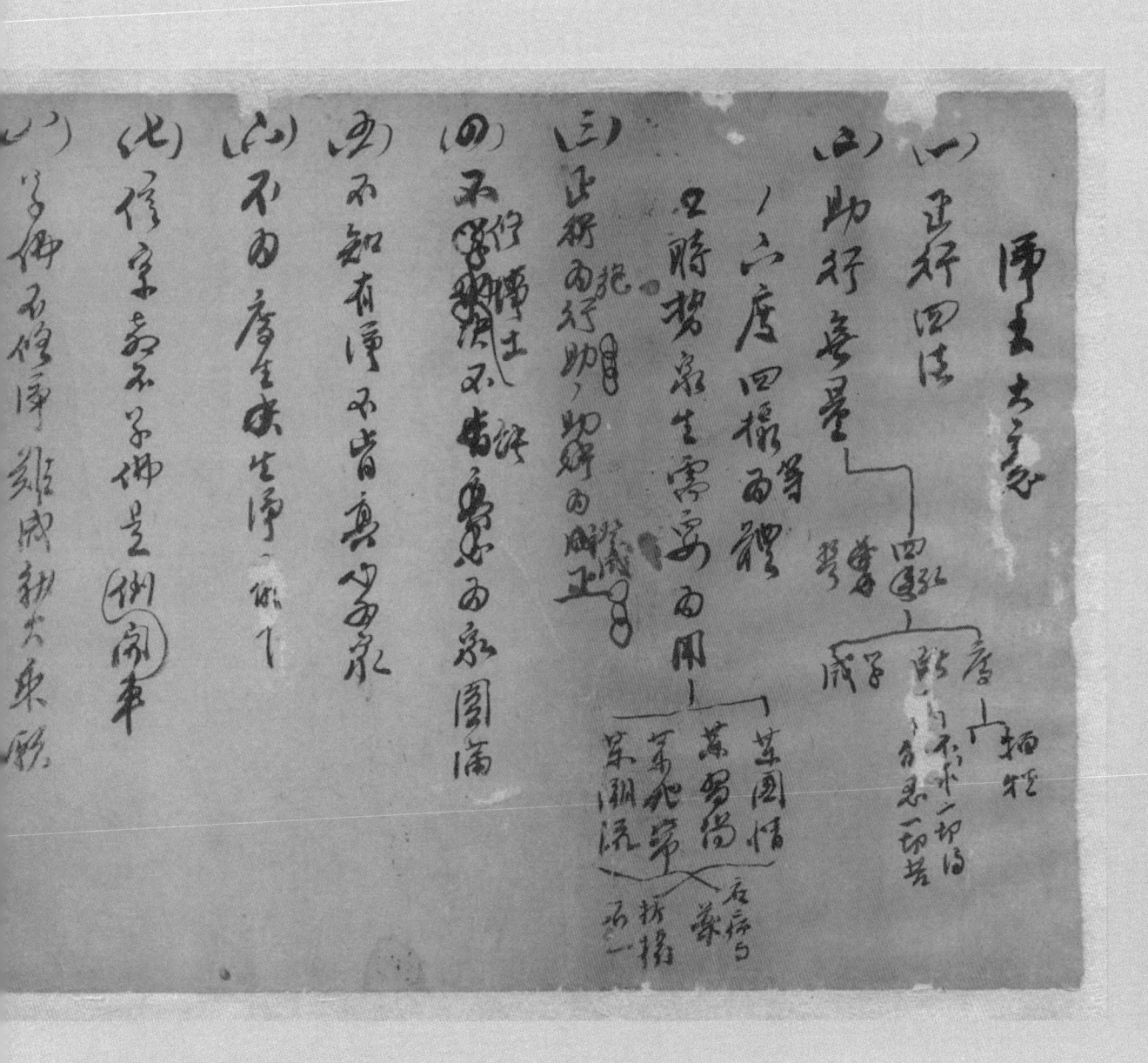

【釋文】（節錄）

一、正行四法

二、助行無量──四弘誓（度、斷、學、成）
   1. 六度四攝等為體；2. 時勢眾生需要為用

三、正為施行助，助為證成正

四、不修淨土不能為眾圓滿

五、不知有淨不肯真心為眾

六、不為度生生淨

七、信宗教不學佛是開倒車

八、學佛不修淨難成大乘願

九、修淨之目的（為度生）

十、度眾義意與範疇（度與救、救現未來永久、救使推廣）

十一、生菩提芽斷煩惱根

十二、萬法唯心造萬緣合和生

十三、三根普根之意（上成上、中成中、下成下）

十四、觀經重三福──無量壽重六度萬行

十五、行願品為淨（三要專詮之助行）

十六、大乘起信論為淨三要（專詮理信）

十七、四八願（專詮度他願）

十八、三要素──自行、化他（十五、十六、十七）

十九、學佛先正知見（學分五種：為他、為了、求現、求名、求利）

二十、學佛本有次第（先律、次教、次行）

圖4　5月，日機狂炸重慶市區。為避轟炸，政府機關疏散至郊區。至聖奉祀官府依規定向行政院申請建築經費，擬遷避歌樂山。（照片提供：國史館）

圖5　8月，日機猛烈轟炸，近日遷居龐家岩之奉祀官府寓所全被炸毀。先生險遭不測。
　　9月，奉祀官府遷移至歌樂山麓青雲路七號，暫時借住。（照片提供：國史館）

圖6　年底，奉祀官邸、官府陸續從借居遷入新居，係新建兩棟木造平房，位於歌樂山雲頂寺側，呂今山取名為「猗蘭別墅」，並請莊陔蘭先生題匾。蝦蟆石二號為孔德成先生住所，蝦蟆石八號為辦公人員處所。炳南先生居室沿用故里齋名「雪廬」，屋內有孔德成先生題字「一見便知己，平生有幾人。」圖為「猗蘭別墅」。

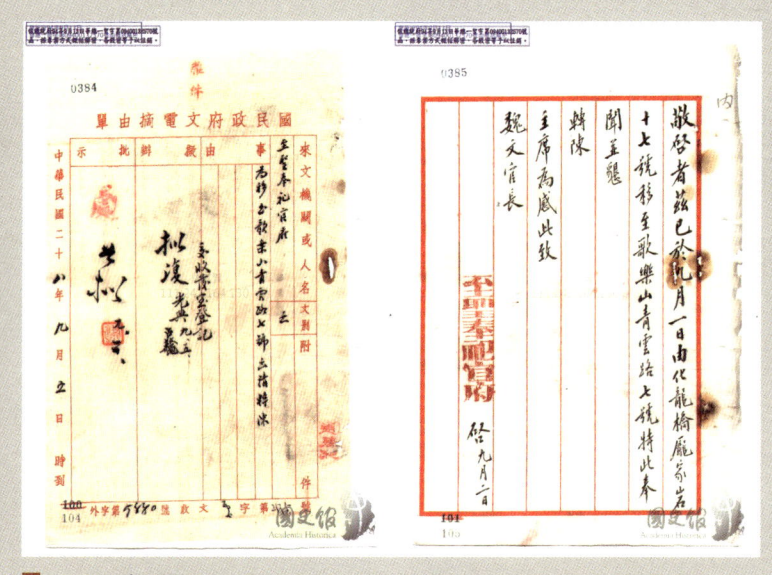

1939 年圖 5

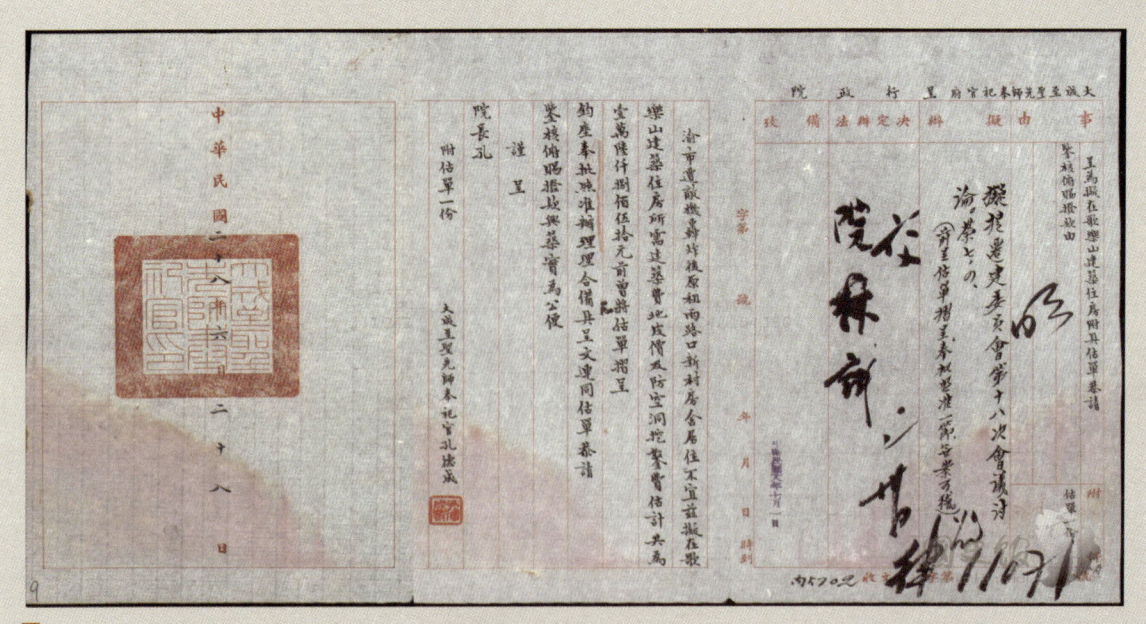

1939 年圖 4

1939 年圖 6

1941 年（民國 30 年）· 52 歲

圖 1　1940 年 10 月，原山東省圖書館長王獻唐自樂山來歌樂山國史館任職，與奉祀官府為鄰，與先生時相往來。圖為 1941 年王獻唐書寫〈齊器陳侯因資敦文〉題贈先生。

圖 2　原山東省圖書館編藏部主任屈萬里，於 1939 年 5 月，至奉祀官府任文書主任，與先生同事。其於護守山東省圖之文物存藏於樂山時，於大佛寺旁拾得「宋張璘史氏白塔造像磚」（又稱「樂山白塔磚」），以拓本相贈。先生原即長於金石，知為稀有難得，因請諸友題記。

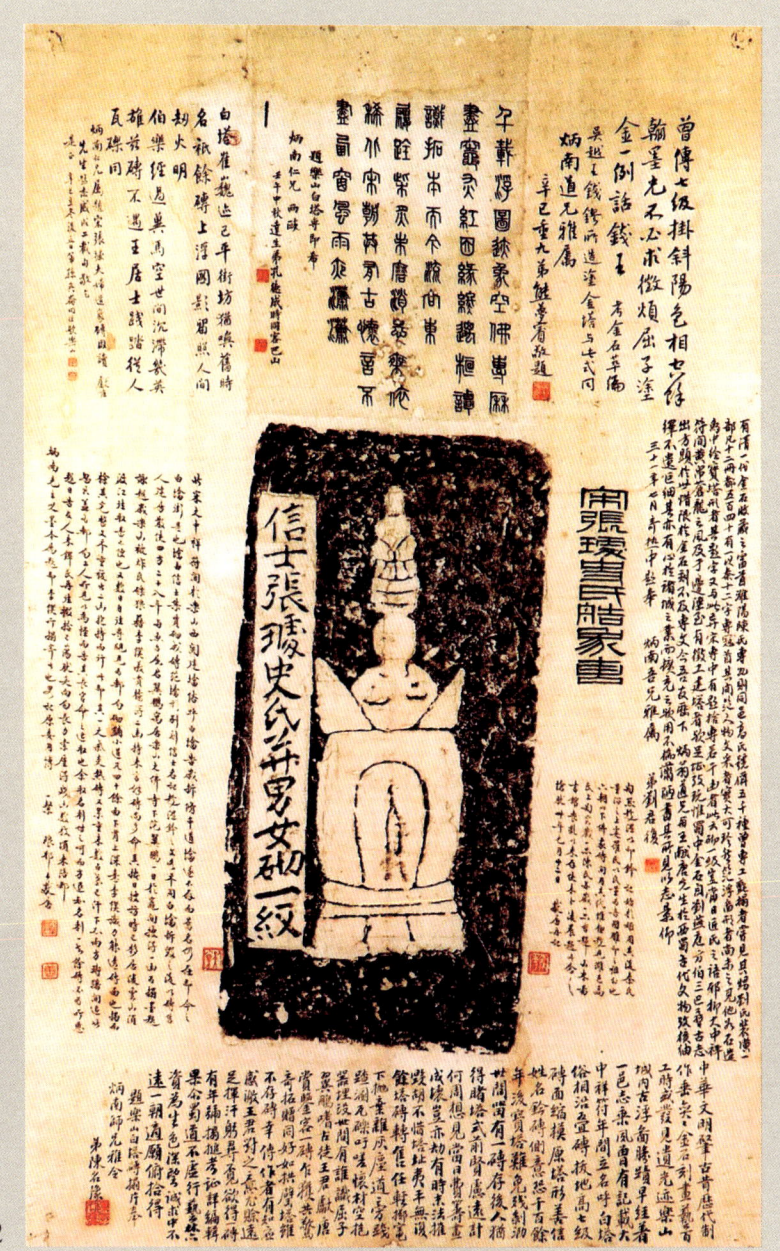

■ 1941 年圖 1　　　　　　　　　　　■ 1941 年圖 2

圖3　孔德成先生為炳南先生收藏之「樂山白塔磚」拓本題記。（見 1941 年圖 2：原拓本上欄中）

【釋文】
千載浮圖跡象空，佛專歷盡竈灰紅，因緣終遇桓譚識，拓本而今流向東。
屢詮柴炙未磨消，志乘依稀北宋朝，共有古懷言不盡，西窗風雨夜瀟瀟。
題樂山白塔專，即希
炳南仁兄　兩政
　　壬午中秋達生弟孔德成時同客巴山

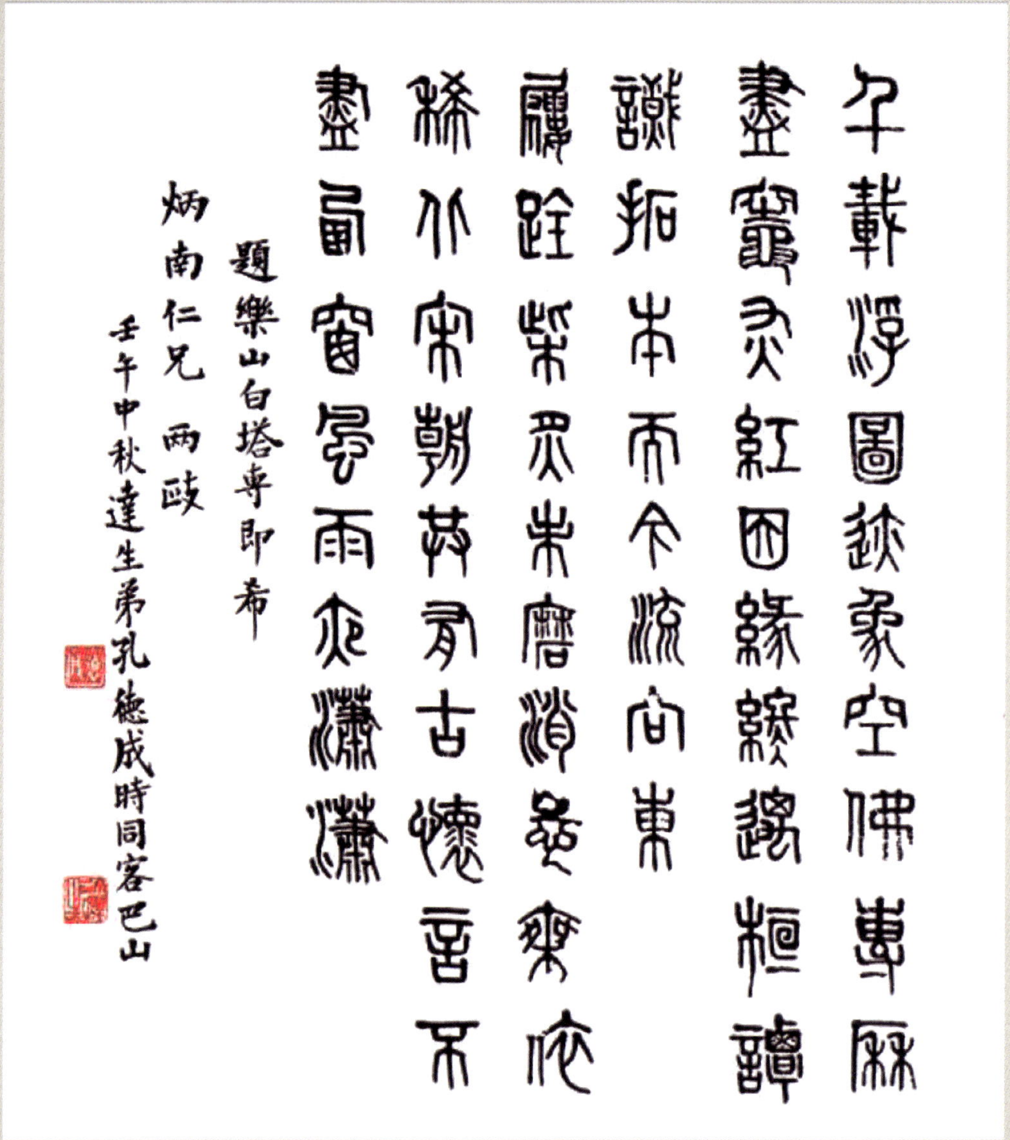

1941 年圖 3

1942年（民國31年）・53歲

圖1　四川樂山復性書院院長馬一浮有詩集《避寇集》。先生讀後作有〈讀馬一浮避寇集〉二首（《雪廬詩集》，頁143），馬一浮酬謝先生前作，題詩〈詶雪公詩二絕〉回贈。

【釋文】
炳南先生辱題拙集，有慚
　品藻，率詶二絕博笑
草堂詩癖輞川禪，意在羚
羊挂角邊；一自滄浪題品
後，拈花指月竟誰傳。
烟波盡處見鴻濛，不是窮
愁不許工；初日芙蓉春後
柳，夢中搖曳一江風。
　　辛巳嘉平　　湛翁

【案】嘉平為臘月別稱

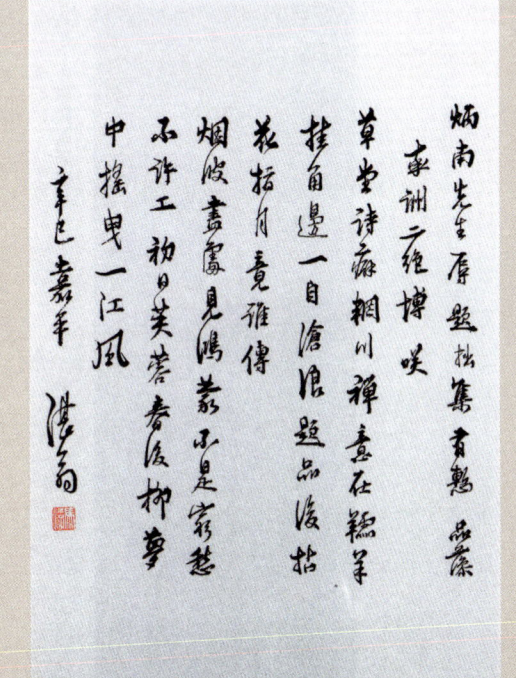

圖2　2月，為王獻唐拓印之「新室遺甓」題跋（代筆）。（王福來提供）

【釋文】
磨沙剪紙拓青甎，圓法依稀可辨
年；未必當時空藻飾，疑同流俗
瘞金錢。
十二雄文海內臣，漢家宮闕記和
親；從來富貴尋常事，唯願博施
濟眾人。
　獻唐老兄　哂政　弟李炳南題

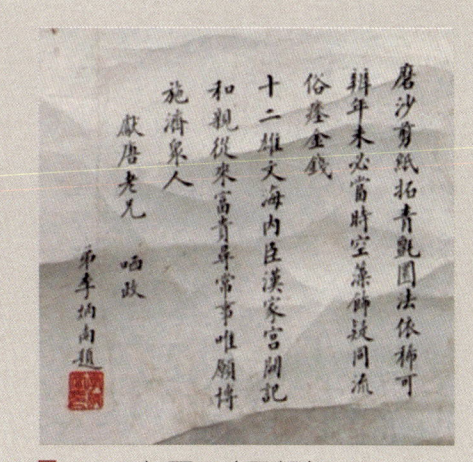

■ 1942年圖1

■ 1942年圖2（局部）

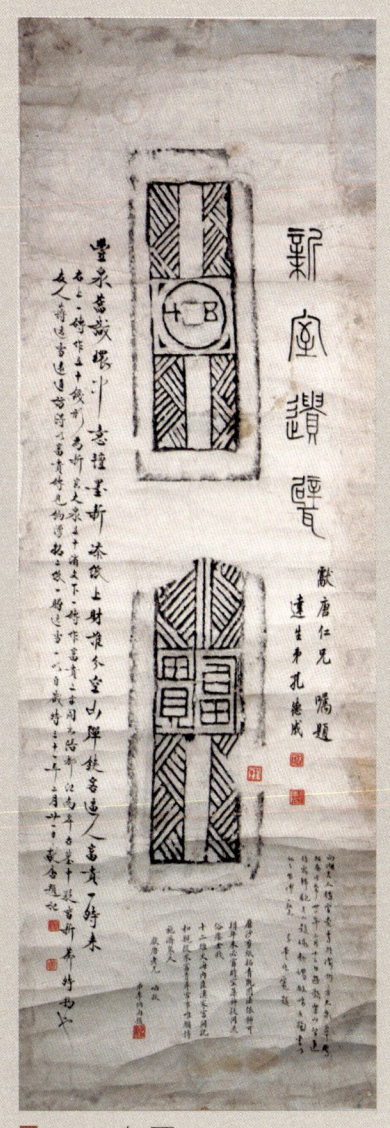

■ 1942年圖2

圖3 圖為王獻唐拓印之「千秋萬歲瓦富字瓦」，先生亦為題跋（代筆）。（王福來提供）

【釋文】

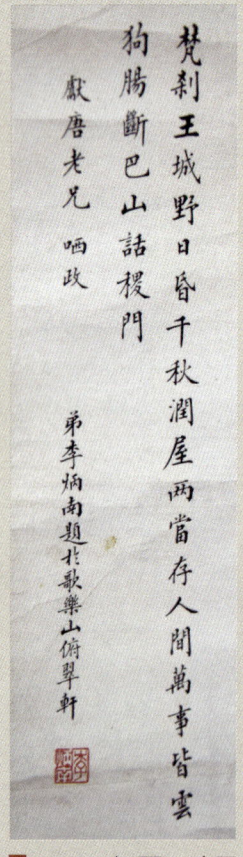

梵剎王城野日昏，千秋潤屋兩當存；

人間萬事皆雲狗，腸斷巴山話稷門。

獻唐老兄 哂政　　弟李炳南題於歌樂山俯翠軒

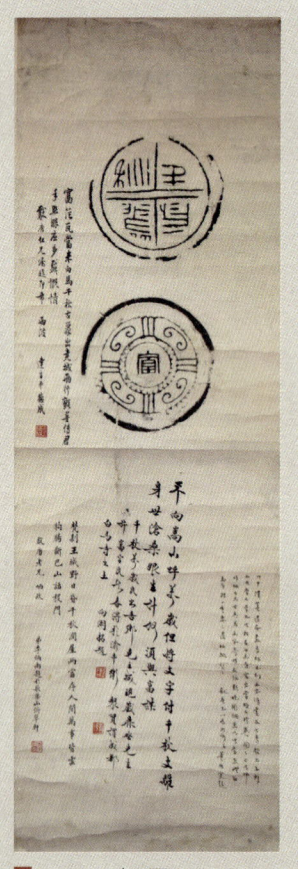

1942年圖3

1942年圖3（局部）

圖4 6月，緣於過去之服務熱忱與專業賑災效能，復以孔德成先生力薦，受聘擔任「振濟委員會」專員。該會委員長係由行政院長孔祥熙兼任。

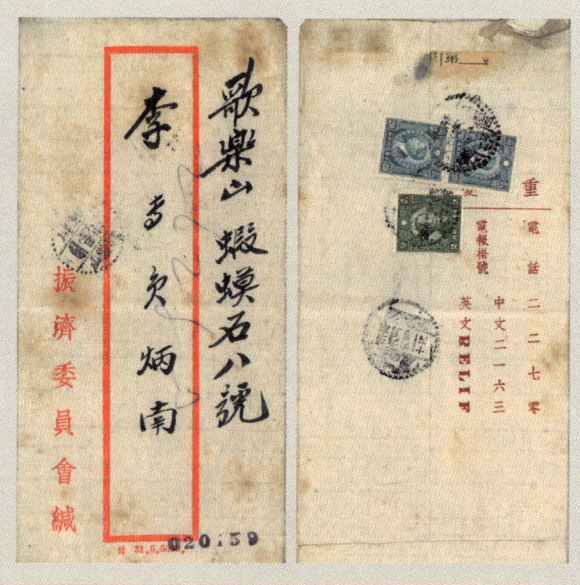

1942年圖4

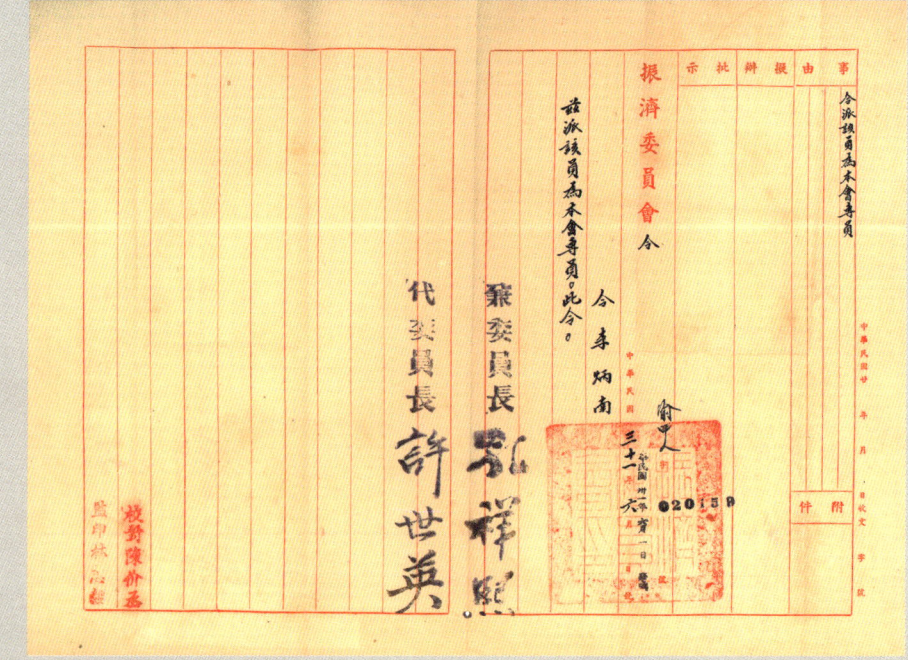

1942年（民國31年）・53歲

圖5　6月，王獻唐繪贈〈山居圖〉。

【釋文】

菰黍人家詑浴蘭，閉門風雨雁行單；
蕭心劍氣平生意，化作煙雲紙上看。
三十一年天中節，雨牕寫此，媵一截句似
雪廬道長　謦正　　獻唐時客渝洲向湖

1942年圖5

圖6　12月19日，豐子愷自貴州遵義來函，回復日前先生函請畫佛一事。先生昔年困於莒城時，獲讀豐氏書而發心戒殺茹素乃至皈依；來蜀又於歌樂山雲頂寺見其所繪佛像，與豐氏深有因緣。

【釋文】

炳南先生：帋〔紙〕、衍聖公法書，及近附郵花之函，皆收到。承賜孔公墨寶，至用感謝，早懸壁間。秋後久病，以致遲報，至歉。弟前年為祝弘一法師壽，發願畫佛千尊。經滬報宣傳，各方轉載，滿額後猶陸續函囑，以致供不應求，至今尚未了事（曾在滬佛刊啟事暫行謝絕，但內地不易周知）。尊屬已在千外四百餘號。因一向依收到先後次第應屬，而每日只能於清晨寫二三尊，以致至今未曾報命。今當提先畫奉，大約下月初（陽新年）可以寄發。恐勞盼待，先此奉達。稽延之罪，至祈曲諒為幸。即請　大安　弟豐子愷頂禮十二月十九日〔緣緣堂用箋〕

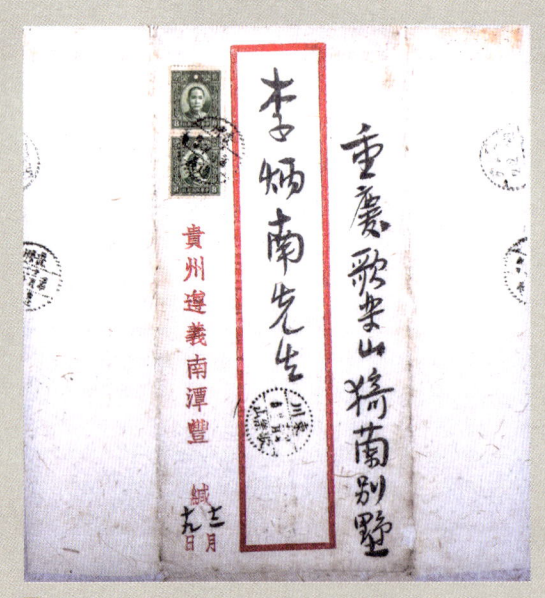

1942 年圖6

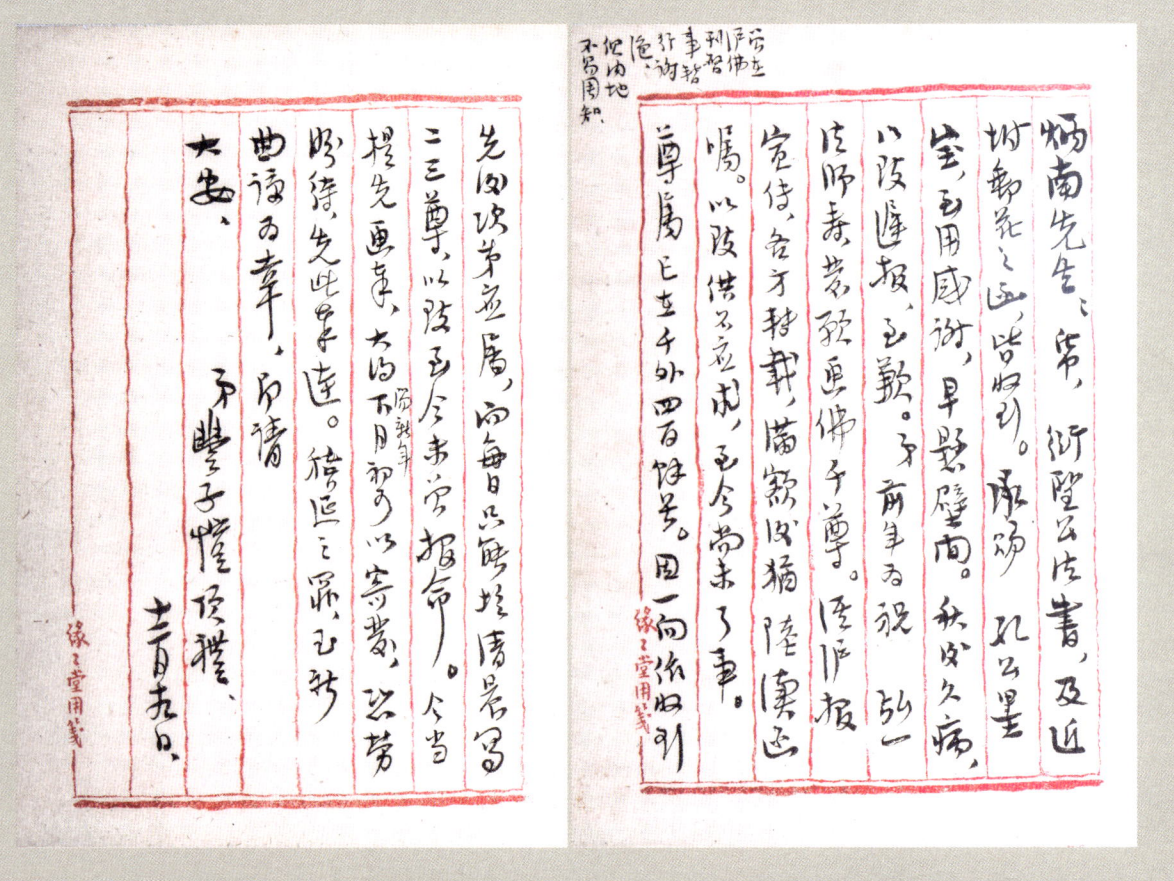

圖7　豐子愷題贈護生畫（照片提供：游青士）

【釋文】

種來松樹高於屋，借與春禽養子孫

炳南先生雅屬　　子愷

1942年圖7

1943 年（民國 32 年）・54 歲

圖1　2月，王獻唐遷離歌樂山至南溪李莊中央研究院。爾後，與先生書函來往密切。先生於是年3月，去函王獻唐，祝福行止順利。

【釋文】

獻唐老哥道席：日前於達公處得讅台端抵李之音，正引為慰，今午又奉賜函並照收李求篆書一幀，藉知此行得書朋，無醉友，不賴金鍉，目翳可除，真大便宜事也。山僧亦遙祝曰：善哉善哉！吉祥止止！上星期陪達公浴乎山洞，道出向湖，疾趨而過，乃恐觸動舊情也。惟達公猶去而反顧，長吁數聲。仲兄央行之謀不成，終久蒙蓋，究非所宜，業將一切經過乘機說明，彼此一笑置之。觀其近況，尚得謂嘉。再者，前月尊囑題轉書畫等事，均經照辦清楚，統請釋注。此後巴山寂寞，尚希撰述之餘，時惠好音。庶春樹暮雲，少減天末佇想，禱甚幸甚矣。專此肅復，恭請

大安　弟李炳南謹頓　三月十四日燈下
翼鵬兄前同此請安　今山、達公、慕賢均囑筆請安

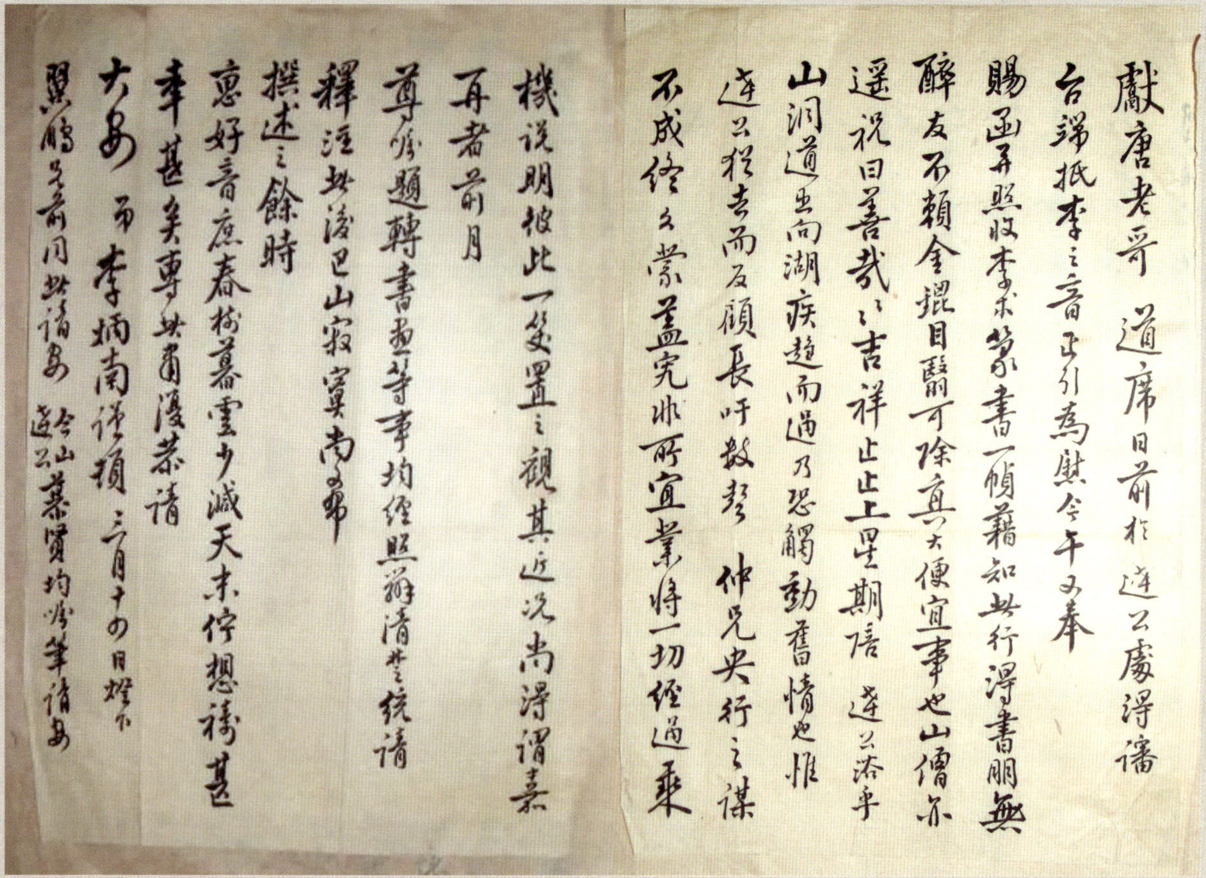

■ 1943 年圖1

1943年（民國32年）·54歲

圖2　3月，去函王獻唐，錄附日前與孔德成先生等君至歐家灣賞花紀事詩：〈野讌歐家灣賞桃李〉。

【釋文】

栗峰老人吾兄史席：盥誦佳什，飄若列子御風，已不食人間烟火。本擬賡揚，終覺崔灝在上，只得擱筆。前旬，同達公及筱英兄、仲采兄、慕賢兄、厚濟兄（達公之戚），重賞桃李於歐家灣，極盡歡暢。歸而紀以詩，錄呈左右，應笑山僧與香火因緣之外，尚多事也。蔴公信已遵轉，並及，專此奉復。敬請

撰安　弟李炳南謹頓　三月三十一日

翼兄處同此請安

巴山繁陰長似秋，年來年去愁復愁。有時寸心縮百慮，客窗秉燭空悠悠。三峽又見早春入，晴郊熏暖轉清幽。上公聖裔洵都美，情豪興逸招同遊。歐灣韶秀境奇僻，林塘幾曲舊行跡。疊峯圍野插空青，豐草滿原連澗碧。桃李交雜千萬株，深谷斷塍遠山脊。霞明雪豔浮淡香，不是花魂是詩魄。羣賢各盡壺觴歡，狂歌雄辯天為寬。任侯解甲能翰墨，邢腹經濟蛟龍蟠。梅生陳生蘊才藻，工書雅唱兩稱難。箕踞笑指接籬倒，恣樂莫放花闌珊。予昔擊劍好馳馬，嘗飲夷門抱關者。而今筋骨漸頹唐，便如老驥伏櫪下。君等共有青雲期，自慙蹭蹬會合寡。對花宜歌不宜悲，再整酒兵角三雅。

錄呈

栗峰老人　誨正　炳南貢稿

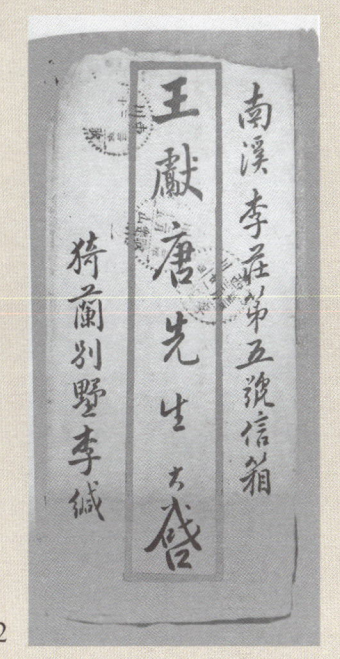

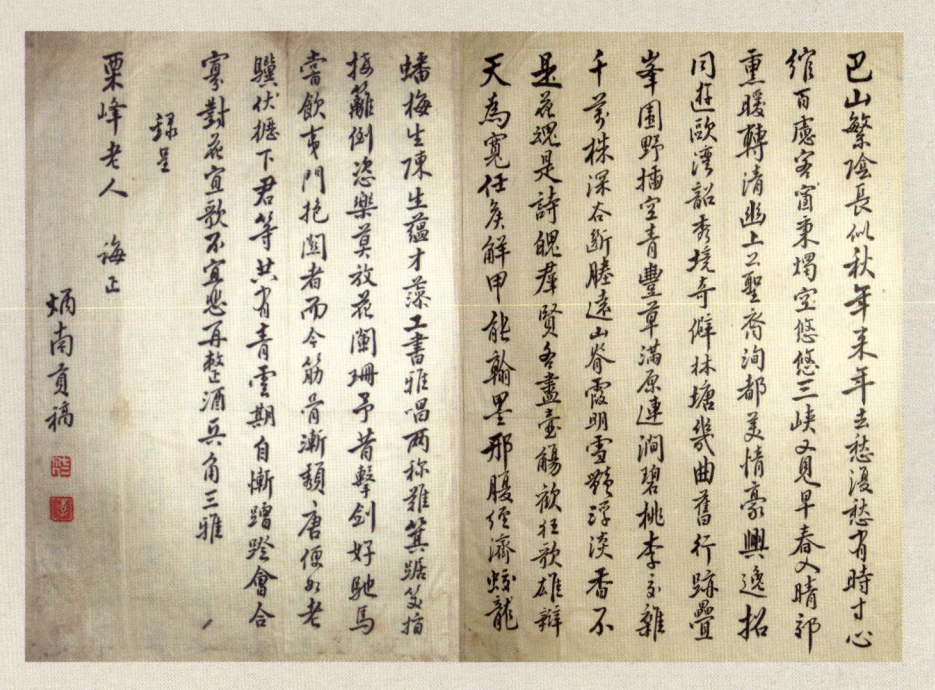

1943年圖2

圖3　4月，去函王獻唐謝贈畫，並錄近作三首詩。

【釋文】

栗叟吾兄先生鑒：日昨自城歸來，案上見有惠賜詩畫，疲乏頓失，逸興遄飛。詩畫皆是最上乘禪，不知輞川當日又當如何？不禁叫絕者再。寧料福無單行，而又擬以《歸山圖》見贈，雖尚未睹其跡，然謂為弟寫影之作似無不宜，何幸何幸！栗峯勝境未曾得遊，大作無法賡和，實亦不敢續貂。惟兄近發畫興，弟亦發遊興，遊處或偶有詩，摘錄呈正，聊當塤箎應鳴也可。萬謝萬謝！專復，恭請

撰安　　弟李炳南頓首　四月十九日

萬仞岡頭望遠山，後峯超眾插天關；
憐他地上空昂首，放眼還須到此間。
　　　　（歌山極峯望九疊山此有寄託之作）
百疊峰頭蹕碧煙，石梁中斷瀑雙懸；
山春欲暮東風起，滿澗飛花滾雪泉。
　　　　（春暮遊芭蕉溝之作）
仙峯西望鬱蒼蒼，野靄溪煙夜色涼；
上界鐘聲聽不到，一鈎新月墜松篁。
　　　　（遊宣維山歸來夜望之作）
栗峰老人誨正　　雪僧和南貢稿

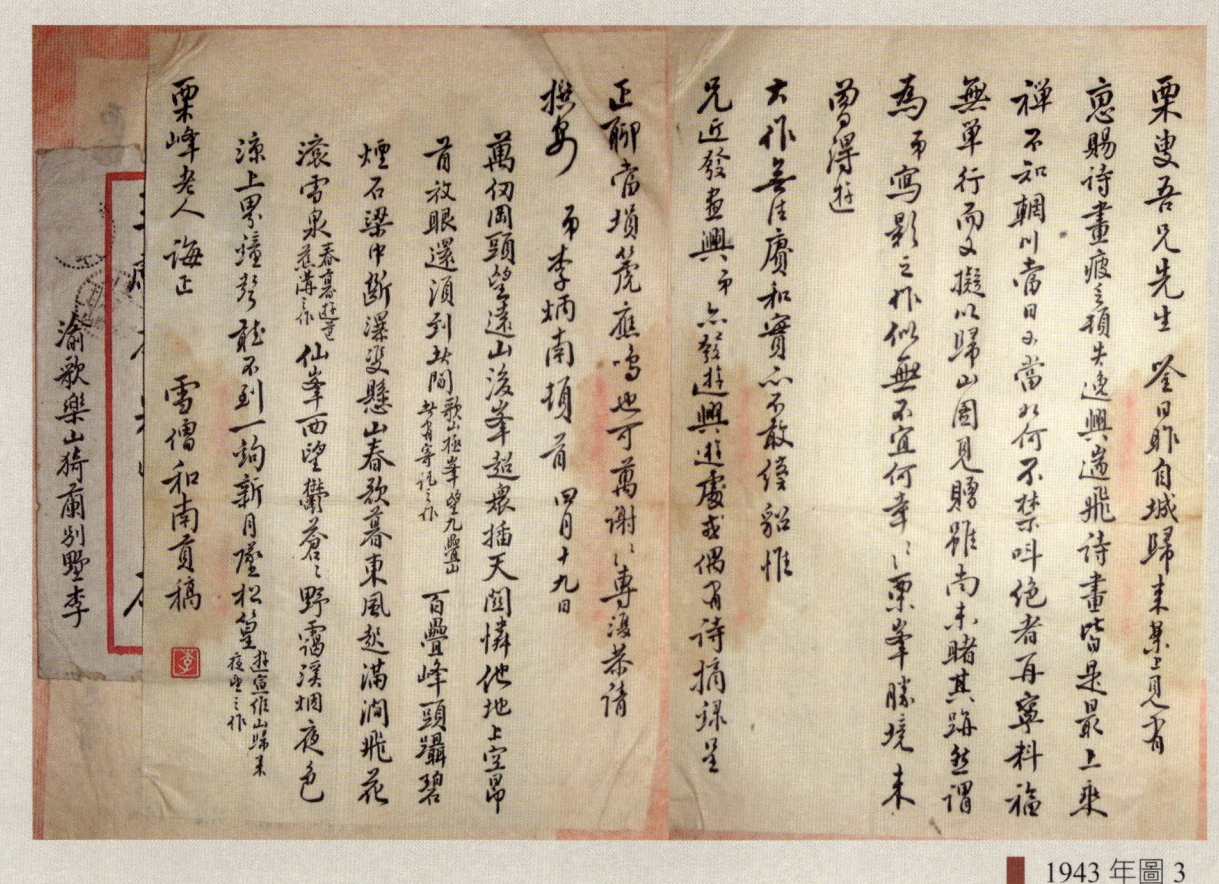

1943年圖3

1943年（民國32年）·54歲

圖4　是年春，友人徐昌齡令尊在淪陷區過世。先生協助設奠遙祭，並指導請名家製作墓誌，慰其傷懷。此為建議其拜訪主計長陳其采禮請題碑時，應注意禮節。（徐昌齡提供）

【釋文】
願伯仁兄大鑒：日昨嫂夫人來囑，再為陳靄老寫信，親持往求題碑。遵已辦妥。敝意以為，若果往謁，似須持物作贄，見面必須行跪叩禮，蓋為上人祝壽喪祭，雖在今日，仍普行此重典。凡讀舊書之人，尤講究此等之節目。謹貢區區，尚希大裁　弟炳留

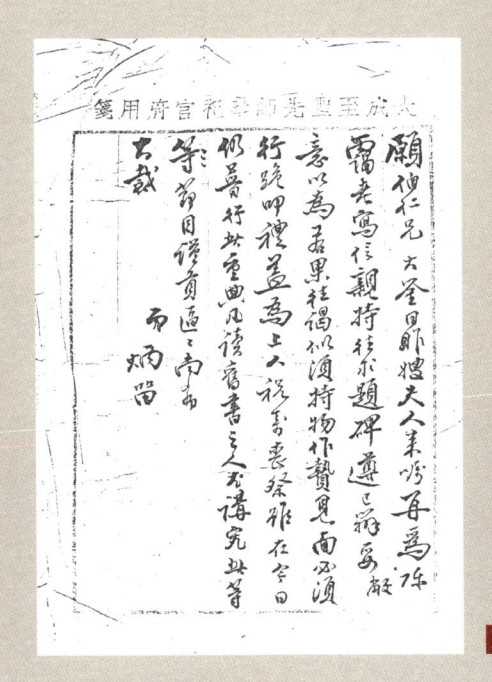

圖5　5月，致函王獻唐，傳達同儕期待其重返重慶情意。

【釋文】
八二山人吾兄史席：昨讀還雲，以大乘見許，則吾豈敢？詩屬利己，固小之小矣；醫一折肱，亦不過濟一人耳，曷若山人著作等身，普益後學，時間空間，澤流寬廣，斯真不愧為大乘矣！馮五坐花，邢二臥酒，俱各樂其樂。惟山僧炎日當空，風塵僕僕，入耳多吟呻之聲，觸目只蹙額之貌，境界相較，奚啻天淵？前過邢二，以贈兄詩稿見示，並囑援據詩義，函勸返渝。此亦友儕共同希望，勸出本心，非徇邢二一人之私也。方寫至此，孫紊亂公排闥直入，謂：「前託奉祀官求董彥老為其書甲骨，囑求代詢，盼早寄來。」從此室中秩序紊亂，弟心腦俱為紊亂，不能復作書。即請
撰安　鄉弟雪僧和南　五月廿二日
孫紊亂公囑筆候（亂公者，孫靖宇也，恐日久已忘，特注）

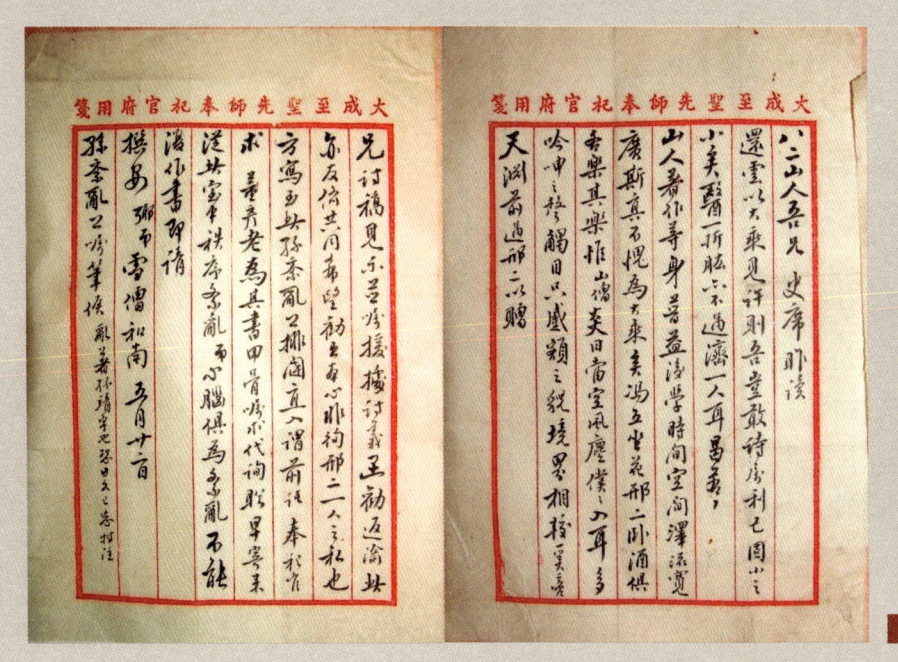

1943年圖4

1943年圖5

圖6　6月，王獻唐函謝指點驅蚊法。

【釋文】

雪公大師道座：承示三法，至感至感。蚊香弟已試之（四元一條並不如兄處之廉），萬金油曾托屈翼公至敘府鑲牙之便購一小合，索價四百五十元，彼咋舌空手而回。弟至今恨之，以彼肯費七八千元自鑲牙，不肯以四百五十元為我購油也。近又發明一法，即以白乾酒代油，亦頗有效。此靈山會上教外別傳之法，謹以報公。至達公以「怪蛋」一詞是否為法語為問，此至易解答，即所謂「方便門」也。口中有怪蛋，心中無怪蛋（作平等觀），達公執著於公之口，未洞見公之心，故有此疑，疑而能釋，庶幾近乎道矣。此請

道安　　八二小弟再拜上

成都近出一晉碑，上刻此象，摹以補白。豈達公所謂之「怪蛋」耶？

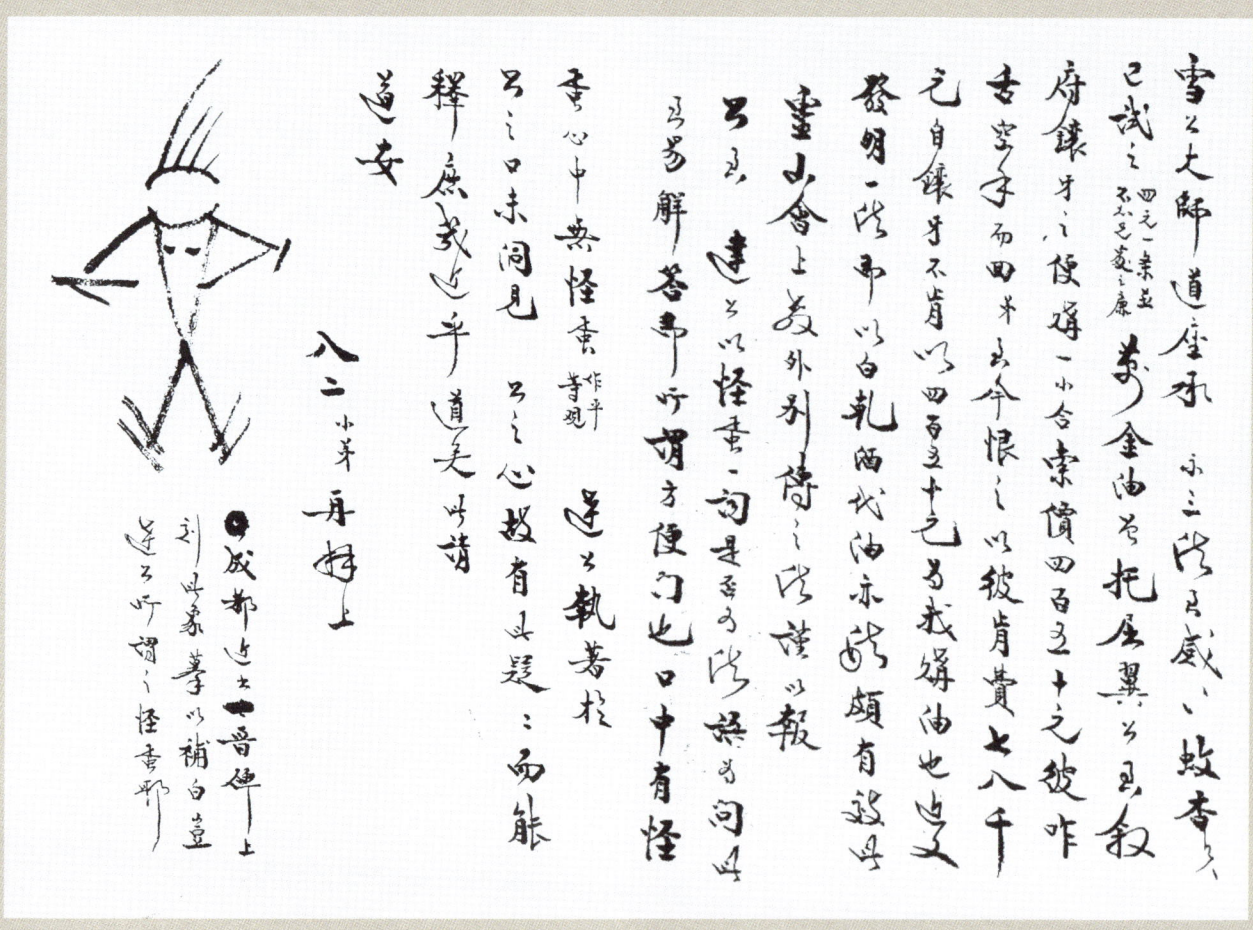

1943年圖6

1943年（民國32年）‧54歲

圖7　7月，致函王獻唐，慰其伯兄王祥五之逝。

【釋文】
栗峰老哥台鑒。疏於奉候計數月矣，渴想奚如？昨於仲采兄處得悉祥五大兄歸真道山之訊，不勝驚悼。台端篤於友于，鴒原之痛，情所不免。不過世法無常，人生危脆，古往今來，總歸如是，而能得考終命者，前哲即許為大福。此在承平之際尚以為難，況於隕鐵如雨，飛火似塵，天地破碎之大劫中安詳而去，豈得不更云幸乎？務望達觀。溽暑薰蒸，凡百珍攝，至禱至禱！待秋爽涼之時，能至巴山一遊為盼。專此奉唁，並請
大安　弟李炳南謹頓　七月廿七日

圖8　9月，王獻唐繪贈〈雪廬圖〉。

【釋文】
〈雪廬圖〉：一杖飄然到，茆堂罨翠螺；拈來冰雪意，貌出水雲窠。此景濟南有，濟南今若何；憑君將畫去，且與證禪那。　三十二年八月為
炳南先生寫並題希正教
　琅琊王獻唐

1943年圖7　　1943年圖8

1944年（民國33年）・55歲

圖1　6月，向梅光羲先生借得《阿含經》摘鈔研讀。圖為梅先生回函。

【釋文】

炳南先生大鑒：頃奉大示，及《大教王經》與《華嚴》三種，敬悉一切。兄摘鈔《阿含》功德無量，蓋四《阿含》太繁，非摘鈔即不易流通也。但現在天氣漸熱，鈔寫不易，弟並不急需此經。兄可從容留用，不必忙於賜還可也。弟尚有《佛地經》及《大乘法界無差別論》等書，兄若欲閱看，即祈示知，弟當奉上也。匆叩

大安　　弟梅光羲頓首　卅三、六、廿一

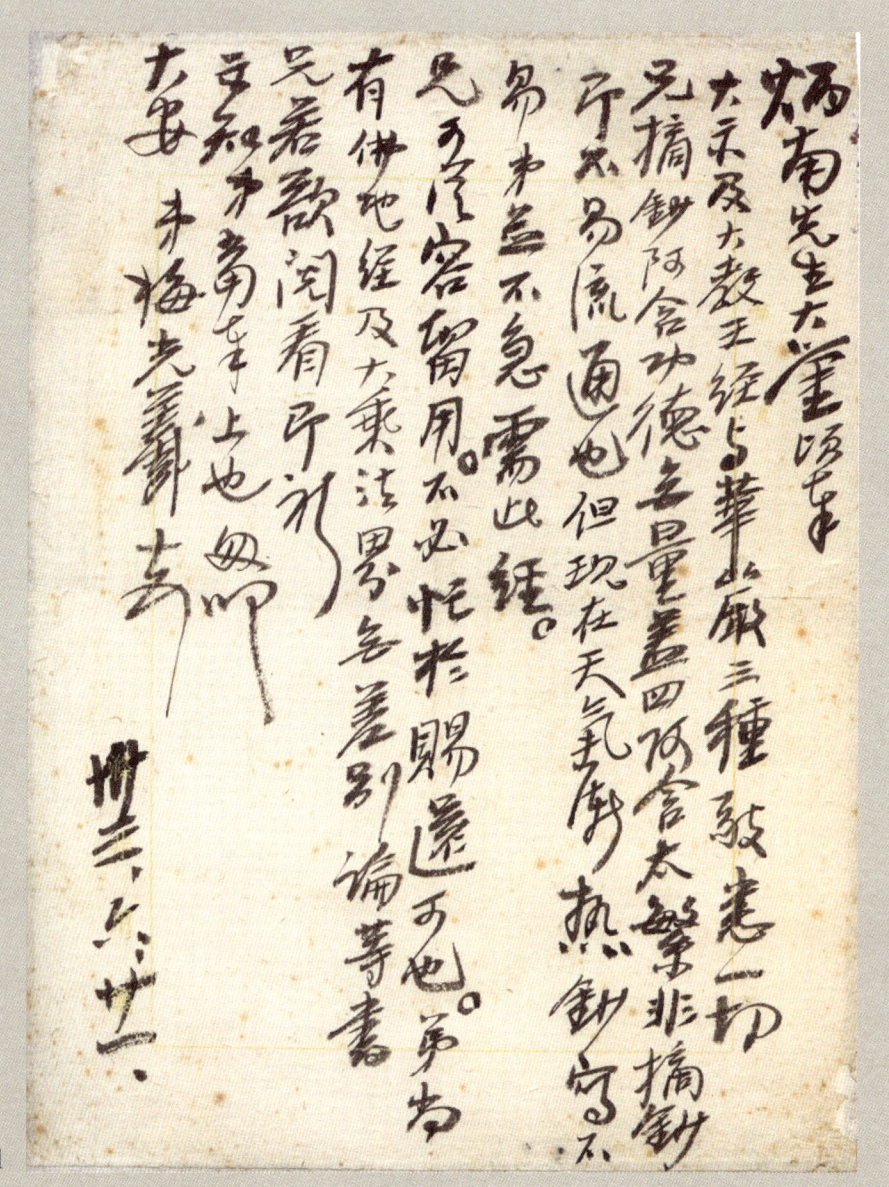

■ 1944年圖1

1944 年（民國 33 年）・55 歲

圖 2　經山東省駐渝辦事處、前濟南市長邢藍田、奉祀官府出具服務證明，於是年 12 月，獲考試院考選委員會中醫檢覈委員會檢核及格。

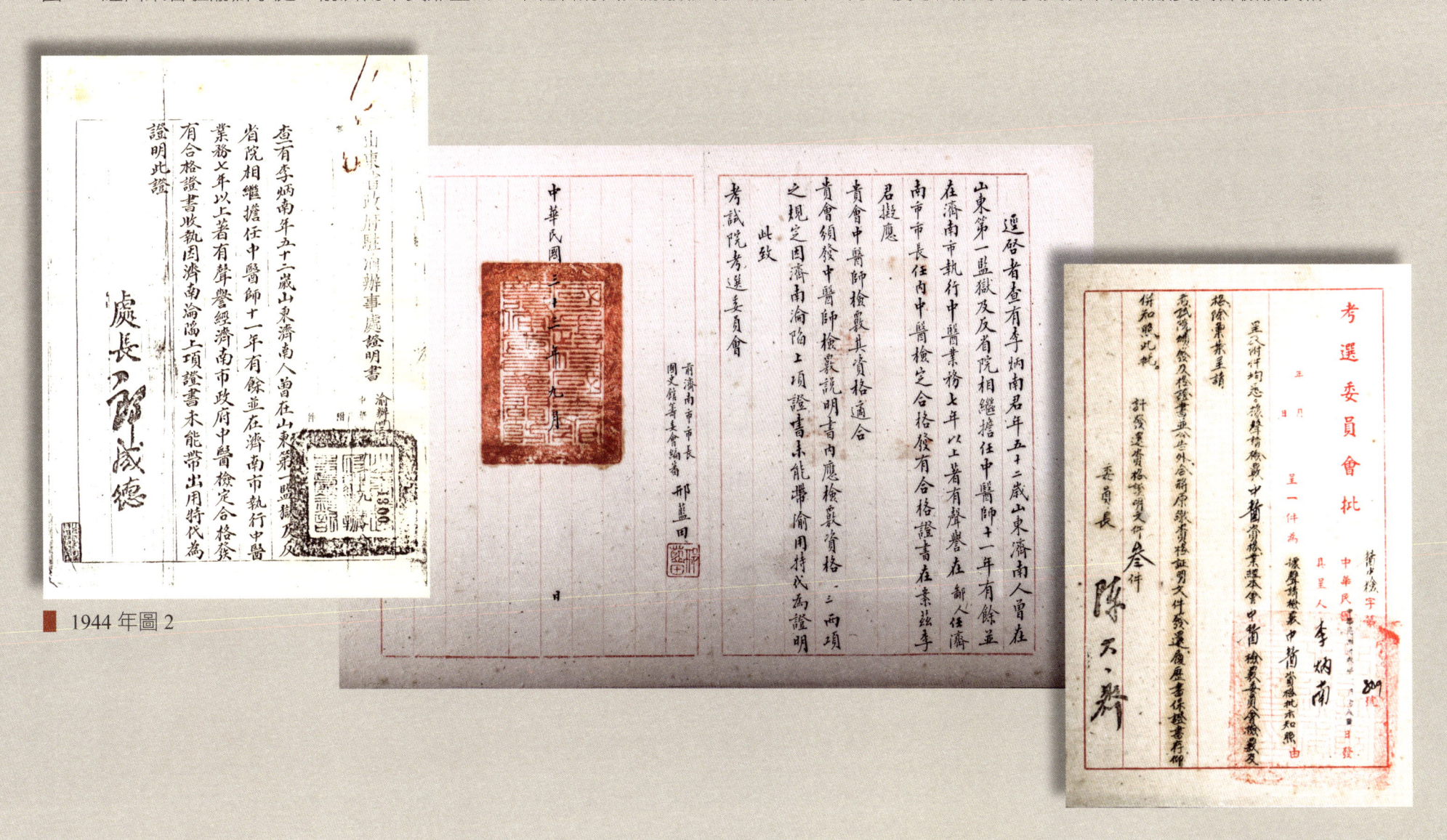

1944 年圖 2

圖3　11月，王獻唐來函，原擬來重慶探視丁惟汾，因其已漸康復而作罷。附錄近作交流。

【釋文】
達公、雪老侍史：前箋計已收到。鼎老臥病，弟本擬來渝探視，旋得渝函已漸愈，姑暫作罷，將來看情形再說。近來不知何故，詩興大發，連成長律、截句十數什。長律寫來費事，先錄截句博粲。此請
大安　　弟獻唐

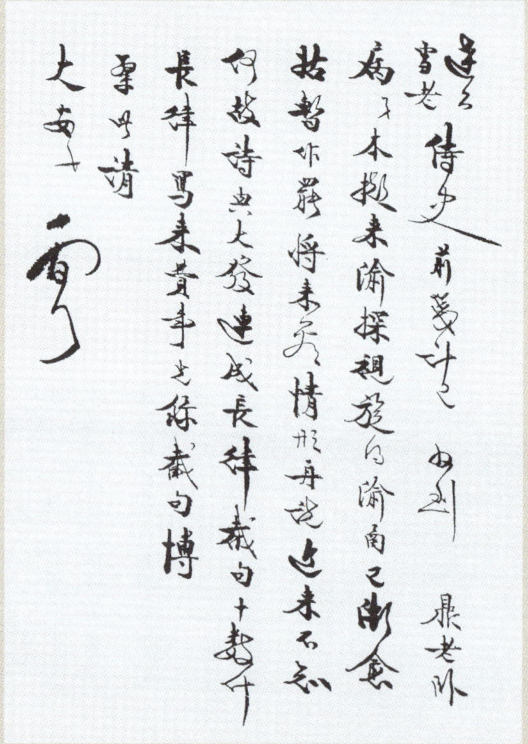

圖4　1942年2月，太虛大師來訪孔德成奉祀官，而後由炳南先生陪同上雲頂寺。由此機緣，太虛大師交付雲頂寺佛法弘講之任務，從而有歌樂山蓮社之建立。歌樂山九道拐蓮社創設於1944年，圖為1945年秋，講經圓滿合照及先生獨照。

■ 1944年圖3

■ 1944年圖4 ①

■ 1944年圖4 ②

1945年（民國34年）・56歲

圖1　1月，孔德成先生借讀先生收藏之《秦瓦量殘字拓片》，並為題跋詳述來由。該拓片有三十三紙，係清道光年間進士陳介祺所作，後為劉君復所得，移贈炳南先生。
　　①《秦瓦量殘字》孔德成先生題書名。
　　②《秦瓦量殘字》內頁。
　　③《秦瓦量殘字》孔德成先生題跋。

圖2　經奉祀官孔德成先生、山東省政府駐渝辦事處、前濟南市長邢藍田出具從醫證明，通過考試院考選委員會檢覈，於是年二月，獲頒發「醫師考試及格證書」。

1945年圖1①

1945年圖1②

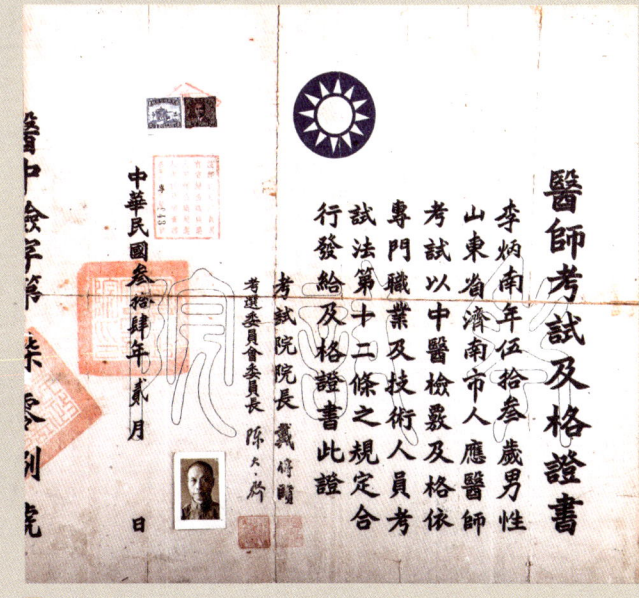

1945年圖2

1945年圖1③

1946年（民國35年）・57歲

圖1　1945年8月，日本投降，抗戰結束，開始復員。翌年（1946年）9月，先生從重慶朝天門碼頭出發赴南京。總結此前學佛歷程為：八年學禪、八年唯識、八年密宗，歸宗淨土。親近六位名師：學淨於印光法師，學禪於真空大師，學唯識於梅光羲高士，密法則受教於三位活佛。

① 為梅光羲先生1946年來函。
② 為先生從重慶起至臺中一直供奉之銅質四臂觀音菩薩坐像。（照片提供：游青士）。

【釋文】

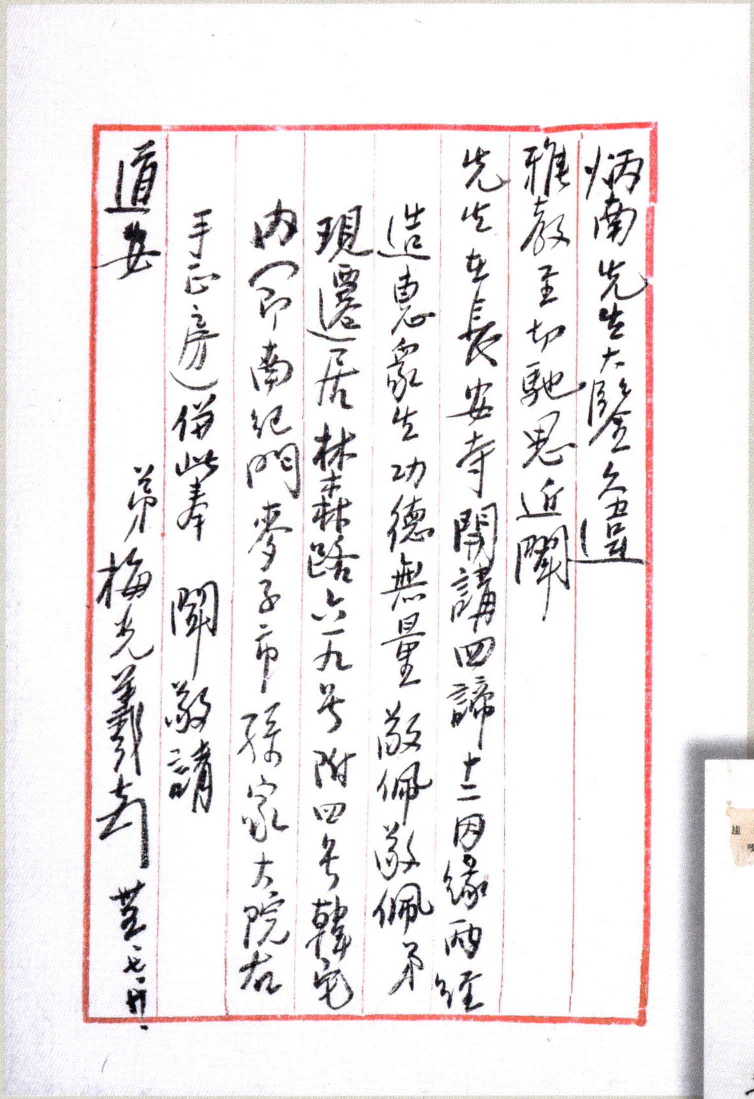

炳南先生大鑒：久違雅教，至切馳思。近聞先生在長安寺開講四諦、十二因緣兩經，造惠眾生，功德無量，敬佩敬佩。弟現遷居林森路六一九號附四號韓宅內（即南紀門麥子市孫家大院右手正房），併此奉聞，敬請

道安　弟梅光羲頓首　卅五、七、卅

■ 1946年圖1①

■ 1946年圖1②

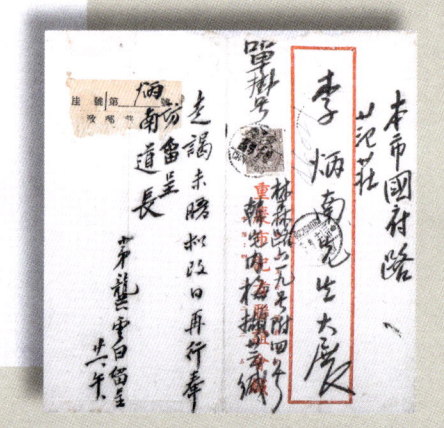

1946年（民國35年）・57歲

圖2　戰後復員，孔德成先生先於是年8月赴南京參加祭孔大典，循例電報國府主席。（照片提供：國史館）

【釋文】
牯嶺主席蔣鈞鑒：職真日（十一日）抵京。謹肅電陳，敬叩鈞安。職孔德成叩文

圖3　9月9日，先生從重慶朝天門碼頭出發赴南京。此後在京三年，成詩一百七十六題，二百二十一首，輯為《還京草》。有〈小引〉述其旨。

【釋文】
《還京草・小引》：
中日戰中，日人慮國際染指，以遠交近攻之計，聯德擊俄，自襲珍珠港之美艦，殲之。英美警惕，始與我盟，而形成世界戰之壁壘矣！美以原子飛炸長崎，日人困於八年寇華，力已疲盡，遂降。失地復收，次年路通，買舟吳下。杜少陵出峽狂喜，余以瘡痍滿目，殷憂正深也。忠欵忉忉，發於歌詠，曰《還京草》。

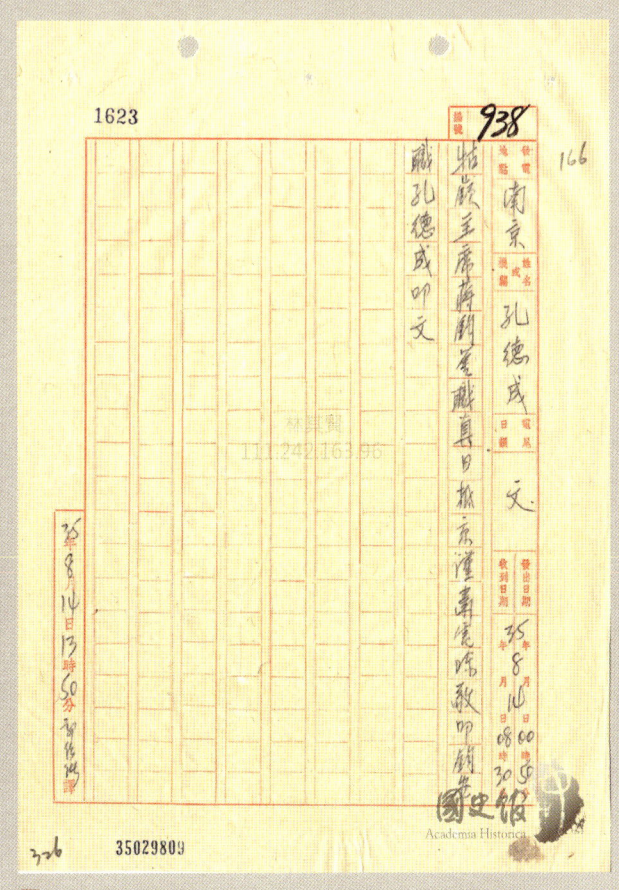

1946年圖2

1946年圖3

075

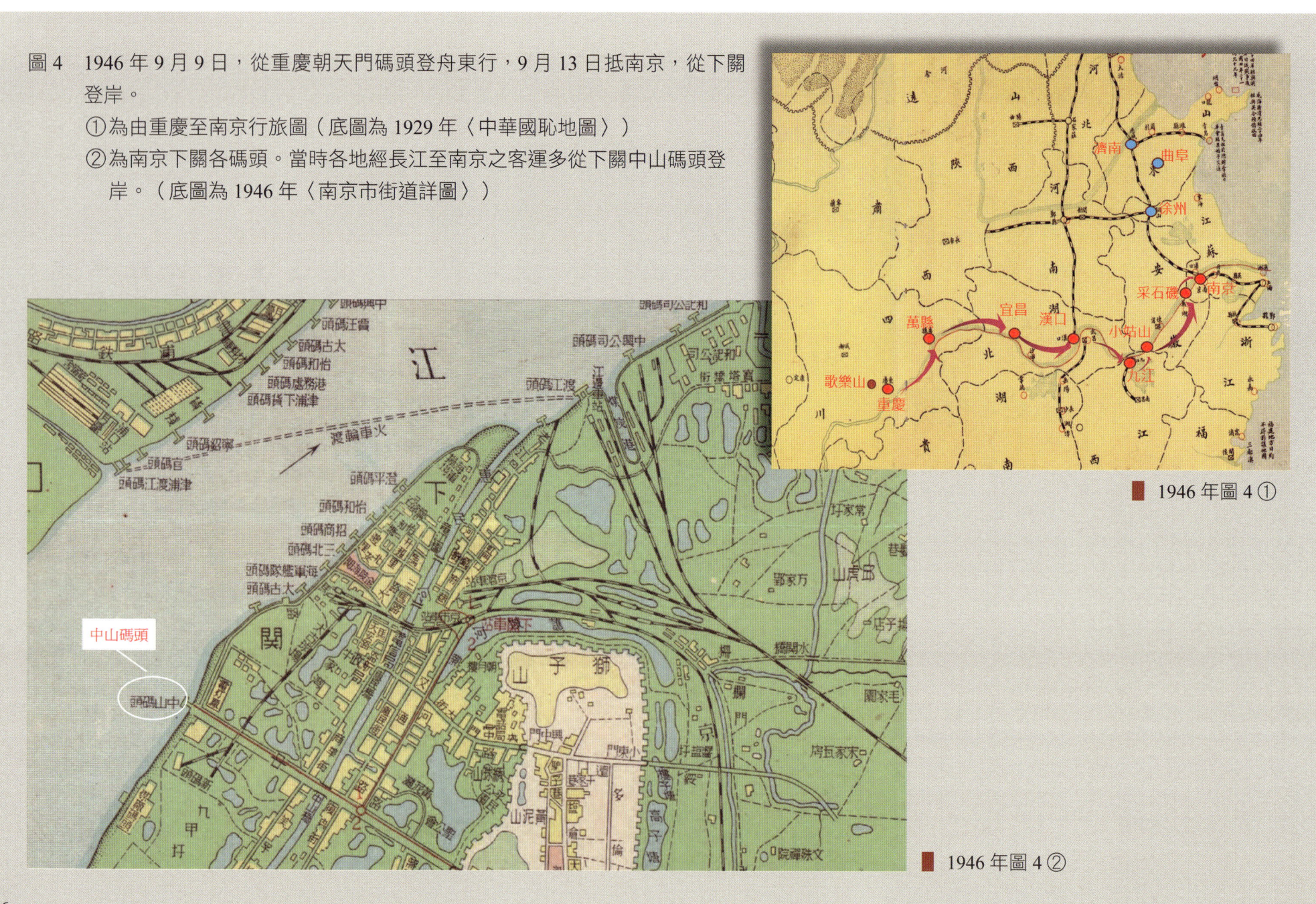

圖4　1946年9月9日，從重慶朝天門碼頭登舟東行，9月13日抵南京，從下關登岸。
①為由重慶至南京行旅圖（底圖為1929年〈中華國恥地圖〉）
②為南京下關各碼頭。當時各地經長江至南京之客運多從下關中山碼頭登岸。（底圖為1946年〈南京市街道詳圖〉）

■ 1946年圖4①

■ 1946年圖4②

1946年（民國35年）・57歲

圖5　9月中旬抵南京。因山東尚未平靖，無法返鄉，奉祀官府向國府申請南京辦公處所。先是設於(1)「高樓門衡山路53號」，1946年冬遷至中華門內釣魚臺(2)殷高巷，1948年1月時，地址為(3)「桃源新村」。(4)普照寺為奉太虛大師指派講學處。先生與歌樂山蓮友共同在京創辦正因蓮社，地址不詳，創辦蓮友住(5)成賢街。(6)毘盧寺為太虛大師駐錫處。(7)為金陵刻經處，於此禮敬楊仁山老居士設像。(8)(9)為曾經說法之極樂庵。（底圖為1946年〈南京市街道詳圖〉）

1946年圖5

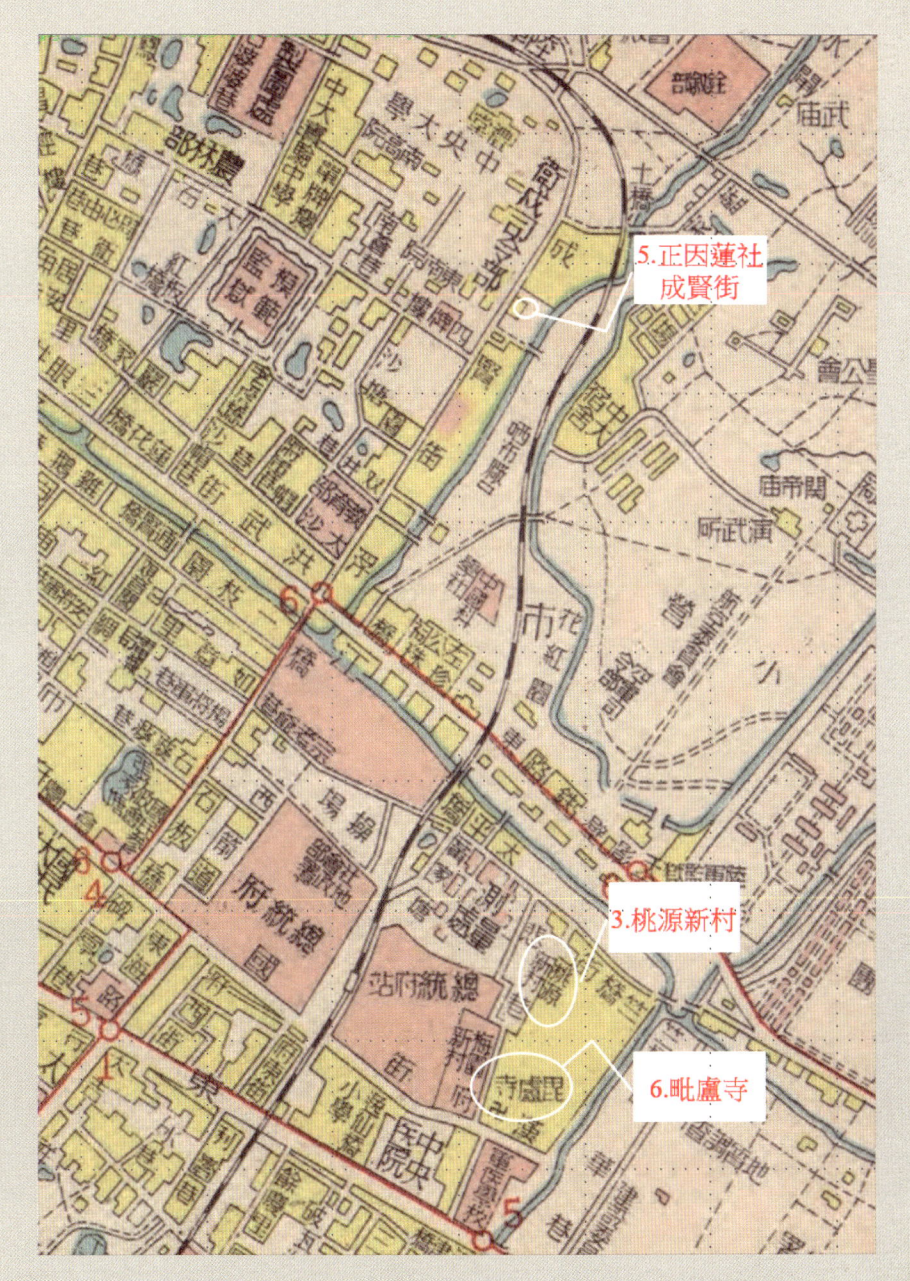

圖6　軍事未靖，弘化不歇，在南京時，除受太虛大師指派於普照寺任講座外，也於極樂庵等多處道場說法。另又與歌樂山蓮社舊友共組正因蓮社。
①為正因蓮社講稿，對蓮社社友說明正因蓮社之名義。
②、③為極樂庵兩次講稿。

1946 年圖6①

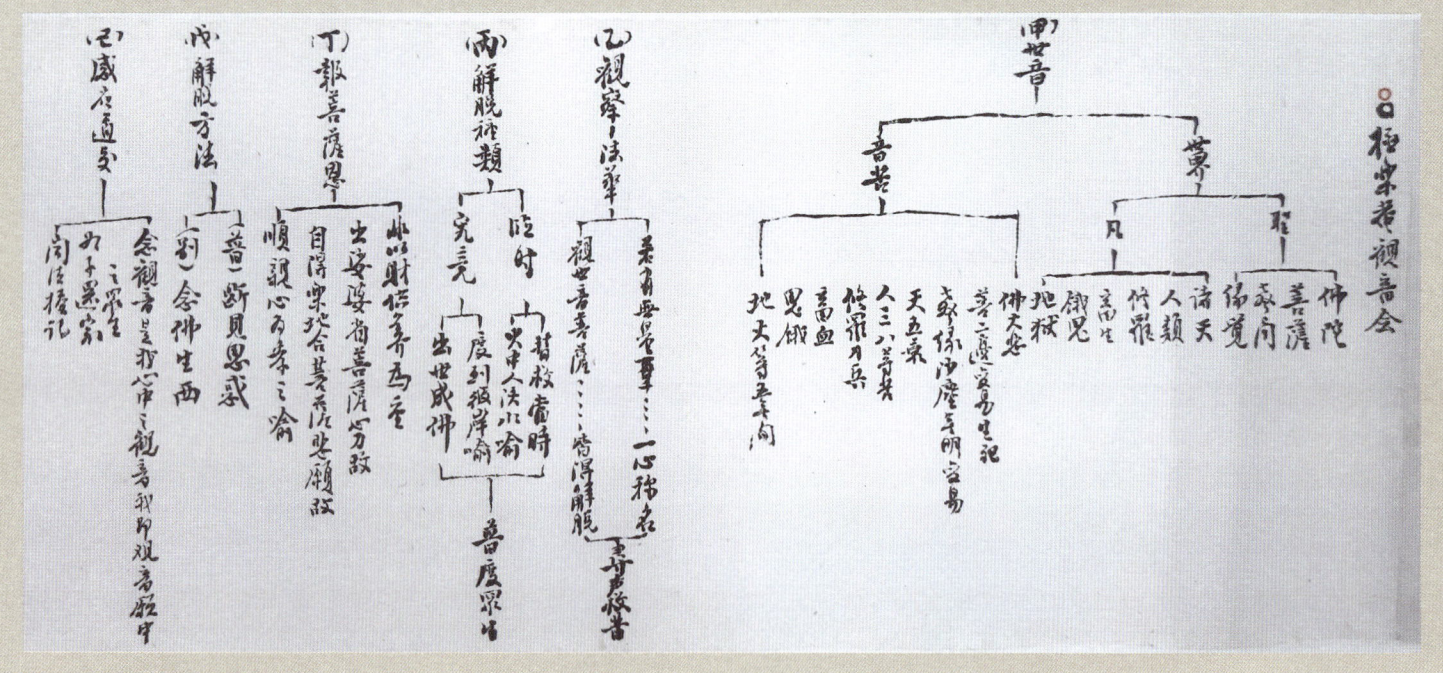

1946 年圖6②

1946 年圖6③

圖7　寓居南京，借住教友劉鴻甫宅第。1946年11月12日，與居停主人劉鴻甫有詩唱和。圖為劉鴻甫來箋。

【釋文】

劉鴻甫，〈讀《雪廬吟草》〉敬贈

炳南師兄并乞

吟正是幸

悲智雙修淨願深，青蓮居士發龍吟；
世間業相心師造，鏡裏骷髏憂患侵。
菩薩畏因凡畏果，愚人除境聖除心；
同收萬念歸安養，大道彌陀方寸尋。

　　弟劉慧炘　未是草　三五、十一、十二

先生有〈酬劉鴻甫贈詩兼次韻〉：
淵淵經藏入能深，靜對檀鑪仔細吟；
聖果早從三劫證，虛空不受八風侵。
煩燄遍燒大千界，甘露總源無量心；
知有稱揚皆是錯，自非名相可追尋。

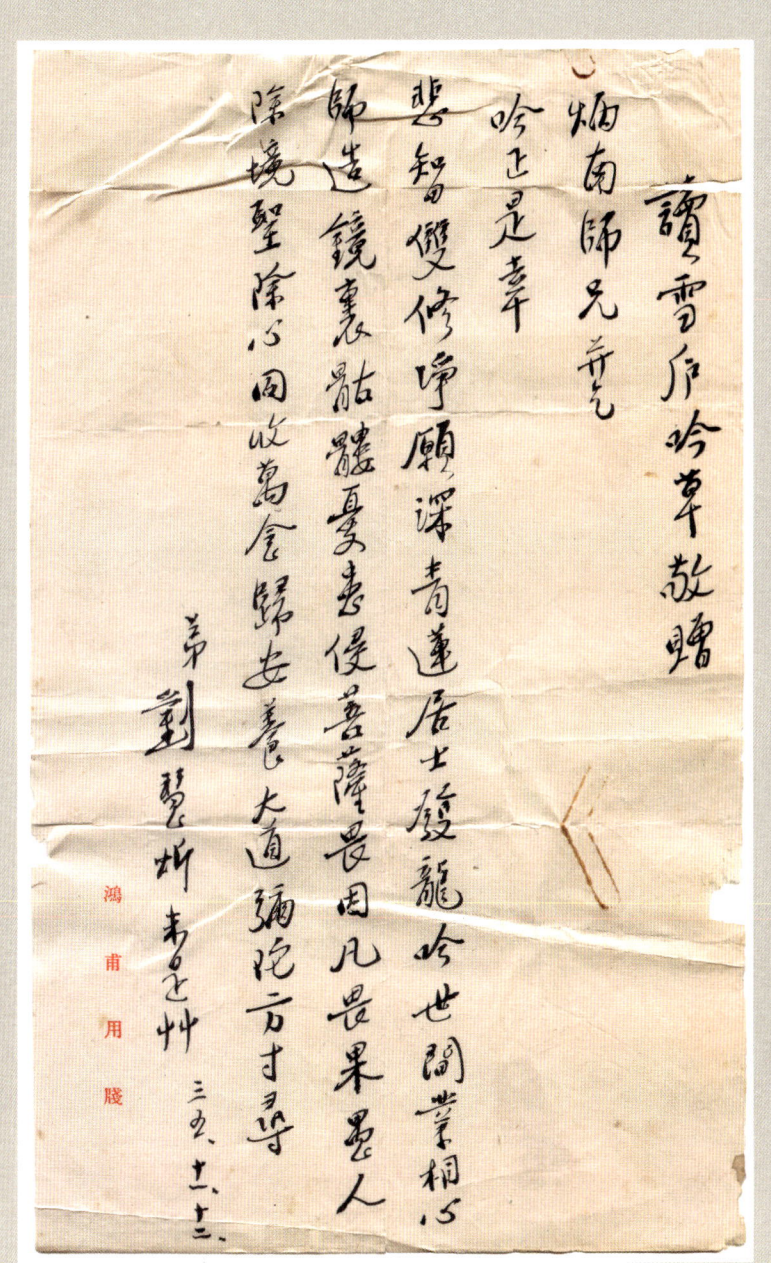

1946年圖7

1947 年（民國 36 年）· 58 歲

圖1　1月22日，丁亥新正。徐昌齡家人新春來訪。後排左起：先生、孔德成先生、陳壯飛（奉祀官府總務）、徐昌齡；前坐者為徐夫人玉英及其女兒徐勤慶。

圖2　4月26日，先生陪同奉祀官孔德成先生自南京回返曲阜。但因軍事未靖，中途折回。圖為孔先生上簽國府主席請假。（照片提供：國史館）

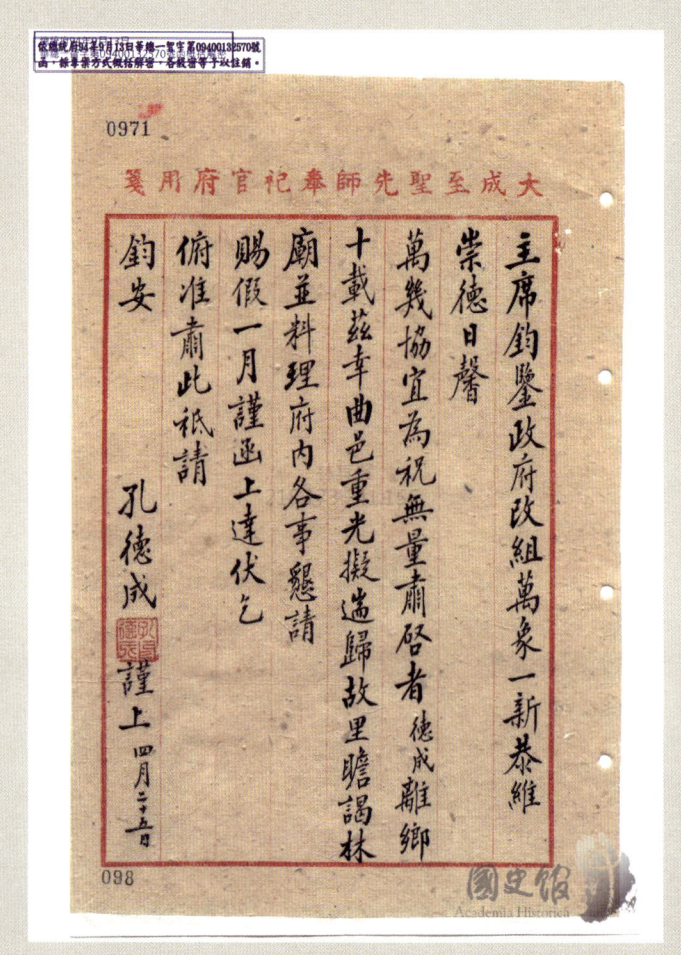

■ 1947 年圖 1

■ 1947 年圖 2

1947年（民國36年）·58歲

圖3 6月，津浦線南段，浦口至兗州得以通行，孔德成先生再度申請返鄉。圖為津浦線南段鐵路圖。（底圖為1945年〈抗戰勝利後鐵路圖〉）

圖4 6月12日，孔德成先生再度返鄉，此其戰後首次返抵曲阜祭祖。①為孔先生請假函（照片提供：國史館）。②為一行人於孔子墓前合影。前排左二為孔德成先生，右四即先生。（照片取自《孔德成先生日記》）

■ 1947年圖3

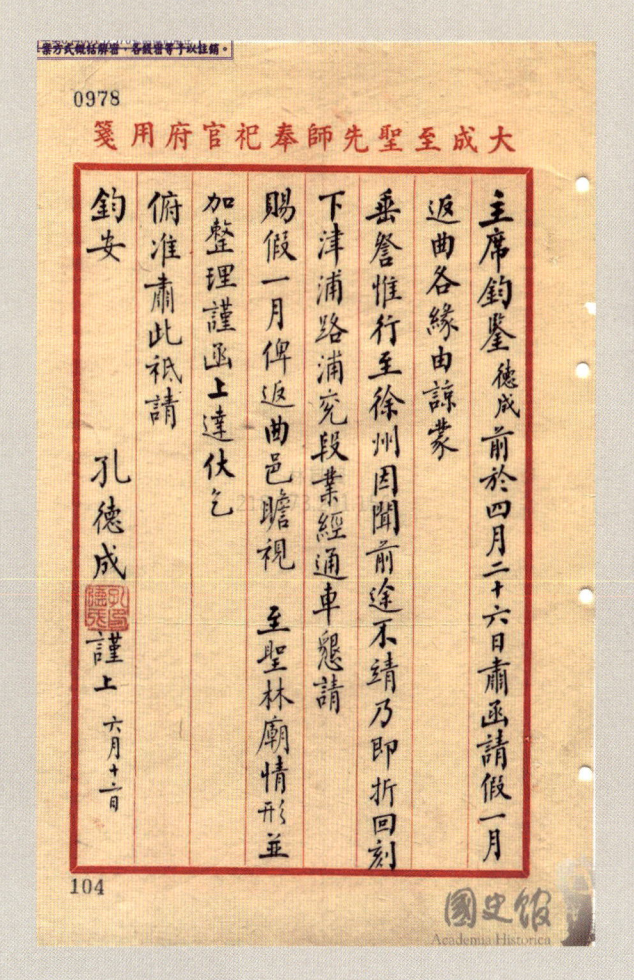

■ 1947年圖4②

■ 1947年圖4①

081

圖 5　7 月 17 日，孔德成奉祀官向國民政府報告返曲阜視察情形。（照片提供：國史館）

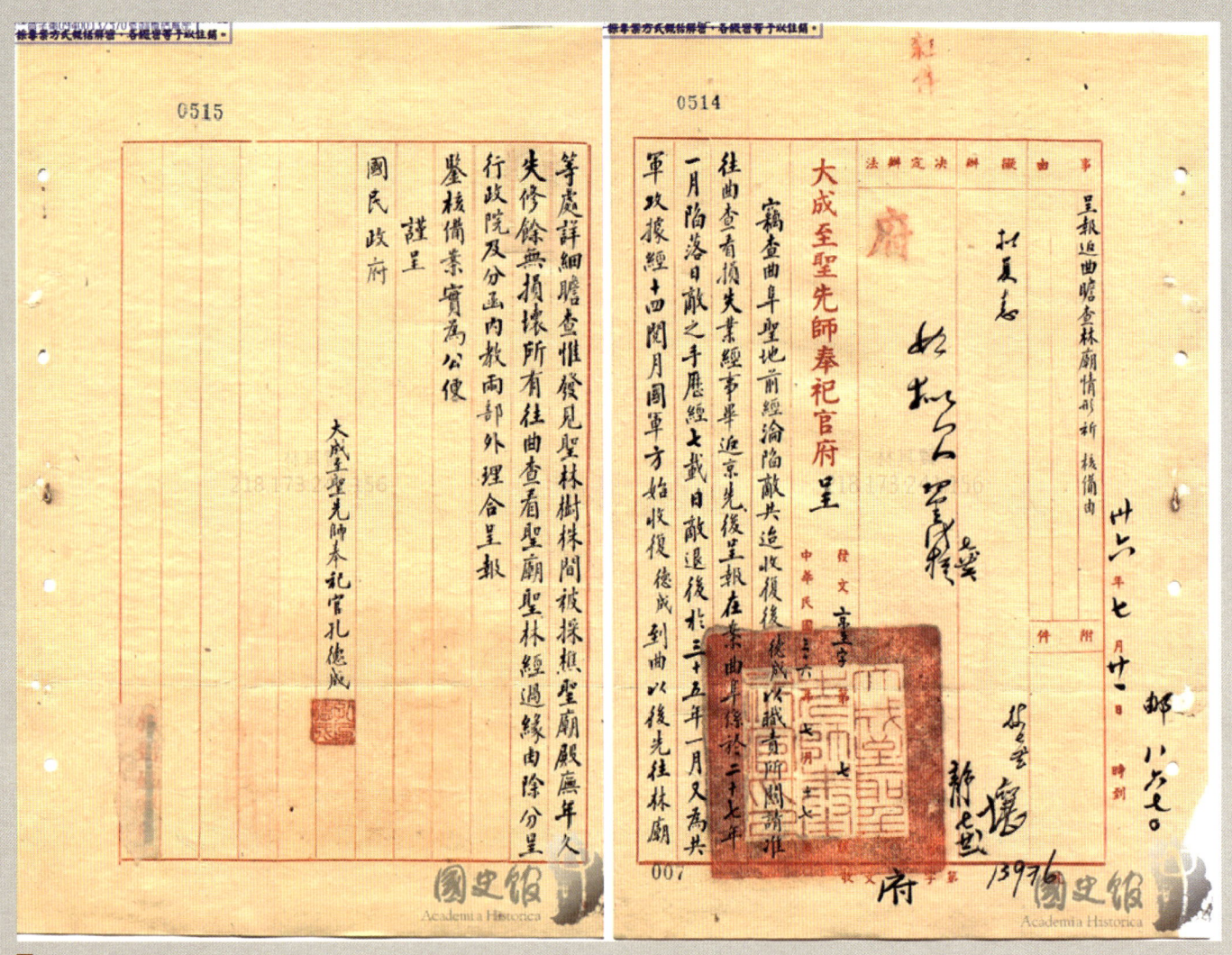

1947 年圖 5

1947年（民國36年）‧58歲

圖6　8月，中央派員赴曲阜祭孔，並指派孔奉祀官等人同行。圖為8月22日國民政府致函鐵路局照料1947年赴曲阜祭孔人員代表。（照片提供：國史館）

【釋文】
逕啟者：銓敘部王政務次長子壯，頃奉國府令派，前往曲阜代表，於八月二十七日致祭孔子。同行人員有孔奉祀官德成暨隨員等七、八人。特函奉達，即希查照，惠予撥配來回車位免費或記賬乘坐，並妥為照料。為荷。此致
津浦鐵路管理局浦兗段管理處

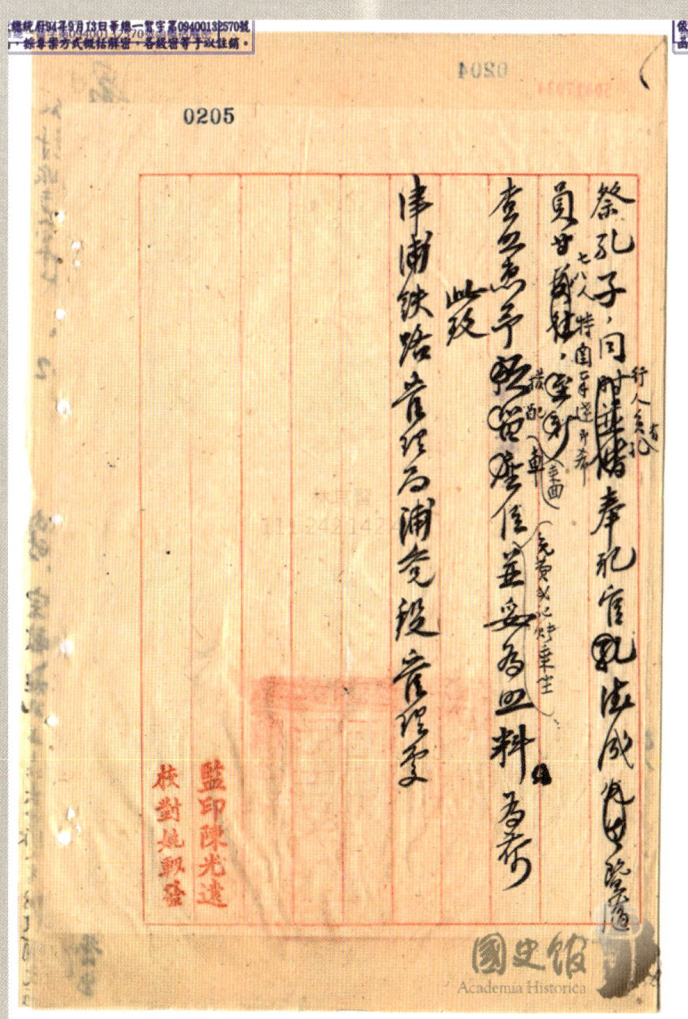

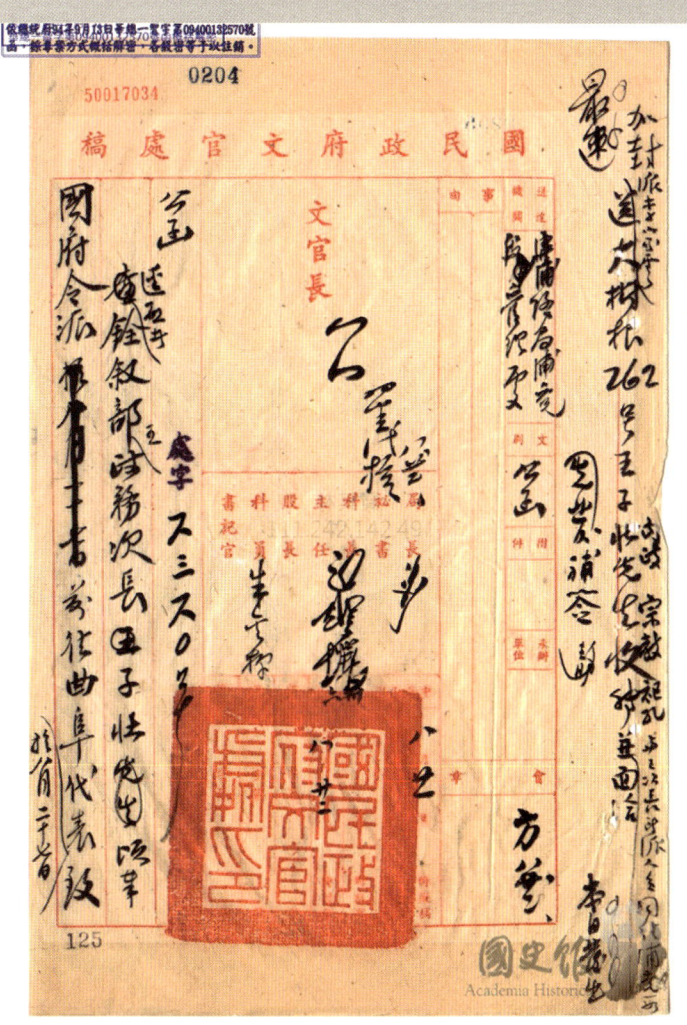

■ 1947年圖6

圖7　8月27日，孔子誕辰紀念日，國民政府主席特派代表王子壯赴曲阜致祭。前排右六為先生，右七為孔德成先生。（圖片取自《孔德成先生日記》）

1947年（民國36年）·58歲

圖8 是年秋，祭孔大典結束後，先生北返濟南，探訪舊友，參禮道場並應邀演講。為離家十二年後首次也是最後一次返回濟南。
① 為當時在山東女子蓮社講演講綱手稿
② 為濟南崇實佛學會講演講綱手稿

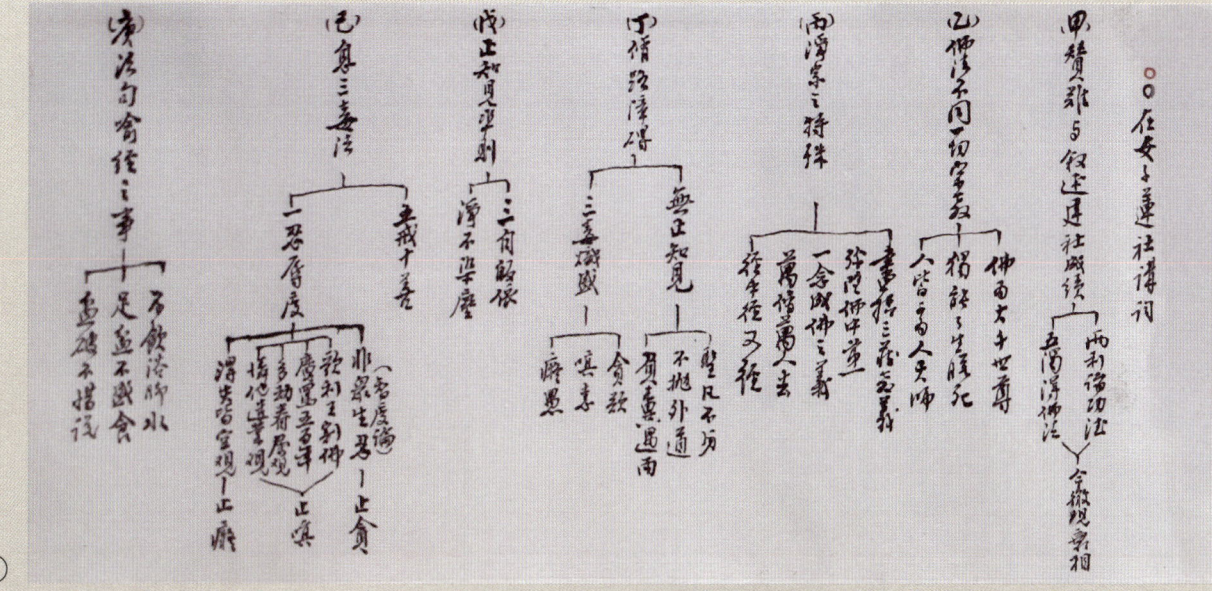

1947年圖8①

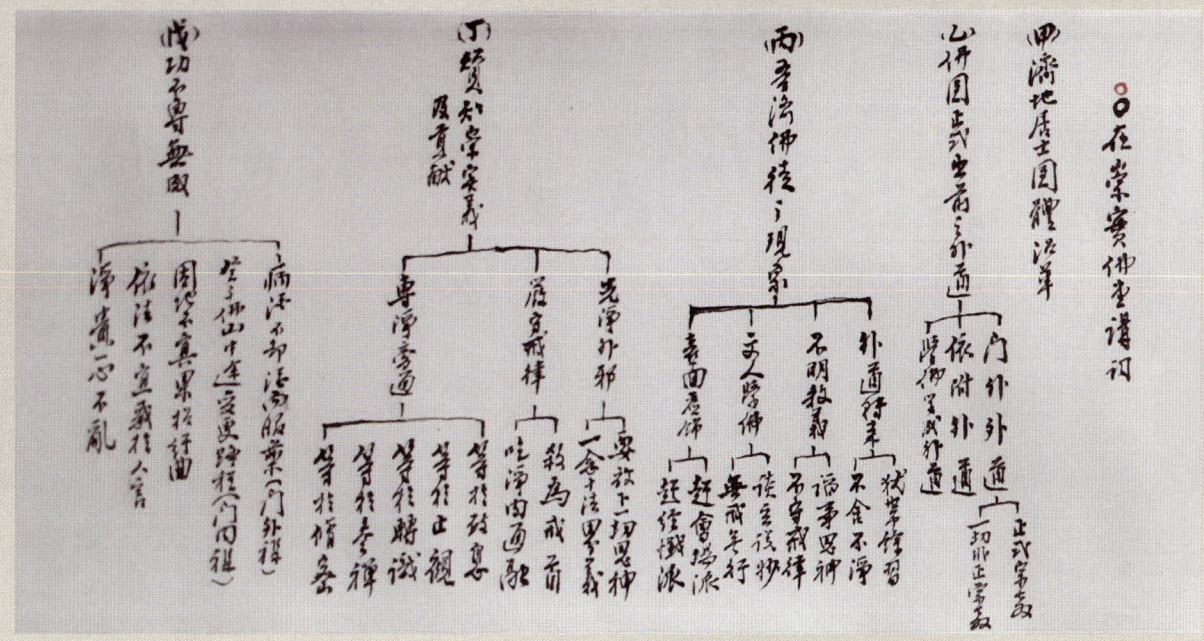

1947年圖8②

圖9　11月1日，靈巖山「印光大師塔院」落成，舉行靈骨奉安典禮。《弘化》月刊發行紀念專輯，有孔德成先生題辭（①中欄），及先生所作讚頌一首（②）。讚頌後題為〈靈巖印光大師靈骨入塔〉，收入《雪廬詩集》。

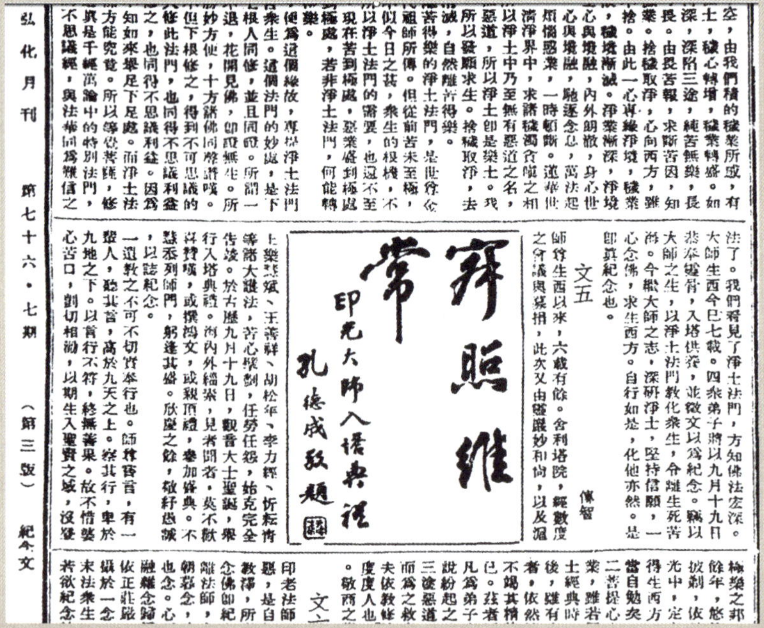

【釋文】

吾師大雄姿，乘願入娑婆。偶現比丘相，眾山仰紅螺。聖教當末法，公案淆且訛。玄談要時譽，數寶欺自他。迷子在歧路，奚從取觀摩？茫茫業識海，冥冥翻洪波。惑盛集眾苦，夜深舞群魔。師來震法鼓，妙藥起沉疴。昏衢耀寶炬，笠鞋遍關河。宗風揚淨土，九界登慈舸。蝍蠍蚖蛇輩，及門氣轉和。持此皈依心，信能化干戈。世間出世間，補益等無頗。蓮開十三葉，再見真僧伽。有緣度已盡，示寂靈巖阿。法身雖無相，遺範尚巍峨。浮圖逼象緯，舍利光交羅。隨喜繞周匝，稱名一剎那。皆得成佛道，西歸九蓮窠。此中有權巧，私淑功不磨。冥加淨修人，親炙豈殊科？相逢天龍眾，萬億恆沙多。我具戒定香，普供不媕婀。劫數累僧祇，神威永撝呵。後來見聞者，猶得持彌陀。莊嚴應如是，大德意云何？諸佛證斯言，悉檀薩婆訶。

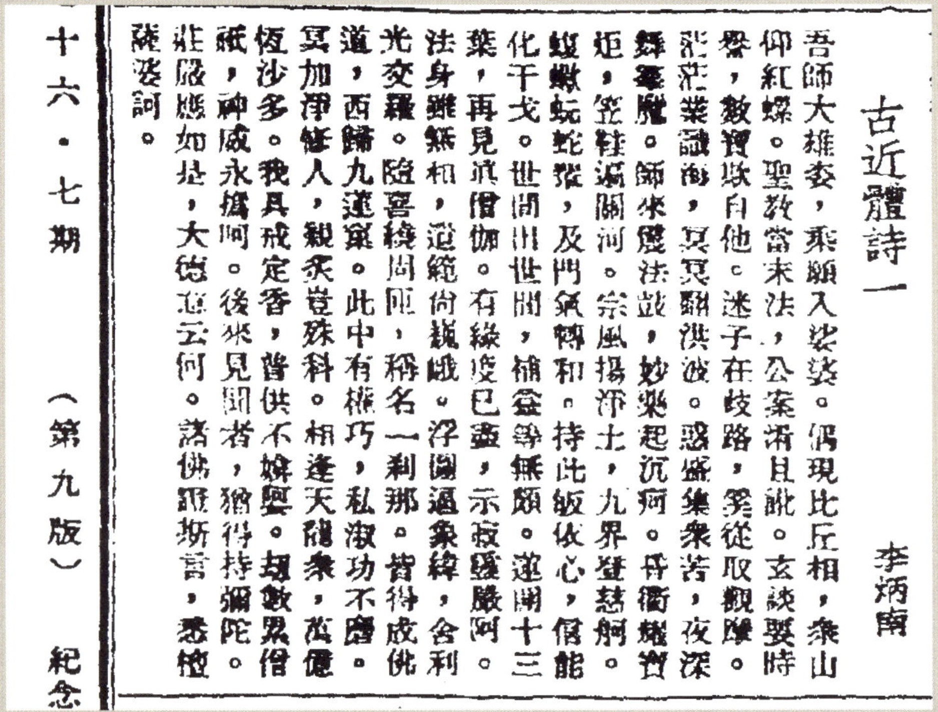

1947 年圖9①

1947 年圖9②

1947年（民國36年）·58歲

圖 10　12月13日，孔德成先生第四度返曲阜。圖為呈送國府主席蔣介石之請假報告。至翌年1月3日返京。（照片提供：國史館）

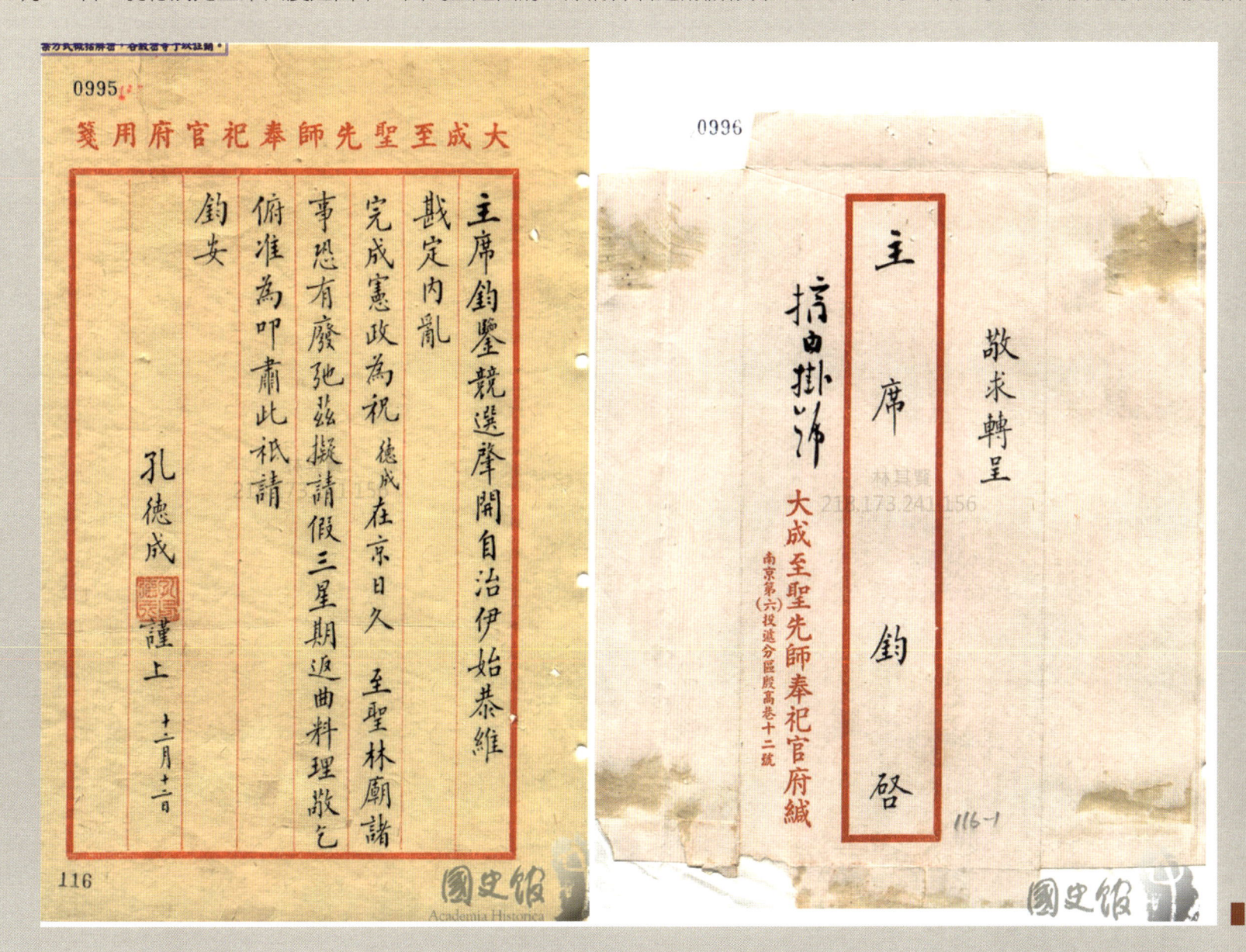

主席鈞鑒競選舉開自治伊始恭維
裁定內亂
完成憲政為祝　德成在京日久　至聖林廟諸
事恐有廢弛茲擬請假三星期返曲料理散乞
俯准為叩肅此祇請
鈞安
　　　　　　　孔德成　謹上　十二月十三

敬求轉呈
主席　鈞啟

大成至聖先師奉祀官府緘

1947 年圖 10

1948年（民國37年）· 59歲

圖1　2月3日，孔德成先生臨「季良父壺銘」題贈先生。右為孔德成先生近作七絕兩首，錄請先生指正。

【釋文】

（右圖）江城昨夜又春風，折得梅花暎〔映〕日紅；閒倚晴窗聽鳥語，此間靜趣與誰同。（三十七年元日）
山齋風雨幾經過，銅瓦遺文共揅摩；小印臨來同趙字，素心人士亦無多。
（為觀民治殘字小印一方小什為識）
近作兩首錄奉
雪廬大和尚政　　德成

（左圖）殳季良父乍紋始尊壺，用盛旨酒，用享孝于兄弟、婚媾、諸老，用蘄匃眉壽，其萬年需冬難老，子子孫孫是永寶
戊子立春前二日夜寒燈下，取舊裱紙乃桂未谷為顏衡齋所裱，修來先生往來尺牘冊前葉也。用臨季良父壺銘似
雪僧道長政之　　達生孔德成

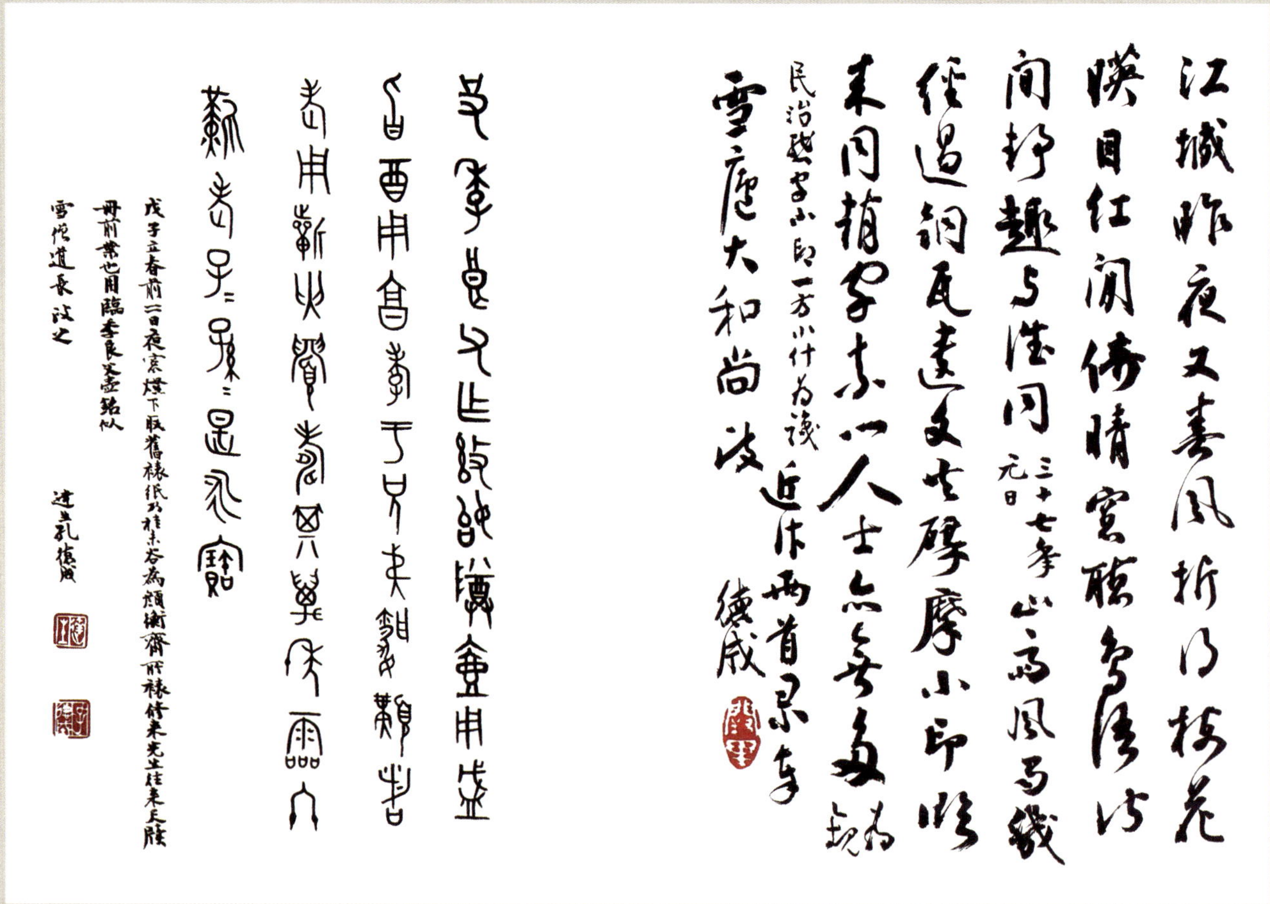

■ 1948 年圖 1

1948年（民國37年）・59歲

圖2　3月1日，孔德成先生在南京召開至聖奉祀官府務會議，討論府中古物保管及各項開支問題。決議古物運京保存。炳南先生任記錄。此次會議後，孔德成先生赴美考察訪學。（照片提供：曲阜孔子博物館）

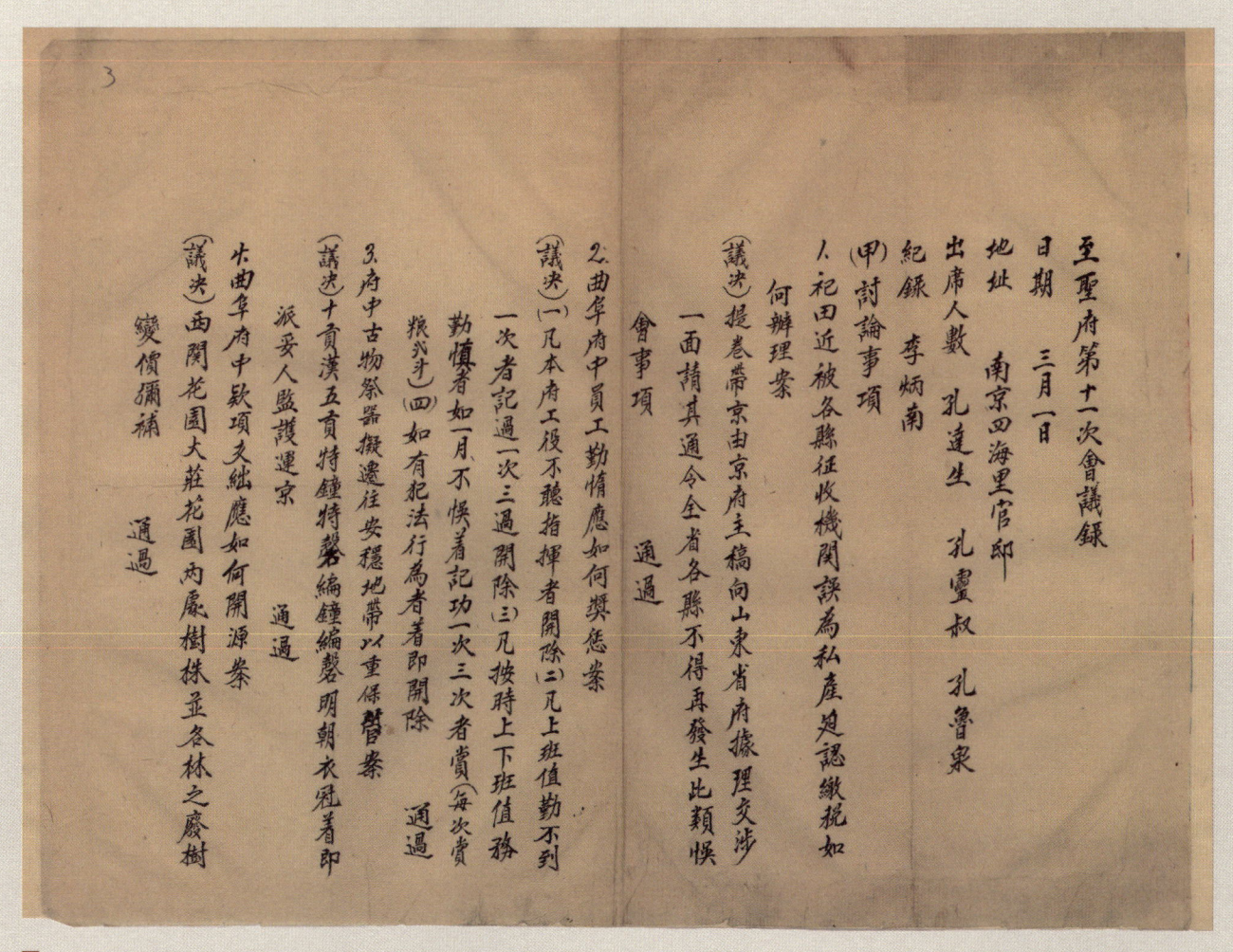

1948 年圖 2

圖3　3月13日，致函曲阜孔府府務委員會主任孔令儁，請寄孔府組織法文卷。（照片提供：曲阜孔子博物館）

【釋文】
靈叔五哥道鑒：奉示祗悉。福星一路安抵曲邑，至慰至欣。奉祀官菡美，已有電來，勿念。尊囑各稿，日內辦出再奉。昨上一函，為本府組織法文卷之事，諒已入閱，祈早掛號交下為禱。專復。即請

大安　　弟李炳南頓　三月十三日

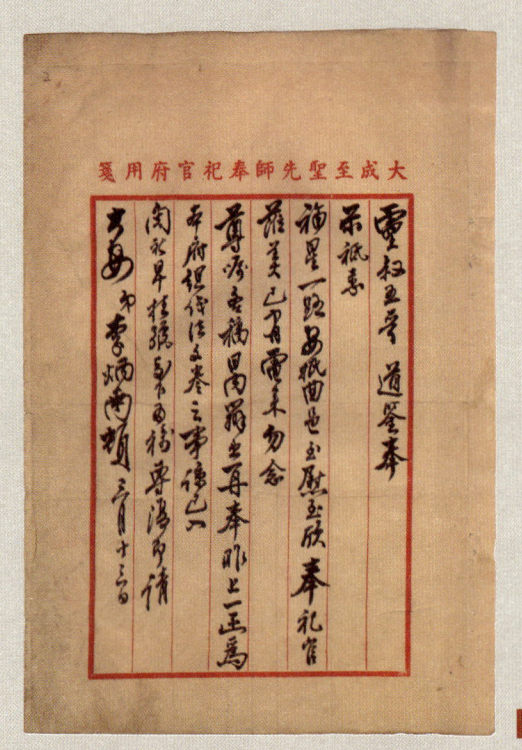

圖4　3月14日，孔令儁來函，訴說孔府財用不足窘狀，請教應變之方。圖為函稿。（照片提供：曲阜孔子博物館）

【釋文】
炳南吾兄勛鑒：前上蕪函，計邀覽及。項奉華翰，敬悉佳況勝常，至為欣慰。關於本府制度、奉頒法令，抄上，請察收。茲奉祀官不在家，請兄偏勞，細心交涉，安頓辦理，並將辦理情形，隨時見告，為盼。又府內庫空如洗，二月大丁，即係揭〔借〕賬辦理。零用亦無，雖指定賣樹，一時難以出手，即能賣出，亦不足零用之數。這樣窮困，實覺應付乏術，不知吾兄何以教我也。特此敬請勛安。

　　弟孔（靈叔）頓首
附抄件一件
（照繕　三、十四）

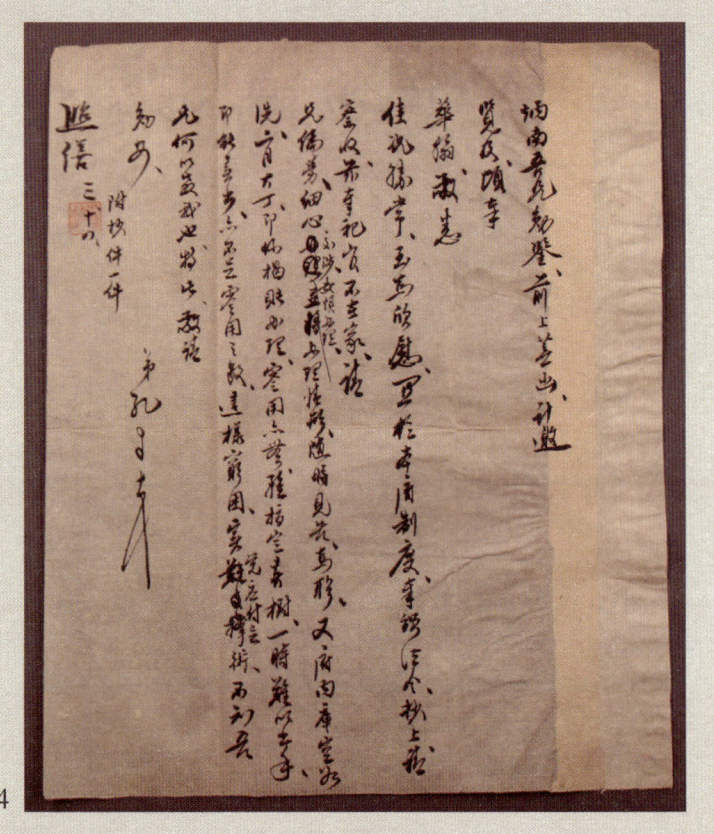

■ 1948年圖3　　　　　　　　　　　■ 1948年圖4

圖5　4月20日，曲阜孔府孔令儁來函稱因籌措路費困難，故孔府文物晉省事遲未成行。（照片提供：曲阜孔子博物館）

【釋文】

炳南老兄勛鑒：晉省事，至今未能成行。前因籌措路費困難，繼而昌、濰吃緊，王主席終日乘飛機督戰，即到亦恐見不著面也，故遲遲未行耳。特先報聞。又據滋陽縣萬福鄉東吳寺佃戶劉成仁等呈請緩催租糧云云。查東吳寺為奉祀官私產，應否緩至麥後再催，未敢擅專，茲將原件附上，請詧閱並轉商公太太指示遵辦為荷。特此。敬請

勛安　弟孔令儁頓首四、廿

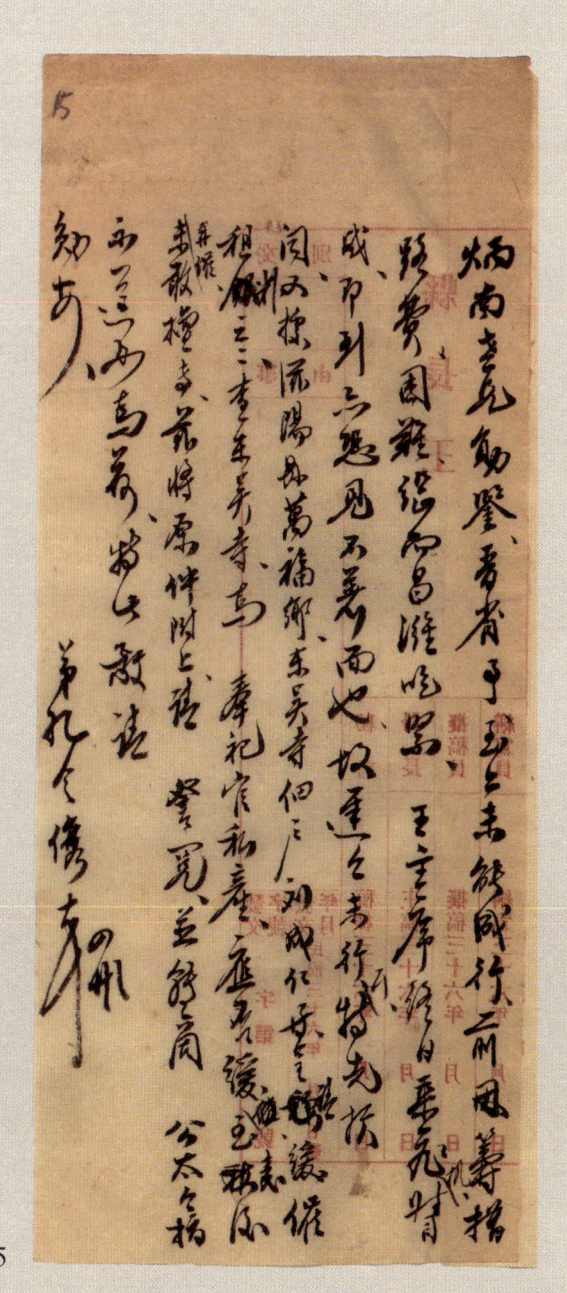

圖6　4月25日，致函孔令儁，轉告奉祀官交代文物運京事。（照片提供：曲阜孔子博物館）

【釋文】

靈叔五哥尊鑒：日昨接奉祀官航諭，附有一條囑立寄曲，並有「飭人速辦，不得稍遲」之語。因（原信）內尚有他事須作根據，未能奉閱。茲特將有關曲事之條寄上，祈查收飭辦為禱。此大概在美見報載山東不靖故也。專此。敬請

道安　弟李炳南頓四月廿五日

純潔、魯泉、恩亭諸兄前，均此請安

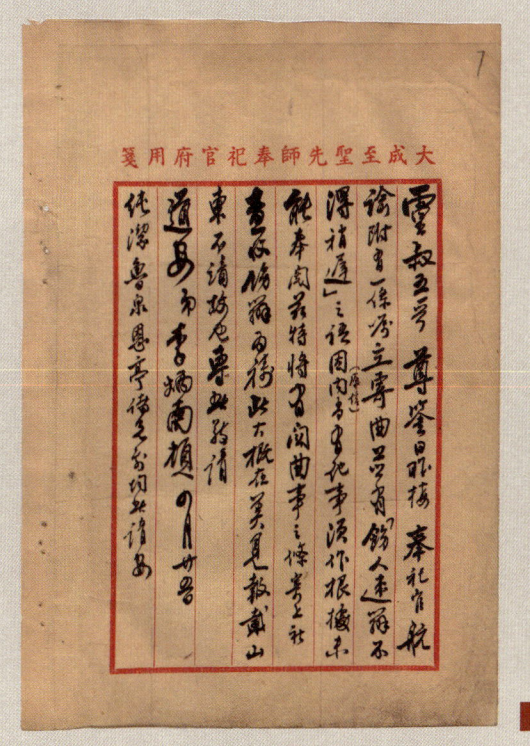

■ 1948年圖5

■ 1948年圖6

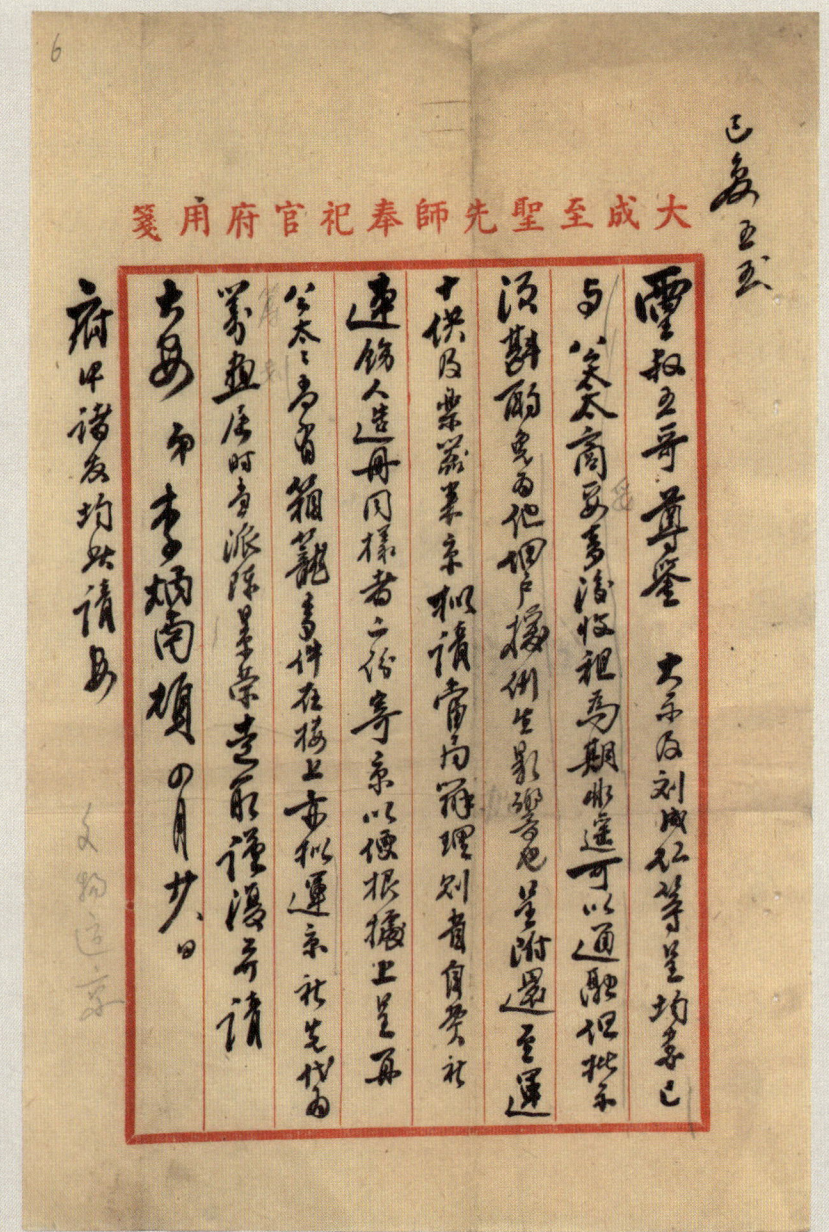

圖7　4月28日，致函孔令儁，說明收租通融及辦理文物運京事。（照片提供：曲阜孔子博物館）

【釋文】

靈叔五哥尊鑒：大示及劉成仁等呈均悉，已與公太太商妥，麥後收租，為期非遙，可以通融。但批示須斟酌，免為他佃戶據例生影響也。呈附還。至運十供及樂器來京，擬請當局辦理則省自費，祈速飭人造冊同樣者二份寄京，以便根據上呈。再公太太尚有箱籠多件在樓上，亦擬運京，祈先代為籌畫。屆時當派陳景榮走取。謹復。并請

大安　　弟李炳南頓四月廿八日
府中諸友均此請安

1948 年圖 7

圖8　5月21日，致函孔令儁，請尅日編造清冊送京，以辦理呈報運送事宜。（照片提供：曲阜孔子博物館）

【釋文】

靈叔五哥尊鑒：五月十六日大示奉悉。關於古物運京之文迄今未批，預料其因有二。茲以行憲組府，各機關多有變更，以故擱淺，一也。我方清冊尚未報出，無據估計運費，二也。弟意應各盡其道。祈兄立督此項清冊，尅日送京，先點腳步。縱後有錯，咎不在我。果至沒辦法時，似仍須請兄懇求李司令官撥車一法較為宜截也。專此布復，即請大安。佇候回玉　　弟李炳南頓五月廿一日

魯泉、純潔、恩亭諸兄前，同此請安

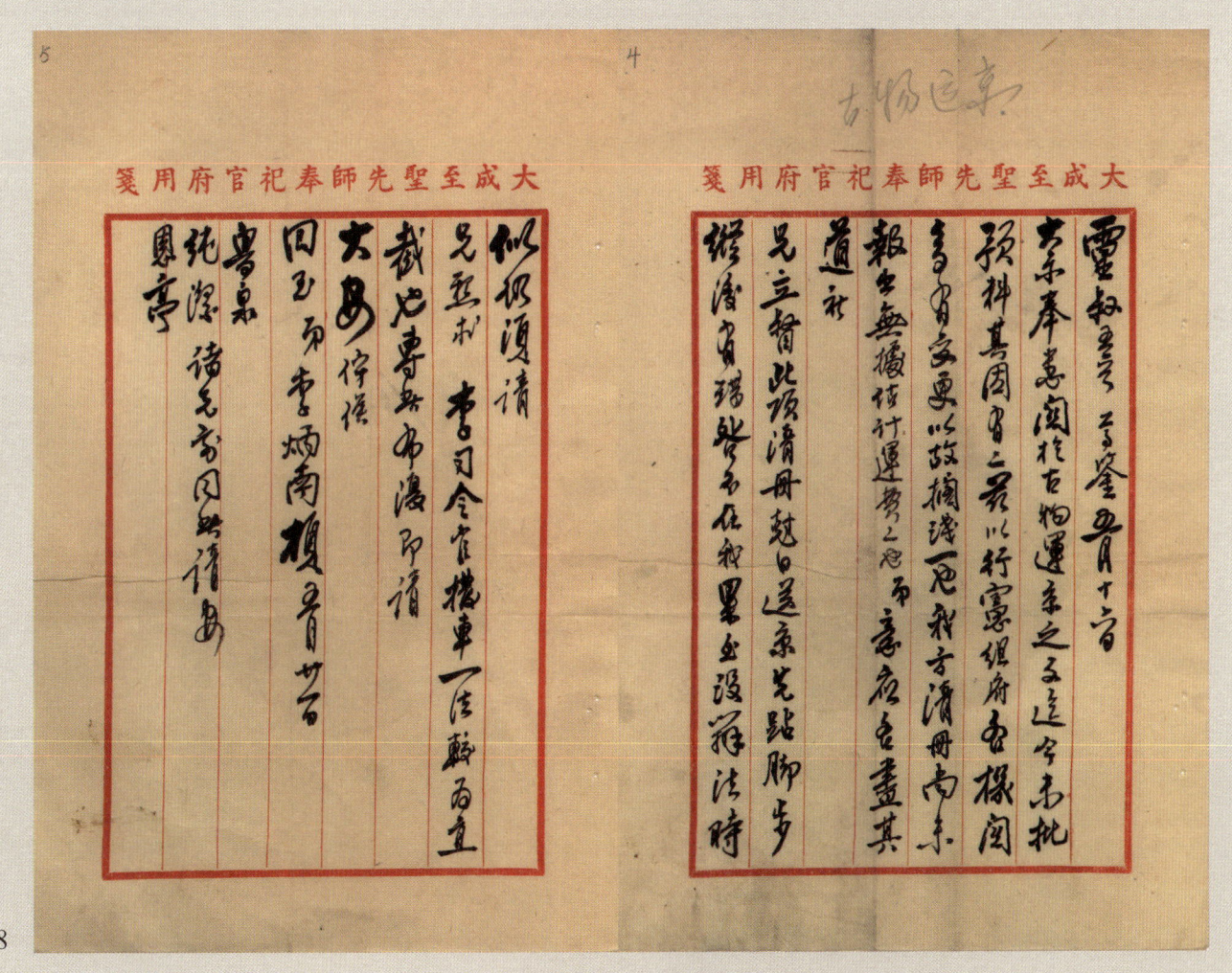

1948年圖8

圖 9　在京整裝將出發赴臺灣時，發現舊稿一束，計五十五題，六十二首。創作時地或有失記者，無類可歸，編為《發陳別錄》，有〈小引〉。

【釋文】《發陳別錄‧小引》：

徐蚌之戰敗績，謀遷都。余擬浮海，將發整裝，得陳稿一束，無次。有能記其時地者，有不能憶及者；讀之不盡可棄，編之無類可歸。然昔既發乎鳴，自必有所感；俛仰縈回，尚隱約浮影象。為其鴻雪，接目猶可寒燠，愧心有助殷鑑，故別錄以收之。難辨先後，雜列以存之。惟於其前也，何以茫然久遺？於其今也，何以突如其來？無乃雕蟲小品，亦應乎數也耶？嗟乎！夫前之遺，有似余之寡恩；而今之來，有似彼之多情。如是，則工乎拙乎又安忍復計之哉！竊聞之：「冬之月，曰閉藏；春之月，曰發陳。」臨發而得陳，意有近之。故名此一束，曰發陳別錄。發陳者，起元也，或兆乎吉。

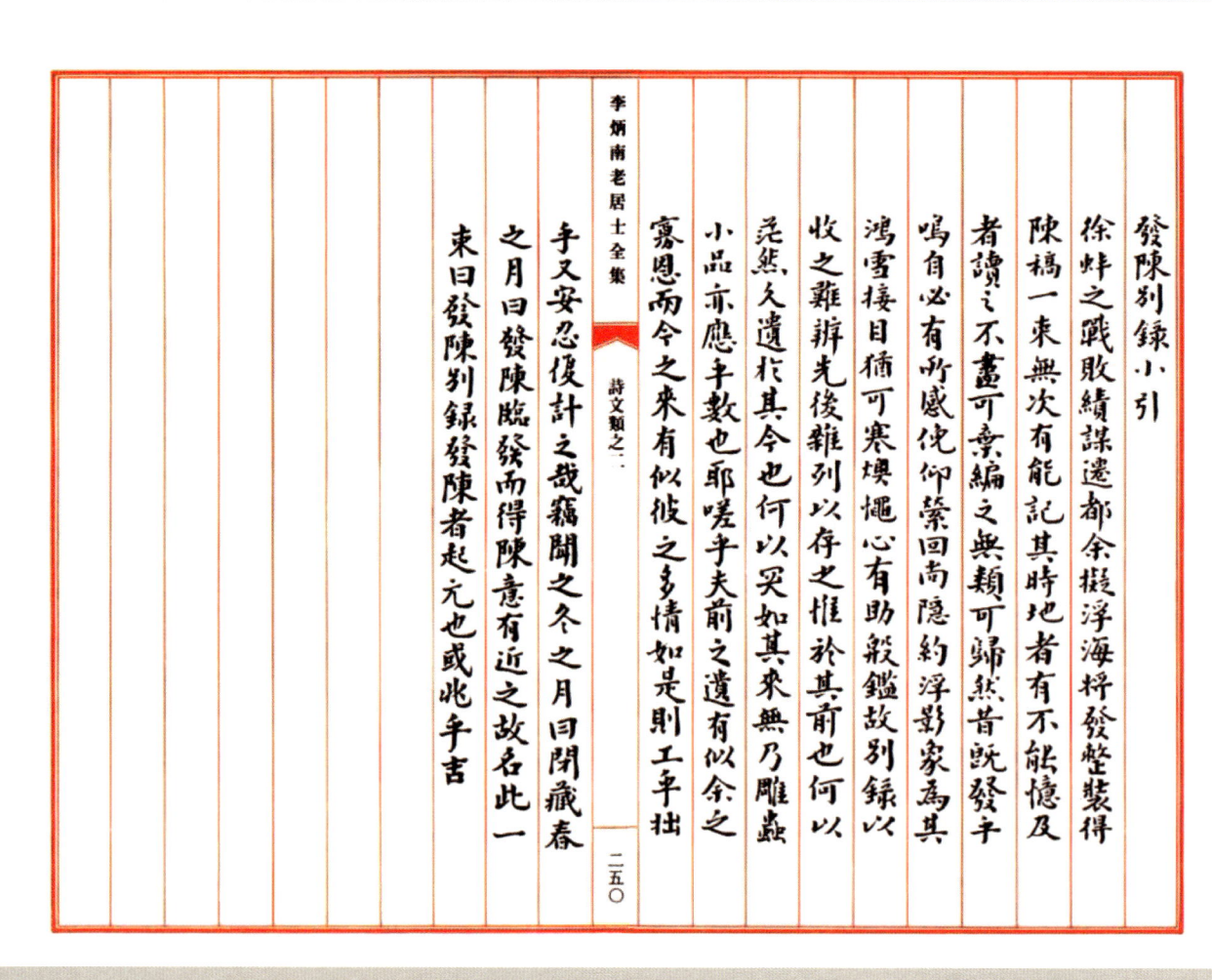

1948 年圖 9

1949 年（民國 38 年）· 60 歲

圖1　是年初，國共三大會戰結束，和談破裂。天津、北平相繼失守。1月18日，函請聯勤總司令部運輸署代訂船票，準備遷臺。20日，聯勤總司令部回函，已代訂赴臺灣船票。
（照片提供：郭基發）

【釋文】
聯合勤務總司令部運輸署（代電）
事由：為貴府赴台人員，已飭代訂中興輪艙位，請查照由
受文者：奉祀官府孔奉祀官
一、本年元月十八日，京至字90號公函敬悉。
二、已電知上海區運輸司令部代訂本月底中興輪艙位。
三、復請查照，派員赴滬逕行洽辦為荷。

署長趙桂森

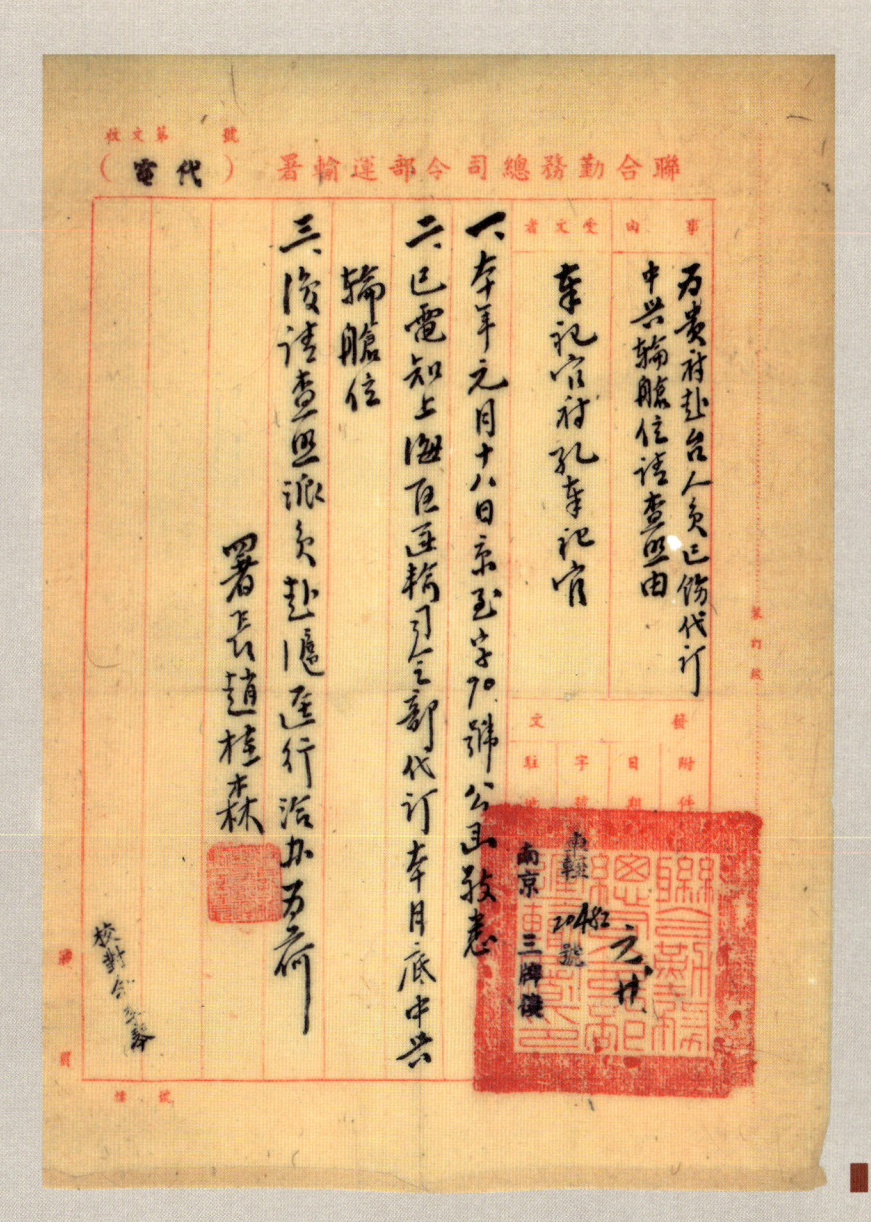

1949 年圖 1

圖2　1月25日，奉祀官孔德成先生函示官府文物運移臺灣等事。

【釋文】

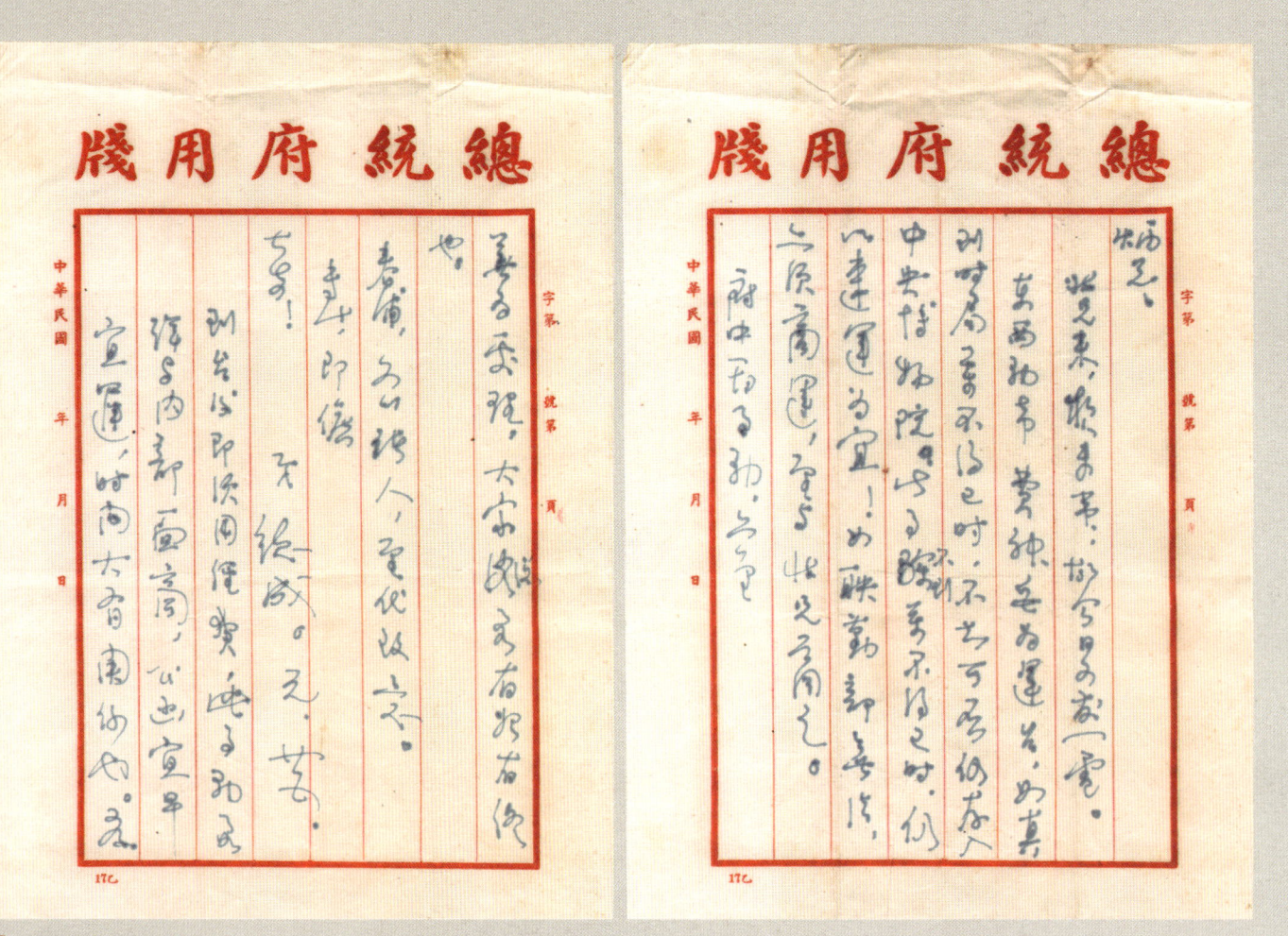

炳兄：壯兄來，款未帶，故今日又發一電。東西務希費神，妥為運台，如真到時局萬不得已時，不知可否仍存入中央博物院？此事不到萬不得已時，仍以速運為宜！如聯勤部無法，亦須商運，望與壯兄商之。府中一切事務，亦望善為處理，大家須要有始有終也。春浦、文山諸人，望代致意。專此，即候

甚安！　弟德成　元、廿五
到台後即須用經費，此事務要詳與內部面商，公函宜早宜遲，時間大有關係也。又及

1949 年圖 2

1949年（民國38年）・60歲

圖3　1月28日，孔德成先生指示奉祀官府善後事宜：「萬不可至此時有對不起人處，尤不可對不起下人。」先生回報辦理情形：工友任、陳、張、葛四人義行可嘉，堅拒扣自奉祀官薪資補發。同時報告：內政部通知本府遷臺。（照片提供：郭基發）

【釋文】
（孔德成先生來函：）上下同仁安全，均在念中，國事日急，憂心如焚，款即照前信按規訂發，萬不可至此時有對不起人處，尤不可對不起下人也。炳居士。成白。卅八、元、廿八晨。

（炳南先生回復：）
1. 各機關工友旅費，有發六、三千不等，本府只發一千，頗生悞會。南提出八千元，云是（撥扣官薪項下）發給任、陳、張、葛四人，補足旅費三千元，彼等聞係扣自官薪，堅拒不收，義行於色，云何時從庫領出補發不遲，殊屬可嘉，擬速飭辦會計者向國庫質詢。
2. 呂王梅之參萬捌千元已照發。
3. 鐵爐已送張測民府存。
4. 鹽局傢具亦存張府。
5. 會計已即日結束，卷全攜來。
6. 傢具已遵諭分給工友。
7. 轉來信三件。
8. 行政院內部國庫已通知本府遷台。
9. 大東公司賬條一本。
10. 運箱辦法附單數。

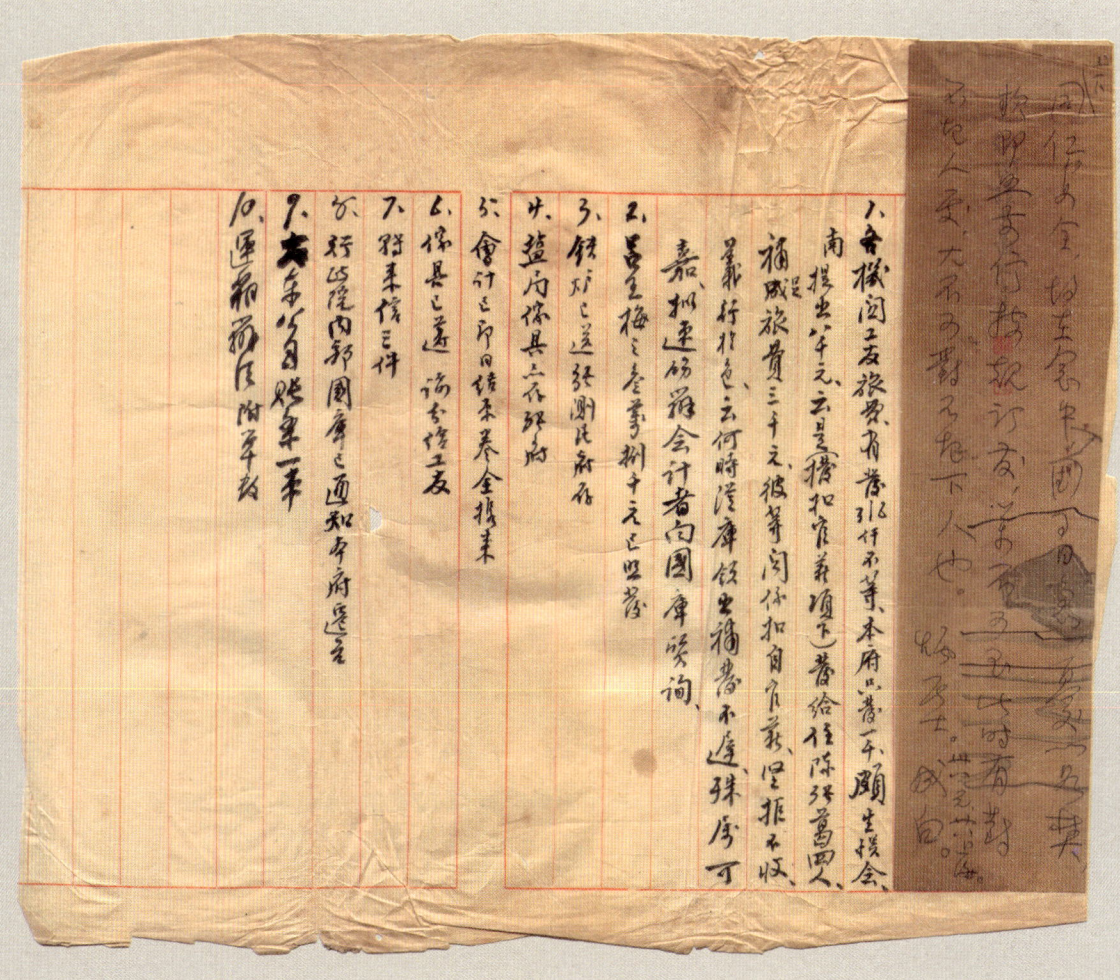

1949年圖3

圖4　1月29日，奉祀官府支付呂今山、王毓華兩位老師，以及會計梅慕賢返鄉之旅費。因國庫尚未關餉，先借自炳南先生墊付。一年後始歸還。
（照片提供：郭基發）

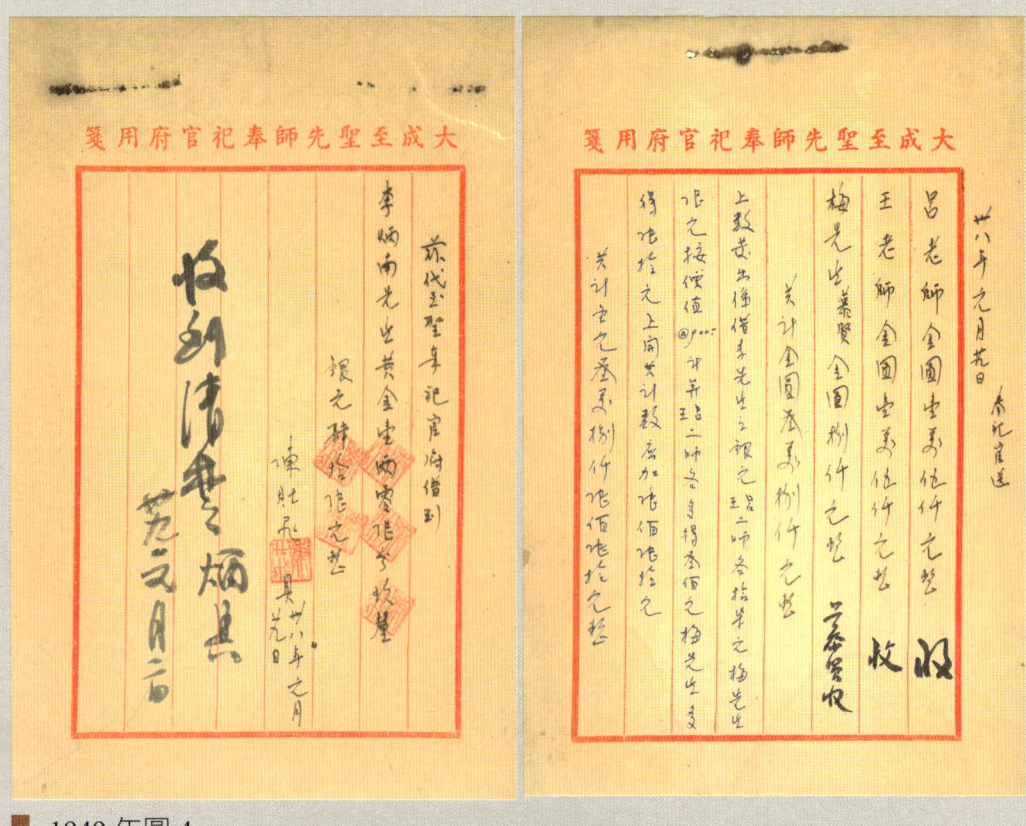

圖5　1月，奉祀官孔德成先生指派炳南先生等五人，押運行李赴臺灣。

【釋文】
〈大成至聖先師奉祀官府證明書〉
發文：證字第11號　中華民國三十八年一月
茲派秘書李炳南、總務陳壯飛等五人，押運卷箱行李等貳拾伍件，前赴台灣，特此予書證明。

奉祀官孔德成

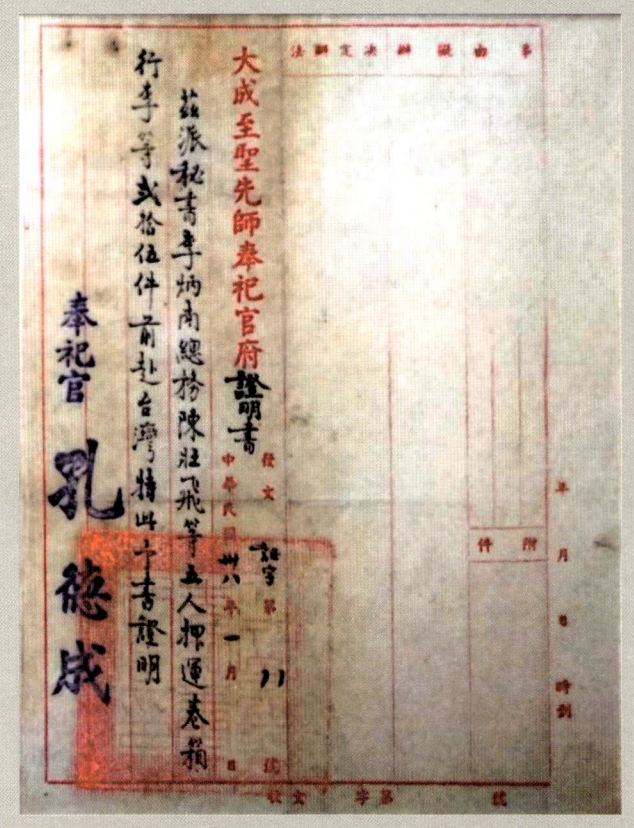

1949年圖4

1949年圖5

1949年（民國38年）・60歲

圖6　2月2日，奉祀官府遷移臺灣一行人自南京出發，經上海乘船赴臺灣。派令原計五人同行，實際出發三人：炳南先生、陳壯飛、張俊武。
　　　圖為一行人遷台旅膳宿及雜支單。（照片提供：郭基發）

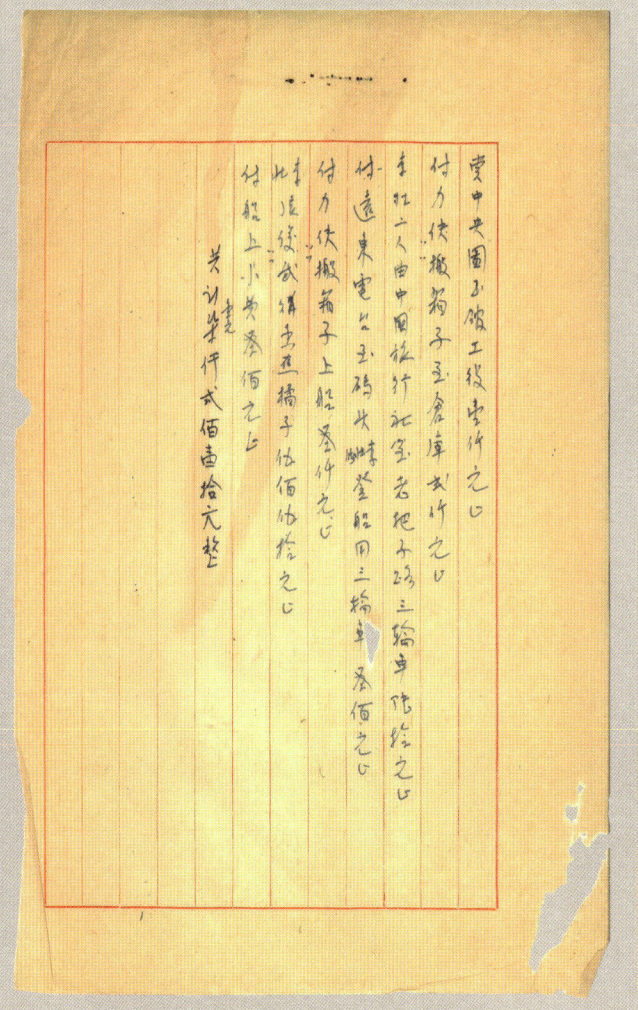

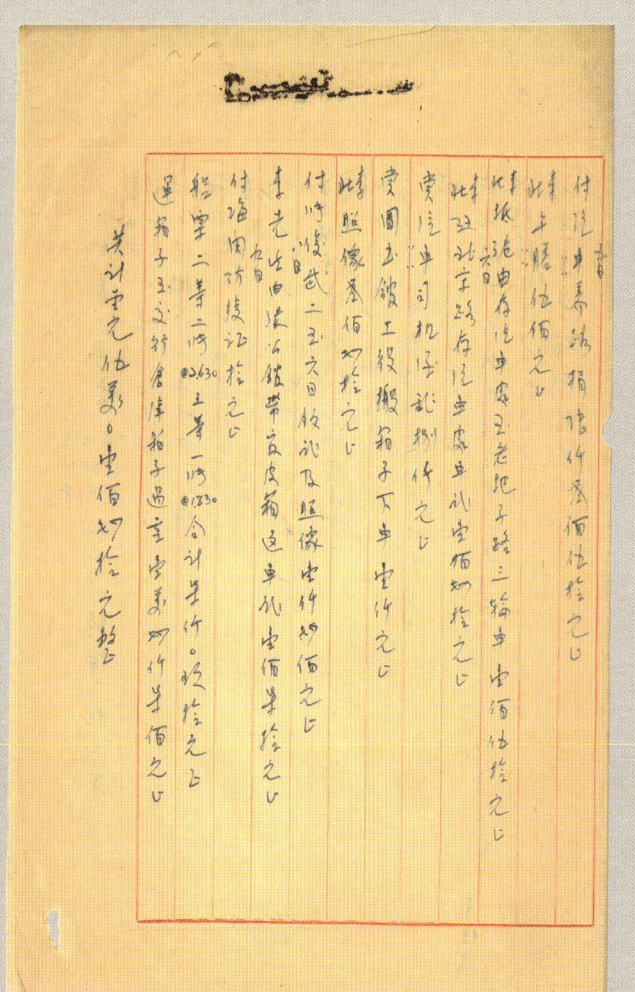

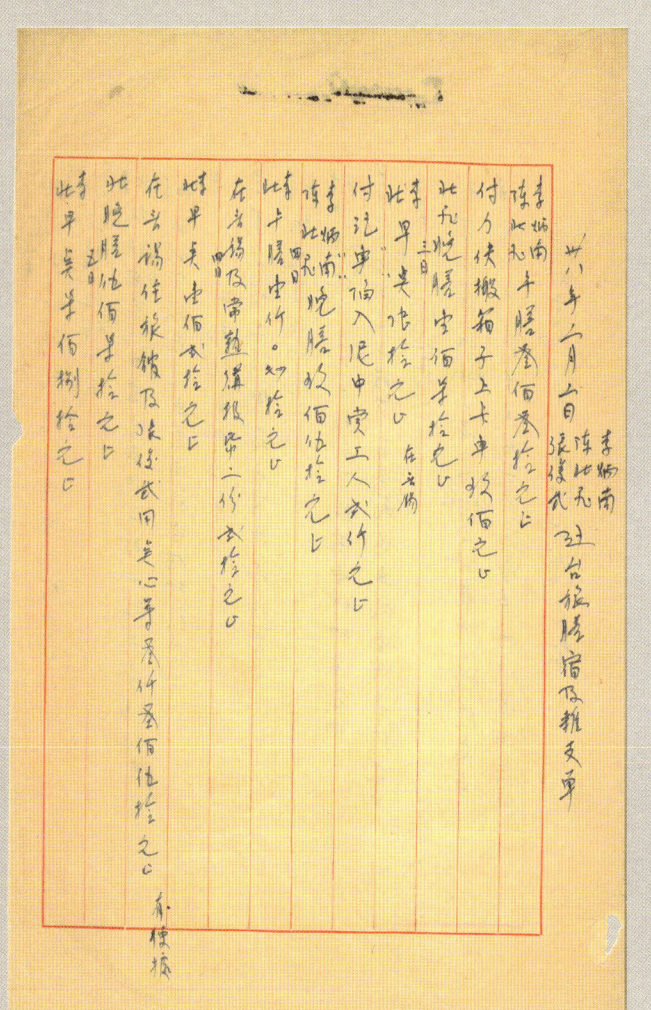

1949 年圖 6

圖7　2月2日，奉祀官府遷移人員自南京出發至上海。此行運送官府重要文物卷箱二十五件，包括1937年修訂之《孔子世家譜》。先生個人攜帶文物則有秦相李斯遺跡之原拓《秦瓦量殘字》（1945年圖1）、《定武蘭亭肥本》（①）、敦煌石窟鳴沙唐僧寫本真跡《佛說無量壽經宗要》（②，照片錄自《慧炬》）、國父參謀長李烈鈞致贈書法對聯。中途多次遇散兵軍警欲搶奪車輛，幸賴先生善巧化解。③為行旅圖。

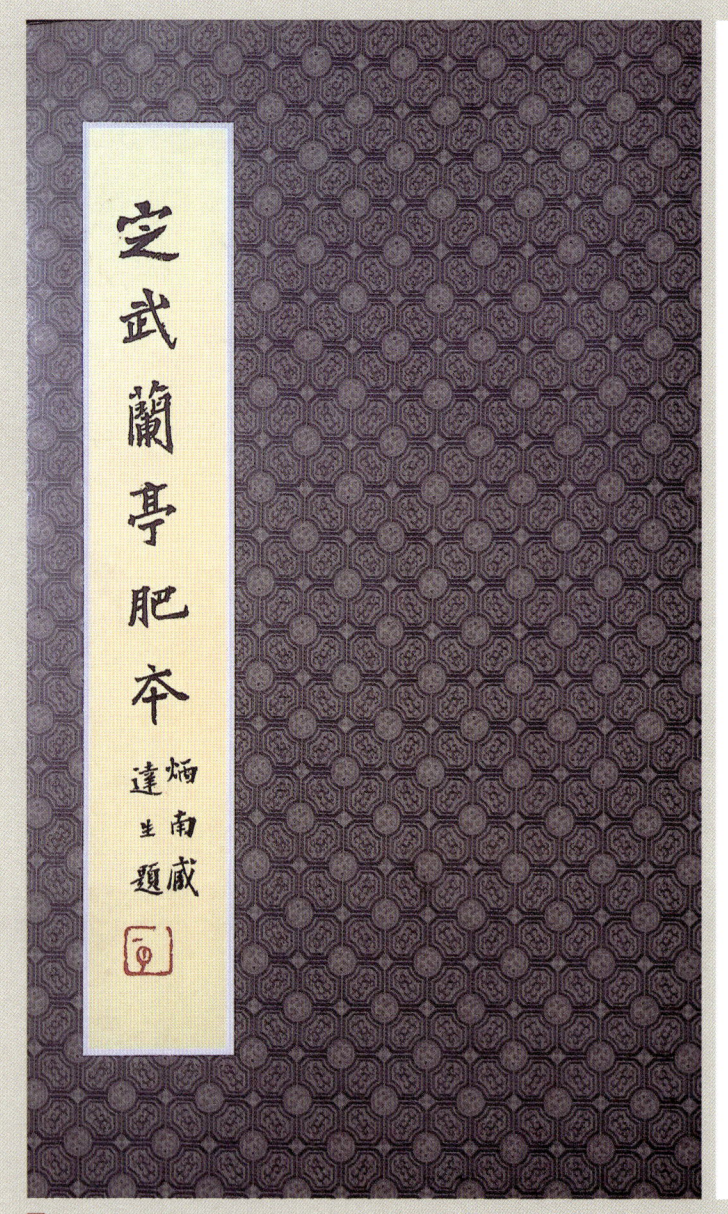

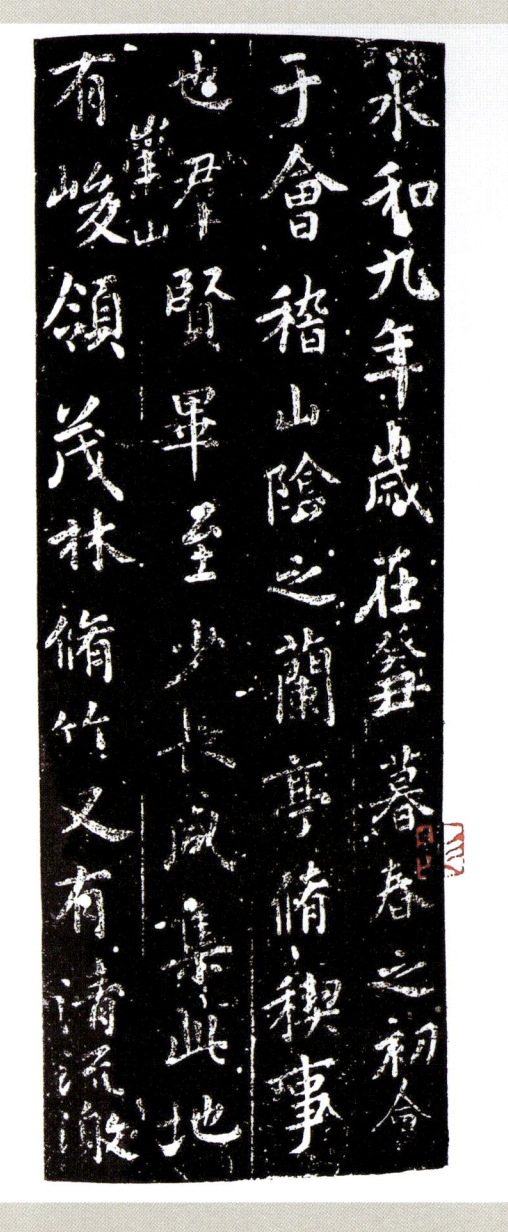

■ 1949年圖7 ①

1949年（民國38年）・60歲

佛經墨蹟珍賞

敦煌石室舊寫經

吳南薰敬書

大乘无量壽經

如是我聞一時薄伽梵在舍衛國祇樹給孤獨園與大苾芻僧千二百五十人俱菩薩訶薩眾佛同會坐爾時世尊告尊者舍利弗西方去此過十萬億佛土有世界名曰極樂其土有佛號无量壽无量智決定王如來阿羅訶三藐三佛陀現在說法彼佛剎中諸有眾生无有眾苦但受諸樂故名極樂何以故彼國眾生无有三毒煩惱之患亦无地獄餓鬼畜生閻羅王等八難之名但有清淨最上快樂是故名為極樂世界彼極樂界无量功德具足莊嚴永无眾苦諸難惡趣魔惱之名亦无四時寒暑雨冥之異復无大小江海丘陵坑坎荊棘沙礫鐵圍須彌土石等山唯以黃金為地寬廣平正不可限極微妙奇麗清淨莊嚴超踰十方一切世界眾寶間飾光色晃曜盡極嚴麗純處其中或自書或使人書持誦讀如是等輩果報福德具足施羅密

李雪廬賜贈
周宣德寶藏

1949年圖7②

1949年圖7③

圖 8　2 月 9 日，輪船從上海出發，舟中續有詩作。此下所作，取《論語》「道不行，乘桴浮於海」意，編為《浮海集》，有〈小引〉。

【釋文】《浮海集・小引》：

《傳》有之：亡鄭陪晉，晉逼於秦，秦不助晉成之也。削秦楚益韓魏，韓魏逼於齊，齊不助韓魏成之也。雖鄉塾五尺童子，類能道其事。而洋洋霸國竟納鄙夫下策，抑中國以育中共蘇俄，而昧其自國之所立，遂製成徐蚌之戰，陸沉神州，良可哀哉！不及稔，中共蘇俄稱霸列國，駕凌其所育之上。首讐之，動輒受其制，消長之機，難逆睹也。予立錐無地，孤帆飄荒島，念家山已陳跡，憶骨肉如昨夢。歷盡春花秋月、朝霽夕陰，明鏡白雪，感慨無限。自哀且不暇，復奚暇為他人哀之也。孔子嗟道不行，說乘桴以寄意，又曰欲居九夷，亦言其志而已，未若予之果行也。此行也如是，又焉得無所鳴乎？茲錄所鳴，曰：《浮海集》。

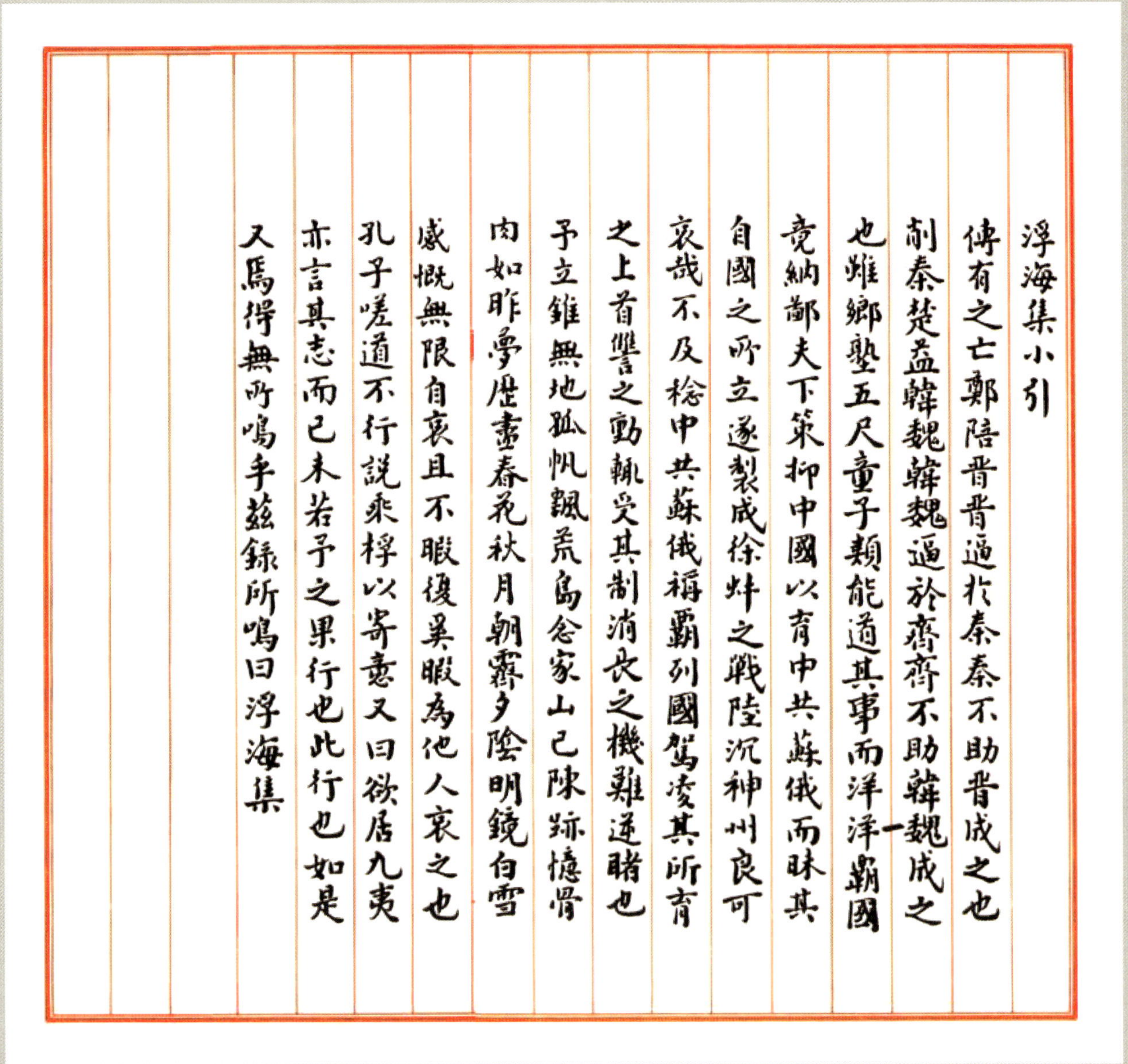
浮海集小引
傳有之亡鄭陪晉晉逼於秦秦不助晉成之也
削秦楚益韓魏韓魏逼於齊齊不助韓魏成之
也雖鄉塾五尺童子類能道其事而洋洋霸國
竟納鄙夫下策抑中國以育中共蘇俄而昧其
自國之所立遂製成徐蚌之戰陸沉神州良可
哀哉不及稔中共蘇俄稱霸列國駕凌其所育
之上首讐之動輒受其制消長之機難逆睹也
予立錐無地孤帆飄荒島念家山已陳跡憶骨
肉如昨夢歷盡春花秋月朝霽夕陰明鏡白雪
感慨無限自哀且不暇復奚暇為他人哀之也
孔子嗟道不行說乘桴以寄意又曰欲居九夷
亦言其志而已未若予之果行也此行也如是
又焉得無所鳴乎茲錄所鳴曰浮海集

1949 年圖 8

圖9　2月12日，輪船從基隆登陸，當即發願將彌陀聖號傳遍臺灣以報此土深恩。13日，南下抵臺中。先生初抵臺中時，先落腳於日報巷(1)；旋遷復興巷16號(2)，於奉祀官府辦公室後一小間為住所。1962年遷和平街98號2樓(6)，前半間作為菩提樹雜誌社辦公室。1965年，再遷正氣街9號(7)，從此不再遷徙。

圖中法華寺(3)、靈山寺(4)、台中市佛教蓮社(5)，為當時講經說法最主要場所。（底圖為1953年〈臺中市街道圖〉，中研院GIS中心提供）

圖10　2月初，孔德成奉祀官抵達臺北。（照片提供：國史館）

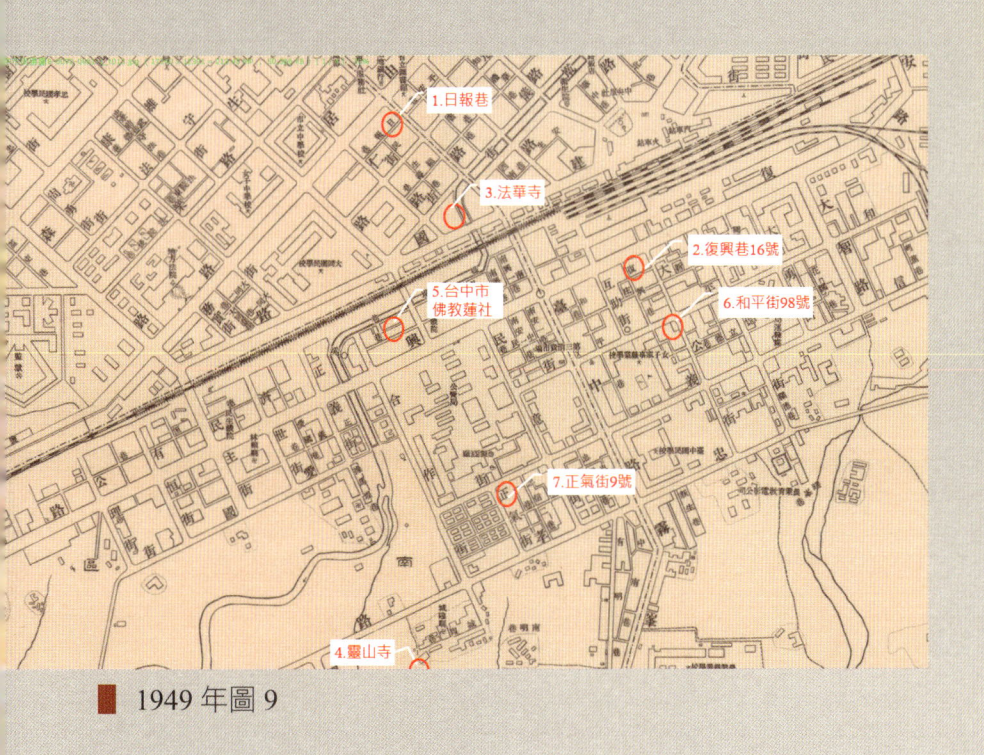

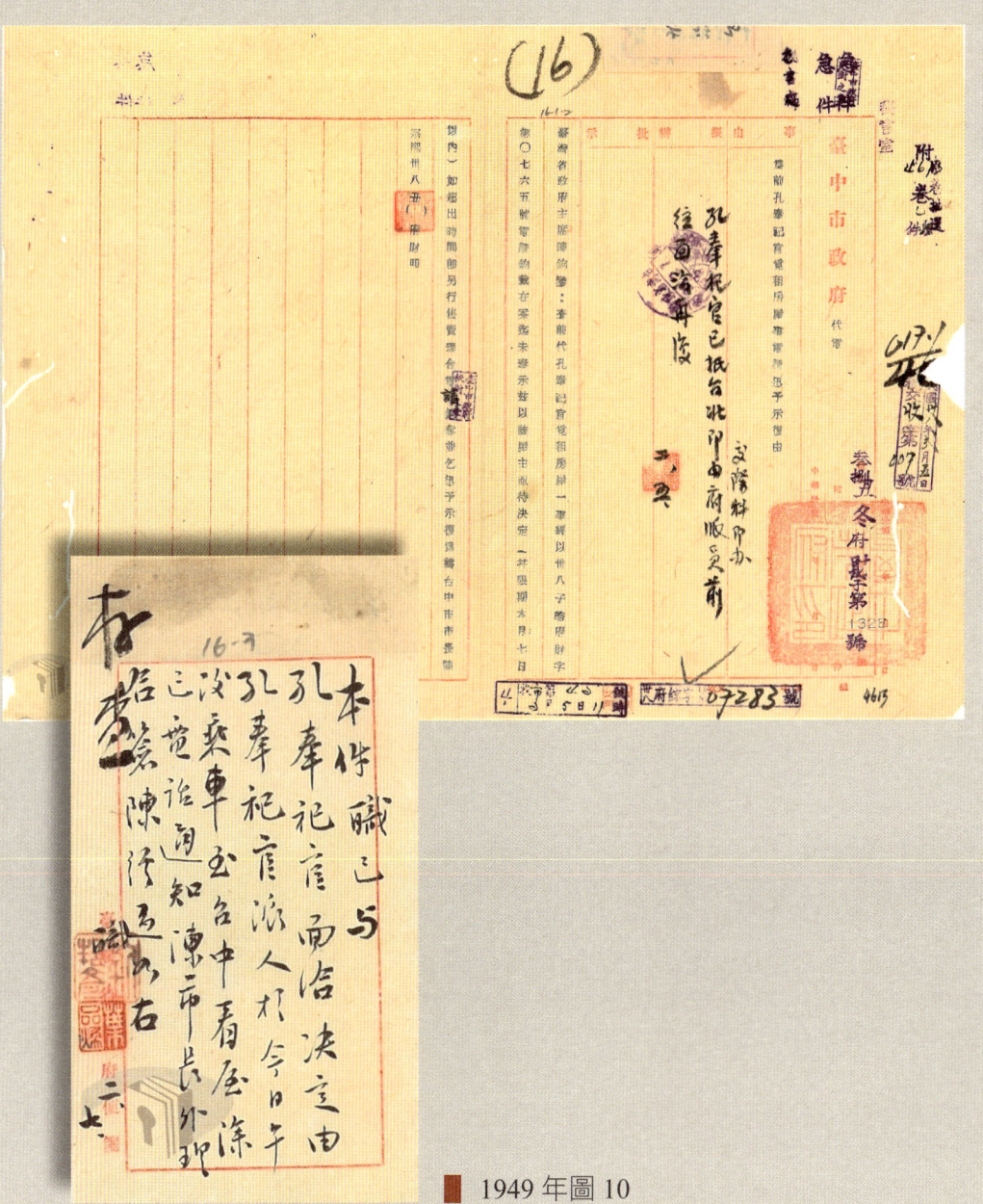

1949年圖9

1949年圖10

圖11 2月26日，至聖奉祀官府發出通告：府址設臺中自由路八十五號辦公。（照片提供：國史館）

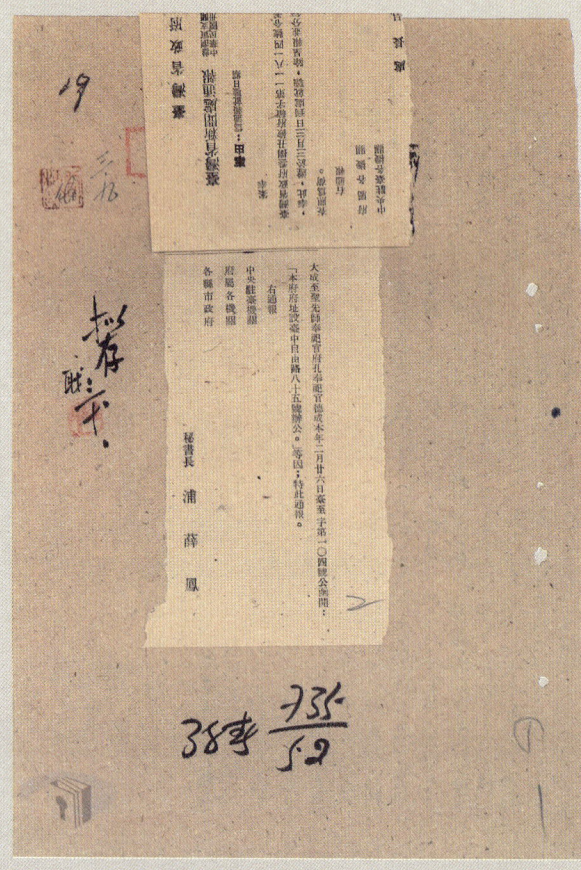

圖12 初抵臺中，即函南京報平安。旋得南京「正因蓮社」弟子陳法青（名建築師楊廷寶夫人）來函勸請先生返回南京領導社務。

【釋文】

炳南大師道鑒：捧讀二月十八日賜札，敬悉吾師安抵台省。社中於月之十九日照常作課，下月七日遵囑下期改為下午作課。惟師離京後，無人能繼續講法，社中受影響不小，甚望孔先生處吾師能早日擺脫回京，與生共維持佛社，宏揚大法，以終夙願，不亦樂乎！生終日發願，擇地蓋一佛堂宏法，改造南京歷史上的浩劫，成為永久之佛地。吾師不以生為癡談也。送來像俱配購證、一月麵粉均照收，十二月煤及油皆未領到，一二月份亦無消息。南京尚平靖，政府首長相繼來京，和談空氣日濃，希望早日和談成功，免百事停頓，人民無所措，何以了生。如岑師、一西師，均已去信，並聞，謹此恭叩

慈安　　生陳法青和南　　二月廿六日
　　　　　　　　　　　　　古正月廿九日

仁輝囑筆致候

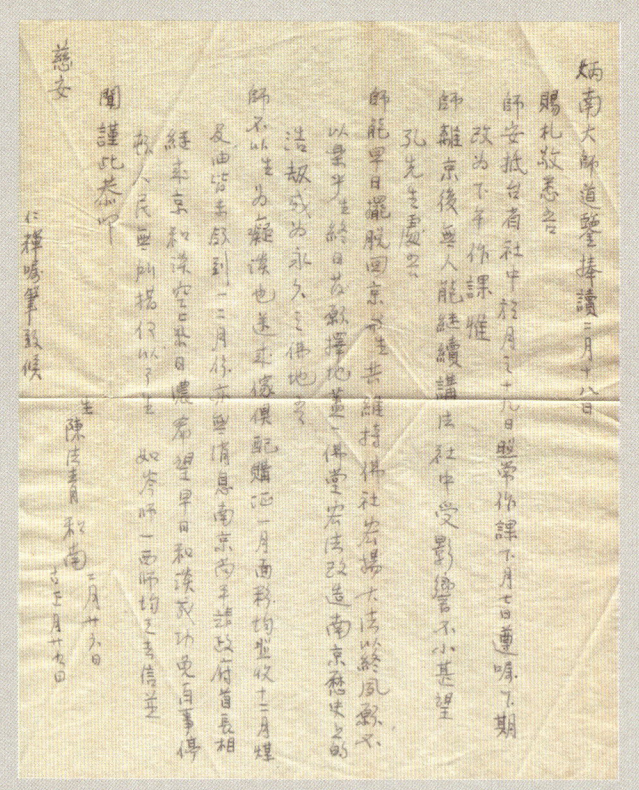

1949年圖11

1949年圖12

1949年（民國38年）・60歲

圖13 3月，奉祀官府以臺幣貳仟萬元頂得臺中市復興街房屋兩棟，作為官邸及辦公。
①為頂讓收據。②為兩棟房舍平面圖：12號（左）為孔奉祀官府邸；16號（右）為辦公廳舍，炳南先生即以辦公室後六張蓆（三坪）小房間為生活起居之所。

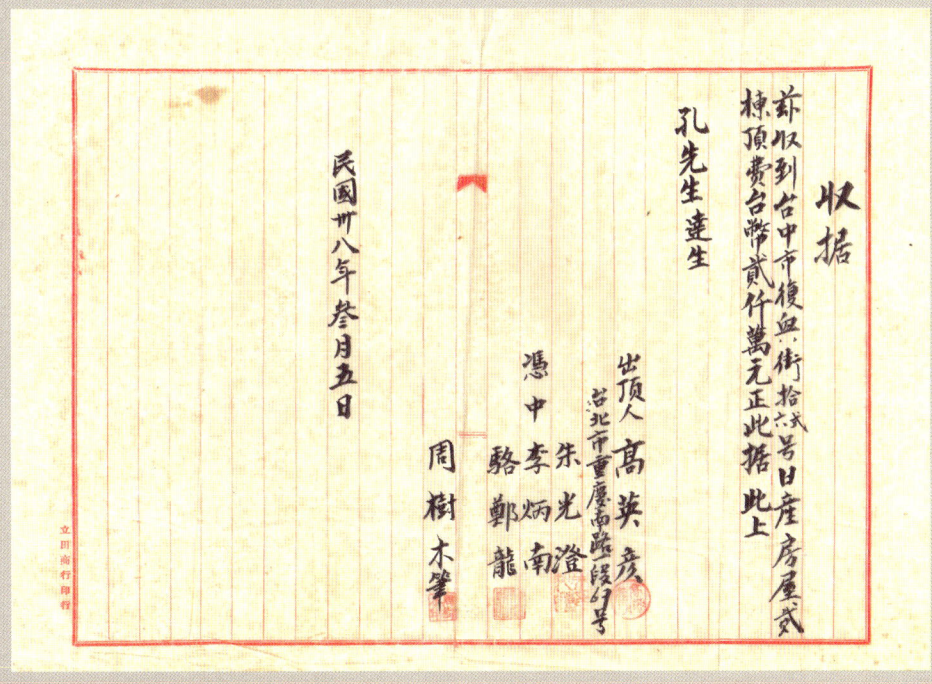

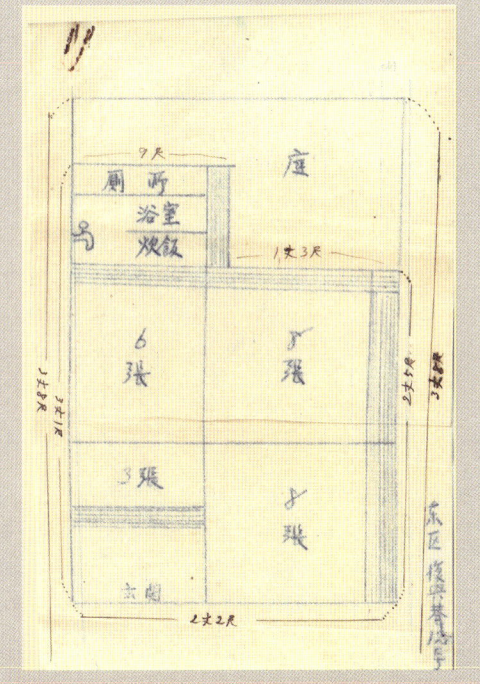

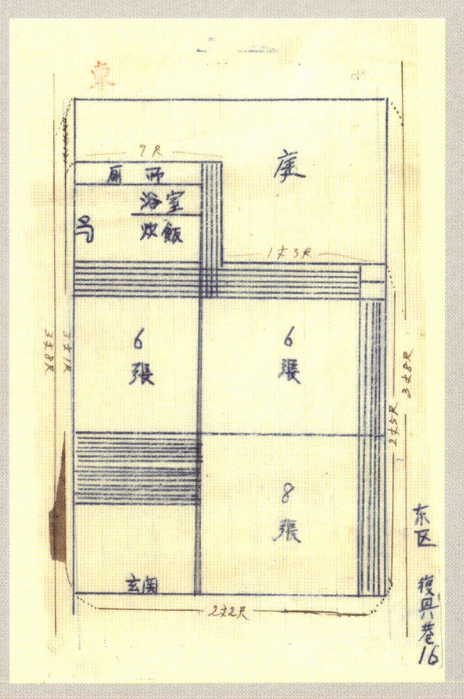

1949年圖13①　　　　　　　　　　　　1949年圖13②

圖14 3月18日,「正因蓮社」弟子李岫青來函,勸請先生返還南京,大眾企盼先生領導社務。

【釋文】

炳師賜鑒:正月見著華光大師,始悉吾師於初五日離京。有四天之空閒,未能晉謁,殊悔腿懶也。自從分袂,無日不在思慕中。昨奉到手教,敬稔平安抵台,慰甚!在岫之私意,甚不讚〔贊〕同去台,勞民傷財。不如上海稍避,返京為好。現在首領主持和談,大有希望,京中秩序尚好。關於正因蓮社,得便即去一看。日前因家中老妻病故,曾煩華光請六位同志、二僧,念經一日追薦亡人。如此年華,於親友方面概未通知。今日在蓮社念佛,大家均盼我師速歸,主持社務。此刻楊太太為維持蓮社不墜,倒頗為出力。今日以後,即煩慧明法師,為之承乏說法,人數來者,尚屬不少。以岫私意,孔先生即〔既〕得安身,吾師即可抽身來京也。至祝!至禱!此請

教安!　　後學李岫青頓首三、十八

附記:房東夫婦尚未返京,前院亦住兵,尚屬相安。來信已代轉

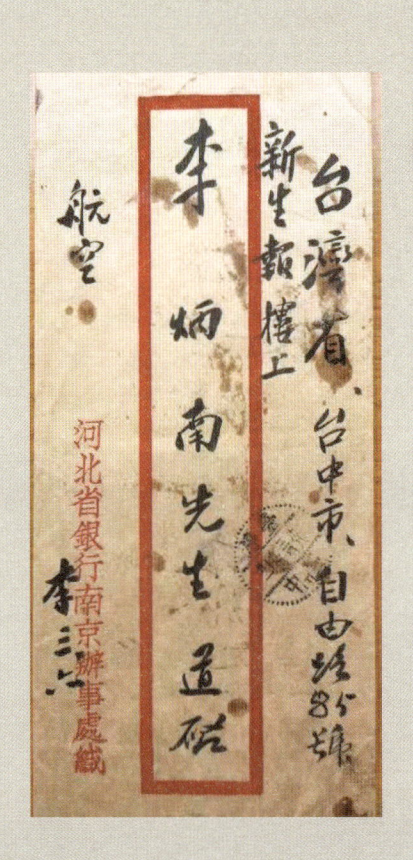

1949年圖14

圖15 3月29日,南京「正因蓮社」弟子陳法青再度來函,祈請先生返社。

【釋文】

炳南大師尊鑒:二月廿六日,曾去台中一函,請楊誠樸先生轉,三月廿一日賜示未曾提到,抑未收到耶?蓮社自吾師離去,減色不少,人人心中都在惦念吾師,如能早日回社,功德無量。諸多眾生都日夜領望,聽吾師宏音,藉作精進。文章可以傳後世,宏法能多度眾生,在近代社會中,惟一能使大眾增佛緣者,惟有吾師宏法可以負大眾之望。仁輝說吾師如歸來,可以下榻舍下,因士英不久亦許可以去美,學校辦妥,惟護照少難,士英的房間可以讓吾師之用。孔先生處在台灣亦無多事代辦,到京後一樣可以寫文章,生活費用生都可負擔,望吾師勿卻生意,為感。二分係配米,梅先生亦未送來,生亦不好索要。吾師在台中生活氣候都適意否?台中佛教盛行否?南京尚平靖,氣候上尚暖和,三月廿二日還落了半天大雪,午後即溶化,自昨日起才暖和起來。僅〔謹〕此恭叩

慈安　　生法青和南　三月廿九日
　　　仁輝附候

華師信代轉,伊云每日照念《地藏經》。

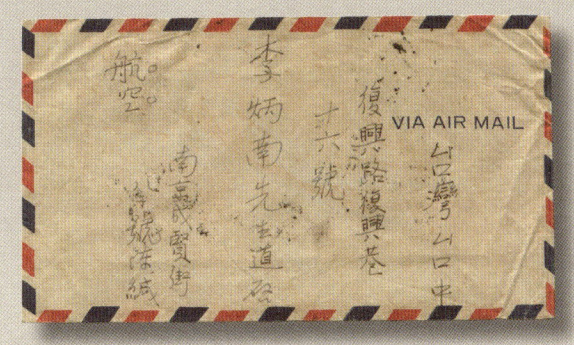

1949年圖15

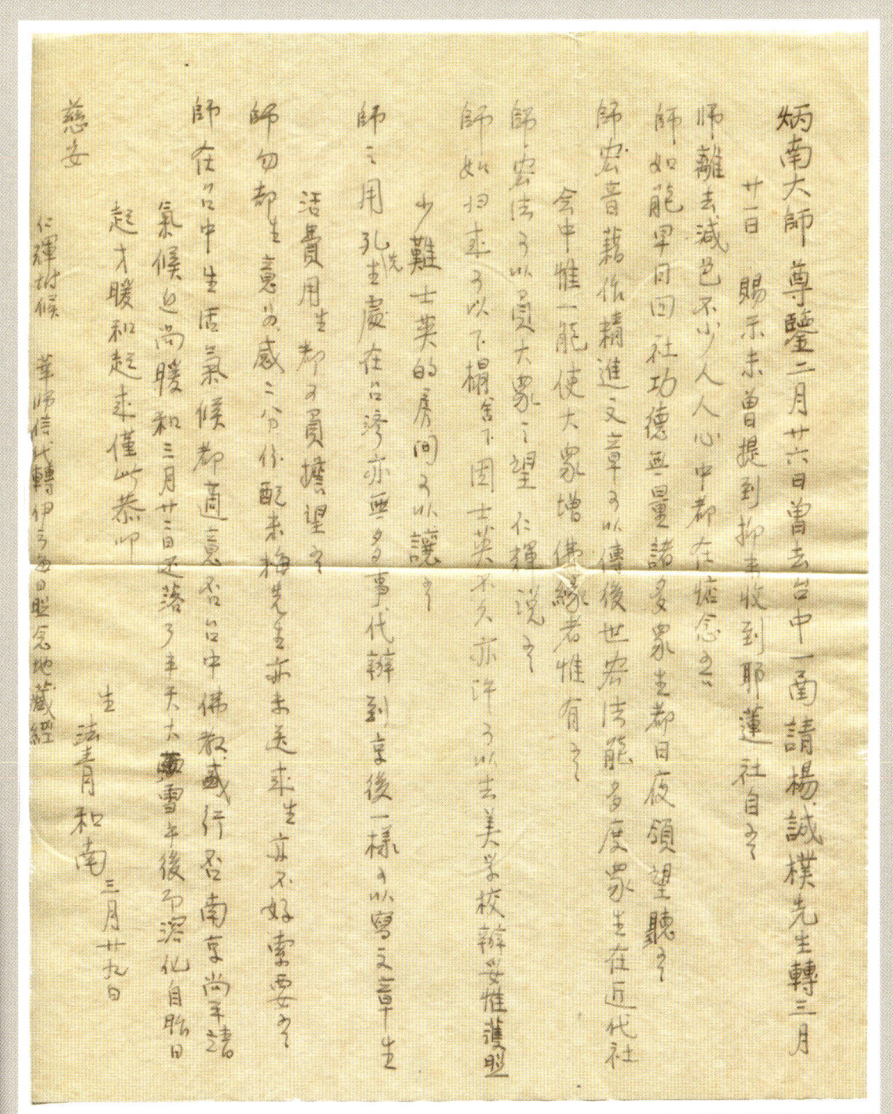

圖 16　4月 28 日（夏曆四月初一），先生應法華寺住持智雄師邀請，在法華寺演講，此為臺灣首度弘化。接續共有三次講演，而後有《般若心經》之開講。圖為三次講演稿表。

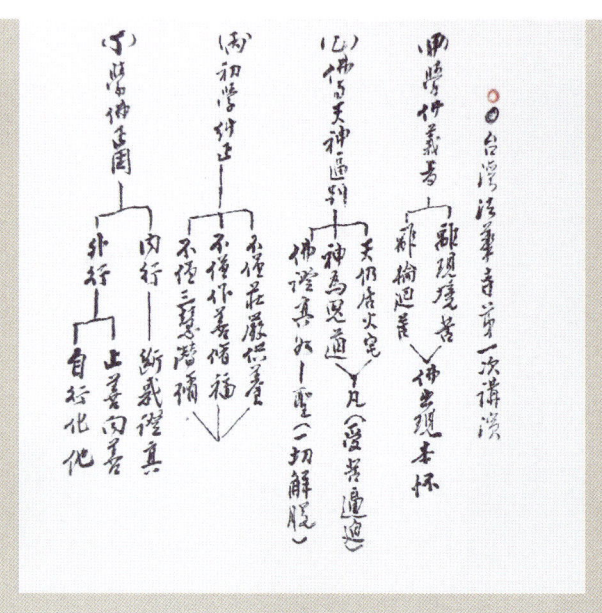

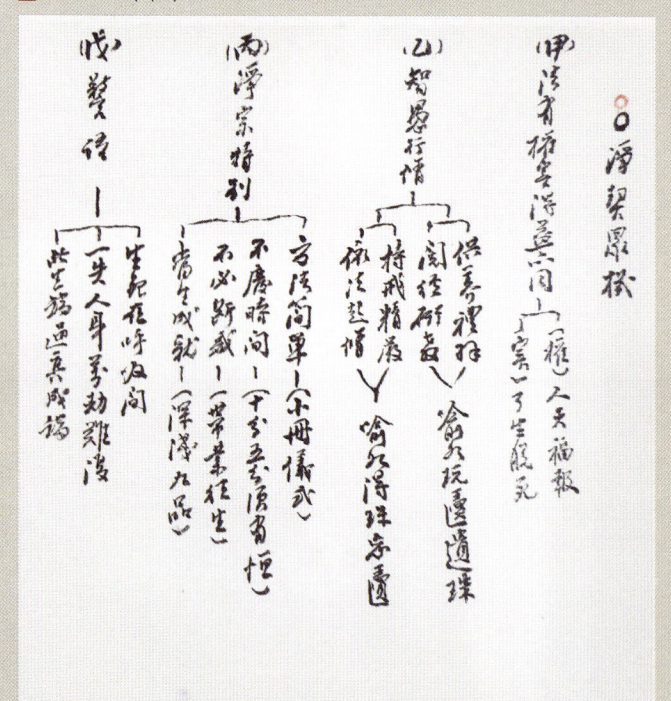

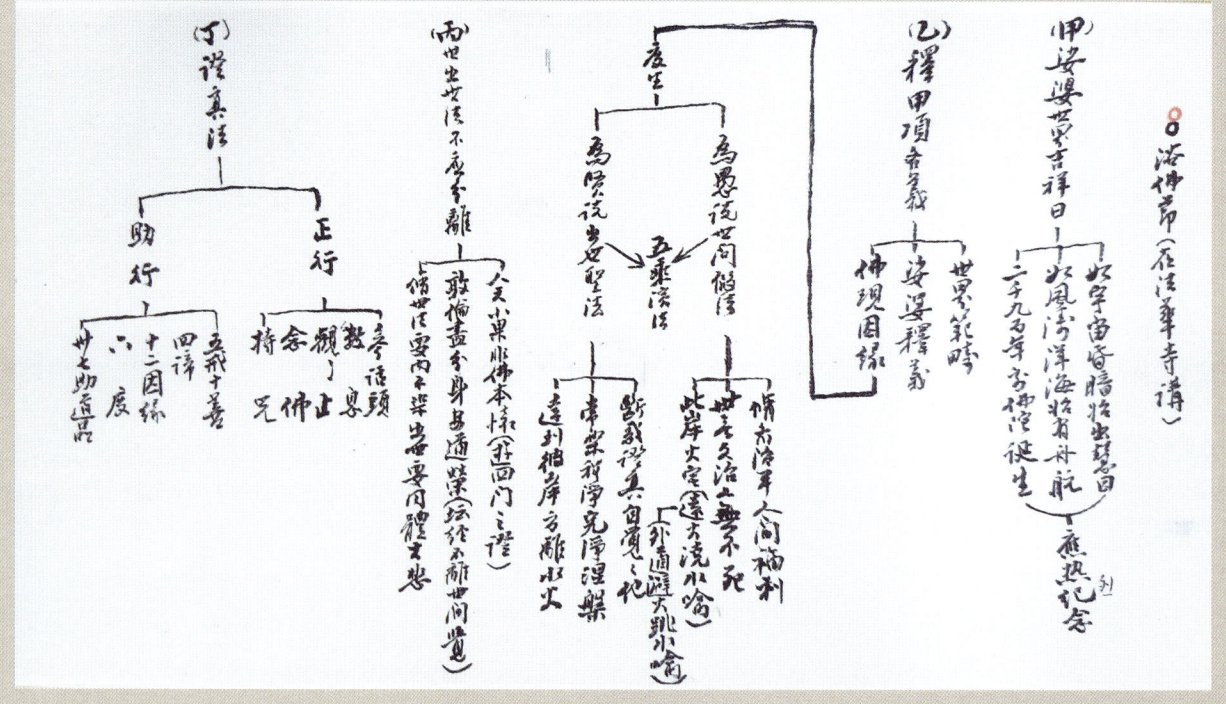

1949 年圖 16

1949年（民國38年）·60歲

圖17 4月28日，孔德成先生指示此次官府款項之分配依先生及陳壯飛意見辦理。

圖18 接獲奉祀官教讀先生呂今山過世消息。先生初仕莒縣，即與呂論交。日後，又共同扈隨孔奉祀官西遷、返京，朝夕相處十餘載，交誼深厚。聞耗傷痛，賦詩哀弔。日後同鄉趙阿南等輯有《蓮浮集》詩集懷念，請孔德成先生題書名並作序。書名來自莒縣的五蓮、浮來二座名山。

圖19 先生於法華寺開展弘化工作，同時以中醫義務為市民診視療疾，施醫且施藥。本省籍中醫師賴棟樑擔任助手兼翻譯。在法華寺施診，一年內開出一千多張處方箋。圖為先生開立之藥方箋，箋首標誌「法華寺施診處處方箋」。

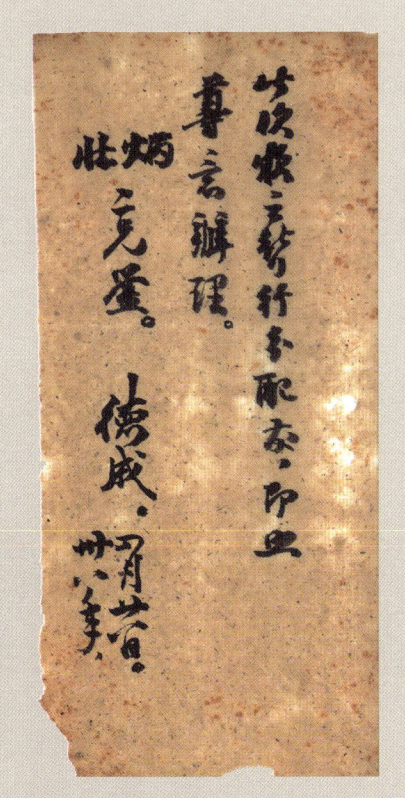

■ 1949 年圖 17   ■ 1949 年圖 18   ■ 1949 年圖 19

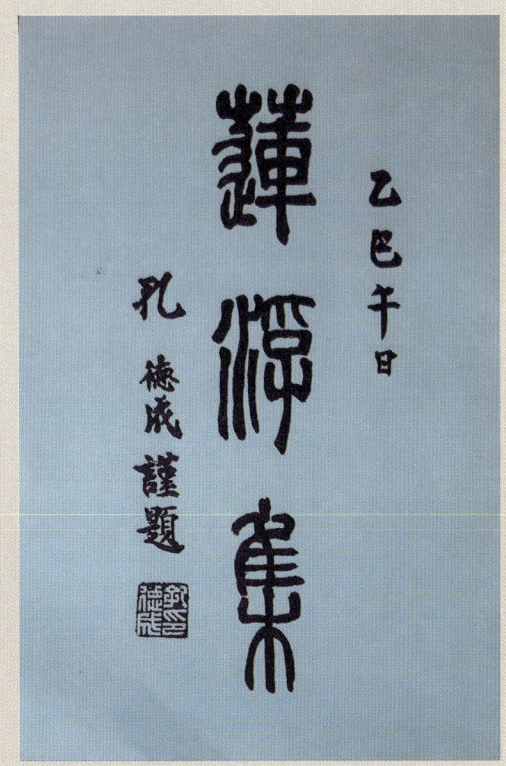

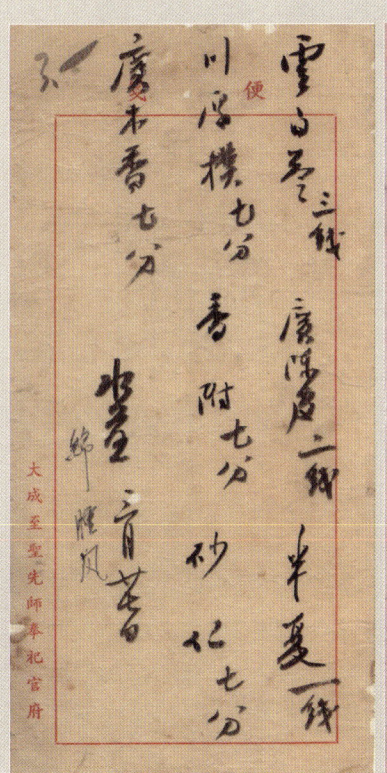

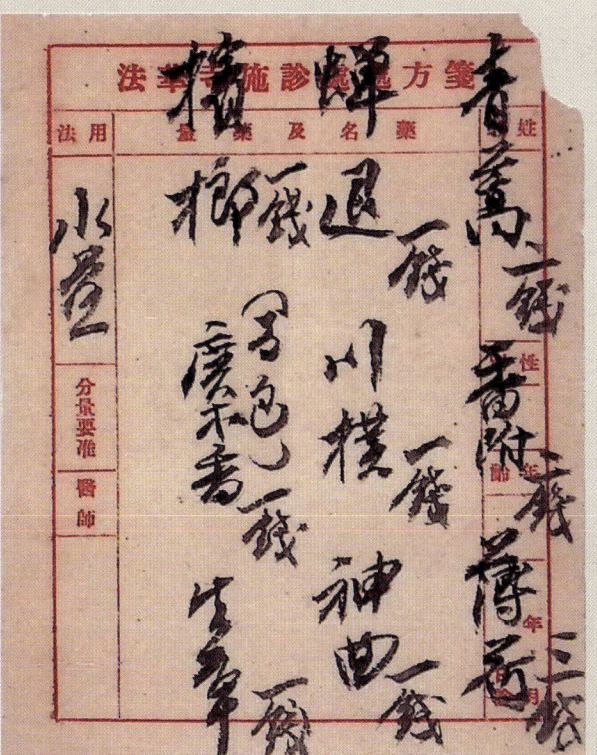

圖 20 5 月底，奉祀官府因薪金尚未匯到，幾近斷炊。先生聯繫時在臺北之舊友屈萬里借糧。屈萬里即將所有米糧悉數相贈。

【釋文】

炳翁道兄吟席：手示拜悉。穗方雖有些微之款匯來，想尊處尚無配米。此四十六斤，仍請派人往取。尊處用得著，則用之；如用不著，即作弟暫存尊處，亦無不可。千祈俞允是荷。原函仍奉上，乞早日辦理，遲恐失却時效也。千萬千萬。匆此拜復，順頌

大安　　弟屈萬里拜上　五、卅一

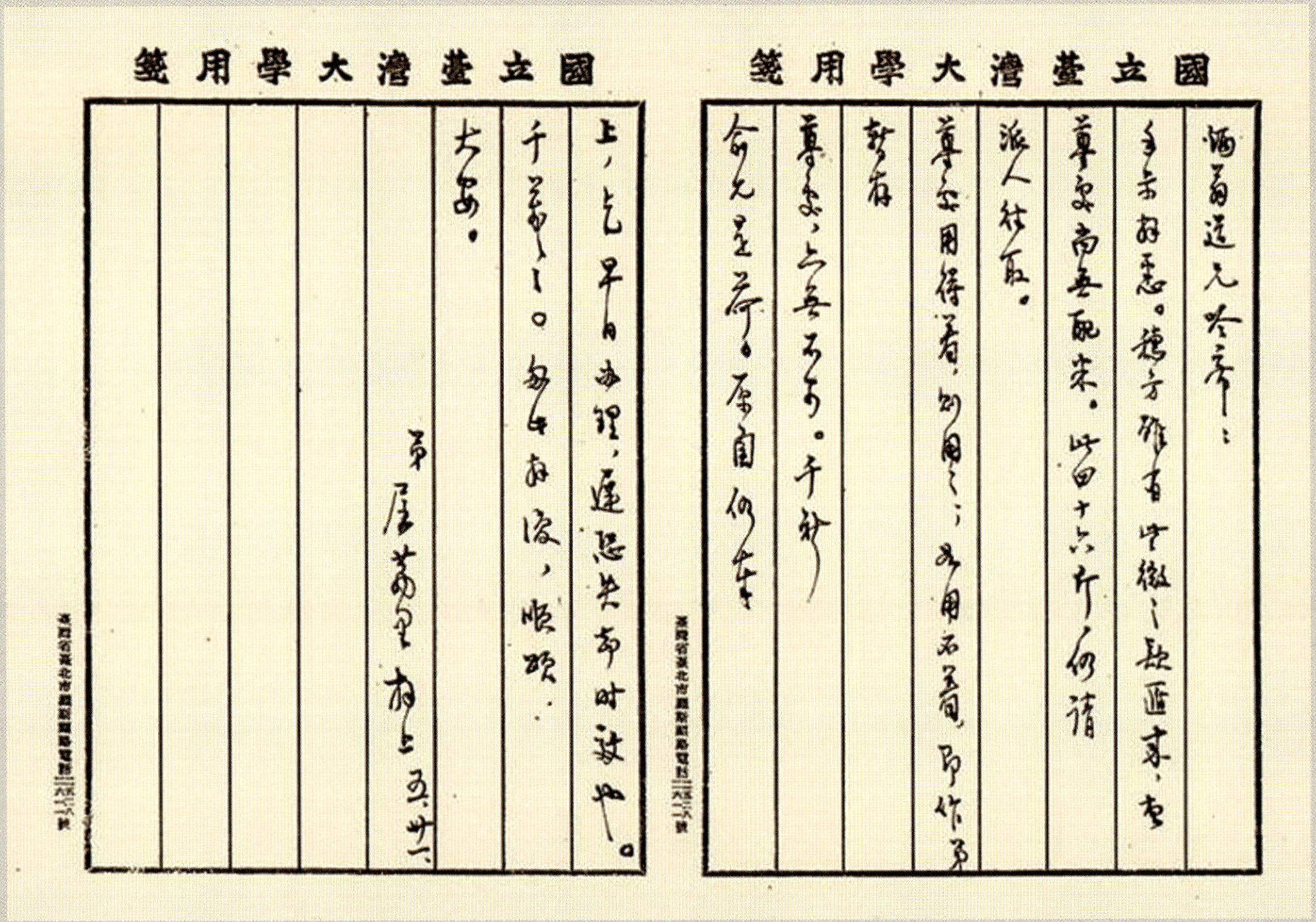

國立臺灣大學用箋

炳翁道兄吟席：手示拜悉。穗方雖有些微之款匯來，想尊處尚無配米。此四十六斤，仍請派人往取。尊處用得著，則用之；如用不著，即作弟暫存尊處，亦無不可。千祈俞允是荷。原函仍奉

國立臺灣大學用箋

上，乞早日辦理，遲恐失却時效也。千萬千萬。匆此拜復，順頌

大安。

弟屈萬里拜上 五、卅一

1949 年圖 20

1949年（民國38年）‧60歲

圖21 6月，居重慶時之舊友孫奐侖兩度來信，謂將北上參加閻錫山令堂奠禮，未能與席先生講經法會。數日後，又來函送還日前所借公報。（照片提供：游青士）

【釋文】
炳南我兄道鑒：昨天因雨未往聽講，或者亦許停講一次也。弟因閆〔閻〕百川先生之太夫人病逝台北，三日開弔，次日發引，定於昨日前往弔奠，約需數日方回，不及飫聆宏論，甚為悵歉。好在以後可隨時請教也。手此，即頌
道綏　　弟孫奐崙頓首
達生兄代致意為荷　六月一日

炳南我兄道鑒，昨聆教殊快，承假公報，已抄畢，特奉還，請鑒入。前上兄函為郵局退回，亦併附入，已為明日黃花矣。俟由臺北歸來，再趨候。手此，即頌
道綏　　弟孫奐崙頓首　六、十四

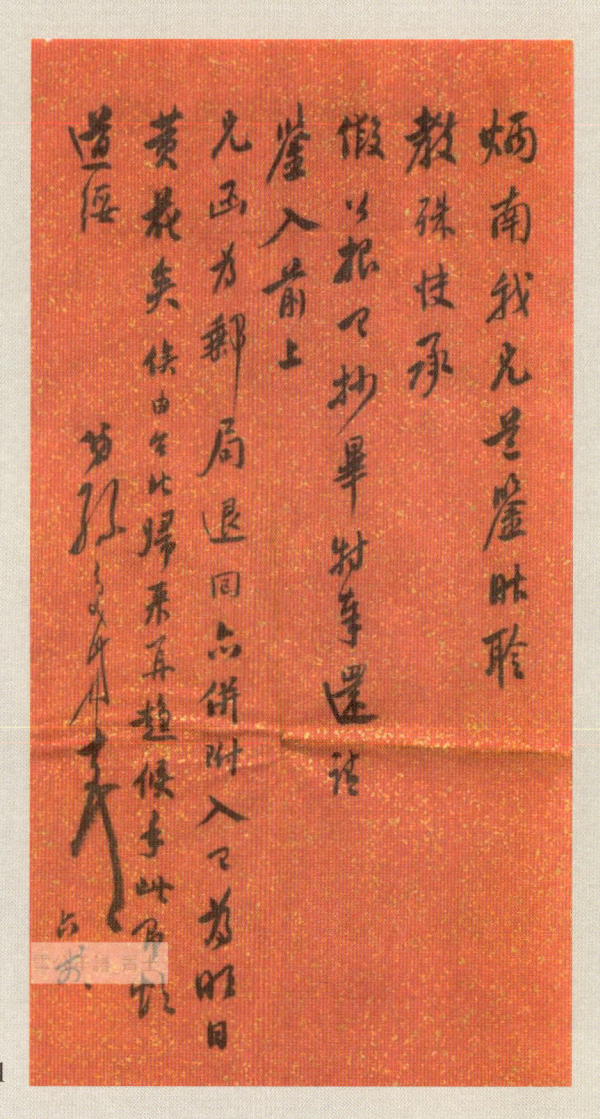

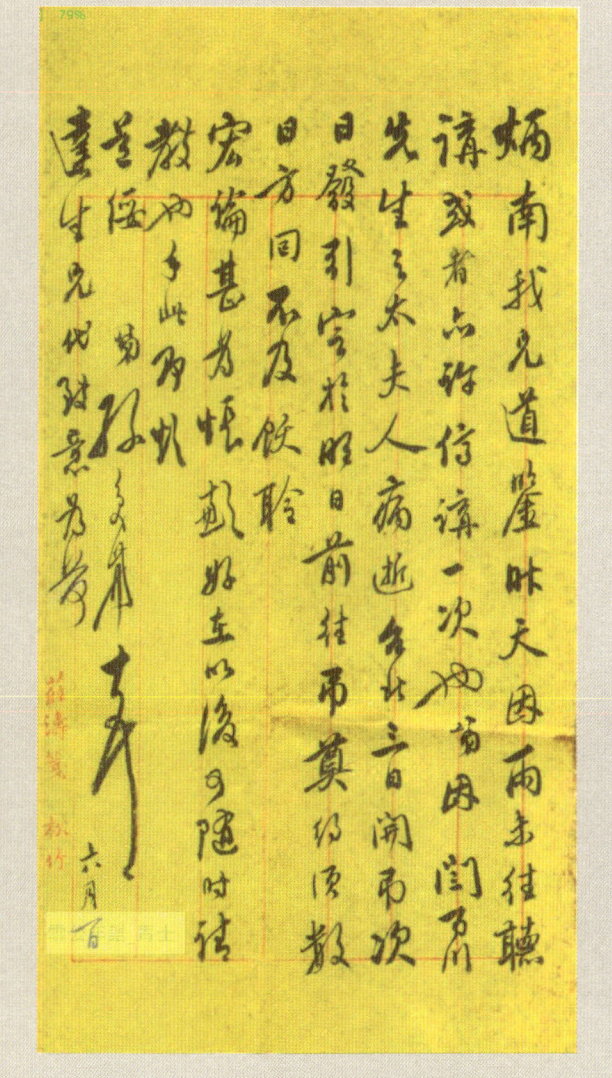

■ 1949 年圖 21

圖22 6月，於法華寺發行《當生成就之佛法》，為蒞臺首部出版品。

圖23 6月，經臺灣省政府衛生處、臺中市衛生院核可，發給中醫師開業執照。

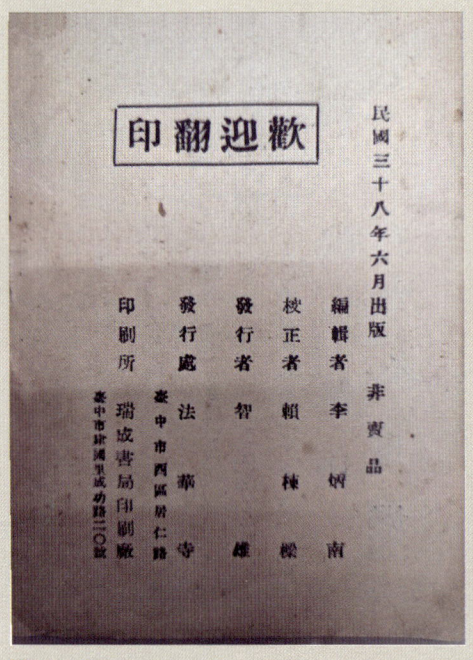

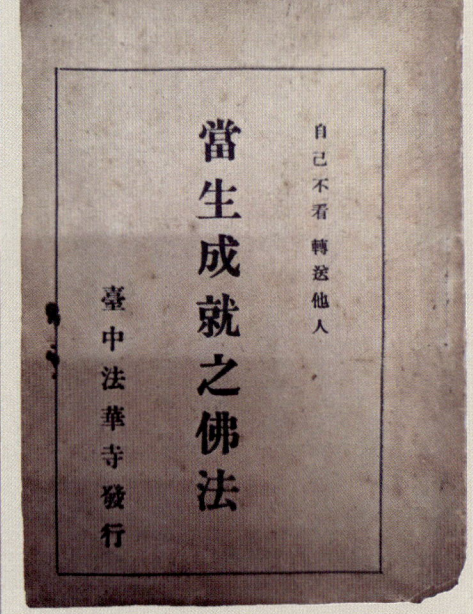

■ 1949 年圖22

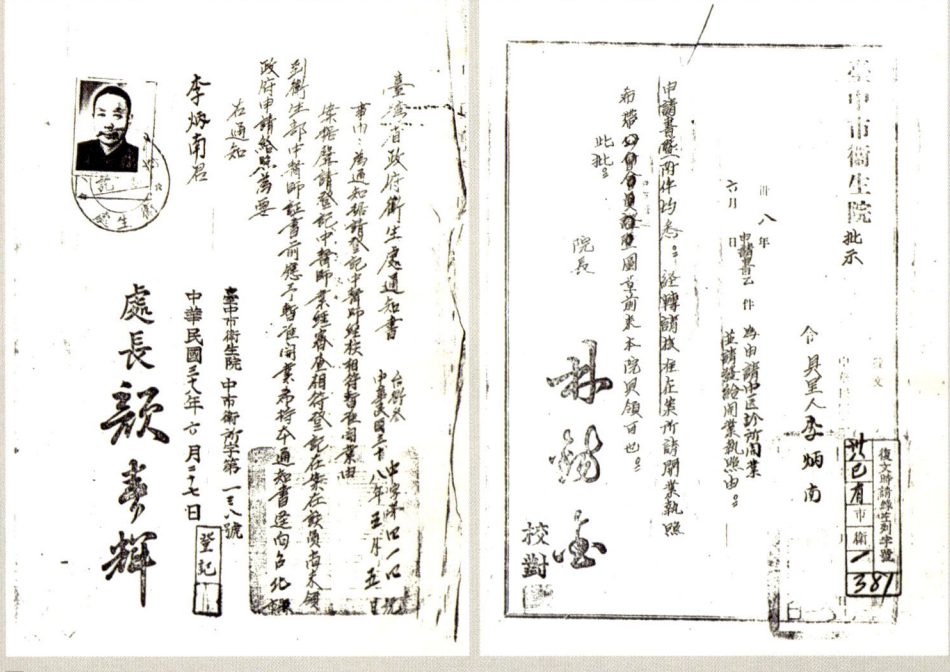

■ 1949 年圖23

圖24 7月1日，屈萬里來函勸請先生「殺富濟貧」，不宜不分貧富施診施藥，以致自己受餓。

【釋文】

炳翁吾兄　先生吟席：手示拜悉。日前晤　奉祀官，亦藉悉佳況，至以為慰。

老兄志在活人，然焉有人已活而坐視自己餓斃者？弟意對病人，應擇其肥者而噬之，憐其瘠者而赦之，殺富濟貧。看病之先生既有活路，且以使造化小兒看看顏色，未始不可。尊意如何？

承介吳叔宣兄，以工務組招考事，已過多日，目前並無缺額，故無以奉贊，歉仄之至。弟忙得一塌糊塗，暑後「文書主任」兼職，如不能辭掉，則決意摜卻（教員）紗帽，另覓噉飯之地矣。匆此，順頌

暑祺　　弟屈萬里頓首　七、一

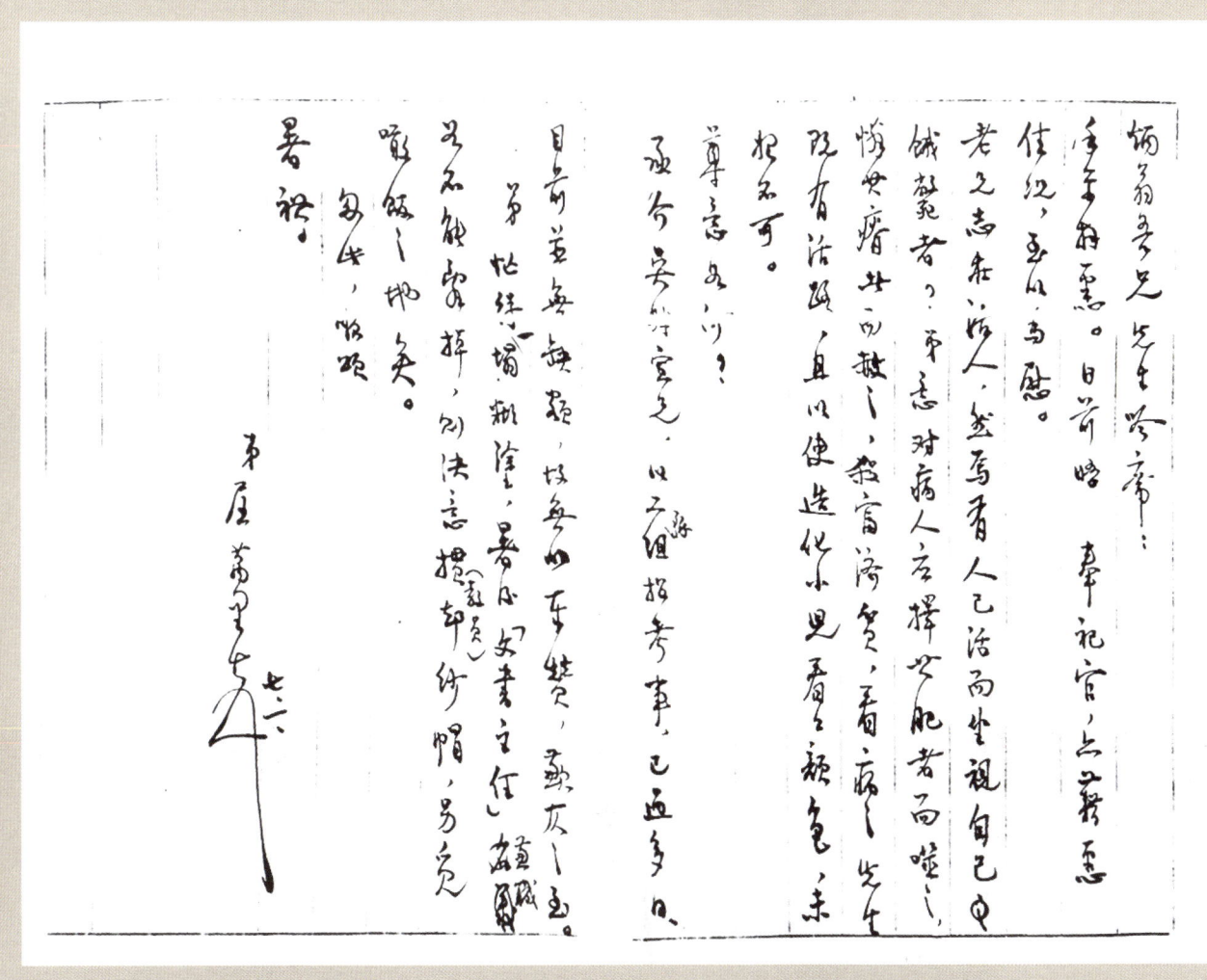

圖25 法華寺弘化後，又有靈山寺弘化之開展。7月3日起，經董正之委員推薦，臺中地方耆宿林獻堂介紹，至靈山寺弘化，定期每週念佛講經。為臺灣結社念佛之始。圖為先生於靈山寺淨業道場初成時講詞稿表。

圖26 7月16日，臺中法華寺《般若心經》二十一講次圓滿。照片前排左一朱炎煌、左二周宣德、左四劉智雄、右四先生、右三賴棟樑（①）。
法華寺經此弘講，建立淨土道場。先生有〈法華寺淨場初成講詞〉（②），勉勵大眾。

■ 1949 年圖 25

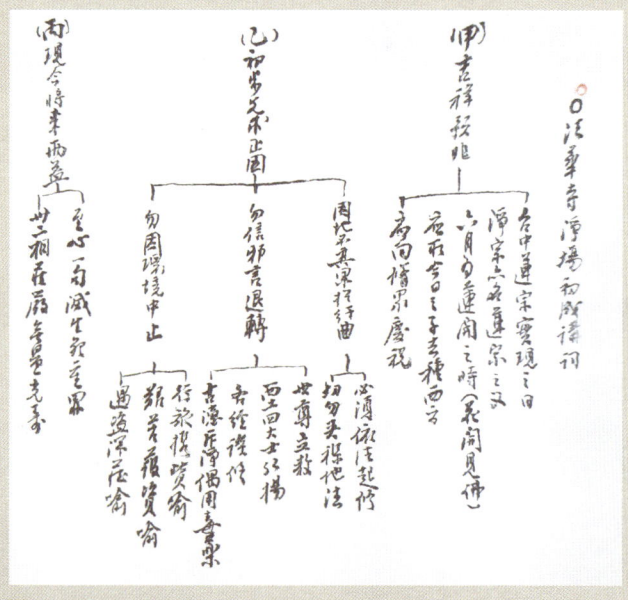

■ 1949 年圖 26 ①

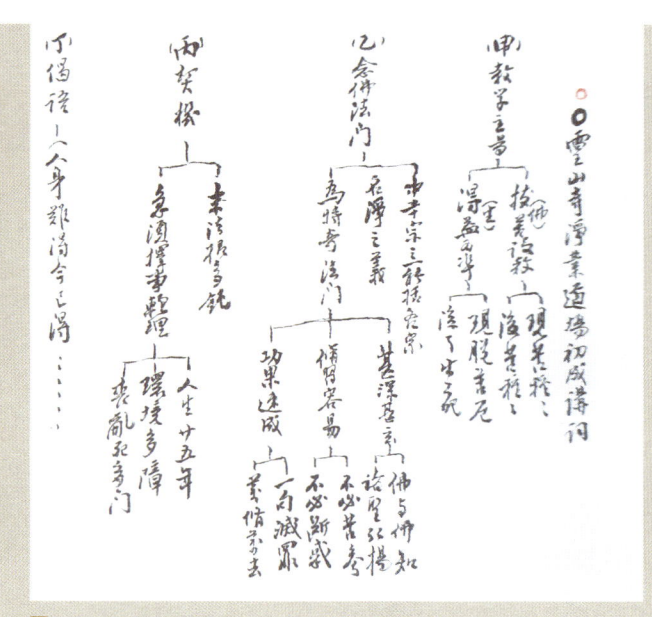

■ 1949 年圖 26 ②

圖27 弘化同時，引介蓮友皈依三寶。延續在重慶、南京方式，推薦蓮友依四川定光寺如岑法師證明皈依。法師寄來皈依證並指示舉行儀節，與在重慶、南京時同。圖為張慶祝皈依證書。

圖28 兩岸通信斷絕後，先生引介蓮友皈依三寶時，轉推薦在臺法師為作皈依證明。圖為台中蓮社1951年5月購得現址後，南亭法師來函回復先生介紹皈依事並謝香敬。（蓮社地址後經重編為民生路）（照片提供：黃潔怡）

【釋文】

炳公長者道席：接手教，敬悉介紹施好學、施湘痕二人皈依，除施好學君皈帖示語直寄鹿港外，茲將施湘痕女士之帖寄奉左右，並乞轉發與開示為禱。

台北雨多晴少，真悶損人也。專此　敬頌

道安　　南亭謹白　十七

香敬廿元收到，謝謝

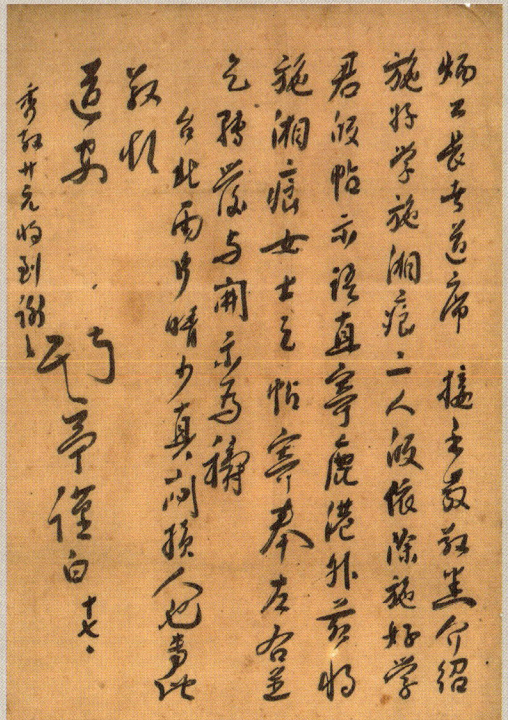

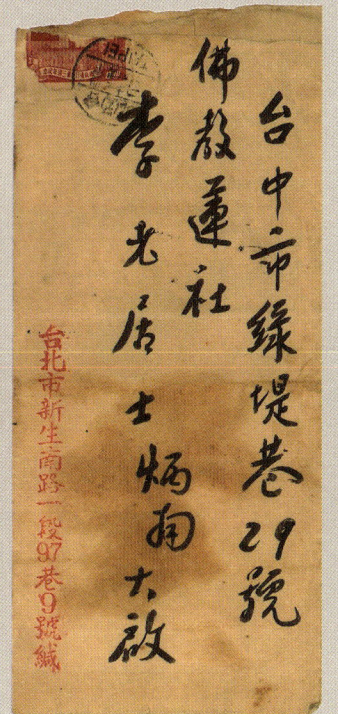

1949年圖27

1949年圖28

圖29 7月，孔德成先生以莊陔蘭先生筆法，書寫先生〈過曲阜懷莊師〉詩，追念莊師。（照片提供：游青士）

【釋文】

書堆狼藉小窗前，欲語〔話〕平生轉悄然；獨有九槐枝上月，照人還似舊時圓。己丑七月雨窗錄〔錄〕雪僧〈過曲阜懷莊師〉詩，即以心師筆法為之。撫今追昔，不勝愴肰〔然〕。

圖30 8月27日，奉祀官孔德成先生至廣州參加祭孔大典。祭禮後，曾再往重慶一訪歌樂山猗蘭山莊，惜已成廢墟。圖為孔先生將行止報告總裁。本件文書係炳南先生手筆。（照片提供：國史館）

【釋文】

敬啟者，德成茲奉中央電召，參加八月二十七日祭聖典禮。遵擬二十五日，搭機飛往廣州。謹函奉達，即希查照是禱。此致

總裁辦公廳　　孔德成謹啟　八月二十三日

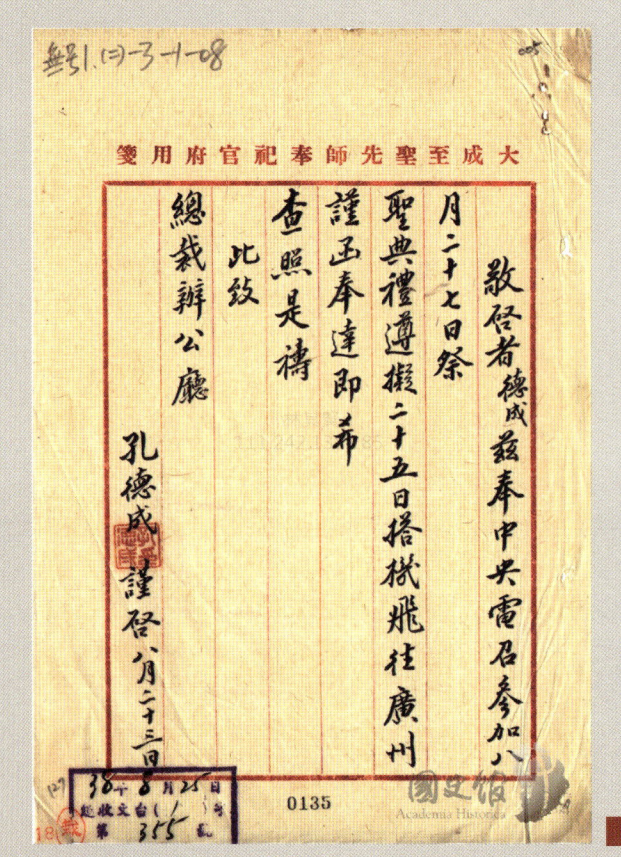

1949年圖29

1949年圖30

1949年（民國38年）‧60歲

圖31　7月起，定期每週日中午於靈山寺集會念佛。念佛後，請炳南先生宣講《阿彌陀經》。此為臺灣結社念佛之始。龍燦（字健行，號澄澈，後出家為本際法師）時亦於靈山寺聽先生講經，甚為讚歎，賦詩題贈。（照片提供：黃潔怡）

【釋文】
十載齊東客，身安樂北家；南行烟水域，天雨曼陀華。助道聞諸品，觀蓮長妙芽；師門君入室，弘法志靡它。台中靈山寺聽炳南師兄講三十七道品，賦詩奉贊希正。澄澈貢稿

圖32　12月15日，孔德成先生至廣州參加祭典後，赴重慶。再從成都轉海南飛返臺中，完成最後一次大陸祭孔活動。圖為孔先生返臺中後報告總裁。（照片提供：國史館）

【釋文】
總裁鈞鑒：飫承鴻訓，復荷寵榮，銘佩之深，莫可言喻。成已由蓉搭機轉往海南，於咸夜安抵台中。知關廑系，肅此奉瀆，恭請
鈞安　孔德成謹上十二月十六日

圖33　是年冬，題贈林看治，鼓勵熱心弘化。（疑為代筆）

【釋文】
金池菡萏四邊開，喜是林君次第栽；始信西方諸上善，真能乘願化身來。
慧治大居士政之　己丑冬暮雪廬李炳南并書

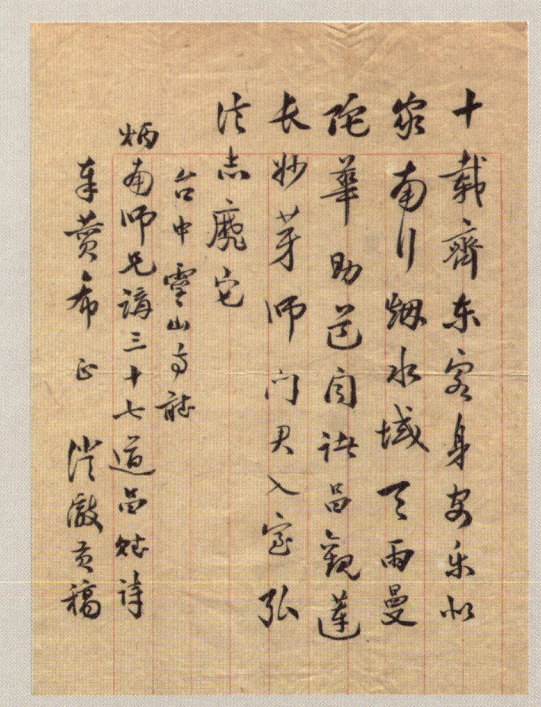

■ 1949年圖31

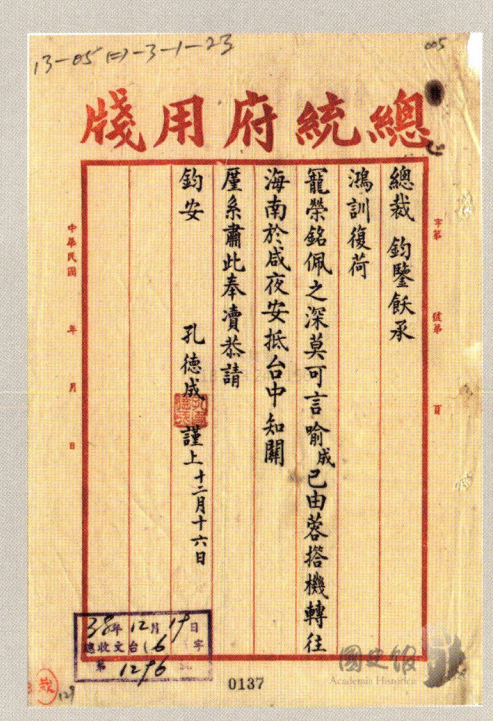

■ 1949年圖32

■ 1949年圖33

117

1950年（民國39年）・61歲

圖1　1月，應邀赴台中監獄弘法，並受聘為名譽教誨師。圖為〈赴台中監獄講演〉稿表。

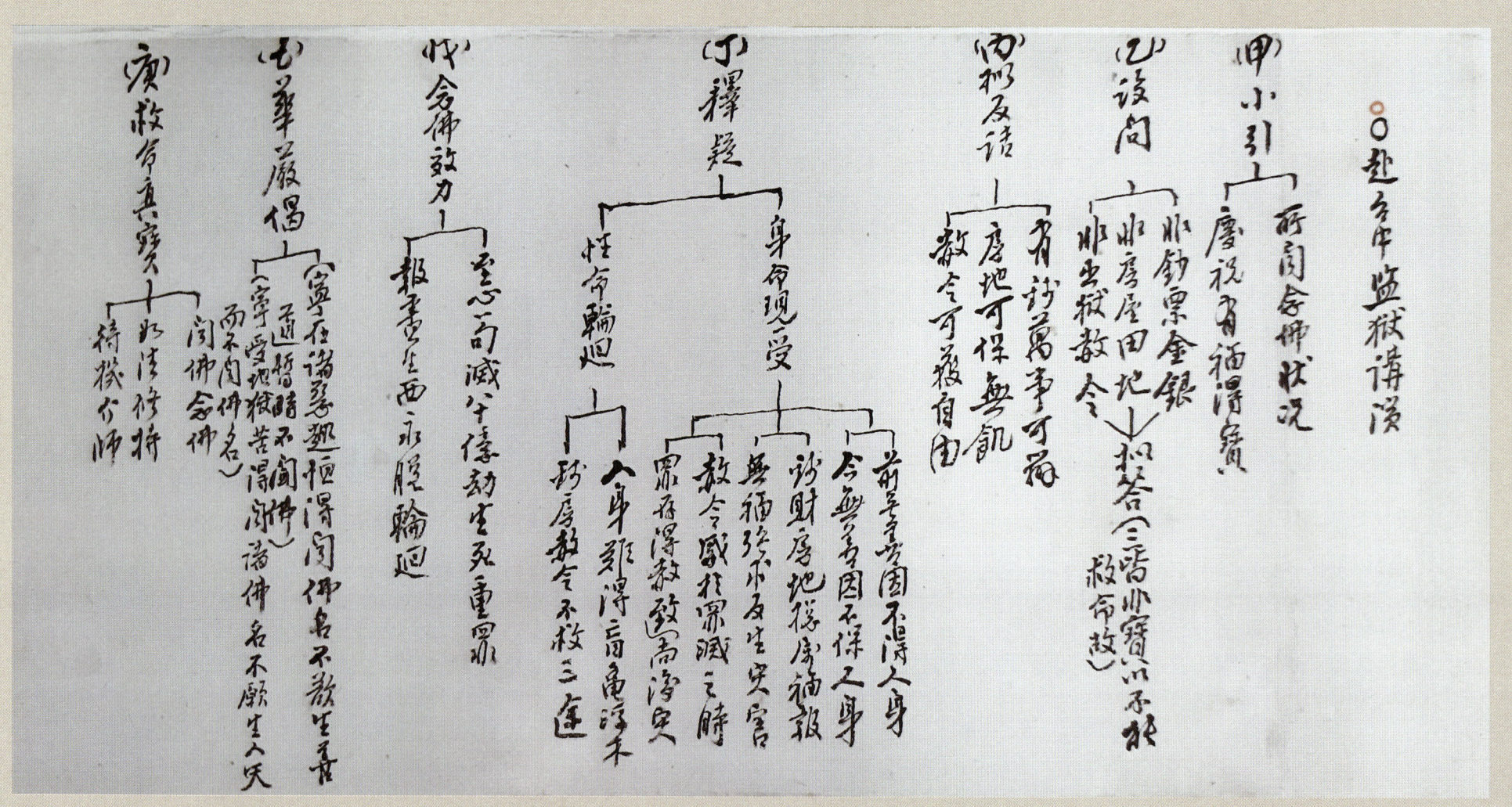

1950年圖1

1950年（民國39年）・61歲

圖2　2月，《覺群》月刊發行二月號，改報紙為裝訂本。該刊原係太虛大師創辦於上海玉佛寺，1949年經慈航法師委託先生與朱斐續辦。刊頭標識辦刊宗旨為「弘揚淨土法門，建設人間佛教」，係承自印光大師與太虛大師。

圖3　2月，於臺中靈山寺開講《無量壽清淨平等覺經》。

■ 1950年圖2

■ 1950年圖3

圖4　於靈山寺開講《無量壽經》，使用之教材為《無量壽莊嚴清淨平等覺經眉注》（①）。開講時編有講表：〈佛說大乘無量壽莊嚴清淨平等覺經講表〉（②）。眉注之原本，當是黃臚初（律航法師）以中將身在北京親聆夏蓮居講授，攜來臺中致贈先生者。

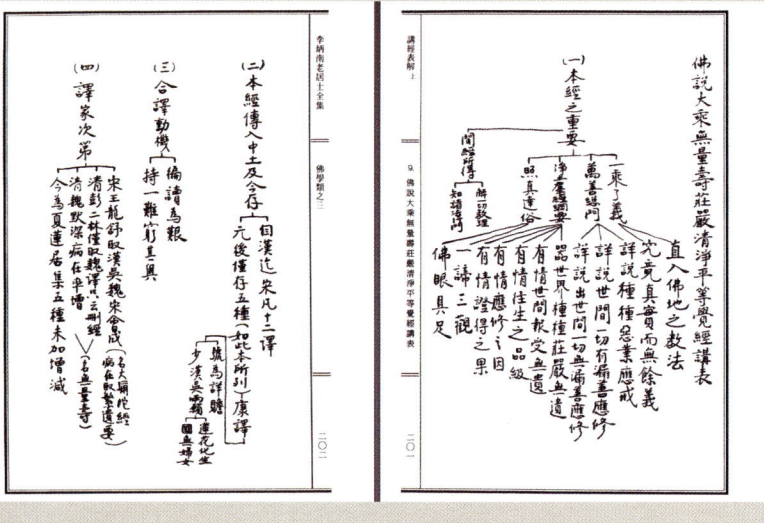

1950年圖4②

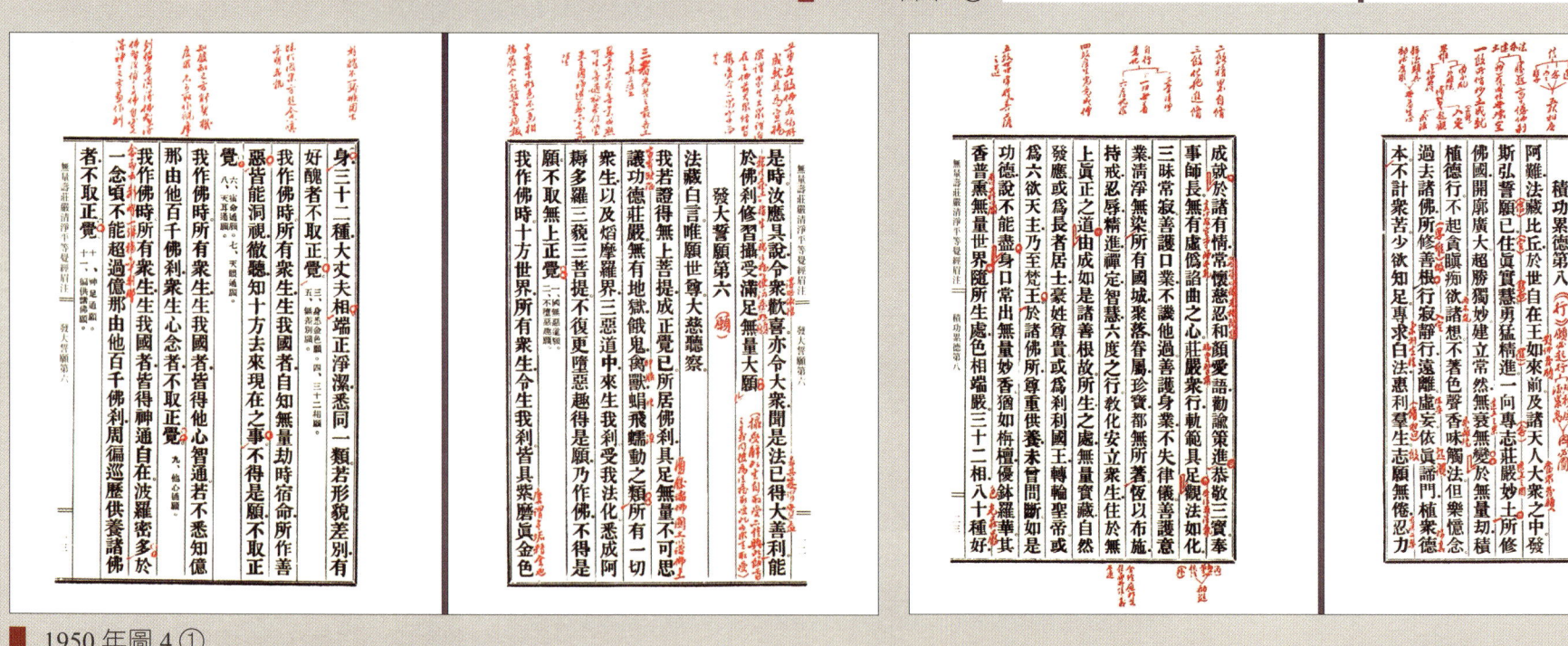

1950年圖4①

圖5　3月，先生備辦衣物請人北上致贈屈萬里。屈萬里堅拒退回，函告先生，除非使原米「復初」，否則拒收任何送禮。先生回函屈萬里，表明送禮只表相思，並非償債。

【釋文】
（屈萬里來函：）雪翁道兄先生吟席。貴价來，又承齎下衣襪等物事，感荷之至。惟此物弟不敢領，因弟非要米不可，而且非要台端前所食用之原米不可。先生法力無邊，如能將已變成糞之米，再使之「復初」，弟即欣然受之；否則任何物事，皆不足以抵償也。弟不久或將赴台中一行，爾時再奮臂豁拳，以解決此案如何？專此奉聞。順頌
春釐　弟屈萬里頓首三月一日（①）

（炳南先生復函：）翼兄大鑑：菲薄未蒙俯納，繼接詛楚之文，惶恐惶恐。前分祿米，白骨肉生，粒米重於須彌，未可以物質云報。弟法力固屬無邊，縱能變糞還米，亦不敢原物奉還，蓋老兄情誼，廣如虛空，粒粒原米變為須彌，豈能塞滿虛空哉！昨日之事，不過表示相思，決無償債之想，況吾輩交情，外乎車笠，又奚言債言償耶？大駕南來，合掌歡迎，倘奮老拳，雞肋相抗。謹復　並請
大安　弟雪和尚合十　三月三日（②）

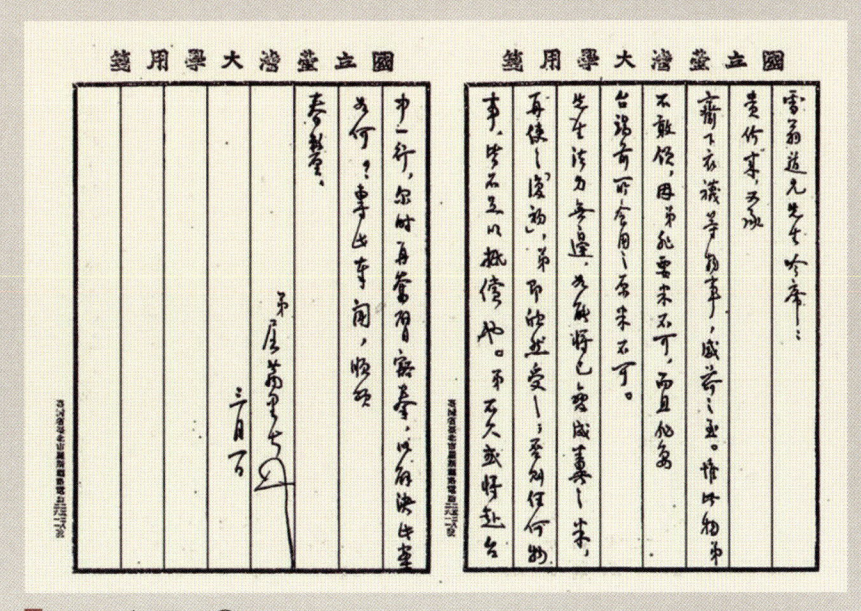

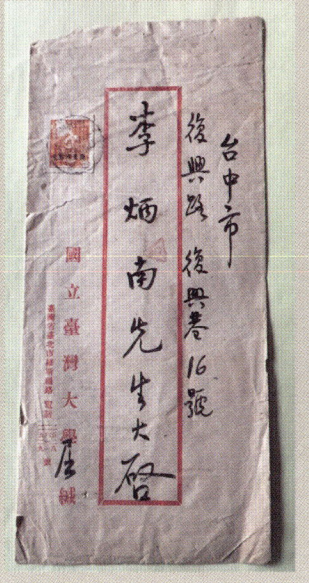

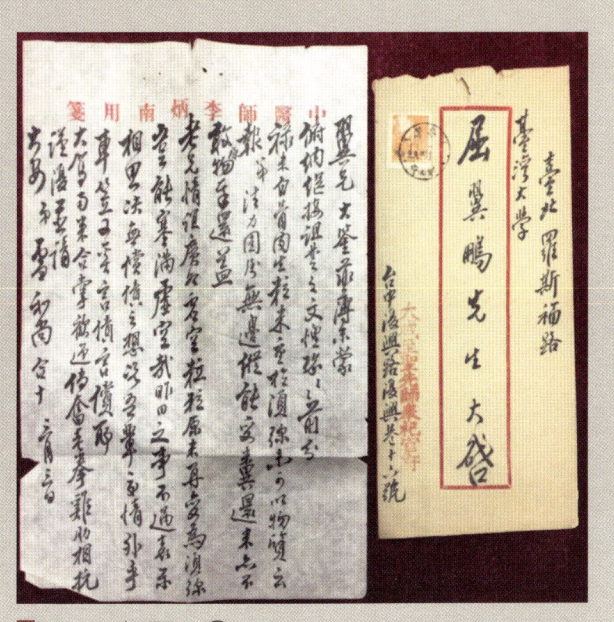

1950年圖5①　　　　　　　　　　　　　　　　　　　　　1950年圖5②

圖6　3月，溥心畬題寫〈雪廬居士頌〉詩畫惠贈（①）。另又書贈〈鵝頭禪師別眾偈〉（②）。（照片提供：陳石松）

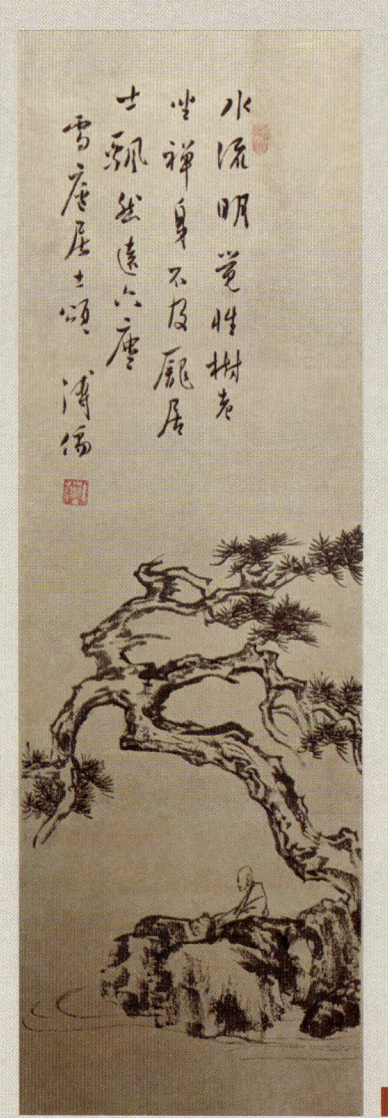

圖7　3月，應贊化鸞堂堂主林夢丁之邀至該堂講《阿彌陀經》。講經圓滿，堂主及多位鸞生皈依三寶。同時期，有〈應乩壇請說因果〉講演稿表，為說學佛與信神之別。

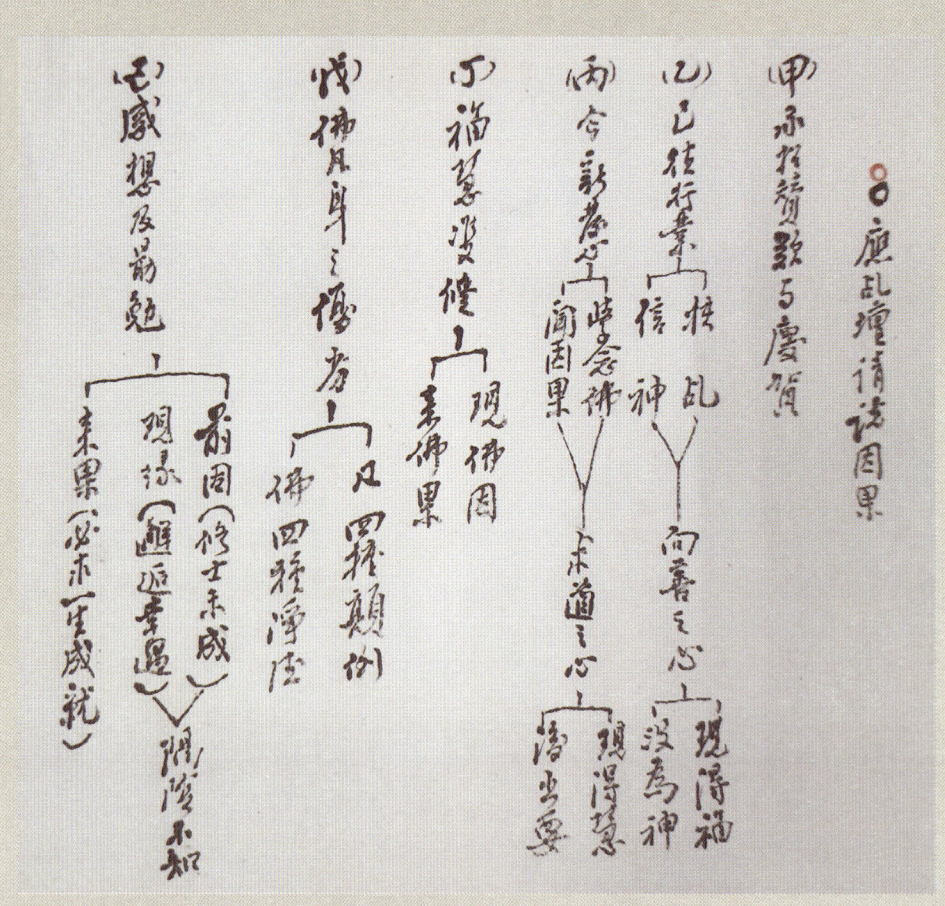

【釋文】
水流明覺性，樹老坐禪身；不及龐居士，飄然遠六塵。
雪廬居士頌　　溥儒

鵝頭禪師別眾偈云，昔本無生，今亦不滅，雲散長空，碧天皓月。
炳南居士正　　溥儒

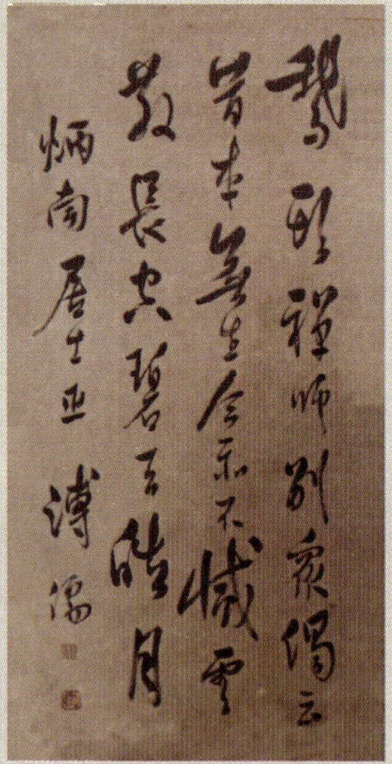

1950 年圖 6 ①

1950 年圖 6 ②

1950 年圖 7

圖 8　6 月，先生抄錄張慶祝聞法心得回贈。

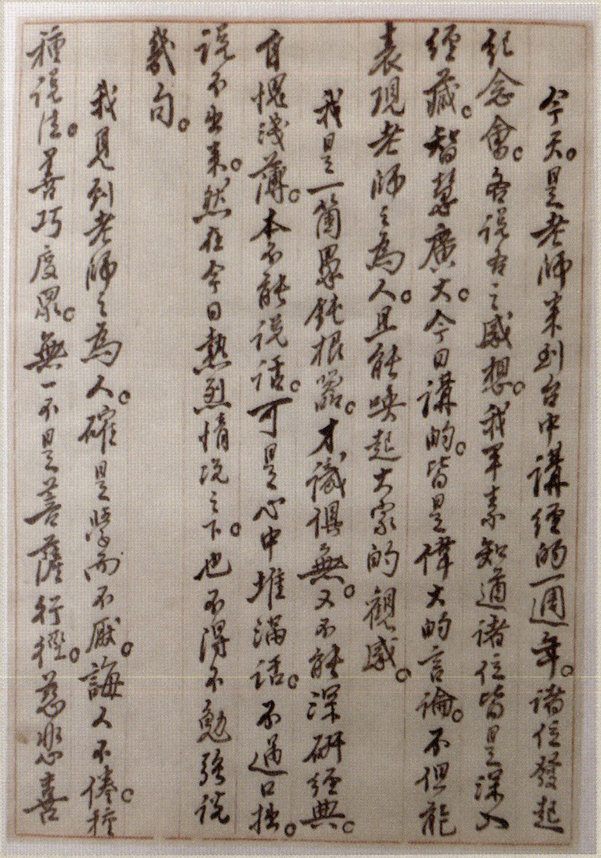
今天。是老師來到台中講經的一週年。諸位發起紀念會。各說自己之感想。我平素知道諸位皆是深入經藏。智慧廣大。今日講的。皆是偉大的言論。不但能表現老師之為人。且能喚起大家的觀感。

我是一個愚鈍根器。才識俱無。又不能深研經典。自愧淺薄。本不能說話。可是心中堆滿話。不過口拙。說不出來。然在今日熱烈情況之下。也不得不勉強說幾句。

我見到老師之為人。確是學而不厭。誨人不倦。於種種說法。善巧度眾。無一不是菩薩行徑。慈悲喜

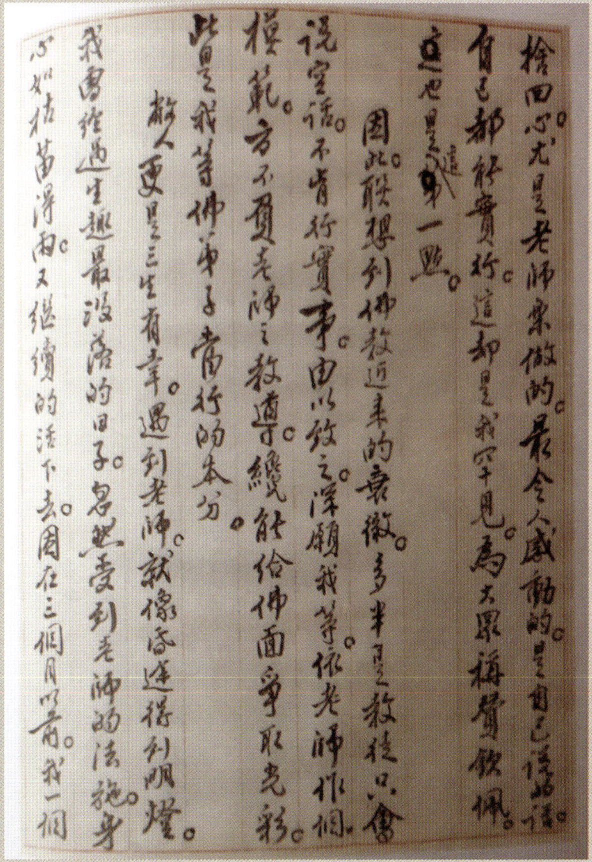
捨四心。尤是老師常做的。最令人感動的。是自己說的話。自己都能實行。這卻是我們罕見。為大眾稱贊欽佩。這也是第一點。

因此聯想到佛教近來的衰微。多半是教徒只會說空話。不肯行實事。由以致之。深願我等依老師作個模範。方不負老師之教導。纔能給佛面爭取光彩。此是我等佛弟子當行的本分。

新人更是三生有幸。遇到老師。就像昏途得到明燈。我曾經過出趣最沒落的日子。忽然受到老師的法施。身心如枯苗得雨。又繼續的活下去。因在三個月以前。我一個

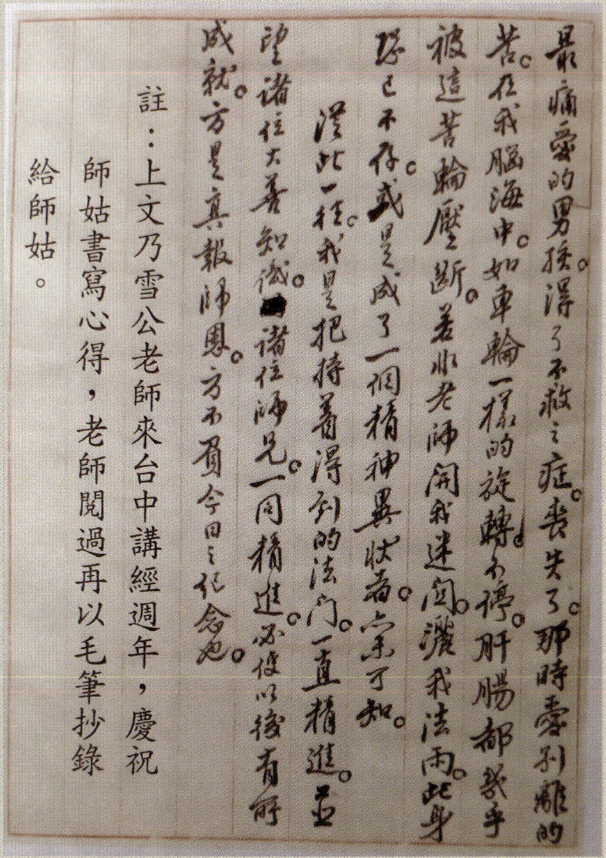
最痛愛的男孩得了不救之症。喪失了。那時受到離別的苦。在我腦海中。如車輪一樣的旋轉不停。肝腸都幾乎被這苦輪壓斷。若非老師開我迷悶。灌我法雨。此身恐已不存。或是成了一個精神異狀者。亦可知。

從此一往。我是把持著得到的法門。一直精進。並望諸位大菩薩知識。諸位師兄。一同精進。必使以後有所成就。方是真報師恩。方不負今日之紀念也。

註：上文乃雪公老師來台中講經週年，慶祝師姑書寫心得，老師閱過再以毛筆抄錄給師姑。

1950 年圖 8

圖9　6月起，增加至豐原、彰化、鹿港及臺中各寺院等多處弘法，大扇蓮風。於佛刊登載啟事說明：應邀講經，皆擬結緣，且不受酬、不受飲食招待。圖為於鹿港龍山寺講演〈學佛挽回劫運〉講表（①）、寶善寺講演〈為何學佛及為學步驟〉講表（②），及啟事（③）。

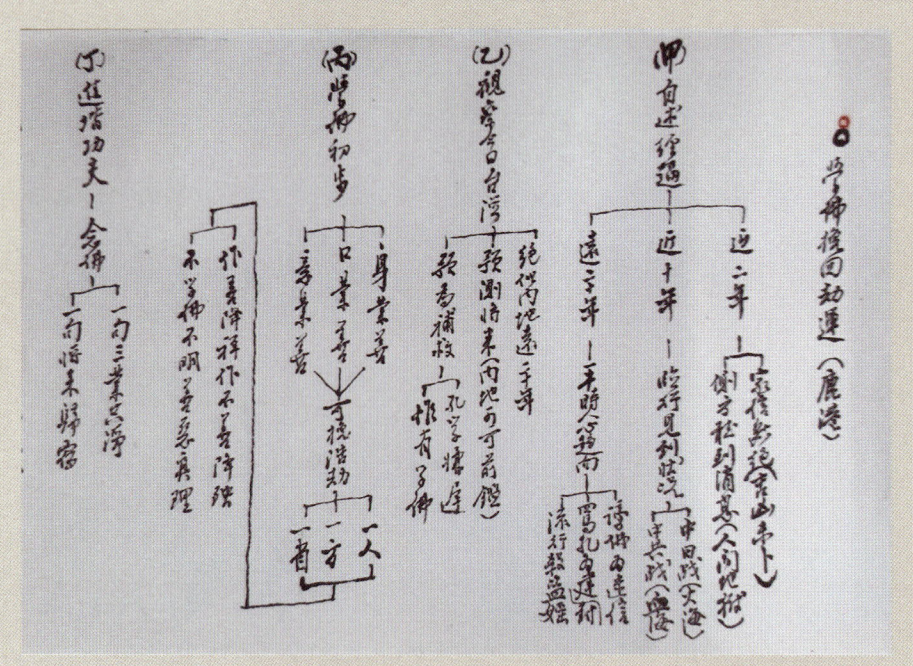

■ 1950年圖9①

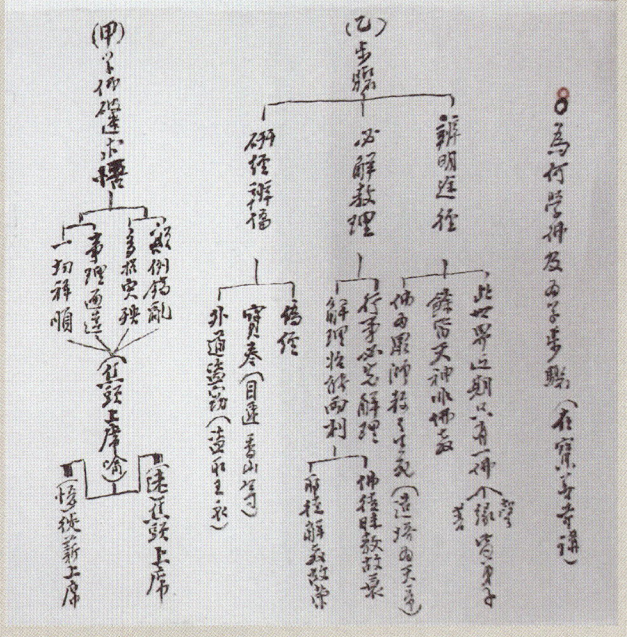

■ 1950年圖9②

【釋文】
〈李炳南啟事〉：佛家精神，慈悲平等，是以度生不擇類，說法不擇處，爰本斯旨！凡有真心學佛，不雜其他意義者，欲邀講經，皆擬結緣。但白衣居士不比福田僧伽，敝人例不受酬，猶不受飲食招待，君子以德愛人，希共原諒為幸！

■ 1950年圖9③

1950年（民國39年）・61歲

圖10 7月，法華寺、靈山寺會眾舉行先生講經週年紀念會，並於會後發行《李老居士講經週年記念特刊》（①）。頁首刊有先生法相及〈題辭〉、〈題詩〉。

【釋文】
〈題辭〉：聖者凡夫原非兩樣，儒冠袈裟俱是虛妄；默而無言一著向上，借他印心偶現色相。（②）

〈題詩〉：飄然蓬島駐閒雲，月夕花朝樂有群；藻著百篇皆玉潤，心香一瓣似檀薰；難逢佳士今多見，久蘊真源喜共聞；願各手栽蓮萬頃，從教剎海遍清芬。（③）

圖11 7月，《覺生》月刊創刊，接續停刊之《覺群》月刊。先生出任社長，有〈創刊詞〉說明前刊《覺群》宗旨為「弘揚淨土法門，建設人間佛教。」今《覺生》月刊宗旨則再加上建設人間佛教步驟，即世間求菩提，與淨土法門同時提倡。刊首仍為印光大師與太虛大師文選。

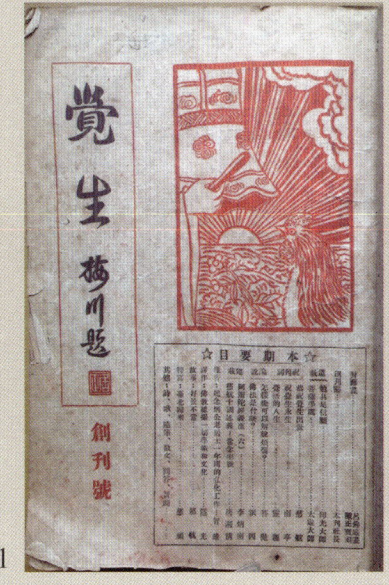

1950年圖10 ①

1950年圖10 ②

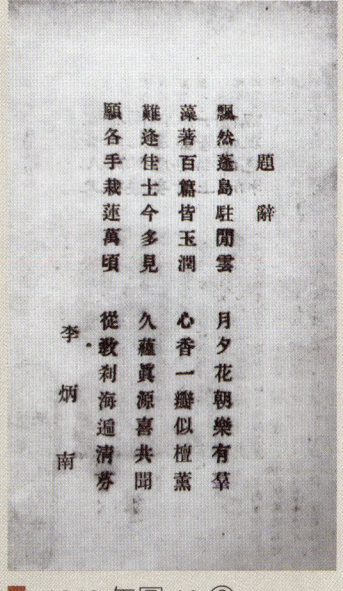

1950年圖10 ③

1950年圖11

圖12 8月14日，夏曆七月初一，應邀於臺中法華寺宣講《盂蘭盆經》三天，有〈盂蘭盆會意義〉講表。

圖13 11月2日，豐原龍意堂宣講《阿彌陀經》圓滿，歷時約四個月。

圖14 12月，靈山寺啟建佛七法會，請先生早晚各開示一次。此為臺灣舉辦佛七之始。爾後每年例行舉辦佛七，皆禮請先生開示淨修法要，至1985年12月，最後一次佛七開示，歷時三十五年。

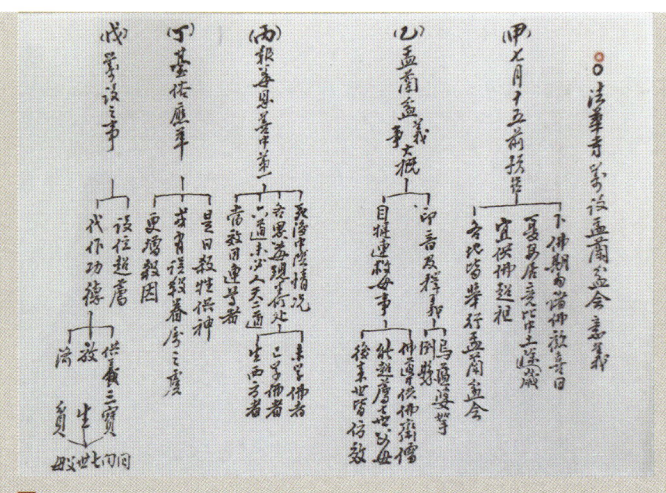

1950年 圖12

1950年 圖13

1950年 圖14

1951年（民國40年）・62歲

圖1　2月11日，夏曆正月初六起，應邀至彰化曇花佛堂弘化三日，有〈彰化曇花佛堂開示〉、〈十善業〉、〈說念佛修法〉三篇講表。同月，二分埔前慈善堂改為慈雨寺，專修淨土，啟建佛七，禮請先生開示六次。有〈二分埔慈雨寺開示初機〉講表六篇，指點修淨法要。

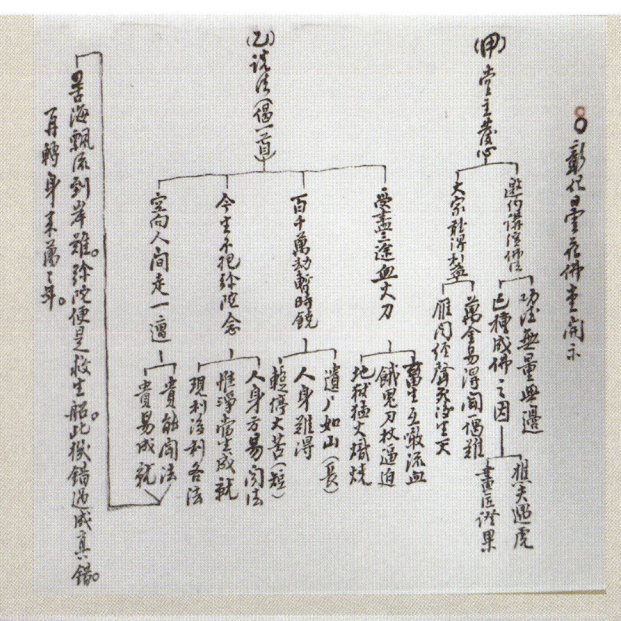

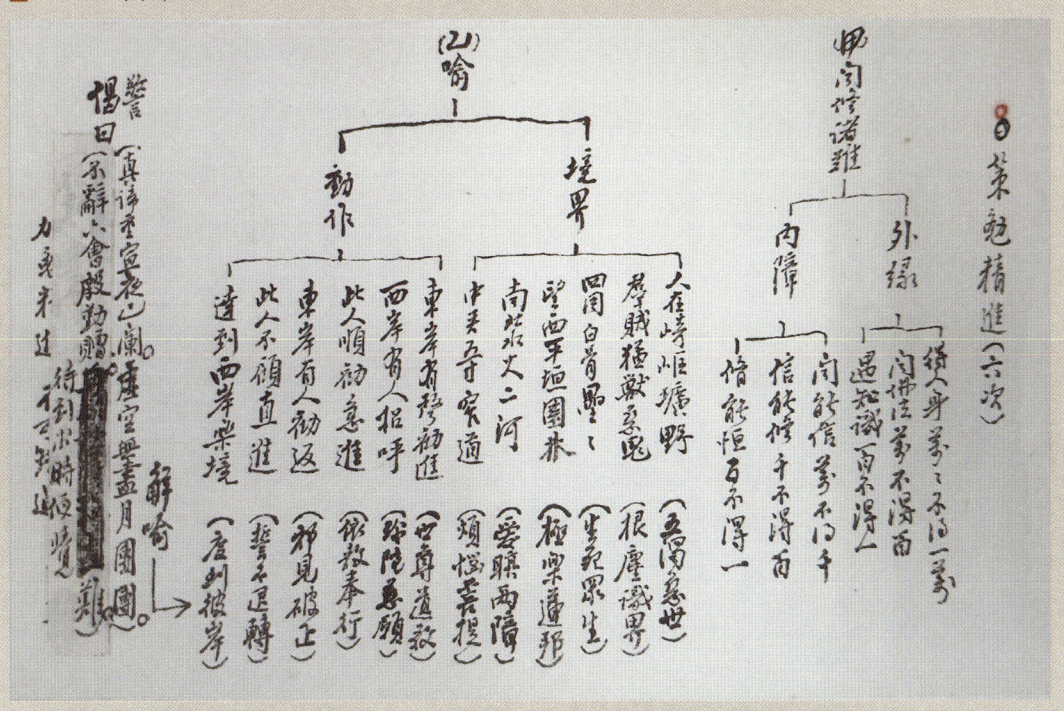

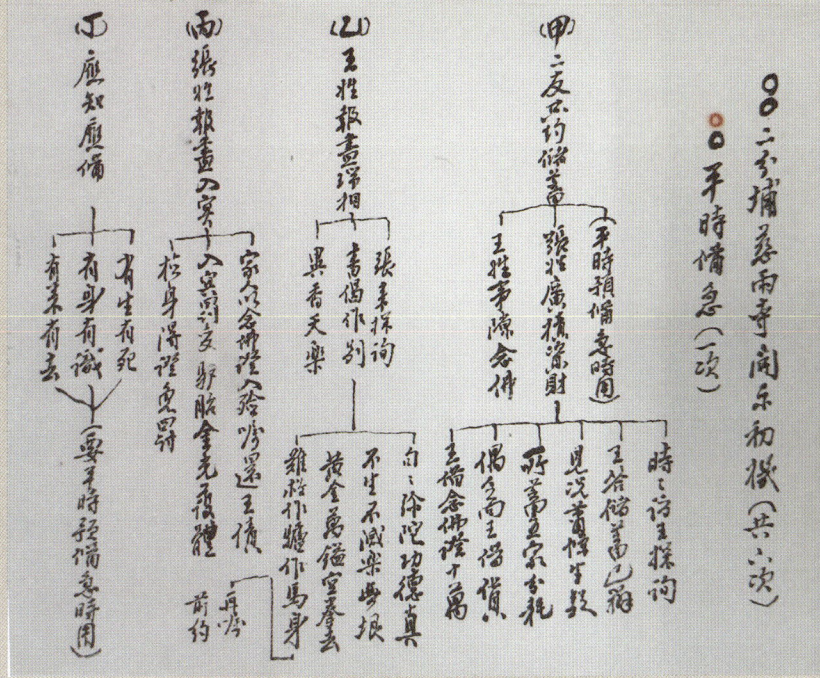

1951年圖1

圖2　3月，律航法師來函，感謝指點，及為其新著作序。並約四月至臺中拜訪。

【釋文】

炳老道席：久違塵教，彌切葵慕。日前正之兄晤敘，欣悉杖履健康、法化遠被，至符頌祝。律航百日念佛，光陰虛度，二執徒增，宿業發露，懺悔何從。當茲末法，教律禪密均不契機；惟淨土一門普攝群機，尚易流通。然教理稍乖，則毫釐千里。不僅盲修瞎鍊，甚至壞人天眼目，種三途惡因。律航深為此懼。客夏親近丈室，方省淨宗萬不可濫入禪機，疑團為之豁然，受用良多。今於意見卜度、氣魄承當，及夾雜名利諸種障礙，尚未能認識清楚，尤不能掃除淨盡，所以終日念佛而不自在也。至心懇求仁者大發慈悲，開示茅塞。拙著《念佛入門》辱承作序，今始拜讀。詮闡教義，深入淺出，廣結眾緣。惟為法心熱，遂不覺謬譽過當，更滋慚愧矣。頃與正之兄約農曆三月十五日法雲寺大殿落成時，偕往台中面聆教言。良晤匪遙，專肅佈臆，敬祝

道安　　釋律航和南　三月三十號

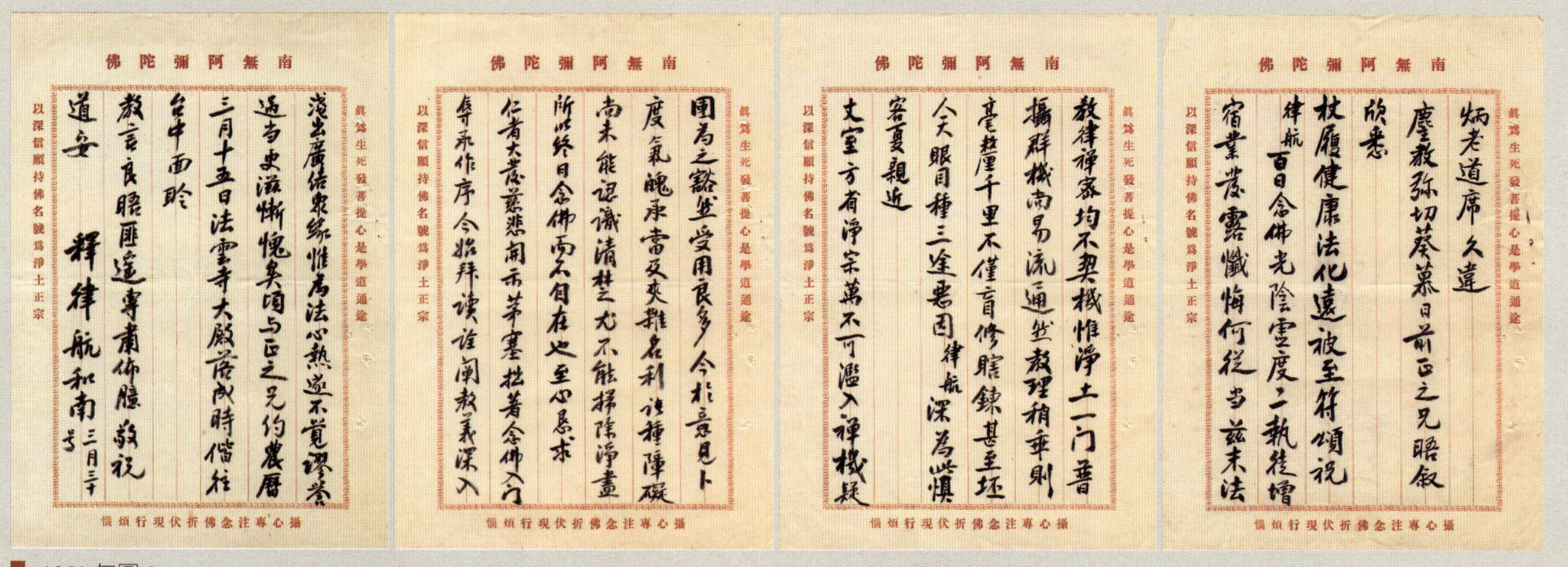

1951年圖2

1951年（民國40年）·62歲

圖3　4月，持續戒殺宣傳，指示將豐子愷《光明畫集》中畫頁製成紙扇流通。

【釋文】
茲奉李社長之命，與造扇者接洽，將《光明畫集》中，採用四、五種之畫，製成扇子，分配各方。藉以宣傳戒殺護生。本社按製壹仟枝，其費用參佰參拾元，經已委託瑞成書局籌辦。
特此
週知各位理監事
總務部庶務組　四月二十八日

圖4　6月，為許俊傑臺中商職初中畢業紀念冊題辭，并有先生稀見之繪畫。（照片提供：游青士）

【釋文】
守賢哲之五倫八德，學菩薩之六度萬行，盡我心身二力，要為社會謀福，要使群生獲度，方不虛此一生也。
俊傑賢棣惠存
　　小兄李炳南題
　　（題畫）傑弟補壁　雪畫

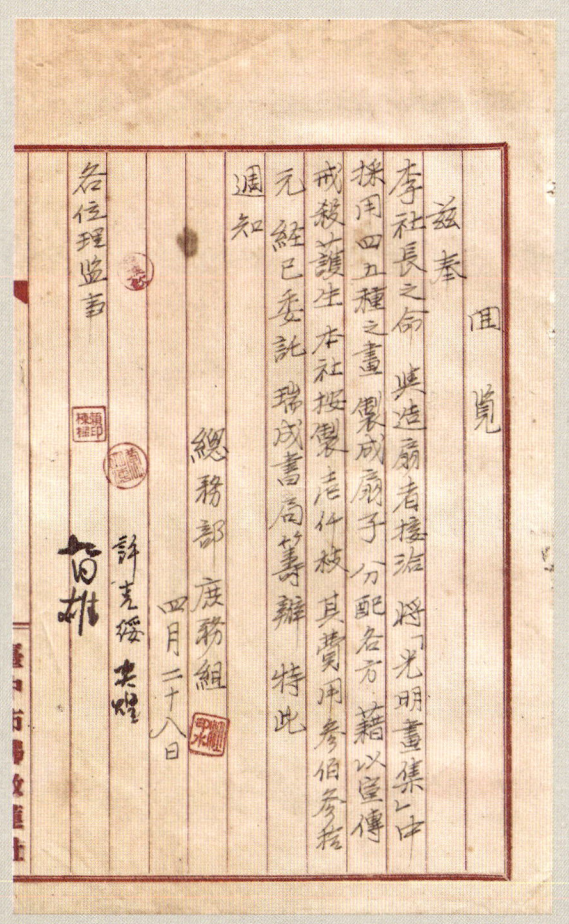

1951年圖4

1951年圖3

圖5　7月，獲黃君璧題贈山水畫。黃君璧與溥儒、張大千以「渡海三家」齊名。

圖6　8月，代奉祀官孔德成先生擬孔子誕辰紀念日文稿：〈提倡孔子學說振興民族文化〉。

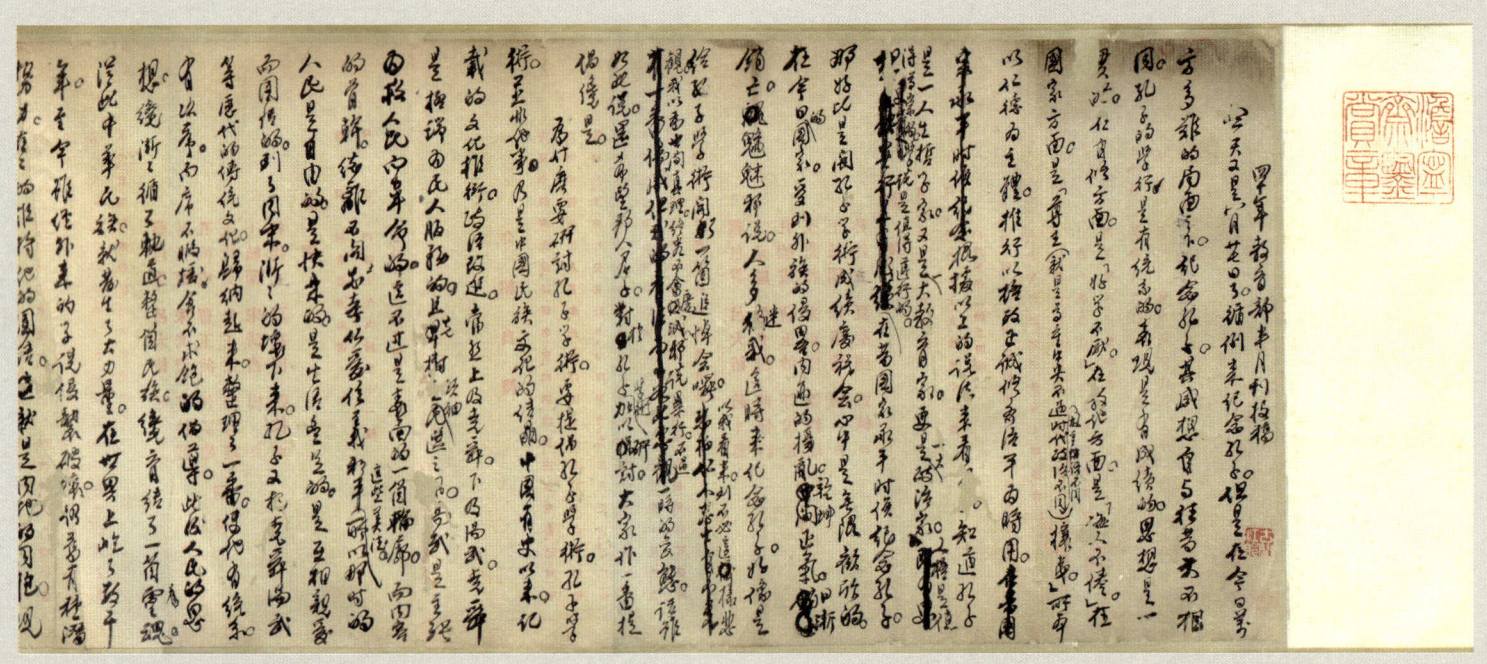

1951 年圖6（局部）

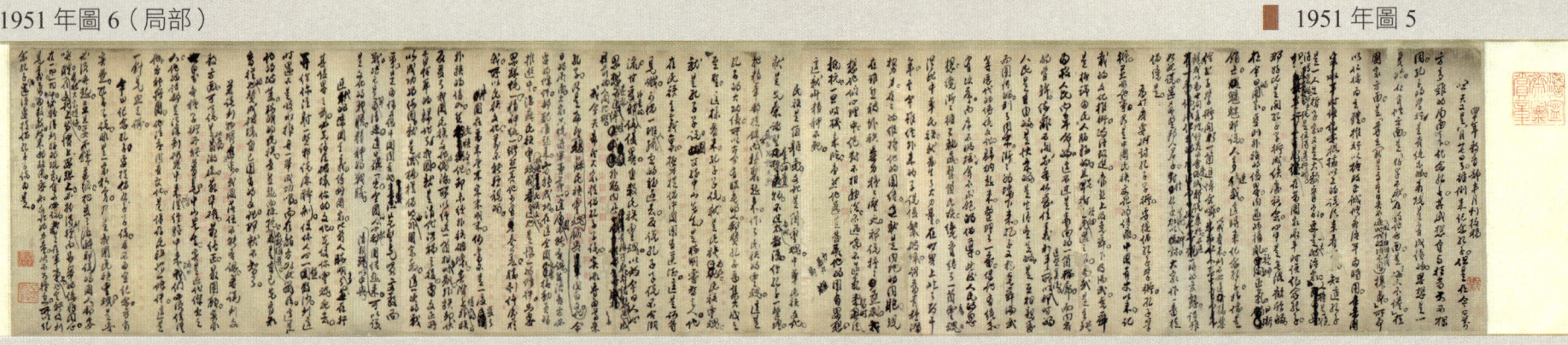

1951 年圖5

1951 年圖6

1951年（民國40年）・62歲

圖7　先生於8月27日，孔子誕辰紀念日，在臺中市中山堂講演。①為講演稿表，②為廣播稿（照片提供：江逸子）。
【案】1951年以前，孔子誕辰紀念日為8月27日，1952年起，改訂紀念日為9月28日。

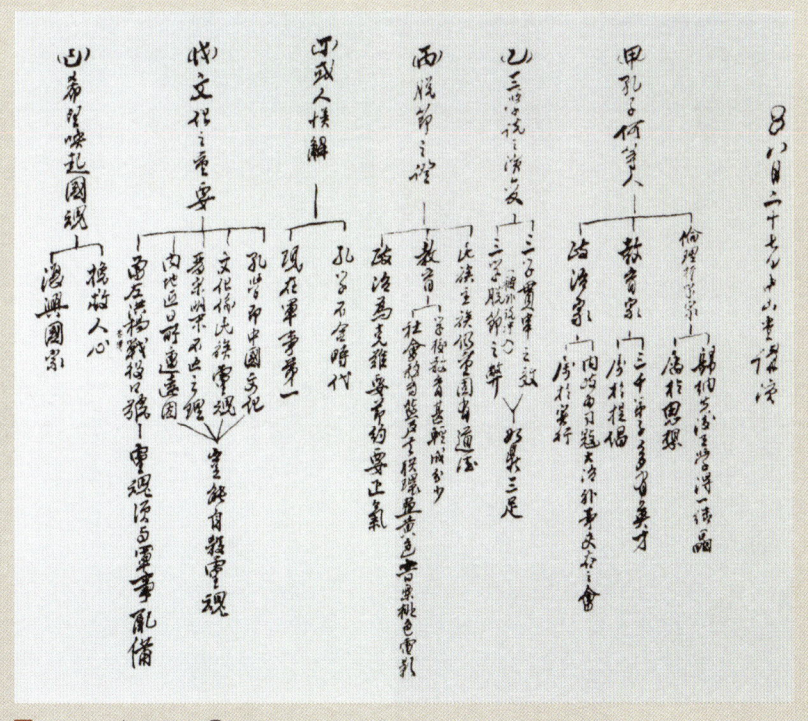

1951年圖7①

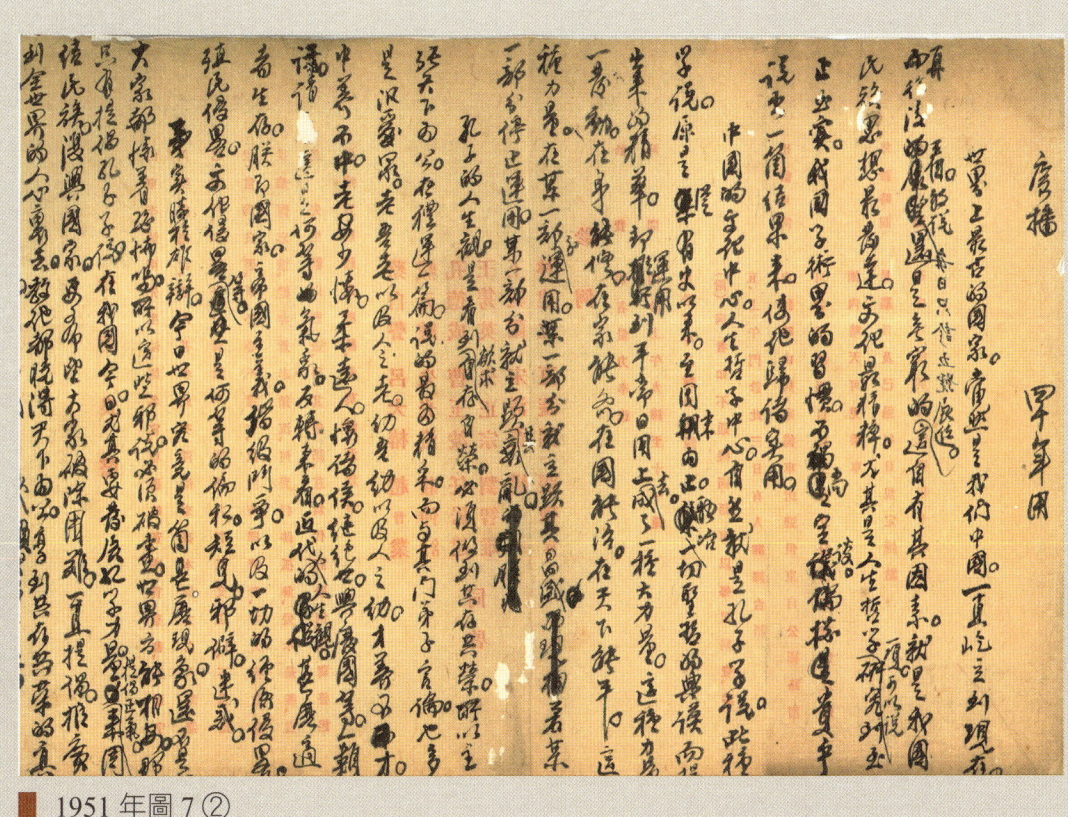

1951年圖7②

圖8　10月，於蓮社成立弘法團。男眾弘法於臺中男眾監獄，女眾弘法於蓮友家庭及女眾監獄。先生昔典獄政多年，深知其需求，因自編教材，每週先行講習，而後再外派團員宣講。圖為先生所編監獄弘化教材，有〈學佛先明因果〉等講表十一篇。

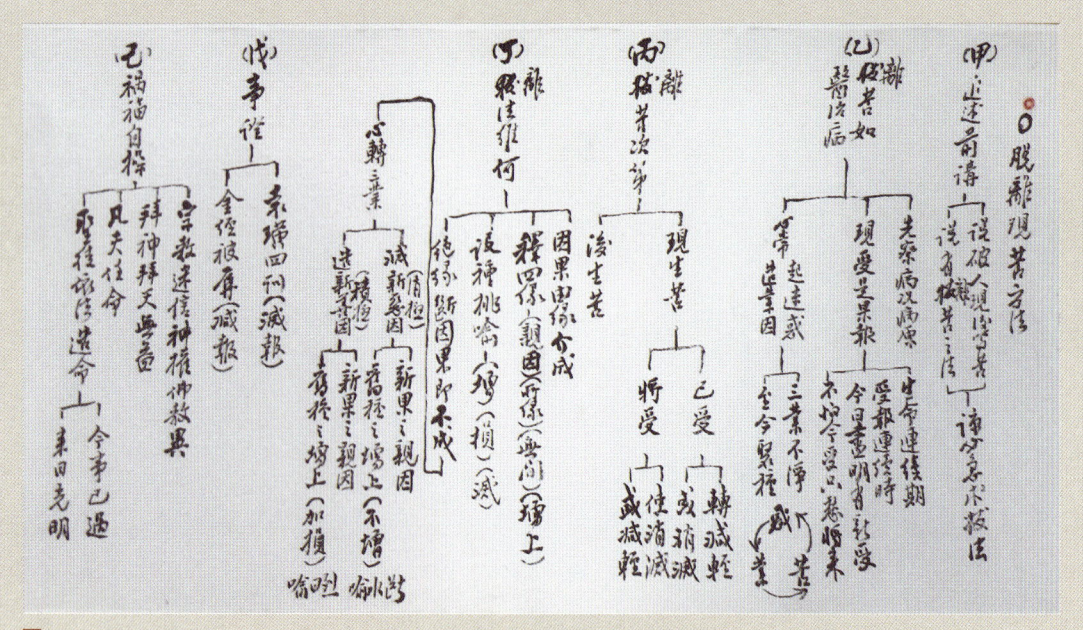

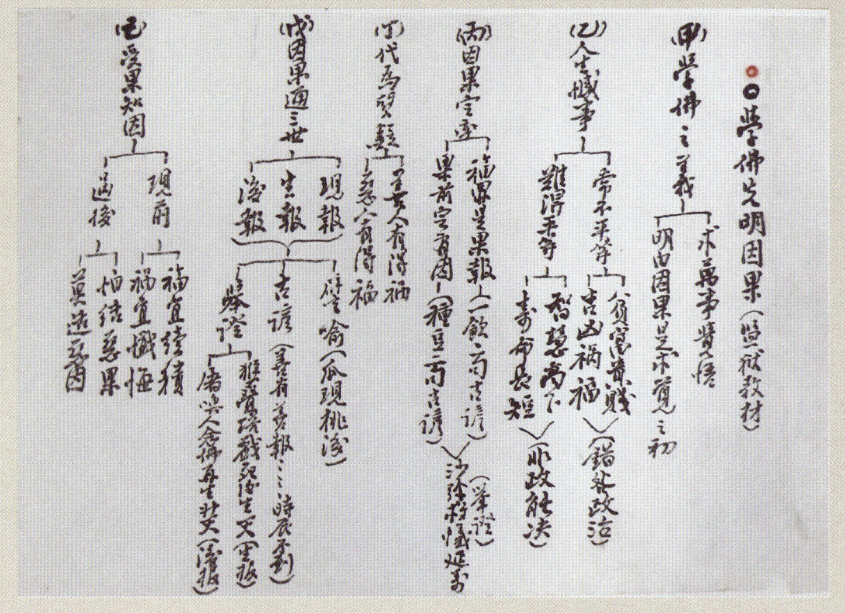

1951 年圖 8

1951年（民國40年）‧62歲

圖9　10月，臺中寶覺寺舉行七天秋季法會。法會期中，聘請煮雲法師及炳南先生蒞臨說法。先生有〈台俗拜拜與信仰〉講表。

圖10　11月14日，彰化曇花佛堂弘法週年紀念合影。

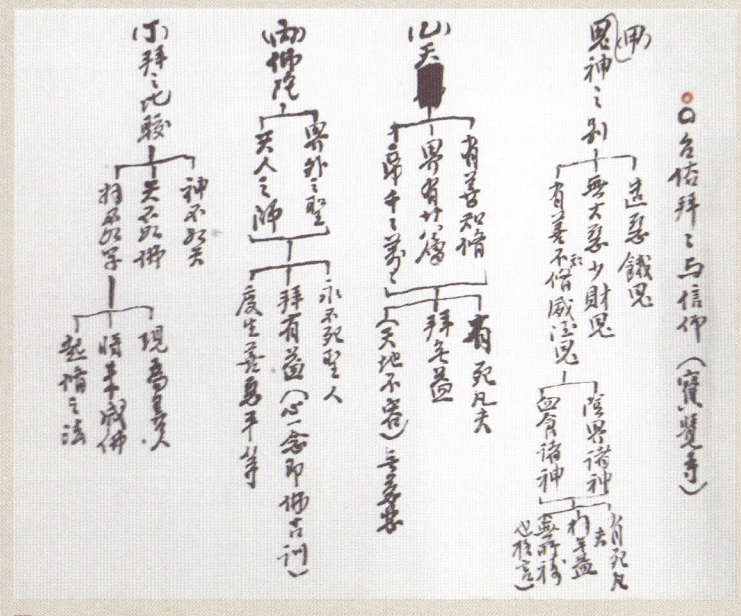

1951年圖9

1951年圖10

圖 11　是年秋，應邀於靈山寺秋季佛七開示。圖為開示稿表（七日錄四）。

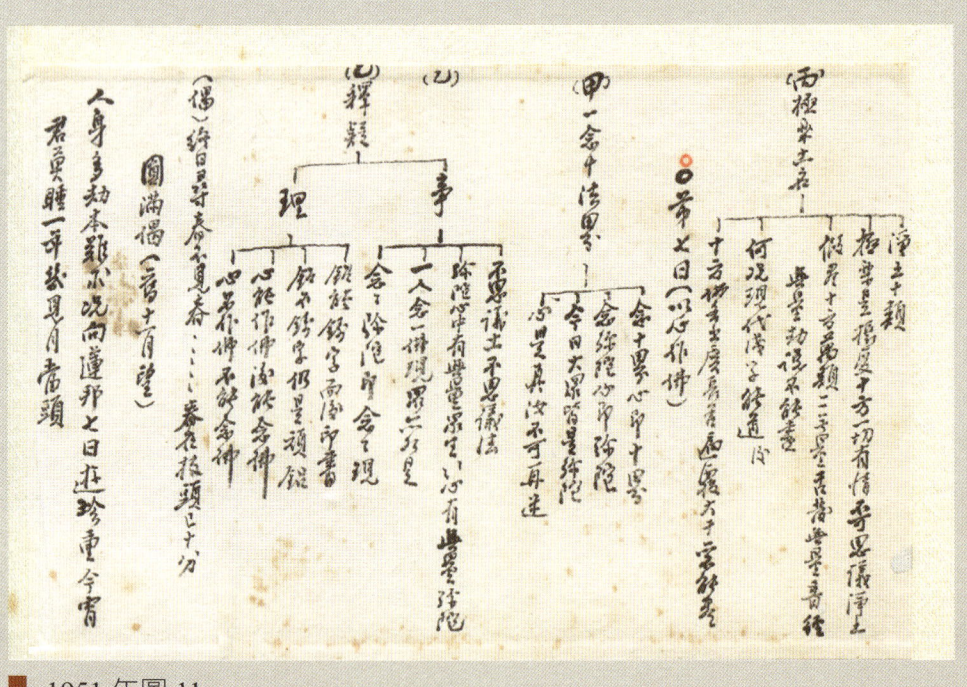

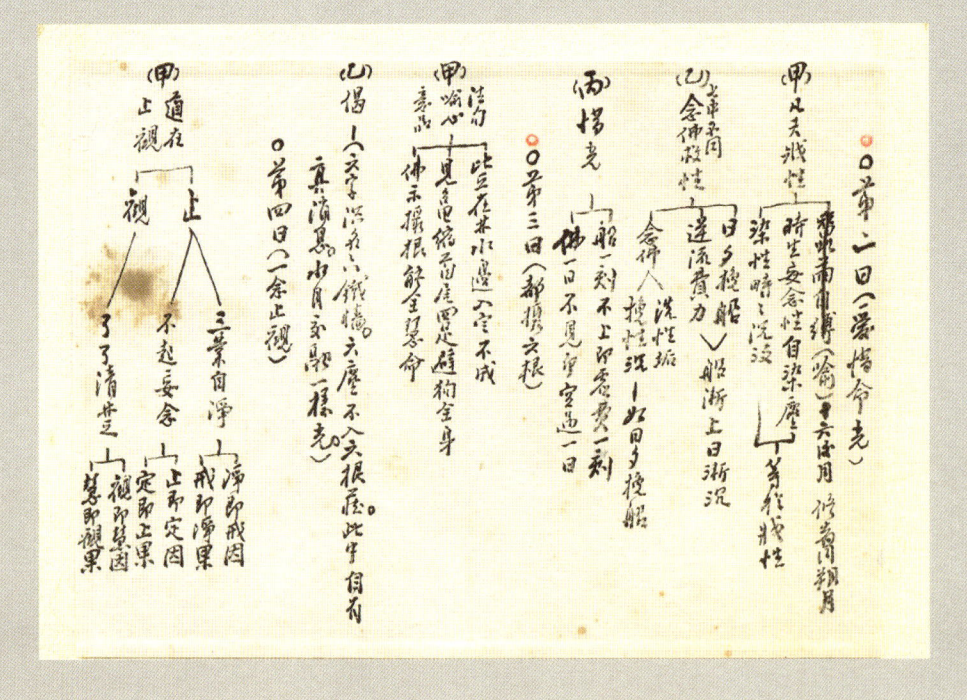

1951 年圖 11

圖12 12月，蓮社禮聘多位社會賢達為社董。圖為先生邀請孫張清揚居士為名譽社董函稿。孫張清揚居士為陸軍總司令孫立人將軍之夫人，護持佛教盡心盡力。

【釋文】
清揚大居士座下：久欽道範，時蒸心香。恭維福慧齊資，智悲雙運，為頌無量。臺中眾生福薄，佛法衰微，極賴各方大德啟迪聵聾。大居士佛學精邃，戒行高深，倘得一聆謦欬，定能心垢頓消。此地蓮社，擬請法駕辱臨宏法。恐涉冒昧，另備蕪函，轉煩朱老居士先容。如蒙慈允，尚希示知行期，以便至車站恭迓也。專函瀆陳，敬請
道安　李炳南和南

清揚大居士塵前：企慕盛德，久傾葵心。前蒙允任社董，同人咸引為榮。此間偏僻，聞法少緣，群眾喁喁，頗以為恨。夙欽大居士上宏下化，不厭不疲，擬請法駕辱臨開示道要。謹函奉懇，尚希慈允，不勝感禱。專此，並請道安

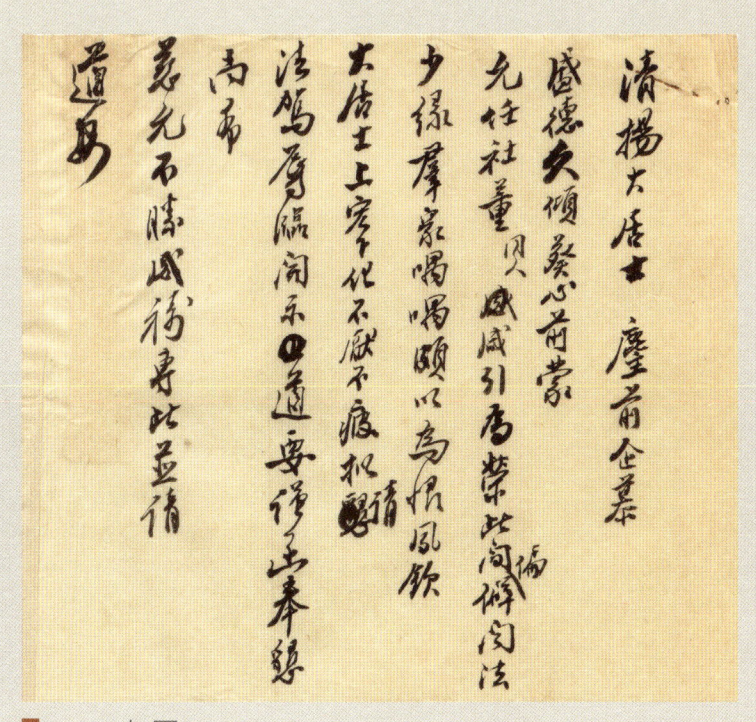

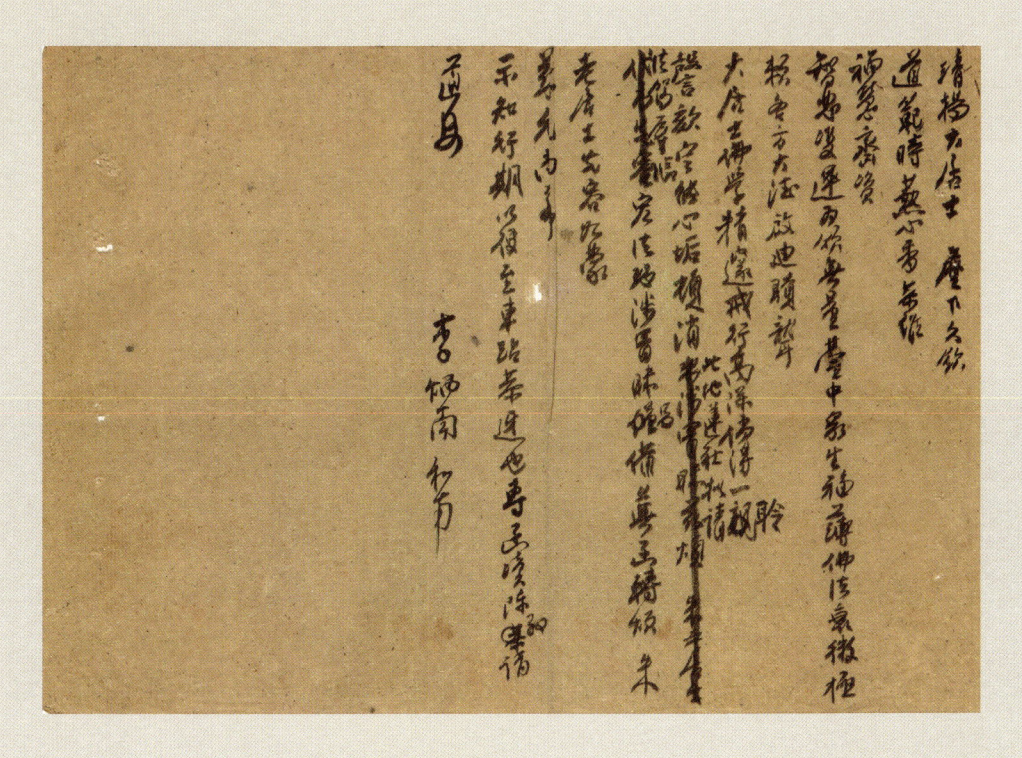

1951年圖12

1952年（民國41年）‧63歲

圖1　1月3日，佛曆二五一四年辛卯年臘月初七，台中蓮社大殿兼講堂落成，臺中市長、黨部書記、佛教支會理事長、寺院齋堂住持堂主等各界來賓及蓮社社員，五百多人與會。台中蓮社成立於前一年（1951年）1月14日（夏曆十二月七日），係先生與劉智雄、董正之、徐灶生、朱炎煌、張松柏、許克綏等多位居士籌組多日而成立。同年5月，以朱炎煌、許克綏共同購置捐獻之房地為社址，進行後續建築工作，於今落成。
①為與會大眾合影，②為蓮社第一屆理監事合照，③為先生獨照。

■ 1952年圖1③

■ 1952年圖1①

■ 1952年圖1②

圖2　①台中蓮社臨綠川面（照片提供：趙麗真）。
　　　②1960年初台中蓮社正面照（另請參見：1953年圖6、1956年圖4及圖6、1959年圖5）。
　　　③1976年蓮社整體改建前空間配置圖。（多位蓮友提供訊息，詹曙華繪圖，2021年）

■ 1952年圖2①

■ 1952年圖2②

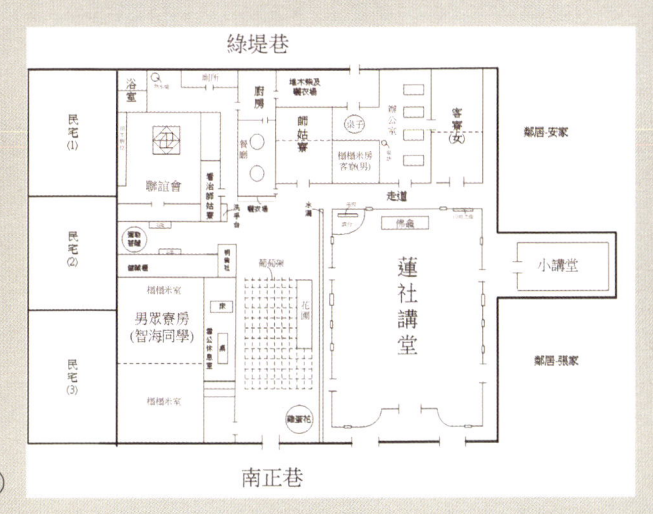

■ 1952年圖2③

圖3　1月3日，溥儒書贈對聯祝賀蓮社大殿落成。

【釋文】
壬辰春蓮社落成
蓮社化城垂法雨，華臺寶樹起慈雲。
　　溥儒敬書

1952 年圖3

圖4　1月14日，於蓮社講堂舉行「天樂班」成立典禮。先生深諳音樂教化之重要，為天樂班撰寫〈天樂隊歌〉，並陸續撰寫多首佛歌。圖為先生撰作〈蓮社社歌〉、〈佛教青年進行曲〉手稿。（天樂隊合照見1954年圖2）

【釋文】
〈社歌〉：聖賢百二廬山峰，東林開淨宗。接統靈巖十三葉，蓮花一瓣分台中。綠川流水，柳川微風，極樂遙遙相通。大道戒定慧，資糧信願行。二六時，深心體證；發宏誓，廣度眾生。陶來謝來，平等恭敬。暮鼓晨鐘，金台滿虛空，彌陀佛，笑相迎。

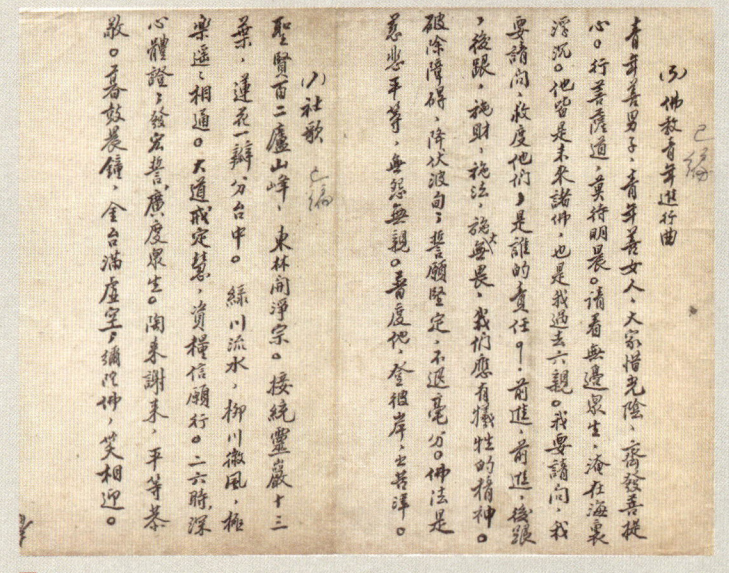

〈佛教青年進行曲〉：青年善男子，青年善女人，大家惜光陰，齊發菩提心。行菩薩道，莫待明晨。請看無邊眾生，淹在海裏浮沉。他皆是未來諸佛，也是我過去六親。我要請問，我要請問，救度他們，是誰的責任？前進，前進，後跟，後跟，施財，施法，施大無畏，我們應有犧牲的精神。破除障礙，降伏波旬；誓願堅定，不退毫分。佛法是慈悲平等，無怨無親。普度他，登彼岸，出苦津。

1952 年圖4

1952年（民國41年）・63歲

圖5 2月9日，夏曆正月十四日，禮請前常州天寧寺方丈證蓮老和尚於台中蓮社傳授三皈五戒，為臺灣傳授在家戒之濫觴。圖為證蓮法師頒給周慧德之戒牒。（照片提供：游青士）

圖6 2月，內政部發給中醫師證書。

1952年圖5

1952年圖6

圖 7　3 月，靈山舉行春季佛七，應邀每日開示。圖為開示稿表（七日錄二）。

圖 8　3 月 14 日，夏曆二月十九日，靈山寺佛七圓滿，留影於該寺大殿旁花園。

【釋文】

民國四十一年，古二月十九日，靈山寺佛七圓滿，攝於殿側花山之麓

1952 年圖 8

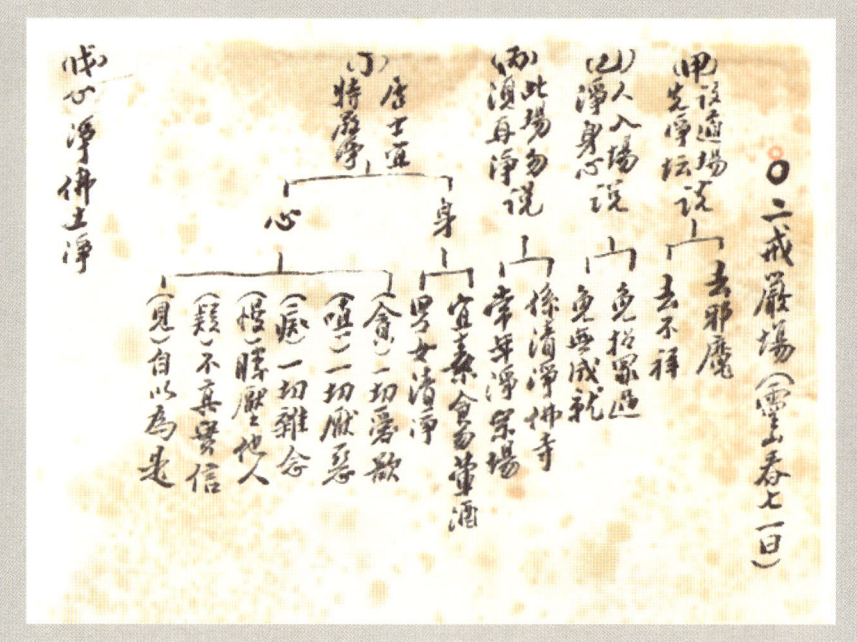

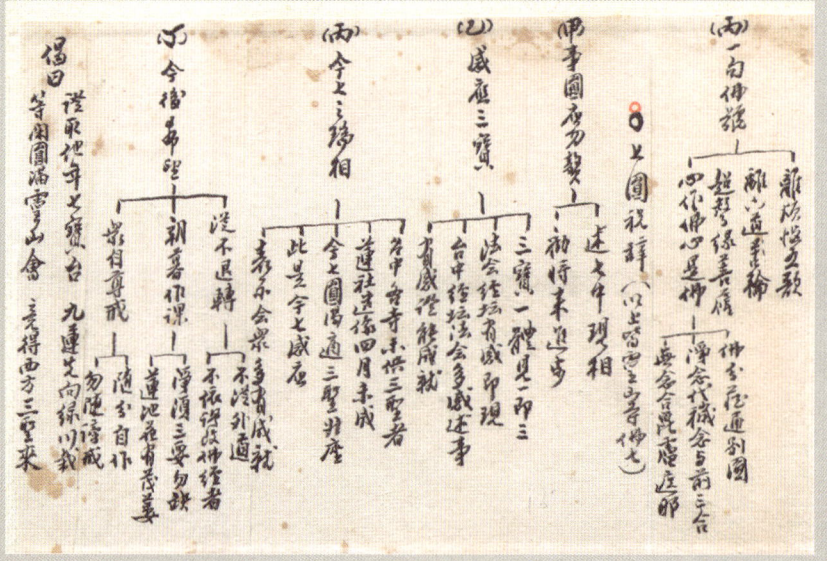

1952 年圖 7

圖9　3月，於《覺生》月刊第二十一期開始登載〈素菜譜〉專欄，推介素食。本期介紹蘿蔔絲湯、涼拌蘿蔔絲、五香菜乾、芥菜炒筍、豆腐等五道素菜，詳述材料、預備及作法，並說明其利益。

圖10　4月22日，台中蓮社附設國文補習班舉行開學典禮，有〈國文補習班講詞〉稿表（①）。補習班每週有《論語》、「國文」、「詩學」、「佛學」等課程。禮請孔德成、傅立平、劉汝浩、周邦道、許祖成等教授義務教學。先生擔任詩學課程，並編《佛學常識課本》講授佛學。

蓮社成立，即申請附設國文補習班，於1952年核准立案，1959年才發給證書。（②）

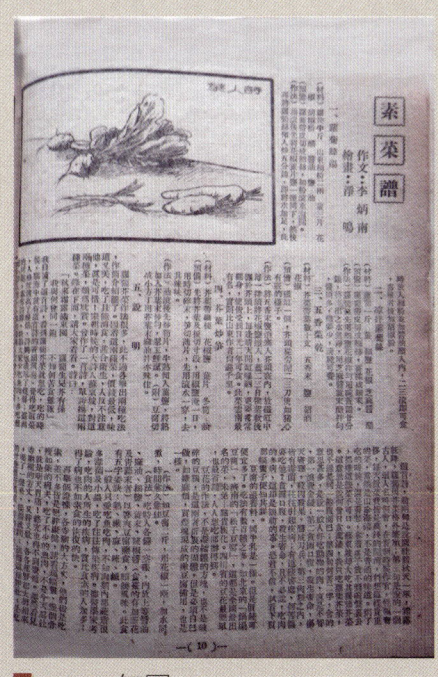

■ 1952年圖9

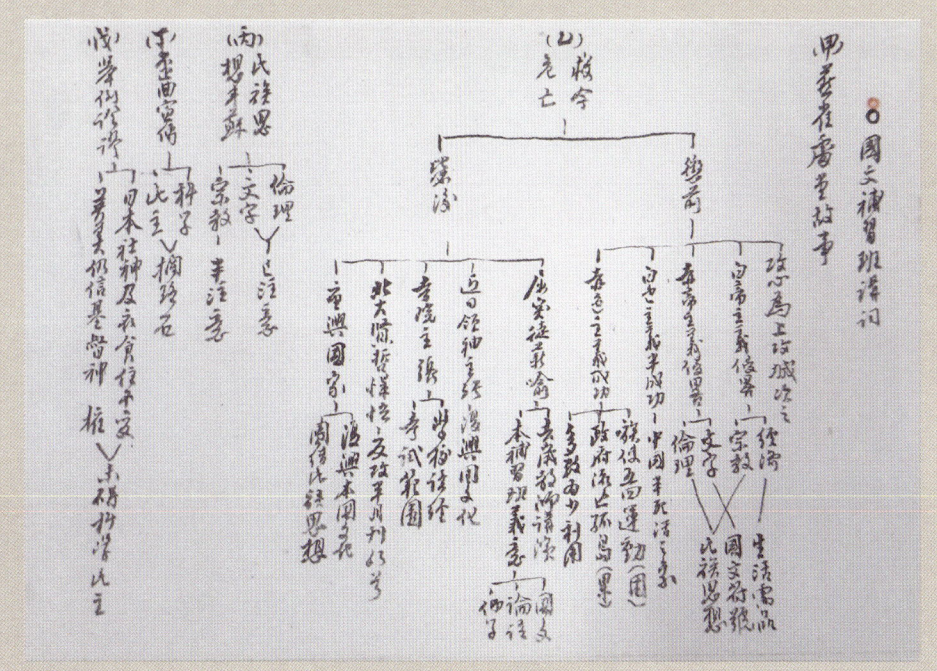

■ 1952年圖10 ①

■ 1952年圖10 ②

李炳南居士年譜圖冊

圖11 5月15日,「炳南中醫診所」獲准開業,圖為開業證照。

圖12 5月,應屏東縣佛教支會邀聘,南下至屏東弘法一週。圓滿日,於東山寺與工作同仁合影。前排中為先生,先生右手邊為高登海,後排著僧裝者為該寺監院天乙法師。

圖13 6月,應畫家呂佛庭(後立者)邀請,與蔡念生等諸位名士共賞其所植曇花。

1952 年 圖11

1952 年 圖12

1952 年 圖13

1952年（民國41年）・63歲

圖14 9月28日，孔子誕辰紀念日，應邀在中山堂演講。圖為演講稿表。

圖15 10月12日起，蒞桃園宣揚佛法一週，同時推薦信眾禮斌宗法師為皈依證明師。皈依法會照片上欄貼照即斌宗法師。

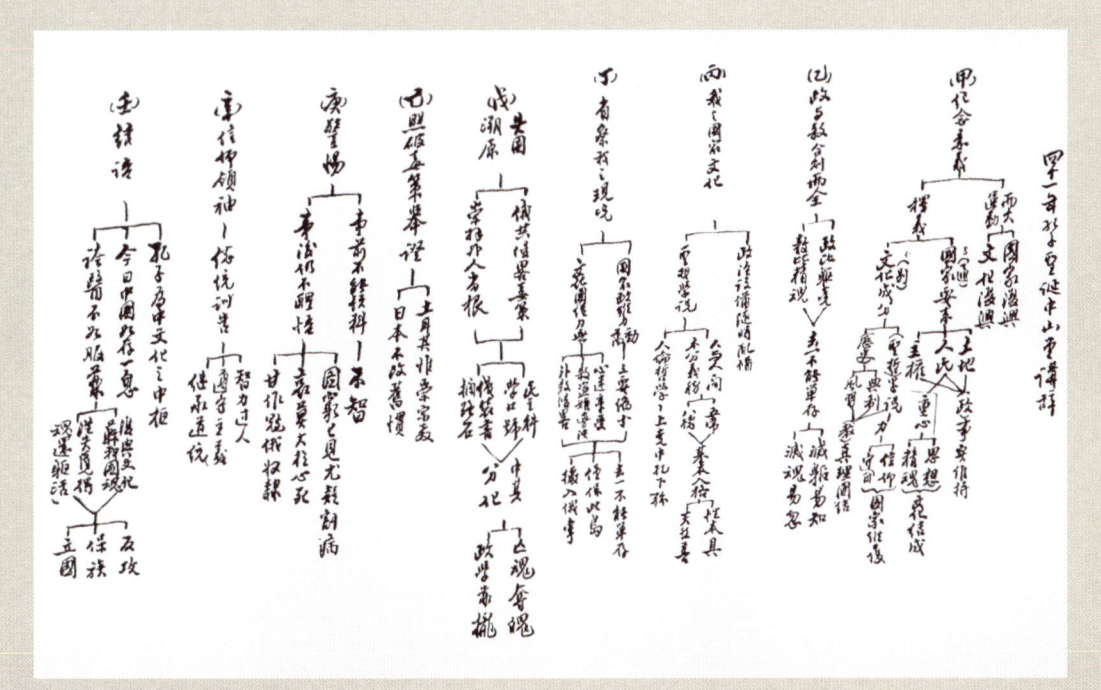

1952年圖14

1952年圖15

圖 16　10月12日，聽聞屈萬里行李箱失竊，過冬衣物被洗劫一空。特別訂製冬衣寄往臺北，並附信說明請勿拒絕專為量製之冬衣。

【釋文】

翼兄道席：聞劉啟民兄言，吾兄箱籠被竊，既不循俗慰問，亦不矯情稱賀，之乎者也一概免去。時近冬令，必須夾衣毛襪等類，已酌量尊體尺度，尋找舊料，做成夾長袍一件，單長衫一件（冬可當外罩），小褲褂一套（做襯衣），絨褲褂一套，毛背心一件（弟有兩件），謹以奉上，敬祈賜收。

內中除〔背〕心係舊存平分外，餘皆專為兄製，與弟之身量並不相稱，不收，弟亦無用處。事出非常，不避冒昧，萬勿以清高自賞，不分交誼，一味拒人於千里之外也。幸矣。專此，並請

大安　　弟李炳南頓啟　十月十二日

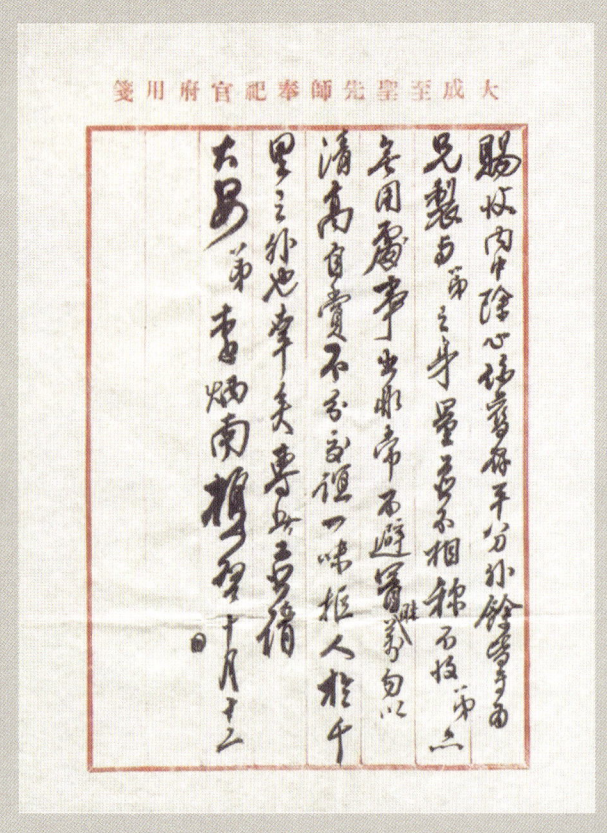

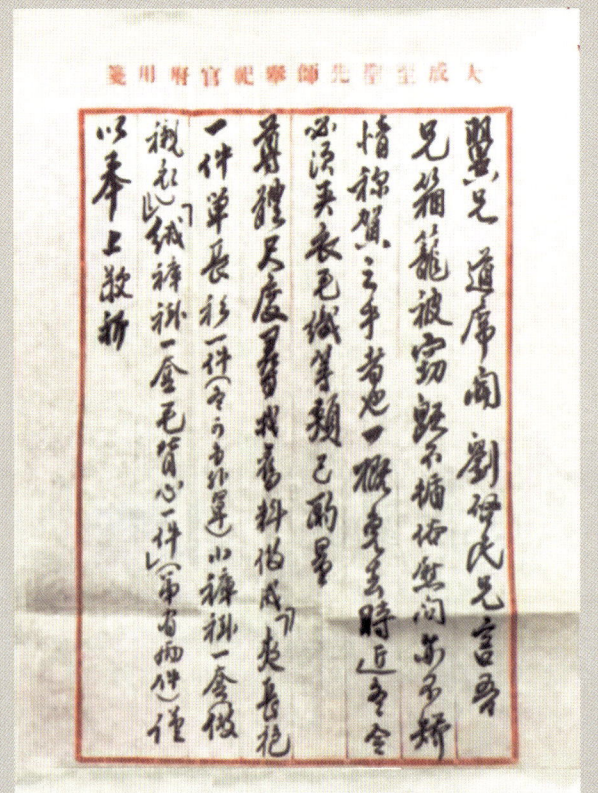

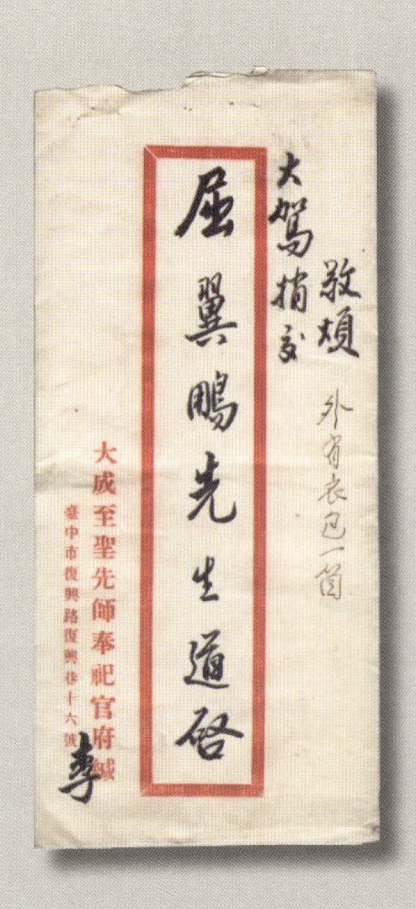

1952 年圖 16

1952年（民國41年）‧63歲

圖17　10月18日，因屈萬里自稱富足，拒受所贈冬衣；先生再去函，以「大富翁」稱屈先生，而以「亞富」自解。

【釋文】

翼兄大富翁箱右：奉讀手教，祗悉財衣兩豐，皆勝於弟。果爾，自足稱慶，唯疑虛而為盈，約而為泰也。以實相告，弟毛衣卻有三襲，昨贈者，尚是下品耳。明乎此，可知弟之富饒，並不相遜，勿復作昔日吳下阿蒙觀也。本日已由郵寄下退件，檢點無訛，祈釋富注。至寫稿求財，無傷於廉，勸進仍須努力。處今之世，但能富潤於屋，便是德潤於身矣，又何封步自畫？若兄受老子傳染之病，以知足為富，則是自掌其面，冒腫以為胖也。恐兄之號富，如是而已。其然乎？其不然乎？千里明月，兩心會當印耳。一粲！專復。並請

富安　　亞富弟雪僧和南　十月十八日

1952 年圖 17

圖 18 是年秋，獲王聖霈繪贈〈縉雲秋嵐〉。日後，有鄰友趙明德見而愛之，即將此畫轉贈。（照片提供：趙健志）

【釋文】
四川重慶西北有山名縉雲，素以小峨嵋稱之。高幾千仞，古木參天，中有縉雲古剎在焉。抗戰期間，太虛大師曾於此住持甚久。余客居陪都時，嘗到此一遊。圖中之高宇即為縉雲寺，其後突起之峯為本山最高峯，名曰獅子，蓋以其形如獅踞狀也。其右為嘉陵江　望雲謹誌
炳公社長賜存　弟子王聖霈敬贈　壬辰季秋
（炳南先生題記：）明德仁兄見此畫而好之，謹以移贈。　炳南識于綠川橋畔

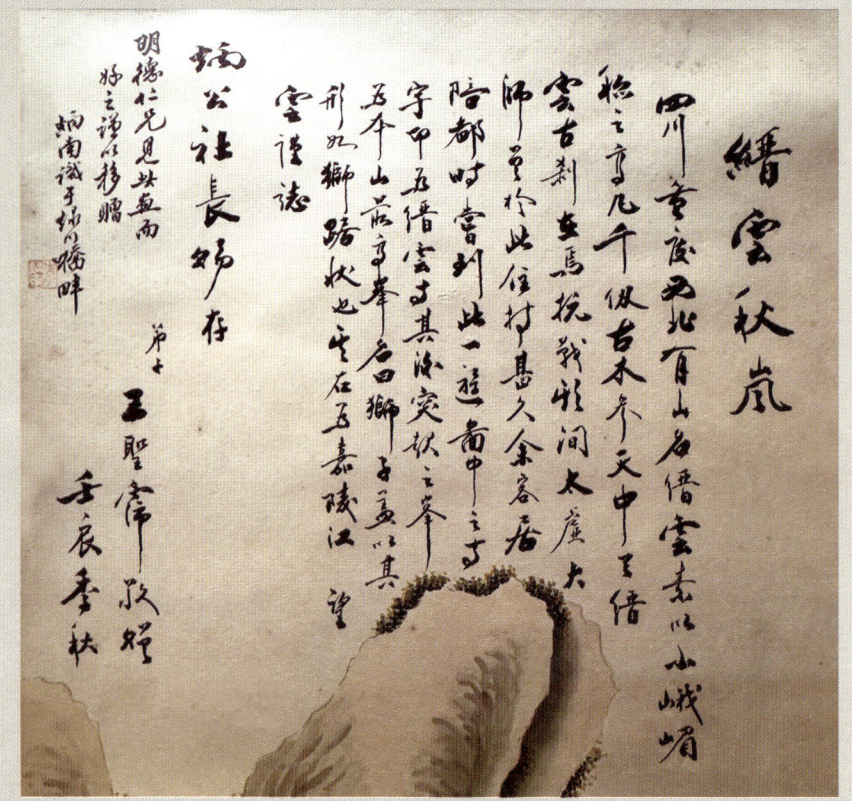

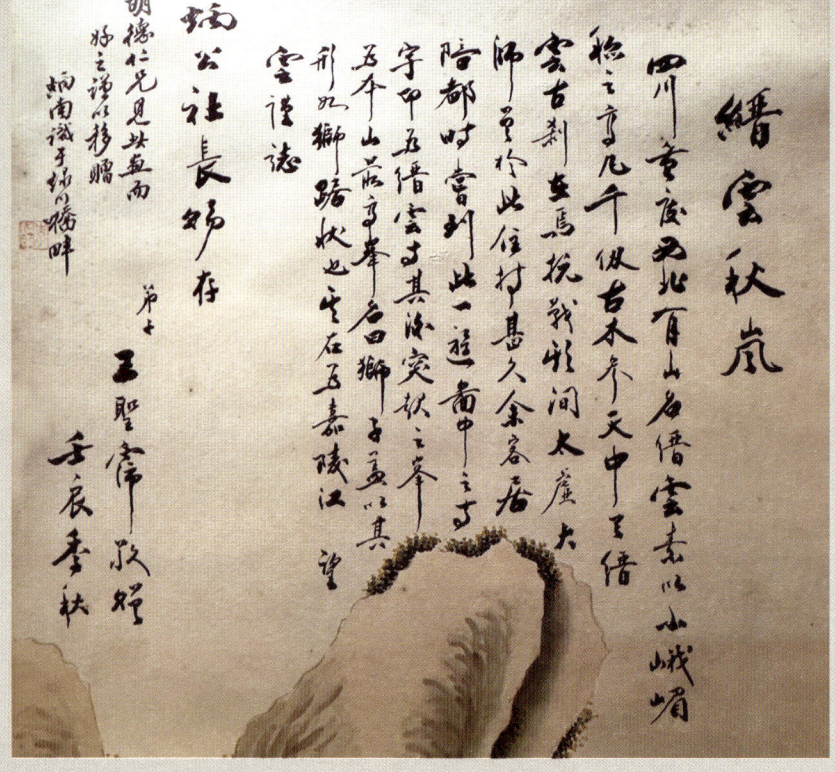

1952 年圖 18

圖19 11月，第一期國文補習班學員結業後，返社溫習功課。先生日後為補習班結業男學員成立文藝班，女學員成立中慧班；成為蓮社弘法、護法重要支柱。圖為1955年文藝班製作壁報參加比賽。立者右一為周家麟，右二為胡遠志；前排蹲者左一為游俊傑。

圖20 11月，臺中佛教會館新聘住持妙然尼師晉山升座，舉行護國法會四天。禮請先生講演佛法。有〈五厄應知學佛應知〉、〈學佛次第及成就境界〉等講表。

1952年圖19

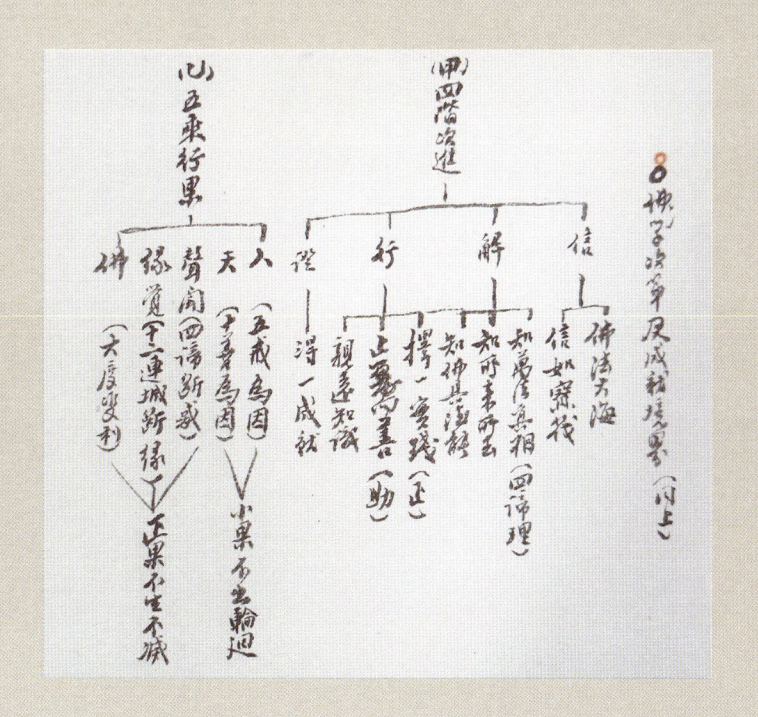

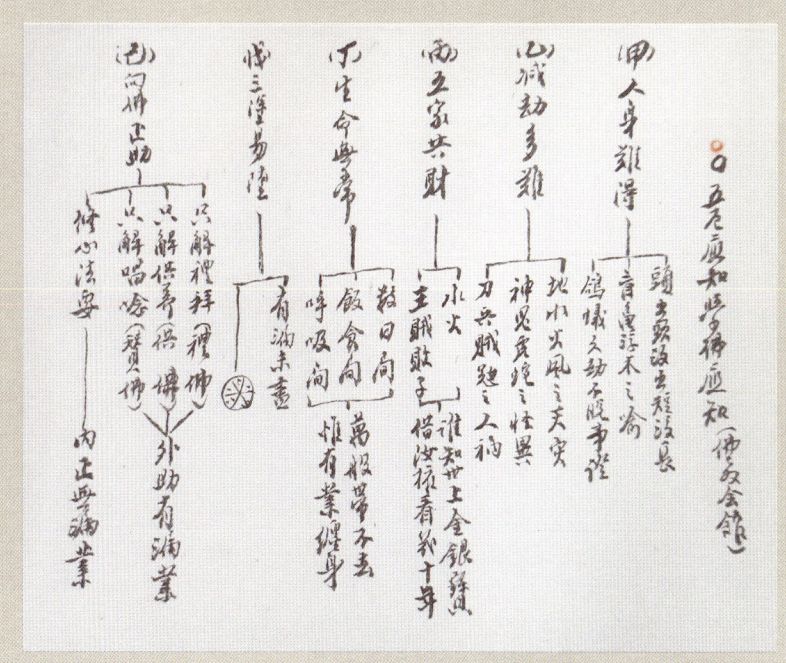

1952年圖20

圖 21　12 月 27 日起，靈山寺舉行冬季佛七，先生應邀開示，有〈靈山寺壬辰冬季佛七〉講稿表（七日錄三）。

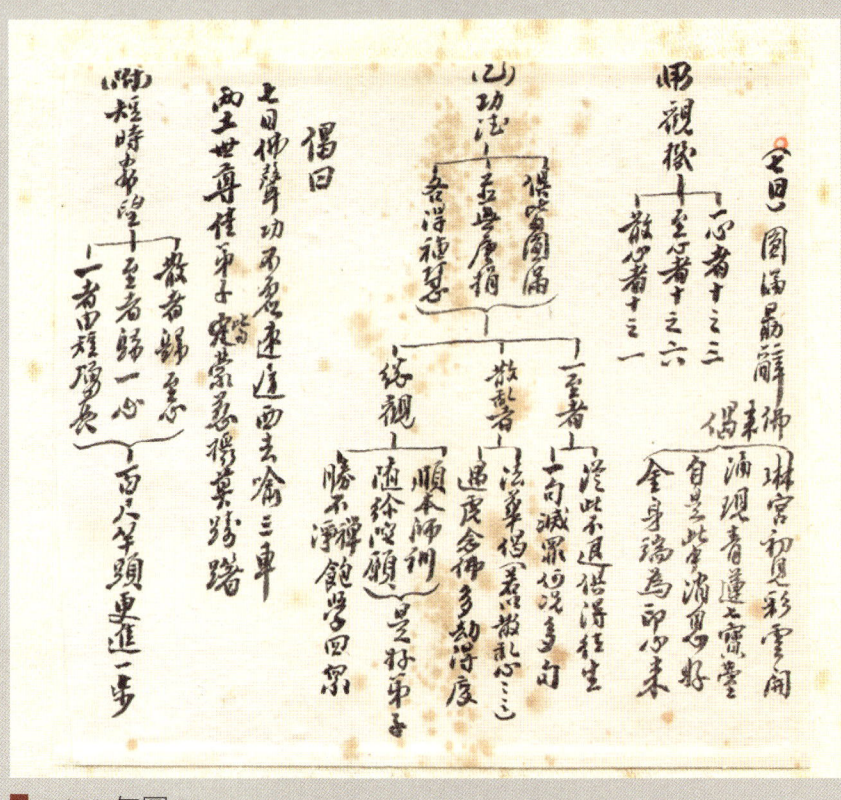

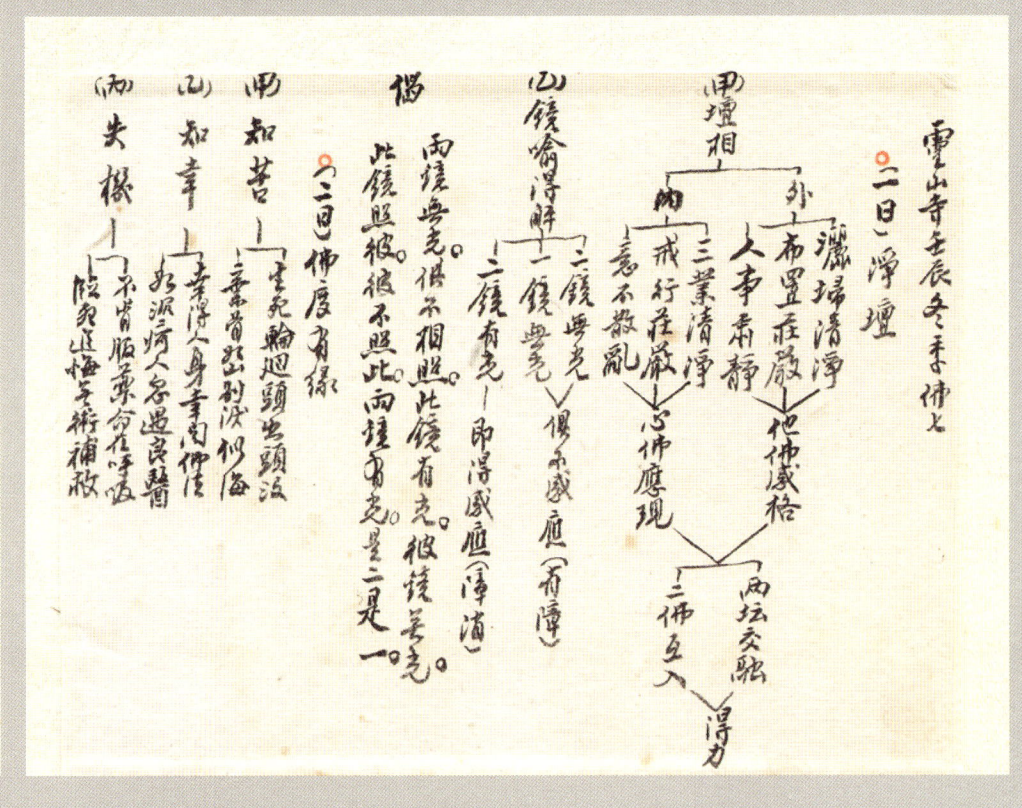

1952 年圖 21

1953年（民國42年）・64歲

圖1　2月28日，夏曆上元，留影於靈山寺。

圖2　3月，蓮社初期，介紹聽經宣傳單。（照片提供：游青士）

1953年圖1

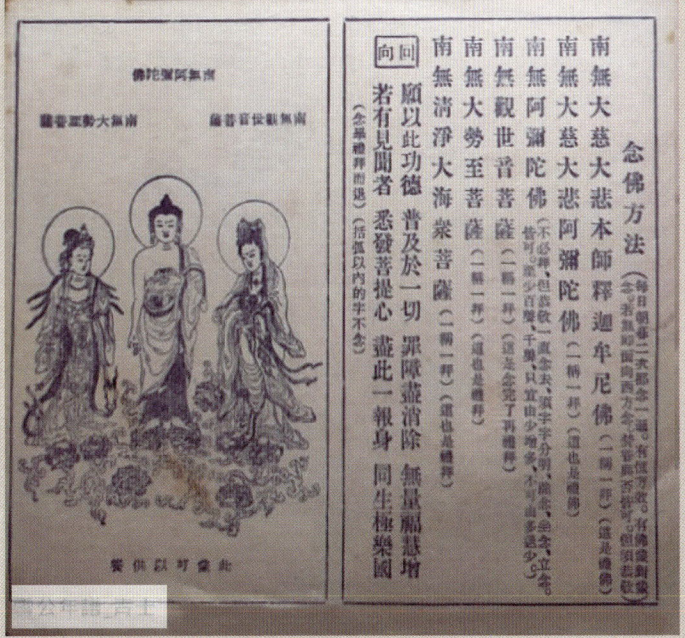

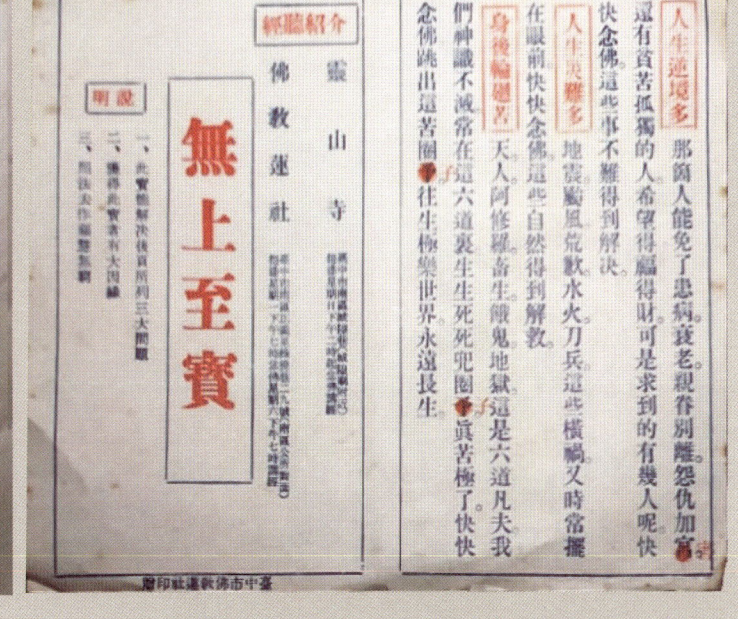

1953年圖2

圖3　6月，蓮社附設國文補習班第二期開學。先生任教《論語》、「佛經、歷史」，另於靈山寺加授「講經、歷史」及「講演術」。為來臺後初次講授《論語》。圖為先生研讀筆記：《論語採注表舉》手稿。

圖4　9月1日，彰化田中軍人至台中蓮社請求皈依，先生推薦禮南亭法師為皈依證明師。

1953 年圖4

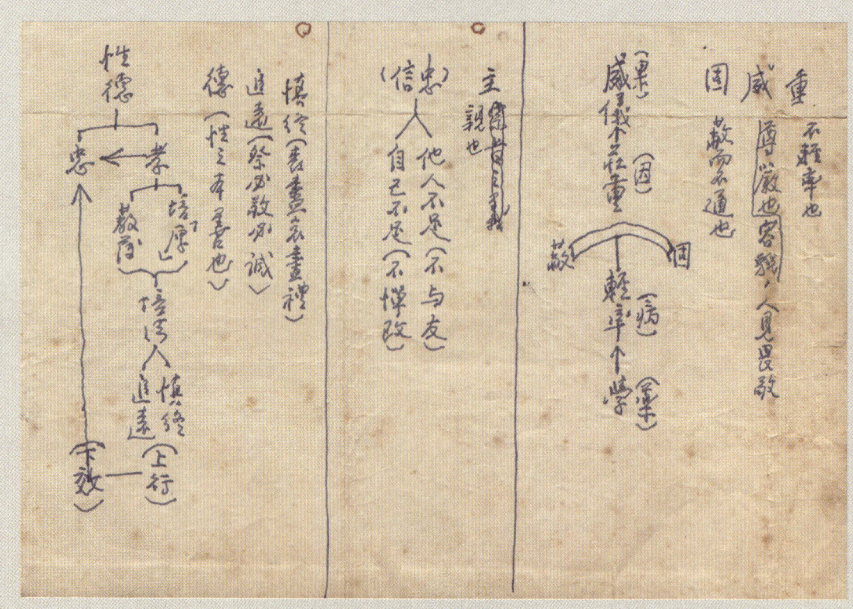

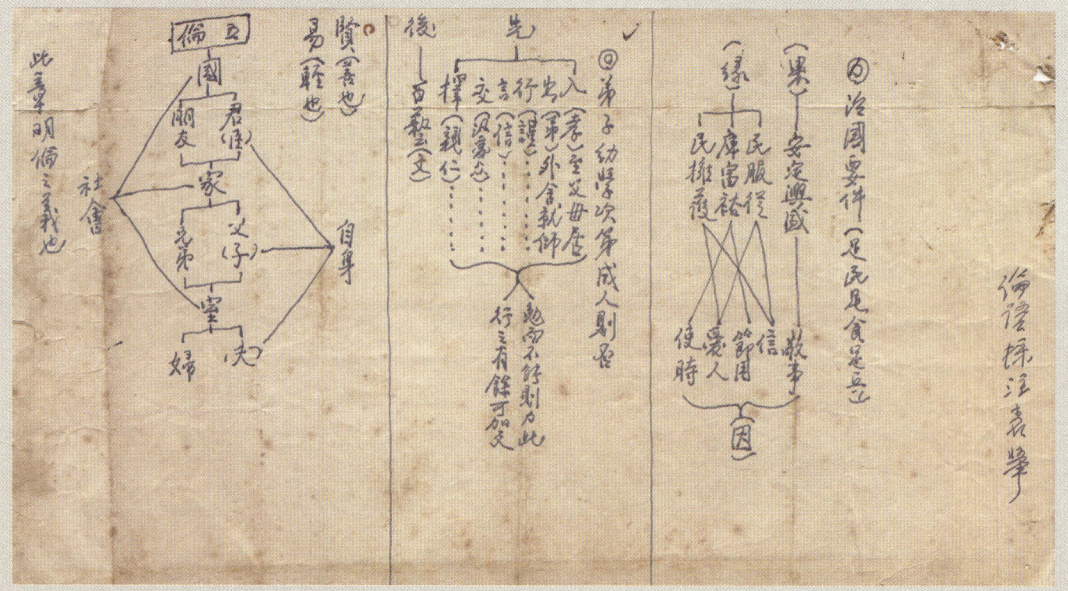

1953 年圖3

圖5　9月28日，至臺中一中講演〈中國的人格文化〉，有演講稿表。

圖6　10月4日，屏東東山寺監院天乙法師一行至台中蓮社參訪，與先生及道友合影。前排左起：賴棟樑、先生、天乙法師；後排左一為鄧明香，三為林慧繁、四為林進蘭。先生註記：屏東東山寺淨修同仁來參觀蓮社、與天乙法師在蓮社門前合照

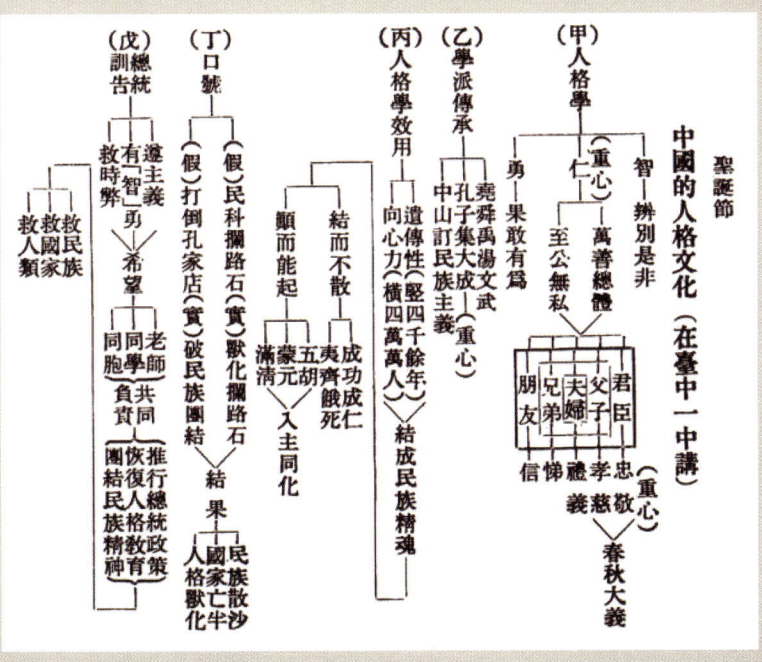

1953年圖5

1953年圖6

圖7　11月22日，文藝班師生在蓮社合影。前排左起為文藝班班長胡遠志、朱斐、賴棟樑、周邦道、先生、劉霜橋、許寬成、陳進德、許炎墩。

圖8　11月27日，台中蓮社第二期國文補習班結業。翌日，中慧班與國文補習班結業女同學在大殿，以茶會感謝國文補習班任課老師。前排左起為陳進德、賴棟樑、余四海、周邦道、炳南老師、劉霜橋、許寬成、朱斐、許炎墩。

■ 1953年圖7

■ 1953年圖8

1953 年（民國 42 年）・64 歲

圖 9　12 月 16 日起，於靈山寺佛七開示。圖為開示稿表（七日錄二）。

圖 10　12 月 22 日，靈山寺佛七圓滿合照。中座者主七師德欽法師，左為住持德真法師，右為先生。

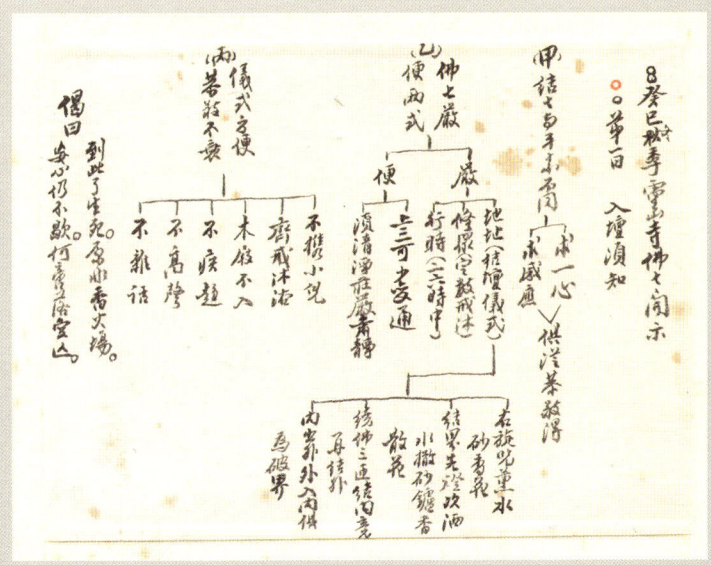

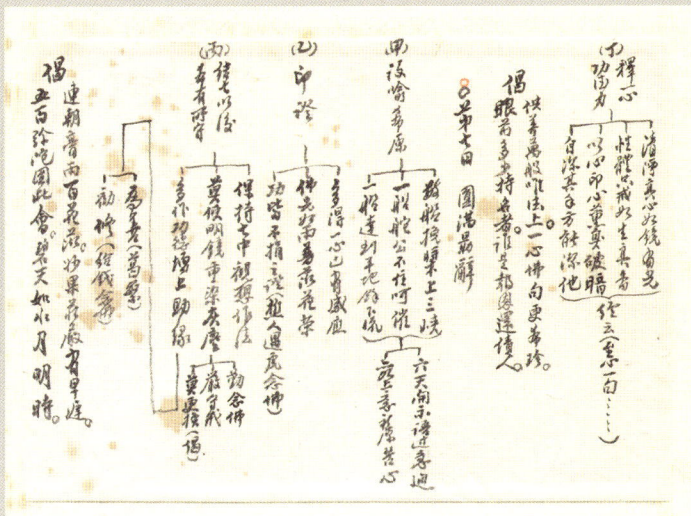

1953 年圖 10

1953 年圖 9

1954 年（民國 43 年）・65 歲

圖 1　元旦，文藝班班員二十餘人，騎單車從臺中至草屯，前來探視在碧山巖禪寺講經之炳南先生。先生日前受聘，來此弘法一週。上二圖為先生與寺眾合影，下二圖為先生與文藝班合影。

1954 年圖 1

圖2　4月8日，臺中市佛教界於金星戲院舉行慶祝佛誕大會。三千餘佛教徒先在市區遊行，蓮社蓮友二百餘人抬奉釋迦牟尼佛聖像由蓮社天樂隊前導參加。①為蓮社天樂隊當日在金星戲院前留影，②為天樂隊平日練習時，在蓮社前留影。

圖3　4月7日至9日，佛教蓮社慶祝佛誕，由補習班結業之青年弘法班員舉行講演大會。爾後每年佛誕節，蓮社皆定期舉行青年講演大會。中坐者為蓮社社長德欽法師，炳南先生立於後排中。

■ 1954年圖2①

■ 1954年圖2②

■ 1954年圖3

圖 4　4 月 17 日，泰國龍華佛教社迎太虛大師舍利入塔，暹羅僧王亦參加盛典。先生有律詩兩首祝賀。

【釋文】

題建太虛大師舍利塔二律

吳江蜀峽舊從遊，舉拂參茶十易秋；
孔李因緣曾勗我，佛儒旨趣可同舟。
春申黯黯雲千里，兜率迢迢月一鉤；
海外忽傳南國訊，傷神幾度欲登樓。

南溟波外湧浮圖，香島飛來七寶敷；
萬井薰風流貝韻，千江明月印靈珠。
應機能挽三乘住，入世何慚一代模；
知有龍天花雨際，六時常護泰王都。

三寶弟子李炳南貢稿　三月八日

謹承尊命徵詩，勉成二律錄右，尚希斧正為禱。此上

龍華佛教社諸位大德

末學李炳南頂禮

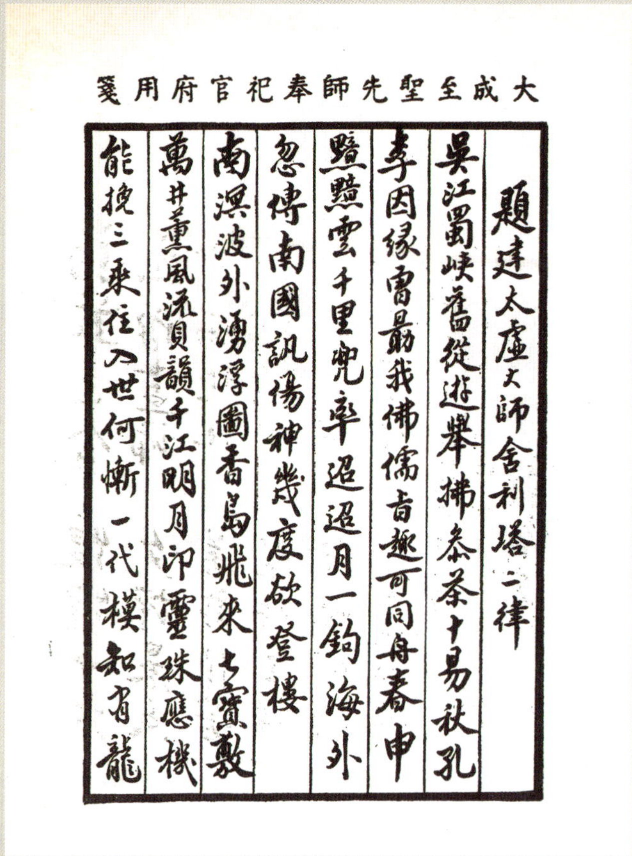

大成至聖先師奉祀官府用箋

題建太虛大師舍利塔二律
吳江蜀峽舊從遊舉拂參茶十易秋孔
李因緣曾勗我佛儒旨趣可同舟春申
黯黯雲千里兜率迢迢月一鉤海外
忽傳南國訊傷神幾度欲登樓
南溟波外湧浮圖香島飛來七寶敷
萬井薰風流貝韻千江明月印靈珠應機
能挽三乘住入世何慚一代模知有龍

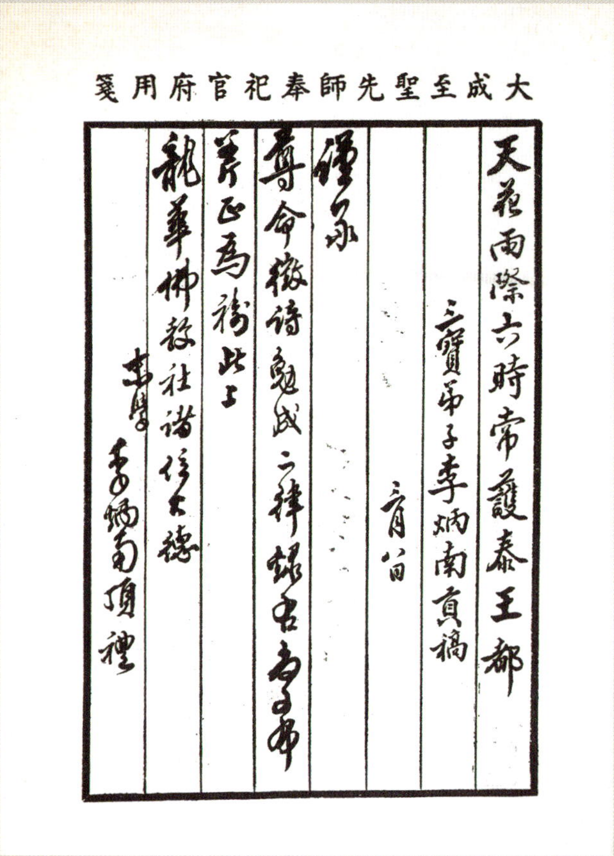

大成至聖先師奉祀官府用箋

天花雨際六時常護泰王都
三寶弟子李炳南貢稿
三月八日
謹承
尊命徵詩勉成二律錄右尚希
斧正為禱此上
龍華佛教社諸位大德
末學李炳南頂禮

1954 年圖 4

1954 年（民國 43 年）‧65 歲

圖5　5月，臺北新莊樂生療養院慈惠會學佛同仁新建念佛堂完工，舉行落成典禮。先生於 1952 年 10 月至樂生療養院參觀後，呼籲各方捐助，幫助痲瘋病友籌建佛堂，獲菲律賓僑界大力響應。歷經兩年艱辛籌建完成後，經該會會員請求，先生命名為「棲蓮精舍」。

【釋文】
您老的慈悲，幫助我們起建已經希望很久的念佛堂。現在已經功成，我們特地攝下這幀小影，獻給
炳公大居士，使您老也可了卻這段因緣。
　　　台灣樂生醫院棲蓮精舍全體蓮友敬獻
　　　攝於民國四三年四月八日

圖6　棲蓮精舍落成，刊行《紀念冊》。請孔德成先生封面題籤。

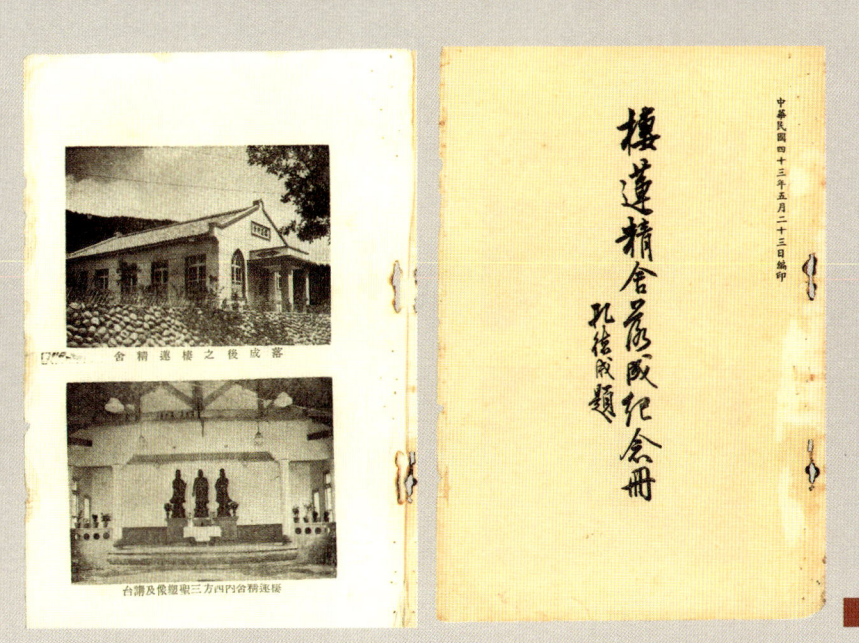

■ 1954 年圖 5

■ 1954 年圖 6

圖7　9月5日，於台中蓮社創辦「兒童德育班」。①、②為蓮社講堂上課，③為至靈山寺活動。

圖8　9月28日為奉祀官孔德成先生代筆手稿：紀念孔子與民族復興

■ 1954年圖7①　　　■ 1954年圖7②　　　■ 1954年圖7③

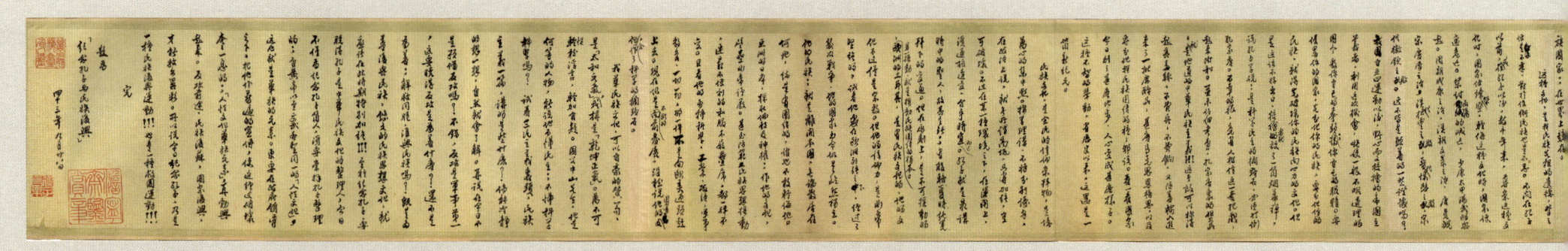

■ 1954年圖8

1954年（民國43年）・65歲

圖9　9月28日，中慧班致贈教師節禮物「新生日記」，先生回贈同學書卡。

1954年圖9

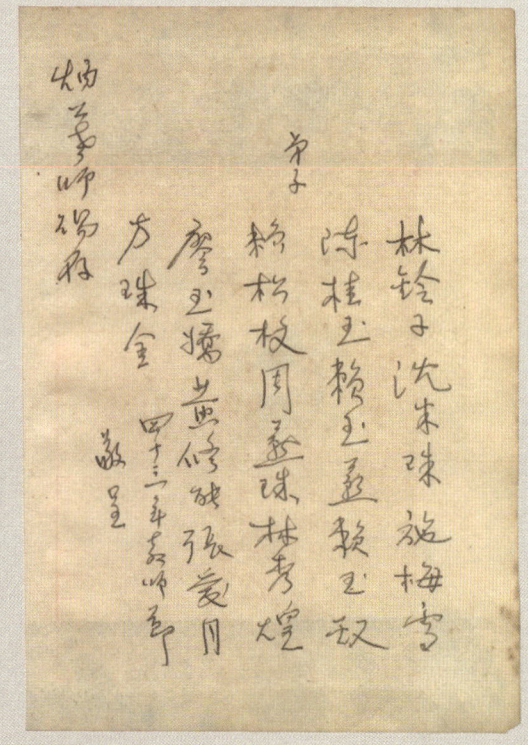

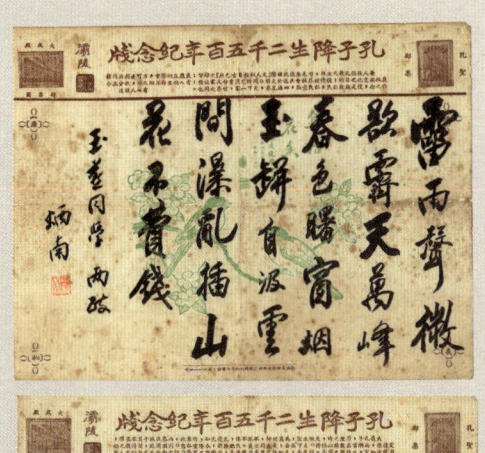

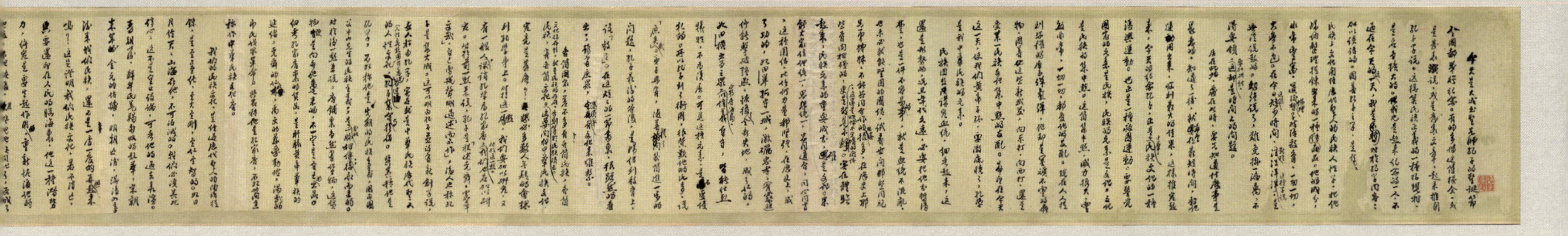

圖 10　10 月，臺中蓮友多人經先生鼓勵，前往元光寺求受菩薩戒（照片提供：游青士）。

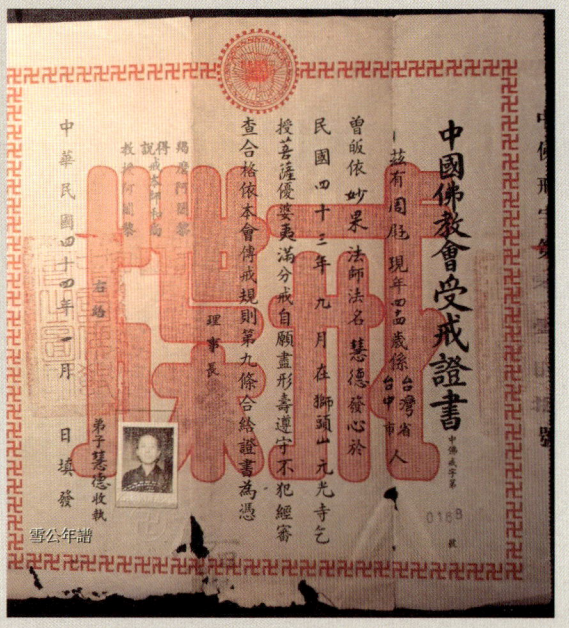

1954 年圖 10

1954年（民國43年）·65歲

圖11 10月26日，參加靈山寺慶祝藥師如來聖誕法會。

圖12 10月29日，主持第三屆國文補習班結業典禮。前排右第三起為許寬成、賴棟樑、炳南先生、會性法師、德欽法師、周邦道。

■ 1954年圖11

■ 1954年圖12

圖13 11月5日（照片背書：佛曆二五一七年十月初十日），蓮社女子弘法班十姊妹與先生合影於菩提樹雜誌社。先生中座，前排左起為：行六蕭慧心、二林看治、大姊呂正涼、九黃雪銀。後排左起為：十鄧慧心、七張慶祝、八林進蘭、三林慧繁、四周慧德、五池慧霖。（照片提供：游青士）

圖14 12月5日，於靈山寺甲午冬季佛七開示，有〈午年冬季靈山寺佛七開示〉講稿表（七日錄三）。

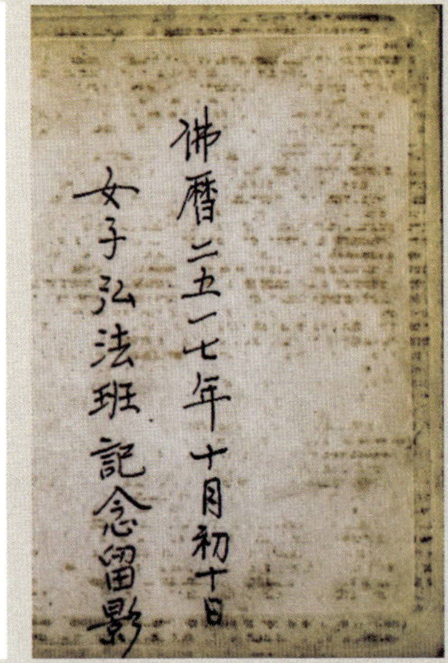

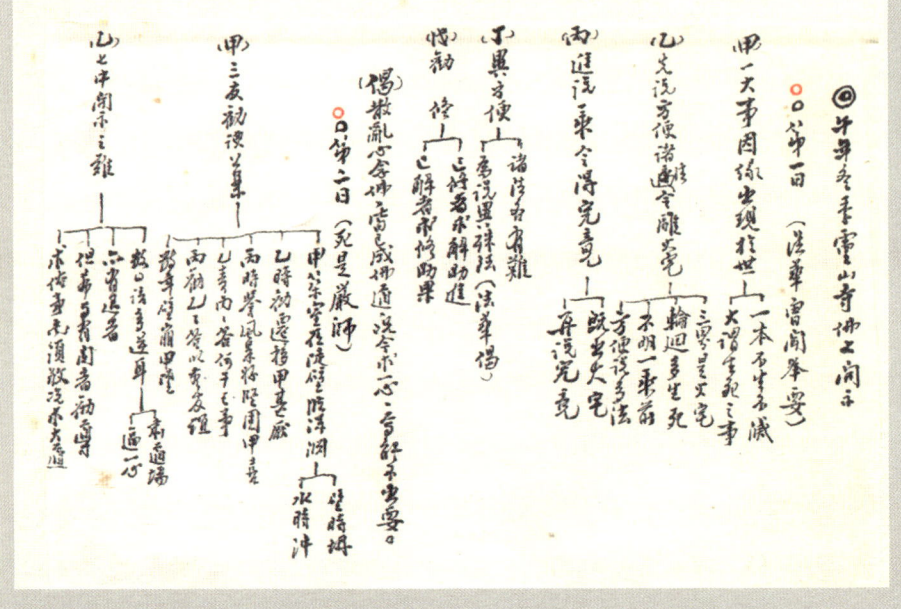

1954 年圖13

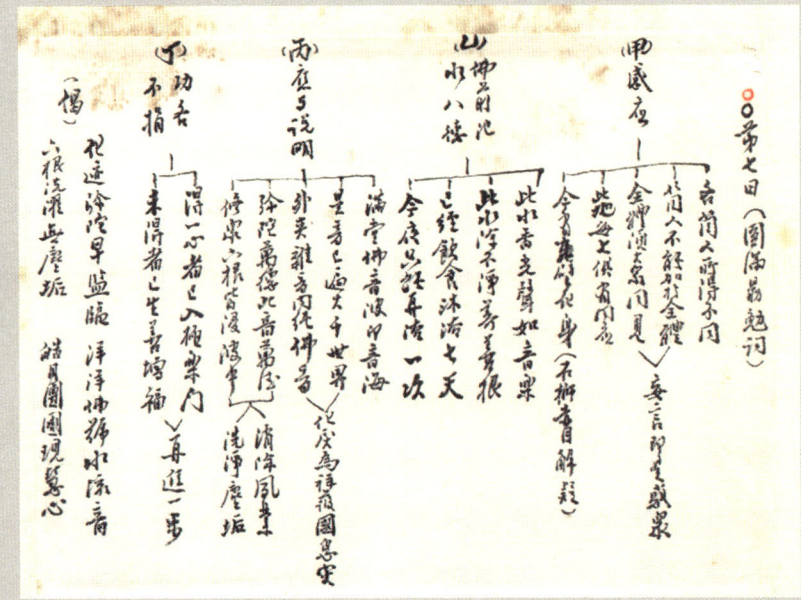

1954 年圖14

圖 15　12月11日，夏曆十一月十七日，靈山寺甲午年冬季佛七圓滿合影。
　　　12月11日，夏曆十一月十七日，靈山寺甲午年冬季佛七圓滿。與女青年合影。

1954 年圖 15

圖 16　12 月 24 日，在法華寺開講《心經》。
　　　有〈般若波羅密多心經筆記〉。

圖 17　鄒魯寫蘭題贈。（照片提供：游青士）

【釋文】
香堪服媚，綠可耐冬；
寄身幽谷，益佩高蹤。
　炳南先生雅正　　　魯

圖 18　陳銘燁醫師開業，先生以台中蓮社女子弘法班名義題詩祝賀（照片提供：陳欣德）

【釋文】
閻浮寶樹並枝榮，喜見垂垂子結成；
正似東皇多妙術，萬家湯餅洗新嬰。
五千鳳紀衍軒黃，瓜瓞連緜萬世昌，
赤子康寧兼永壽，元功獨賴是醫王。
良相曾聞隱碧丘，從容復國有深謀；
饒他武庫如山岳，生聚應占第一籌。
　銘燁陳大醫師開業紀念
　臺中蓮社女子弘法班敬賀　　李炳南書

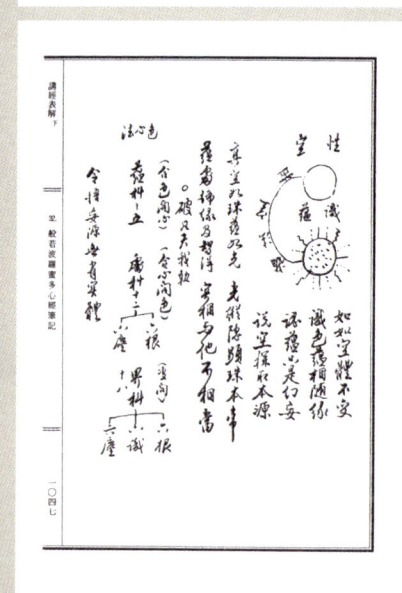

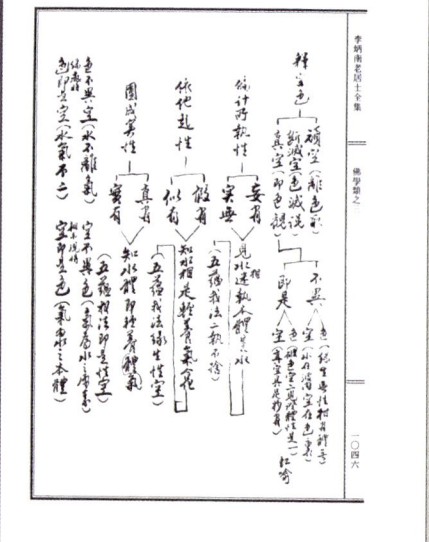

1954 年圖 17

1954 年圖 16

1954 年圖 18

1955年（民國44年）·66歲

圖1　1月3日，香港佛瑩法師蒞臨台中蓮社講經圓滿，與蓮社弘法班同人合照。（照片提供：游青士）

圖2　1月22日，呂佛庭敬繪無量壽佛像為先生祝壽。

【釋文】

四大本無常，道由靜裡悟。西方在寸心，永樂無量壽。

時在甲午除歲前一日恭寫 無量壽佛法像為炳老大維摩壽　半僧敬繪

圖3　1月29日，乙未正月初六，即日起五天，於台中蓮社舉行春季講演大會。每日兩場，由文藝班班員擔綱，一講一譯。先生於同學講畢後總歸納並評賞，有〈乙未春季青年演講結束致詞〉講表。蓮社自1953年春節、1954年佛誕節開始每年舉辦講演大會，擴大弘法，同時培養弘法人才。

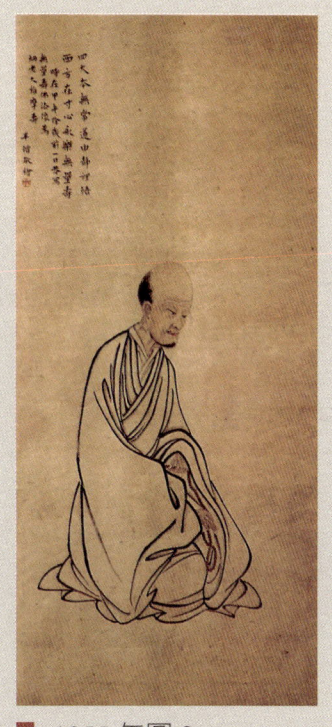

■ 1955年圖1

■ 1955年圖2

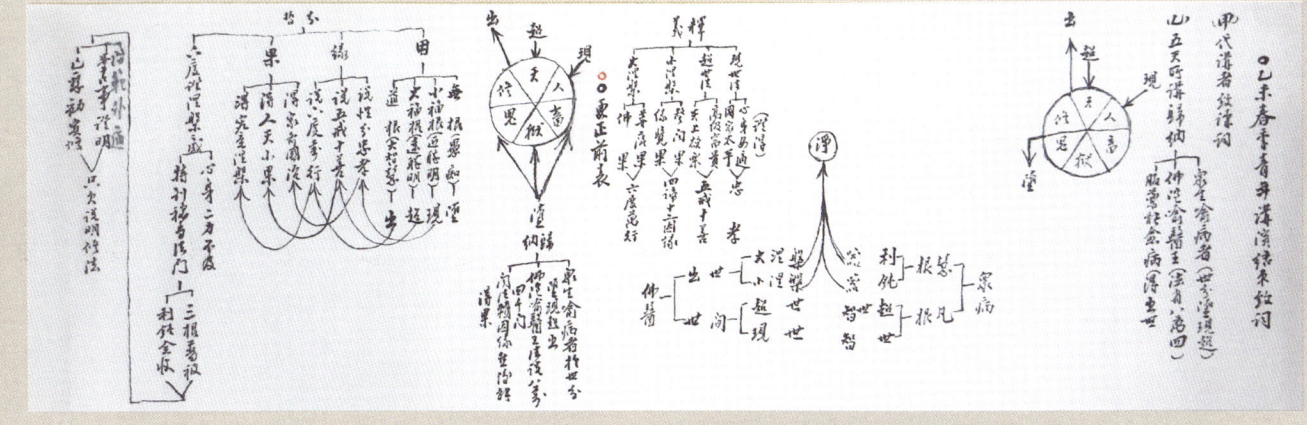

■ 1955年圖3

圖4　2月，召開各家庭念佛班班員大會。先生勗勉大家須報佛恩與父母恩，組織攝化組以幫忙蓮社一切雜務。先生有函助念團長江印水，後附念佛班班長名單，略見當時助念團組織情形。

【釋文】

印水老弟大鑒：日昨一辛老弟查詢各念佛班班長之名，預備分派戲票，茲為開出，希即轉交。再者，有信兩件，已經答覆。望存社中作紀念可耳。（後如有談佛法之信，擬均存社中）專此，即頌

淨祺　　小兄李炳南和南　四月八日

先度班李鈴榮、菩提班劉居士、布施班杜妙知、持戒班曾寶宗、等覺班許炎墩、圓覺班廖一辛、圓鏡班朱炎煌、復興班朱斐、內地班董正之、精進班李漢鳴。左列各位亦可勸其派票：林看治、黃大海、賴大吉、劉智雄

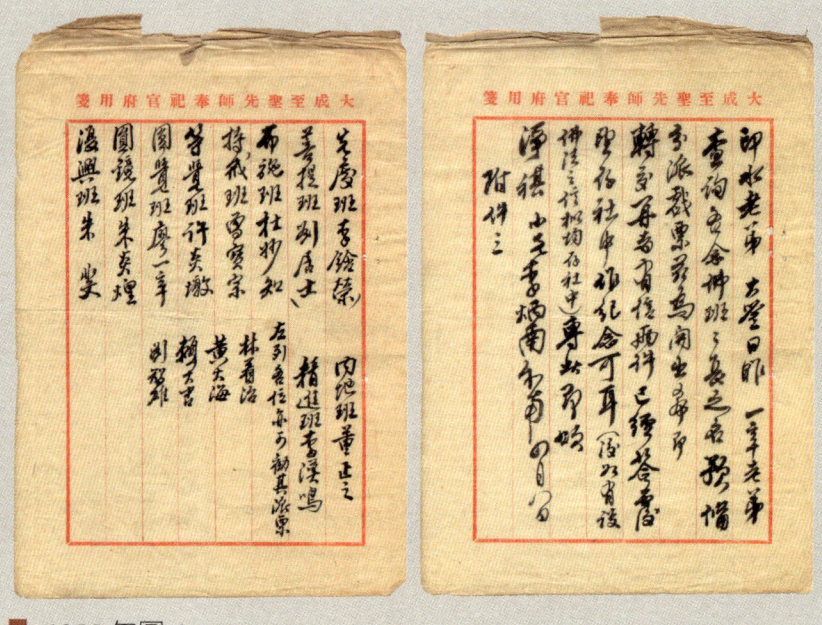

1955 年圖 4

圖5　3月6日，夏曆二月十三日，於靈山寺乙未春季佛七開示。圖為開示稿表（七日錄二）。

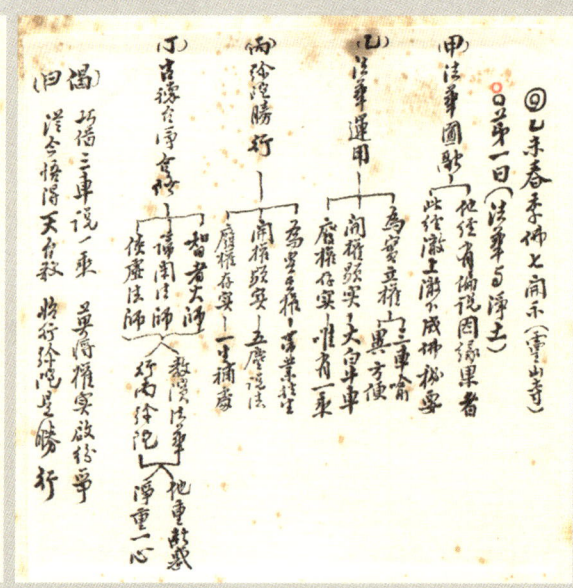

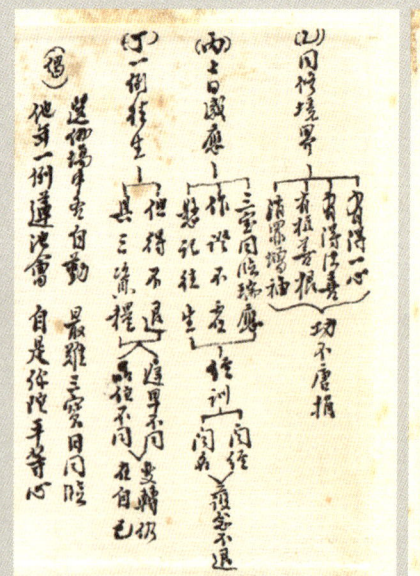

1955 年圖 5

1955年（民國44年）・66歲

圖6　4月8日，佛誕節，參加臺中市佛教分會舉辦之大遊行。遊行隊伍至中山堂集合，舉行浴佛典禮。下午二時，禮請先生講演，有〈乙未浴佛節大會〉講表。

圖7　4月19日，台中蓮社吉祥班定期聚會念佛，請先生開示後合影。

圖8　6月25日，中國佛教會理事長章嘉大師至《菩提樹》月刊社普照。章嘉大師率視導團至全省各縣市佛教支會及各寺院巡視並弘法。先生亦多次受命前往臺南、豐原講經。照片中坐者為大師，其左右為道源法師、煮雲法師。後排立者右起第三為懺雲法師、第四為會性法師、第七為先生、第八為朱斐。

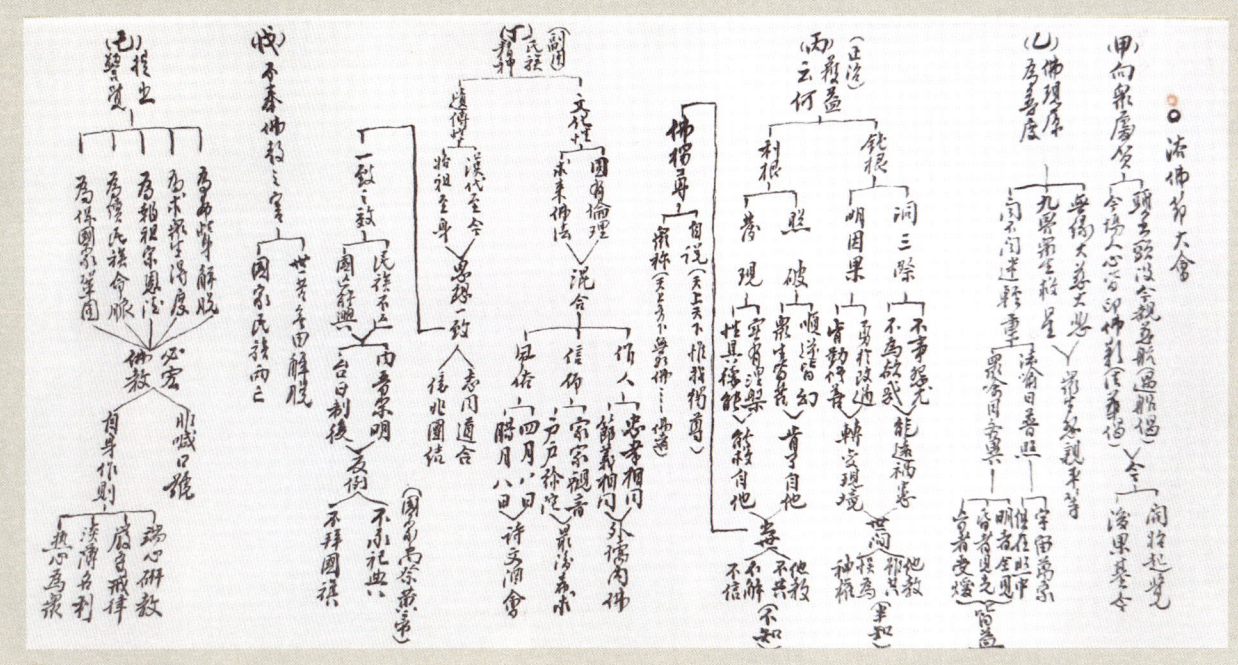

■ 1955 年圖 6

■ 1955 年圖 7 　　　■ 1955 年圖 8

圖9 台中蓮社等聯體機構講經處所,皆立有一標牌,正面書寫「講經之地例禁募捐」,為平常規範;背面書「響應救濟災難代收樂捐」,於緊急救災時使用。

圖10 8月,獲前司法院長,時任東吳大學董事長王寵惠題贈墨寶。

【釋文】
蕭蕭露白蒹葭老,索索風乾楊柳疏。
坐見漁舟歸浦盡,小篷明滅上燈初。　乙未孟秋書應
炳南先生雅屬　　王寵惠

圖11 9月,台中蓮社北上協助臺北蓮雲念佛班弘法。該念佛班為台中蓮社弘法人員推動組成。先生曾受邀至該班講演〈初機指津〉。

圖12 9月28日,代奉祀官孔德成先生擬講演稿:紀念孔子與復興國家的聯想。

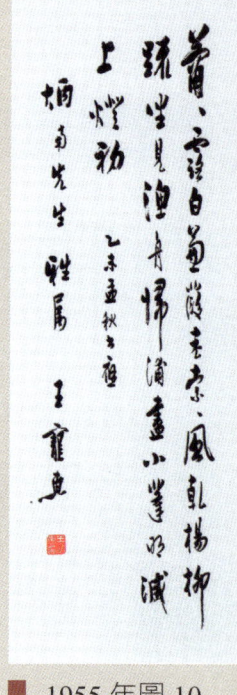

■ 1955 年圖12

■ 1955 年圖9

■ 1955 年圖10

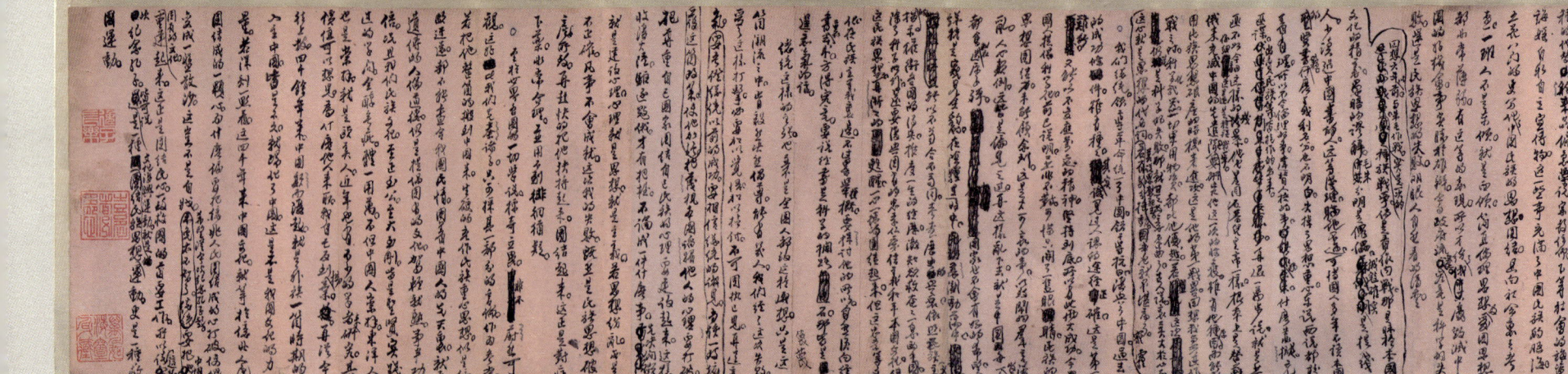

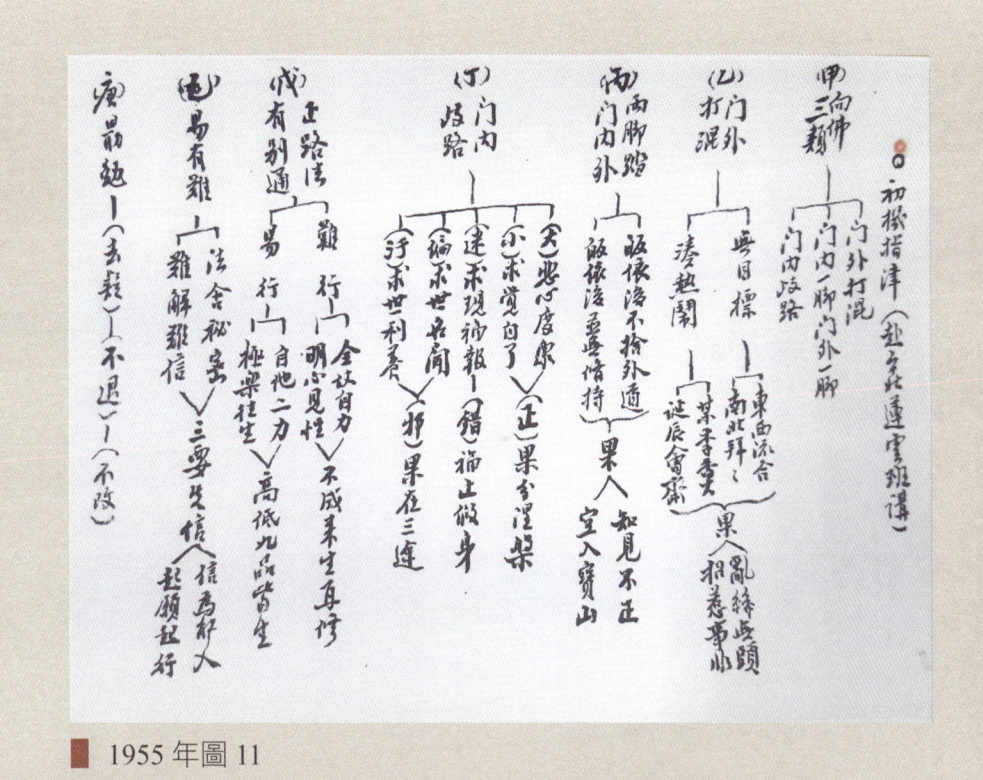

1955年圖11

1955年圖12（局部）

圖13 10月20日，歡迎「影印大藏經宣傳團」蒞臨臺中。①右起炳南先生、南亭法師、星雲法師、煮雲法師。（取自《雲水三千：星雲大師弘法50年紀念影像專輯》）
②為1955年10月20日大藏經宣傳團於慎齋堂活動，前排右四起：慎齋堂主張月珠、炳南先生、星雲法師、南亭法師、煮雲法師、廣慈法師、朱斐。③為1955年10月23日，台中蓮社文藝班至靈山寺為大藏經宣傳團送行時合影。立者第二排左起第六位是許俊傑，第八位（戴眼鏡者）為王燜如，最後排左起第八位為文藝班班長胡遠志。

■ 1955年圖13 ①

■ 1955年圖13 ②

■ 1955年圖13 ③

圖14 11月20日桃園佛教蓮社舉行落成典禮。恭請中佛會會長章嘉大師蒞臨主持。先生會同台中蓮社德欽社長引率蓮友及天樂班員共五十餘名前往觀禮，並受聘為名譽社長。①為落成典禮，②為落成前，先生率隊前往協助籌備事宜。

圖15 11月30日，玄奘大師遺骨自日本迎回。至1965年，於塔寺完成後，移奉日月潭玄奘寺。先生有詩題贈。

【釋文】
攬山川之藻麗，潤般若之文章。乃知清淨身廣長舌，不必一定向聲色中求也。　李炳南

圖16 12月6日，佛教蓮社第四屆國文補習班結業，同學舉辦茶話會。前排右起陳進德、賴棟樑、劉霜橋、德欽法師、先生、周邦道、朱斐、許炎墩。

■ 1955年圖14①

■ 1955年圖14②

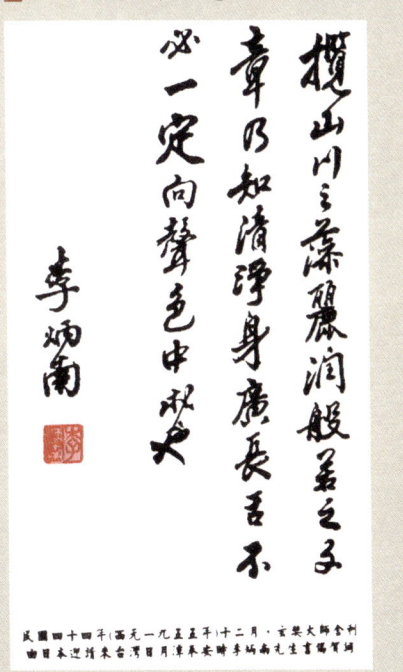

■ 1955年圖15

■ 1955年圖16

圖17 12月24日，於靈山寺乙未冬季佛七開示。圖為開示稿表（七日錄三）。

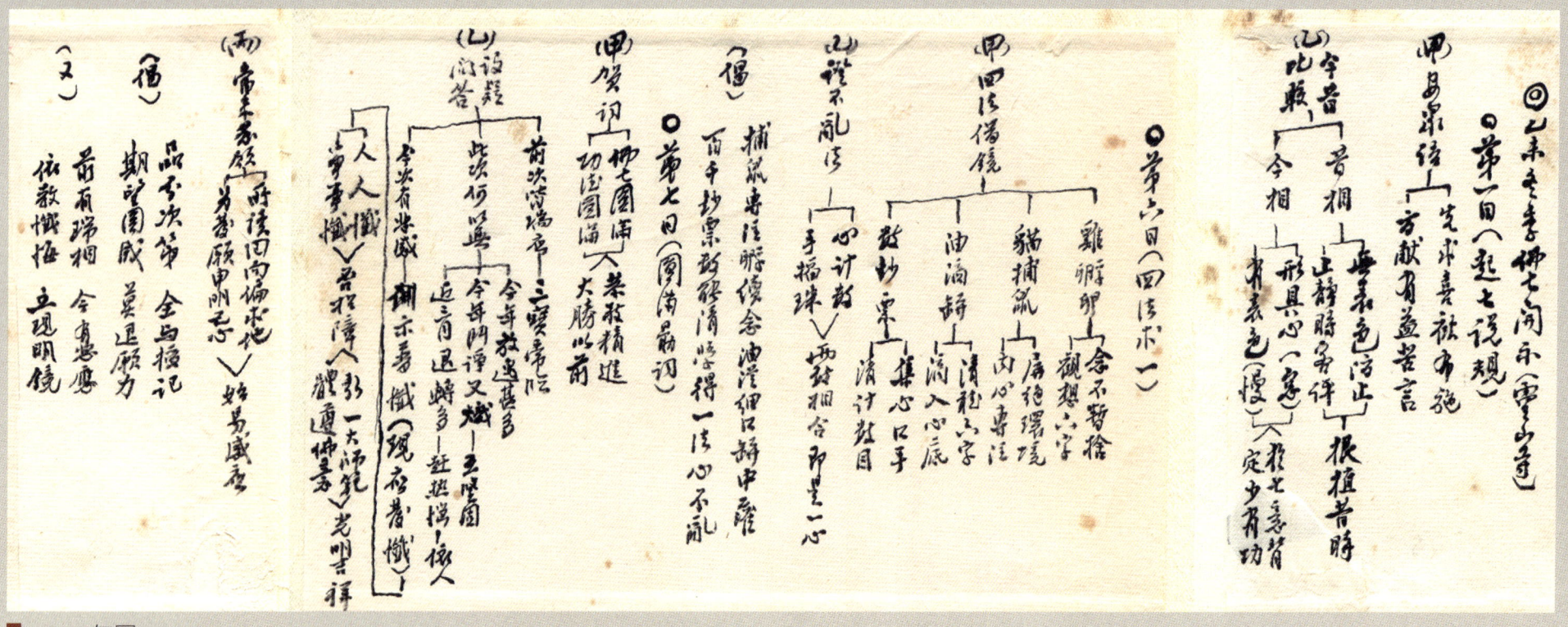

1955 年圖17

1955年（民國44年）・66歲

圖18 是年，請周邦道將《佛說無量壽經宗要》寫本（1949年圖7）持贈周宣德。周送請考古專家鑑定，確係敦煌石窟鳴沙寫本真跡，乃千載奇珍，於是將之裱褙成一巨冊，送請當代大學者如孔德成、陳含光、溥儒、賈景德、趙恆惕、張默君、成惕軒、張齡、周慶光等二十二人，各題詩一首，以讚歎是卷千年不朽，世所罕見。先生亦親題二百十七字。日後，周攜贈美國至友沈家楨，沈家楨又轉贈美國大學圖書館，以垂之永久，而供眾欣賞。先生聞知後，稱許周宣德：「你會我意，此願償了！」①為孔德成題詞，②為溥儒、陳含光題詞。（照片錄自《慧炬》雜誌）

【釋文】
題鳴沙石室唐人寫無量壽宗要經　遺經一卷說空王，寫入烏絲字字香；無量劫塵無量壽，梵聲千載共斜陽。
　　丙申芍月晦日敬觀并書　　曲阜孔德成（①）

鳴沙石室多藏唐人寫經，以無刻本傳播，盡出經生之手。燉煌所出盡經生繕寫，代遠時湮，獲者寶之，況吉羊文字，應有祥雲擁護者耶。
　　丁酉三月癸丑　　西山逸士溥儒題

鳴沙寫本以外書為至珍，次則內典之首尾無缺者，與有紀年或有供養與書寫姓名者，等差亦不可記。子慎先生此卷首尾完具，蓋佳品也。來臺後，見中央圖書館所收千佛名經及畫像，四十年前李丈木齋初得之時曾見之，感喟不已。　陳含光年七十九（②）

■ 1955年圖18①　　■ 1955年圖18②

1956年（民國45年）・67歲

圖1　1月22日，主持蓮社兒童德育班結業典禮。

圖2　5月21日，致函蓮社社長德欽法師，建議方向策略。先生為蓮社首任社長，之後由德欽法師續任。

【釋文】
社長慈鑒：近來中市佛教狀況日趨複雜，靈山寺及蓮社所處環境極不安穩。嗣後對於外交必須改善，宜以吸收人才及不樹敵怨為兩大原則。日前介紹之廿餘人入社之事，可依據陳進德之提案變通辦理：（一）農學院諸教授及蕭慧心之十女兒，均係教育及弘法人才，應一律加入社員。（二）王清木、劉步瀛兩人，聘為本社之中西醫藥顧問或醫師，經過數月再正式入社。（三）其餘諸人，一律聘為設計委員，免傷感情。謹貢區區，是否有當？尚乞鴻裁，并請　慈安　弟子李炳南頂禮　五月廿一日

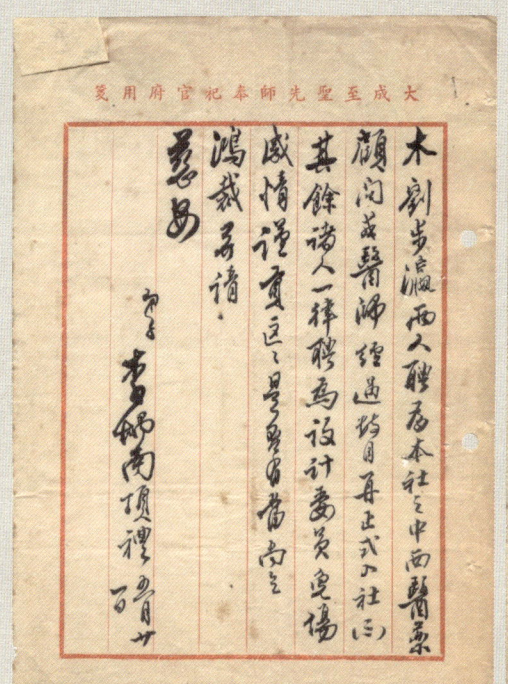

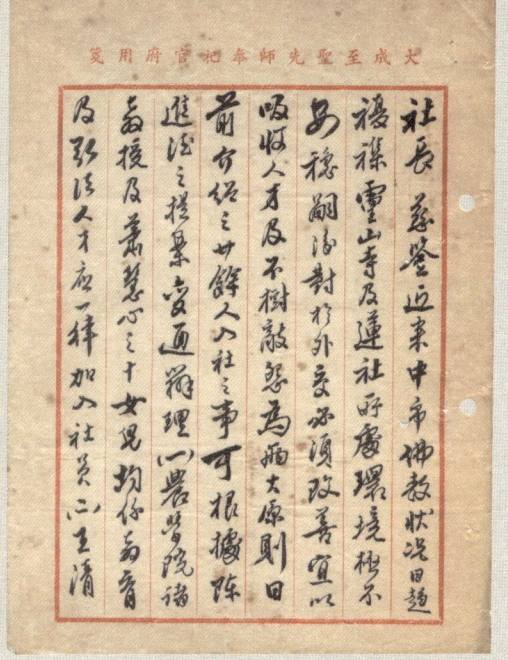

■ 1956年圖1

■ 1956年圖2

圖3　7月，與許俊傑及許炎墩家人出遊臺中市近郊頭汴坑。①中坐者右起為先生、許俊傑，許俊傑後為許譯文、許欽德。（照片提供：游青士）

圖4　8月5日，與朱斐、許俊傑等於台中蓮社前。時路面尚為泥土路，巷口往火車站方向且未開通。（照片提供：游青士）

1956年圖3②

1956年圖3①

1956年圖4①

1956年圖4②

圖5　8月，孔德成先生任職故宮中央博物院聯合管理處主任委員。圖為1951年9月張大千（右五）偕宗弟張目寒（右七）到霧峰北溝故宮看畫訪友，與莊嚴（右三）及故宮同仁、孔德成先生（右一）、炳南先生（左二）在庫房前合影。（圖文提供：莊靈）

圖6　9月1日台中蓮社禮請道源老法師蒞臨開示「淨土要義」。①為道源長老與炳南先生在台中蓮社合影。②左起陳進德、周邦道、炳南先生、道源老法師、德欽法師、普聞法師、周慧德、朱斐。

圖7　9月23日，道源長老應台中靈山寺禮請講地藏經，圓滿日授三皈五戒。先生在前排右四。

■ 1956年圖5

■ 1956年圖6①

■ 1956年圖7

■ 1956年圖6②

1956年（民國45年）・67歲

圖8　11月3日臺中佛教會館首度舉辦佛七。會館董事長張月珠、住持周妙然，特敦聘先生為該會館顧問。

圖9　11月10日，南亭法師於臺中佛教會館講經並啟建佛七圓滿。南亭法師中坐，其右手邊為炳南先生。

圖10　12月11日，主持第五屆國文補習班結業典禮。

■ 1956年圖8

■ 1956年圖10

■ 1956年圖9

李炳南居士年譜圖冊

圖11 12月30日，主持兒童德育班結業典禮後合照。

圖12 多年講習，弘化班組織漸形完整。弘化員至各地弘化，均佩有班徽，且發有弘化功德證，說明弘化宗旨與具體績效指標。

■ 1956年圖11

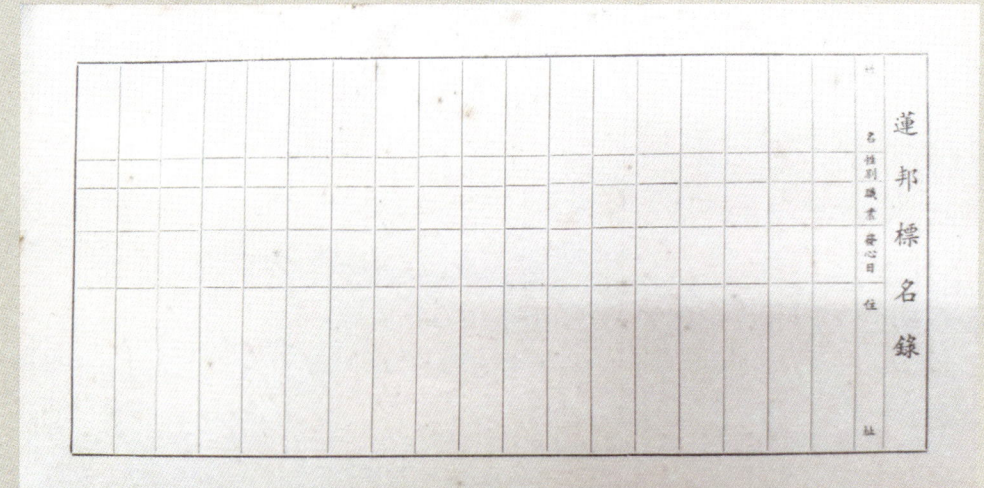

■ 1956年圖12

1957年（民國46年）‧68歲

圖1　2月13日，應邀至基隆佛教蓮社，為其丁酉年結七念佛開示。

圖2　3月13日，為靈山寺丁酉春季佛七開示。
　　①為講稿表（七日錄二）。
　　②為圓滿日所攝。照片後注記：「古二月十九日靈山寺佛七圓滿攝於殿前花山之麓」。

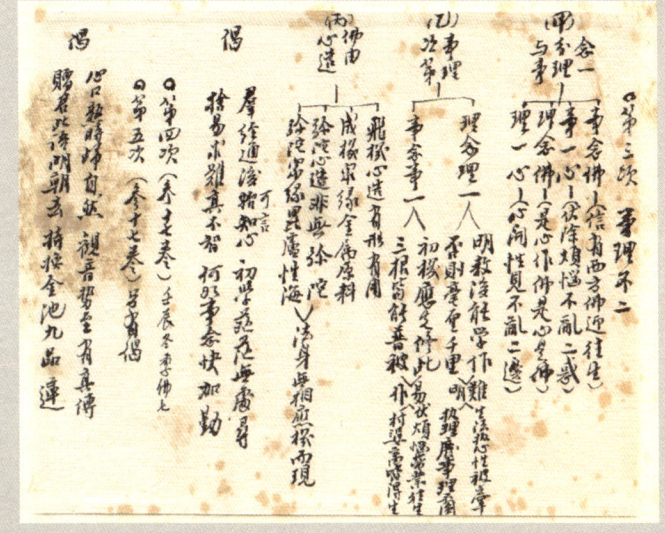

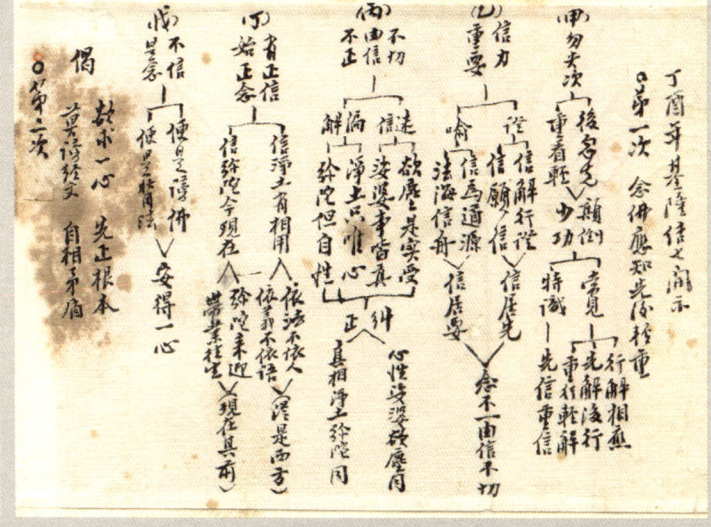

1957年圖1

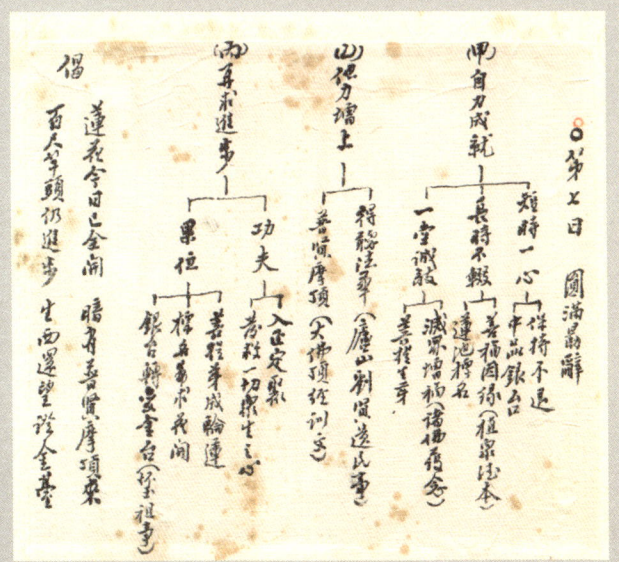

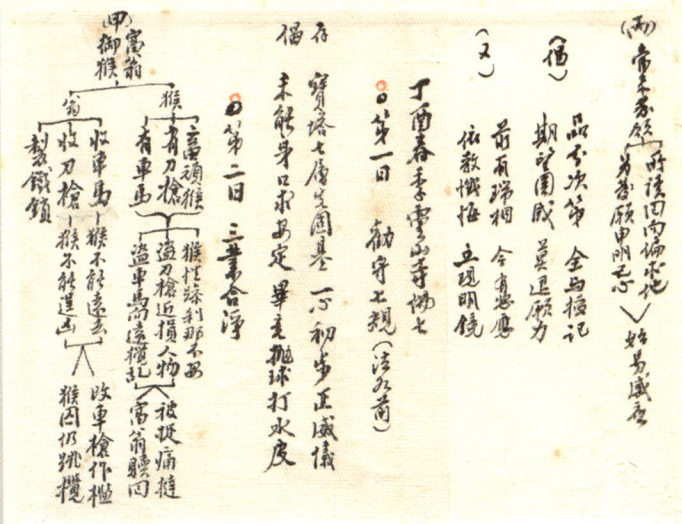

1957年圖2①

1957年圖2②

圖3　中佛會理事長章嘉大師於3月4日示寂。先生與章嘉大師有多次來往，道誼深厚。25日會同臺中蓮友，誦經念佛迴向，並講述章嘉大師履歷、圓寂經過及舍利瑞相。圖為先生輓章嘉大師聯手稿。

【釋文】
〈輓章嘉呼圖克圖〉
化迹憶環遊，曾隨振錫觀摩頂；
威儀成永訣，幾度露襟欲問天。

圖4　5月，因流行性感冒侵入臺中，先生在蓮社義診三週。圖為5月22日《臺灣民聲日報》第3版通告。

圖5　6月，台南市佛教青年參訪台中市佛教大德。與南亭法師及先生合影。

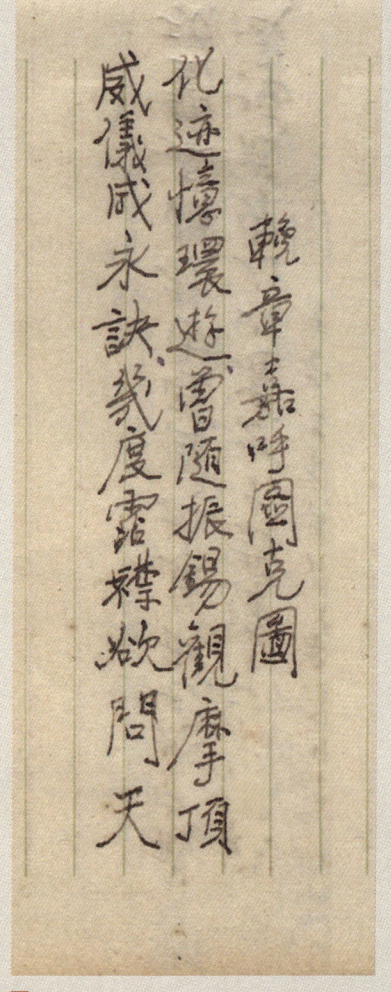

1957年圖4

1957年圖3

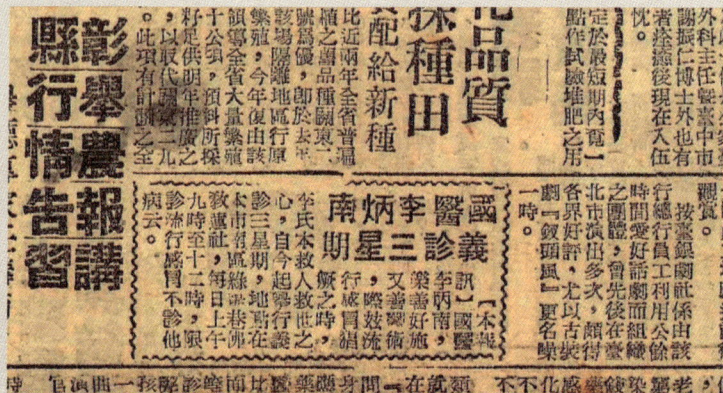

1957年圖5

1957年（民國46年）・68歲

圖6 7月13日，於台中蓮社成立「四十八願」念佛班，先生指導，同心協力、為教弘法、廣度眾生。圖為「台中蓮社四十八願規則」。

圖7 10月6日奉祀官孔德成先生出國，指示官府事務，由先生代行。

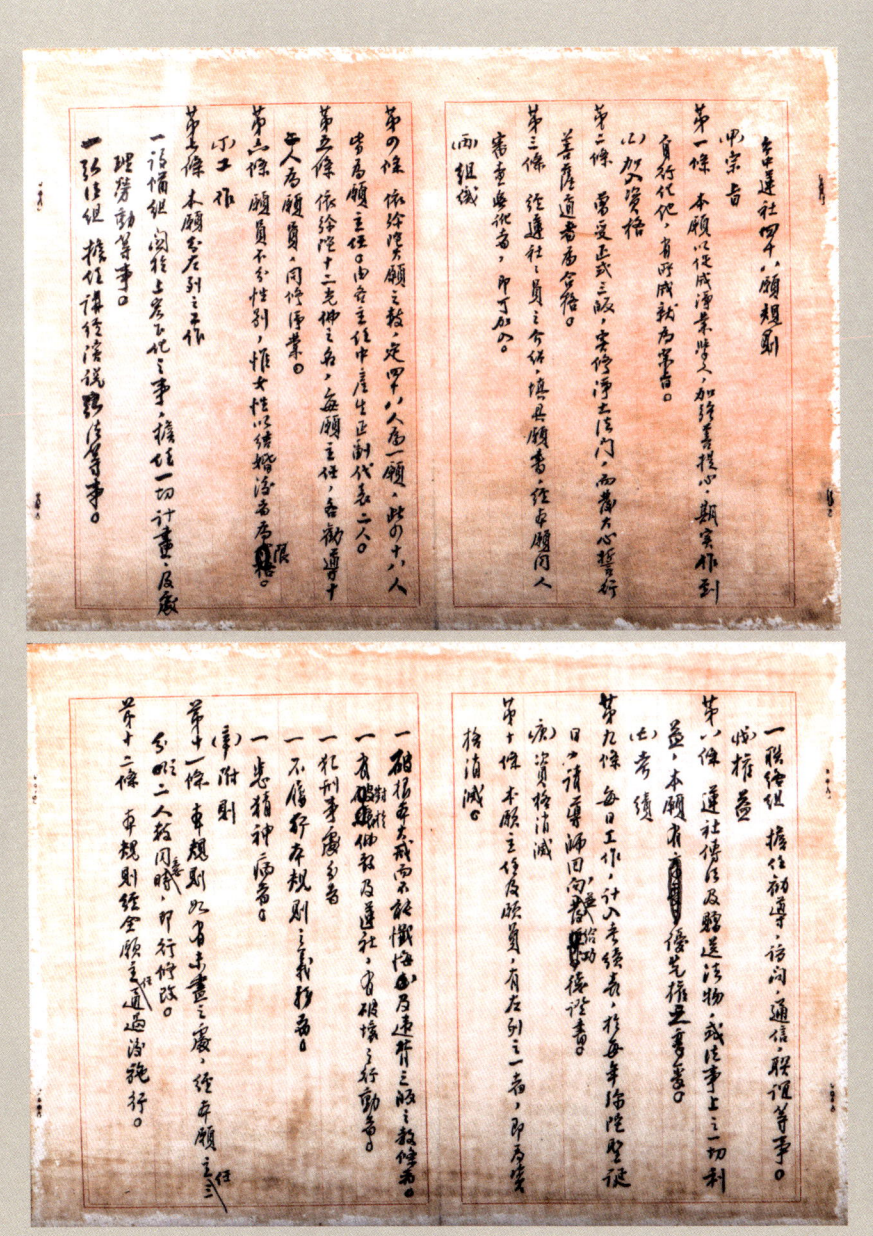

1957年圖6

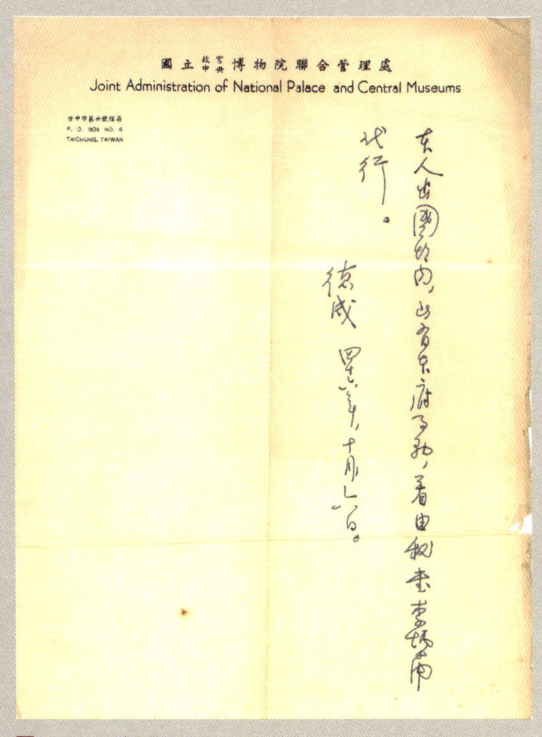

1957年圖7

圖 8　10 月 26 日，台中蓮社弘法班至新竹新埔弘法。

圖 9　10 月，夏曆閏八月，在蓮社教導林看治講《阿彌陀經》，編有〈講表〉。

圖 10　9 月，籌設之佛教圖書館奉核准成立，定名為「慈光圖書館」，公推先生擔任董事長兼館長。10 月，先生發布〈慈光圖書館募書啟事〉，籲請各界捐助圖書，充實館藏。

圖 11　11 月 26 日，靈山寺講堂落成。先生為講堂佛龕撰聯。是年前後，又為基隆海會寺撰聯。

【釋文】
台中靈山寺釋迦佛像前聯：
累吾化身八千次
為汝說法四九年

基隆正道山地藏殿：
地獄未空何能成佛去
閻浮難化囑累度生來

基隆正道山齋堂：
普願有情皆飽滿
應教諸法悉圓成

1957 年圖 8

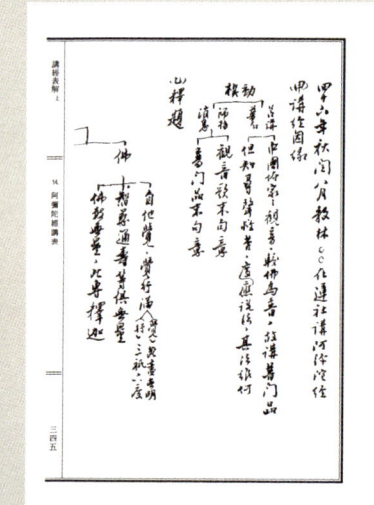

1957 年圖 9

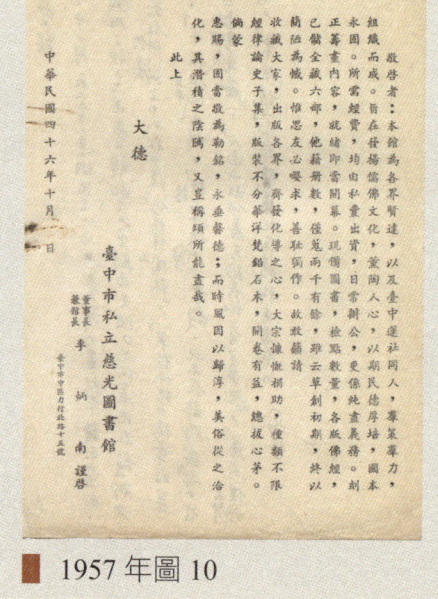

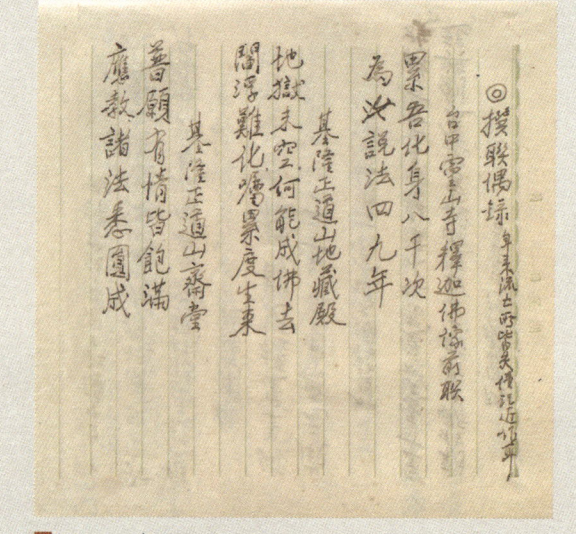

1957 年圖 10

1957 年圖 11

1957年（民國46年）·68歲

圖12 12月2日，靈山寺慶祝講堂落成，舉行傳授在家菩薩戒會，圓滿日，大眾合影。
①中坐者為戒和尚智光長老，其左手邊為南亭法師、右手邊為懺雲法師。南亭法師左手邊依次為會性法師、炳南先生。
②為蓮社蓮友與智光法師、炳南先生合影。

圖13 12月20日第六屆國文補習班結業典禮。
①為教職員合影。前排左起：賴棟樑、劉汝浩、許克綏、炳南先生、周邦道、許祖成。後排左起：廖玉嬌、王烱如、許俊傑、張進興。
②為師生合影。

■ 1957年圖12 ①

■ 1957年圖12 ②

■ 1957年圖13 ①

■ 1957年圖13 ②

183

1958年（民國47年）‧69歲

圖1　1月22日，筆記抄錄《中央日報‧副刊》〈一年之開始〉。

圖2　2月23日，為游俊傑、林菊蘭證婚（照片提供：游青士）。

圖3　春節期間，臺南湛然精舍法師及信徒至台中蓮社參觀，於菩提樹雜誌社前合影。

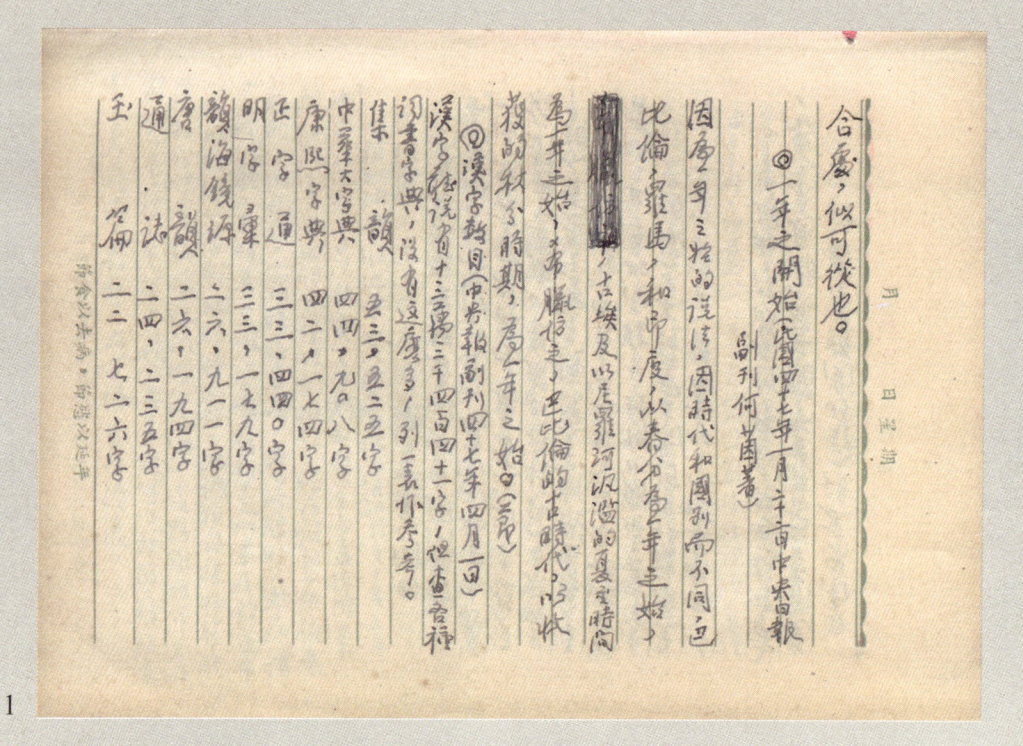

■ 1958年圖1

■ 1958年圖2①　　■ 1958年圖2②　　■ 1958年圖3

1958 年（民國 47 年）・69 歲

圖4　4月，靈山寺舉辦春季佛七，禮請道源法師主七。最後一日，禮請先生開示。圖為佛七圓滿時，與道源法師在靈山寺合影。

圖5　4月7日，斌宗法師捨報。先生於《菩提樹》月刊發表〈痛失高僧〉讚頌追念。斌宗法師於 1955 年 6 月，台中蓮社舉行傳授在家戒會時，受禮請擔任得戒和尚。圖前排左起，一為炳南先生，三為斌宗法師，五為會性法師。（照片約攝於 1957 年。趙麗真提供）

圖6　4月8日，為屏東首剎東山寺撰聯三副。東山寺現有：

〈殿中佛龕聯〉：
娑婆穢琉璃淨極樂莊嚴莫非心造，
般若深解脫隨法身圓滿斯乃佛成。　　李炳南撰　孔德成書

〈殿中旁聯〉：
五乘攝羣機非實非權皆善巧，
諸佛惟一道是空是色本圓融。　　李炳南敬撰　周邦道敬書
末二字「圓融」為當時東山寺住持法師大名。

■ 1958 年圖4

■ 1958 年圖5

■ 1958 年圖6

圖7　4月27日,蓮社弘法班十姊妹歡送黃雪銀赴日留學。
　　　前排左起:行二林看治、大姊呂正涼、炳南先生、九黃雪銀(慧真)、三林慧繁;後排左起:六蕭慧心、五池慧霖、七張慶祝、四周慧德、八林進蘭、十鄧明香。

圖8　5月30日慈光圖書館落成開幕,連續五晚舉行夏季講演大會,由蓮社弘法班十七位班員講說佛法。①為最後一場由先生總結。
　　　圖書館係於去年購置,原係汽水工廠,占地約五百坪。經諸多蓮友一年整修改造。②為老少蓮友敲磚搬瓦:把舊磚水泥打掉,以便再利用。

■ 1958年圖8①

■ 1958年圖7

■ 1958年圖8②

1958年（民國47年）・69歲

圖9　6月13日，吉祥班定期集會念佛，禮請先生開示。

圖10　7月19日，智忍念佛班成立。

圖11　7月，徐業鴻由朱鏡宙老居士介紹，至臺中依止先生求學，於此奠定經教與講經之基礎。日後出家，法名淨空。圖為徐當時擔任慈光圖書館館員時所記之工作日誌。（照片提供：慈光圖書館）

1958年圖9

1958年圖10

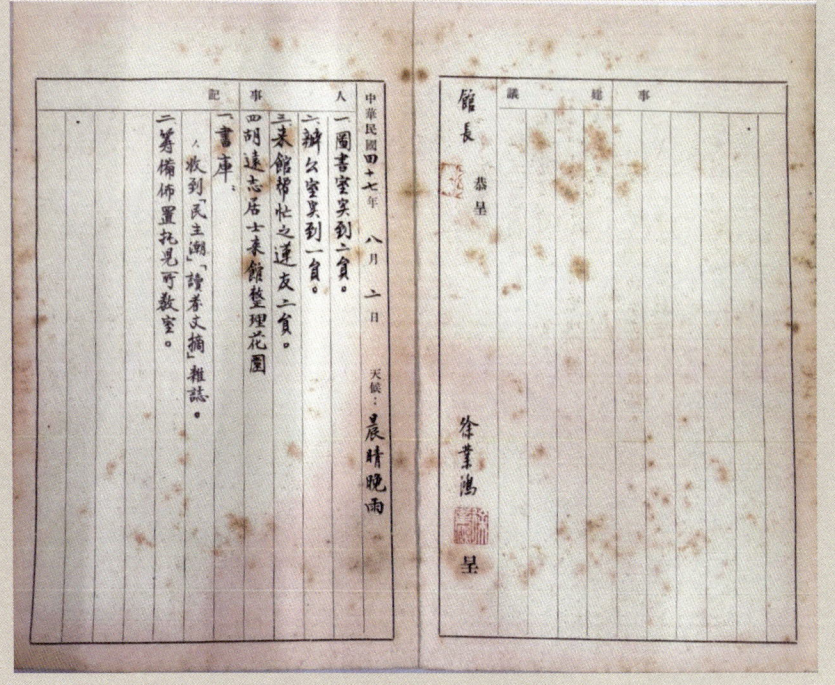

1958年圖11

圖 12 9月28日，蓮社國文補習班歷屆結業同學組成之文藝班、中慧班與本年度補習班及縫紉班同學，聯合舉行慶祝教師節晚會。

圖 13 10月22日，受聘擔任中國醫藥學院招生委員會委員。該校日前奉准成立，開始招生。（照片提供：黃潔怡）

1958 年圖 12

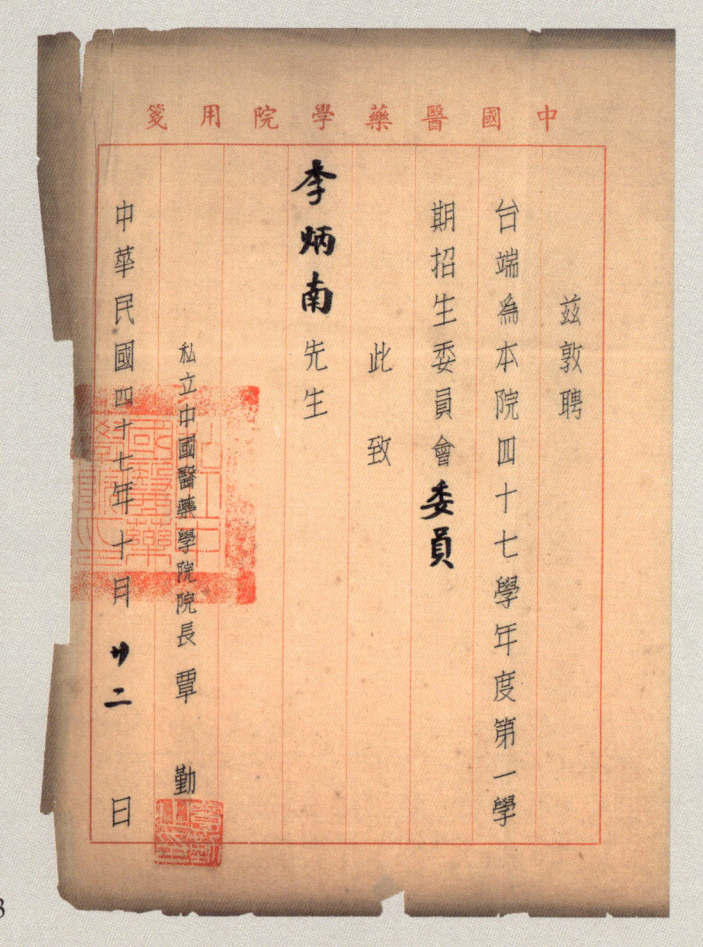

1958 年圖 13

1958年（民國47年）·69歲

圖14 中國醫藥學院創校成立，於1958年12月8日開學，正式上課。先生受聘擔任《四書》課程，教授醫科甲、乙、丙、丁組各一小時。（照片提供：黃潔怡）

圖15 12月18日，參加國文補習班第七屆結業典禮。

1958年圖15

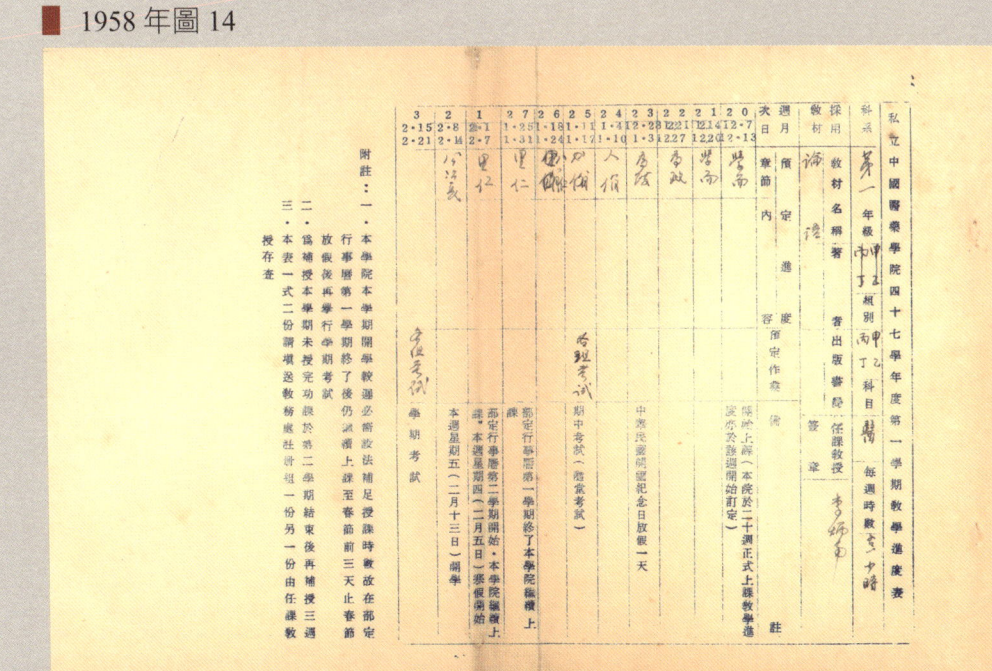

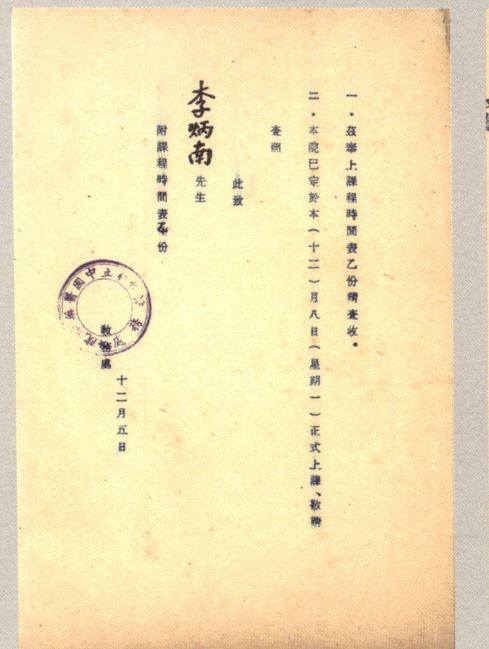

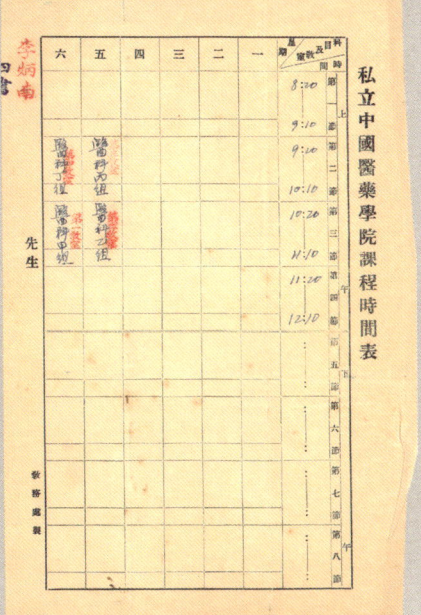

1958年圖14

1959年（民國48年）·70歲

圖1　1月，獲推選為中國醫藥學院院務會議教授代表。（照片提供：黃潔怡）

圖2　1月，受聘為中國醫藥學院教材編纂委員會委員。（照片提供：黃潔怡）

圖3　2月25日，於慈光圖書館開始宣講《妙法蓮華經・觀世音菩薩普門品》，有〈妙法蓮華經觀世音菩薩普門品筆記〉、〈普門品偈頌〉節錄手稿。圖為〈普門品偈頌〉手錄稿。

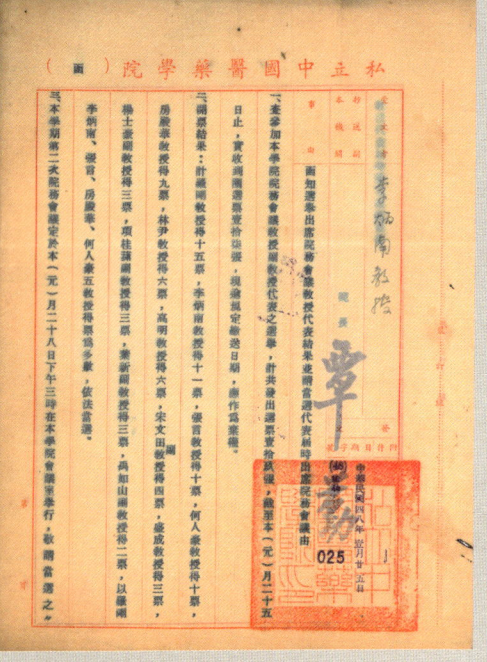

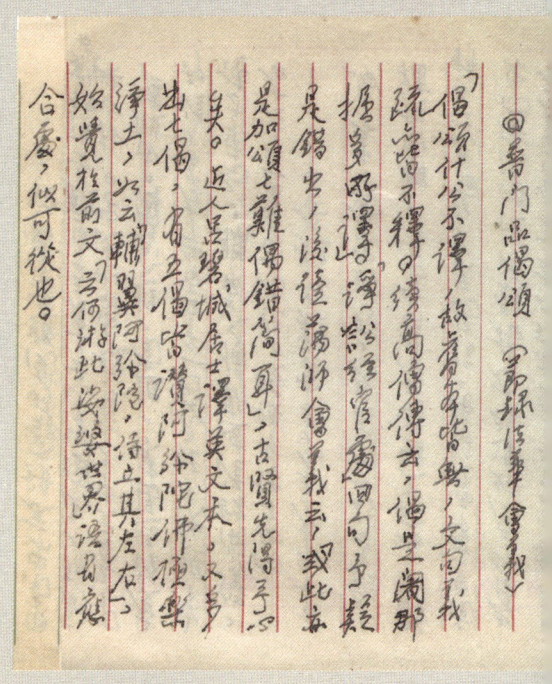

■ 1959年圖1　　　　■ 1959年圖2　　　　■ 1959年圖3

圖4　3月，中國醫藥學院敦聘為該學院「獎學金委員會主任委員」、「中國醫藥青年社」輔導委員。（照片提供：黃潔怡）

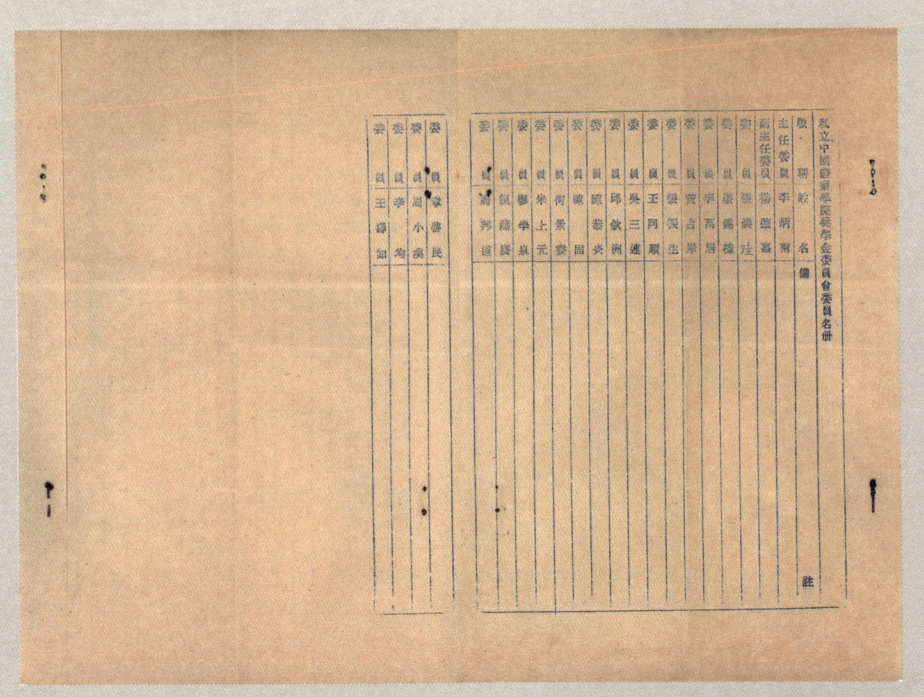

■ 1959年圖4

圖5　3月26日，先生與蓮社許克綏社長、陳進德等發心捐錢，僱工於蓮社後面溪邊道路鋪設水泥，方便大眾行路。圖為路面尚未鋪設水泥前景觀。

圖6　4月8日，《慈光蓮友通訊》創刊。先生有〈慈光半月刊創刊詞〉說明係作為台中蓮社、慈光圖書館及各念佛班蓮友交換意見、瞭解觀摩、研究進修之用。

圖7　4月26日，智光、證蓮、南亭老和尚蒞中主持寶覺寺傳授護國千佛大戒。先生率同大眾與三師合影。

圖8　春夏間，有詩多首。其中〈殘燭〉最為先生寫照，先生也常題此詩勉勵弟子。

【釋文】

未改心腸熱，全憐暗路人；但能光照遠，不惜自焚身。　雪僧　古閩逸子寫意

■ 1959年圖5

■ 1959年圖6　　　■ 1959年圖7 　　　■ 1959年圖8

1959年（民國48年）・70歲

圖9 5月，創建慈光育幼院於臺中市瑞光街九號。院址係李繡鶯捐獻家宅百餘坪，加上許克綏捐獻購建地八百二十二坪，合共九百三十七坪。慈光育幼院於1961年6月落成。圖為先生與十位女弟子到李繡鶯府上拜訪。
①中座為炳南先生。前排左起池慧霖、呂正凉、林看治、李繡鶯。後排左起周慧德、鄧明香、林慧縈、林進蘭、張慶祝、黃雪銀、蕭慧心。
②前排左起林看治、徐林冬柑、炳南先生、蔣俊義、呂正凉、李繡鶯。後排左起黃雪銀、林慧縈、蕭慧心、池慧霖、周慧德、林進蘭、市議員張賴彩蓮。

圖10 6月6日，中國醫藥學院成立一週年，教職員留影。先生位於前排左四。

■ 1959年圖10

■ 1959年圖9①　　　　　　　■ 1959年圖9②

圖11 6月20日,為「慈航菩薩真身安座護國息災法會」撰楹聯三副。

【釋文】
八相道初成,端為法弱魔強,故遣肉身住世;
十年烽未息,正當水深火熱,還祈慈力興邦。
〈街牌坊〉

誦聖教三藏靈文,盡掃妖氛護持吾國;
喜今朝五洲舊雨,同生佛念來入此門。
〈山門〉

欲謗者謗,欲稱者稱,色空本圓,非有相非無相;
呼僧即僧,呼佛即佛,權實不二,善來耶善逝耶。
〈大殿〉

圖12 8月,派趙鋑銓任放生會長。先生曾題贈舊詩〈江干放生〉。

【釋文】
江濤天際接微茫,今幸贖君還故鄉;快向龍門離網罟,莫來人世作羹湯。騰雲應沛乾時雨,蟄處須扶逆水航;仗此因緣歸八部,經筵好去護空王。鋑銓賢棣任臺中蓮社放生會之長,勤勞數年,功德無量。錄舊作放生詩一律以誌紀念并希兩正
　　雪廬李炳南

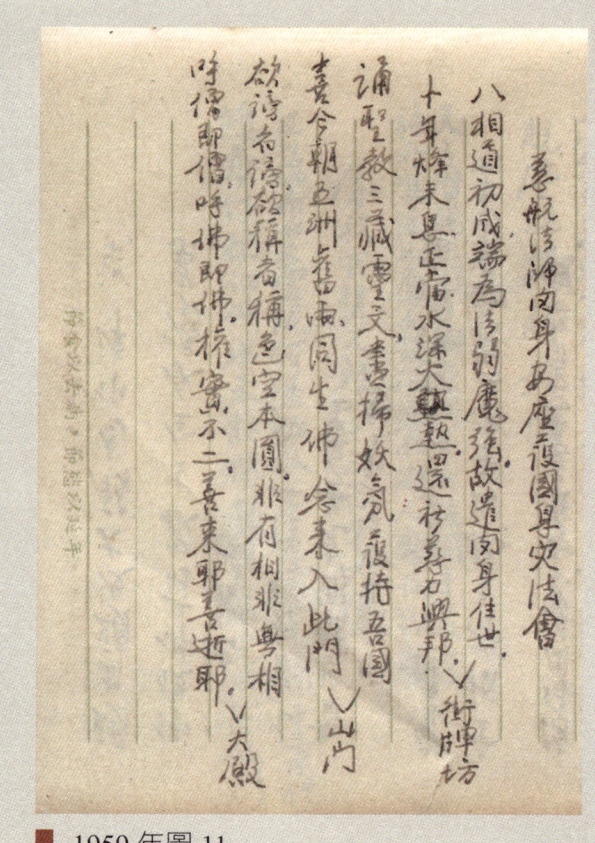

1959年圖11

1959年圖12

1959年（民國48年）・70歲

圖13 9月起，應聘擔任中國醫藥學院《內經》專課教授，編有講義《黃帝內經選講》。另又有研究專書《內經素問摘疑抒見》。

圖14 9月18日，孔德成奉祀官出國，公務請先生代理。

【釋文】

本人出國期間，著派秘書李炳南代拆代行。

德成　四八年九月十八日

圖15 11月30日，中醫學院召開教材研擬委員會第一次會議。圖為會議通知及會議決議。

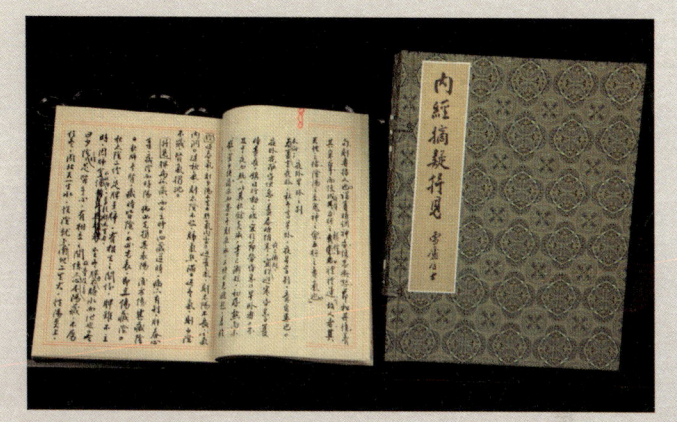

1959年圖13

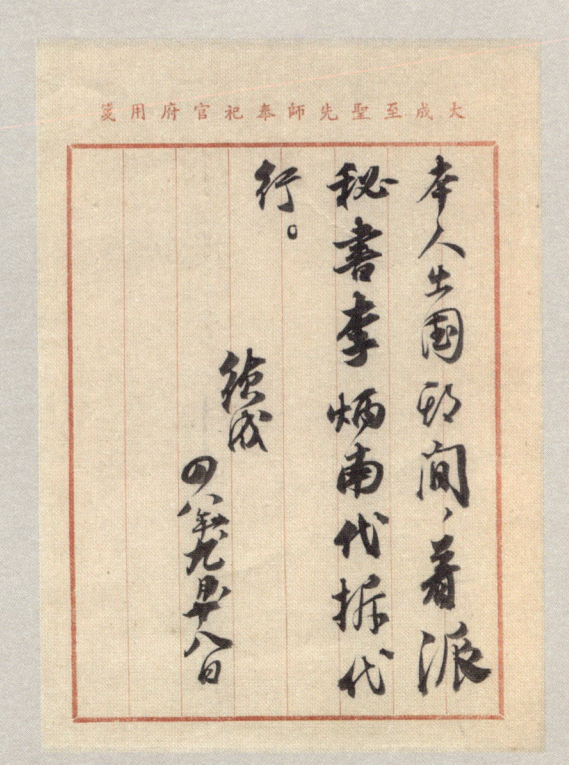

1959年圖14

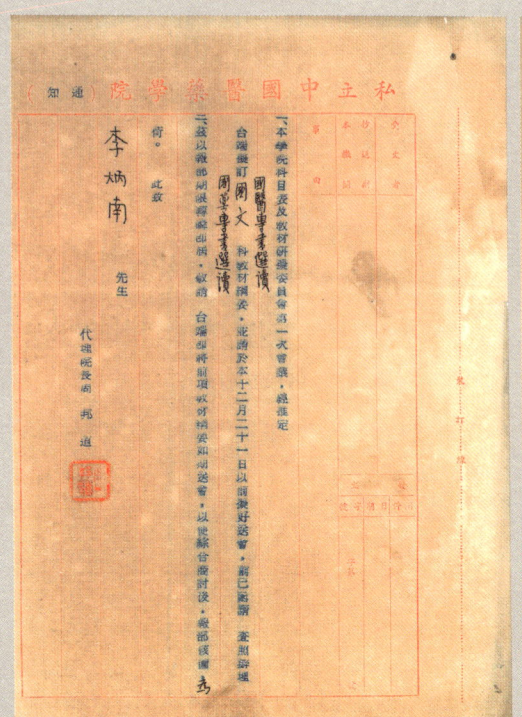

1959年圖15

圖 16 12月9日，為文藝班班長胡遠志與中慧班員彭松枝佛化結婚典禮開示祝福。

圖 17 文藝班胡遠志、蔣智興、黃沂樟、王炯如、游俊傑、張進興等六人結義，先生題辭訓勉。

圖 18 文藝班六兄弟合影（蔣智興已出家，缺席）。先生旁坐為黃火朝（黃沂樟令尊）。後排左起：游俊傑、胡遠志、黃沂樟、王炯如、張進興。（照片提供：游青士）

一、涵養道德　背塵合覺　勿拖泥帶水
二、厚培學問　純正文辭　無得技倆不礙
三、至誠無息　立志堅毅　精進不懈
四、圓成事業　辦公益善　多人接盡風體度

1959 年圖 16

1959 年圖 17

1959 年圖 18

圖19 12月10日，靈山寺舉行冬季佛七，禮請懺雲法師主七。第四、五及圓滿日請先生開示，有〈己亥冬靈山寺結七應講〉。

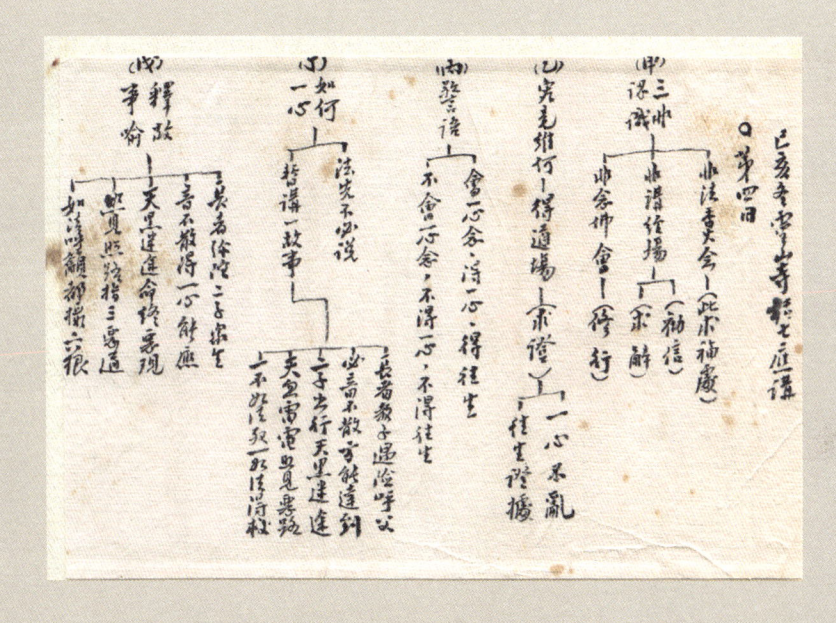

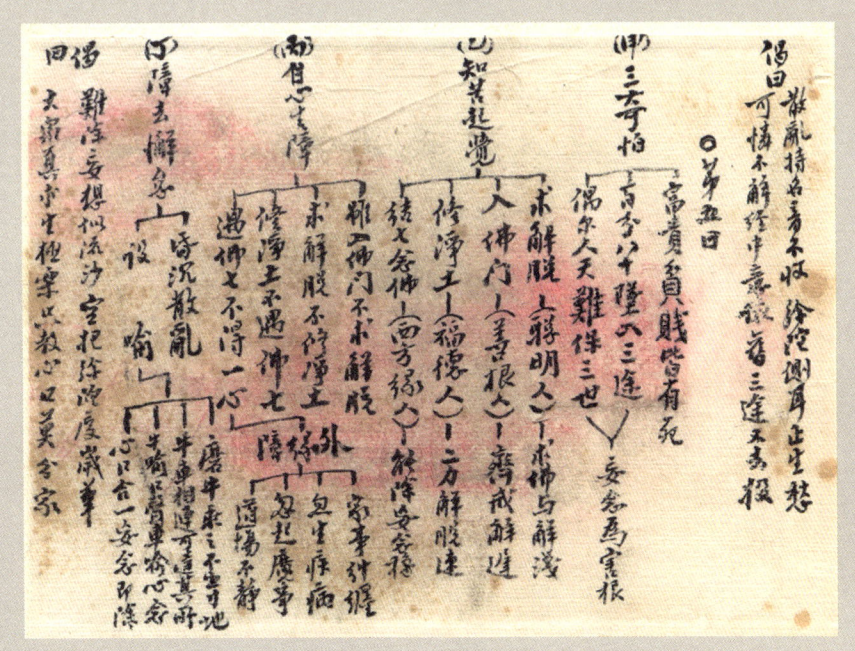

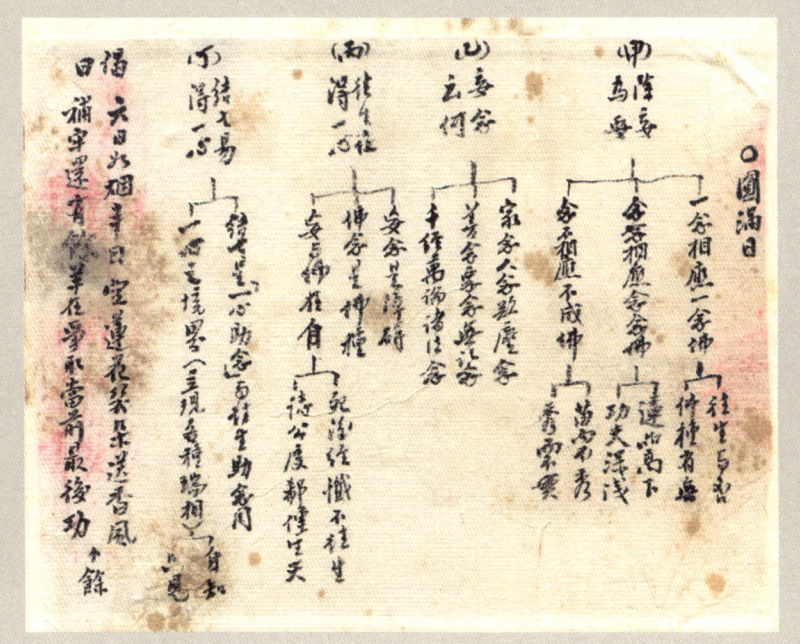

1959年圖19

1960年（民國49年）·71歲

圖1　2月6日，夏曆正月初十，新春青年佛教演講大會圓滿，與講者合影。

圖2　夏曆庚子正月，與台中蓮社高光念佛班合影。

圖3　2月，慈光育幼院董事會發佈籌辦啟事，聲明不募捐，但善與人同，歡迎樂捐。

1960 年圖 1

1960 年圖 2

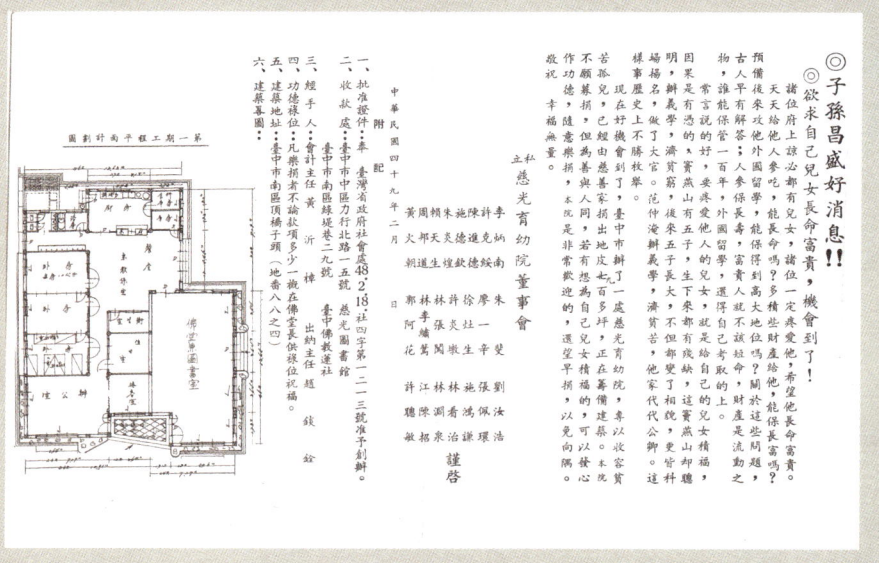

1960 年圖 3

圖4 4月8日，臺中市佛教界舉行慶祝佛誕大遊行，共有七萬名佛教徒參加。台中蓮社聯體機構共有五千名蓮友共襄盛舉，為參加各單位人數最多之團體，表現型態亦最多元，有樂隊、花車、壁報、各機構旗幟、各班班旗。

1960年圖4

圖5　4月8日,為方倫《今願室文存》發行題辭。

【釋文】
世間文字似璣珠,只助高歌擊唾壺;試檢韓歐書萬紙,治心能有一篇無。
投戈來吃趙州茶,燈火十年居士家;不覺春生今願室,乾坤處處放梅花。
文章般若象渾淪,纔有言詞已失真;幾度抽毫難作序,空將心瓣爇氤氳。

圖6　5月6日,舉辦夏季青年佛教演講大會。

■ 1960年圖6

■ 1960年圖5

圖7　5月28日,指導周慧德宣講《大寶積妙慧童女經》。周於講前備有逐字稿,先生詳加指導修改並增補。整本手稿共一百七十六頁,其中先生手稿二十頁,具見指導之精詳深刻。(照片提供:游青士)

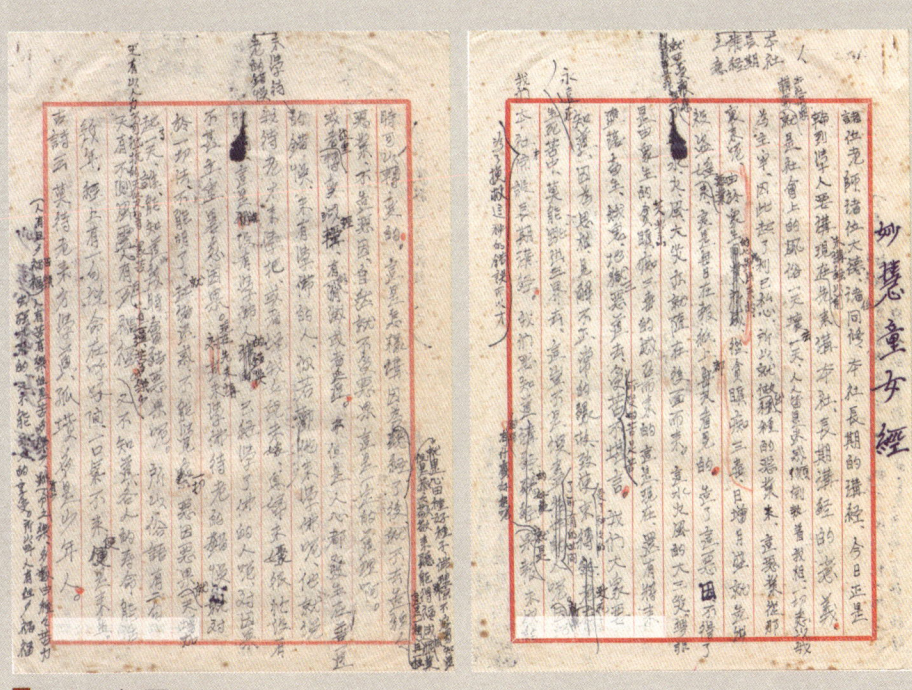

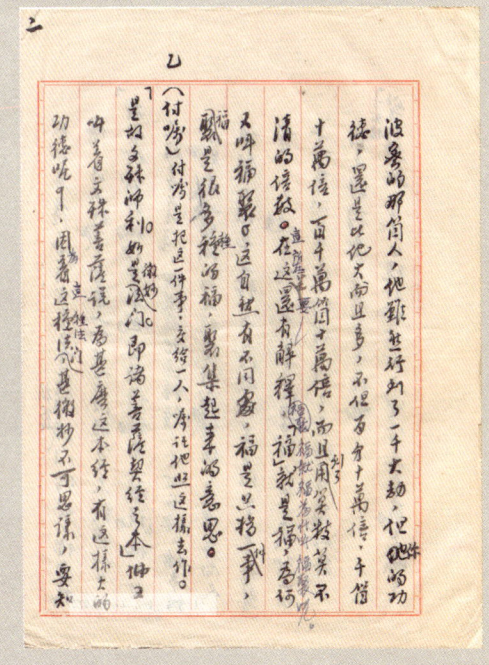

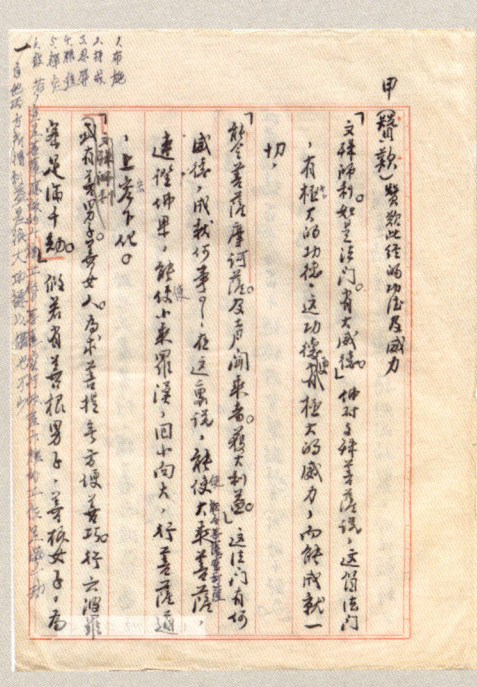

1960年圖7

圖8　6月11日，台中蓮社創立十週年，禮請常州天寧寺退居證蓮老和尚、南京寶華山教授隆泉老法師、前廣東南華寺方丈靈源老法師為三師和尚。總計一千二百七十八人參加，規模盛大，有「居家千人戒會」雅稱。

1960年圖8

圖9　7月7日，慈光育幼院舉行動土典禮。
　　①左起為臺中市長林澄秋、慈光圖書館長陳進德、先生、黃火朝。
　　②為先生與來賓問候。
　　③為典禮開始之行禮。

圖10　7月10日，赴慈善寺參加律航法師追思儀式。先生並為閉關中之會性法師、懺雲法師代撰輓聯。

【釋文】
〈代獅頭山關中會性法師挽律法師生西〉
山深兼關深，未助數聲彌陀，俯仰終慚交有負；
心淨現土淨，且看一斛舍利，古今寧謗事無憑。

〈代淨土關中懺雲法師挽律法師生西〉
淨土方隅在一心，無勞眾多法門，生彼安養；
掩關咫尺成千里，願借十六觀想，送公寂光。

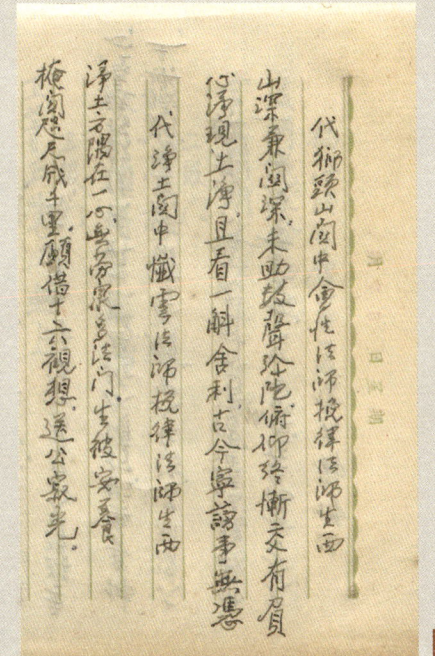

1960年圖10

1960年圖9①

1960年圖9②

1960年圖9③

圖11 8月1日，復函在花蓮服役之同鄉劉建勳，如擬退役出家，許可其先至臺中慈光圖書館任職試行，晝任工作，晚聽講解，培養基礎。

【釋文】

建勳鄉兄大鑒：昨奉書函敬悉，一是謀工作之事，無論各處，人多於事，不易圖謀，縱或有之，亦與台端前途計畫不合，如為預備出家而求工作，普通機團安有聽講學修機會？佛團機構待遇又低，且未必即能聞法修習，若兩頭不著，豈非無益？茲擬一小貢獻，先決條件即是志在出家，若主義一定便可退役，或一年或二年，可住慈光圖書館，晝任工作，晚聽講解。除供應伙食外，每月可拿二百元上下之零用。因言語關係，若出家，似是求內地僧剃度為宜。話雖如此，尚是先試驗看看較為穩當。可在此最近請假一月或二三星期，到圖書館小住，如兩方融洽，感覺能如是作，而不勉強，正式請求退役，並不為遲。再軍人經濟不裕，人所共知，所有請假期間來往路費，弟可敬送也。專此奉復並請　台安　弟李炳南頂禮　八月一日

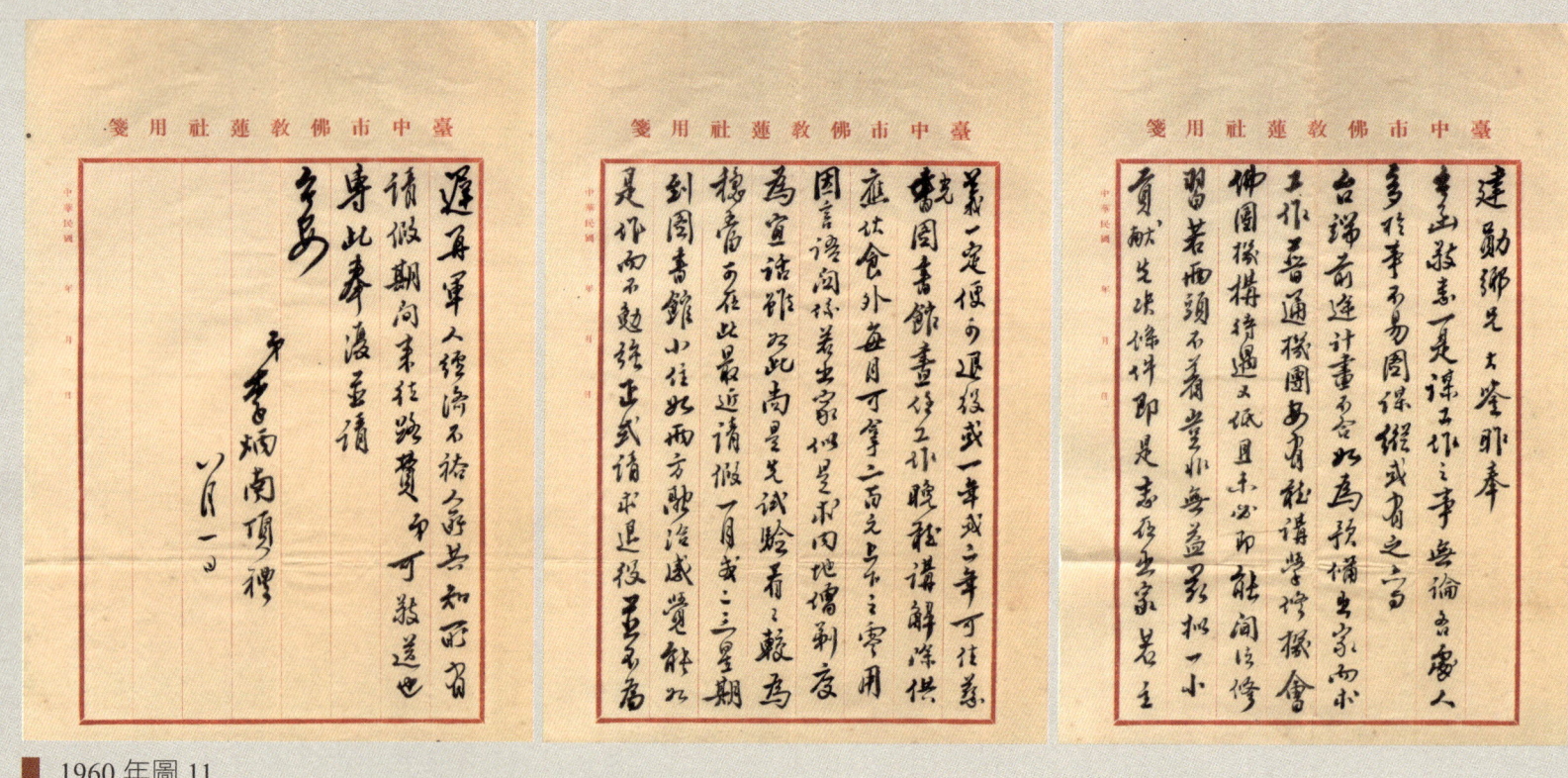

1960 年圖 11

1960年（民國49年）・71歲

圖12 8月25日，復函花蓮劉建勳，致贈來臺中旅費，並說明圖書館工作情形。

【釋文】

建勳鄉兄大鑒：各信均收到少遲，或因水災交通之故。託人退役，如不犯軍規，即可前來。弟已向圖書館當局推薦，添一臨時雇員，保證書在中市找人為妥。主要條件即是思想問題，此是警憲應注意者，亦各機團最怕之事也。來中旅費不知多少，諒軍人手無儲蓄，茲敬送台幣壹佰元，即希查收。在軍中交代明白，方好動身來此，一切工作皆是為佛為眾，惟清理佛殿須搬移卓櫈，較為勞苦，餘多操心之事。晚間可聽經求學，能進與否全在自己。所謂「有人領進門，修行在箇人」。蓋年長者不同青年，大致各處對年長學者，多少有客氣也，此是吃虧之處。專此并請

道安　弟李炳南頂禮　八月二十五日

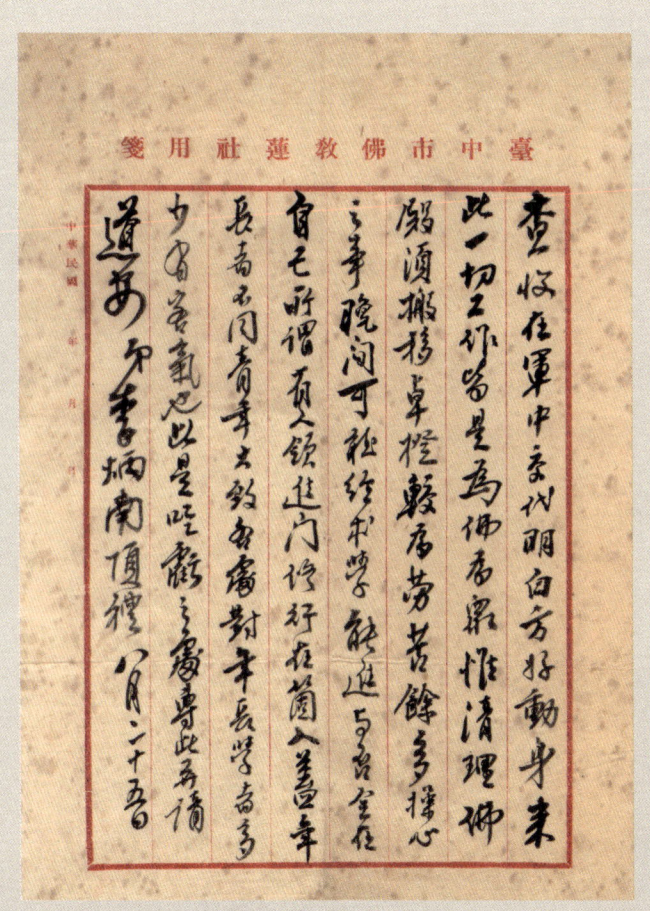

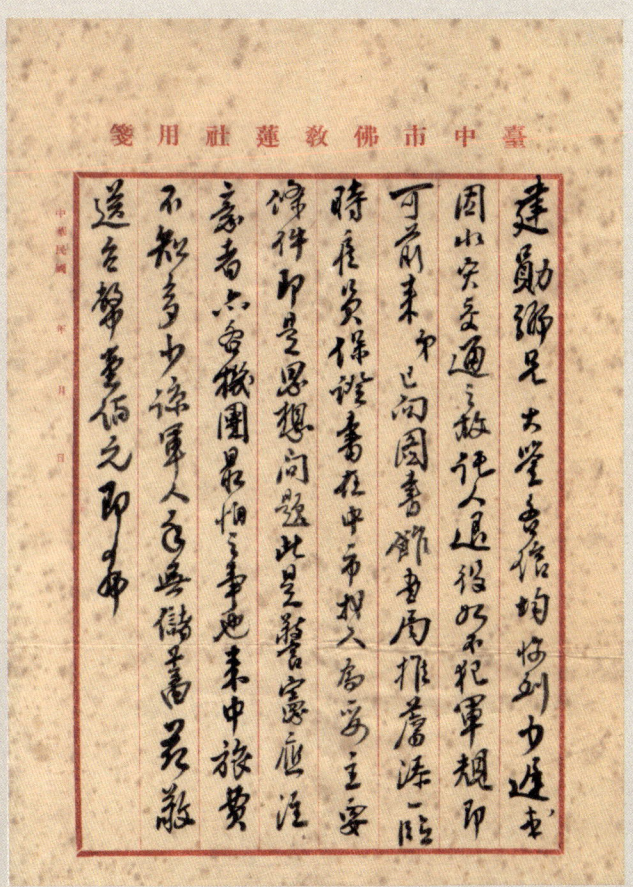

■ 1960年圖12

圖 13　10 月 8 日，題〈楊仁山居士像贊〉，先生以私淑弟子自稱。

【釋文】

真如隨緣豈有方，名相非實權呼楊；曉暢軍事明工巧，樂說無礙能文章。塵沙之惑斷疑盡，示疾為眾開心盲；曾聞維摩在乾竺，何竟花雨鍾山陽。傳經有術託梨棗，紙上獅吼同廣長；如來智燈久照世，利鈍慧命應新昌。憶昔金陵禮像設，展圖猶識容與裳；搔首感時懈於古，法城傾圮思金湯。嗚呼，世尊大聖尚來八千次，願公且莫耽著常寂光。

　　　　私淑弟子李炳南敬題

圖 14　10 月 21 日，參加蓮社附設國文補習班第九期結業典禮。

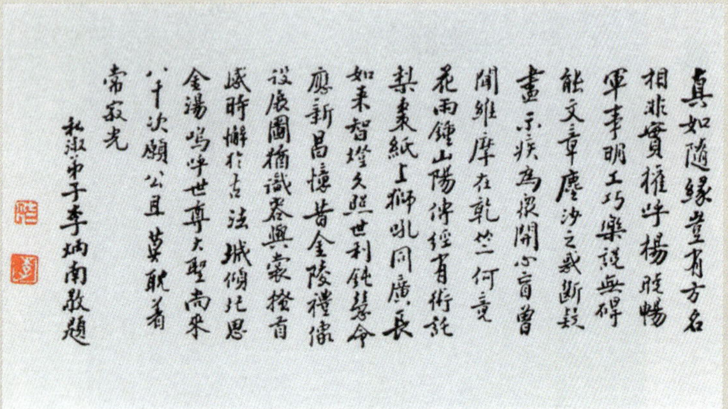

1960 年圖 13

1960 年圖 14

1960年（民國49年）・71歲

圖15 秋冬之間，與弟子出遊谷關。
①左起為江逸子、先生、朱斐。
②前排左三起為周家麟、先生、陳進興、江逸子、鄭勝陽。

圖16 12月8日，撰〈印祖往生二十週年序〉紀念印光大師。

【釋文】

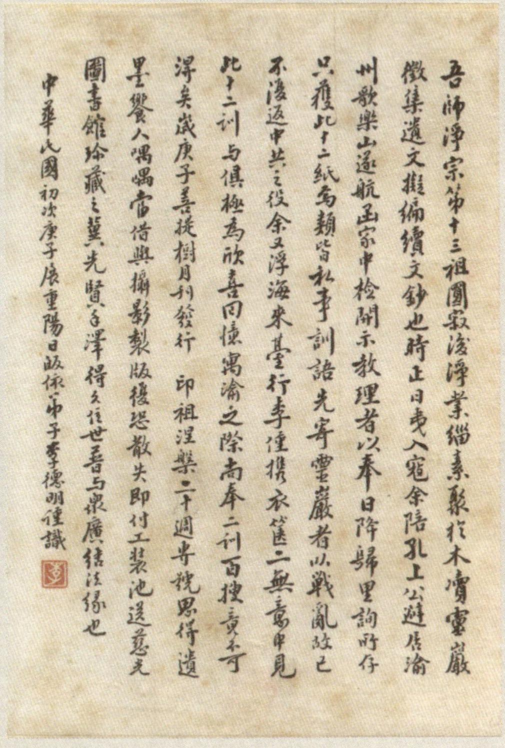

吾師淨宗第十三祖圓寂後，淨業緇素聚於木瀆靈巖，徵集遺文擬編《續文鈔》也。時正日夷入寇，余陪孔上公避居渝州歌樂山，遂航函家中檢開示教理者以奉。日降歸里，詢所存只獲此十二紙焉，類皆私事。訓語先寄靈巖者，以戰亂故已不復返。中共之役，余又浮海來臺，行李僅攜衣篋二，無意中見此十二訓與俱，極為欣喜！回憶寓渝之際，尚奉二訓，百搜竟不可得矣。歲庚子菩提樹月刊發行「印祖涅槃二十週專號」，思得遺墨饗人喁喁，當借與攝影製版，復恐散失，即付工裝池，送慈光圖書館珍藏之。冀先賢手澤，得久住世，普與眾廣結法緣也。

中華民國初次庚子展重陽日皈依弟子李德明謹識

■ 1960年圖15①

■ 1960年圖15②

■ 1960年圖16

207

1961年（民國50年）·72歲

圖1　2月23日，夏曆正月初九，圓覺念佛班歡宴蓮社機構各董事及職員。

圖2　4月8日，佛誕節，台中蓮社聯體機構參加遊行。照片為各隊旗幟。左上為台中佛教蓮社、中部大專同學佛學研究聯誼中心；右上菩提樹雜誌社；左下台中蓮社兒童德育班、台中蓮社國文補習班、台中蓮社放生會、台中蓮社救濟會；右下慈德托兒所、慈光雜誌社、慈光托兒所。

■ 1961年圖1

■ 1961年圖2

圖3　5月16日，周邦道來函，為其夫人周楊慧卿北遷辭行。（照片提供：江逸子）

【釋文】
雪廬師座大人尊前：諭章敬悉，至感關垂。慧卿因一人留守，諸多不便，特來此間小住。臨行拜別，值駕出為悵。自離絳帳，孺慕彌殷。育幼院落成能否趕回觀禮，刻下尚未能定。佩環居士函屬為其乘龍陳君銓敘事關照，俟其公文到時，當託銓部友人注意，乞便中轉告為禱。耑此肅達，敬叩
崇安　弟子周邦道頂禮　慧卿附筆叩安　五月十六日

圖4　5月23日，舉行夏季女青年佛教講演大會。圓滿後與講者合影。前排左起：張慶祝、許炎墩、先生、陳進德、林看治，第二排右三為洪綿（張慶祝令媛）。

1961年圖3

1961年圖4

圖5　6月1日，慈光育幼院舉行落成典禮。落成前，先生與大眾巡視新建房舍。
　　①左起陳進德、朱炎煌及孫子、炳南先生、游俊傑、許炎墩、林看治。（照片提供：游青士）
　　②落成典禮當日，與貴賓合影。左起：許克綏、馬兆箕（臺灣省社會處科長）、徐灶生（省議員，前臺中市議會議長）、炳南先生、傅雲（臺灣省社會處處長）、邱欽洲（臺中市市長）。（照片提供：趙麗真）
　　③落成典禮後，與全體來賓合影於大門前。（照片提供：趙麗真）

1961年圖5①

1961年圖5②

圖6　慈光育幼院落成，編有〈簡介〉，記述緣起、收容情形、組織內容與關聯系統。關聯系統如圖。

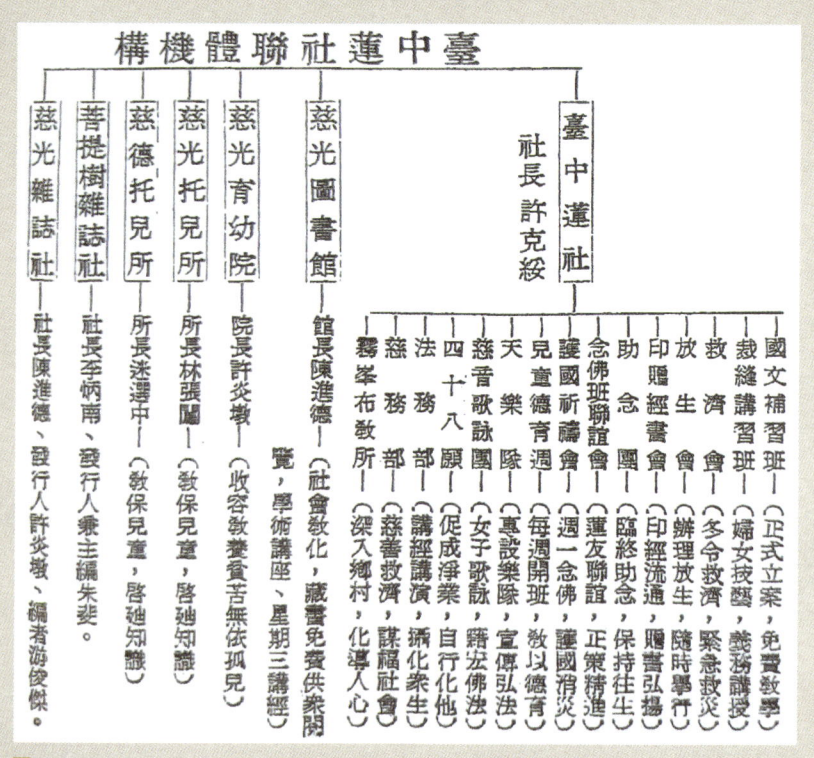

1961年圖5③

1961年圖6

圖7　6月18日，靈山寺附設靈山學苑第一屆畢業，師生合影。

圖8　6月22日，台中蓮社第十屆國文補習班同學經先生推薦，禮懺雲法師皈依三寶。（①）而後皈依弟子於7月9日，前往太平鄉拜見懺雲法師。出發前在蓮社門口合影。先生特前來關懷。（②）

■ 1961 年圖 7

■ 1961 年圖 8 ①

■ 1961 年圖 8 ②

李炳南居士年譜圖冊

圖9　7月10日，慈光托兒所第三屆畢業生暨在校生合影。

圖10　8月，先生呼籲支持「反對彰化大佛任人攀登」，並有該陳情書陳送中國佛教會理事長白聖法師，反對八卦山大佛作為遊人升降遠眺之具。照片為先生帶隊至八卦山訪視。①最前左側為林看治、周慧德；前排左起：張進興、陳進德、炳南先生、游俊傑、王烱如；後排左起：周家麟、黃沂樟、蔣俊義、胡遠志。（照片提供：游青士）

■ 1961 年圖 9

■ 1961 年圖 10 ①

■ 1961 年圖 10 ②

1961 年（民國 50 年）・72 歲

圖 11　9 月 19 日，國文補習班第十屆畢業，師生合影。

圖 12　10 月 15 日，先生函知蓮社天樂隊參加靈山寺霧峰分寺落成典禮。

【釋文】

遠志賢弟大鑒：舊曆九月十九日上午某時，霧峯靈山寺佛像開光，曾對兄要求文藝班之天樂隊前往演奏。即希　老弟事前聯絡同學，屆時參加。兄亦允往主持開光，因事多恐忘，故早向弟通知也。專此即詢

時祺　兄李炳南謹啟　十月十五日

圖 13　10 月 26 日（辛丑年九月十九日），至臺中靈山寺霧峯分寺，參加靈山塔落成典禮。中座者為懺雲法師，先生為前排右六。後排中間戴帽者為台中蓮社天樂隊。

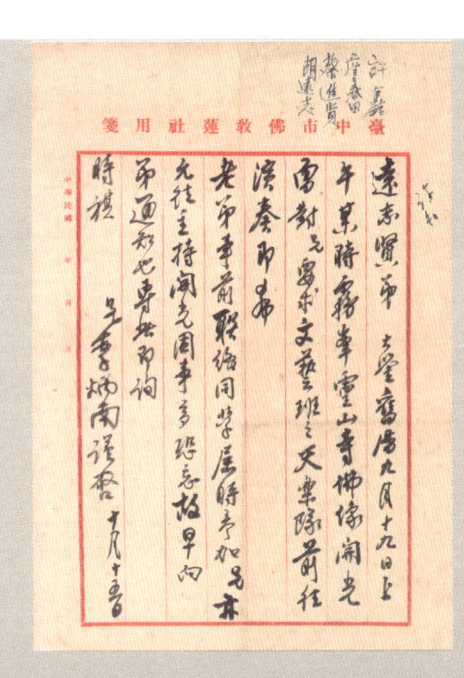

1961 年圖 12

1961 年圖 11

1961 年圖 13

圖 14　11月15日，慧炬月刊創刊，先生題詞祝賀。

【釋文】
體空相有芭蕉樹，自與眾生身一如；文似春雷驚八表，覺芽無際發心初。
慧炬月刊　李炳南敬題

圖 15　先生在臺交通：先是步行，偶有三輪車代步；而後為乘坐機車弘法；再則為乘汽車弘法。①為先生於台中蓮社回程坐上機車時，向蓮友招呼；蓮友急呼「老師，您要抓緊！」先生神情泰然：「不要緊！不要緊！坐車比騎馬還要穩呢！」②送行者前排右起為焦國寶、李子成（果清法師）、徐醒民、周家麟。

1961 年圖 15 ①

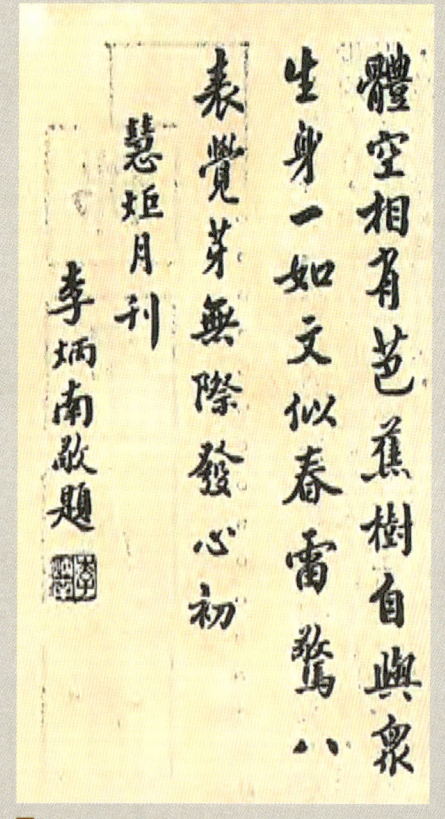

1961 年圖 14

1961 年圖 15 ②

1962 年（民國 51 年）·73 歲

圖 1　2 月 21 日，臺北蓮雲念佛班訪問台中蓮社。蓮雲念佛班係由台中蓮社弘法人員前往臺北輔助詹金枝組織之家庭念佛班，多係本省籍家庭主婦，時已有兩百名成員。圖為先生題辭紀念。

【釋文】
曾移金沼一莖蓮，臺北台中香接天；勝友雲來如竝蒂，同心結作度生船。
臺北蓮雲念佛班全體同修蒞中紀念
臺中蓮社敬贈　李炳南題

圖 2　3 月 10 日，有詩〈題江逸子仿韓幹畫馬〉，係為江逸子畫作〈烏龍踏雪〉題辭。又有詩〈笑〉，寫面對無端拂逆時心境。

【釋文】
江生畫馬似真馬，松雪而後和者寡；未聞長嘶先起風，神態欲躍行天空。導我題跋鋪書案，其間早有文璀璨；細看驚為工部詩，余何人兮堪續之。謫仙黃鶴擱筆去，英雄本色誰毀譽；聊紓心臆還與君，側身躊躇泥作雲。　李炳南題（①）

何須皂白太分明，笑口常開萬念輕；縱或無端來拂逆，依然發噱兩三聲。　雪僧（②）

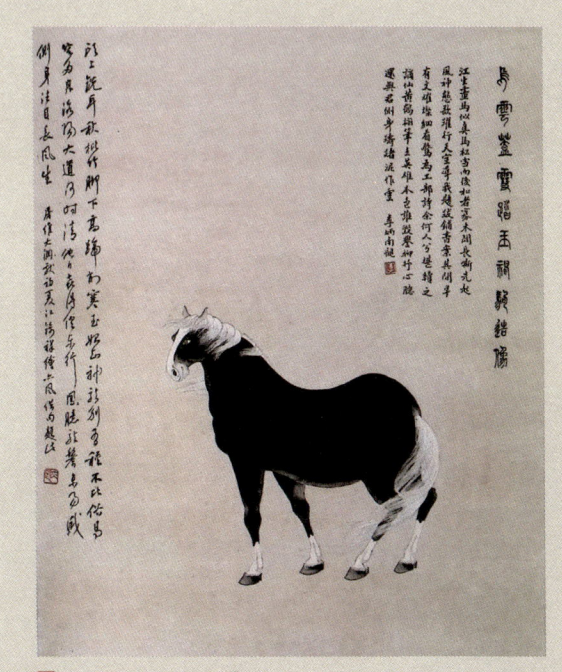

■ 1962 年圖 1

■ 1962 年圖 2 ①

■ 1962 年圖 2 ②

圖3　4月8日,台中蓮社聯體機構參加臺中市佛誕節大遊行。遊行後各單位分別和先生合影留念。圖為慈光圖書館、幼稚園與先生合影。

圖4　4月8日,周邦道令媛周春垣與凌德麟締結連理,先生有〈周春垣女士于歸勖辭〉祝福。

【釋文】

〈周春垣女士于歸勖辭〉:世俗稱女子有德,不許其才,誤矣。夫德為才體,而才為德用,是即而不可離者。脩齊治平,何一非用其才?但才有正與偏之不同耳。正者,發於德。偏者,發於不德。才發於德,則宜家教國。發於不德,則蕩檢踰閑也。是女子,不患有才而患無德。既德矣,若不有才,又何以章其德乎?

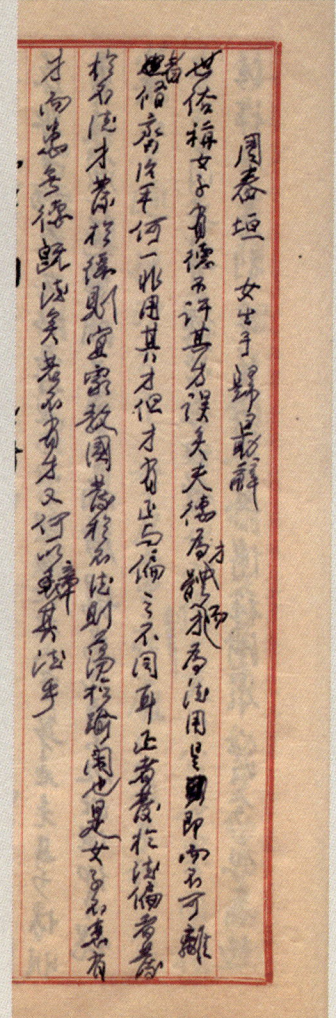

圖5　4月,《詩階宗唐》由瑞成書局出版,為《詩階述唐》最初版本。

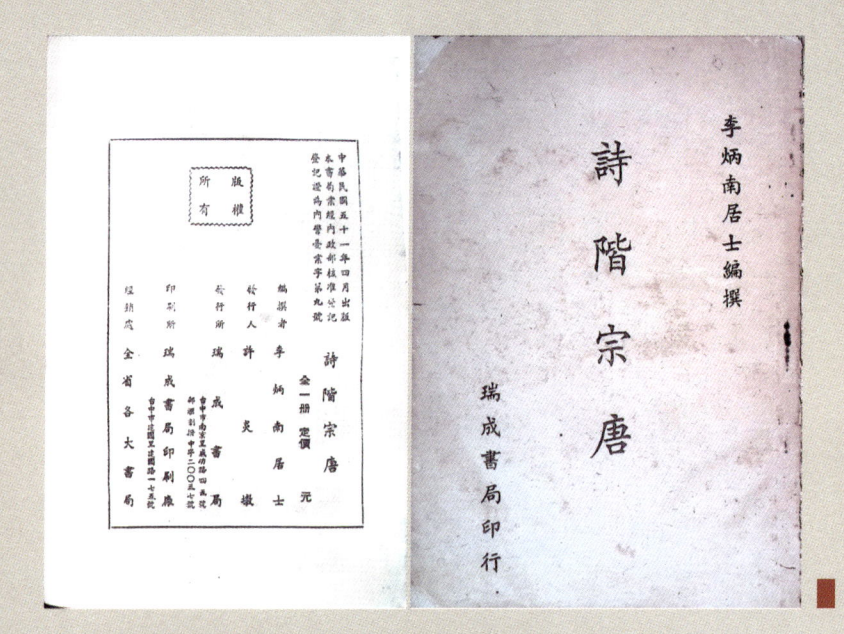

1962 年圖 3

1962 年圖 4

1962 年圖 5

1962年（民國51年）·73歲

圖6　5月13日，至省會中興新村，參加中興佛社成立大會。中興佛社係由省府各廳處職員眷屬組建成立。該社成立後，數度禮請先生每週定期弘化，曾講述「佛學大意」十四講、《佛說八大人覺經》、《阿彌陀經》等。

圖7　5月31日，為般若班班員陳李水錦令郎陳敏彥及林梅枝之婚禮福證。（照片提供：陳秋子）

圖8　6月8日，中國醫藥學院成立「醫王學社」，請先生擔任社團指導老師。自從臺灣大學晨曦學社於1960年4月成立，兩年來，陸續有多所大專佛學社團成立。中部先有臺中農學院（今中興大學）於1961年成立智海學社，1962年，則有醫王學社之成立。日後，「醫王學社」有學刊發行，先生特提示物質與抽象，各取其精；並揭示中國文化醫學：醫心、益壽、保身療病之精神與次第。

【釋文】
〈醫王佛學社學刊祝辭〉：物質化驗，神明抽象，各取其精，是謂良相。外有身疴，內多心恚，道取乎中，乃是聖量。莘莘諸子，毅然提倡，冶化一鑪，於茲至上。王者無私，學不偏尚，道載斯文，銘焉毋忘。（②）

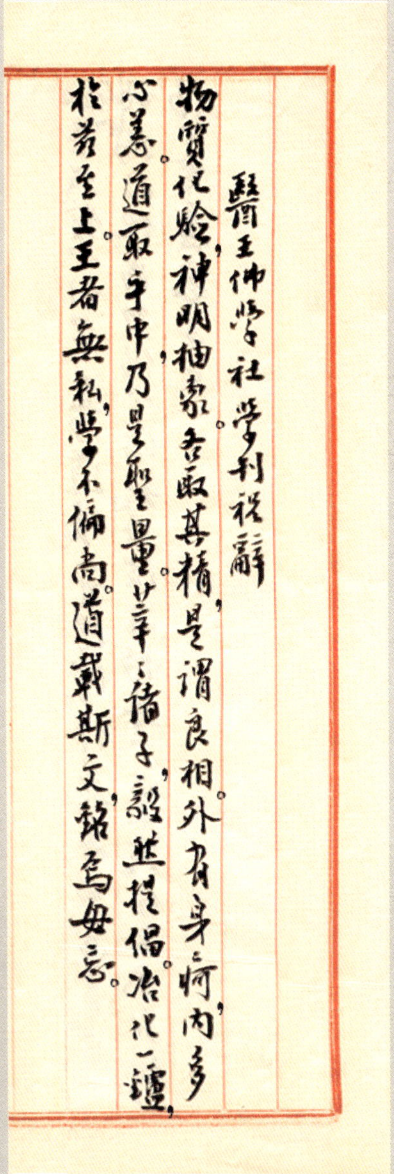

■ 1962年圖6

■ 1962年圖7

■ 1962年圖8①

■ 1962年圖8②

圖9　8月8日,《菩提樹》第117期封面為江錦祥〈敦煌佛畫〉,有先生題詞。

【釋文】
敦煌佛畫,曩於金陵有人摹擬數百幅展覽,余日往觀不倦。今睹此摹,似是八部乾達婆緊那羅之流。錦祥居士少年畫師而能為此,神采生動,是有凤慧也。

圖10　1962年暑假,台中蓮社為兒童開設「暑期修身補習班」。

■ 1962年圖9

■ 1962年圖10

1962年（民國51年）・73歲

圖11 9月13日（中秋節），重展〈猗蘭別墅圖〉有慨，錄昔所作詩題識（①）。②為猗蘭別墅照片，②上為孔德成先生於1963年1月3日（壬寅臘八）題辭。

【釋文】（①）
翠屏掩映鎖秋暉，靜裏常關松下扉；欄外紫霞隨澗落，窗中黃葉共雲飛。晴江一曲天邊盡，煙嶂千重雨後微；西蜀南陽同不陋，春風從此長芳菲。

丁丑中日之戰，隨孔上公，避亂於渝之歌樂山，結廬居焉。題其名曰：猗蘭別墅。江山勝概，俛檻盡攬；國憂鄉愁，多寄之嘯傲。今展是圖，悠然神往。爰錄此墅昔詠，以誌鴻爪。

　　壬寅中秋稷下李炳南識於臺中寄漚軒

〈猗蘭別墅圖〉（②）：
己卯築墅於渝西歌樂山，呂師今山名之曰猗蘭。己丑重過，盡為廢墟。今觀此景，能無滄桑之感。

　　壬寅臘八日鐙下為雪廬和尚題於臺灣台中孔德成

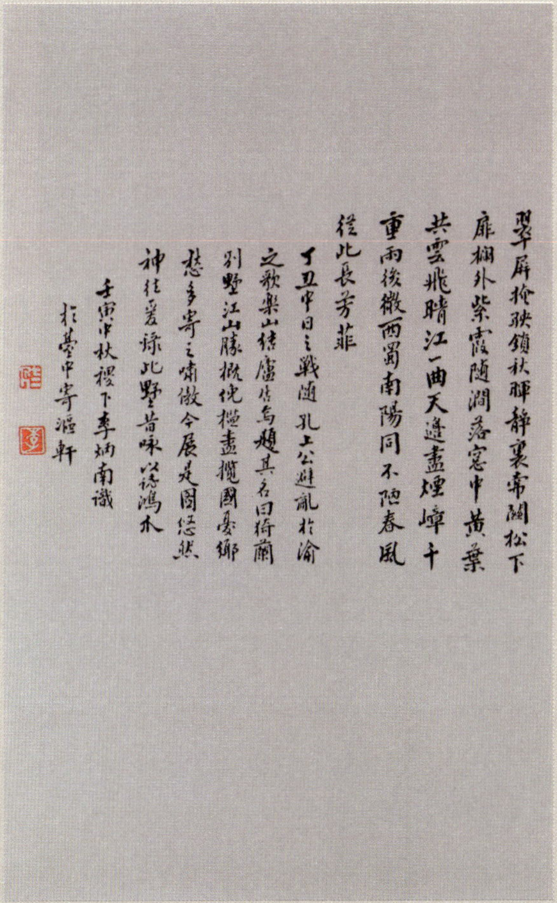

■ 1962年圖11 ①

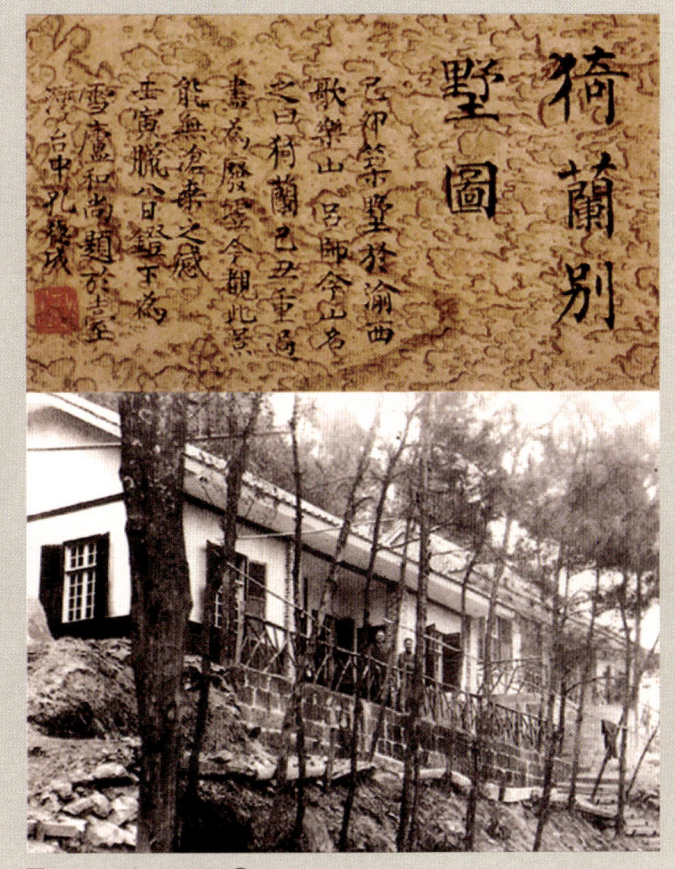

■ 1962年圖11 ②

圖12 9月13日，有〈題趙松雪鵲華秋色圖四首〉（①）。「鵲華秋色」為先生家鄉北郭勝境。故宮藏有元趙松雪所繪長卷，先生購得拓本分贈諸友。②為〈題鵲華秋色圖贈王鳳樓〉手稿。

【釋文】
〈鵲華秋色予鄉北郭勝境，故宮長卷藏有元趙松雪所繪。旅寓，可藉作歸來觀也。二首。遷台又十三年矣，見而悵然。購其拓本懸之。〉（①）：
秋思海上逐斜暉，淡淡齊煙入客幃；
照眼雙峯青似舊，羈魂省得夢中歸。
漁舟農舍鵲湖濱，省識畫圖情也親；
不必聞聲辨鄉語，料他皆是濟南人。
兩點煙痕堆案青，為君題罷淚飄零；
故園秋色餘清唱，多少齊人不忍聽。
艱難同作海天遊，何以遺君故國秋；
只可深藏自怊悵，鄉人若見共生愁。

歷下雪叟李炳南題

【說明】〈鵲華秋色〉原作為前二首，後二首係以該圖題贈同鄉劉霜橋、王鳳樓者。

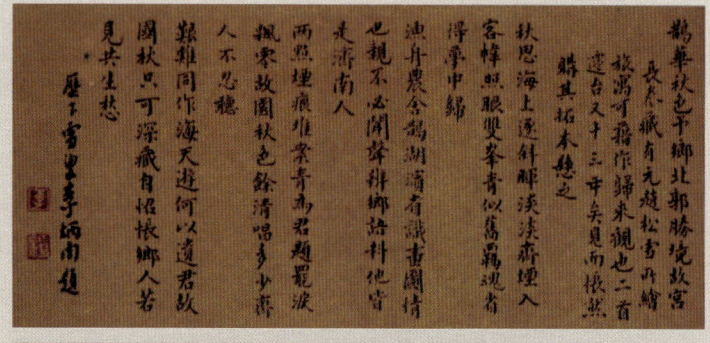

■ 1962年圖12 ①

〈題鵲華秋色圖贈王鳳樓〉（②）：
鳳樓王子，吾里開後起俊才也。來台被舉為市議員，地方善政多賴以興。然猶有濟南名士之習，癖書畫焉。嘗被其索書，余拙是道，無以應。一日，遊故宮博物館，見趙松雪《鵲華秋色圖》，喜曰：「是濟南北郭寫真也。」鄉思悠然，遂購歸，繫詩誌懷，鄉人見者亦多往購索題，因憶鳳樓曩約，亟膌是圖，題以小詩，並擇為他詠者，錄於其次。桑梓文獻，邂逅天涯，諒必覩之而欣，猶勝於聞跫音也。

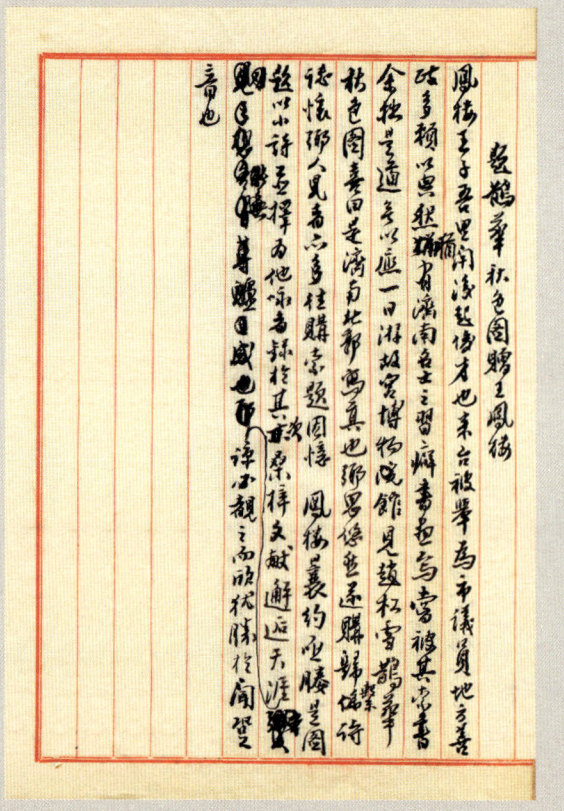

■ 1962年圖12 ②

圖13 9月28日，第十一屆國文補習班結業典禮。第二排坐者左起為林欽勇、朱斐、劉汝浩、炳南先生、蔣俊義、王影真、周家麟、趙鋑銓、游俊傑。蔣俊義自1960年8月起接替先生擔任補習班班主任。

圖14 11月12日，教育部頒贈社會教育績優貢獻獎。先生一向婉拒表揚榮獎，此件因事前未聞，不及阻擋，只得派員代表領獎。②為慈光圖書館同仁合影，前排左起為陳進德、朱炎煌、炳南先生、許克綏、黃火朝。（照片提供：慈光圖書館）

1962年圖13

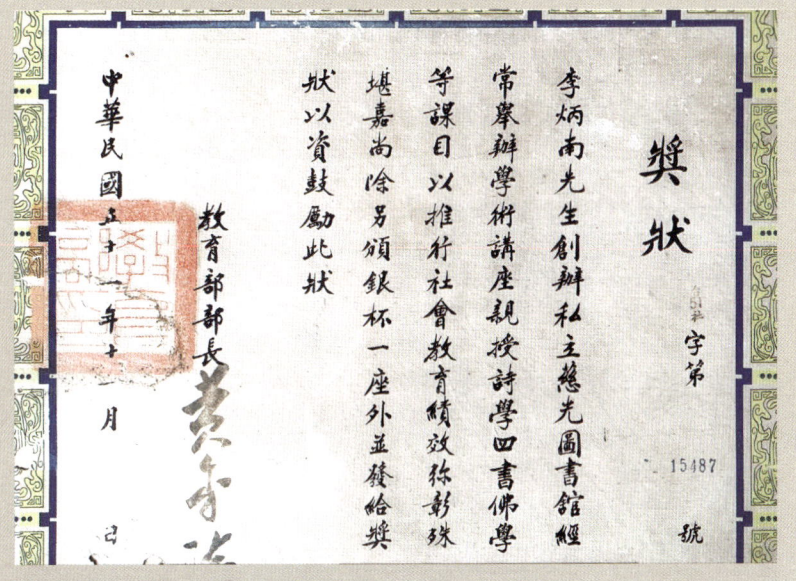

1962年圖14①

1962年圖14②

圖 15 11月18日，成立「佛教菩提醫院」董事會以創設佛教醫院。先生與黃雪銀、朱斐三位為創辦人，另聘多位熱心公益人士為董事，共推林看治為董事長，聘請于凌波醫師為醫院院長。圖為菩提醫院第一屆董事致聘書函，阿尾居士為十姊妹之周慧德。（照片提供：游青士）

圖 16 11月，應中國佛教會理事長白聖法師邀請，受聘為中國佛教會重建大陸佛教組織計劃委員會委員。

圖 17 1962年冬，少年畫家李國謨（轂摩）敬繪先生法像相贈。

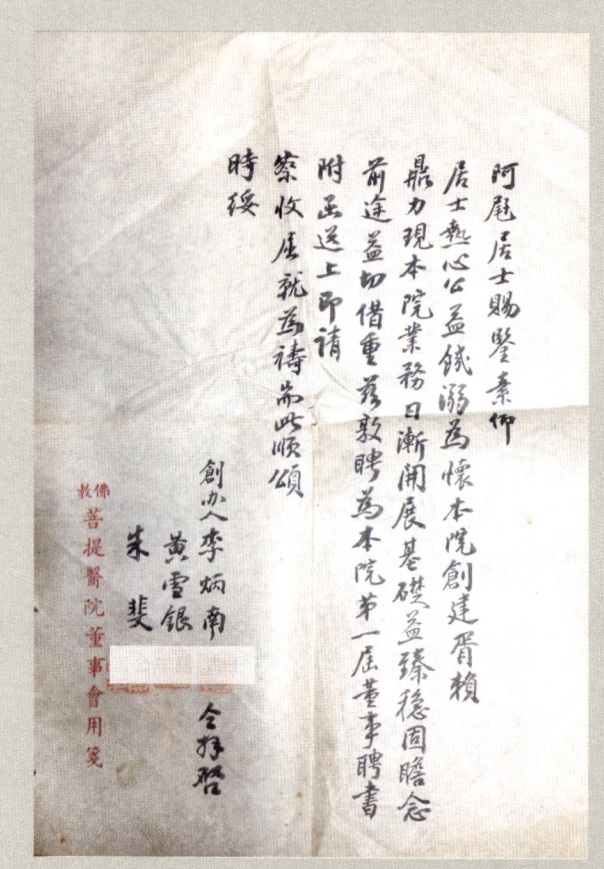

■ 1962 年圖 15

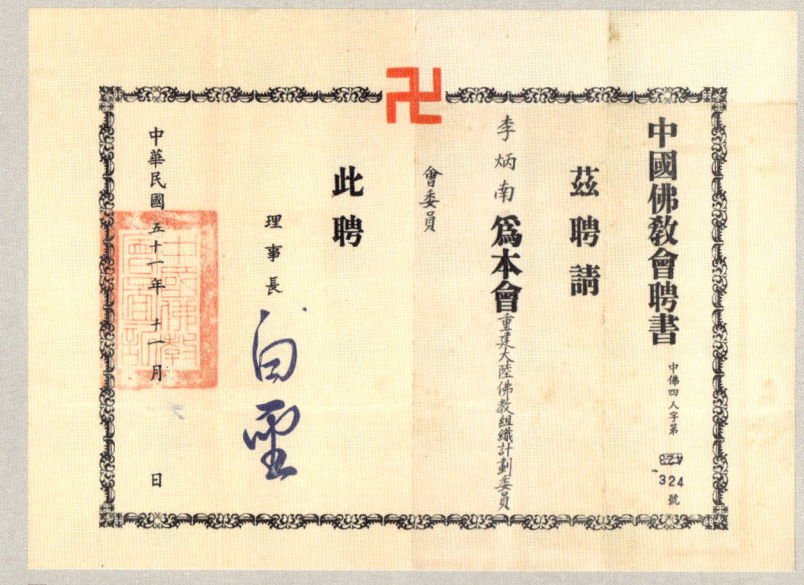

■ 1962 年圖 16

■ 1962 年圖 17

1963年（民國52年）・74歲

圖1　1月3日，孔德成先生邀請臘八吃粥，並為先生所藏〈猗蘭別墅〉照片題辭。圖為孔先生邀請便箋。孔先生題辭見1962年圖10②。

【釋文】
今日臘八，晚間乞駕臨舍下共粥，此上
雪廬大和尚。　　弟成啟　臘八。并請
賜題猗蘭圖詩帶下可一寫也。又及

圖2　1月，先生為孔德成先生所藏〈王獻唐畫猗蘭別墅著書圖〉題跋（原圖右下角）。

【釋文】
萬壑長松非自栽，巖花日對硯池開。名山應有名山業，誰遣斯人魯國來。摩詰淋漓畫蜀山，偶來幽境便心閑。輞川西望歸舟杳，墨瀋猶新天壤間。別後重來訪舊廬，寒煙蔓草似殷墟。幾回搔首看圖罷，又檢當年未竟書。蜀山猗蘭別墅，孔上公避寇所構也，與時往還者皆名流。著述之暇，輒以書畫共歡娛。王子此幀，即作於是時也。己丑，上公再至蜀，其居變廢墟矣。今歲鄉信，王子已歸道山。展玩此畫，有重愴焉。予時曾為從者，故感同而誌之。并錄舊作於末，雪鴻一爪，聊見其居之境云。
翠屏掩映鎖秋暉，靜裏常關松下扉。欄外紫霞隨澗落，窗中黃葉共雲飛。晴江一曲天邊盡，煙嶂千重雨後微。西蜀南陽同不陋，春風從此長芳菲。
壬寅歲小寒節　稷下李炳南識于臺中

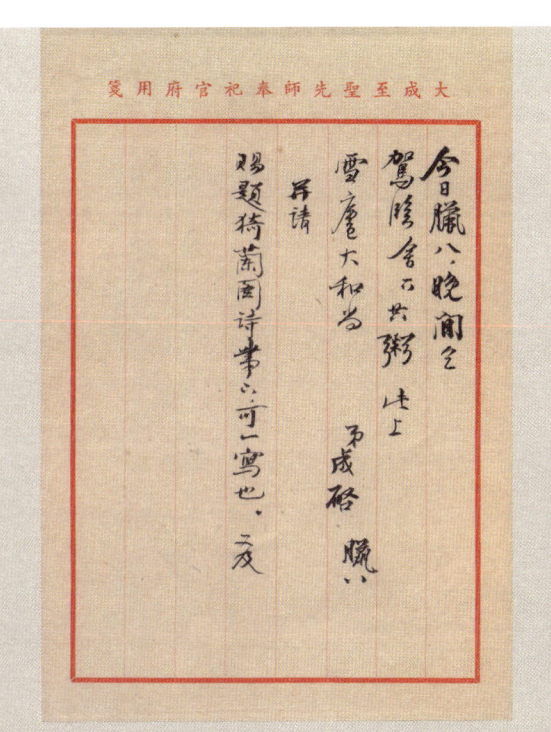

■ 1963年圖1

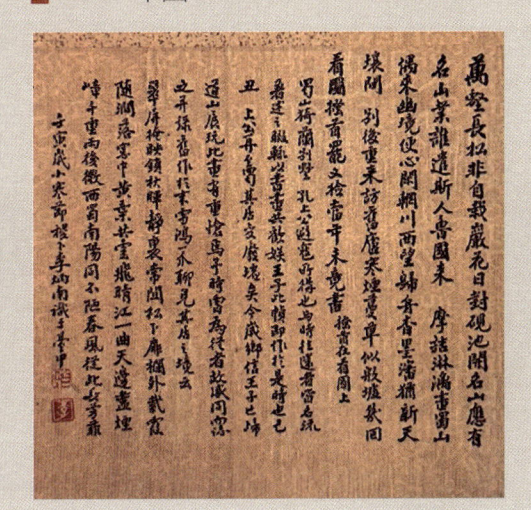

■ 1963年圖2（局部）

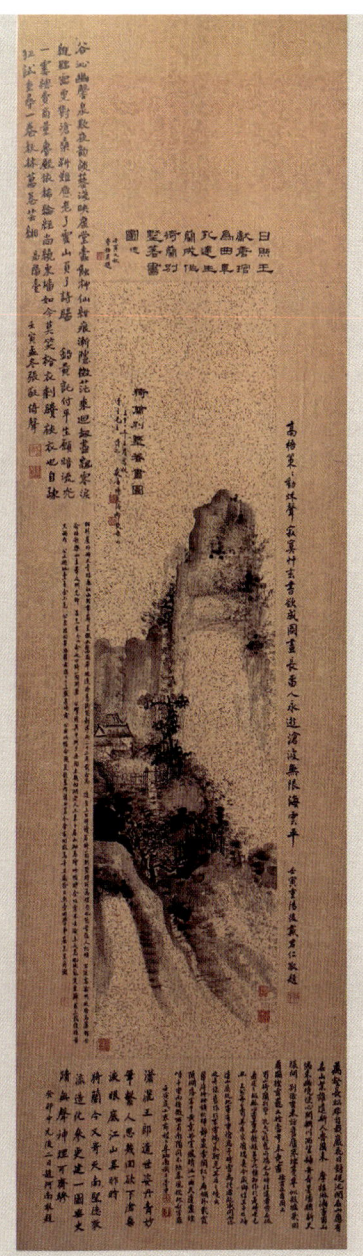

■ 1963年圖2

圖3　1月5日，小寒前上合歡山賞雪。出發前在車站巧遇同樣上山賞雪之呂佛庭。

①左起游俊傑、張慶祝、炳南先生、林進蘭、王烱如、朱斐、呂佛庭。

②左起張慶祝、林進蘭、朱桂妹、朱斐、炳南先生、王烱如

③左起張慶祝、朱斐、林進蘭、朱桂妹、炳南先生、王烱如

【釋文】

共結勝緣超六塵，光明藏裏好安身；
九重天外清涼地，萬仞岡頭潔白人。
倚樹遙分成道相，高歌只許唱陽春；
願教沙剎皆離垢，不入深山學隱淪。
右合歡山賞雪一律癸卯立春錄
壬寅小寒合歡山降雪連峰皚皚與門人往賞，途遇畫師呂半僧，共登高巔拍影，賦此以誌其勝。　炳南
（④）

（照片提供：游青士）

■ 1963年圖3①

■ 1963年圖3②

■ 1963年圖3③

■ 1963年圖3④

圖 4　1 月，《慧炬》雜誌週年，發行特刊，先生題詞祝賀（照片取自《慧炬》）。右為底稿。

【釋文】

佛為聖者，其學破迷。宇宙所蘊，人生奚為？古往今來，惟佛徹了。迷受其縛，悟能自在。誰甘昏攪，而不求覺？厥有智者，入於士林，然炬一支，接傳千百，莘莘學子，慧光交映。器與有情，兩種世間，萬事萬理，盡宣其秘。德於斯新，歲朝杲日。

慧炬月刊週年紀念　　李炳南敬祝

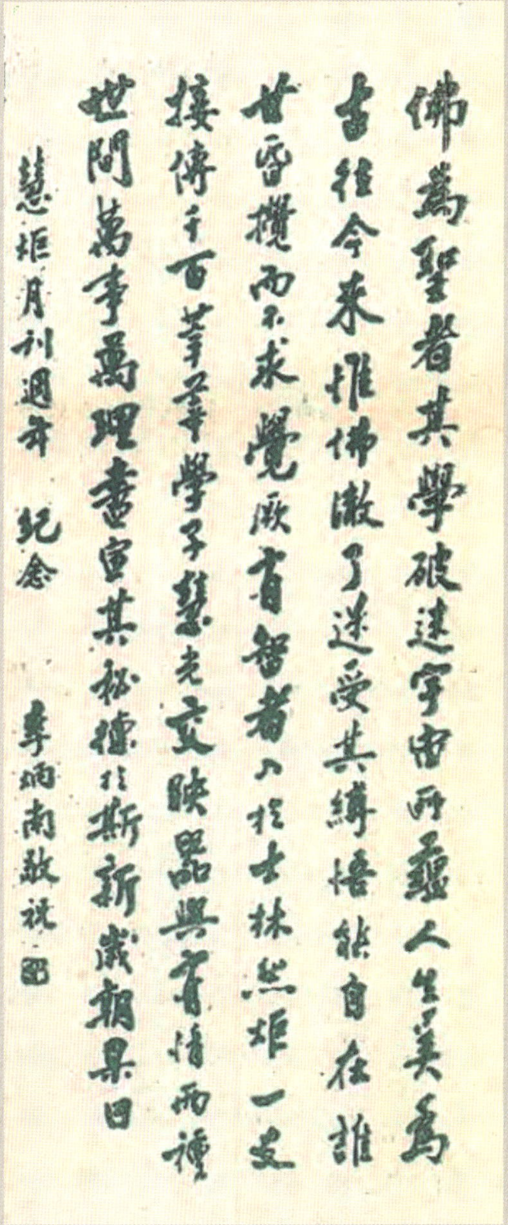
佛為聖者其學破迷宇宙所蘊人生奚為古往今來惟佛徹了迷受其縛悟能自在誰甘昏攪而不求覺厥有智者入於士林然炬一支接傳千百莘莘學子慧光交映器與有情兩種世間萬事萬理盡宣其秘德於斯新歲朝杲日

慧炬月刊週年紀念　李炳南敬祝

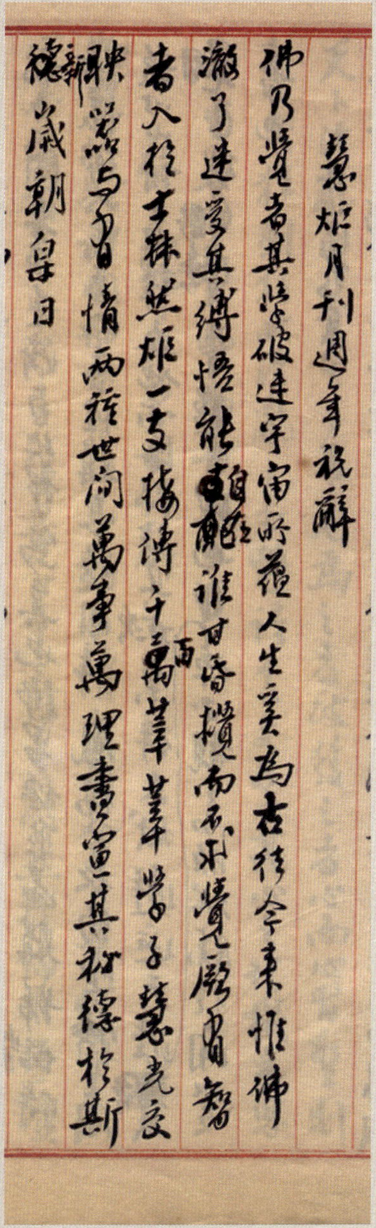
慧炬月刊週年祝辭

佛乃覺者其學破迷宇宙所蘊人生奚為古往今來惟佛徹了迷受其縛悟能自在誰甘昏攪而不求覺厥有智者入於士林然炬一支接傳千百莘莘學子慧光交映器與有情兩種世間萬事萬理盡宣其秘德於斯新歲朝杲日

1963 年圖 4

李炳南居士年譜圖冊

圖5　1月，節氣大寒，為江逸子所摹〈吳道子送子天王圖卷〉題詞。題後，又加跋改動。

【釋文】

少年畫師江逸子，筆鋒掃處風雲起；古人各有烏絲欄，利根頓超冥契理。此圖本出吳道玄，葦菜心法如其然；扶桑東去喪瓌寶，他作世間皆不傳。千秋豈敢望紹述，輒恨未能入於室；韓幹親炙曹將軍，何曾盡得曹規律。天王天妃具威儀，眾靈飛翔殊態姿；飄飄涼生動吾袖，案上無風神為移。浮屠西來多巨手，江生慕道絕葷酒；敦煌佛畫羅襟肘，居士高僧半摯友。境脫于禪無跡痕，丹青之外嘗會心；一條十日潛沉吟，蜻蜓點水安可尋。

　　壬寅季冬大寒日　　稷下李炳南題於臺中

　　題罷重吟，微嫌結句與痕韻，意涉雷同，勢須竄去為快。茲易以：「鐙影粉本胸中臨。於戲！南陽呂公善此道，天涯從遊有知音。」數句續長，氣較暢舒。且逸子近年與老畫師呂半僧遊，藝復大進，并記之。亦羨其于道得不孤之樂爾。　　雪廬附識（①）

逸子賢棣台鑒：接讀大函，藉悉一是。年後晤面，必靜探病原，觀察現象，方能下藥。此事非可草草也。前題之送子圖，末一句嫌無變化，擬易之。易非塗抹，乃在尾再加一跋，不難看，益顯藝術也。祈暫時不示人，專復並頌

春祺　　小兄李炳南拜啟　元月廿四日（②）

■ 1963年圖5①（局部）

■ 1963年圖5②

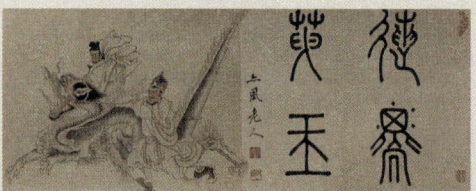

■ 1963年圖5①

226

圖6 2月，繪贈法像之少年畫師李國謨（轂摩）即將入伍，先生寄贈經書及念珠為從軍禮。

【釋文】
國謨師兄大鑒：昨函諒蒙青照。聞近中及〔即〕將入伍，敬奉上星月菩提念珠一串，袖珍《彌陀》、《普門品》合本一冊，作為軍中呵護。至希哂收為禱，專肅並請
道安　弟李炳南頂禮　二月十日
珠經另包寄

圖7 3月，函復徐醒民，邀約於翌日相談教學事宜。徐於是年底調職臺中，翌年（1964）初元宵節後舉家南來，從此成為先生重要常隨弟子。

【釋文】
醒民大居士道鑒：奉書，謬承厚愛，至感。實則區區德學俱無，何敢忝為人師。以齒論，可結忘年之交，或他山之石、借攻玉焉。明日下午三鐘半，少得暇，祈駕至和平街九八號晤談，為禱。專復順頌
淨祺　　李炳南拜啟　三月三日

圖8 3月，受聘為臺中市魯青同鄉會名譽理事。

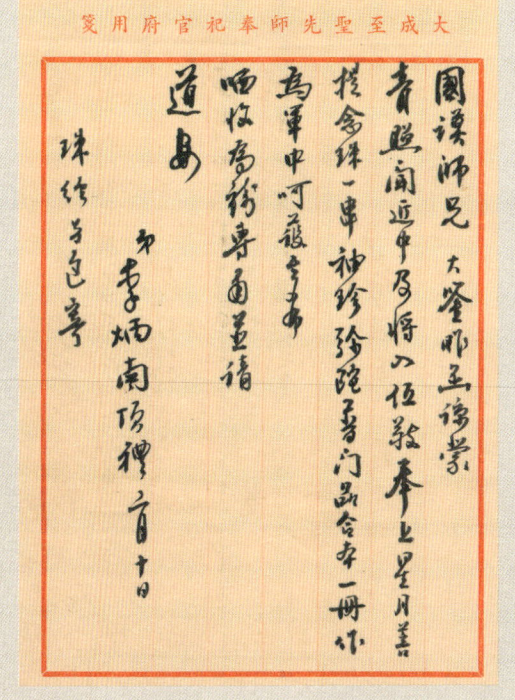

1963年圖6

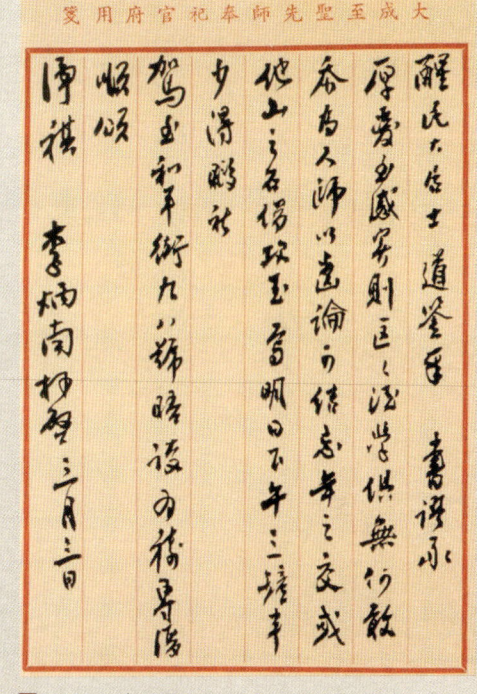

1963年圖7

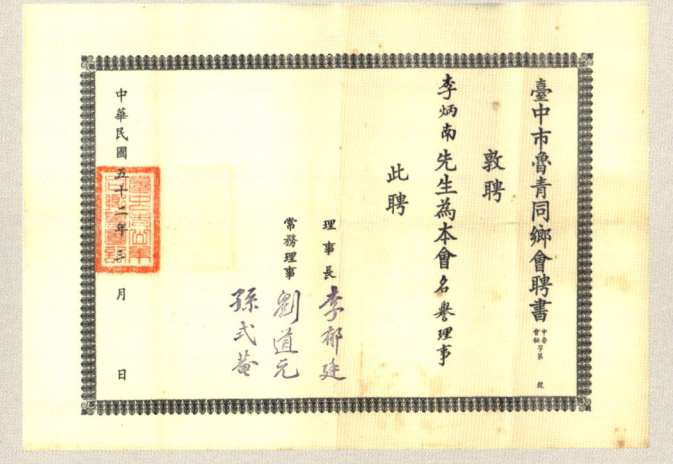

1963年圖8

圖9 4月5日,「佛教菩提醫院」門診部開幕。①部分董事合影,左起鄧明香、黃雪銀、林進蘭、李繡鶯、呂正凉、董事長林看治、周慧德、張慶祝。②為刊載於《菩提樹》之開幕啟事,先生為創辦人代表。

菩提醫院董事會視對象發行有「施診券」及「義診券」,憑施診券免收醫藥費,憑義診券則酌收藥價成本費。③為「義診券」。（照片提供：李正寬）

圖10 5月,題舊作律詩〈望海〉一首贈送鄭勝陽。先生受鄭母請託,提攜其子。經推薦至國文補習班學習後,從1958年起成為先生侍者,從此隨侍二十八載。

【釋文】

遠樹如茵貼地平,盡頭煙水向天蒸；藍光浮動隨紆岸,白氣高低接上層。造物有才開混沌,化鯤懷志任飛騰；放心何止三千界,自笑長空畫墨繩。　錄〈望海〉舊作一律

勝陽賢棣　雅正

　　癸卯清和之月雪廬李炳南作于臺中

■ 1963年圖9①

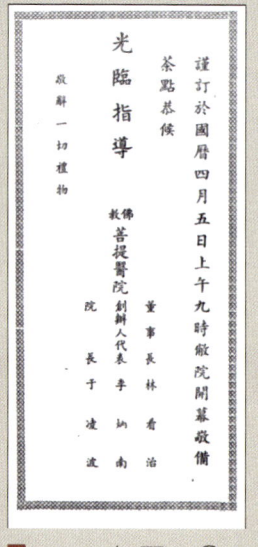

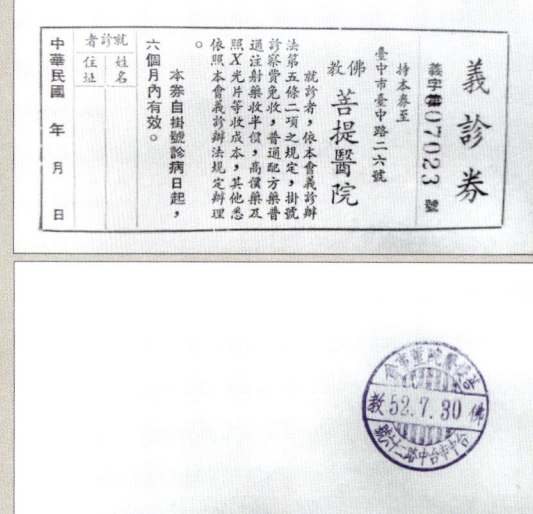

■ 1963年圖9②　■ 1963年圖9③　■ 1963年圖10

圖11 6月3日，香港佛教青年會主席文珠法師，敦聘先生為該會第一屆顧問。

圖12 6月，刊發《籌建佛教菩提醫院歡迎樂捐宣言》小冊，封面提出「四種誓願」：施診施藥，精神安慰，祈禱法會，助念往生。封底列出以先生名義為受贈專用帳戶。

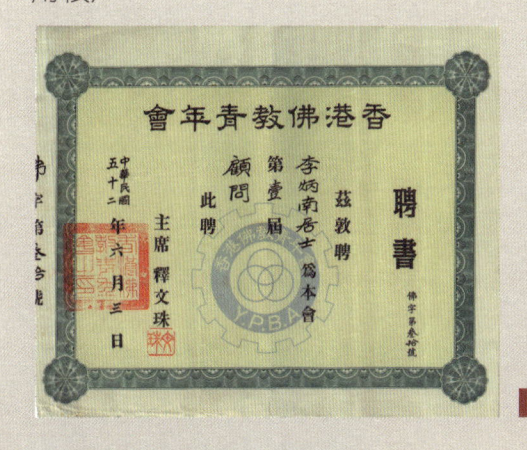

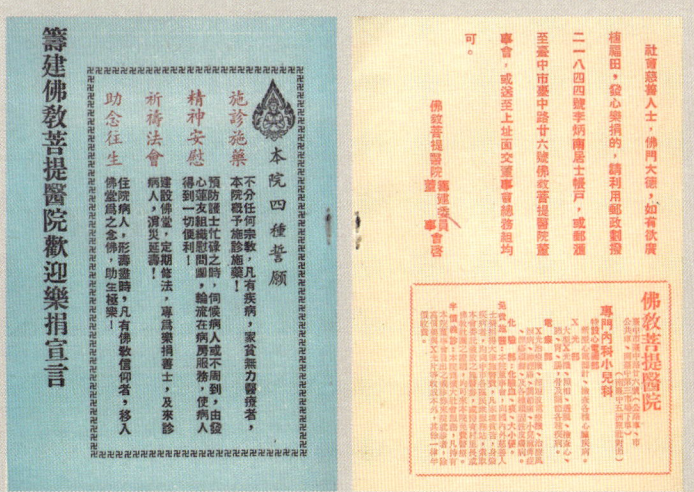

圖13 8月，政治大學中文系四年級學生蔡榮華等至臺中住處拜訪。蔡榮華為馬來西亞僑生，1962年12月，參與該校佛學社「東方文化學社」之創立。此次來訪，建立先生與北部大專佛學社團之緊密聯繫。先有個別指導，再有小團體指導，漸次而有慈光講座等大規模學習系統之建立。

【釋文】

榮華同學大鑒：奉函至欣。月十六日下午兩點至五點，弟決在台中市東區和平街九六號靜候不出。晚七點即出外上課矣。晤面固是大幸，然不得領隊許可，亦不宜勉強，至因而犯規。來日方長，諒當有他緣也。專復並頌

學祺　弟李炳南拜啟

八月十三日

（書眉附識）此處無電話

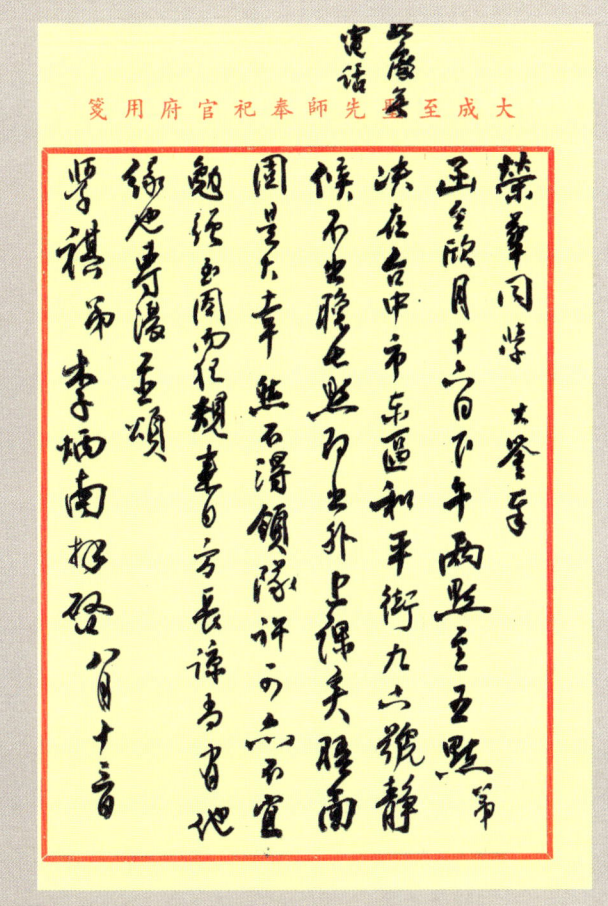

■ 1963年圖11

■ 1963年圖12

■ 1963年圖13

圖14 9月，函復政治大學蔡榮華有關國學、佛學學習次第之問題。

【釋文】

榮華同學大鑒：奉讀台函，藉悉向學求道俱甚殷懇，至為欽佩。下問之件分而答之。國學以孔孟為重心，讀《四書》即小立基礎；進而涉獵《禮記》，餘按校中所學，便能得一輪廓。佛學另開一單，為最低限度。能順序修畢，亦稱小有成就。兩者皆屬正宗。若言深造則無盡無休，在於自求。僑胞在海外宏揚，此二者皆為當務之急。倘畢業後環境允許，在台多住半年，弟願效棉薄，將佛學擇要講述。至於宿食，似亦不必考慮，到時自當代為安排也。如緣分湊巧，亦是樂事。希台端預為斟酌。專復并頌

學祺　弟李炳南拜啟九月二日

佛學初機應讀之書另單附

（甲）認識門徑小冊子：
　　1. 佛法導論，說明大小乘及指出歸宿
　　2. 學佛淺說，說明人生之假
　　3. 佛學常識課本，介紹佛學名數
（乙）實行門經典：
　　1. 阿彌陀經，先看「摘註接蒙」次看「要解講義」
　　2. 十善業道經
（丙）解理門經論：
　　1. 金剛經（此屬般若），江味農講義
　　2. 心經（般若之要）陳克文述
　　3. 八識規矩頌（此屬唯識）王恩洋注
　　4. 三十唯識頌（此屬唯識）。

以上所列最為簡單扼要，學者所不可不知者，不求「認識」必歧中多歧不得其門，不求「實行」如說食數寶不得其益，不求「解理」盲修瞎煉遇障則退。

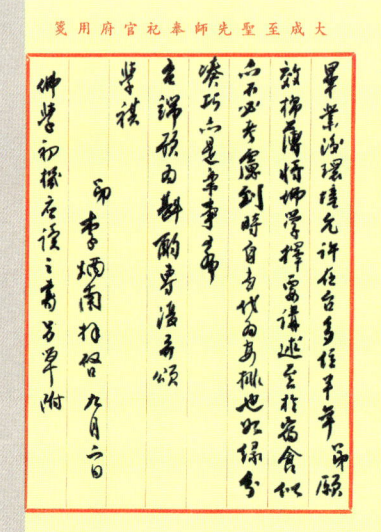

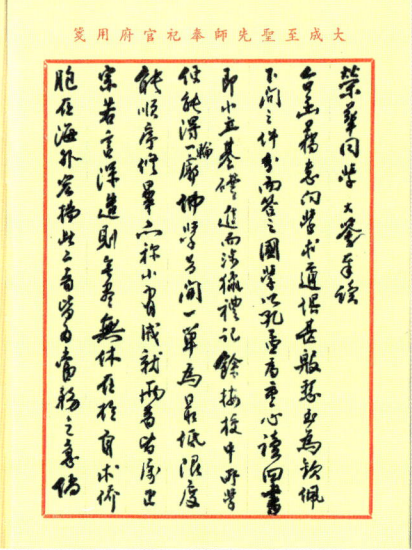

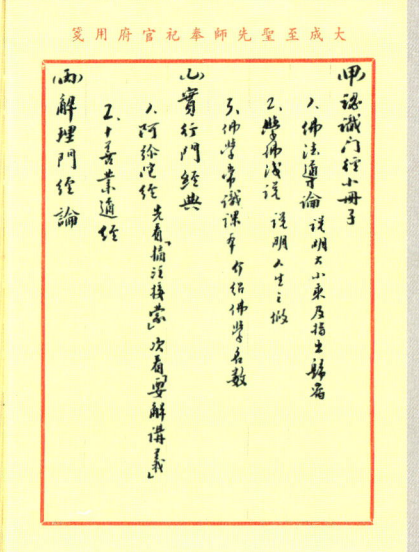

1963 年圖 14

1963年（民國52年）・74歲

圖15 9月，函示政治大學學生蔡榮華，為其規劃畢業後留臺半年修習佛學。

【釋文】
榮華同學大鑒：畢業後留臺半年時間不長，擬擇佛學及唐詩兩種相授，再希他恐雜而不精，學術不入其奧，得用甚少。此二果得門，門徑一通則可他通，道扼其要、文攬其精，時長則由博歸約，時短則先操綱、次提目也。茲先檢手中所有之冊數種奉贈，希查收。專此順頌 學祺 弟李炳南拜啟 九月八日

1963年圖15

圖16 9月17日，夏曆七月三十日，地藏王菩薩聖誕日，台中蓮社舉行勝會，由董事長朱炎煌主持，導師炳南先生上香，同時接受「臺中佛教蓮社名譽董事長」聘書。

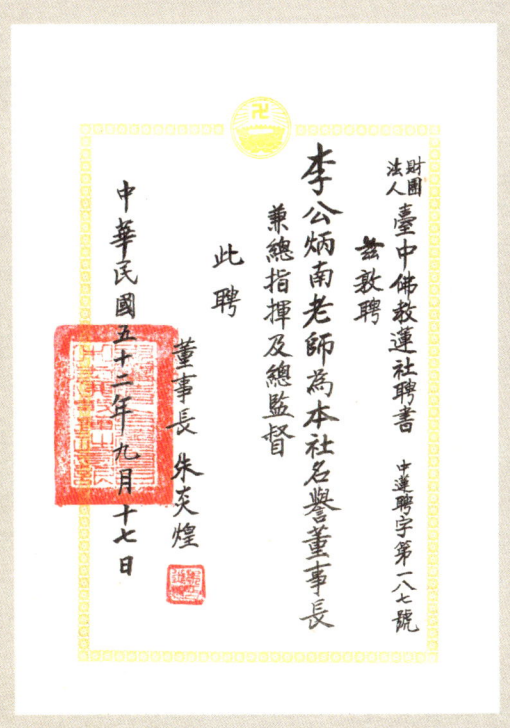

1963年圖16

圖17 9月，菩提醫院三位創辦人：炳南先生及黃雪銀、朱斐，共同具名，發函臺中市政府，申請設立菩提醫院董事會。旋於10月獲准設立。圖為函稿。（照片提供：菩提仁愛之家）

【釋文】

竊以天地間至重者生命，而世間窮困者，衣食不濟，貧病交迫，人間慘境莫過於此。同人等本佛教慈悲平等之旨，爰發起創辦一醫療機構，定名為菩提醫院。除一般診療外，兼辦施診義診，業已開始試辦門診。其施醫藥經費，蓋由同人等籌措捐施。茲為加強組織，為台中市貧病者服務起見，擬即成立一菩提醫院董事會，聘請熱心人士為董事，以便共為擴展此一慈善救濟事業而努力，爰特呈請鈞長，准予設立，以利貧病市民，至以為禱。

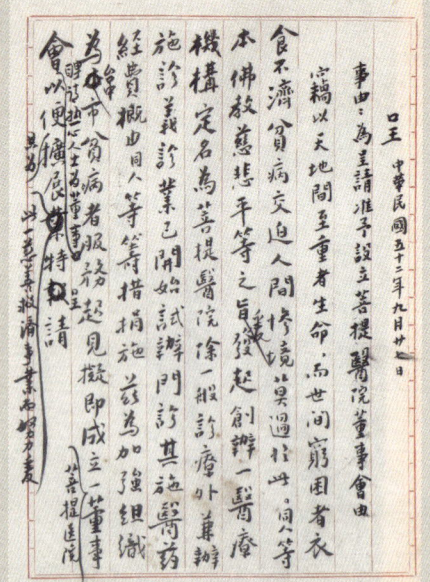

1963 年圖17

圖18 12月5日，函復蔡榮華同學，許可將原規劃畢業後留臺半年學習，改為利用寒假及畢業時段，至臺中學習。

【釋文】

榮華同學台鑒：多年離鄉，歸心殷切，人之常情。所云利用寒假及畢業後之時間亦屬大佳。屆時自當斟酌科目以貢獻也。

貴恙近日如何？信未提及，仍念之。希臥床只默念佛不可亂思，若久失眠影響健康，不可不慎。專復並頌

學祺　弟李炳南拜啟　十二月五日

1963 年圖18

圖 19　12 月菩提醫院董事會於同期《菩提樹》刊出半年收支報告表。

圖 20　12 月，應中國醫藥學院醫王學社請，題辭勉勵。

【釋文】

農黃仁術，健人傒身；圓覺鏡智，明眾染心。身力健可強國家，心德明可利天下。大千皆壽，是曰醫王。

癸卯嘉平月冬至後　　李炳南題於綠川之上

佛教菩提醫院董事會收支報告表　第 2 號

（中華民國52年6月1日起至52年11月30日止）

科目及摘要	金		額
	小　計	合　計	總　計
Ⅰ、上期結存			60,178.40
存款		53,195.00	
現金		6,983.40	
Ⅱ、收　項			334,008.10
樂捐收入		325,545.00	
建築費	269,871.00		
經常費	37,544.00		
醫藥費	18,130.00		
醫務收入		5,071.80	
門診盈餘	5,071.80		
利息收入		3,391 30	
收項總計			394,186.50
Ⅲ、付　項			
樂捐支出			38,507.60
經常費		30,407.10	
文　具	1,456.30		
郵　電	1,113.30		
消　耗	40.00		
租　賦	13,800.00		
什　支	7,168.00		
特別費	6,269.50		
薪　金	560.00		
醫藥費		8,100.50	
施　藥	8,100.50		
Ⅳ、本期結存			355,678.90
存　款		355,678.90	
付項總計			394,186.50

董事長　林看治　　會計　江秀英　　總務　林進蘭

1963 年圖 19

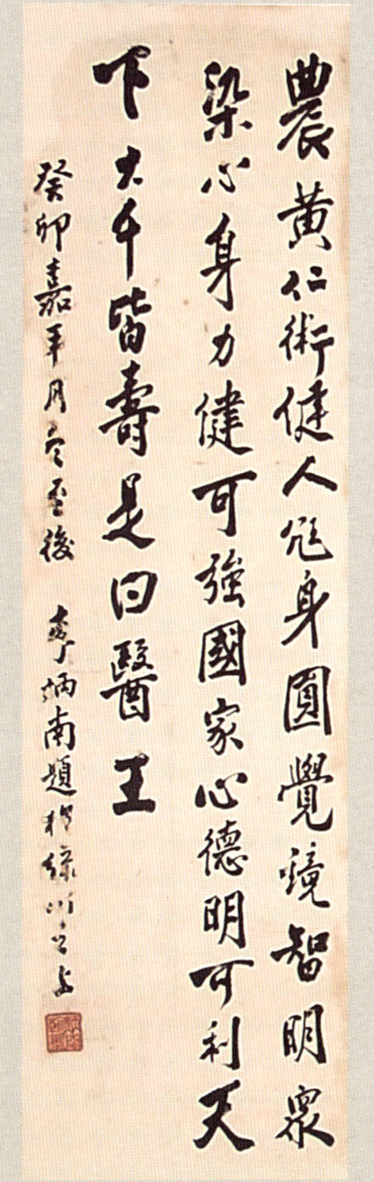

1963 年圖 20

1964年（民國53年）‧75歲

圖1　1月，函復政大蔡榮華同學，歡迎其寒假來臺中學習。從此開啟外地大專學生寒暑假期至臺中學習之機緣。

【釋文】
榮華同學台鑒：奉手翰，敬悉寒假來中三週小住，甚喜。所擬課程先授講座十四表，餘則臨時商定。最好約昭雄、金松兩弟參加數天，道必有朋，始克宏也。住食皆有籌備，不足慮也。專復并頌學祺　弟李炳南拜啟　一月五日

圖2　1月，參加中興大學智海學社郊遊。
圖3　1月，為洪綿與張庭瑞佛化結婚典禮福證，並題辭祝福。

【釋文】
紅燭雙輝玉漏遲，從今嘉耦案齊眉；日高窗曙非慵起，早課同脩深下帷。

庭瑞洪綿二位賢契結婚之喜
雪廬李炳南題於臺中

1964年圖1　　　1964年圖2　　　1964年圖3

1964年（民國53年）‧75歲

圖4　2月，為蔡榮華等四位北部大專佛學社幹部舉辦特別講習，此為寒暑假慈光講座之先河。①為授課時間表，②為師生於先生住處菩提樹雜誌社前合影。講習會共有四人參加，左起李相楷（師大）、先生、張昭雄（政大）、蔡榮華（政大）。另有王國光（興大法商）未入鏡。

【釋文】
（週）一、下午三點（隔一星期一次）
（週）二、下午三點
（週）三、下午七點（圖書館）
（週）四、下午三點
（週）五、下午七點（在蓮社）
（週）六、下午三點

圖5　3月16日，接續應聘擔任臺灣省政府員工進修班第三期國文科講座。
先生自1962年7月起，每週至省會「中興佛社」宣講佛法。1963年5月起，則是應省政府主辦之「中興新村公務人員進修班」邀聘，前往宣講《論語》。

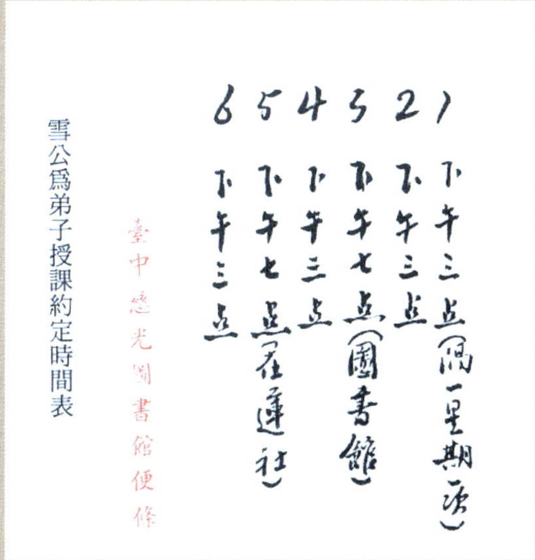

■ 1964年圖4①

■ 1964年圖4②

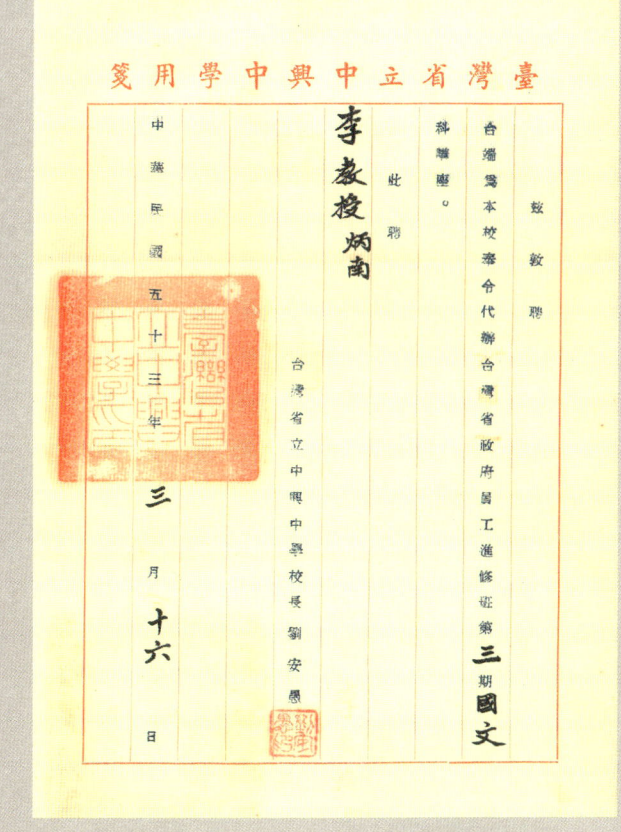

■ 1964年圖5

圖6　3月，舉辦第三屆週末班慈光講座，屬「中級班」課程，講授《八大人覺經》。

慈光講座（週末班）於1961年5月開辦，先生編製《佛學概要十四講表》講授佛學入門課，爾後陸續開設有《八大人覺經》、「唯識」、《金剛經》等進階課程。

圖7　3月，函復蔡榮華，勉其熱心宏化，並為其創辦《東方文化學社學報》題詞祝賀。

蔡榮華利用是年初寒假至臺中長時間學習，返校後即以所學在社團擔任長期講座，以先生編製之《佛學概要十四講表》，學講佛學入門課程。爾後，《佛學概要十四講表》之學習，於各大專佛學社團蔚然成風。

【釋文】

榮弟台鑒：接信敬悉，毅然擔任長期講座，至為欣悅，可謂學有其用矣。擬春假來中小住，極為歡迎。小樓促膝，得罄積思也。把握在即，餘俟晤談。順頌

學祺　兄李炳南拜啟　三月廿九日

世間混沌，旭光啟東；亞洲文華，震旦肇萌。佛之慈悲，儒之大同，利人濟物，中和且平。喜捨平等，不愛不憎；孝親忠國，四海弟兄。最高學府，教育群英；先民遺德，於焉勃興。浩然正氣，宇宙塞充；雷音椽筆，魑魅皆驚。邪說僻辭，如霜與冰；聖言杲日，臨之立溶。陰霾頓散，八表大明；旦復旦兮，無央長生。

東方文化學社學報創刊紀念　　李炳南敬祝

1964年圖6

1964年圖7

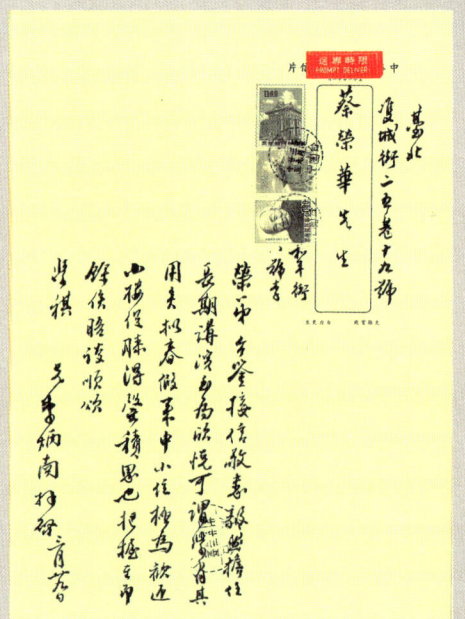

1964年（民國53年）・75歲

圖8　4月7日，函復蔡榮華，教導留意人才，並歡迎推介有心者至臺中學習。因此而成就是年8月，12位北部大專佛學社團幹部至臺中學習的機緣，是為第二屆「慈光講座」（寒暑假）。

【釋文】
榮華賢弟台鑒：奉函至慰，有志者事竟成，在於有恆精進也。蕭、張兩弟皆淳厚君子，可資臂助。此外應留意其他人才。公開徵信較難，私人談話得穫較易，倘有真發心如吾弟者，可介其暑寒假中來中小住，兄力所及自當貢獻也。玉照謝謝，其一亦遵轉朱居士矣。專此順詢
學祺　　兄李炳南拜啟　四月七日

圖9　4月，臺中佛教界慶祝佛誕，台中蓮社有五千蓮友參加遊行。近日由中部大專佛學社成立之「中部大專同學佛學研究聯誼中心」有數百人參加。

1964年圖8

1964年圖9

圖10 4月，參加逢甲學院「普覺佛學研究社」成立大會。

圖11 5月，慈光大專佛學講座第三屆（週末班）講授《八大人覺經》圓滿，舉行測驗。

【釋文】
〈八大人覺經試題〉：
一、第八覺知：全文默寫
二、第一覺悟：「四大」「五陰」，試各舉其名。
三、第二覺知：「生死疲勞」，是何原因使然？
四、第三覺知：有「知足」與「守道」之文，知足與守道，在筆記上，俱有注解。試舉出。
五、第四覺知：「摧伏四魔」，何為四魔？
六、第五覺悟：「愚痴生死」，筆記有詳說明，試言愚痴之事。
七、第六覺知：「菩薩布施」，試舉布施有幾種？
八、第七覺悟：「志願出家」，筆記列此，甚為詳明，能列出否？
九、第五第八兩條，最後皆有「大樂」二字，試言何為「大樂」？
十、第七覺悟：「五欲過患」，何為五欲？

1964年圖10

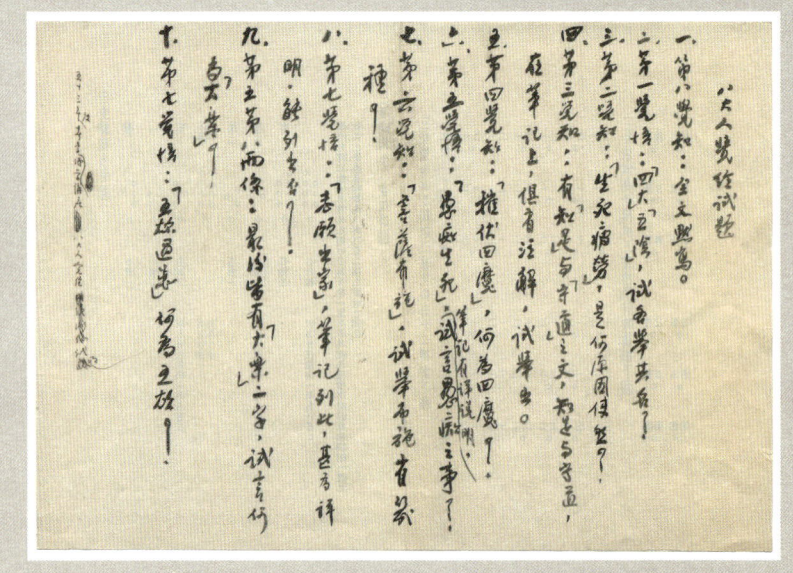

1964年圖11

1964年（民國53年）·75歲

圖12 5月，函復政大蔡榮華，指導有關「十二因緣」之提問。

【釋文】

一、六識之想，斷斷續續而已，七識恆想不停，兩者之想行動不同，不能比較前後。

二、蘊支兩行，大致皆言其動，不過蘊之行注重現在，支之行乃言過去。「受想行識」列於八識之四部，乃言其用，非指是體。因接受外界之欲塵，主要為前五識之功能，想為六識功能，行而不止七識功能，心變為識，八為其總。

三、此二字代表「男女二諦，及神識，三種和混體」此即胚胎。胚胎為「心色」二法之身，「名」謂心，心無形，故僅有「名」而已，「色」有形指胎形，合而言之，故曰「名色」，再則曰「六入」，「六入」是有相狀矣。「心」與「色」是二，故分言。　此復

榮華弟　　兄李炳南拜啟　五月十二日

圖13 5月，奉派擔任國家特種考試中醫師考試典試委員。

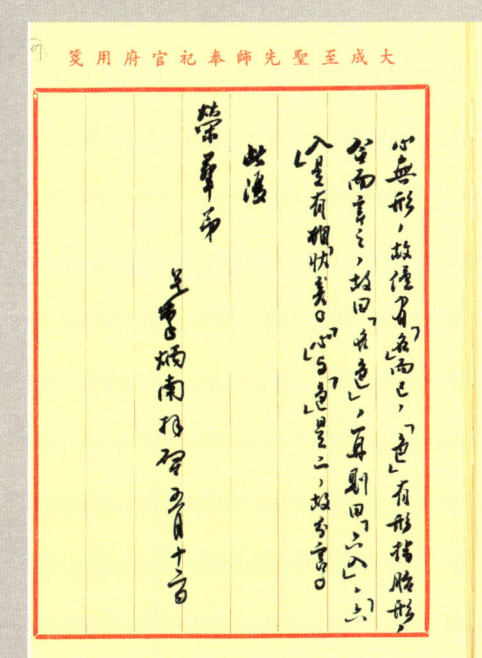

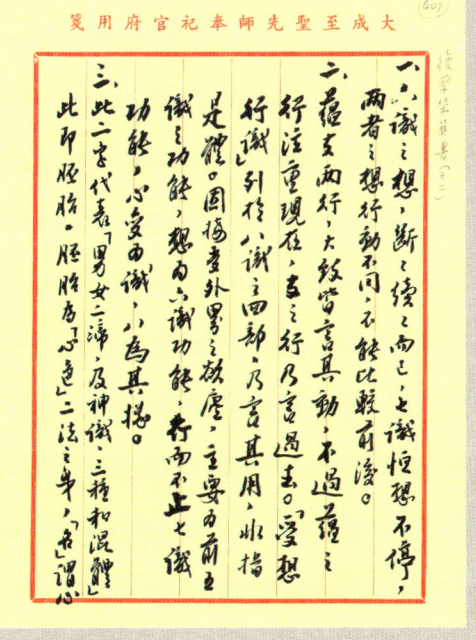

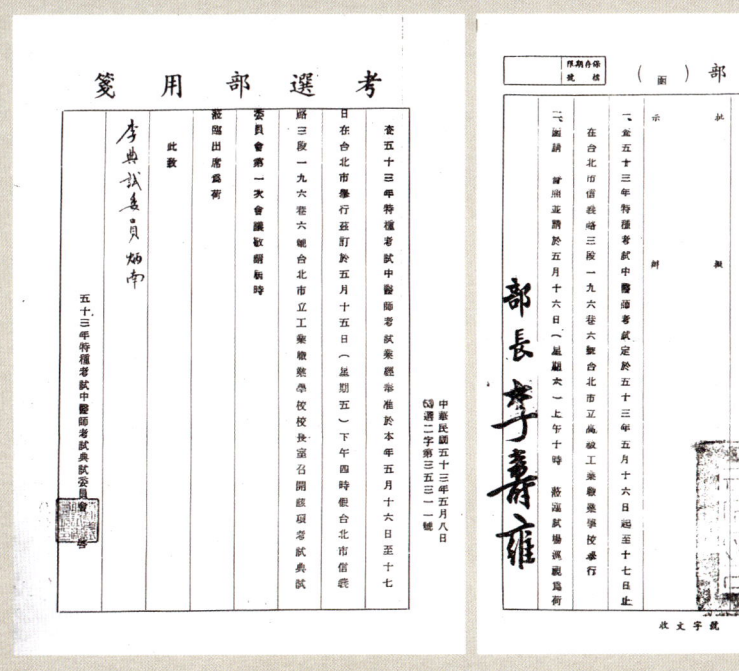

1964年圖12

1964年圖13

圖 14　5 月，函復政大蔡榮華，指導「佛學概要十四講表」各講組織關聯之法要。

【釋文】

榮華賢弟台鑒：十四表編分次第如三民主義各是一篇、二十五史各是一史，雖則各別都有連貫，脈絡如弟所分前七後七甚為恰當，細玩其題自知。（二）只有假相，都無實體，所解甚對無謬，此足下之地球亦無實體，乃微塵聚，終須壞空。（三）菩薩成佛時間甚久，有三僧祇之長，因菩薩欲破塵沙惑必須如此，但有相當定力時能不昧前因，故不畏生死。（四）菩薩修到登地以上即能化身無量。國清寺之寒山拾得，九華山之地藏，皆如是也。（五）這問題必須當面解釋。極樂真有相不錯，無實體亦對。要知這是學理，須知一切一切都無實體，皆是現象，此言不能向初機愚人講，因彼根本無學理腦筋，愈說愈誤會。再說心，此心非指腹內之心臟，乃言當前之靈覺，此靈覺將盡虛空都包在內，無量之銀河系亦在此靈覺中。學無十年苦功，聞之不解。《楞嚴經》開首即談此事，阿難多聞，尚不明白，何況凡夫。謹復，有機面詳。并頌

學祺　　兄李炳南拜啟　五月廿六日　事極忙匆匆祈諒

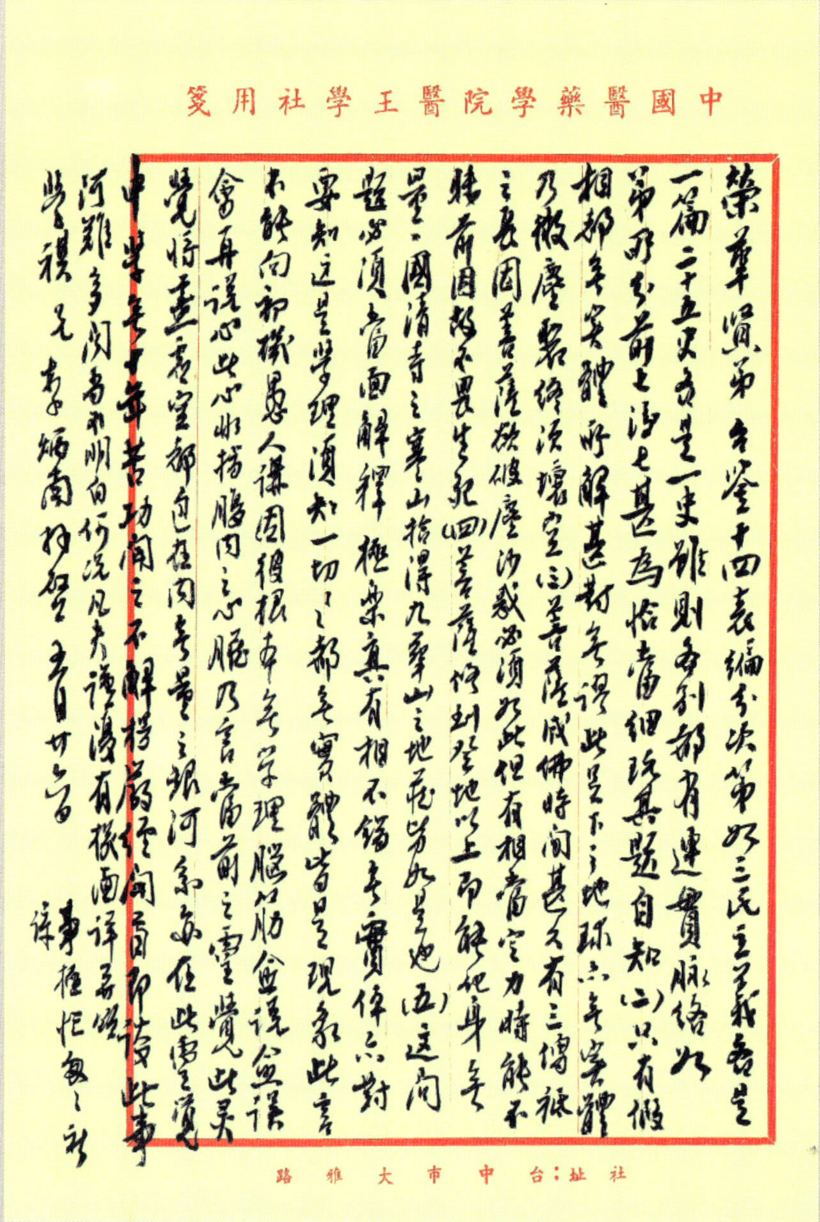
中國醫藥學院醫王學社用箋

榮華賢弟台鑒：十四表編分次第如三民主義各是一篇、二十五史各是一史，雖則各別都有連貫，脈絡如弟所分前七後七甚為恰當，細玩其題自知。（二）只有假相，都無實體，所解甚對無謬，此足下之地球亦無實體，乃微塵聚，終須壞空。（三）菩薩成佛時間甚久，有三僧祇之長，因菩薩欲破塵沙惑必須如此，但有相當定力時能不昧前因，故不畏生死。（四）菩薩修到登地以上即能化身無量。國清寺之寒山拾得，九華山之地藏，皆如是也。（五）這問題必須當面解釋。極樂真有相不錯，無實體亦對。要知這是學理，須知一切一切都無實體，皆是現象，此言不能向初機愚人講，因彼根本無學理腦筋，愈說愈誤會。再說心，此心非指腹內之心臟，乃言當前之靈覺，此靈覺將盡虛空都包在內，無量之銀河系亦在此靈覺中。學無十年苦功，聞之不解。《楞嚴經》開首即談此事，阿難多聞，尚不明白，何況凡夫。謹復，有機面詳。并頌
學祺　兄李炳南拜啟　五月廿六日　事極忙匆匆祈諒

社址：台中市大雅路

■ 1964 年圖 14

1964年（民國53年）・75歲

圖15 6月1日，續聘擔任慈光圖書館第四屆董事。

圖16 6月13日，「臺灣省私立菩提救濟院」正式成立，推舉炳南先生為董事長。菩提救濟院係由菩提醫院擴大改組而成，擬發展之業務除原有醫院，加設安老所、施醫所、保嬰所及佛教善果林等事業，計畫逐步完成，此為佛教在臺灣對社會大眾慈善事業之開端。

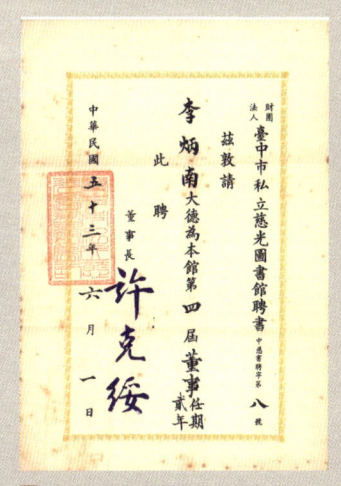

圖17 6月，中興新村中興佛社第三屆理事長，禮聘先生為名譽理事長。先生兩年來多次至該社講授佛學。

圖18 7月12日，應呂佛庭邀請，與蔡念生、朱鏡宙同赴其臺中北屯寶華山住處聚會。

【釋文】〈甲辰仲夏迎李雪廬居士蒞寶山精舍雅集〉
滄海茫茫接碧空，忻迎展杖沐高風；開筵山舍疑天上，繞水煙村似鏡中。
蝶舞鶯飛色相寂，鐘鳴松嘯道心通；它年結伴歸廬阜，願向東林依遠公。
雪公大吟壇教政　　後學呂佛庭呈稿

■ 1964年圖15

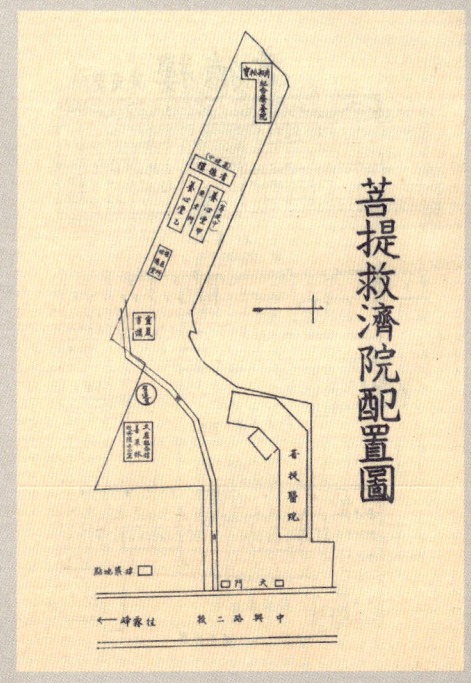

■ 1964年圖16

■ 1964年圖17

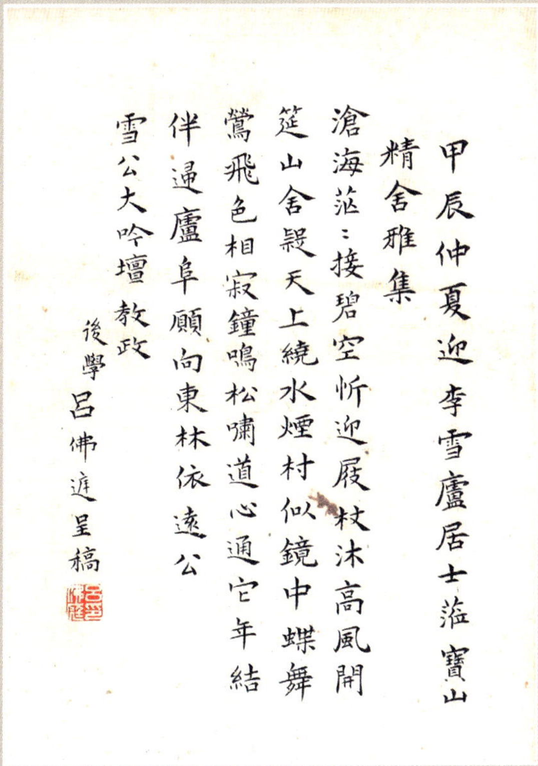

■ 1964年圖18

圖 19 7月，菩提醫院籌建委員會議，通過謝潤德設計太虛紀念館之藍圖。（翻拍自《菩提樹》月刊）

圖 20 7月，北上至桃園蓮社宣講《佛說盂蘭盆經》，講後至石門水庫遊覽。後排右二為蔡榮華，右三為張進興。

圖 21 7月，受聘擔任國立中國醫藥研究所名譽顧問。

1964 年圖 19

1964 年圖 20

1964 年圖 21

1964年（民國53年）・75歲

圖22 8月，馬來西亞僑生蔡榮華大學畢業，於返回僑居地前至臺中求學。返鄉時，先生等人送行至火車站。臨別，先生題贈〈時計鐘〉一幀，並將所著之長衫卸下相贈。②合照左起為：朱斐、先生、蔡榮華、淨空法師、陸錦榮。

【釋文】

警眾太般勤，曾無間寸陰；幾人長夜醒，不負轉輪心。

歲甲辰長夏，錄舊作時計鐘一首。其旨淺而易見，玩之者或有感而興起，予之望也。

榮華賢棣　雅正　李炳南時客臺中

■ 1964年圖22 ① 　　　■ 1964年圖22 ② 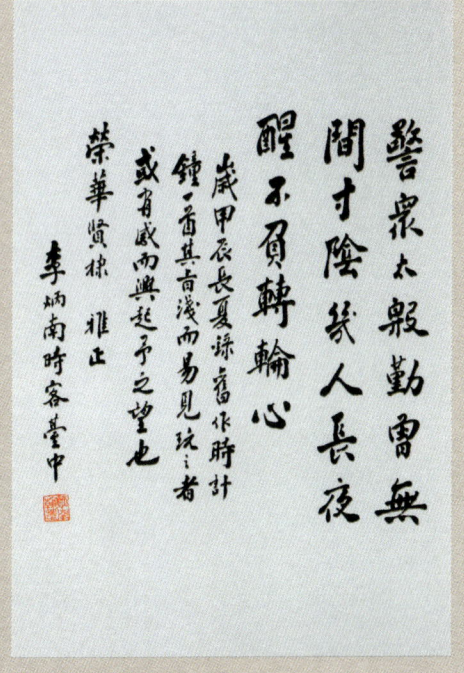　　　■ 1964年圖22 ③

圖23 8月15日，臺灣大學晨曦社及政治大學東方文化社共十二位學員至臺中求學，為期一週，是為慈光講座第二屆（寒暑假）。

圖24 8月，為江逸子立秋所繪〈心閒意靜圖〉題跋。

【釋文】
　　常人念動思飛，惑而妄；至人無緣靜慮，覺而真。然真妄惟是二物，只在覺與惑耳。眾生之升墮亦在此機。智者契焉，愚者昧之。
　　　　李炳南觀跋

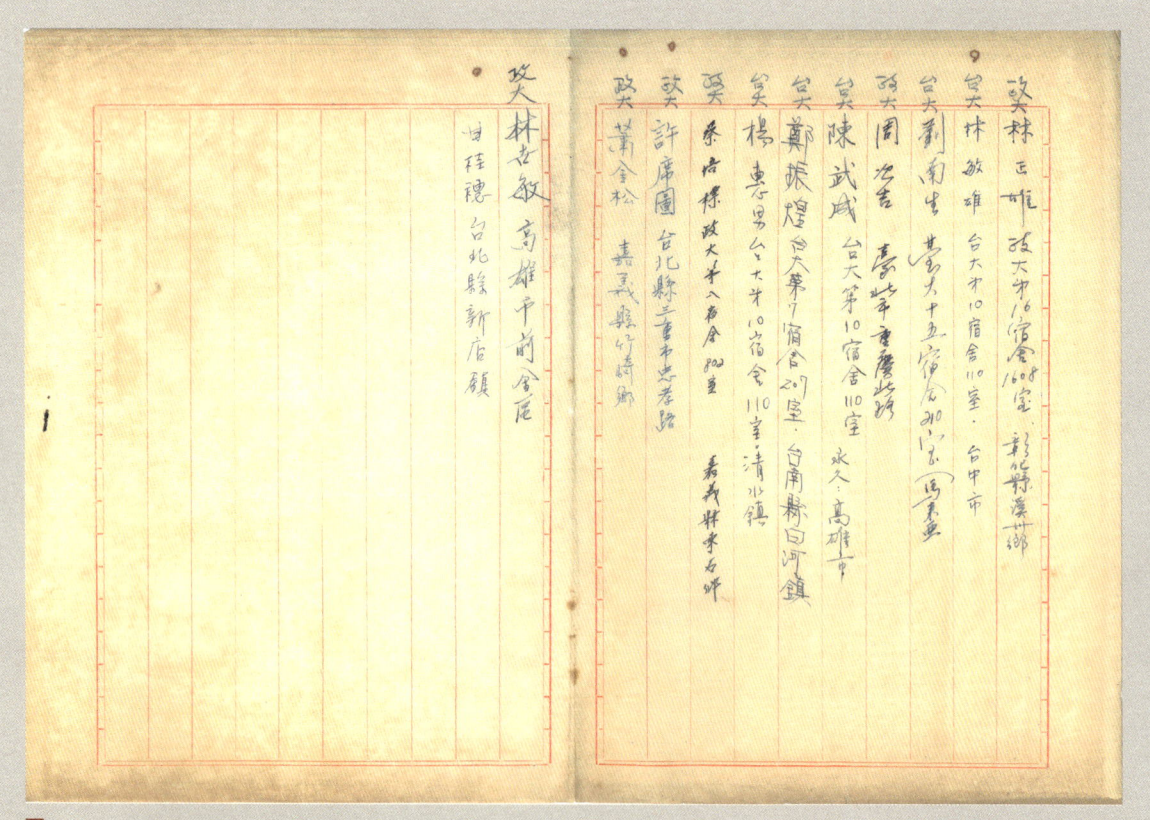

1964 年圖23

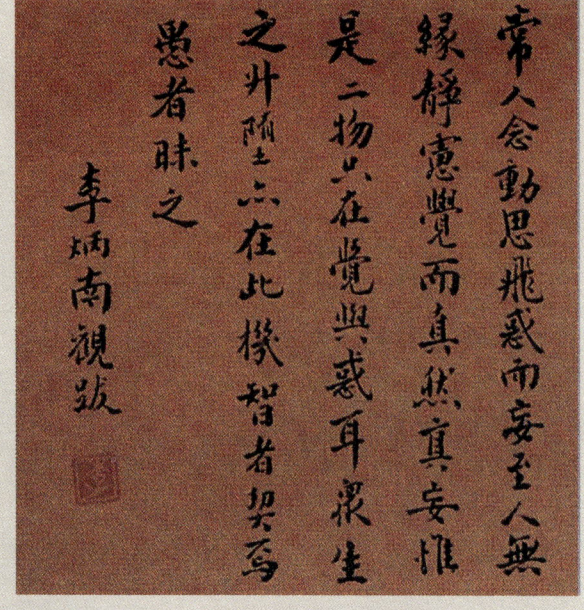

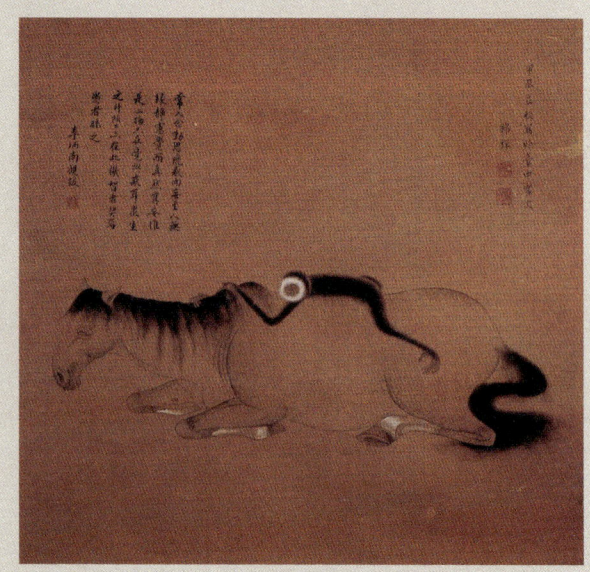

1964 年圖24

1964年（民國53年）・75歲

圖25 政治大學僑生蔡榮華，已於前月學成返鄉。先生於九月函示蔡榮華，勉其工作之餘，須多讀書。

【釋文】

榮華賢弟台鑒：別後迭接台函，以皆係臨時住址，不便復信，茲已飛回珂里，聞一切皆善，至為心悅。淨空法師、朱斐居士兩信已統交付。此後固須謀事，然作事之暇，必須利用時間讀書。古人學而優則仕，仕而優則學。至於佛法，我輩相處時短，所學僅是皮毛，若想宏法，必先多知多聞，便其契機契理。《十四講表》只限於大專學生或受高等教育者，否則格格不入。對普人講佛，應採通俗講演之法，詳看兄編之《實用講演術要畧》「選材」一段。茲為寄上通俗講表十張以作參考，路遠無法面授，曷勝歉仄，然凡事研究，久則通達。雲樹南天，神馳不已。專復。講表另寄，并頌

淨祺　尊府統此問候　　兄李炳南拜啟　九月一日

圖26 9月，菩提救濟院董事會於《菩提樹》刊出七月份收支報告表。

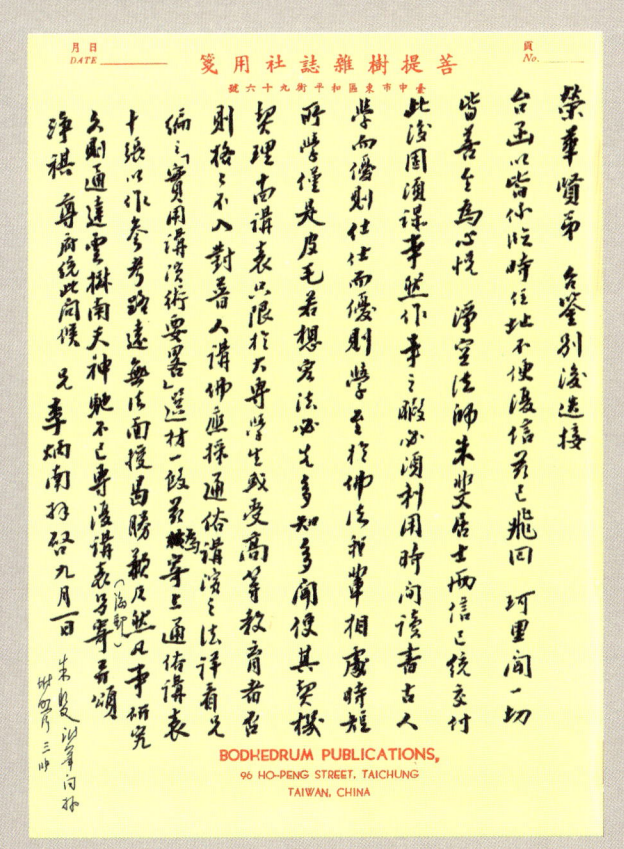

■ 1964年 圖25

■ 1964年 圖26

圖 27　台中蓮社 1975 年改建前，先生每週五晚「國學指導」，為大眾講授古文及詩。圖為 1970 年講授古文之講義，選講柳宗元〈觀八駿圖說〉、柳宗元〈永某氏之鼠〉、柳宗元〈宋清傳〉、柳宗元〈序棊〉、柳宗元〈送徐從事北遊序〉、柳宗元〈零陵郡復乳穴記〉、柳宗元〈永州龍興寺東邱記〉、李翺〈高愍女碑〉、孫樵〈書何易于〉、蘇軾〈范文正公文集序〉、張載〈西銘〉、王安石〈答曾子固書〉。（照片提供：陳雍澤）

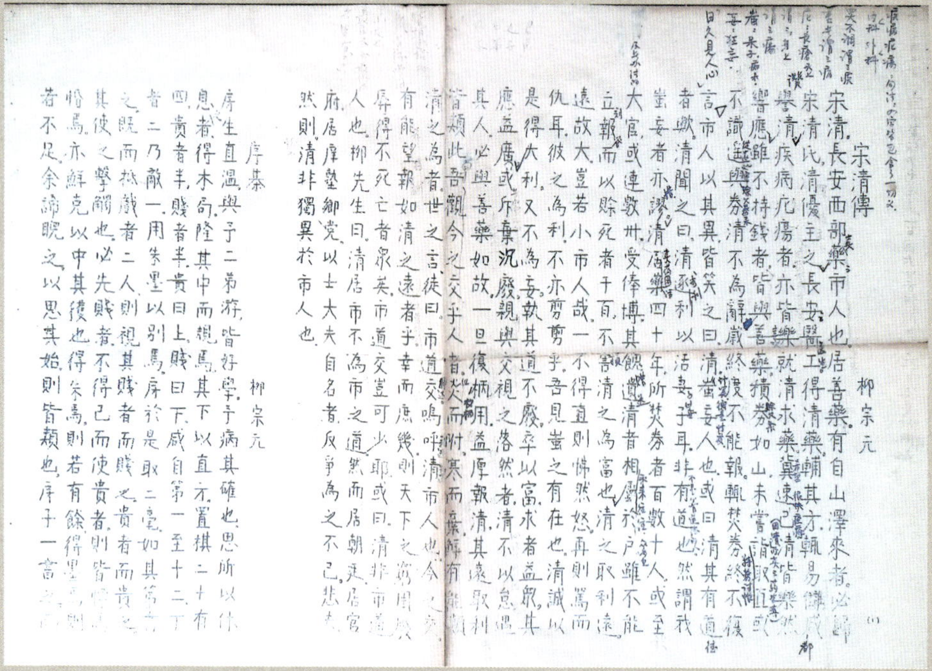

宋清傳　柳宗元

宋清，長安西部藥市人也。居善藥。有自山澤來者，必歸宋清氏，清優主之。長安醫工得清藥輔其方，輒易讎，咸譽清。疾病庀瘍者，亦皆樂就清求藥，冀速已。清皆樂然響應。雖不持錢者，皆與善藥，積券如山，未嘗詣取直。或不識遙與券，清不為辭。歲終，度不能報，輒焚券，終不復言。市人以其異，皆笑之曰：清，蚩妄人也。或曰：清其有道者歟。清聞之曰：清逐利以活妻子耳，非有道也。然謂我蚩妄者亦謬。清居藥四十年，所焚券者百數十人，或至大官，或連數州，受俸博，其饋遺清者相屬於戶。雖不能立報，而以賒死者千百，不害清之為富也。清之取利遠，遠故大。豈若小市人哉，一不得直，則怫然怒，再則罵而仇耳。彼之為利，不亦翦翦乎。吾見蚩之有在也。清誠以是得大利，又不為妄，執其道不廢，卒以富。求者益眾，其應益廣。或斥棄沉廢，親與交，視之落然者，清不以怠遇其人，必與善藥如故。一旦復柄用，益厚報清。其遠取利皆類此。吾觀今之交乎人者，炎而附，寒而棄，鮮有能類清之為者。世之言，徒曰市道交。嗚呼，清，市人也，今之交有能望報如清之遠者乎？幸而庶幾，則天下之窮困廢辱得不死亡者眾矣。市道交豈可少耶？或曰：清非市道人也。柳先生曰：清居市不為市之道，然而居朝廷、居官府、居庠塾鄉黨以士大夫自名者，反爭為之不已，悲夫！然則清非獨異於市人也。

序棊　柳宗元

房生直溫，與予二弟游，皆好學。予病其確也，思所以休息者，得木局，隆其中而規焉，其下以直，置棊二十有四，貴者半，賤者半。貴曰上，賤曰下，咸自第一至十二。下者二乃敵一。用朱墨以別焉。房於是取二毫，如其第書之。既而抵戲者二人，則視其賤者而賤之，貴者而貴之。其使之擊觸也，必先賤者，不得已而使貴者，則皆栗焉惕焉，亦鮮克以中其使也。得朱焉，則若有餘；得墨焉，則若不足。余諦睨之，以思其始，則皆類也。房子一書之，

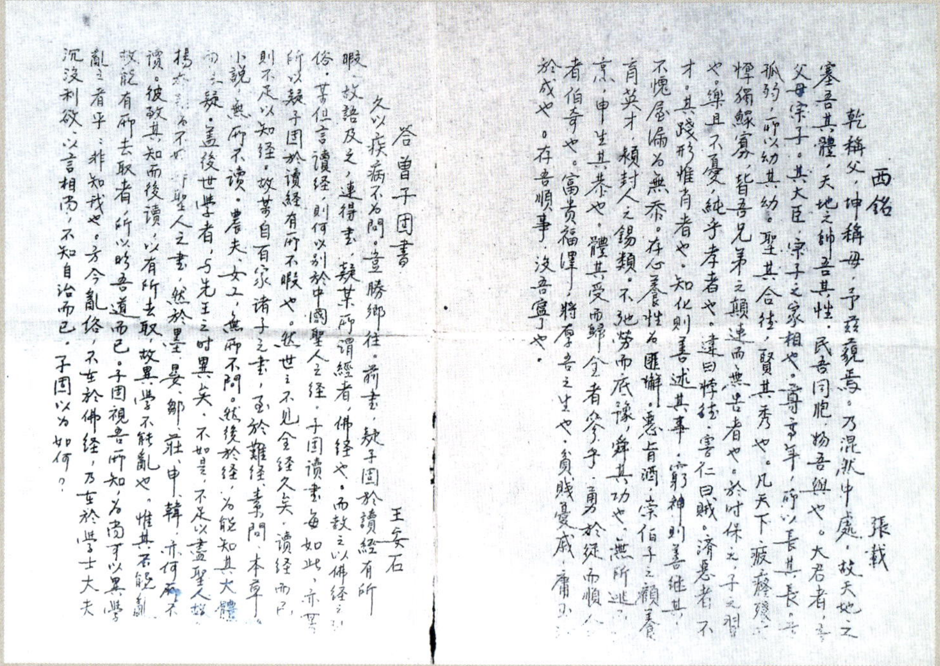

西銘　張載

乾稱父，坤稱母，予茲藐焉，乃混然中處。故天地之塞吾其體，天地之帥吾其性。民吾同胞，物吾與也。大君者，吾父母宗子；其大臣，宗子之家相也。尊高年，所以長其長；慈孤弱，所以幼其幼。聖其合德，賢其秀也。凡天下疲癃殘疾惸獨鰥寡，皆吾兄弟之顛連而無告者也。於時保之，子之翼也；樂且不憂，純乎孝者也。違曰悖德，害仁曰賊，濟惡者不才，其踐形惟肖者也。知化則善述其事，窮神則善繼其志。不愧屋漏為無忝，存心養性為匪懈。惡旨酒，崇伯子之顧養；育英才，潁封人之錫類。不弛勞而底豫，舜其功也；無所逃而待烹，申生其恭也。體其受而歸全者，參乎；勇於從而順令者，伯奇也。富貴福澤，將厚吾之生也；貧賤憂戚，庸玉汝於成也。存吾順事，沒吾寧也。

答曾子固書　王安石

久以疾病不為問，豈勝鄉往。前書疑子固於讀經有所暇，故語及之。連得書，疑某所謂經者佛經也，而教之以佛經之亂俗。某但言讀經，則何以別於中國聖人之經？子固讀書每如此，亦某所以疑子固於讀經有所不暇也。然世之不見全經久矣，讀經而已，則不足以知經。故某自百家諸子之書，至於難經、素問、本草、小說，無所不讀；農夫女工，無所不問；然後於經為能知其大體而無疑。蓋後世學者，與先王之時異矣，不如是，不足以盡聖人故也。揚雄雖為不好非聖人之書，然於墨、晏、鄒、莊、申、韓亦何所不讀。彼致其知而後讀，以有所去取，故異學不能亂也。惟其不能亂，故能有所去取者，所以明吾道而已。子固視吾所知，為尚可以異學亂之者乎？非知我也。方今亂俗不在於佛經，乃在於學士大夫沉沒利欲，以言相尚，不知自治而已。子固以為如何？

1964 年圖 27

圖28 10月，為呂佛庭〈長城萬里圖〉長卷，撰成〈呂半僧萬里長城卷子歌〉。

【釋文】

巍巍乎！嘉陵江圖曾所聞，清明上河親所見，見者乃為後人臨，聞者雲隱匡廬面。大手文章古來稀，今竟畫出萬里長城十有七丈絹。山海關踞天下雄，九夷朝霧方壺東。臨洮戍樓夜擊鼓，遮斷牧馬窺西戎。日升月落地不同，屋廬衣食殊其風。殊其風，勿須通，各樂其樂咸融融。匈奴氈幕逐水草，遼塔金寺燦華藻，回紇宮室笠子圓，西夏屋顛平於道。叢山縣藐，游龍天矯，城壓其上，揚髻舞爪。穿地衝天去復回，雲崩泉立千百繞。郡州聚散遠近形不定，疆界強辨秦齊韓魏燕與趙。無定河，青海波，古今茫茫戰骨多。雖云戰骨多，縱目存幾何？獨留漢明妃，青塚鬱嵯峨。可憐壯士折骨斷脰死，不及美人琵琶胡語歌。吾從弱冠好書史，嘗為流涕投袂起。安得秦穆封崤陵，盡教雄鬼有依止。不然剗平青塚俾無痕，乃與萬里長城雪奇恥。霸君作城勞萬夫，畫者萬筆鋒亦枯。或乘騾車或乘馬，極於山陬窮海隅。自春徂夏篋裝改，物候隨處丹青塗。嘉木綠陰濃，蒸雲含雨連千峰，斜照西風裏，長亭短亭霜葉紫。明駝黃河走堅冰，積雪天地銀崚嶒。嘉峪關外陽春回，秧水漲綠桃李開。頓忘邊徼苦，忽訝江南來。遨遊萬里畫萬里，豈若閉門村秀才。畫者之心觀者眼，咫尺放去六合滿。一角萬里雖異趣，古人終輸氣勢短。秦宇混一奢土木，長城亦只豹窺管。奧區多事尚無徵，欲考文獻煙雲散。霧斑已露人皆驚，餘跡宣泄詎容緩。佛言心如工畫師，萬有皆可憑虛為，吾聞心包三際影不滅，惆悵乎！驪山阿房成九疑，三十萬軍掘不見，一炬寧迷樓閣基。半僧落筆自心造，補苴罅漏應出奇。輪蹄今朝盡棄用，但住宴坐凝玄思。凝玄思，畫玄思，秦皇地下神泣時。嗚呼！此圖有鄭共萬古，不慚搔首左右同繫辭。

歲次甲辰仲秋上浣拜觀於臺中師專學舍并題長歌以識

四百五十六甲子老人稷下李炳南

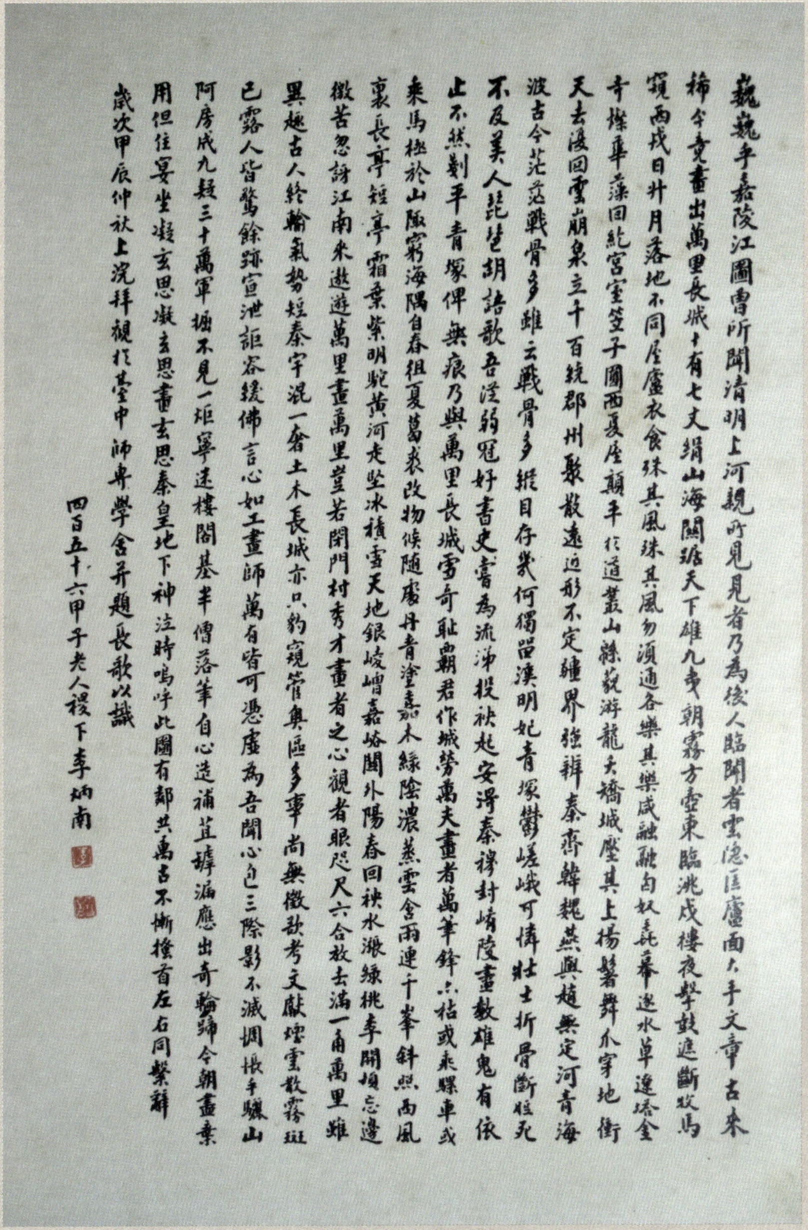

1964年圖28

圖 29　11月，呂佛庭來函，感謝先生為其畫作〈萬里長城圖〉撰作長歌。

【釋文】

雪老長者蓮座：日前錦祥袖交　尊作〈長城萬里卷子謌〉，沐誦數四，歎為希有！宛如江行峽中，流暢婉曲，境有盡而意無窮，杜子美〈丹青引〉不得專美於前矣！拜服！拜服！拙圖倘能藉　大文以永世，亦云殊勝之因緣也。〈長江萬里圖〉初稿甫就，全十七丈有奇，原備絹弗足用，今決計改用宣紙寫之。耑肅祇頌

法安　　後學呂佛庭敬上　十一月六日

圖 30　11月29日，與許祖成教授共同帶領中興大學智海學社同學至后里郊遊，應機教導宣說學佛之應為與不應為：「四為三不」。「四為三不」日後成為蓮社精神指標，先生並請《明倫》月刊每期刊置於刊頭。

■ 1964 年圖 29

■ 1964 年圖 30 ①

■ 1964 年圖 30 ②

1964年（民國53年）・75歲

圖31 11月，為孔德成先生代撰臺中市山東同鄉魯青公墓牌坊聯。

【釋文】

天之曆數，生同乎鄉，遊同乎方，歿同乎泉壤；
神所馮依，山應在岱，海應在渤，人應在孔顏。

■ 1964年圖31 ①

■ 1964年圖31 ②

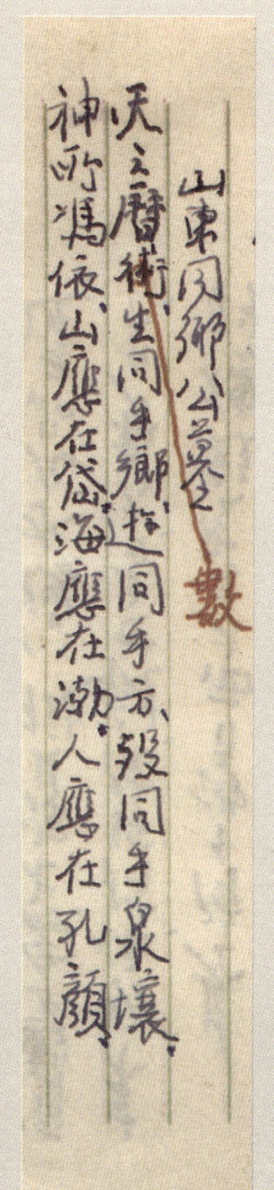

■ 1964年圖31 ③

圖32 12月，函復馬來西亞蔡榮華提問，指點時時溫習、厚積薄發。所提問於《菩提樹》問答專欄作答，日後刊行，先生另加眉注寄去。

【釋文】

榮華賢弟大鑒：一天明月，兩地相思，不知何日再得握手。所提問題，均在本期《菩提樹》儘先發表，希注意，故不於函中重述。謀職一事，須俟因緣，不必強合，但得日常於所學刻刻溫習，使其一切進步，厚積薄發，力常有餘。佛法已經入門，更宜乘此時間研究以待後用。學問之道，不進則退，離開善知識策礪亦退也。望深體斯言。專復并頌

學祺　　兄李炳南謹啟
十二月八日（①）

（眉注）

1. 《佛學常識》及《學佛淺說》即設法去購，俟辦妥即寄。
2. 《佛學講表》物色妥同寄。
3. 鄭老居士欲要拙書，不妨獻醜，但不能寫《心經》，因寫經須正楷方恭敬。（②）

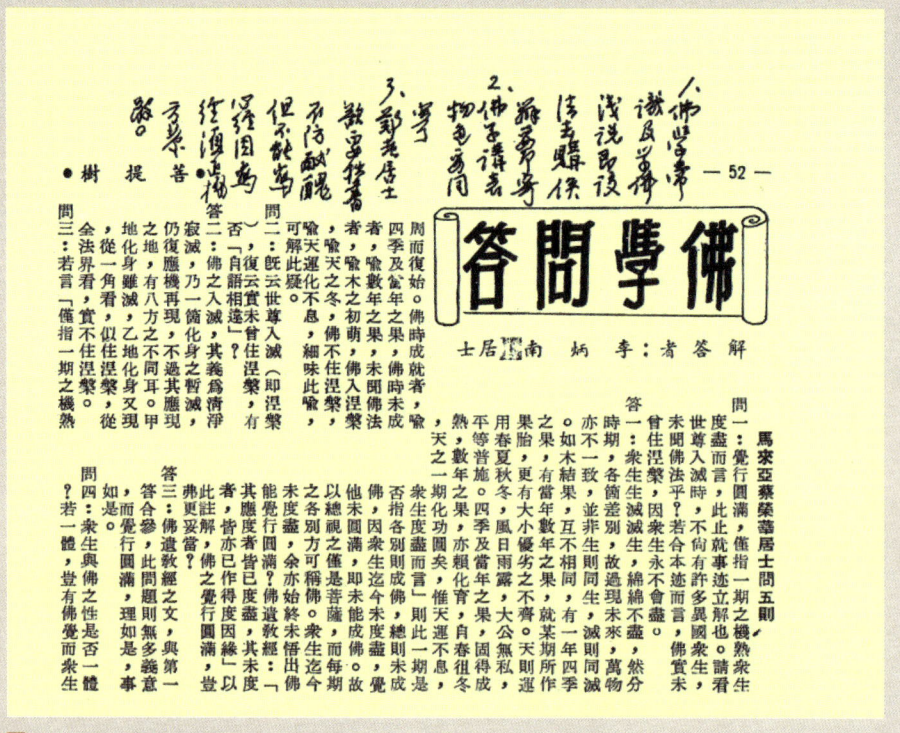

1964 年圖 32 ①

1964 年圖 32 ②

1965年（民國54年）‧76歲

圖1　1月26日，受聘擔任中國醫藥學院夜間部五十三學年度招生委員會委員。

圖2　1月，陸續邀聘海內外各界賢達，擔任菩提救濟院名譽董事。如國大代表高登海，立法委員李漢鳴、劉錫五，香港明常法師，新加坡宏船法師，星雲法師，王鶯居士……等多位。

【釋文】
炳老居士崇鑒：荷蒙不棄，聘為菩提救濟院名譽董事，自應附驥，藉效馳驅。專此奉復，並請
道安　　明常　夏正月十四日（②）

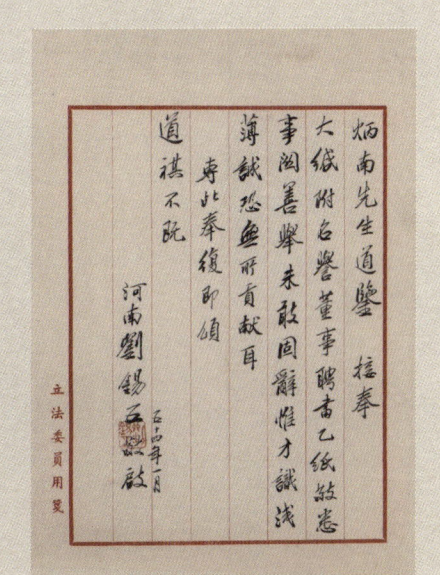

炳南先生道鑒：接奉大緘，附名譽董事聘書乙紙，敬悉。事關善舉，未敢固辭。惟才識淺薄，誠恐無所貢獻耳。專此奉復，即頌
道祺不既　　河南劉錫五敬啟　五十四年一月（③）

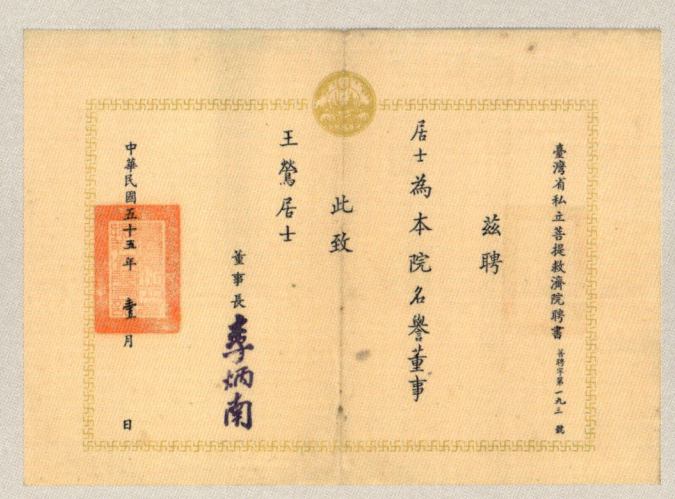

■ 1965年圖1

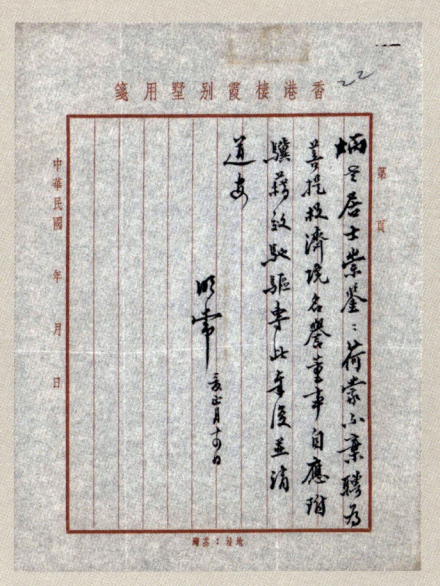

■ 1965年圖2①

■ 1965年圖2②

■ 1965年圖2③

圖3　2月，去函王仲懿，回復託辦事轉請牛若望祕書長處理。

【釋文】
仲懿大哥大鑒：年前寵賜佳果，元日又勞尊駕，中心銘感俱深。中興新村，朋友甚多，去倘不周，反不若一律不去，尚希鑒諒。令媛之事，聞于野老，有倦勤之意，改致牛若望先生。因內容主事，多出牛先生處。俟有復函，當再報命。謹謝并請

春安　弟李炳南拜啟　二月三日

圖4　2月，舉辦「五十四年度冬令班大專佛學講座」，為慈光講座第三屆。

圖5　2月，擔任中國醫藥學院夜間部五十三學年度招生委員會試場巡視委員。

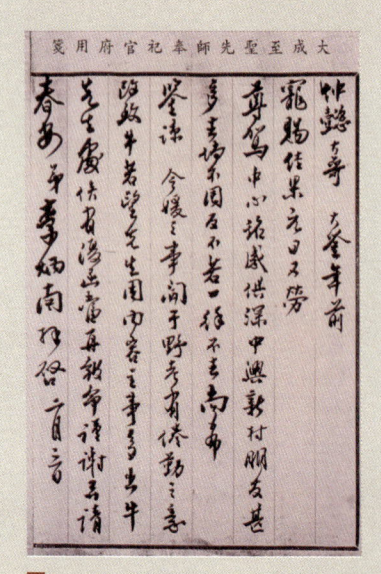

■ 1965年圖3　　■ 1965年圖4　　■ 1965年圖5

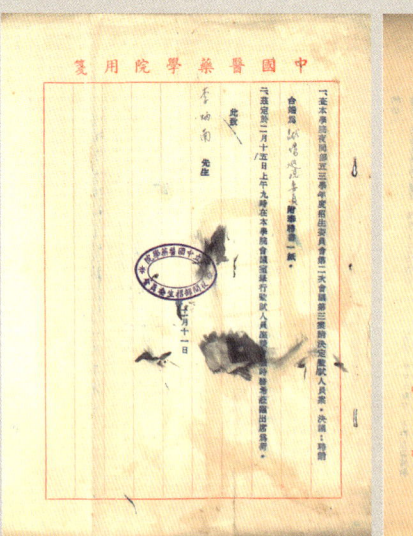

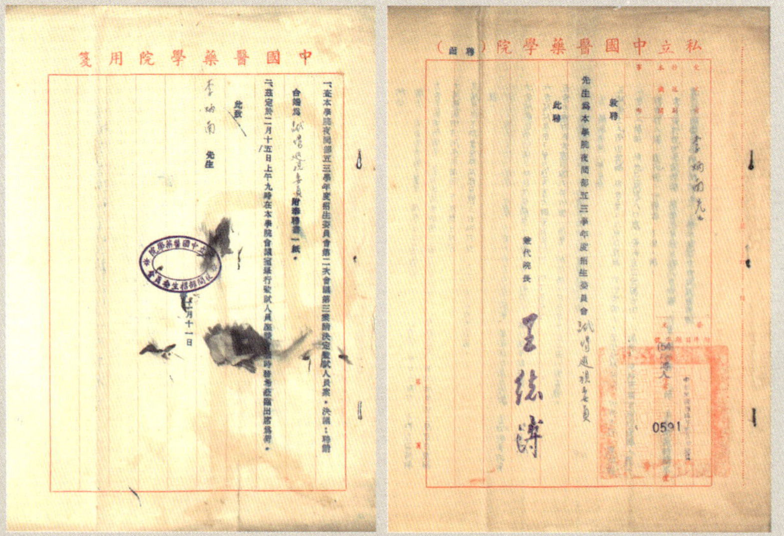

1965年（民國54年）・76歲

圖6 2月，為第三屆慈光講座《同學錄》題封面。②為先生設計之講座旗幟。

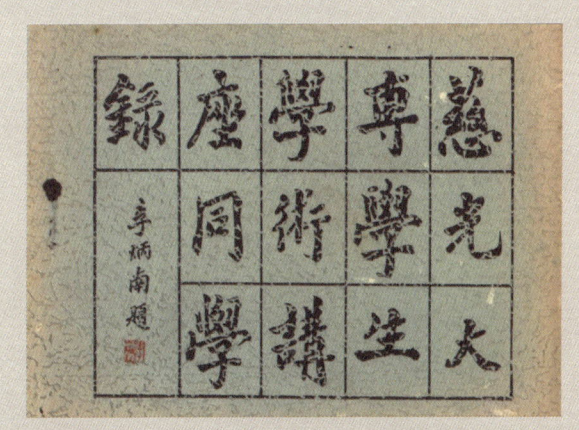

圖7 3月，應中興大學校長湯惠蓀敦聘為該校「國學講座」主講。該講座於該校理工大樓視聽教室舉行，歷時六年，校內外來學者甚眾。

【釋文】

炳南先生道席：

謹啟者：竊維吾國固有文化，為團結民族精神，爭取反攻復國之基本潛力，而社會污俗之刷新，端賴本然性德之啟發。敝校舉辦國學講座，旨在推闡固有文化，期能正人心、端習俗，以與我政府科學建設收輔車相依之效。夙仰台端德高望重，精通聖學，敬奉聘書，請為敝校國學講座主講。至懇俯允為禱。專頌

教綏　　弟湯惠蓀謹上　三月三日（②）

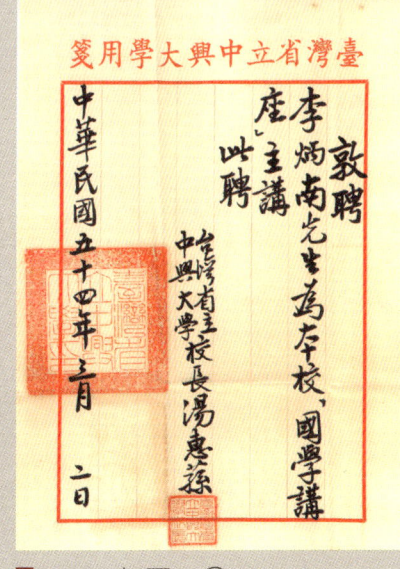

■ 1965年圖6①

■ 1965年圖6②

■ 1965年圖7①

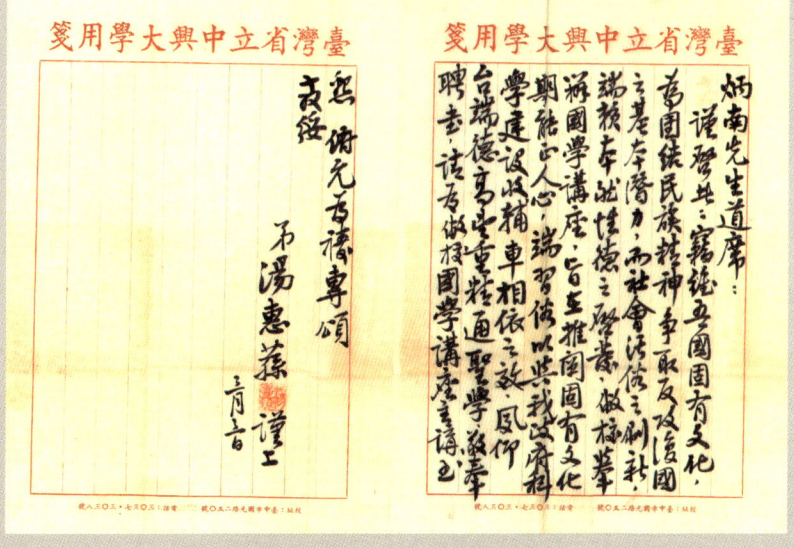

■ 1965年圖7②

圖8　3月，新加坡宏船法師來函，應聘擔任菩提救濟院名譽董事，並捐助救濟院。佛教醫院籌設一年多來，海內外緇素大德響應熱烈，捐助紀念病房達八十間。此處僅摘錄菲律賓瑞今法師、馬來西亞盛凱法師、國內懺雲法師、續明法師帶領之團體，以及胡崇理經募章嘉大師室之捐建紀錄。

【釋文】
炳南老居士文席：頃接讀菩提救濟院之聘函，及籌備近況，忻悉李長者大發慈心，護法功深，樂善好施，澤及患者，功德浩大，曷可言喻。以名譽董事畀與，衲實不敢當，凡我佛門之善舉，義不容辭，惟悉力以赴。而數年來應赴各方，況以星馬處於對抗中，一切均不如前，所以心有餘而力不逮，希長者有予諒我，衲與廣義欲紀念「會泉大師」一室，聞每室約台幣壹萬元之譜，茲先奉夾美幣百枚，即乞查收，見復為盼。即祝

願海莊嚴　　衲宏船
　　　　　　　廣義　　仝敬啟

佛曆二五〇八年，時在乙巳春元月念九日（①）

宗善居士淨鑒：惠函謹已奉悉。所捐病房，即訂名為「倓虛大師室」，捐助人為全省淨土宗團體。謹覆並頌

蓮安　拙衲懺雲謹具　十、十（②）

（案：宗善為朱斐法名）

朱斐大士法鑒：茲有敝舍學生等，為響應佛教菩提醫院之籌建，特就個人能力所及，分別樂捐，以示隨喜。唯為數甚少，無補於事，但願集腋成裘，能早日實現此一佛教慈濟事業耳。附上七百元匯票乙紙，乞席右代為轉交，為感。專此，敬祝

慧安　拙衲續明敬啟　五二、十一、四（③）

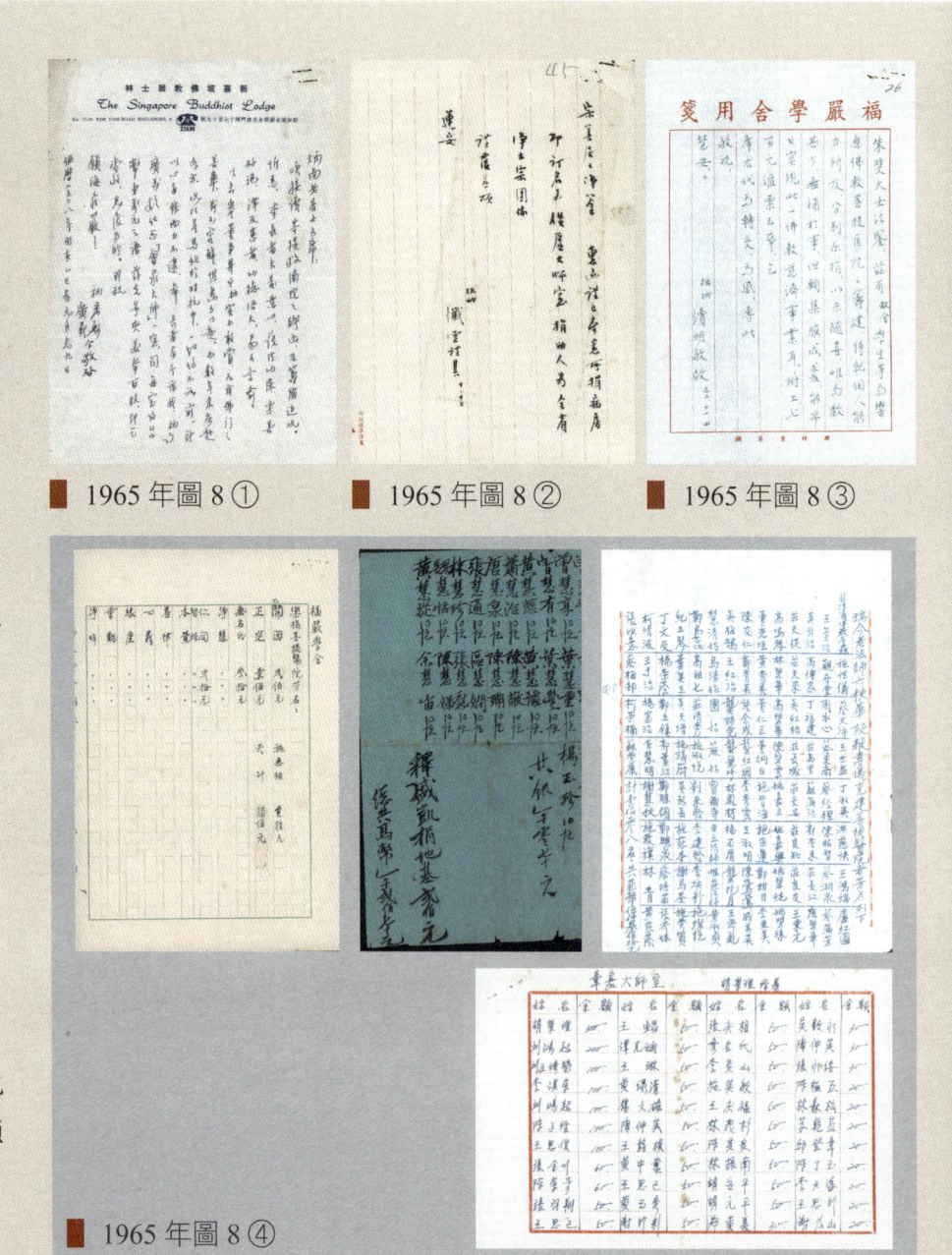

■ 1965年圖8①　　■ 1965年圖8②　　■ 1965年圖8③

■ 1965年圖8④

1965年（民國54年）・76歲

圖9　3月16日，中興大學「國學講座」開講，首講為「國學體用概言」，次週開講《大學》。①為〈國學體用概言〉講演表手稿，②為油印講義及先生手注。（照片提供：鄭如玲）

圖10　5月，於慈光圖書館週六慈光講座，為大專學生開講《金剛經》。背後之板書為第一屆慈光講座學員李相楷手筆。

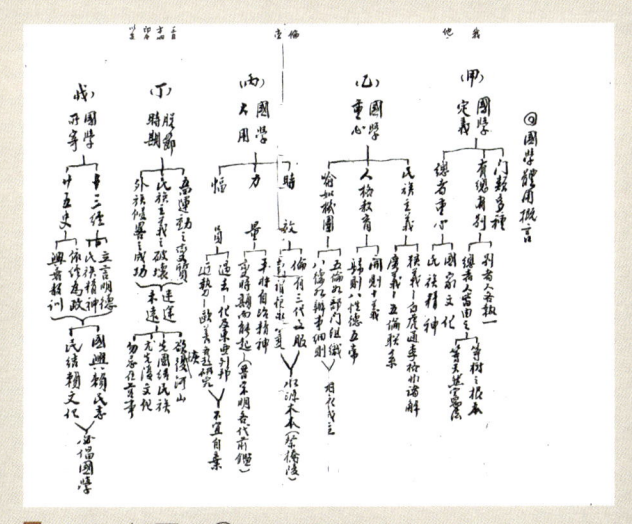

■ 1965年圖9①

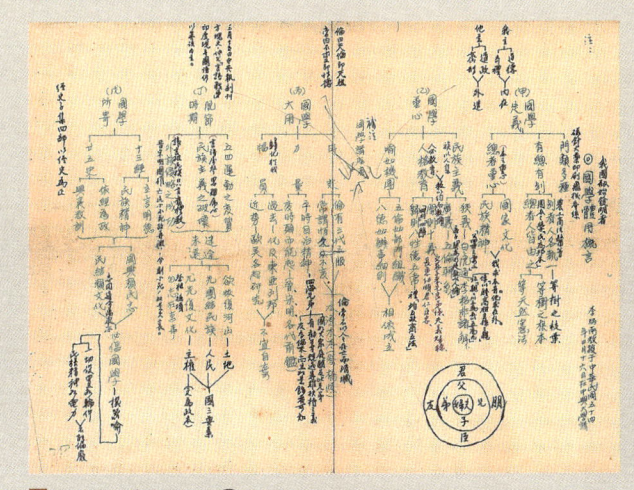

■ 1965年圖9②

■ 1965年圖10①

■ 1965年圖10②

圖 11　1965 年 6 月，有詩〈題呂佛庭長江萬里圖〉。

【釋文】
筆冢曾堆萬里城，今看揚子更縱橫；若非濡染千缸水，三峽飛濤畫不成。　佛庭道兄　兩正
　　李炳南

圖 12　6 月，鹿港佈教所創辦人王銀基獨子王子哲臺灣大學醫科畢業，有詩祝賀。

【釋文】
三槐舊德今還續，鯤島文光數代師；最羨君才尤博雅，醫王學術救生時。
子哲賢棣雅正　　李炳南

圖 13　7 月，中國佛教會理事長道源法師敦聘為該會顧問。

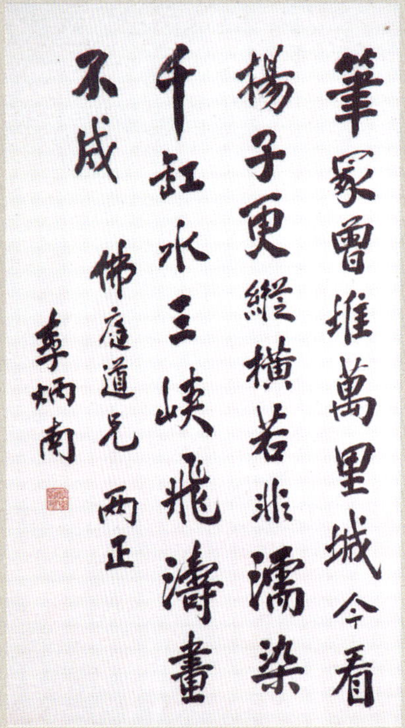

■ 1965 年圖 11 ①

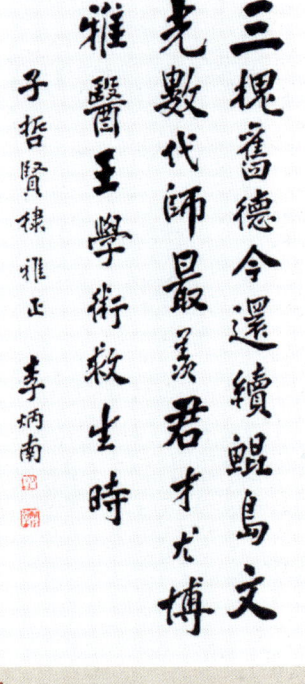

■ 1965 年圖 12

■ 1965 年圖 11 ②

■ 1965 年圖 13

圖14 8月，舉辦暑期第四、第五屆「慈光大專佛學講座」。本年大專暑假有四個月，因此講座分兩期進行，各為十一日。①為師生合影；②、③為課程結束，總幹事鄭振煌等代表學員向師長獻旗致謝。

圖15 8月，講座結束，先生率領慈光暑期講座全體同學前往中部各勝地參訪。①、②為中興新村中興會堂，③為興建中的菩提醫院。

1965年圖14 ①

1965年圖14 ②

1965年圖14 ③

1965年圖15 ①

1965年圖15 ②

1965年圖15 ③

圖 16 8月31日，應台中蓮社董事長朱炎煌禮聘，擔任蓮社導師。

圖 17 8月，應中國醫藥學院董事長兼代院長王德溥敦聘，擔任該校學術講座。

圖 18 9月，應中國醫藥學院院長敦聘，擔任該校中國醫藥學術研究委員會副主任委員。

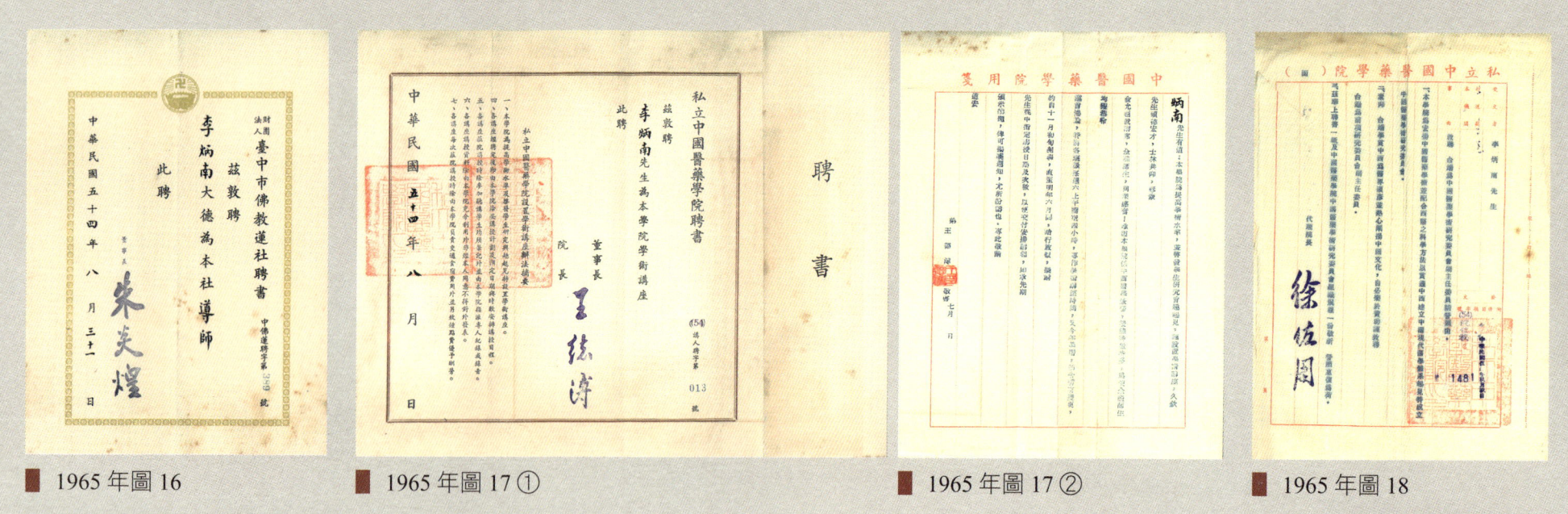

■ 1965 年圖 16　　■ 1965 年圖 17 ①　　■ 1965 年圖 17 ②　　■ 1965 年圖 18

1965年（民國54年）・76歲

圖19 9月12日，遷入臺中市南區正氣街九號，命名「寄漚軒」。①為房舍頂讓契約。②為遷入當日日曆記事。

圖20 9月，中部大專佛學社於尚未完工之菩提救濟院醫療大廈，聯合舉行敬師晚會。先生應邀參加。

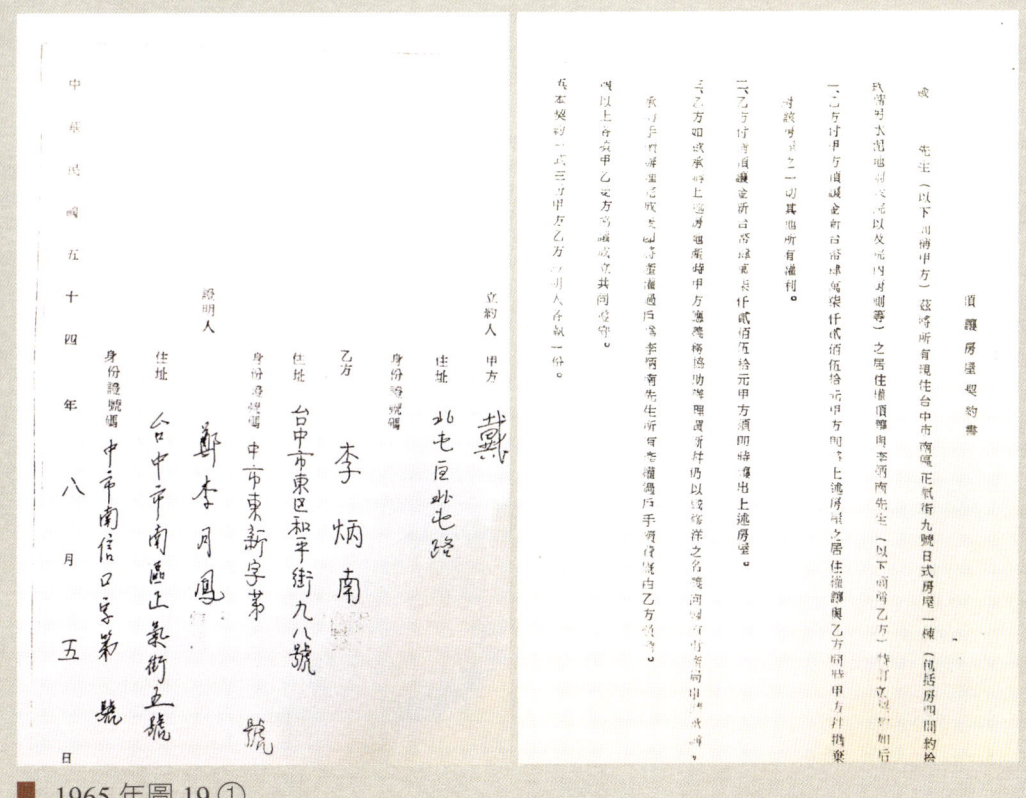

1965年圖19①

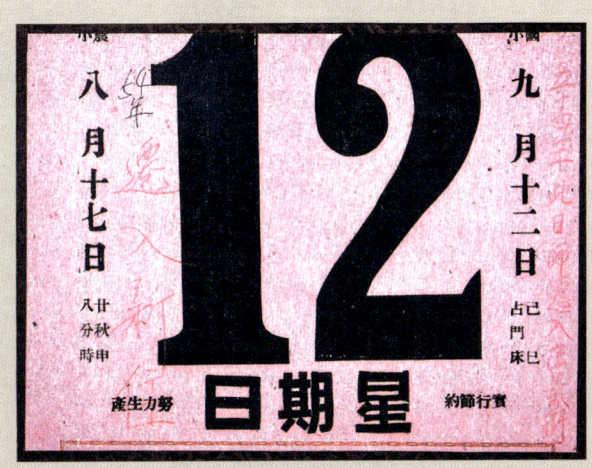

1965年圖19②

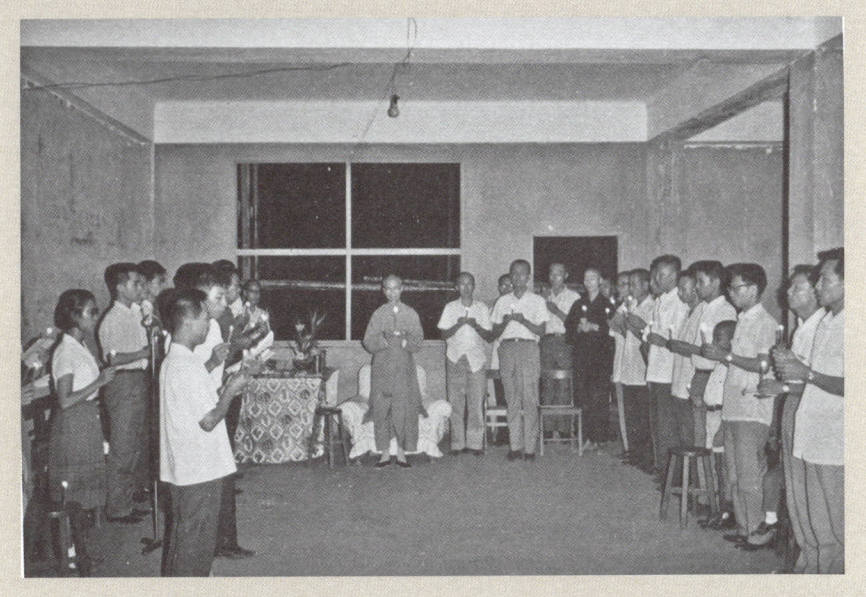

1965年圖20

圖 21 10月，應嘉義縣佛教支會理事長黃芳來邀請，至該會演講五天，同時至當地各寺院參訪。期間曾拜訪中油嘉義溶劑廠戈本捷、謝潤德。
④前排左起為戈本捷夫人戈周騰、炳南先生、謝潤德，後排右一為黃芳來。

■ 1965 年圖 21 ①

■ 1965 年圖 21 ②

■ 1965 年圖 21 ③

■ 1965 年圖 21 ④

圖22　10月，嘉義行旅間，復函香港李相楷，回答有關圓瑛法師注解問題，並告知大專講座辦理及遷居訊息。

【釋文】

蓮階賢弟台鑒：別後至想，接手翰，藉悉佳況，至慰。所談某尼呵斥圓瑛法師之注，亦係人云亦云，恐自並無正解。蓋瑛師之注，根據《楞嚴正脉》。著《正脉》者，不遵台家三觀，而又主張「用根捨識」，大為台宗呵斥，有顯劇之爭端。中國佛家教義，台宗幾遍天下，故《正脉》受謗者，幅員甚廣。至於二家之爭，初學可以不問。所採者瑛師之注，句句有解，非若古德但釋其旨，不解其文，宿學雖有益，初機則非釋文句不易入也。《蒙鈔》亦便初機，應不存成見，但取易解。至其旨若何，不妨廣參他註，此真相也。

所言太白「羣峭碧摩天」一首，題為〈訪雍尊師「隱居」〉，非不遇也。因選諸詩者，往往將「犬吠水聲中」一首並列，此首之題有「不遇」二字，恐一首詩傳鈔有訛也。

今暑假講座，參加同學，前後兩期共有百人，情緒及反應皆好。聯絡辦事，由台大鄭振煌弟經手，明歲擬再擴大。吾弟心細品高，而又隱重，可謂英才。希本所學，研究推廣，不勝企望。

兄今應嘉義佛教會之邀，講演五天，抽暇作復，匆匆專此　並頌

學祺　兄李炳南在嘉義拜啟

十月三日

敝廬已移台中南區正氣街九號，後通信，希寄新址。

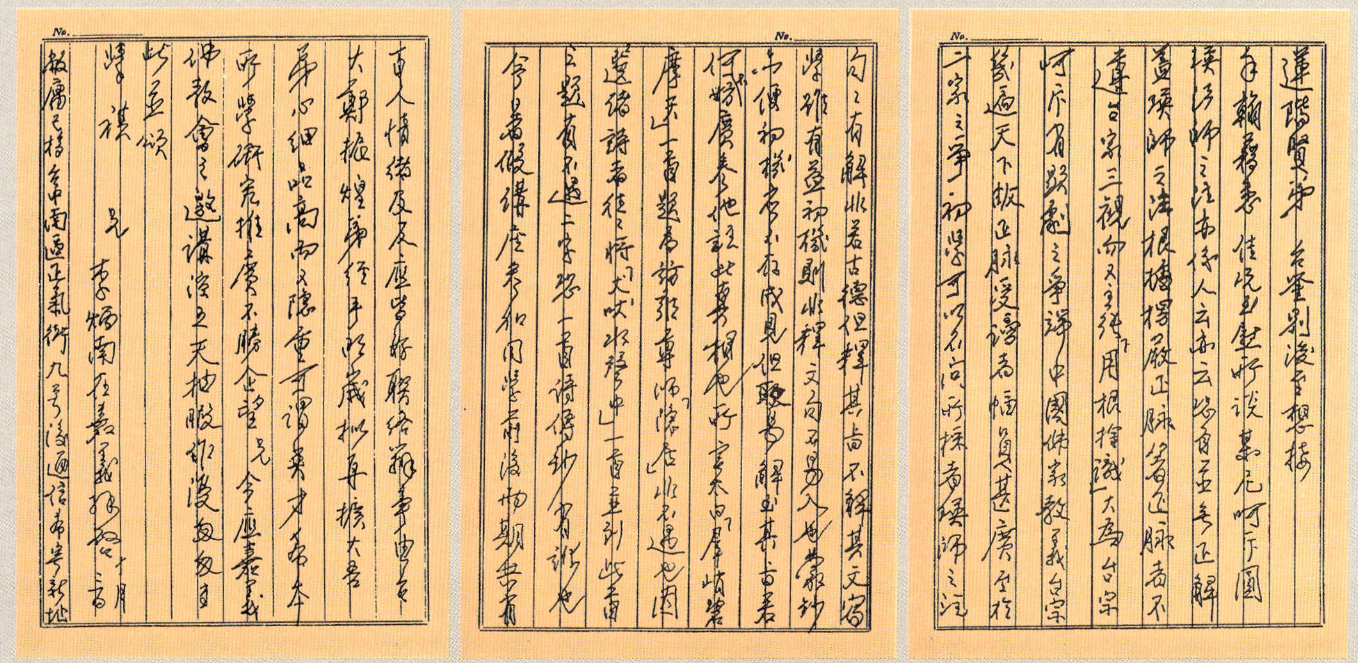

1965年圖22

圖23 11月，為中興大學智海社發行《迎新特刊》題辭。

【釋文】
智慧升朝日，文章湧海濤；從教洛陽紙，常與碧天高。
智海學社　　李炳南祝

圖24 11月，「中華民國大專佛學社團聯誼會」成立，受聘為顧問。

圖25 11月，於中興大學「國學講座」講授〈中庸〉。有〈介言〉說明〈中庸〉旨在闡明人天之道相通。但人道為物欲所蔽，應法天，以復其本。①為學校聘書，②為〈中庸〉講前介言手稿。

圖26 12月，菩提醫院院長于凌波榮膺臺中市好人好事代表，題詞祝賀。

【釋文】
身心脩正，是謂醫王；善為國寶，吾道亦光。
凌波賢棣榮膺全國好人好事之選紀念　　乙巳仲冬李炳南

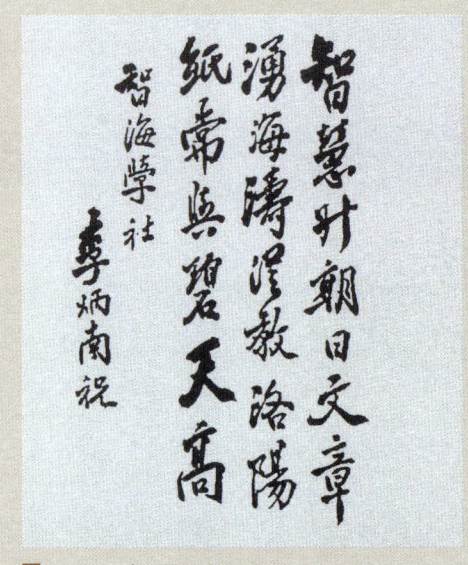

1965年圖23

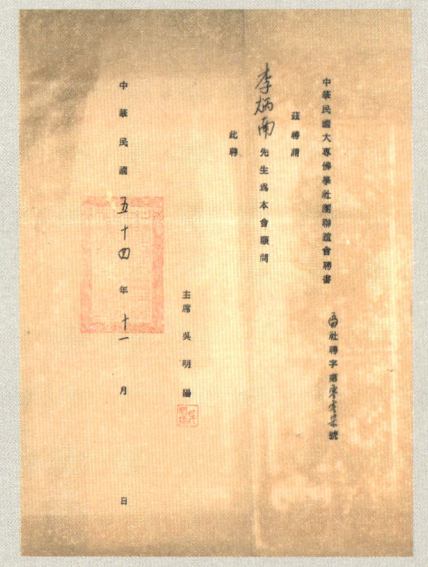

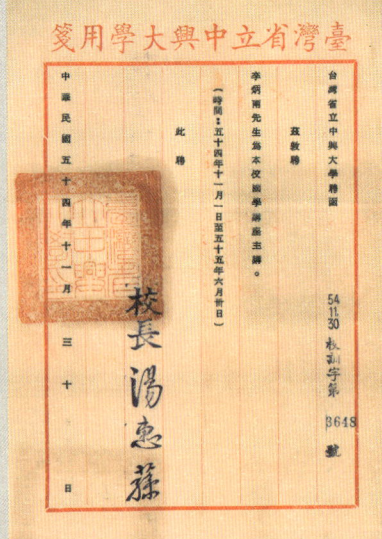

1965年圖24　　1965年圖25①　　1965年圖25②　　1965年圖26

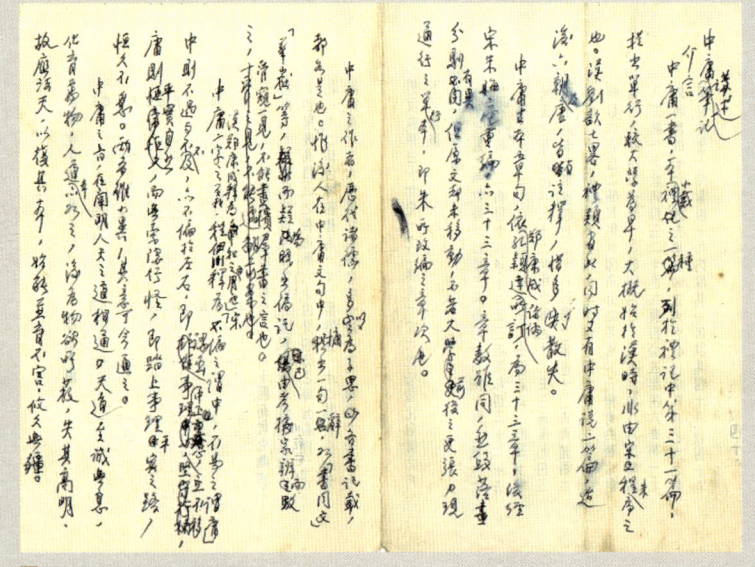

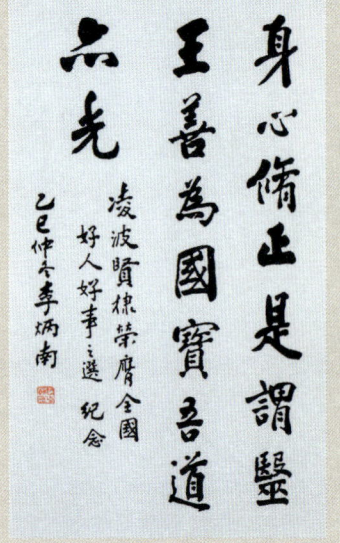

1966年（民國55年）・77歲

圖1　1月，函復屏東法院檢察處蔡中立，將於佛教醫院成立後，續辦佛化新村及安老所。

【釋文】

茲正辦醫院，成立後，即接辦佛化新村及安老所。屆時自當徵求同意也。

此信復後，登記。炳託

圖2　1月，致王孝廉論創業、守業之艱難。

【釋文】

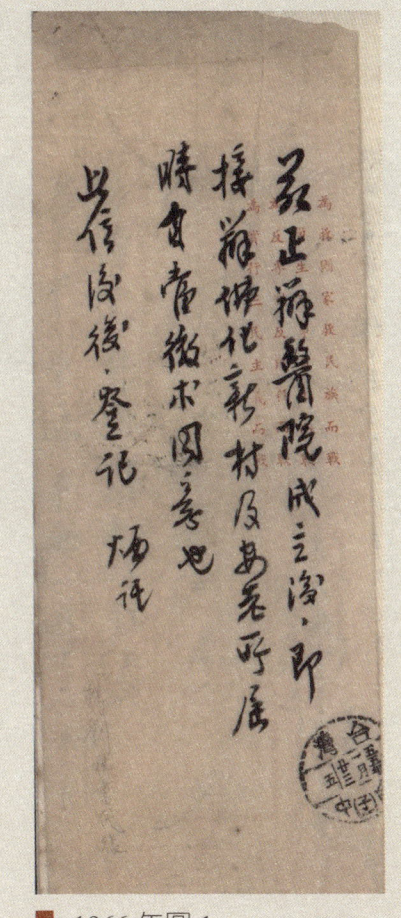

孝廉吾兄台鑒：奉示敬悉，種種卓見極佩，開墾生地，勝耕熟田。眼光遠者韙之，淺者誹之；今日之人喜論現實，以故多無後成。佛界中人亦現代者流，清明者有心而無力，昏昧者有力而無心。弟十數年來所辦諸事，備嘗其苦，備知其情，大有鳥倦欲還之意；創之固艱，守之則多起紛爭，竟變初衷，良可歎也。聞北部有一二大力，以前甚少往還，蓋道不同難共謀事，縱與之談，恐先犧牲，定不肯為。吾魯武訓其人，今不之見也。囑件只有觀機待緣，再為報命。專復並頌

春祺　弟李炳南拜啟　元月二十六日

1966年圖1

1966年圖2

圖3　1月，函復馬來西亞蔡榮華有關宏法儀式及音讀問題，囑工作之外，多多讀書研經，以期日後大用。

【釋文】
榮華賢弟鑒：奉函敬悉一切，極為歡喜。能弘法教學皆是有益人羣之事，自然功德無量，不愧在臺求學一番，惟惜相聚太短耳。囑辦之件另紙答復，所索之物另包郵寄，到希查收。尚希工作以外多多讀書研經以期後來大用，是兄之所盼望。音字原函特剪附以便易於對照也。
專復并頌
淨祺　　兄李炳南　元月廿八日
劉南生老弟有機會乞代問候
淨空、朱斐、家麟、勝陽、慶祝、進蘭，統附筆問候（①）

（甲）（彌陀經可分十二段）按《彌陀接蒙》所列即妥，幾次講完，並不一定，在講者自己定時。居士講經，不必過講儀式，但上下台各三拜而已。

（乙）（回向板眼）如不清楚，茲寄「課誦本」一冊，內容俱列詳細，照而學習可也。五重玄義，《彌陀要解》中列甚清楚，1「釋名」即是講題，2「辨體」即此經之本體，乃「實相」也。3「明宗」即是此經修行之宗旨（信願行）。4「達用」即是以往生不退為作用。5「教相」此經在三藏中，屬大乘菩薩藏。《彌陀要解》中俱詳，宜細研學，但初講經，除講題外，玄義可以不講。

（丙）（字音）（一）說（二）說音ㄕㄨㄛˋ（三）行（四）行（五）行音ㄒㄧㄥˊ（六）比音ㄅㄧˋ僧音ㄙㄥ（七）土（八）土（九）土（十）土音ㄊㄨˇ原來念（度）從眾念ㄊㄨˋ（十一）養音一ㄤˇ（十二）糯音ㄋㄡˋ（十三）楯音ㄕㄨㄣˇ（十四）樂音ㄩㄝˋ（十五）閦音ㄔㄨˋ（②）

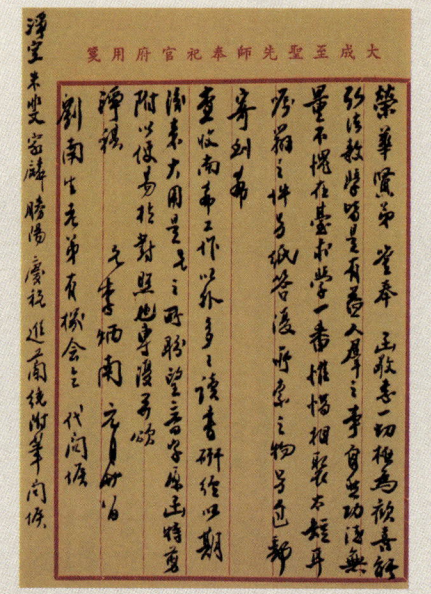

■ 1966 年圖3①

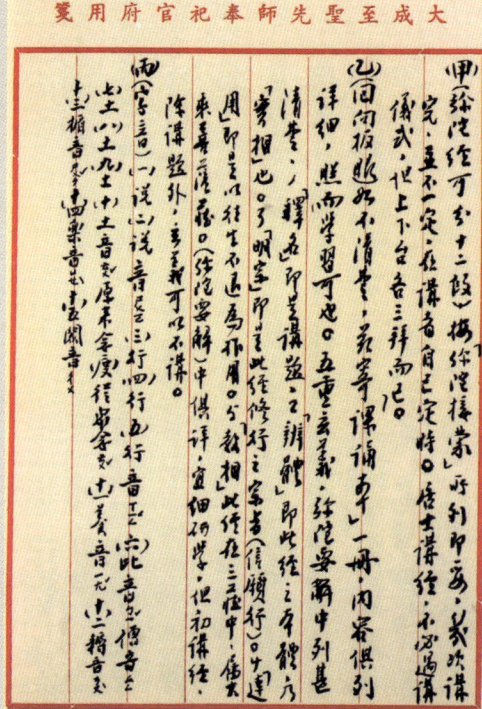

■ 1966 年圖3②

圖 4　1965 年 12 月 1 日至 1966 年 1 月 31 日，菩提救濟院收支表。

圖 5　2 月，函復李相楷，指點詳讀江味農《金剛經講義》、圓瑛法師《楞嚴經講義》、《彌陀要解講義》三書。李相楷為香港僑生，1965 年臺灣師範大學畢業後返鄉。

【釋文】

蓮階賢弟台鑒：冬季手書已收已復，洪喬之厄在此不在彼也。大約上次地點，只有唐人新村而無門號，或在香港郵局招領，亦未可知。吾弟品學志氣，實為今年少中翹楚，不過佛學所造不深，又無善知識契機誘掖，自不免於徬徨。我輩聚緣苦短，未能日夕切磋，致使驥足不能展才也。念佛大旨，在斷妄顯真，若非克期求證，十年或數十年，仍有不得力者，況二年乎！茲為弟鄭重聲明，眾生實生死相續，佛法實能斷之，倘致無念，後有不受矣，一切方法俱可成功，可參《楞嚴》二十五圓通，惟皆困難。只有念佛，普被三根，捨此修他，更非我輩作到。他法成則成，如有一絲之功未圓，仍不能了其生死。淨功則有九品全收之奇，難信易行，佛豈騙人？念到一心，有理事之別：理一心，見思惑斷，神通具足。事一心，但能伏惑，不能現通，可帶業往生，亦在中品。未能一心，只能臨終正念不失，亦能往生下品。然念佛屬於行門，必須求解，方能堅其道心。惟讀經，須圓會旁通，不可死在句下。以弟近中所見，有江味農之《金剛講義》，圓瑛法師之《楞嚴》及圓師之《彌陀要解講義》，此三種循環三遍或十遍，必大開悟解。屆時自能識途不退，且亦不為一般半通逞舌之徒擾亂矣。倘緣有藉，能回台省小住半年，兄當盡其所知，以為貢獻也。江味農研《般若》行在彌陀，圓師研《楞嚴》行亦彌陀，自古禪、相、律、密諸祖，悟證後仍持彌陀，有事實可查。即淨土諸祖，亦半為禪歸淨者，可知是法之重且要矣。弟其無疑，專復順頌

淨祺　　兄李炳南拜啟　二月廿八日

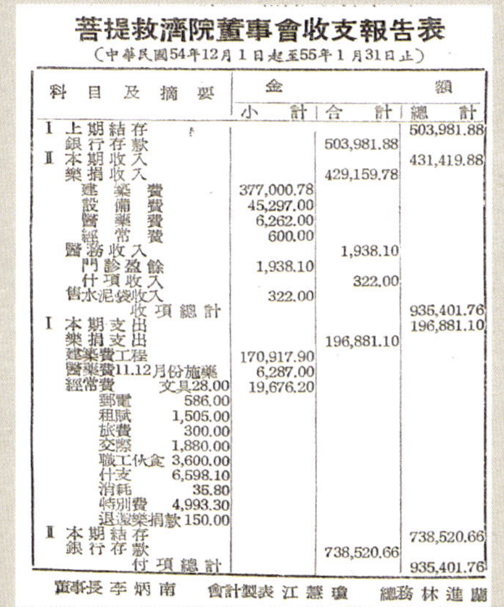

菩提救濟院董事會收支報告表

（中華民國54年12月1日起至55年1月31日止）

科目及摘要		金額 小計	合計	總計
I 上期結存				503,981.88
銀行存款			503,981.88	
II 本期收入				431,419.88
樂捐收入			429,159.78	
建築費		377,000.78		
設備費		45,297.00		
醫藥費		6,262.00		
經常費		600.00		
醫務收入			1,938.10	
門診盈餘		1,938.10		
什項收入			322.00	
售水泥袋收入		322.00		
收項總計				935,401.76
I 本期支出				196,881.10
樂捐支出			196,881.10	
建築費工程		170,917.90		
醫藥費11.12月份施藥		6,287.00		
經常費	文具28.00	19,676.20		
郵電	586.00			
租賦	1,505.00			
旅費	300.00			
交際	1,880.00			
職工伙食	3,600.00			
什支	6,598.10			
消耗	35.80			
特別費	4,993.30			
退還樂捐款	150.00			
II 本期結存				738,520.66
銀行存款			738,520.66	
付項總計				935,401.76

董事長 李炳南　會計製表 江慧瓊　總務 林進關

1966 年圖 4

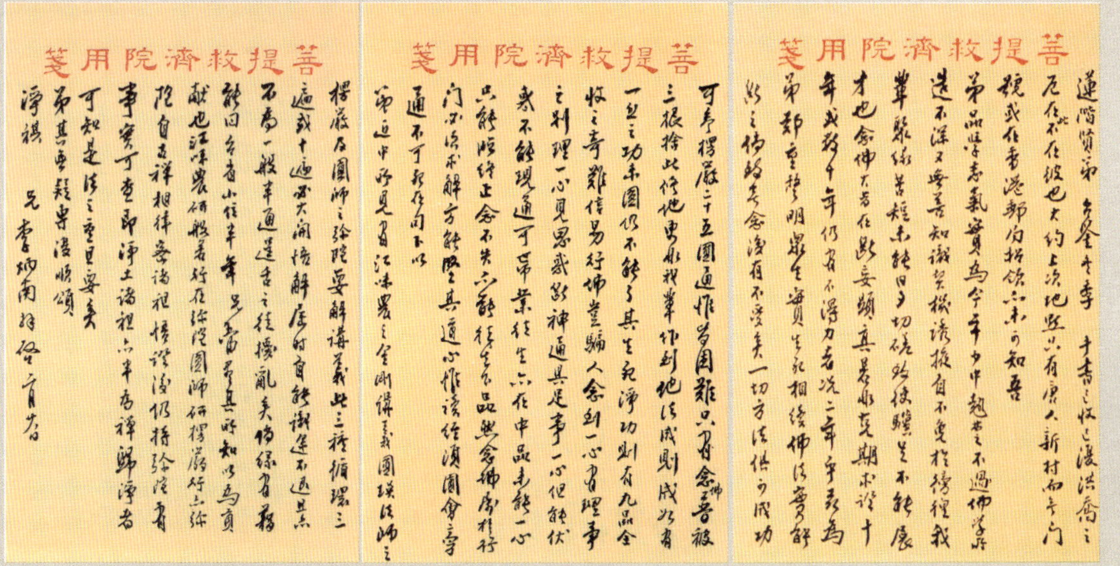

1966 年圖 5

圖6　3月,函復王孝廉,指點求學當有簡擇,且應次第而進,不宜躐等。

【釋文】

孝廉先生大鑒:奉讀手示敬悉一切。前日相晤,正值與同學補習,時間所限,不免有應酬過去之存心,答辭有兩種錯誤,〈中庸〉說為〈大學〉,此係口頭草率如枕流漱石之類。緣近日正為人補習〈中庸〉也,何至便忘!尼羅河或係尼連河之悞,然事隔多年究為恆河或尼連,只有此一事是實,地名亦不能清記矣。再所言必有良師者,專指內功行持而言,趙州八十猶行腳類,可見師必求而難逢之概。台端不輕易求師,區區極表贊成,若悞結合,無得尚屬小事,且有入歧之虞;至於研究教理,果肯因學不厭,自勝問道於盲。再尊論世解經人,獨乏中肯之語,卻不盡然;看注必須選擇,注與講師相等,其解若何,實關學力。故數十年來區區不敢注經,僅古今各注,少能辨其長短。詳味尊函,頗見其志,深為欽佩,倘於此道,果有興趣,經注介紹或代物色,皆願效勞。有志竟成,豈可遽言難也。後有下問,亦當盡知貢獻,惟晤談須先約定,以不在家時居多。專復敬頌

學祺　　弟李炳南拜啟　三月十五日（①）

（封背）信將發,忽有所憶,敬為補充。研此,雖非如校課階級,然亦有深淺次第,否則躐等,欲速皆有遲滯之病;至於雜誌概論等,只可參考,醇疵皆具,更須自辨。（②）

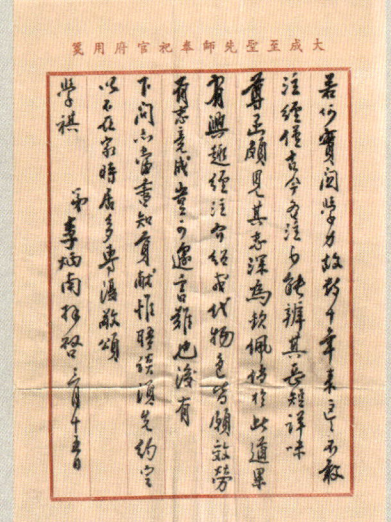

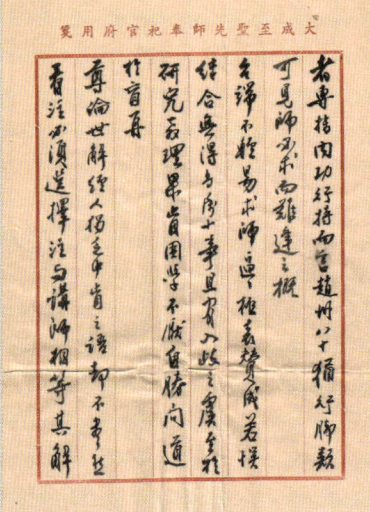

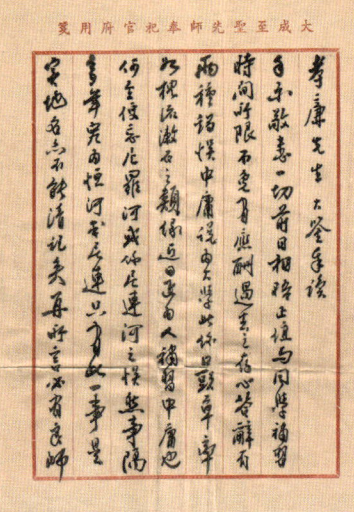

1966年圖6①

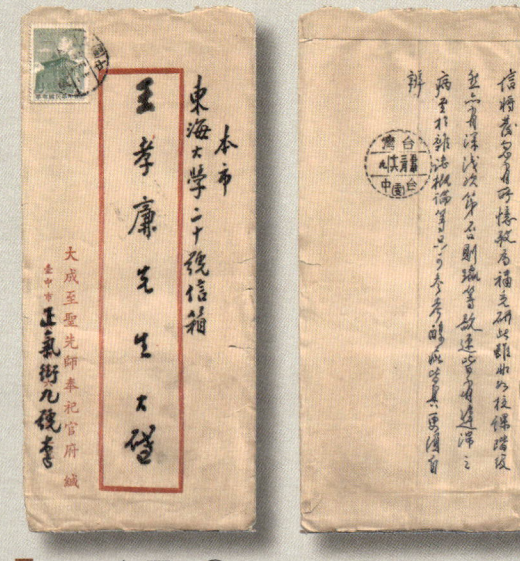

1966年圖6②

1966 年（民國 55 年）· 77 歲

圖7　3月，於菩提救濟院主持聖蓮室及靈巖書樓動土典禮。聖蓮室係由詹勵吾捐建。「靈巖書樓」係蓮社吉祥班蓮友捐建，原以先生法名命為「德明樓」，經先生囑咐紀念印光大師改名。是年12月，聖蓮室落成。①、②為聖蓮室及題偈，③為1985年先生於靈巖書樓前留影。

【釋文】
為報虛雲老和尚法恩，暨先父蘊齊公、慈母洪氏雲秀養育恩，特於臺中菩提救濟院，建此聖蓮室。謹請周居士宣德代表奠基。願以微末功德，迴向一切有情，同登極樂。敬述偈曰：為報師親恩，建此聖蓮室，願諸有情眾，皆從苦聚出。一念蓮花開，咸登安養域，吾親早得度，吾師本成佛。南無薄伽梵，般若波羅蜜。

　　婺源詹勵吾謹識
　　衡山趙恒惥敬書
　　中華民國五十五年三月十八日

■ 1966 年圖 7 ①

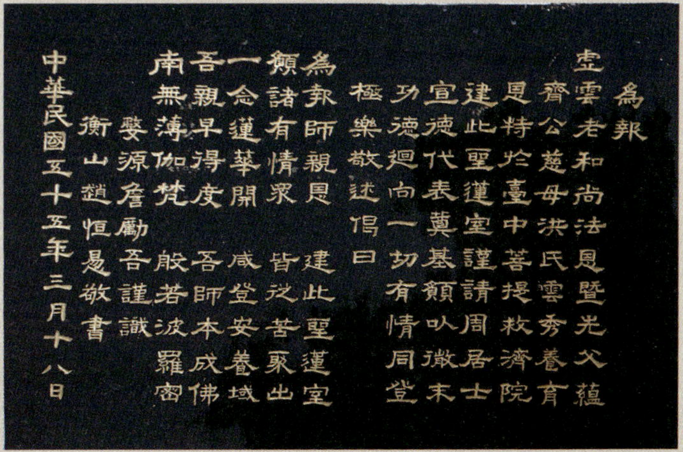

■ 1966 年圖 7 ②

■ 1966 年圖 7 ③

李炳南居士年譜圖冊

圖8　4月2日，與臺中蓮友至阿里山遊覽。

圖9　5月，檀香山佛教教友公推林李傳新代表攜款至臺中面交董事會。7月林李居士回返時，先生等至火車站送行。立者左起為黃雪銀、張慶祝、蕭慧心、林李傳新、鄧明香、先生、池慧霖、李繡鶯。前為朱斐。

圖10　5月，參加臺灣大學晨曦社為畢業同學舉行之聚餐晚會（①），並與畢業同學合影。②前排左起周邦道、炳南先生、周宣德；後排左起林敏雄、范進福、陳武成。③同②，三位畢業生著常服與三位師長合影。

■ 1966 年圖 8

■ 1966 年圖 9

■ 1966 年圖 10 ①

■ 1966 年圖 10 ②

■ 1966 年圖 10 ③

1966年（民國55年）・77歲

圖11 6月，參加台中慈光育幼院附設慈德托兒所第五屆結業典禮。

圖12 6月，持續籌措醫院設備。圖為同鄉友人靳鶴聲、菲僑蔡東南、馬來西亞寶松法師捐助來函。

【釋文】

炳南大居士道鑒：敬啟者，三月中接讀大札并菩提醫院捐冊二本領悉。醫所業經報竣，不勝欣慰。松自深居法界而來，甚少下山，惟將此事交托小徒真如。她已募有港幣肆仟元，茲款不日即可寄上。希到時乞祈見覆為盼。耑此，敬頌

修祺　衲寶松合十

并附上捐冊二本

一九六六年五月十六日（①）

李董事長炳南大德淨鑒：敬啟者，讀《樹刊》欣悉菩提醫院近將完成，今後中市一帶病苦之士女，當有所依賴矣。大德為教努力，渡人救世之精神，堪作後學之軌範。末學能力微薄，未能發大宏願，唯盡佛子棉力，計捐得菲幣貳仟參佰元以充病房設備之用。請在捐獻者姓名之上冠以「菲僑」兩字，以資紀念。捐冊隨郵付上，但不知捐款要如何轉寄？請指示，當照辦無悞。耑此奉陳，順祝

大安　後學蔡東南合十　四月十二日（②）

炳老賜鑒：來函已轉可均兄，弟日內當往面談。再前寄弟之菩提醫院捐冊（大約是300號），即速再寄下，弟再努力捐捐。因杜德三兄北來，面告弟內部設備，尚需百餘萬，頗為著急，再奔走奔走，當能多湊若干。專此，敬祝

健康　弟靳鶴聲　六、廿七（③）

1966年圖11

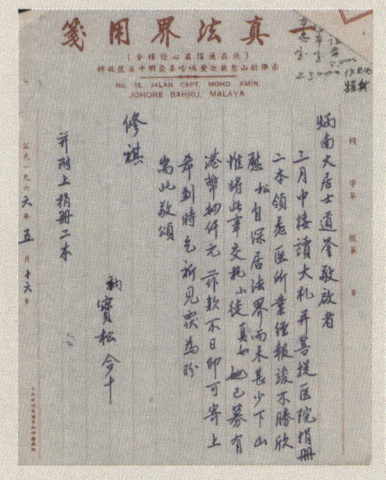

1966年圖12① 　1966年圖12② 　1966年圖12③

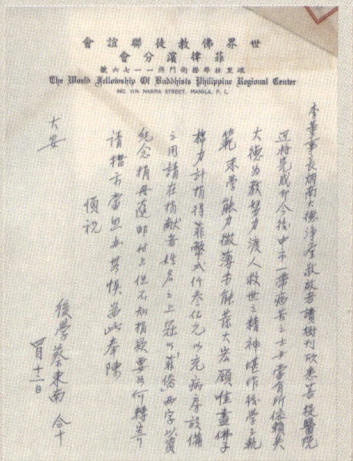

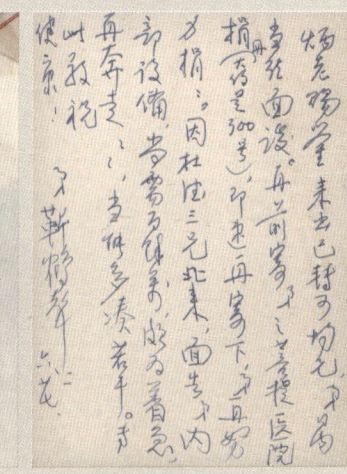

圖13 7月,開幕典禮前一日,為菩提醫院全棟醫療大樓灑淨。

圖14 7月9日,主持菩提救濟院院舍落成暨附設菩提醫院開幕典禮。內政部長徐慶鐘、省社會處長、臺中縣市首長、以及海內外佛門善信數千人參加盛典。

①左起為臺中市長張啟仲、社會處長張丹柏、剪彩者為內政部長徐慶鐘、炳南先生、先生左手邊後方為于凌波,右一為朱斐。
②先生引導來賓參觀醫院設備。
③第一屆董事及嘉賓與炳南先生於菩提醫院大門前合影。(照片提供:游青士)
④為菩提醫院落成時外觀。
⑤為開幕與會大眾合影。

■ 1966年圖13 ①

■ 1966年圖13 ②

■ 1966年圖14 ①

■ 1966年圖14 ②

1966年（民國55年）・77歲

1966年圖14③

1966年圖14④

菩提救濟院暨附設醫院開幕典禮紀念 中華民國三十五年七月九日

1966年圖14⑤

圖 15　7月10日，於菩提救濟院院舍落成暨附設菩提醫院開幕典禮完成後，發出通告函：即日起辭去台中蓮社董事、慈光圖書館董事、慈光育幼院董事、菩提救濟院董事長及董事、菩提樹雜誌社社長等職，將專心專力於弘化事宜。事經菩提救濟院董事會同意後改組，由周邦道繼任。而後，又兩度發函向菩提救濟院辭創辦人名銜，唯均未獲董事會同意。圖為先生通訊錄小冊中收存寄救濟院諸董事掛號函件執據。（照片提供：黃潔怡）

圖 16　7月，舉行五十五年度暑期「慈光大專學術講座」第一梯次。①為師生合影，②為第一梯次座位表。

圖 17　7月，出席慈光圖書館附設慈光托兒所第八屆畢業典禮。

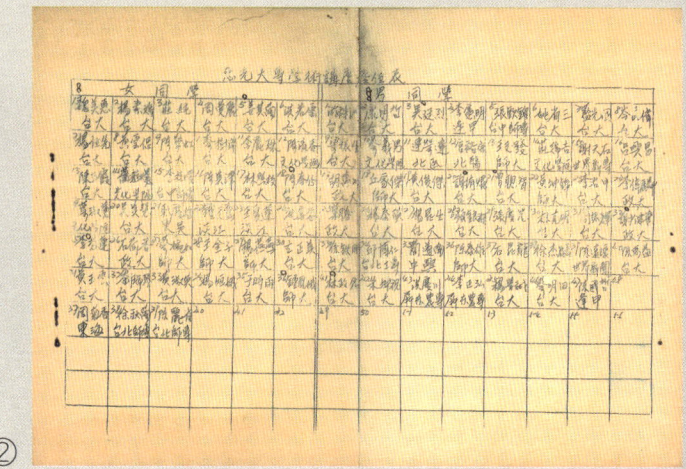

1966 年圖 16 ②

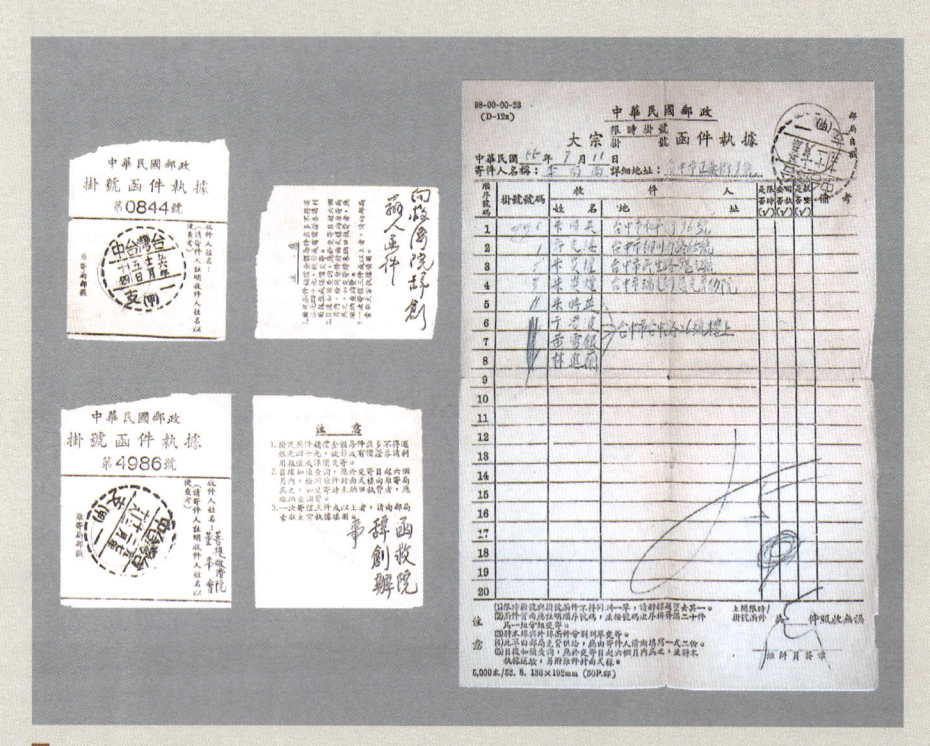

1966 年圖 15

1966 年圖 16 ①

1966年（民國55年）・77歲

1966 年圖 17

圖18 7月，去函舊友王仲懿為菩提醫院諸事致謝。

【釋文】

仲懿老弟大鑒：昨承枉顧，至歉。近日各大專學生集中研佛，兄日課四小時，尚有他務，多不家居。菩提醫院在諸好友人物二力支持開幕，心感靡盡。尚希晤人眾、德超、亞青以及諸友時，代致謝意為禱。專函謝步，順頌

道祺　　兄李炳南拜啟　七月廿五日

圖19 7月25日，菩提救濟院董事會全體董事函請先生收回辭退職事之成意。

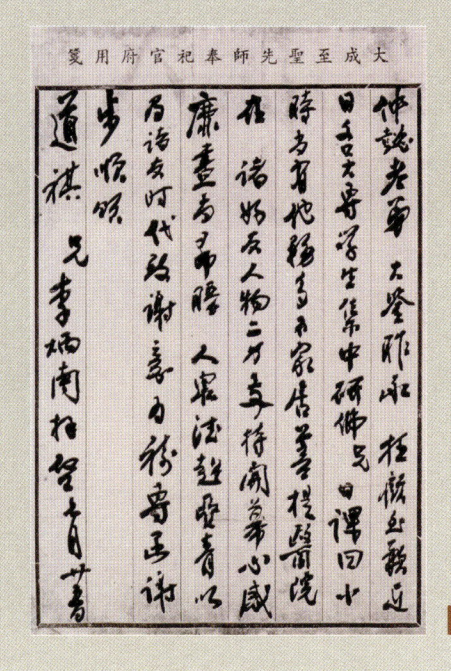

1966 年圖18

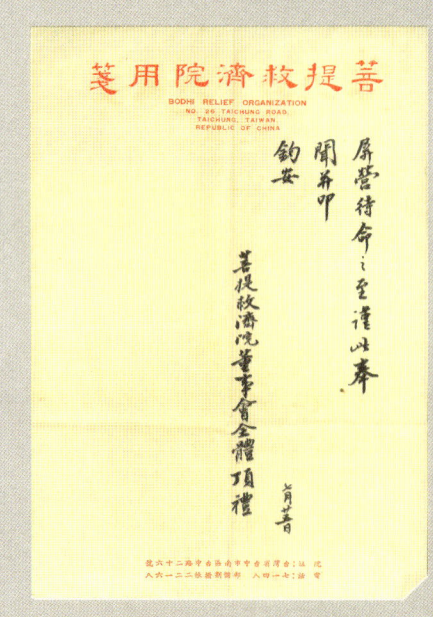

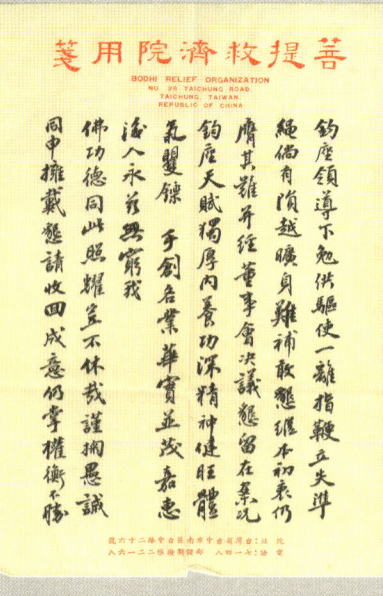

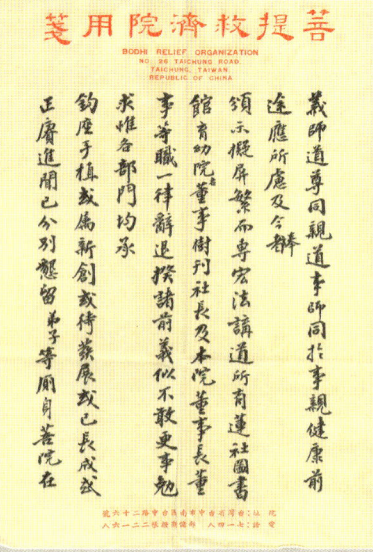

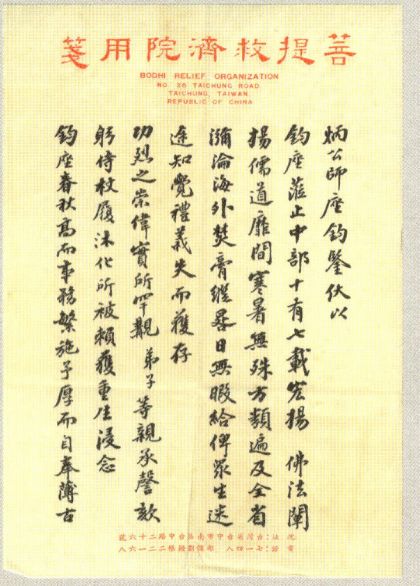

1966 年圖19

圖20 7月，孔德成先生北遷。北遷前，每逢年節常邀先生聚會宴飲。

【釋文】
明晚乞駕臨舍下便餐，共進屠蘇，藉守歲除。此上
雪廬大和尚　　弟德成敬上　廿三

今晚乞駕臨舍下便餐。
雪僧　　弟成敬啟　端陽

今晚請來舍吃綠豆麵條，勿卻為幸
雪廬大和尚　　弟德成頓首　十月十四

圖21 7月、8月，分兩梯次舉辦本年度暑期「慈光大專學術講座」，各為12天。圖為第二梯次課程表。

圖22 8月，新聘前臺中市議會議長徐灶生為救濟院院長。

圖23 9月1日，周宣德來函，回復先生日前囑辦之事已完成。

【釋文】
炳師尊右：中市聆教，並飽邱廚，至感且慚。囑轉印老法師事，弟昨值中元法會，特往晉謁，業已代陳。彼深表贊成。謂師如擬好章程作書來徵同意時，彼必書面表示贊同。詹公處亦已遵轉達，倘蒙師賜書（寄生轉亦可），彼亦必衷心擁護。是紓厪念，專上。敬敏
法安　　生周宣德敬叩　九、一
許陳黃許朱劉等師兄，見時乞致敬，拜託拜託

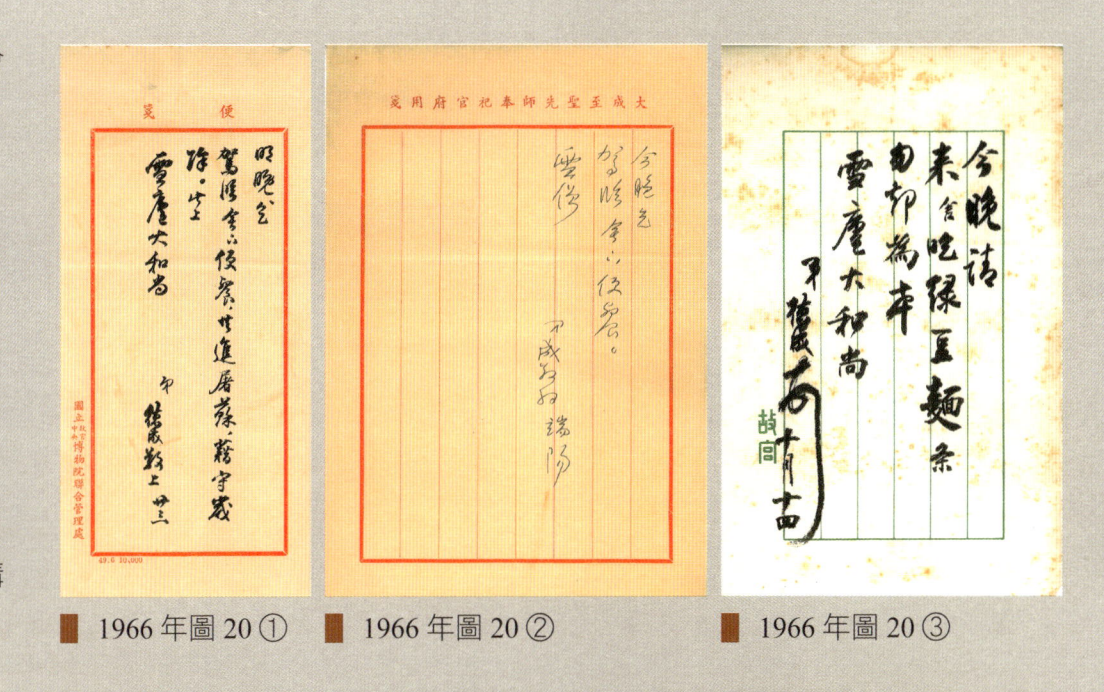

1966年圖20① 　1966年圖20② 　1966年圖20③

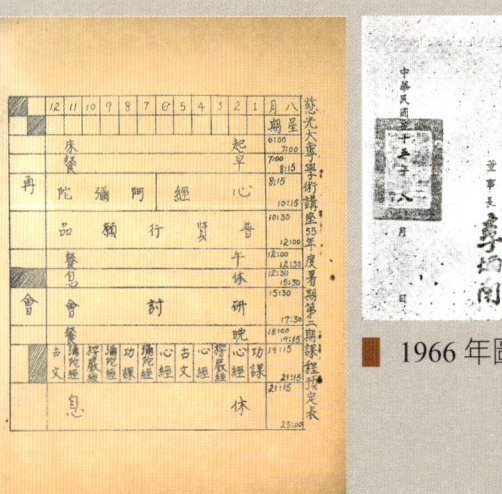

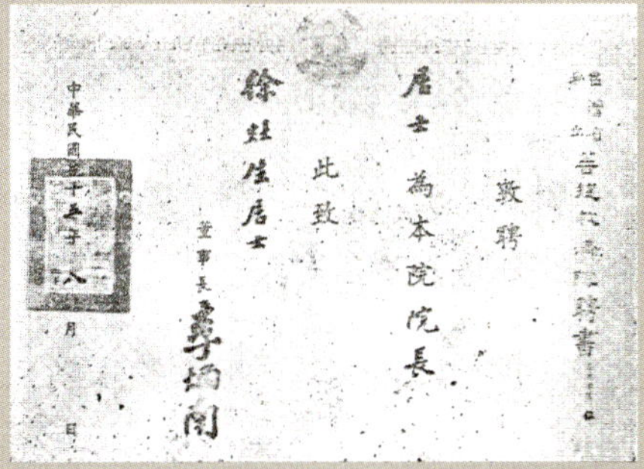

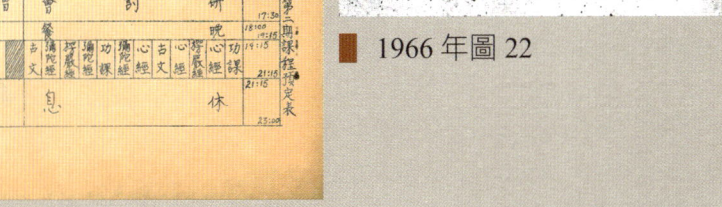

1966年圖22

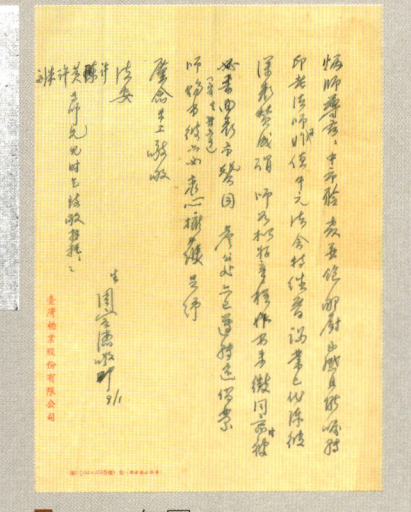

1966年圖21 　1966年圖23

圖24 9月19日，辭卸救濟院董事長兩月餘，有〈啟事〉述明菩提醫院緣起及出任董事長實況，並提出一年前所擬救濟院、佛教機團之計畫書。（照片提供：鄭如玲）

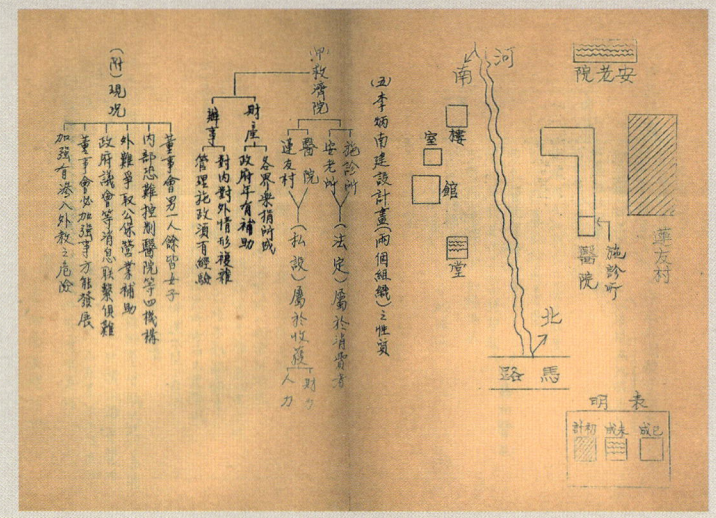

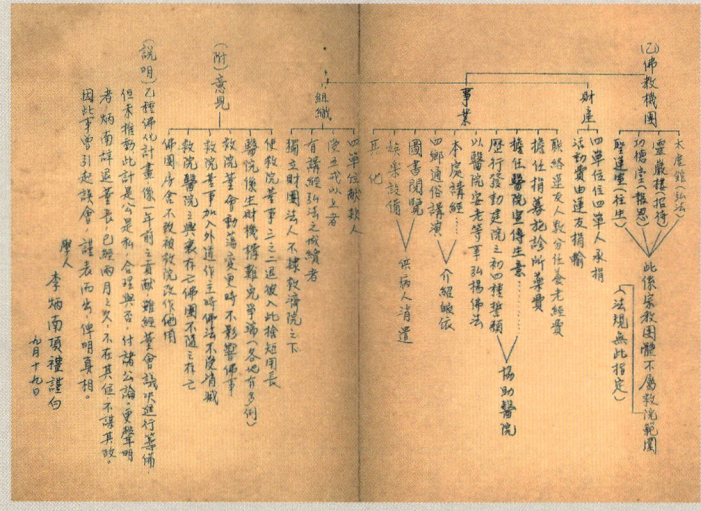

圖25 9月19日，周邦道來函，勸請先生不可辭救濟院董事長職。

【釋文】

雪公夫子大人函丈：奉讀諭章，敬聆一是。事至如此，殊出意表。函丈慘澹經營、智珠在握，道以為創辦人領袖群倫，如水淵源、如樹根柢，萬不可辭，並不宜委託。數日前，正之、茂林、子慎、時英諸兄蒞厲，謂須道負董事長名義，藉以挽回局面。道公務繁冗且鞭長莫及，自省無濟于事，請以茂林、正之、子慎三兄中擇一而代。聞渠等明將南來就教，請與細談。道意任何人代理，事實上均須仰仗函丈統理領導，局始能定，院始能安，否則渙散分崩，不堪收拾矣。肅此奉陳，諸乞裁警，順敬

鈞安　學生周邦道頂禮　五十五年九月十九日

聞時英已深切悔悟，請吾師與其進也，不與其退也。不咎既往，且勵未來。

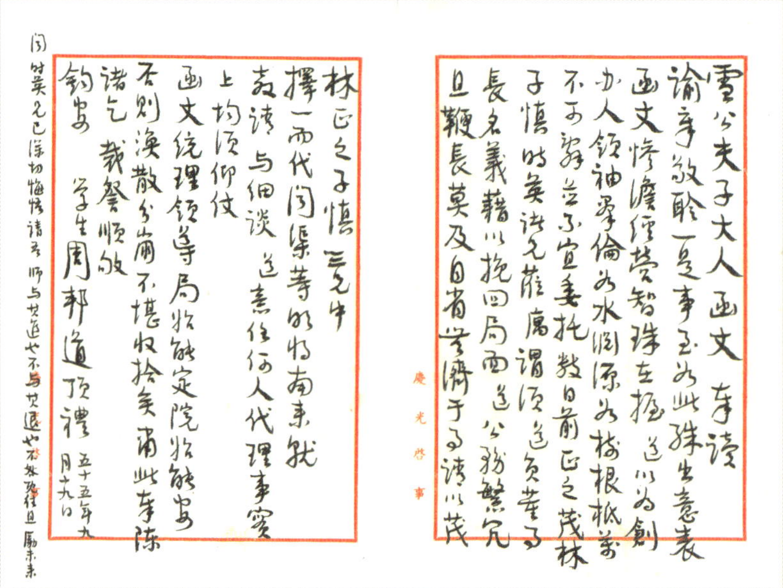

1966年圖24

1966年圖25

1966年（民國55年）・77歲

圖26 9月，至中興大學「國學講座」接續暑假前進度，講授〈曲禮〉。同時首度應聘至該校中文系任教。

圖27 9月26日，周邦道來函，說明願遵照先生指示，暫時擔任救濟院董事長。

【釋文】
雪師大人函丈：奉讀諭章，暨子慎、茂林二兄（正之兄赴新竹）轉告，敬聆種切。此種局面，如暫挂微名，可以緩衝，自當遵命，唯恐紛擾不止，于事無補耳。容俟稍有頭緒，謹擬晉謁乞示周行，諸仗碩畫鼎力，為禱無量。之屏弟已舉家赴加拿大，尊辭當轉去。耑此肅叩

鈞安　弟子周邦道頂禮　五十五年九月廿六日

圖28 9月29日，董正之來函，評論救濟院人事問題。

【釋文】
雪公師座慈鑑：昨晚奉到手諭，敬悉乙是。時英此種做法，實係自絕於人，并毀前途。如彼終不覺醒，對團體不利尚少，對其自身損失最大。吾師雖慈悲亦難挽救也。據趙茂老稱，彼將再赴中市一行。弟子致時英函亦發出矣。總之，中社各組織仰賴老師多年威德，萬一時英鬧到底，亦只有增加各地道友對彼反感也。謹肅敬叩

法安　弟子正之頂禮　中節

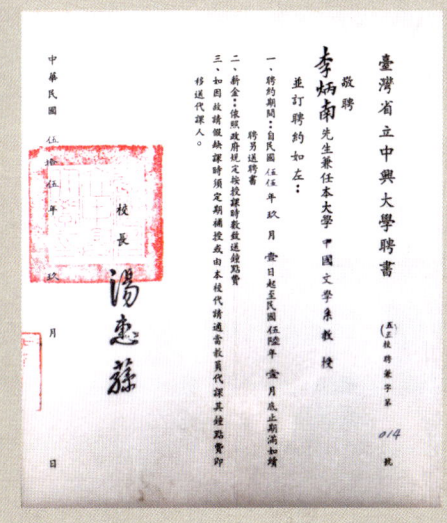

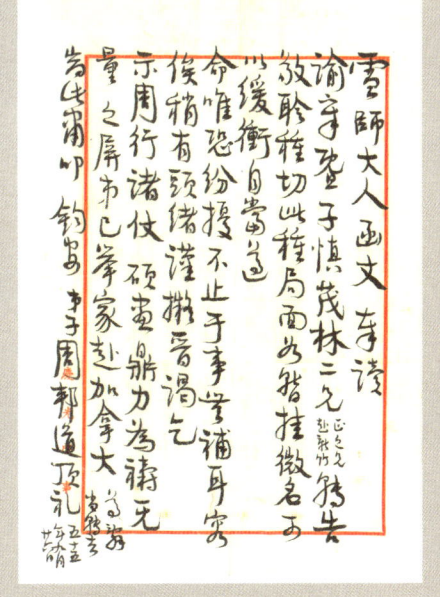

1966年圖26①　　1966年圖26②

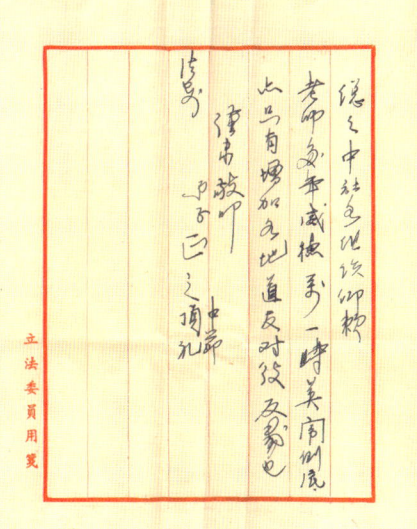

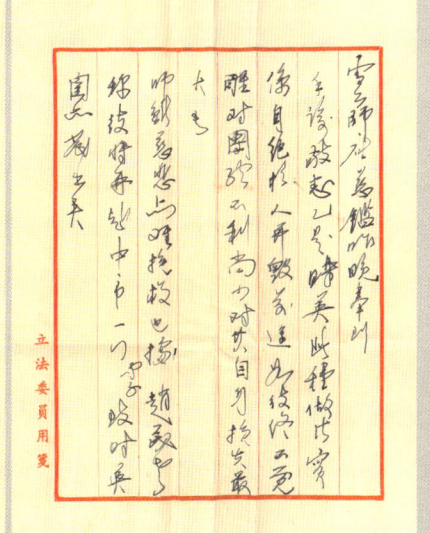

1966年圖27　　1966年圖28

圖29 10月1日,朱鏡宙來函,為先生辭退救濟院職務事進言,應繼續領導,不宜半途而廢。

【釋文】
雪老賜鑒:彼此雖同在臺中,惟以南北睽違,至經年未晤。昨淨空師夜過承賜不老之腆,感何可言!倘因此多活數年,得渥讜論,何幸如之。前聞足下棄眾生而高蹈,不禁悵惘,累日為之不歡。眾生望公猶大旱之于雲霓。今者菩提醫院百事草創,雖規模略具,而內容空虛,急待充實以利醫務而便病人,使成為一名實相符之醫院。此皆有待於足下之領導。今半途而廢,於心寧安?我不入地獄,誰入地獄?孔子有在陳絕糧之厄,釋尊有馬麥之報及醜女之誣,耶穌厄於十字架,三聖嘗不免於俗歉,公欲處處求全、人人說好,竊為公不取。王院長來去匆匆,頗予人以不良影像;徐君非習醫者,濫竽充數,更使人感到驚異。此事或易引近各方之誤解,不可不熟圖。竊思前此捐獻之人皆因公高望而來,為慰捐獻者之願望,公無法卸去仔肩也。我輩處世做事,祇求于心無愧,何世俗毀譽之有。八風不能動,雖不能至,心向往之,是以菩薩有忍度也。公將何以教之。敬頌
道安　弟朱鏡宙頓首　十、一

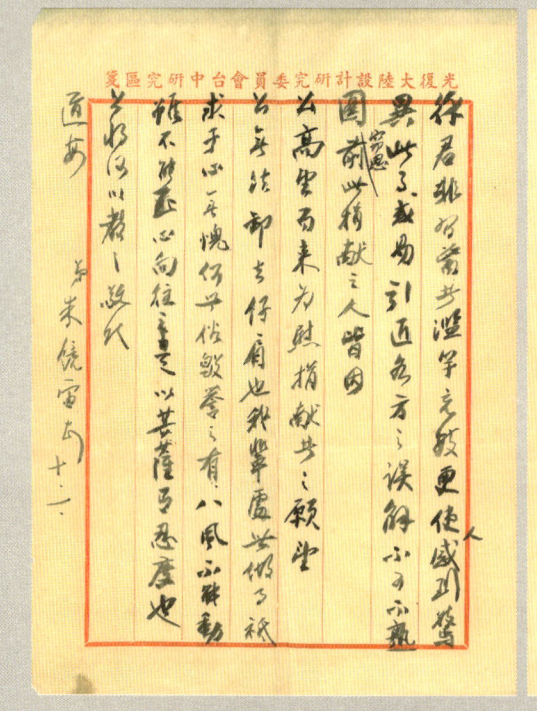

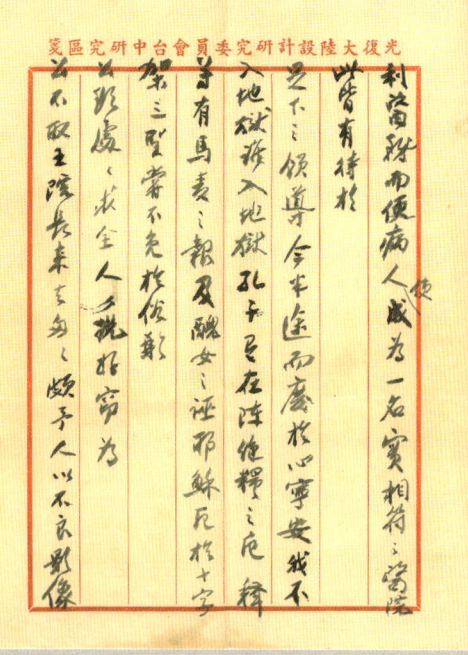

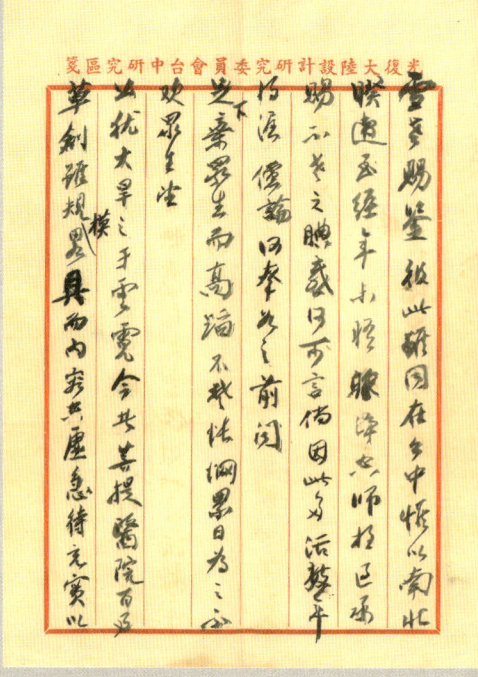

1966 年圖 29

1966年（民國55年）‧77歲

圖 30　10月4日，趙茂林來函，贊同先生規劃，認為董事會改組可解決問題，前景看好。

【釋文】
炳公先進賜鑒：昨接寄下羅居士大作五本，拜領之餘，謹此謝謝。我公致董委員大函，日前承躬攜敝寓，茂林捧讀三復，益增欽遲之感。當與董委員談及改組後第一次董事會似可解決許多問題，前途勢必好轉也。另寄上印順老法師著《上帝愛世人》兩本，收到祈轉寄《佛學問答》某君一本，俾知其教之實際情形。匆此，并叩
崇安　同門後學趙茂林手稟　五五、十、四

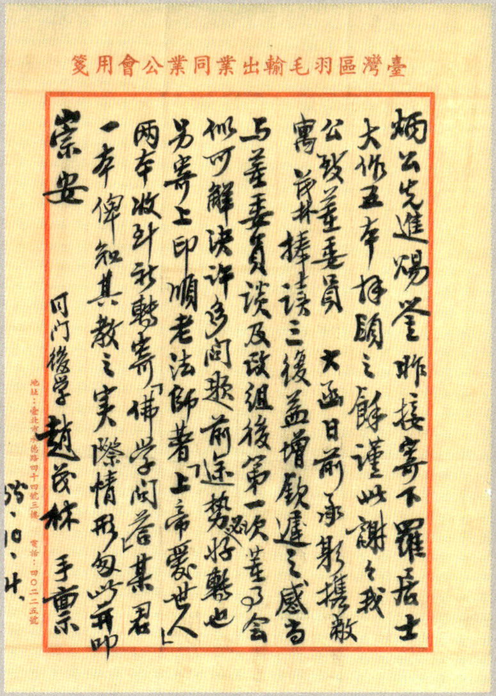

圖 31　10月17日，周邦道來函，為日前菩提救濟院董事會議事順利致謝，並討論院務及未來規劃。

【釋文】
雪公夫子大人函丈：日前仗師威德，會議順遂，至為快幸。承破費厚貽則極不安也。院會如何聯繫、如何分工合作？如在規程中可以增訂之處，請指示俊義兄等斟酌加入。如已敘及則可不必。院長似須由灶生兄賡續兼至穩定階段。將來能覓聘一穩健醫師兼院長之名最為理想。若專聘僅負行政責任之院長，似欠經濟。先此肅達，容俟續陳。敬敏
崇安　弟子周邦道頂禮　五十五年十月十七日

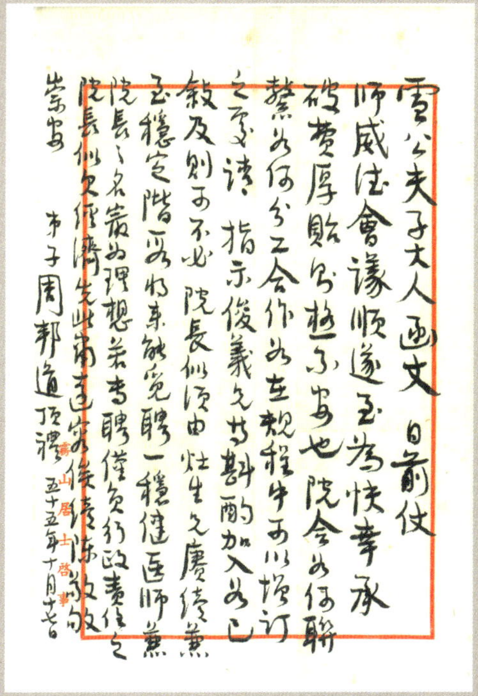

1966年圖30

1966年圖31

圖32 10月，參加于凌波醫師開設普濟醫院開幕式。

圖33 11月16日，印順法師回復太虛紀念館落成典禮舉行日期。

【釋文】
炳老長者道席：惠書領悉。虛大師紀念館告成，以為欣感。所擬最近期間，舉行落成典禮一事，頃與演培法師談及，甚表贊同。時間方面，以在十二月十五日以前為好。專此奉復，並盼就近告知救濟院主事人員為荷。順頌
法安　印順　合十　十二月十六日
【案】函文稱「十二月十五日以前為好」，且落成典禮於十二月十二日舉行，此處落款日期「十二月」應為「十一月」。

圖34 11月，參加中國醫藥學院醫王學社五十五學年度社員大會

■ 1966年圖32 ①

■ 1966年圖32 ②

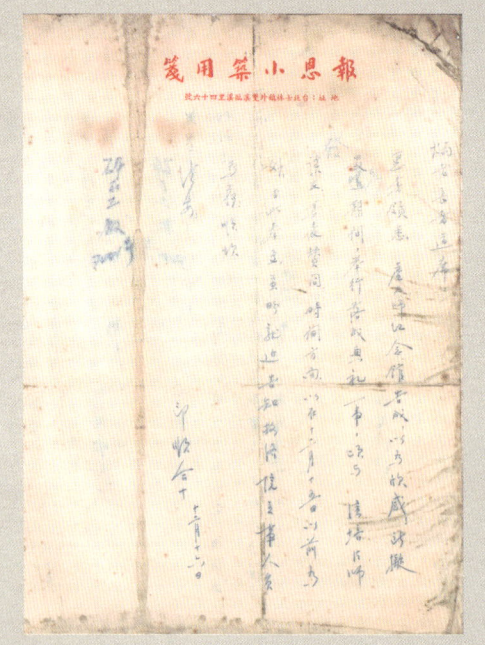

■ 1966年圖33

■ 1966年圖34

1966年（民國55年）・77歲

圖35　12月12日，於菩提救濟院主持太虛紀念館落成典禮（①）。紀念館右邊圓頂尖塔建築為聖蓮室（助念室）。太虛紀念館二樓為佛堂，中間供奉釋迦牟尼佛，右邊為太虛大師油畫像。左邊壁間嵌石碑，係印順長老所撰〈太虛大師傳略〉。佛座兩旁經櫥中有《大藏經》和《太虛大師全集》。②、③為1969年先生於太虛紀念館召開會議，佛像、太虛大師畫像及經櫥清楚可見。石碑在黑板後方。板書為《四十二章經》第四十章，當是該日經筵宣講進度。

■ 1966年圖35 ①

■ 1966年圖35 ②

■ 1966年圖35 ③

圖36 12月，感於與太虛大師因緣殊勝，因撰〈承侍太虛大師因緣記〉，縷敘初受知遇於重慶長安寺、再受命於歌樂山雲頂寺、三奉派於金陵普照寺，今又得大師法嗣建堂於斯。與大師雖有私緣，而一一皆是為公眾而有緣。

【釋文】

〈承侍太虛大師因緣記〉（節錄）：

中紀五十五年，季冬之月，台中縣南郊，菩提救濟院溪前，太虛大師紀念館，於焉新成。剪綵啟鑰，像設開光，眾賓肅入瞻拜，予默然致慨焉。思夫人生遇合，果有夙緣耶？……予流寓台中，十九載未敢忘法，近設救濟院一所，旨藉慈善弘佛法，亦以佛法資慈善，築廣廈，受樂捐焉。高僧印順法師者，師之法嗣也，施岑樓五楹，用紀大師。樓下作治事，上供佛像，旁懸大師遺容，圖書附之。容為彩繪，神峯如生時，理案牘得瞻之，集會議得瞻之，晝宵講筵得瞻之，開諸法會得瞻之，幾於朝斯夕斯，晤言一室也。斯事也，不期而然，難思可思，是又幻形永訣，幻影永接之奇因緣也。嗟夫，大師圓寂二十年，何始興建紀念，信眾遍三台，何獨建於中部？誰實為之，無奈因緣，公因緣也，抑私也耶？溯憶渝州師友，來台者，惟謝竹存氏，今已歿，是無私緣也。高僧順公者，實主斯舉，師予之舊，亦非素聞，其間無偏私，是誠公緣矣。然雖屬於公，而冥亦遂乎予私，第斯文之記，本為私緣記也。觀其記私，而其間行止，思之思之，又曷一而非公也哉。

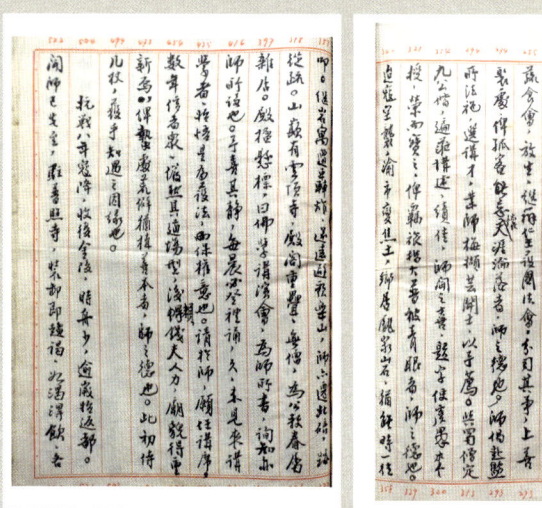

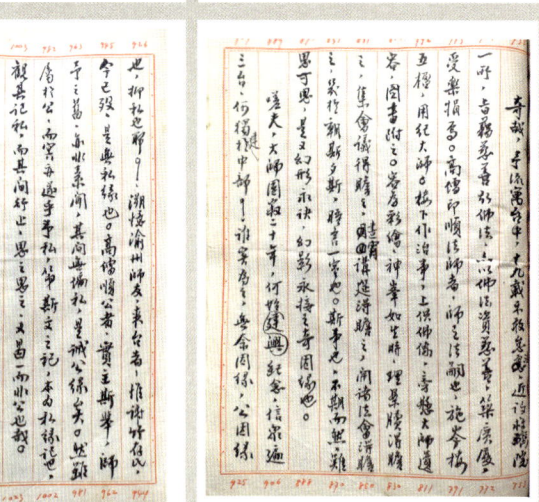

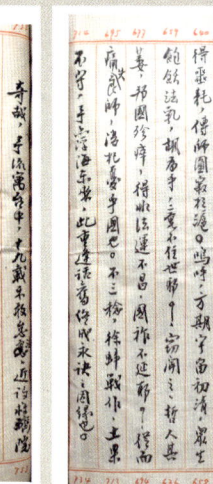

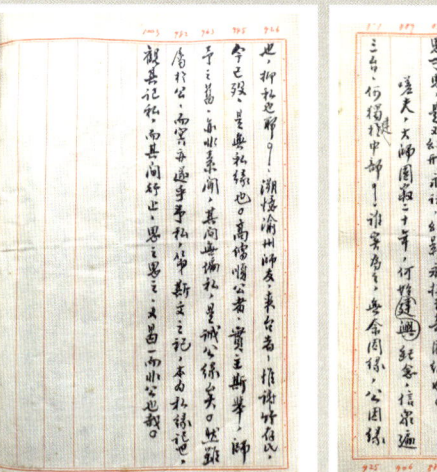

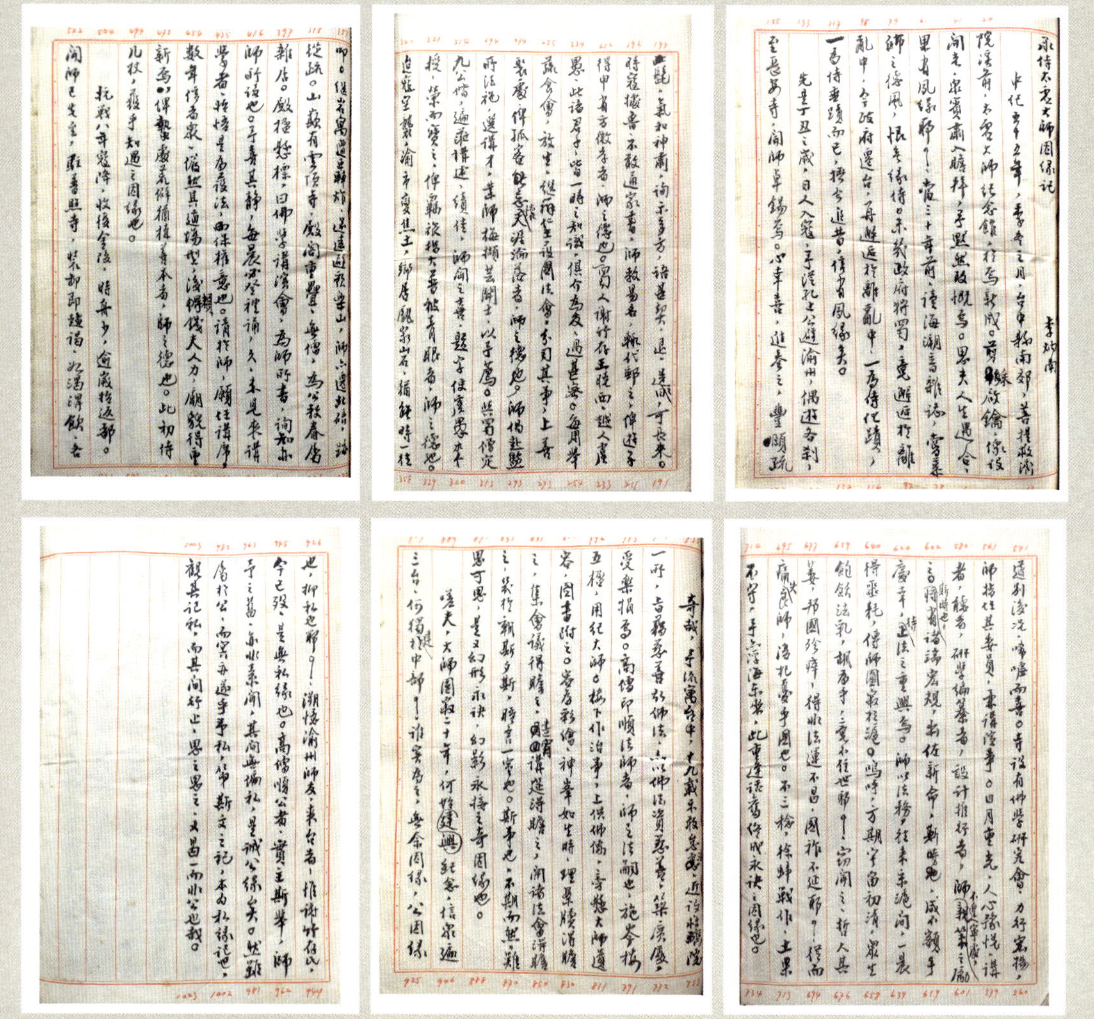

1966年圖36

1966年（民國55年）・77歲

圖37 菩提救濟院附設菩提醫院各界樂捐紀念病房八十八室，樂捐建築基地六十六筆。

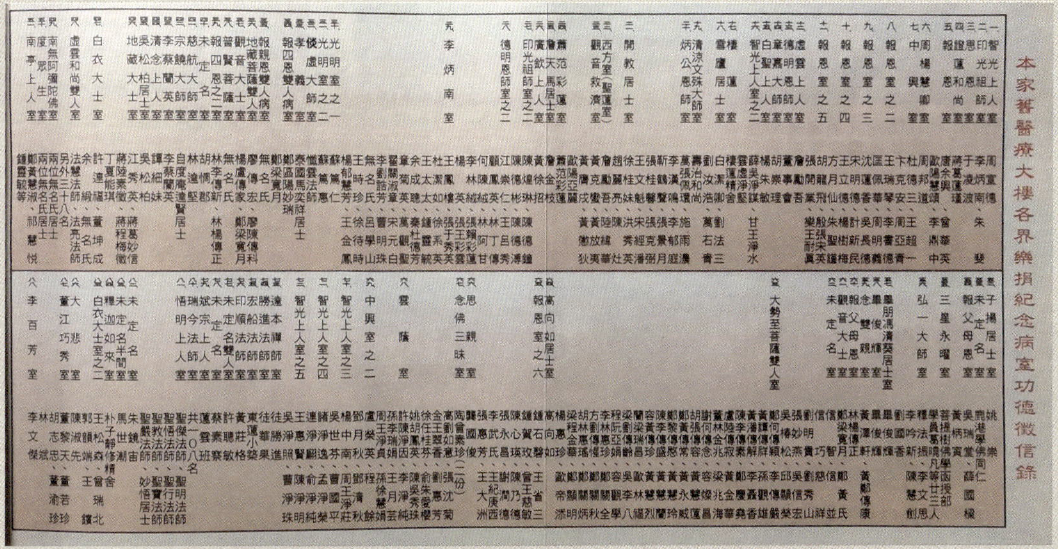

1966年圖37①

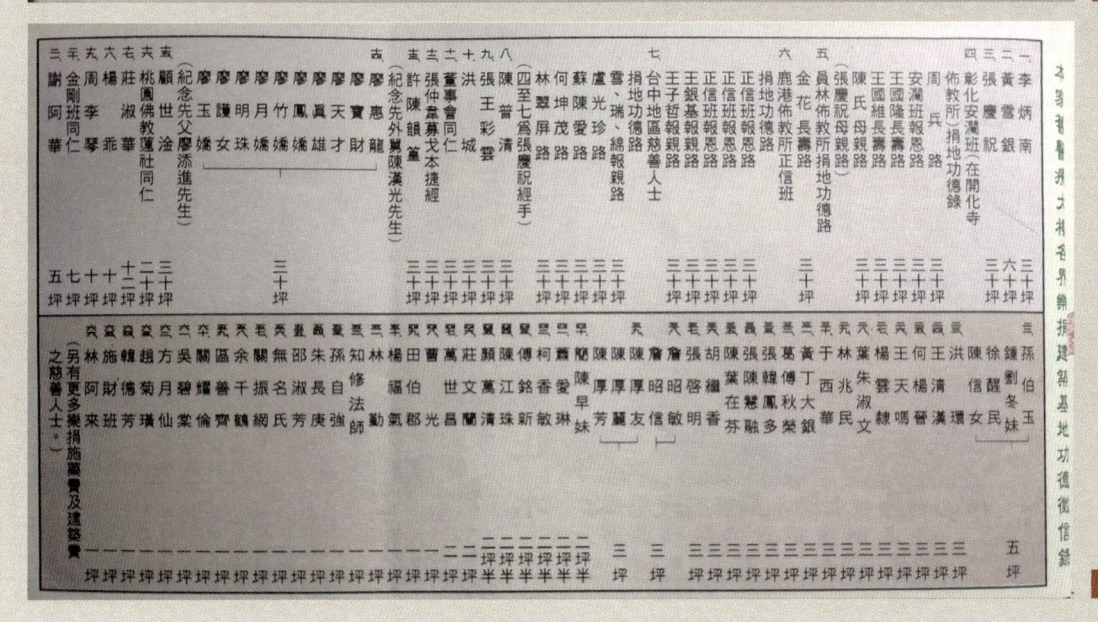

1966年圖37②

1967年（民國56年）‧78歲

圖1　1月，中國佛教會全國會員代表選舉，先生獲選為山東省會員代表。

圖2　1月29日，參加大甲鎮念佛會籌備會。

圖3　2月，為《菩提樹月刊》本期封面李奇茂所繪〈家家觀音圖〉題辭。

圖4　5月，舉行本年度夏季「台中蓮社女青年佛法演講大會」。圓滿日與參加演講青年合影。

圖5　5月，參加中興佛社佛堂落成典禮並啟鑰。

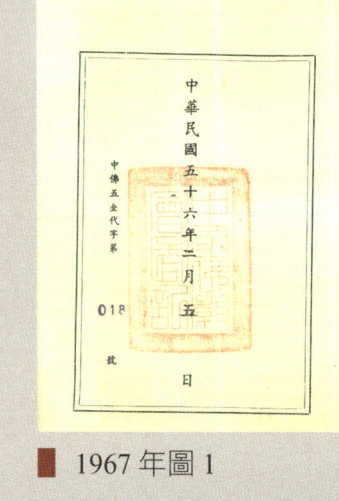

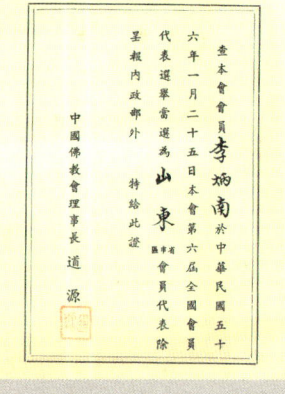

1967年圖1

1967年圖2

1967年圖3

1967年圖4

1967年圖5

1967年（民國56年）・78歲

圖6　7月，舉行五十六年度暑期「慈光大專學術講座」，此為第七屆慈光講座，為期二十四日。①為課表，②、③為開業、結業典禮合影。

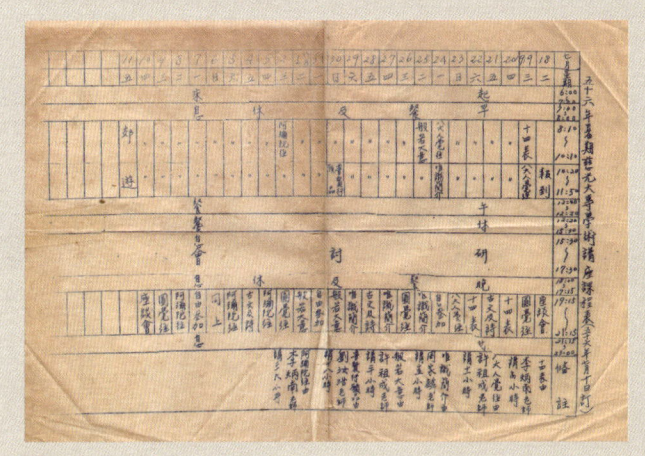

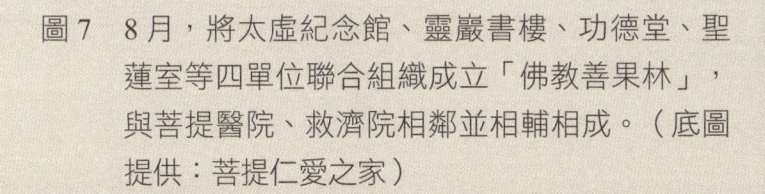

■ 1967年圖6①　　　■ 1967年圖6②　　　■ 1967年圖6③

圖7　8月，將太虛紀念館、靈巖書樓、功德堂、聖蓮室等四單位聯合組織成立「佛教善果林」，與菩提醫院、救濟院相鄰並相輔相成。（底圖提供：菩提仁愛之家）

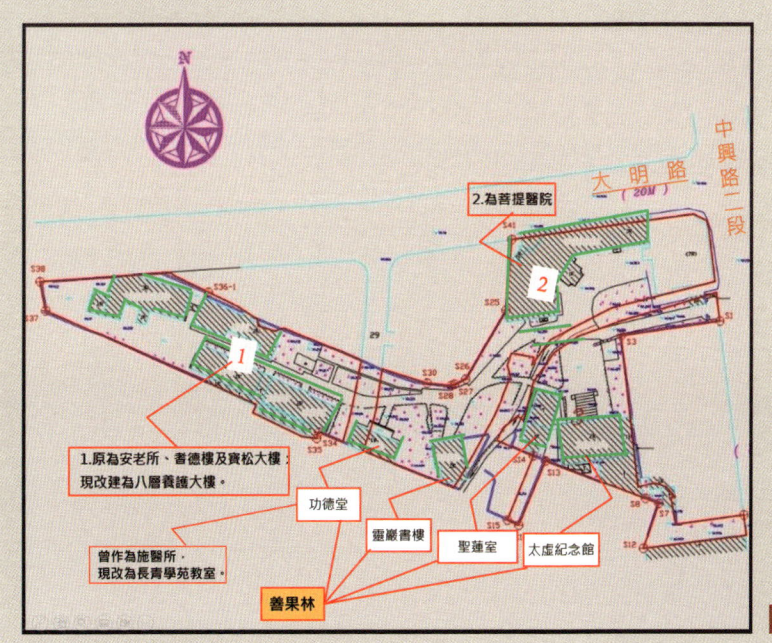

■ 1967年圖7

圖8　8月，成立「佛教善果林」後，擬訂組織計畫與發展計畫。

【釋文】
〈善果林法務財務計畫組織貢獻〉（①）：
（甲）法務部（須訂簡章遵守）
　　（一）部中設三會如下
　　　　1.宏法會：擔任講演、領眾念佛、組織念佛班；
　　　　2.宣傳會：擔任編纂、散發小冊傳單、音樂娛樂等事；
　　　　3.助念會。
（乙）財政三年計畫：
　　（一）經常費暫定每年兩萬肆仟元。
　　　　第一年由李無名個人全認，第二年由呂正涼、林看治等十人分募，第三年林員收林費維持。
　　（二）基金暫定拾萬元（或買房出租或存生息）。
　　　　1.董事長、正副林長、常務四人（除董長）勸捐；
　　　　2.李無名勸捐；
　　　　以上八人以本年起限三年內各勸得壹萬參仟元正。

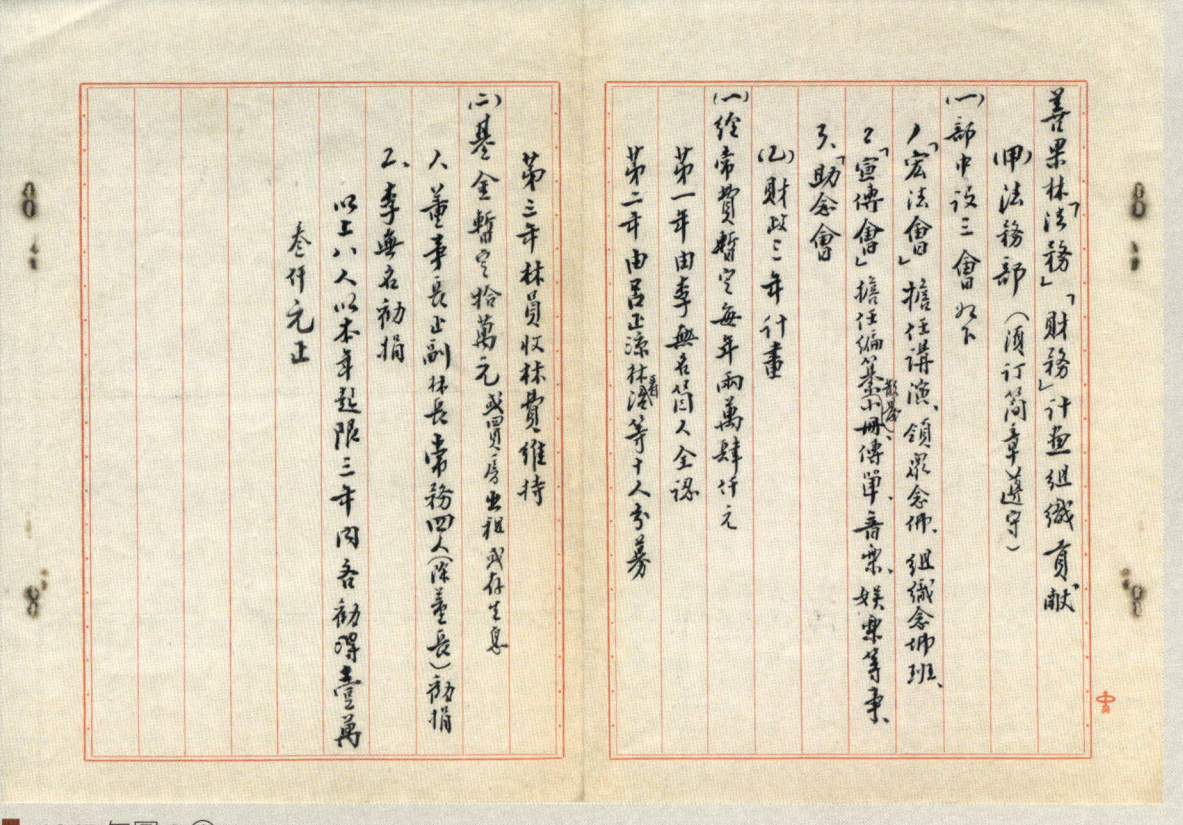

1967年圖8①

〈善果林發展計畫貢獻〉（②）：
（甲）工作負責（須訂細則張掛）
　　一、興革事項保管財產增減人員　常董會主持
　　一、依議決案執行對內對外一切事項　總務主持
　　一、林內伙食水電木器傢具柴米油茶　內當家主持
　　一、接待賓客接洽外事　辦事員主持
　　一、收支經費編製概算　會計主持
　　一、文書出納卷宗保管　是否暫兼
　　一、法務諸事　法務部主持
　　一、慈務諸事　慈務部主持
（乙）法務分配（須訂辦事細則張掛）
　　一、常課在太虛館行之　住林人員自作
　　一、定期念佛化眾太虛館行之　趙鋑銓陳金發輪流
　　一、定期講經太虛館行之　宏法會主持
　　一、宣傳攝化印書送書　宣傳會主持
　　一、助念事務　助念會主持
　　一、功德堂祝福功德堂行之　宏法會主持
附則
1. 不動產速向官府登記；
2. 本林自製財產目錄簿。

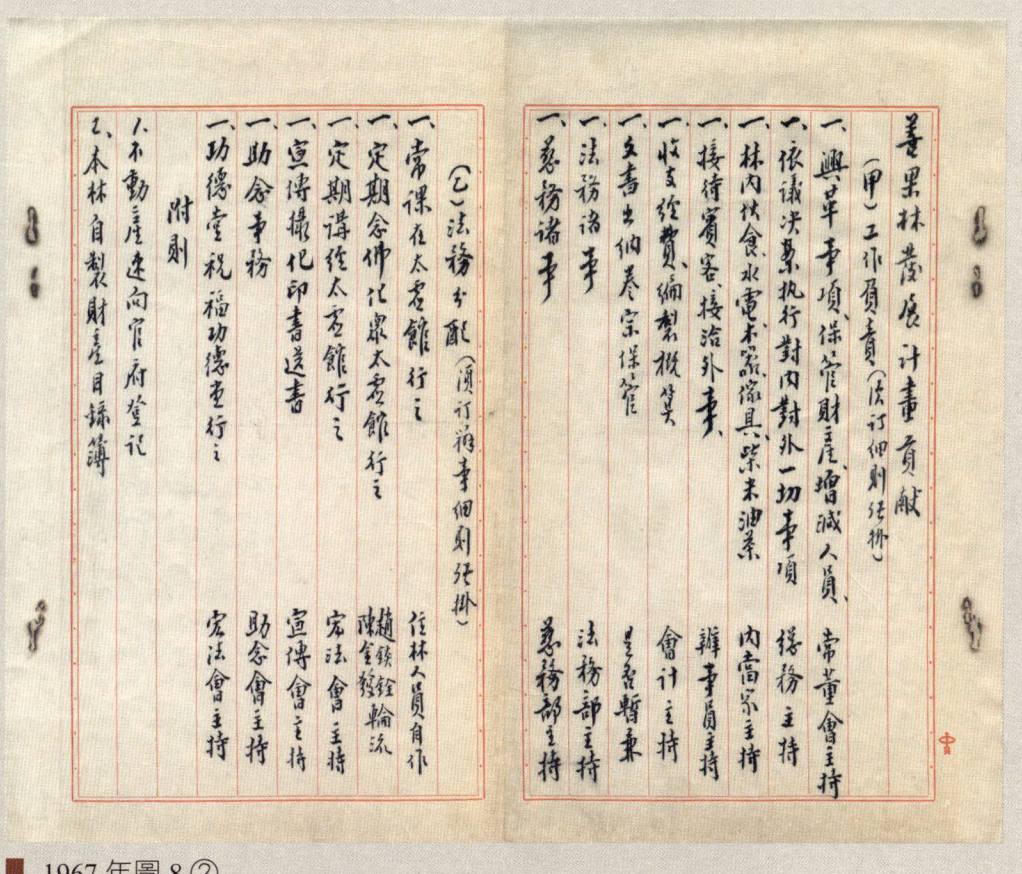

1967年圖8②

圖9　9月，本學期應聘擔任中興大學中國文學系國學講座

圖10　10月，為五十六年度暑期「慈光講座」（第七屆）《紀念冊》題辭。①、②為封面、封底。

【釋文】
以佛法繕心性，以倫常作經濟，以科學應事物，以藝術為游戲。　　李炳南題（③）

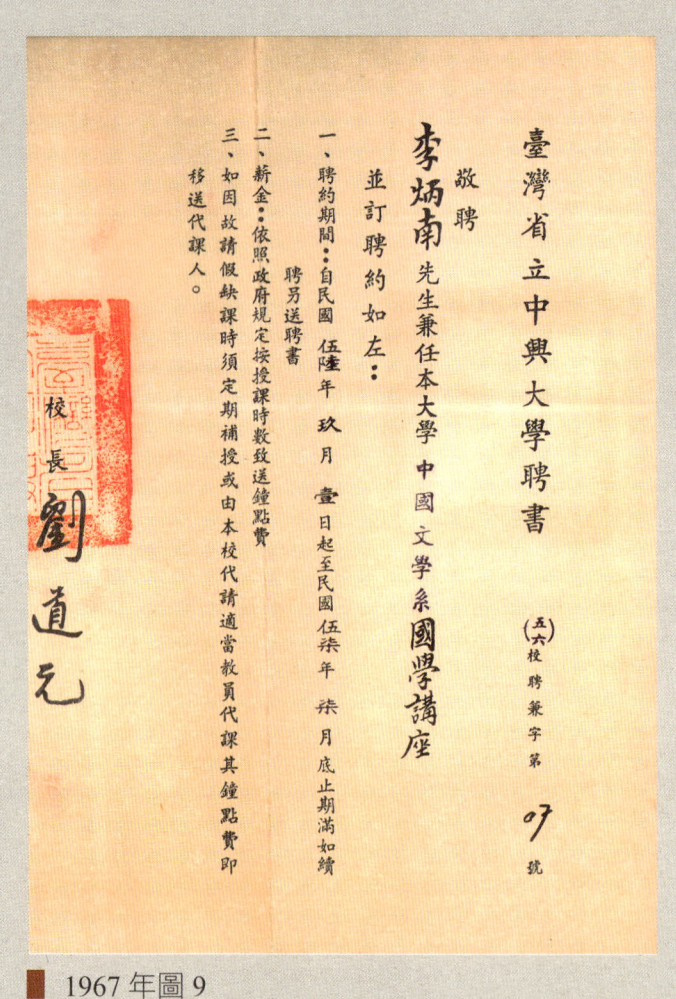

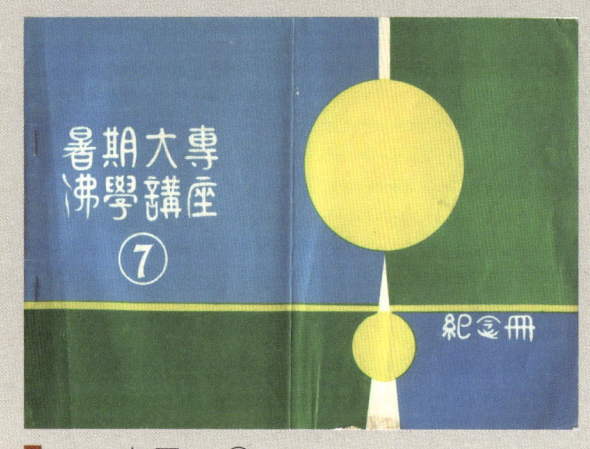

1967年圖9

1967年圖10 ①

1967年圖10 ②

1967年圖10 ③

1967年（民國56年）・78歲

圖11　11月，中興大學校長劉道元來函，為先生捐款作為學生獎學金致謝。
　　　先生於各大學任教之薪金所得，皆全數捐作獎學金。

【釋文】
　　雪廬先生道右：承蒙惠贈臺幣壹萬元作為中國文學系獎助成績優良學生之用。
　　先生對本校教學之貢獻及嘉惠後學之德意，亦云厚矣。拜領之餘，感激無似。專此順頌
　　道安　　弟劉道元拜啟　十一月五日

圖12　12月24日，原為蓮社中慧班弘法團女青年出家之宏慈法師來函，為先生將於年假中前往探訪致謝。圖為先生題贈之〈山寺〉、〈雜詠〉。

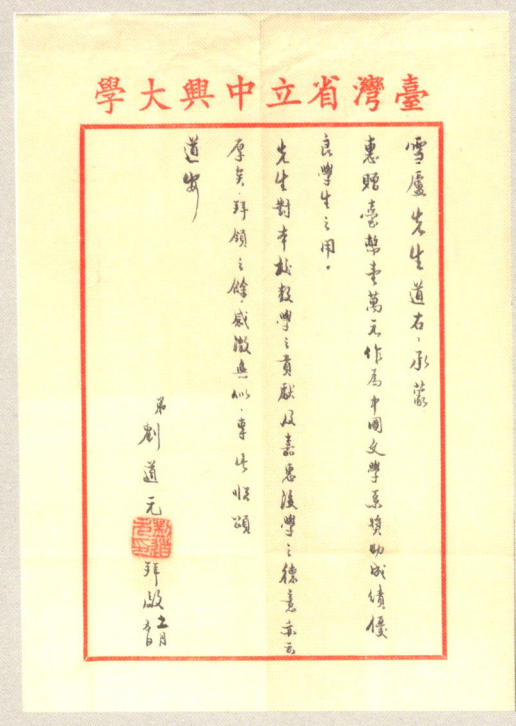

1967年圖11　　　　1967年圖12① 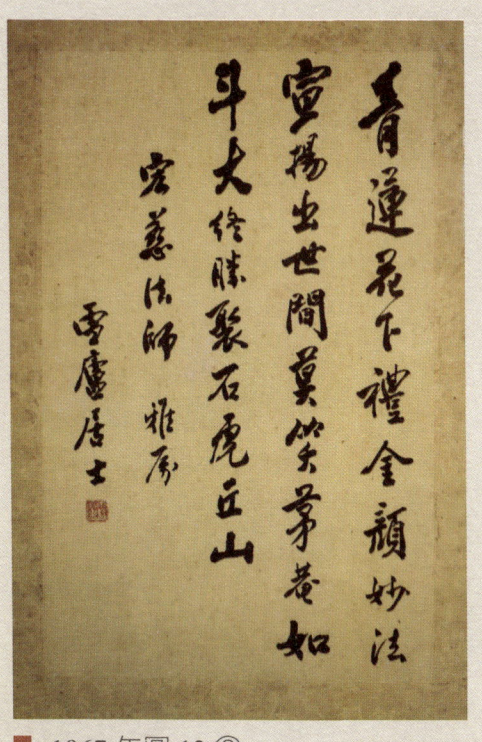　　　　1967年圖12②

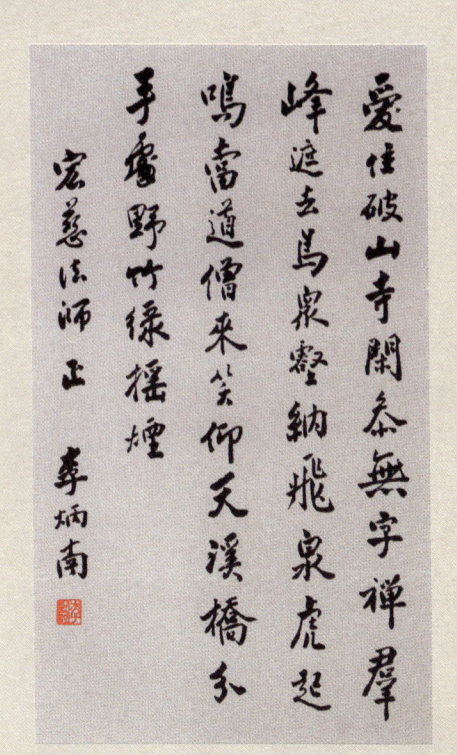

1968 年（民國 57 年）· 79 歲

圖 1　1月，周邦道來函，擬將先生大作與《印光大師文鈔》編入《中華大典》，以為先生八秩壽慶。

【釋文】

雪公夫子大人函丈：洪維臺齡大慶，曲踊莫名，謹與諸同修商印尊箸暨印祖《文鈔》，藉以壽師壽世，其意義與禮節或與流俗稍稍不同也。《文鈔》四本，編入中華大典將成兩厚冊，敬乞函丈撰一序文，宣揚祖德，並署志祝嘏因緣及同修師承淵源。另乞惠作一提要，將《文鈔》菁華撮舉鉤稽，俾閱者開卷即悉津梁。此為大典體例，鐸老為雲師《年譜》、倓師《回憶錄》曾作二篇，登《中國一周》雜誌，前者將由《樹刊》本月號轉載，請惠觀。菩提醫院院長係炎煌所提，如有困難可作罷。仍請費神物色。安老、施醫二所，函丈面屬，庶可推動也。耑此肅陳，虔頌

光壽無量　　弟子周邦道頂禮　五十七年元月五日

王大任兄頃交來印書祝嘏金四百圓，順此奉聞

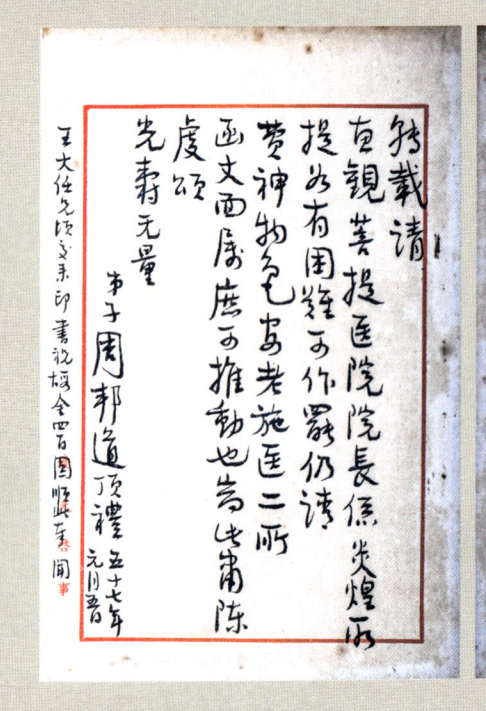

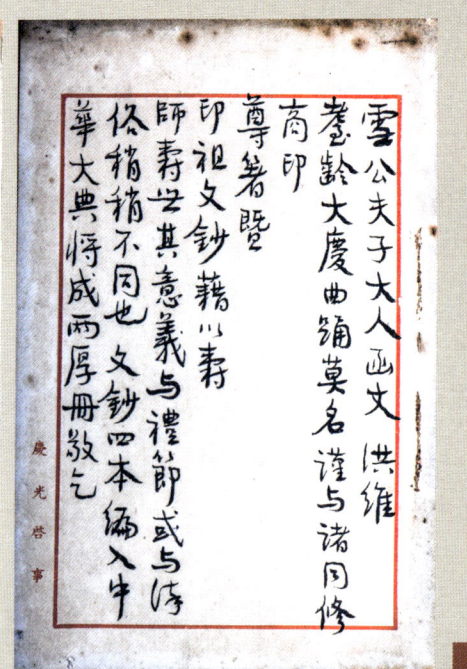

1968 年圖 1

圖 2　1 月，中興大學舉行期末考，為任教《禮記．中庸》出試題。

【釋文】

〈五十六年度第一學期期考禮記中庸試題〉：

（子）自「天命之謂性」句起，至「萬物育焉」句止。默寫。

（丑）自「子路問強」句起，至「至死不變，強哉矯」句止。默寫。

（寅）「率性之謂道」解釋其義。

（卯）「天命之謂性」句之「天命」二字，按所授之注解答之。

（辰）雖曰「道不遠人」，但人多不明道是何，試舉何種行為違道不遠？

（巳）君子不陵下，不援上，但正己而不怨不尤。孔子有何譬之言以警勸之？

（午）「中庸」與「中和」有何分別，按游酢之注答出。

（未）「君子胡不慥慥爾」，慥慥二字，鄭朱二家及經義述聞之解，各舉出。

（申）「鬼神之為德」，鬼神二字，易繫辭及宋張子各講，分舉出。

（酉）舜大孝大德，孔子曰：大德必得者四，分舉出。

（戌）「壹戎衣」鄭朱二注大異，分舉出。

（亥）孔子稱「武王周公，其達孝矣乎。」試言其達孝維何？

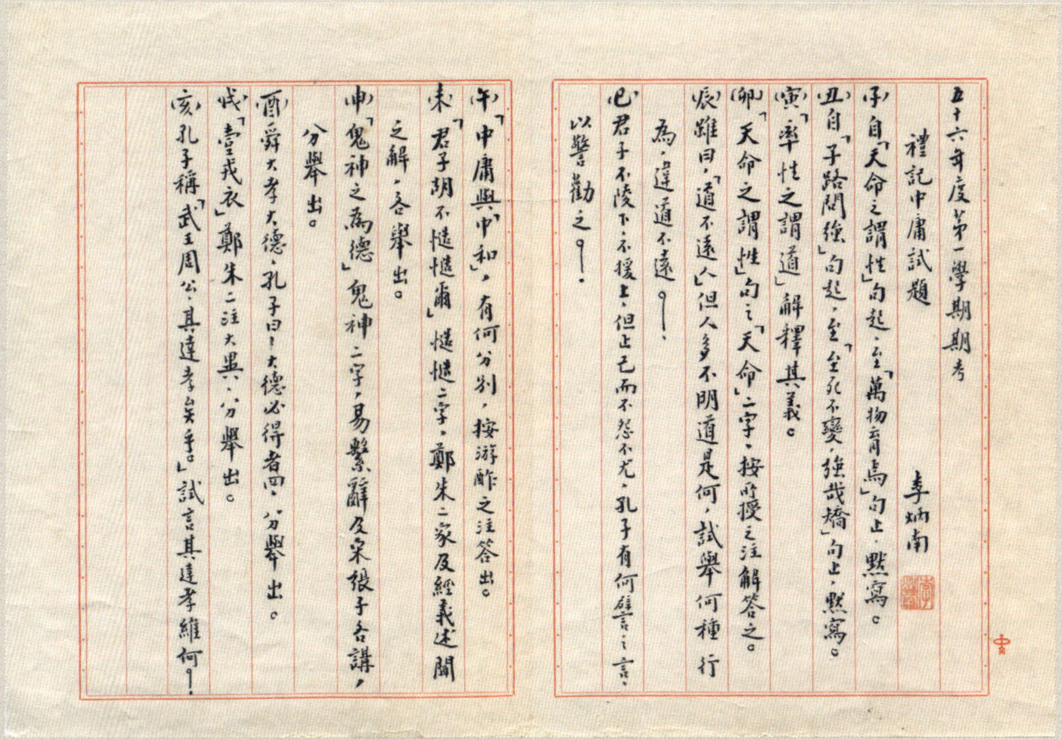

五十六年度第一學期期考

禮記中庸試題　李炳南

（子）自「天命之謂性」句起，至「萬物育焉」句止，默寫。

（丑）自「子路問強」句起，至「至死不變，強哉矯」句止，默寫。

（寅）「率性之謂道」解釋其義。

（卯）「天命之謂性」句之「天命」二字，按所授之注解答之。

（辰）雖曰「道不遠人」，但人多不明道是何，試舉何種行為違道不遠？

（巳）君子不陵下，不援上，但正己而不怨不尤，孔子有何譬之言以警勸之？

（午）「中庸」與「中和」，有何分別，按游酢之注答出。

（未）「君子胡不慥慥爾」，慥慥二字，鄭朱二家及經義述聞之解，各舉出。

（申）「鬼神之為德」，鬼神二字，易繫辭及宋張子各講，分舉出。

（酉）舜大孝大德，孔子曰：大德必得者四，分舉出。

（戌）「壹戎衣」，鄭朱二注大異，分舉出。

（亥）孔子稱「武王周公，其達孝矣乎」，試言其達孝維何？

1968 年圖 2

圖 3　2月9日，周邦道來函，說明菩提救濟院事務處置方式，又勸請先生將著作列入其主編之「中華大典」。

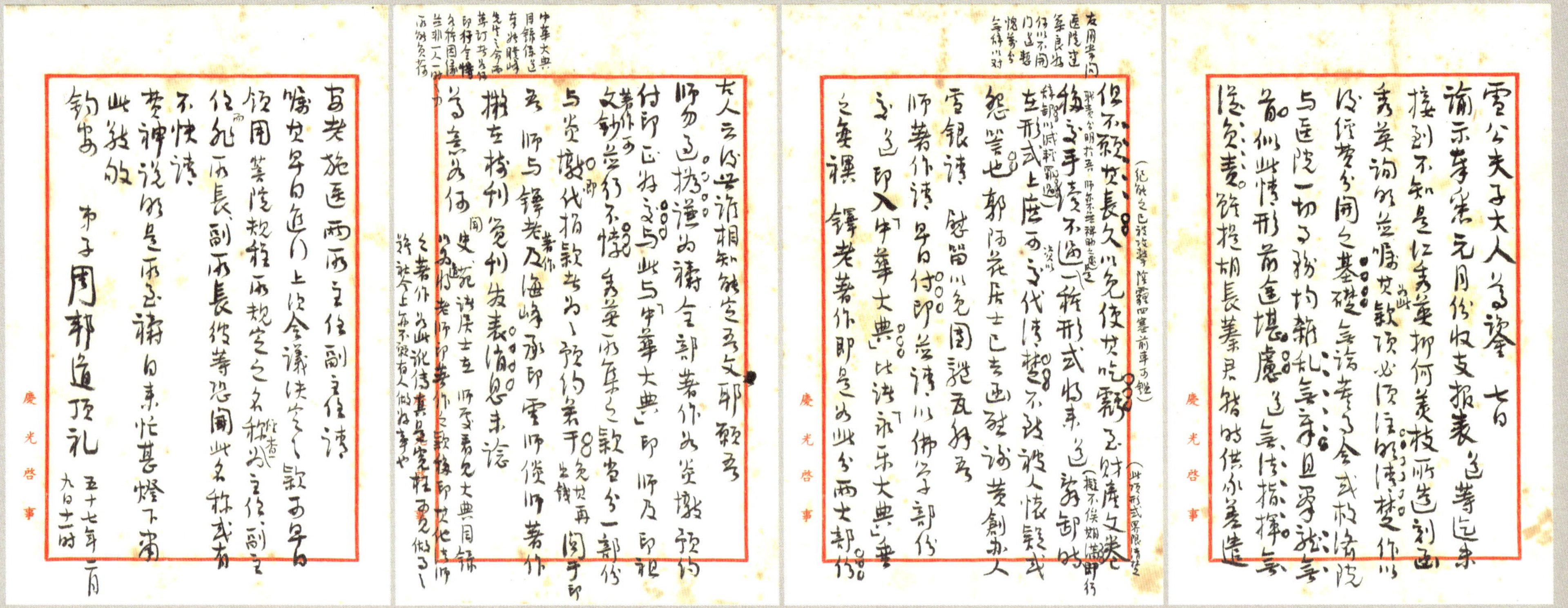

1968 年圖 3

1968 年（民國 57 年）·79 歲

圖4　2月16日，周邦道來函，讚歎先生提出之〈整理院務計畫書〉。

【釋文】

雪公夫子大人函丈：茂林兄決定明午南來，先後諭章悉已請閱。頃奉〈整理院務計畫書〉，慈心悲願，感仰無量。謠諑毀謗，昨函已證明子虛，乞予冰釋，道等共體尊旨而行。時英又已向茂兄表示「只做事不說話」，障碍消除，曙光在望。敢請澄懷朗照，是所至禱。虔敬

崇安　弟子周邦道頂禮　五十七年二月十六日下午七時

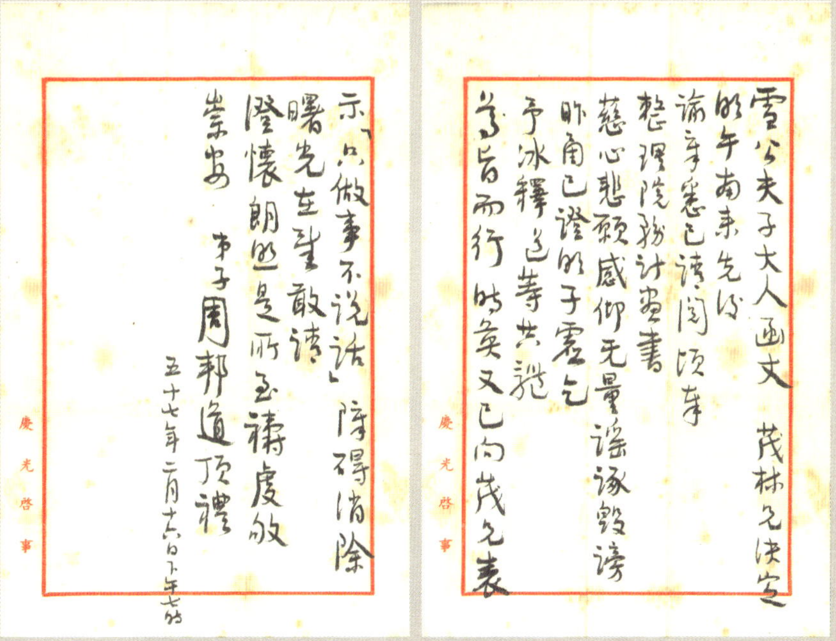

1968 年圖4

圖5　2月20日，函復黃月蘭，勉勵其所創設之溪州安老院基礎已具，更當「百折不回」。

【釋文】

月蘭賢具壽台覽：溪州安老院事已奠基礎，甚喜。但辦事非一人之力，且不能一路康莊。尤其公益事人多觜〔嘴〕雜、此前彼後，非具大決心，難以成功。炳在台中所辦之事，皆有魔障，終經忍而推進得以完成，可作龜鑑。修德公畢返來時，望將此意轉告。以中興佛社而論，亦是數遭波折，始有今日也。炳事如猬，既不能常往談話，又無暇時時通信，甚感慊愧。謹以「百折不回」四字相贈，此成功之祕訣也。本星三圖書館恢復講經，又照常忙矣。專此并頌

淨祺　侍李炳南謹啟　二月廿日

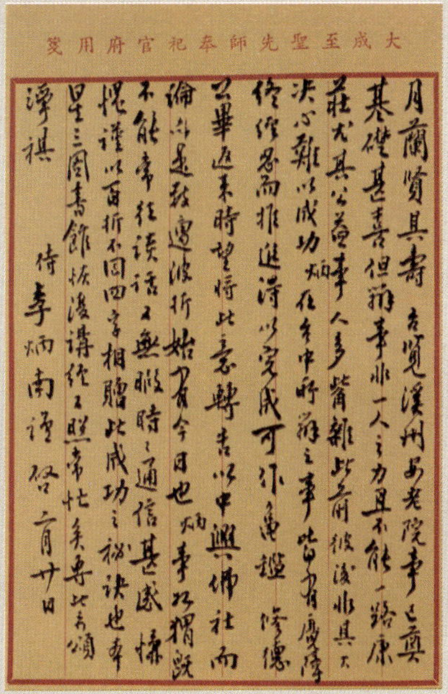

1968 年圖5

圖6　4月,金山江天寺前住持太滄老和尚捨報。太滄法師多年前曾到訪,與先生合影於菩提樹雜誌社。

圖7　4月,於慈光圖書館週三講座開講《大方廣佛華嚴經》。先生宣講此經歷十八年,至先生往生前一個月猶未停歇。

1968 年圖 6

1968 年圖 7 ①

1968 年圖 7 ②

1968年（民國57年）・79歲

圖8 4月，開始宣講《華嚴經》，依清涼國師《華嚴疏鈔》，編製《大方廣佛華嚴經講述表解》。

圖9 4月27日，加拿大詹勵吾來函，為先生接見其令郎致謝，並為先生祝壽。

1968年圖9

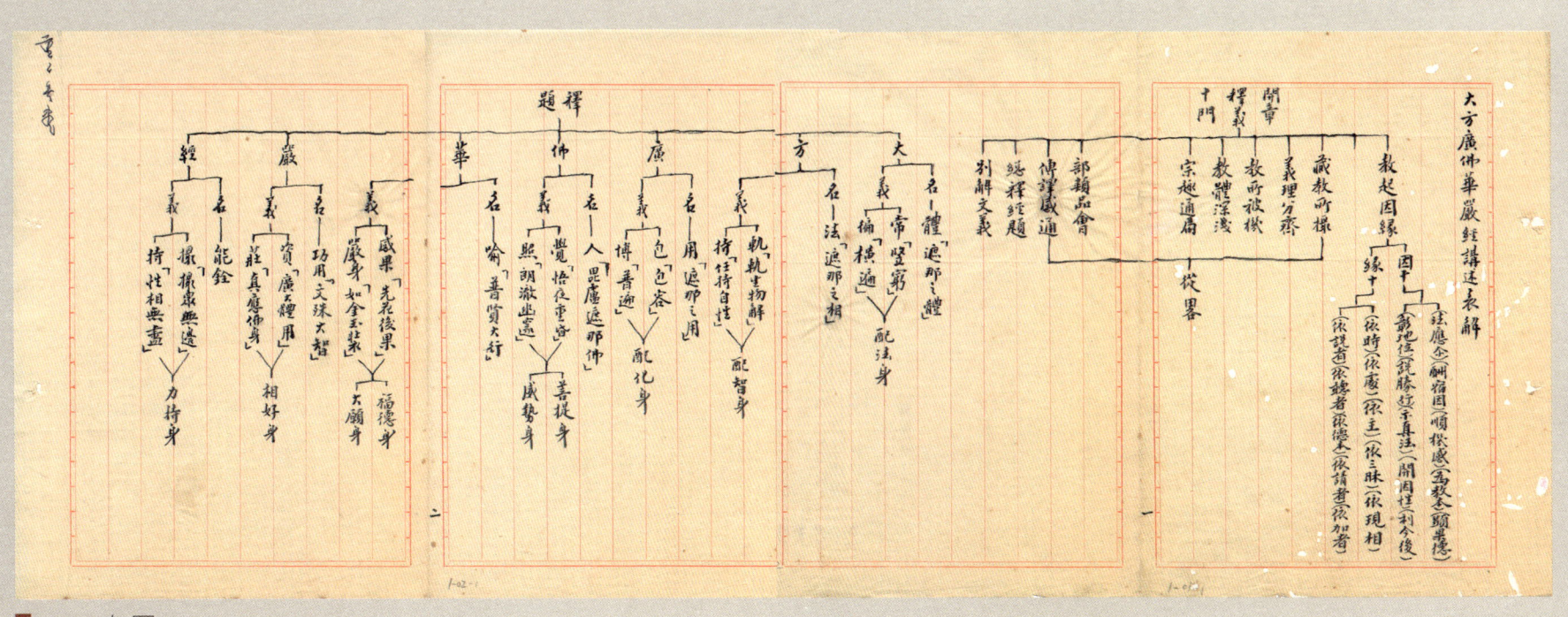

1968年圖8

圖10 5月，受託主持智光大師國際文化詹氏獎學金頒獎典禮。

圖11 6月，與中興大學智海學社應屆畢業同學合影。前排左起：鄭月貴、鄭素幸、指導老師許祖成、先生、紀潔芳、陳政旻。後排左起：蔡進來、翁水柱，右一吳定遠。

圖12 6月，為中國醫藥學院《內經》專課期末考及補考出試題。

圖13 6月，為中興大學中文系《禮記》專課出期末考試題。

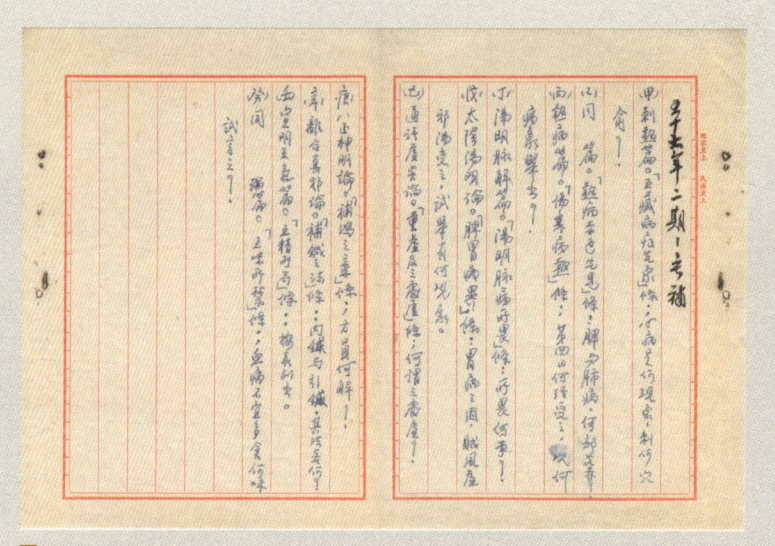

1968 年圖 12

1968 年圖 10

1968 年圖 11

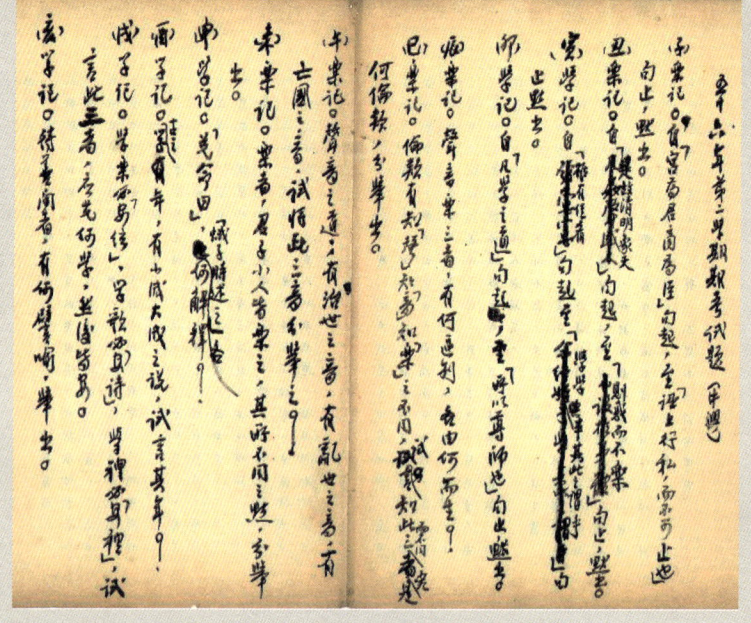

1968 年圖 13

1968年（民國57年）·79歲

圖14 7月，舉行五十七年度暑期「慈光大專學術講座」，為期二十九日。為慈光講座第八屆。

圖15 8月26日，周邦道來函請示印光大師《文鈔》排印事。

【釋文】
雪公夫子大人函丈：印祖文鈔敘及提要，今交平陽印刷所排印。提要「印祖圓寂後二十有八年」一句移至敘文第三段。印祖傳署如已撰就，請即賜下；如萬一無暇，從闕亦可。如何？乞示。吾師著作末葉署編者、著者，或編著者？道擬「編次者」一欄無此必要，可刪除。肅肅敬敏

崇安　弟子周邦道頂禮　五十七年八月廿六晚

圖16 8月，為江逸子所繪〈紫氣東來圖〉題辭。

【釋文】
猶畫當年函谷姿，東來消息少人知；
朝朝觀壁尋玄竅，恍惚豁然得象時。
歲戊申長夏觀於綠川之畔
　　稷下李炳南題

■ 1968年圖14

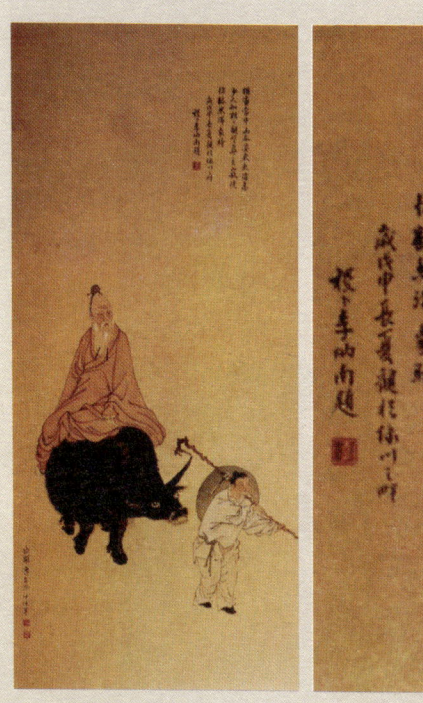

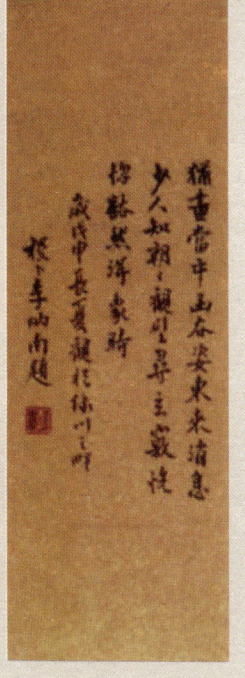

■ 1968年圖15

■ 1968年圖16

圖17 9月28日，教師節，與諸生出遊溪頭，觀賞千年神木。

圖18 是年秋，獲胡念祖繪贈扇面。（照片提供：游青士）

【釋文】

繞寺千千萬萬峯，滿天風雪打杉松；地爐火煨黃昏睡，更有何人似我慵。

雪廬先生雅正　　戊申秋初益陽胡念祖

圖19 10月，為中興大學智海學社發行之《智海特刊（第八期）》題詞。

【釋文】

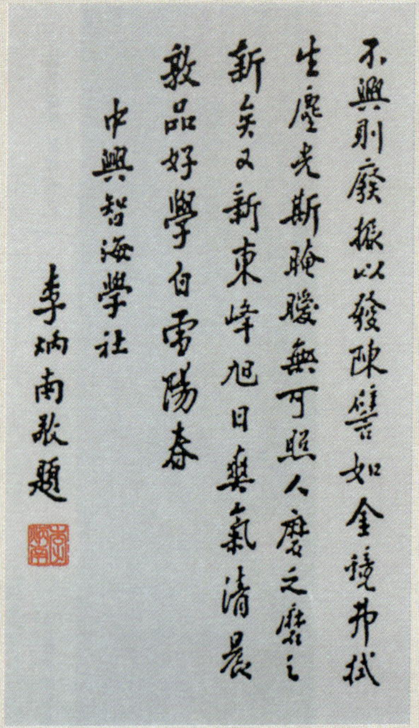

不興則廢，振以發陳；譬如金鏡，弗拭生塵；光斯晻曖，無可照人。磨之磨之，新矣又新。東峰旭日，爽氣清晨；敦品好學，白雪陽春。

中興智海學社　　李炳南敬題

圖20 10月，為慈光大專佛學講座第八屆學員《通訊錄》題詞。

【釋文】

篤信久敬，幹國棟家；敦於五倫，行乎三慧。精神有契，道德攸同；力儒之仁，啟佛之智。

李炳南敬題

■ 1968年圖17

■ 1968年圖18

■ 1968年圖20

1968年圖19

圖21 10月,為中國醫藥學院醫學系二年級、三年級兩班期中考試,分別出試題。

圖22 12月,題詩賀許祖成六十生辰。

【釋文】
卓立堅貞道自尊,如君始不愧乾坤;詩書回味心湛水,桃李春芳士滿門。壽相早泯忘歲月,斑衣歡舞任兒孫;隨緣周甲重開泰,還與羣萌種善根。
寬成老棣　正　　兄李炳南未是草

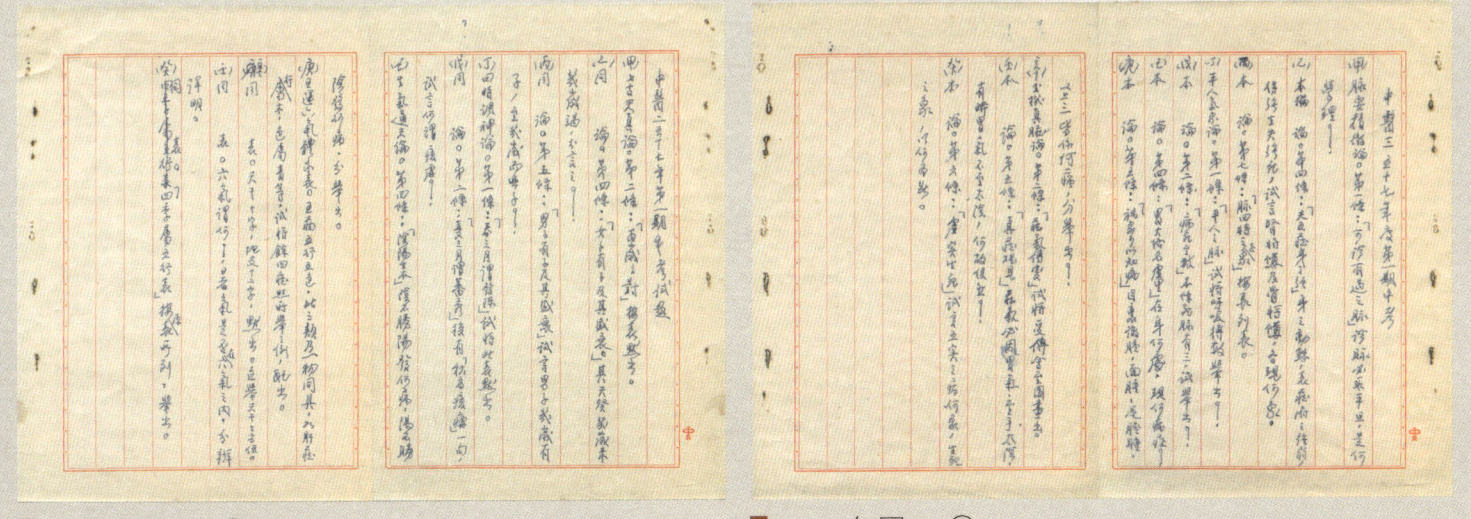

1968年圖21①

1968年圖21②

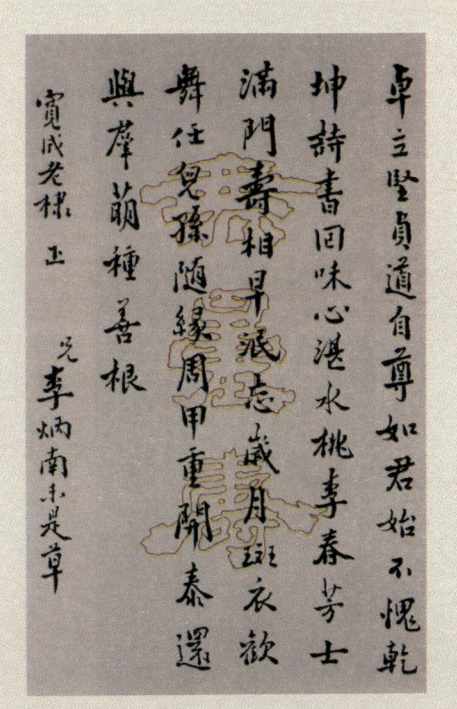

1968年圖22

1969年（民國58年）・80歲

圖1　1月24日，先生八十壽辰。門下弟子組成「李炳南老居士八秩祝嘏委員會」，集先生著述為《雪廬述學彙稿》。全書計八種：一、阿彌陀經摘註接蒙暨義蘊，二、大專學生佛學講座六種，三、佛學問答類編，四、弘護小品彙存，五、內經摘疑抒見，六、內經選要表解，七、詩階述唐，八、雪廬詩文集。

圖2　1月，《慈光》半月刊開設「慈光大專講座同學見聞錄」版面。

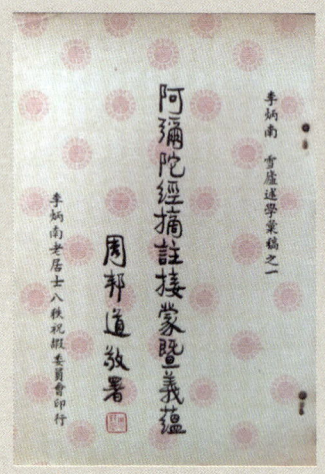

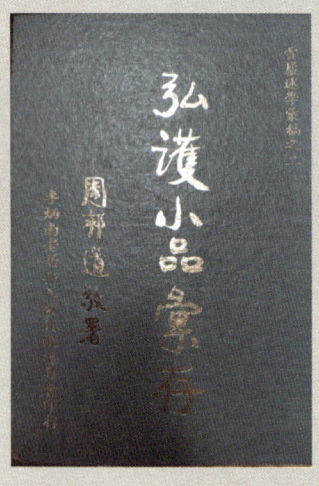

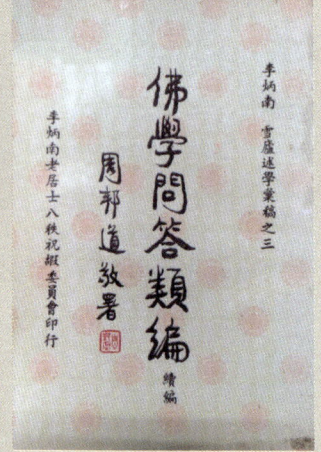

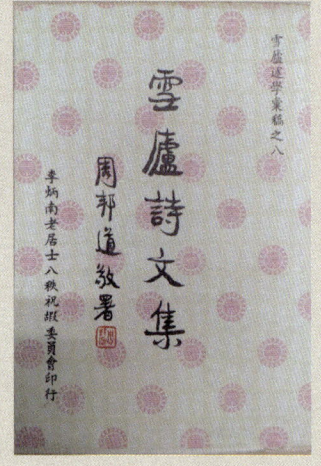

1969年圖1

1969年圖2

1969年（民國58年）・80歲

圖3　2月，為籌措經費償還菩提醫院債務，將呂佛庭所作畫寄請董正之裱褙處理。

【釋文】
正之老弟鑒：呂兄佛庭聞係維持醫院之事，已將畫漏夜趕出，竟打破文藝界之架子習氣，其情可感。台中裱工不及北部，已將畫掛號發郵，希弟在台北探詢好工，用全綾裝池，以美觀為準，價之多少示知立寄，不須爭較錙銖也。諸眾因緣，日日好轉，此皆吾弟旋轉乾坤之力感召。畫寄到查收辦理為感。并頌
道祺　　兄李炳南拜啟　二月十八日
日昨寄上趙士瑛居士畫一幅，諒已收矣。

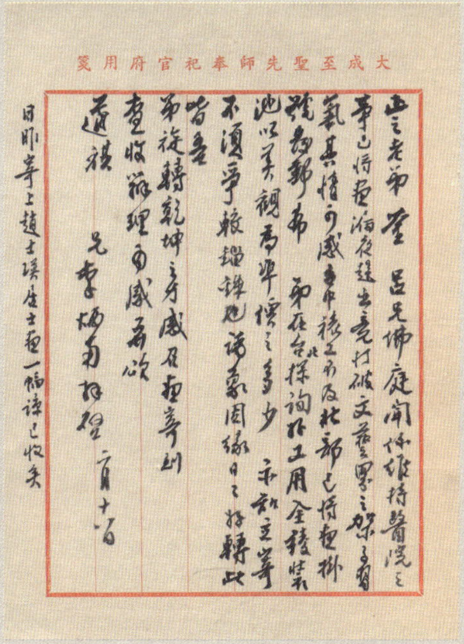

圖4　4月3日，勉勵黃月蘭，辦事以「忍、進、恆」三字為成功要訣。

【釋文】
月蘭具壽鑒：世出世法，皆以「忍進恆」三字得以成功。有理智則不尚感情，有情緒應付諸理智。無理智是弱者，任情緒是愚人。應自知勉。　　炳南謹復四月三日

圖5　5月，為台中蓮社女子弘法班林看治所著《念佛感應見聞記》撰〈序〉並書題。林看治為台中蓮社女子弘法班十姊妹成員。

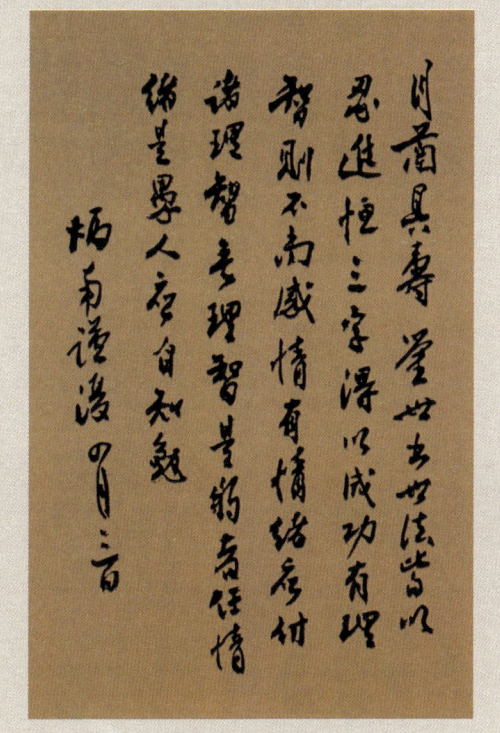

■ 1969年圖3　　　　　　　　■ 1969年圖4 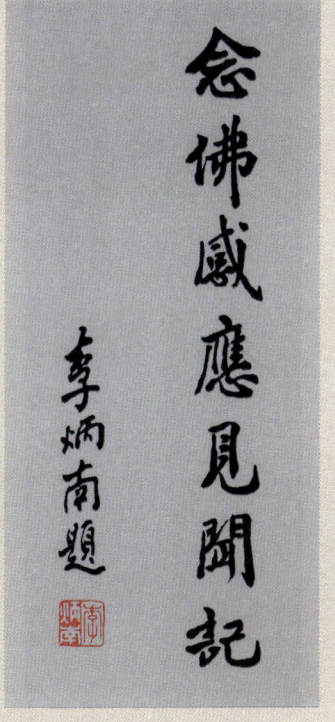　　　■ 1969年圖5

圖 6　6月，為中興大學中文系三年級《禮記》專課出期末考試題。

圖 7　6月，中興大學中文系教師與五十七學年度畢業生合照。

圖 8　7月，《菩提樹》月刊發二百期，先生題詞紀念。

【釋文】

拱把幾圍高幾尋，恆沙劫數覆清陰；培成多少菩提樹，天上人間林復林。

菩提樹月刊二百期紀念　　李炳南敬祝

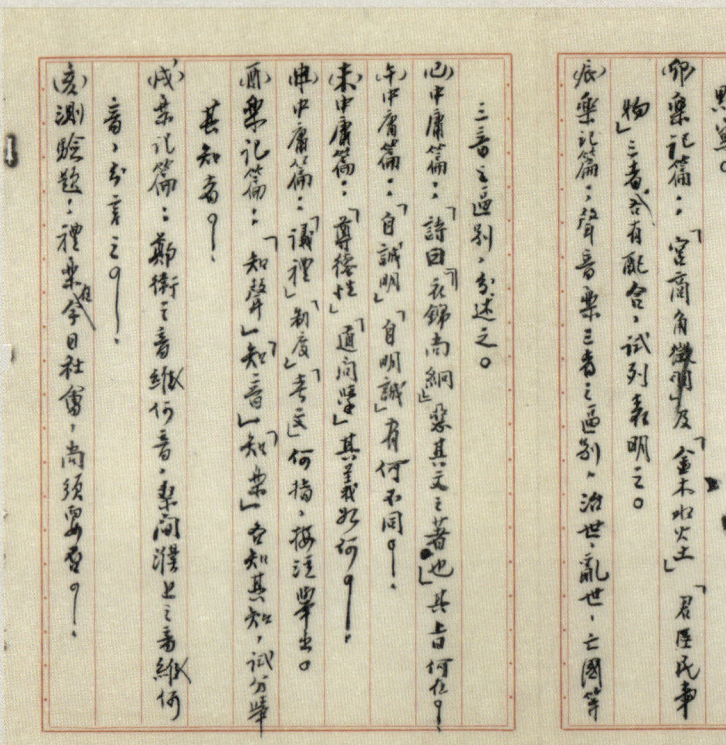

1969年圖7

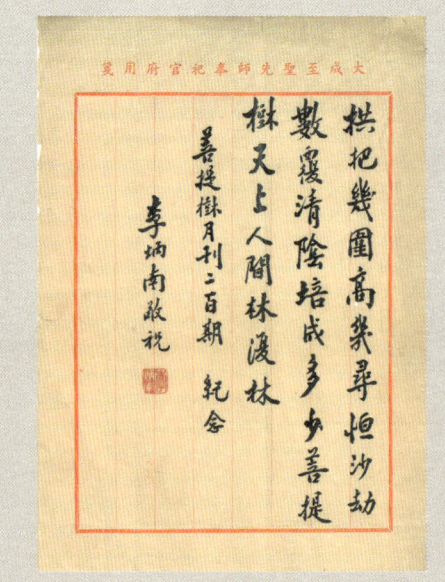

1969年圖6

1969年圖8

1969年（民國58年）‧80歲

圖9　7月，舉行五十八年度暑期「慈光大專學術講座」，為期二十一天，為慈光講座第九屆。圖為講座課表。慈光講座本屆圓滿後停辦。

圖10　10月，為中興大學智海學社發行第九屆《智海學刊》題詞。

【釋文】

大圓鏡智，海印三昧；虛空法界，無不照臨。　　　李炳南敬題

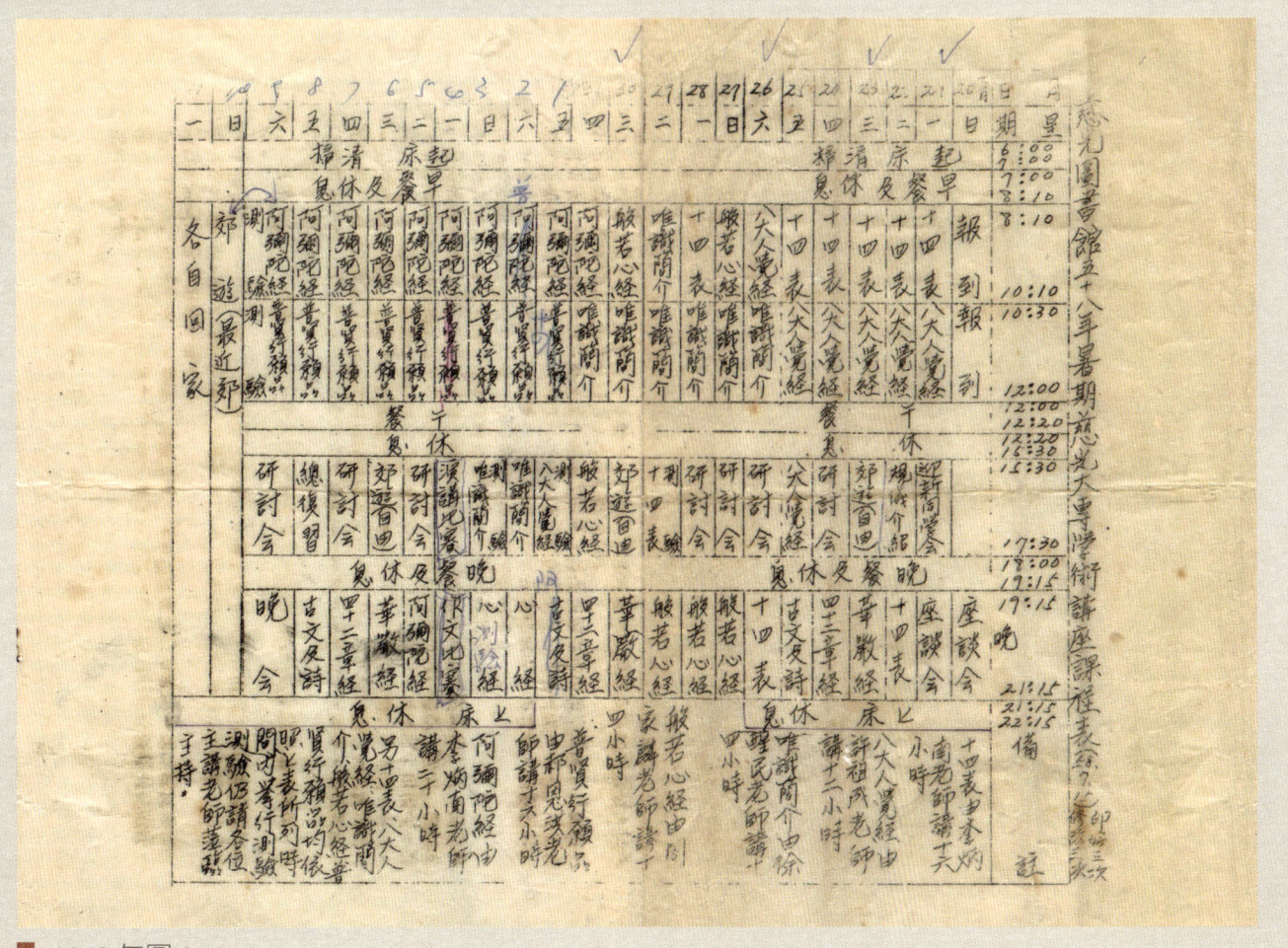

1969年圖9

1969年圖10

圖 11　10月，為《第九屆慈光大專佛學講座同學通訊錄》封面題額。

圖 12　11月，蓮友何清根膺選軍人楷模，先生題詩祝賀（②）。另有題辭祝賀何父新第落成（①）。

【釋文】

仁與違仁業不同，萬家樓閣碧雲中；從今亦起高門第，教育兒孫養老翁。

木己老棣新第落成誌喜　　李炳南敬贈（①）

倫理家庭子弟賢，丹心如日麗青天；晚涼洗馬朝磨劍，不許胡塵近漢邊。

歲己酉冬賦詩一首賀　千根賢弟膺選全國第三屆後備軍人楷模　　東魯李炳南（②）

1969 年圖 11

1969 年圖 12 ①

1969 年圖 12 ②

圖 13 12 月，《雪廬詩文集》出版，呂佛庭讀後，有詩紀感。

【釋文】

〈拜讀雪廬詩文集欣賦七律一首兼呈雪公長者〉：

雪公道業世無匹，更有詩文驚海東；模水範山渾似畫，言情述志足移風。傳經當逾期頤壽，樂善應教萬慮空；抱節耽吟塵不染，上乘妙法佛儒通。

後學呂佛庭呈稿

圖 14 12 月 8 日，「李炳南老居士八秩祝嘏委員會」發行《雪廬詩文集》出版。其中《詩集》尤為先生所愛重。圖為先生曾指示江逸子對詩集之處置。後附為江逸子之說明。

【釋文】

逸子弟鑒：鄭對翠華堂如揭裱囑特別慎重。能為則為，不能為則罷。初次已造成大錯，萬不可再造成不可收拾之大錯矣。

李炳南拜啟　三月十九日

（江逸子說明）是年春，霪雨不斷，師書齋陰濕犯潮，致使詩集嚴重脫頁，以及貼集詩箋散落。欲令勝陽送裱，故又恐不明順序，故致條于我。終將取回，我親自排序托裱裝訂，以慰。

圖 15 是年，為趙亮杰《歷史感應故事選譯》出版題詞。

【釋文】

聖智拜昌言，愚庸惡逆耳；仁言藹甘露，暴語惟興戎。史書所有載，等作因果觀；古文讀艱深，能以淺出之。信自得驪珠，謗則倒持劍；言者與聞者，禍福各自取。　　八十老人李炳南題

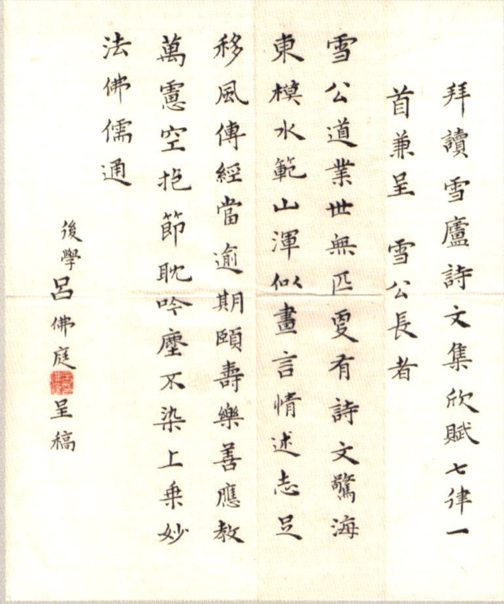

拜讀雪廬詩文集欣賦七律一首兼呈 雪公長者

雪公道業世無匹更有詩文驚海東模水範山渾似畫言情述志足移風傳經當逾期頤壽樂善應教萬慮空抱節耽吟塵不染上乘妙法佛儒通

後學呂佛庭呈稿

1969 年圖 13

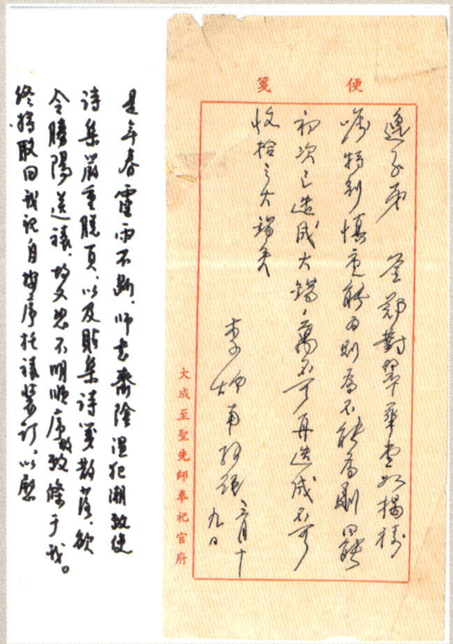

逸子弟 鑒 鄭對翠華堂如揭裱囑特別慎重能為則為不能為則罷 初次已造成大錯萬不可再造成不可收拾之大錯矣

李炳南拜啟 三月十九日

1969 年圖 14

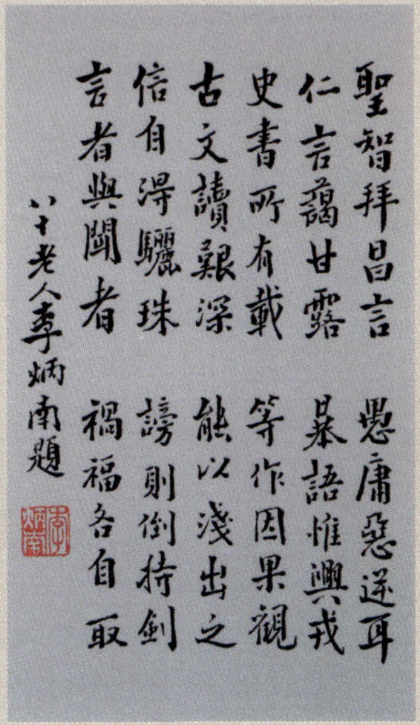

聖智拜昌言愚庸惡逆耳仁言藹甘露暴語惟興戎史書所有載等作因果觀古文讀艱深能以淺出之信自得驪珠謗則倒持劍言者與聞者禍福各自取

八十老人李炳南題

1969 年圖 15

1970年（民國59年）・81歲

圖1　3月，函復臺中省一中學生吳聰龍有關科、哲、文三系與佛學關聯之提問與選擇。日後，吳聰龍以第一志願進入中興大學中文系就讀。

【釋文】
聰龍同學台鑒：接讀台函，甚佩立志高超！佛學者一切學術之覺悟學也，非離開一切而說。雖就一切立言，却有其精到，此非他學能及所能知。故學校課門皆與佛學不似，又皆有助於佛學也，但看取用之心理若何耳！放下佛學研各學，皆無補於佛學；提起佛學研各學，皆有助於佛學。科哲文三系，有不利佛學者惟哲學為重，科文且為必要所修者。求學者求其助也，非求其喪志。以心為主，一切為賓；賓主顛倒，方是錯路。此為扼要之理。更應知科文路線少歧，哲則歧中多歧，且中外哲學因其環境傳統有大逕庭處，以故神經狂異之輩多出西哲、消沉玩世之流多出中哲。總結，入系不妨求性近助佛，要在嚴賓主。謹復并頌

學祺　李炳南拜啟　三月九日

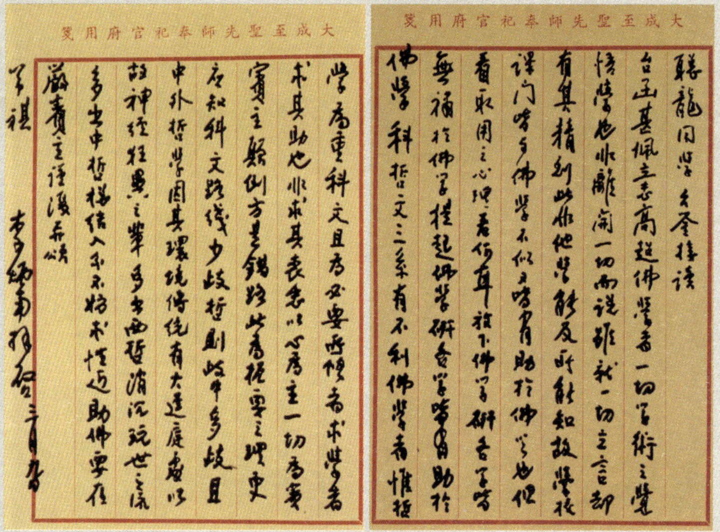

■ 1970年圖1

圖2　4月，為臺灣大學晨曦學社《十週年社慶特刊》題詞祝福。

【釋文】
一日之晨曦，一日新也；一歲之晨曦，日日新也；十年之晨曦，又日新也。日新期斷見思惑，日日新期斷塵沙惑，又日新則是期斷根本無明矣。夫如是，儒佛之大道盡之矣。

　　　穉下李炳南敬祝

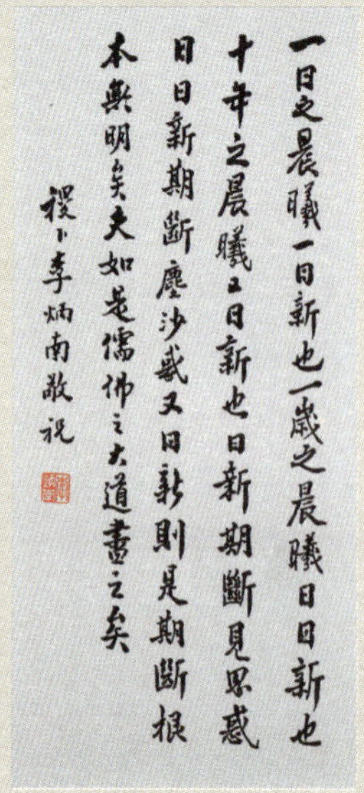

■ 1970年圖2

1970年（民國59年）・81歲

圖3　4月，為興大中文系三年級《禮記》課程出期中考題。

圖4　5月22日，周宣德來函，轉述北部同學為暑期講座停辦深感失望，建請續辦以接續前九年輝煌成就。

【釋文】

雪公師座尊右：中市聆教歸來，又有此間同學來詢暑期講座之事。弟子僅暗示本年可能停辦一次，彼等聞之，深感失望，悲嘆不已。頃忽奉祖成師兄惠示，設想周至，讀之令人感動！中部教師竟有如此發心者，非師座多年教化培養，曷克臻此。弟子除對祖成師兄表示欽敬，並告以此間亦將隨喜樂助肆仟元外，當懇吾師慈允所請，在蓮社可容納範圍內（日前據蓮友告之，約可容卅人），續辦一次，不勝馨香感禱之至。又北部雖亦有倣效慈光前例設立講座之說，但現查尚無消息，亦可能不辦。但中部由明倫社─大專同學社團或由蓮社出面（實際仍由資深學生出個名）主辦，而吾師僅在精神上領導，則九年輝煌成就不至廢於一旦矣。如何？敬乞裁示！

關於救院董會改組事，已轉告慶光師兄，彼稱未來人選似可留待下次董會舉行再共同商討解決。併此轉呈。崇上虔敬

法安　弟子周宣德頂禮　五十九年五月二十二日

祖成兄函附呈鑒閱

■ 1970年圖3　　　　　　　　　　■ 1970年圖4

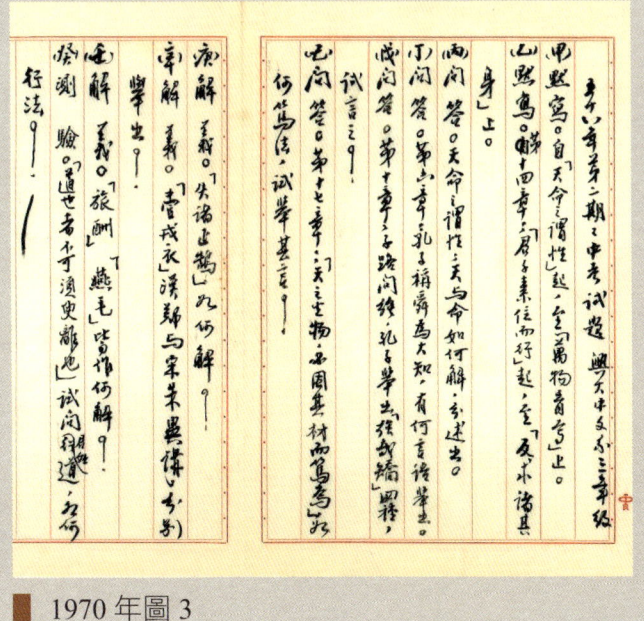

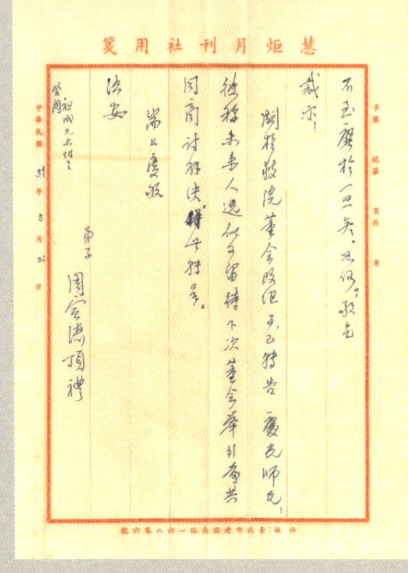

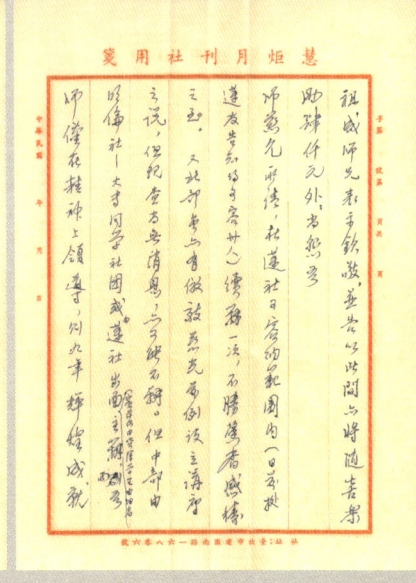

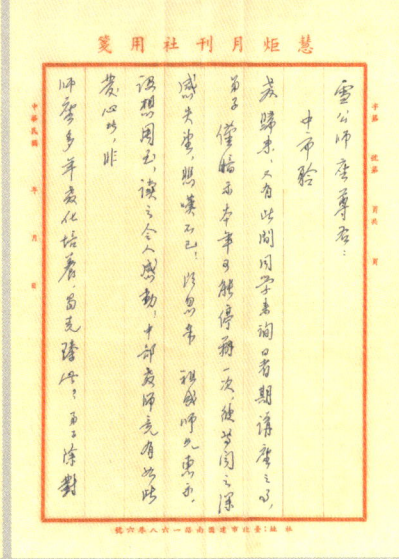

307

圖5　6月，應聘擔任中國醫藥學院教材編審委員會委員。

圖6　6月，為中國醫藥學院醫科二年級《內經》課程出期末考題及補考試題。

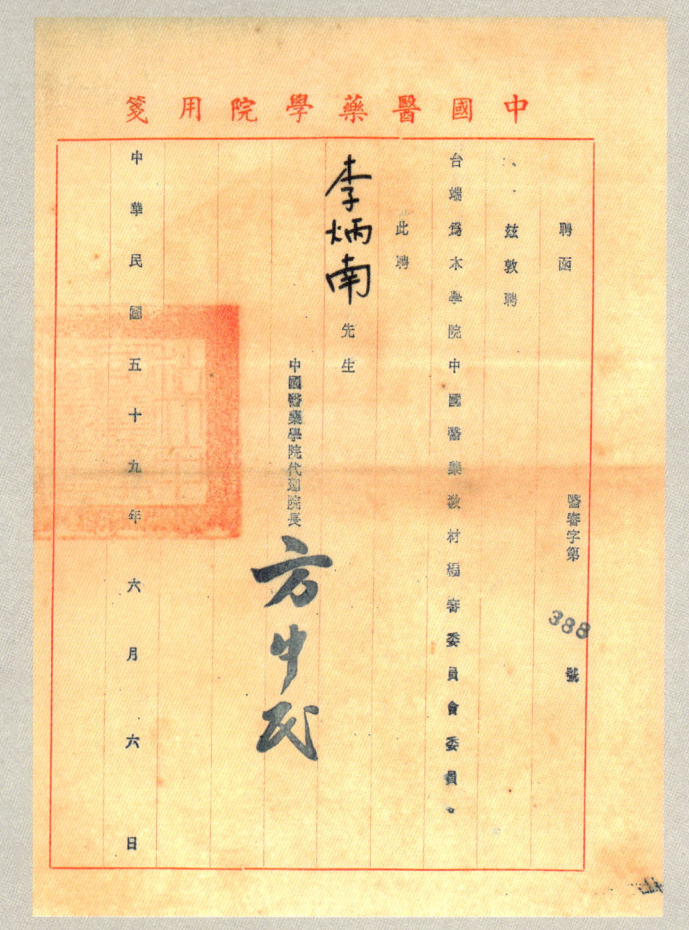

1970年圖5

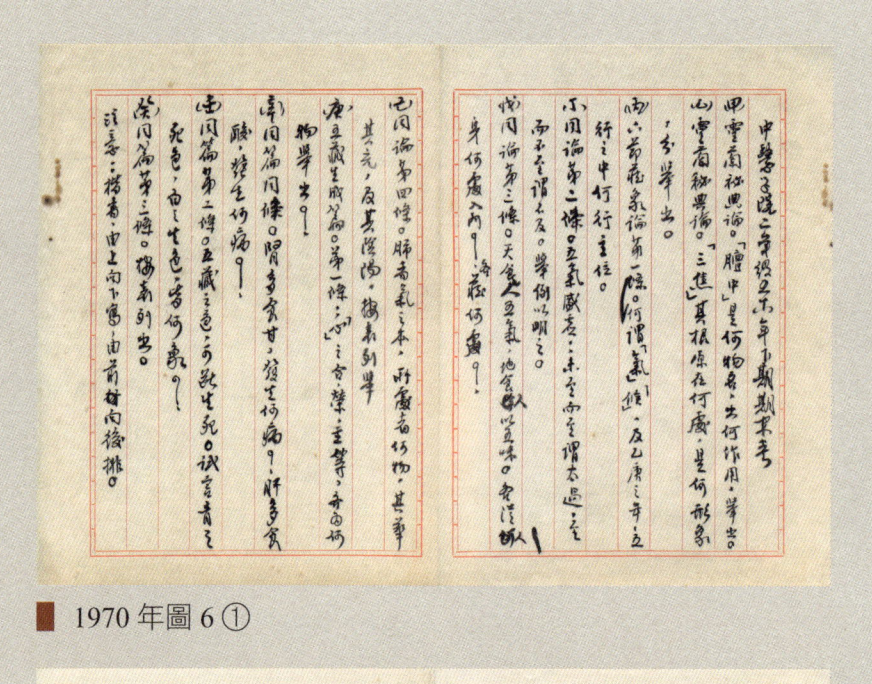

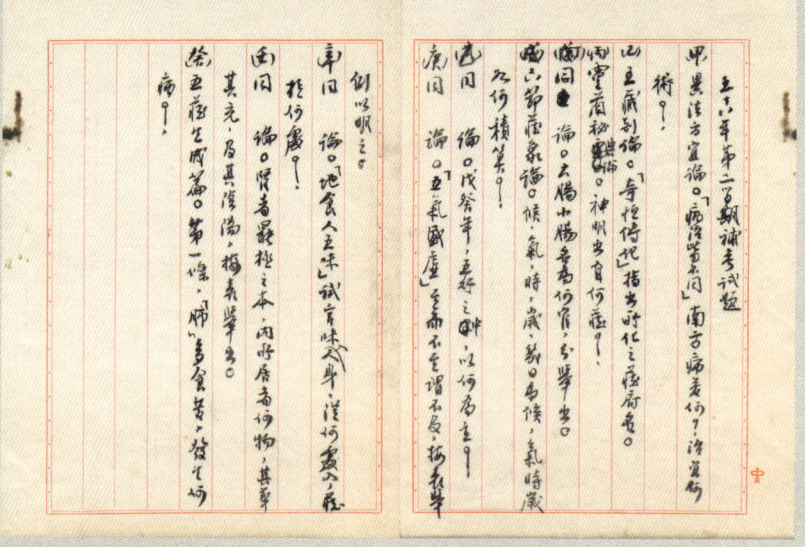

1970年圖6①

1970年圖6②

1970年（民國59年）・81歲

圖7　7月18日，至般若寺參加第二屆董事會。（照片提供：游青士）

圖8　8月，與新成立之明倫社諸友，至霧社、廬山、梨山二日遊。明倫社於是年成立，係由歷屆慈光講座學員組成，專責接引大專青年。

■ 1970年圖7

■ 1970年圖8①

■ 1970年圖8②

圖9　8月，為籌備安老所開幕，安頓人事。安老所為菩提救濟院成立醫院後之接續計畫。

【釋文】

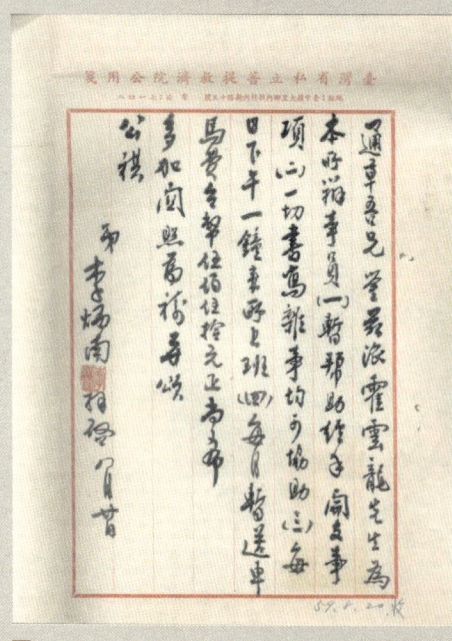

通章吾兄鑒：茲派霍雲龍先生為本所辦事員。（一）暫幫助經手開支事項，（二）一切書寫雜事均可協助，（三）每日下午一鐘來所上班，（四）每月暫送車馬費台幣伍佰伍拾元正。尚希多加關照為禱。并頌

公祺　　弟李炳南拜啟　八月廿日（①）

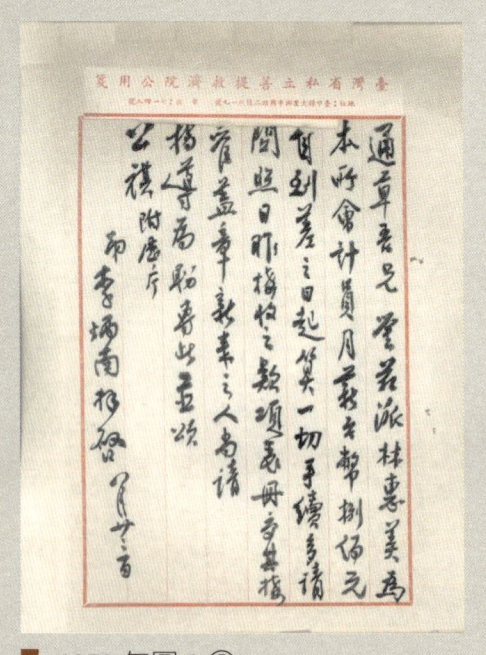

通章吾兄鑒：茲派林惠美為本所會計員。月薪台幣捌佰元，自到差之日起算。一切手續多請關照。日昨接收之款項表冊，交其接管蓋章。新來之人，尚請指導為盼。專此，並頌

公祺　附歷片　　弟李炳南拜啟　八月廿三日（②）

圖10　9月，擔任中興大學日、夜間部中文系兼任教授。

■ 1970年圖9①　　■ 1970年圖9②　　■ 1970年圖10①　　■ 1970年圖10②

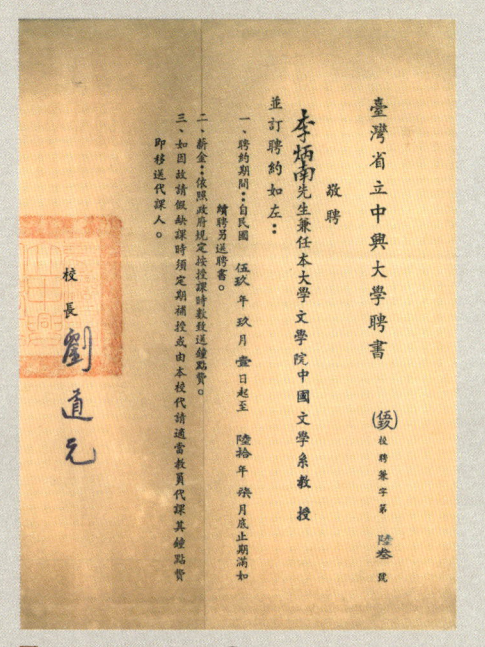

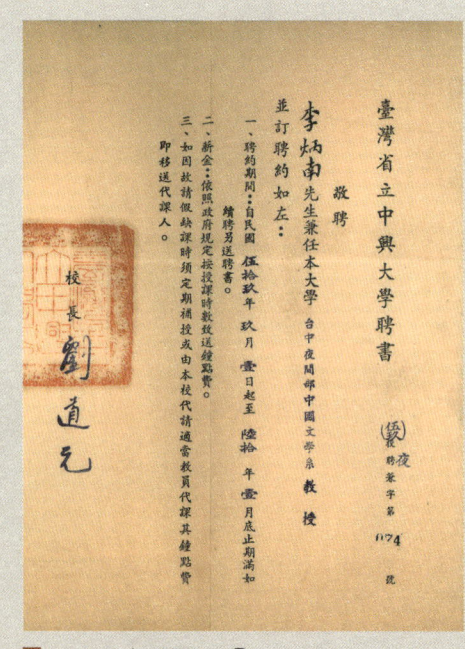

1970年（民國59年）・81歲

圖11 9月，持續擔任中國醫藥學院兼任教授，教授醫科二年級、三年級《內經》各一班。

圖12 9月13日，應邀至臺中看守所，以「眼為明燈」講演。圖為講表手稿。（照片提供：鄭如玲）

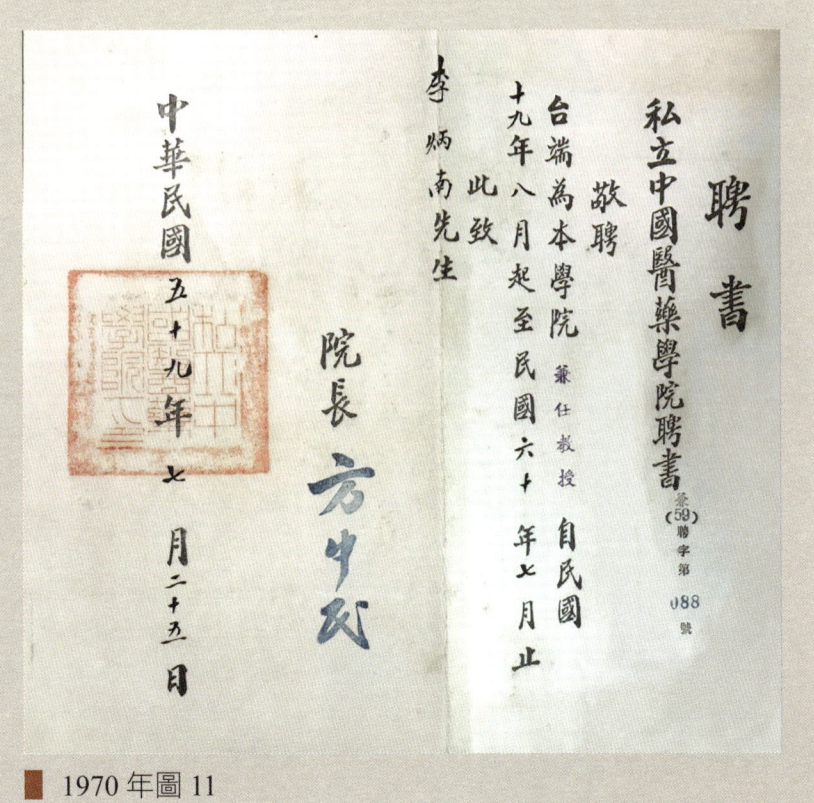

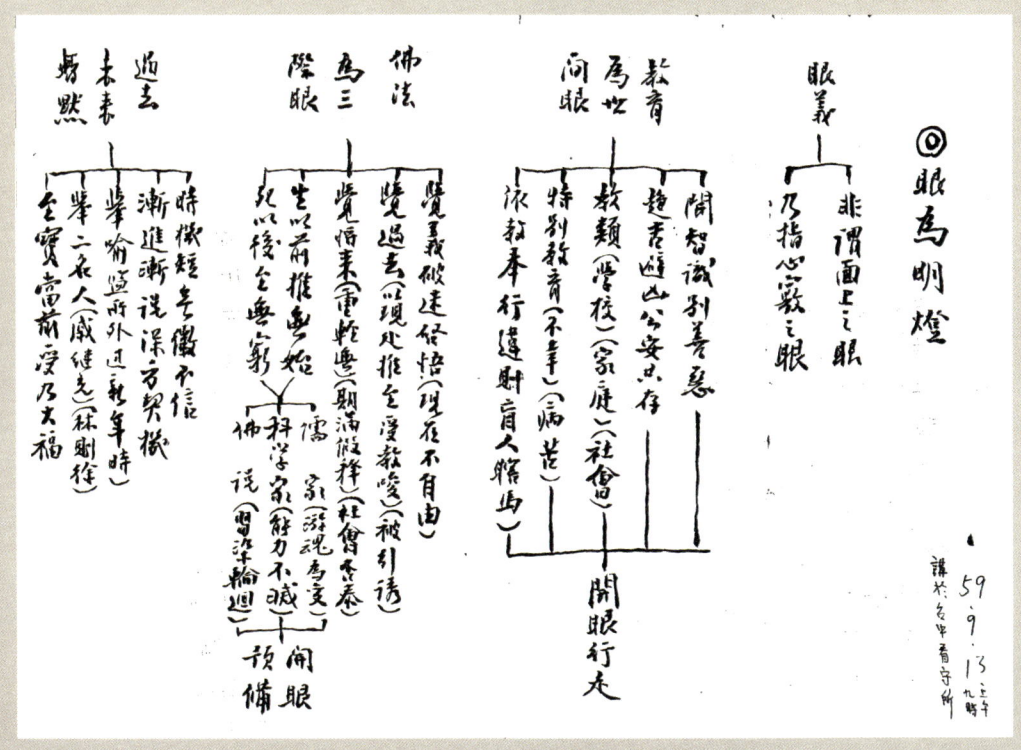

1970年圖11

1970年圖12

圖13 9月，參加中國醫藥學院醫王學社迎新大會，有〈醫王學社社慶〉講詞手稿。

【釋文】

　　今天是本院同學，所組織的醫王學社社慶，本人參加，就是來慶賀，見到社員，一屆比一屆增多，甚為歡喜。足見歷屆社長負責做事，尤感欽佩。當知本院同學所學，不但是中國醫藥，同時並學西國醫藥，這已經是開闢新天地，高人一等。且又加學佛學醫藥，這更是奇之又奇，新之又新，在中外醫學界中，可以說前無古人，今無比倫。這樣作風，不但尚無人做，恐怕一般人還不了然。

　　說到學貫中西，或者有人知曉一二，若說佛學也是醫藥，那就非普通人所能了解。待本人署為介紹。佛學者，有五種明學，集合而成。其中一種，曰「醫藥明」。這是醫療身病用的，又有一種，名曰「內明」，乃是醫療心病用的。應該知道，西醫長於治療身外有形之病，中醫長於治療身內無形之病，不過如此而已。所謂佛學醫藥，既能治療身所有病，更能治療心所有病，非同中西兩醫，只能治身，不能醫心可比，故佛稱為大醫王。可惜少人知曉，真是曲高和寡。本院醫王學社，很羨慕醫王的萬德萬能，必須博學廣識，纔能救眾生心身二苦，特再加研佛學。將中國醫藥，西國醫藥，佛家之「醫藥明」「內明」等，集為一體，可以稱曰：醫藥集大成！本社似乎當之無愧。這是學者應有的思想，應有的行為，應有的良心，應有的道德。

　　東方文化儒家有言：「君子務本」。這更要省察，同學的本責是甚麼？不是執行醫業嗎？醫家的業務，是仁心仁術。同學不是學佛嗎？醫王的願力，是大慈大悲。將仁心仁術，大慈大悲，合攏起來，纔能濟人之苦，救人之命。發了仁心，起了慈悲大願，纔肯負責任，真心濟人救命，那就得翻過頭來，問問自己的學術如何？能不能濟得人，救得命？儒家講天理良心，佛家講因果報應，那就得顧名思義，實事求是。同學是醫藥學院學者，是醫王學社社員，誓須要努力求學，真實有得，要成一個「醫國手」。成一個「大醫王」。濟世活人，萬家生佛。方不姑〔辜〕負今日這翻〔番〕慶賀！本人是醫學院的教授，又是醫王學社的同人，慶賀以外，應該加上一番鼓勵。最後有一要求，請諸位社員，將來能滿本人的期望。

1970年圖13

圖 14　10月15日，有〈明湖夢影錄小序〉手稿。《明湖夢影錄》應係先生自傳性質之撰作，惜未見書稿。

【釋文】

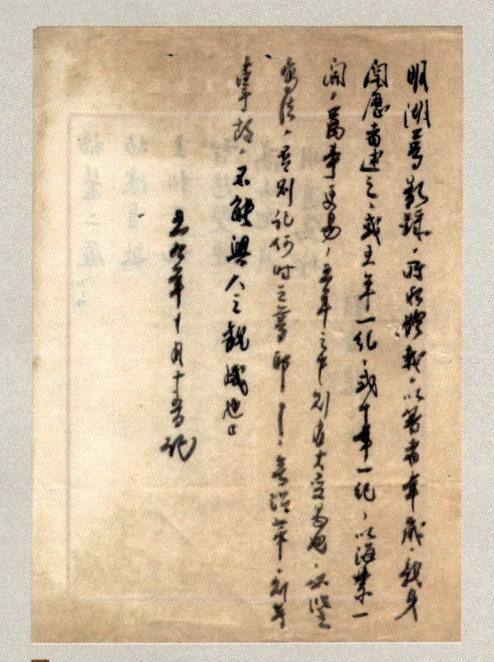

明湖夢影錄，所取體裁，以著者年歲，親身閱歷者述之。或五年一紀、或十年一紀。以海禁一開，萬事更易，五年之中，則有大變易也；必此之寫法，否則記何時之夢耶？無沿革，則無掌故，不能興人之觀感也。

　　五九年十月十五日記

圖 15　10月20日，菩提救濟院附設安老所、施醫所落成，邀請省社會處長邱創煥剪綵，台中縣長王子癸、台中市長林澄秋分別啟鑰。日後，安老所後續工程持續進行，有養心堂、耆德樓等之興建。②為先生處理養心堂蓮友訂金之紀錄。

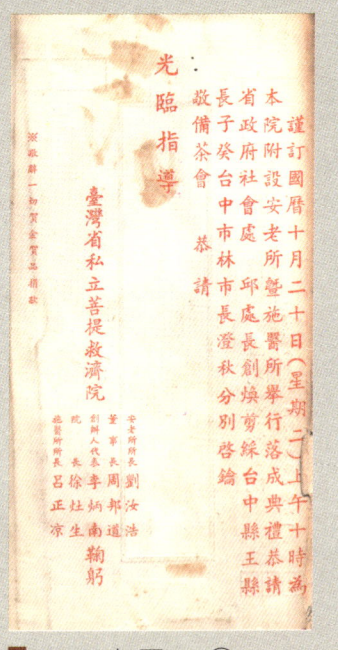

■ 1970 年圖 14　　■ 1970 年圖 15 ①　　■ 1970 年圖 15 ②

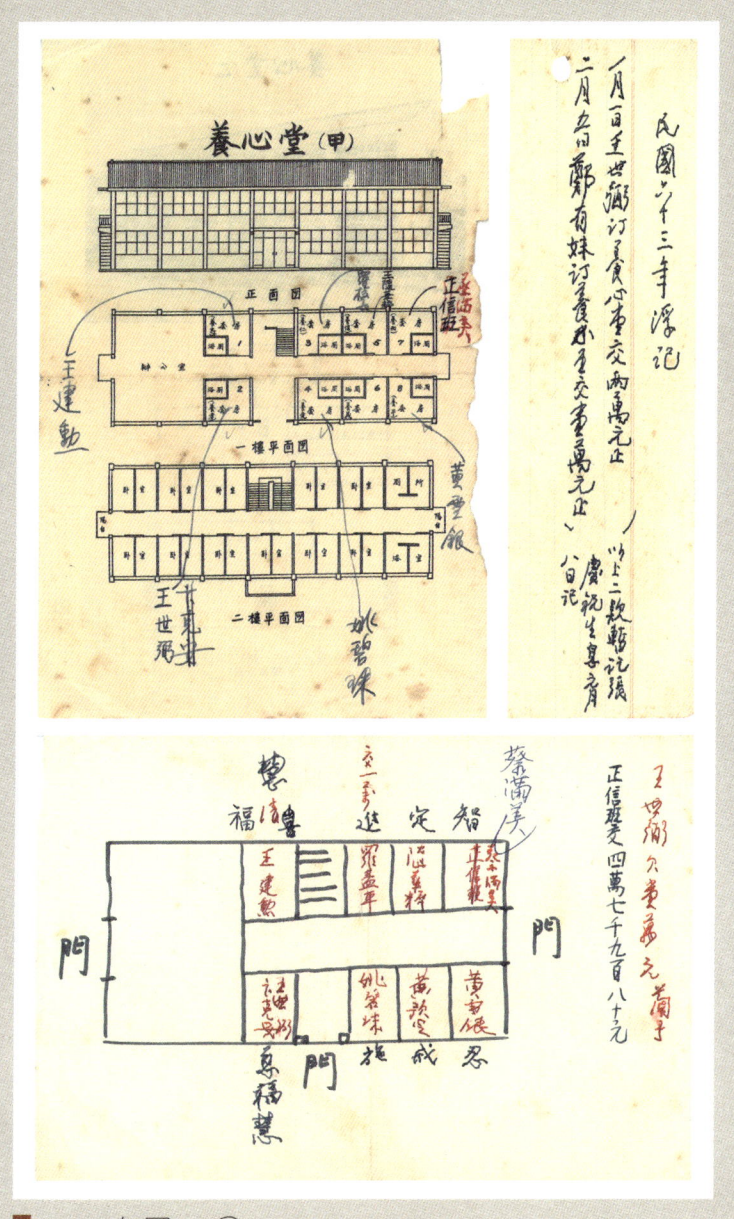

圖 16　10月20日，菩提救濟院安老所落成，有〈菩院兩種事業之發動計畫及現狀〉，說明創辦緣起及未來各期規劃。

【釋文】
〈菩院兩種事業之發動計畫及現狀〉：
（甲）醫院肺病不隔离〔離〕，恐影響他人住院，又陳院長長於治肺，已多次要求另建一房分离〔離〕，因一時無款可籌，拖延至今。幸賴台北四董福德感召，有舊友南洋郭真如居士，來參觀醫院安老所等。忽發心擬捐汽車一輛，紀念其師。炳南愚念一動，謂汽車十八萬，性不長久，莫如改病房永遠，如安老所之樓共六十萬，如平房僅卅萬，要求彼出廿萬，炳籌十萬，全作紀念彼師之名。彼考慮後，願卅萬全出。已經畫圖寄往南洋，倘無變化，卅萬寄到，炳又看出一種機會，或能再想出卅萬，一氣建成樓房。果成事實，是董事會一種成績，免去住院人之疑心，陳江水如願一償，可賣大力。（附圖及來信）
（乙）安老所僅樓一棟，上住女，下住男，終嫌不便。已向豐原縣政府及議會推動，上周由縣議員某，正式提案討論，空氣甚佳。大概再向社會處用力，便大有希望。（附某議員提案新聞）

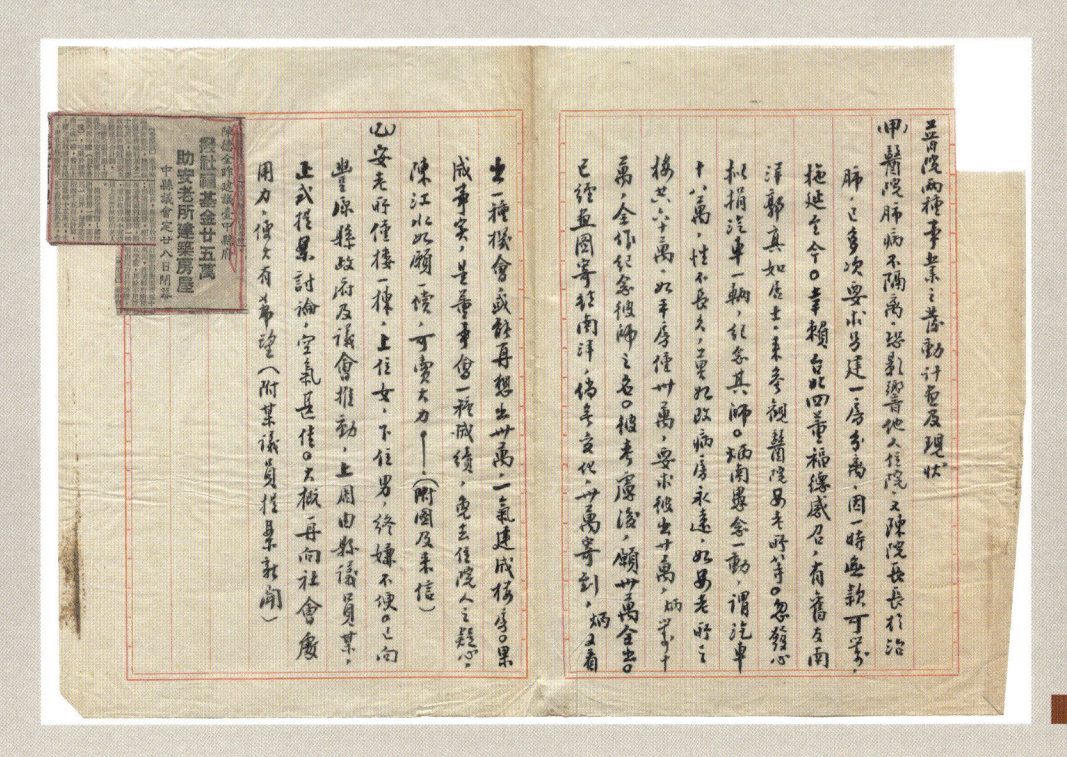

1970年圖16

圖17 12月，印光大師涅槃三十週年紀念，先生與大師在臺弟子，集會臺中菩提救濟院內對面善果林之靈巖書樓，為大師法像舉行安座典禮。圖為1985年，先生陪同周榮富伉儷走訪善果林時，於靈巖書樓前合影。後排右起為周榮富伉儷。後排左二為菩提醫院院長張靜雄。

圖18 12月，十姊妹為先生暖壽。此幀由朱斐攝影，地點在周慧德、游俊傑母子寓所，時尚未改建為洋樓，為一樓日式木造房。先生中座，前排左起為行九黃雪銀、六蕭慧心、三林慧縈、慈光育幼院捐地者李繡鶯、五池慧霖、七張慶祝、八林慧蘭、十鄧慧心。小童為游俊傑公子游青士。後排左起為游俊傑妻林菊蘭、二林看治、大姊呂正凉、四周慧德。（照片提供：游青士）

1970年圖17

1970年圖18

1971年（民國60年）‧82歲

圖1　1月1日，應聘擔任「明倫社新建講堂促進委員會」導師。

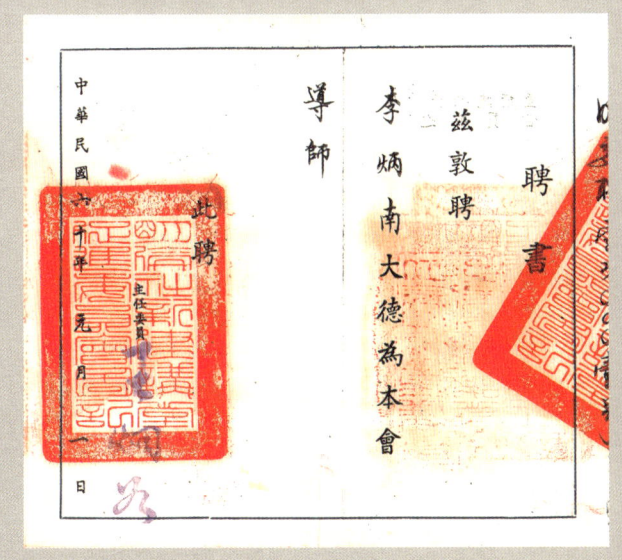

圖2　1月上旬，為中興大學中文系三年級《禮記》專課出期末考試題。

【釋文】〈興大五十九年第一學期期末考試題　禮記大學篇〉

（甲）默寫。自「大學之道」起，至「致知在格物」止。
（乙）默寫。自「物格而后知至」起，至「此謂知之至也」止。
（丙）考據。大學篇，本禮記之一種，為何又名之四書？試述其故。
（丁）考據。此篇作者，漢儒宋儒，其說不一，分舉出兩派所主張之作者。
（戊）見解。經文，有主張二綱三綱之別，分舉出。
（己）見解。「格物」授有幾種解釋，分舉出。
（庚）釋義。「明德」、「親民」如何講解，按注舉出。
（辛）釋義。「誠意」何謂「意」，何謂「誠」解出。
（壬）測驗。假若大家庭，汝當主家之人，家人不服指導，如何處理？
（癸）測驗。對何職業，感覺興趣，並述其興趣之所以然。

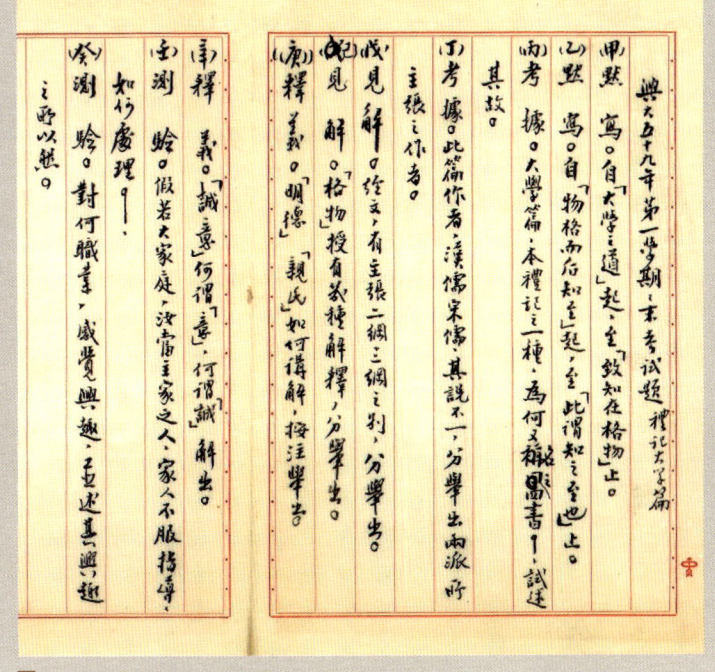

■ 1971年圖1

■ 1971年圖2

圖 3　1 月上旬，為中興大學夜間部中文系二年級「詩選」專課出期末考試題。

【釋文】〈興大夜間部五十九年一學期期末考題　詩選〉：

（甲）默寫。杜牧「獵騎」七絕一首，全默寫。

（乙）默寫。杜甫「春夜喜雨」五律一首，全默寫。

（丙）畫平仄。「流水何太急，深宮盡日閒，殷勤謝紅葉，好去到人間。」將平仄畫在題之右方即可！

（丁）畫平仄。「洛陽城裏見秋風，欲作家書意萬重。祇恐匆匆說不盡，行人臨發又開封。」平仄畫題右方即可！

（戊）指韻。「昏」、「城」、「封」、「啼」、「占」各指何韻！

（己）畫譜。仄起首句入韻七絕譜，列出。

（庚）釋義。羅隱蜂詩「採得百花成蜜後，為誰辛苦為誰甜」如何解釋？

（辛）釋義。王維冬晚對雪憶胡居士家詩「灑空深巷靜，積素廣庭閑」如何解釋？

（壬）格局。杜甫「春夜喜雨」一首，即（好雨知時節）五律，只將形容「喜」字之句，述出。

（癸）作五絕一首，題為「寒假別友」譜及韻自由採用。

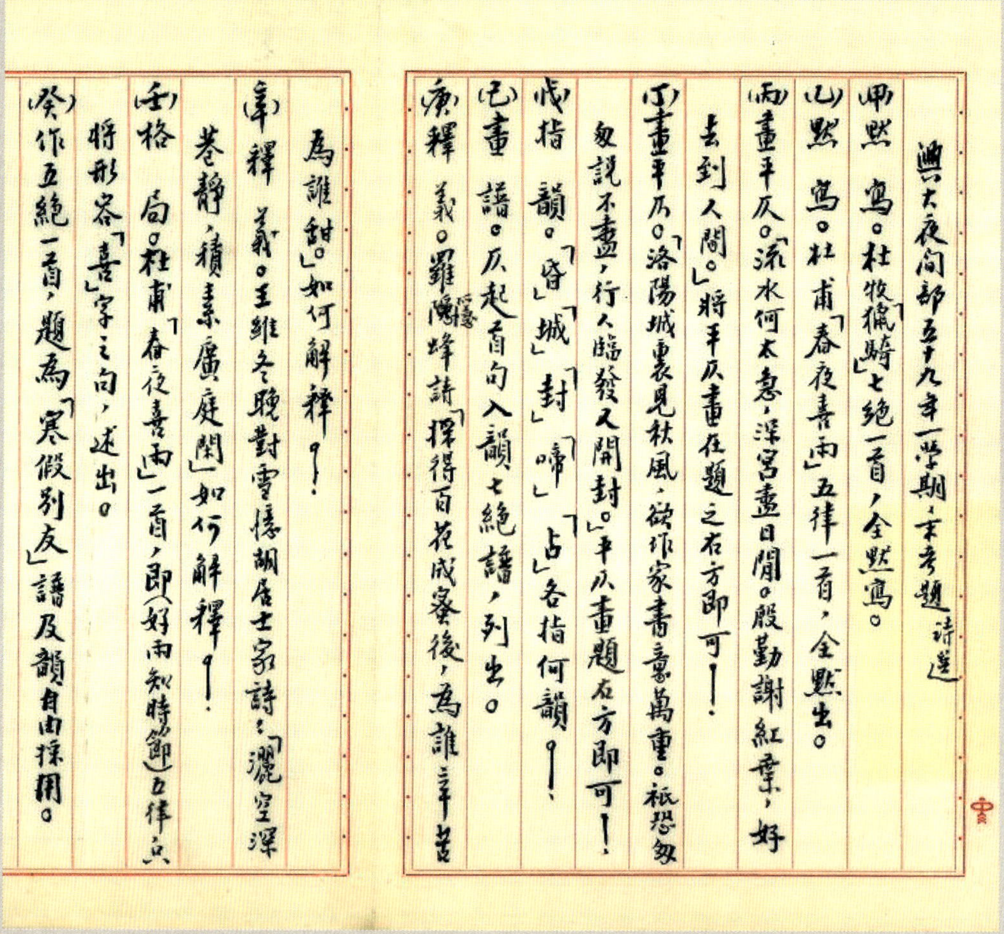
興大夜間部五十九年一學期末考題　詩選
(甲)默寫。杜牧「獵騎」七絕一首，全默寫。
(乙)默寫。杜甫「春夜喜雨」五律一首，全默寫。
(丙)畫平仄。「流水何太急，深宮盡日閒。殷勤謝紅葉，好去到人間。」將平仄畫在題之右方即可！
(丁)畫平仄。「洛陽城裏見秋風，欲作家書意萬重。祇恐匆匆說不盡，行人臨發又開封。」平仄畫題右方即可！
(戊)指韻。「昏」「城」「封」「啼」「占」各指何韻？
(己)畫譜。仄起首句入韻七絕譜，列出。
(庚)釋義。羅隱蜂詩「採得百花成蜜後，為誰辛苦為誰甜」如何解釋？
(辛)釋義。王維冬晚對雪憶胡居士家詩：「灑空深巷靜，積素廣庭閑」如何解釋？
(壬)格局。杜甫「春夜喜雨」一首，即(好雨知時節)五律，只將形容「喜」字之句，述出。
(癸)作五絕一首，題為「寒假別友」譜及韻自由採用。

1971 年圖 3

圖4　1月上旬，為中國醫藥學院醫科二年級、三年級《內經》專課出期末考試題。圖為二年級考題，範圍為第四篇〈金匱真言論〉至第十篇〈五藏生成篇〉。

【釋文】〈醫二級五十九年第一期末考題　內經〉：
（甲）〈金匱真言論〉第一條「風觸藏邪發病」，北風生於冬，病在何藏？俞在何處？善得何病？分列出。
（乙）陰陽應象大論第一條「病必求本」，試舉寒熱之氣生清濁，在上在下，各生其病，分列出。
（丙）同論第二條「清陽天濁陰地」，各有出發實歸處，按表列出。
（丁）同論第七條「四方生氣」、「怒傷肝」、「喜傷心」，用何情緒來治怒喜？試言之。
（戊）同論第九條「治知其要」，內而五藏六府，外而皮肉筋脉，各為何邪氣所害，分列出。
（己）〈陰陽離合論〉第二條「三陰離合」，少陰起結各穴，分舉之。
（庚）陰陽別論第四條「別陽」，試將二陽之病列出。
（辛）同論第九條「三部辨脉」試將女子有孕之脉述出。
（壬）靈蘭秘典，只將「心肝脾」三者名何官、出何事，舉出。
（癸）五藏生成篇第二條「五藏之氣見色」，面現青白二色，各分生死之象，試將生死二色分舉。

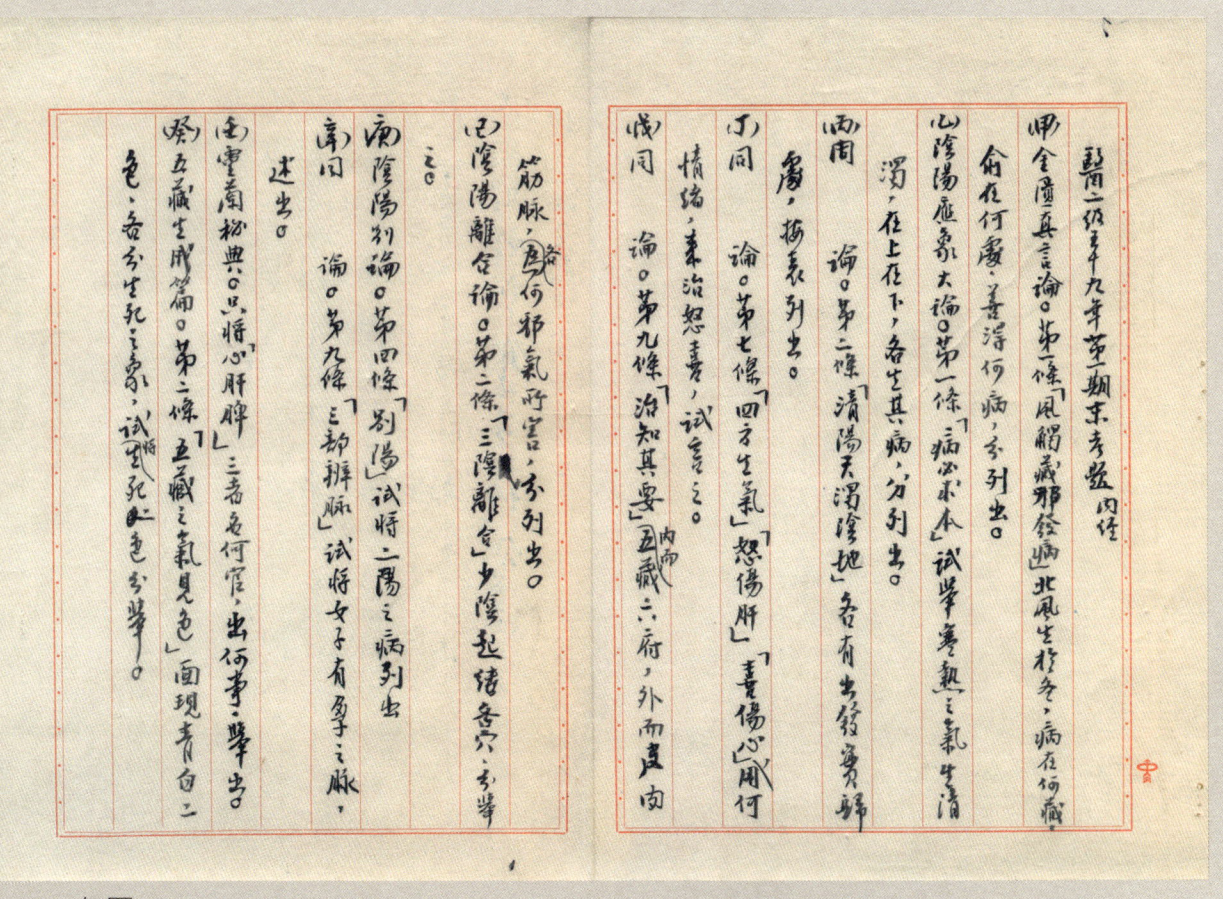

1971 年圖 4

圖5　1月，有〈庚戌臘月望〉，告別庚戌年，迎接辛亥年。為《雪廬詩集》第六集《辛亥續鈔》開篇第一首。第二首為〈重逢辛亥人日〉。該集有中興大學中文系教授王禮卿眉批。

【釋文】
〈庚戌臘月望〉：今年須賞今宵月，放過重逢便隔年；莫道來宵還可賞，無雲也欠一分圓。

〈重逢辛亥人日〉：揖讓開基辛亥年，西瞻禹甸沒狼煙；少康多難終存夏，媧帝神功會補天。傳璽同懷湘女廟，洗兵遙憶漢陽川；今朝海上逢人日，戲著衣冠立鏡前。

王禮卿「眉批」：
綜觀全集，格高意妙，詩律深嚴。甲寅除夕　禮卿敬識
集中諸體皆工，而七絕最勝，皆有託意，意新而神遠。

圖6　2月，於台中蓮社舉辦第一期明倫講座，為期十四天。明倫講座係由去年成立之明倫社主辦，延續舉辦九屆慈光講座之基礎，接引大專青年研習佛學。此次講座為高級班，參加學員五十位，皆為歷年曾參加過慈光講座之學員，未招收新成員。圖為講座中、結業式合影。

■ 1971 年圖5

■ 1971 年圖6①　　　　■ 1971 年圖6②

1971年（民國60年）・82歲

圖7　2月17日，《華嚴經》講座，新春後續講〈賢首品第十二〉。

圖8　2月26日，函復臺灣師範大學學生吳碧霞，嘉勉其近日參加第一期明倫講座之學習。

【釋文】

碧霞具壽台鑒：接讀惠函，敬悉一切，真如居士林已來函矣，諸勞費神，至為銘感。今春明倫社舉辦講座，為期雖短，聚會時間較多，聲氣尚能和合，以講演論具壽自推第一；而此次之函，文理更為暢達，侍不勝忻慰，願好為之，前途無量。

貴友王先生格物之解，頗見心思，此事漢宋各家紛爭，無人折衷，惟朱子得政治力量推行，實則令人難從；司馬溫公曾作「扞格物欲」解，甚易明了，但有朱子政力，餘說多晦。然今日只能言之成理，便可提出討論，況「恪，格」叚借，有《漢書》及《論語正義》根據，又有《禮記》、《荀子》旁證，其義自非杜撰臆度，可謂詁確而不謬，義正而不詭，大可提倡。何妨徵得前途同意，在《明倫》月刊發表也。原稿附還，希查。各校開課在即，各講經場，上週已開始，此後又不免大忙一番矣，專復并頌

台祺　　侍李炳南謹啟　二月廿六日

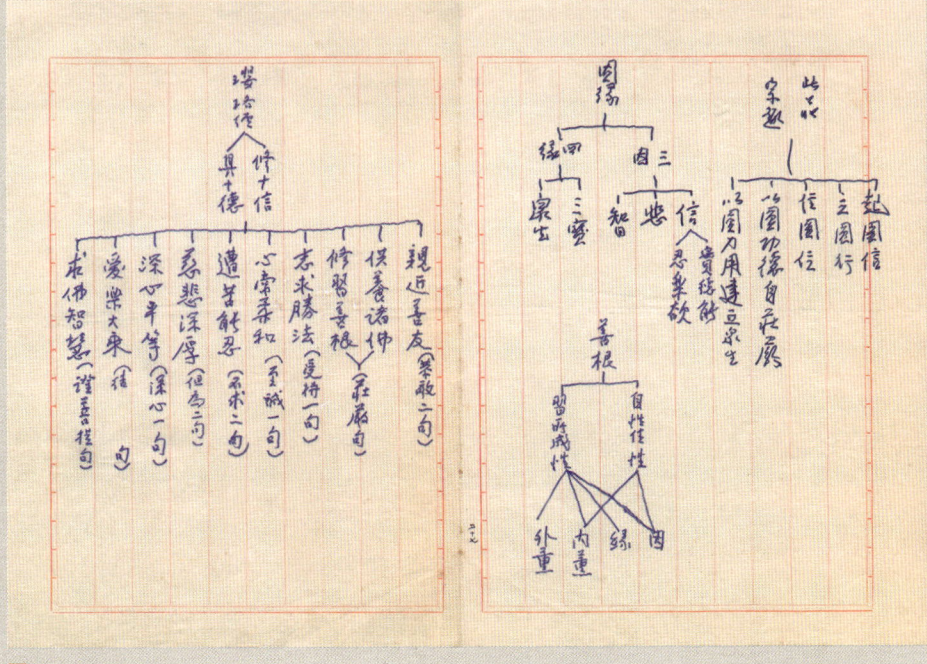

1971年圖7

1971年圖8

李炳南居士年譜圖冊

圖9 2月，持續於中國醫藥學院醫科二、三年級講授《內經》，於中興大學中文系講授《禮記》，於中興大學夜間部中文系講授「詩選」。圖為中興大學臺中夜間部中文系「詩選」學生成績冊。

圖10 3月，《明倫》月刊創刊號發行。

圖11 3月，中興大學智海學社成立十週年，先生為其社刊題字（①），並至該校第一餐廳參加社慶。先生右手邊為慧炬機構創辦人周宣德（②）。

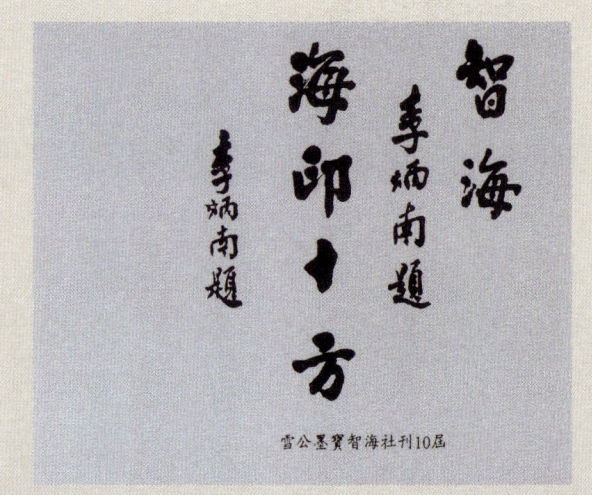

■ 1971年圖11 ①

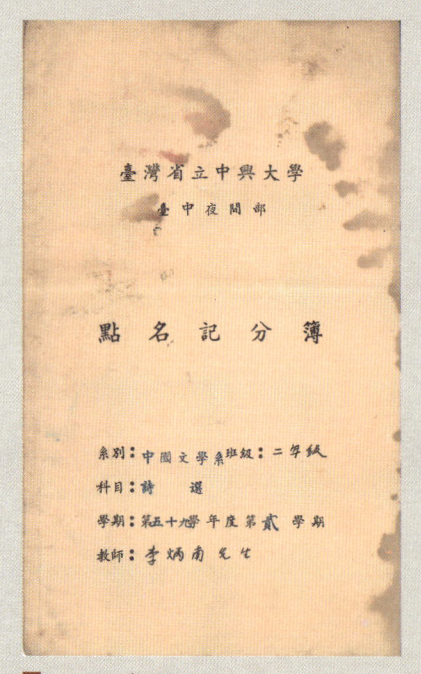

■ 1971年圖9

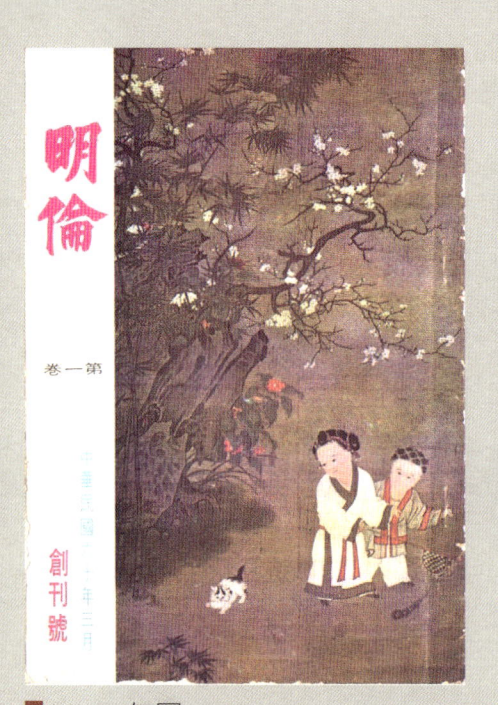

■ 1971年圖10

■ 1971年圖11 ②

1971年（民國60年）・82歲

圖12 6月，菩提救濟院附設寶松和尚
　　 紀念療養院落成。
　　①為來賓簽名紀念。
　　②為先生晚年，偕周榮富大德伉
　　　儷等巡禮該大樓。
　　③為落成合影紀念。
　　④為先生率領蓮友參拜寶松法師
　　　遺像。

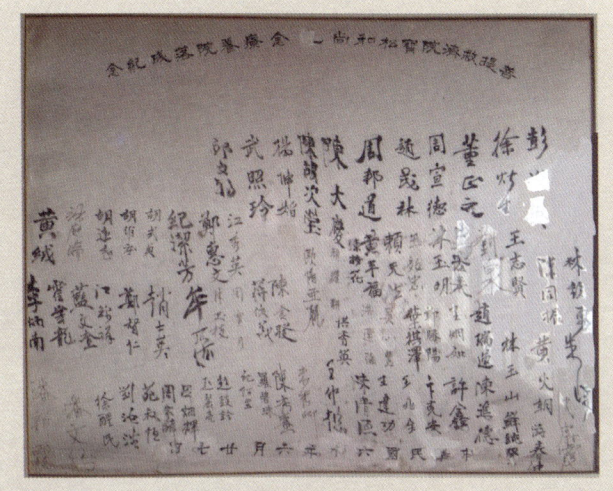

■ 1971年圖12①

■ 1971年圖12②

■ 1971年圖12③

■ 1971年圖12④

圖13 6月，健康長壽會禮聘為名譽理事。

圖14 7月11日，於台中蓮社為各大專學佛青年舉行明倫社第二期大專佛學講座。六門功課，三週教程，自此成為規例。圖①、②為先生聘書及課表。講座期間，臺灣大學蒯通林老師來訪，與部分師生合影於蓮社前（③）。左起，最前排為巫錦漳、張芳雄、吳建銘。第二排為王焵如、蒯通林、炳南先生、徐醒民、周寶月。第三排為朱家豐、吳碧霞、紀潔芳、黃潔怡、陳玉霞令妹、連淑美、紀海珊、陳玉霞。最後排為黃平福、陳元暉、王志賢、陳清香。

圖15 8月1日，主持明倫大專佛學講座第二期結業典禮，讚歎明倫社諸友承擔文化重擔，鼓勵擇法精進，做出成績；並勉大眾解行相應。

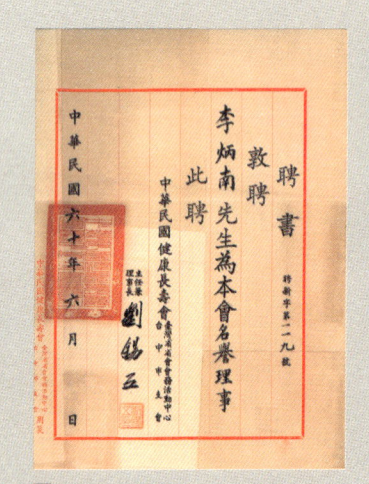

■ 1971年圖13

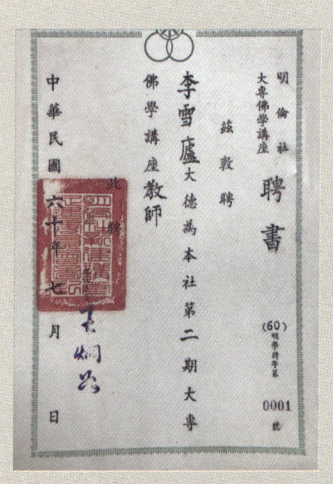

■ 1971年圖14①

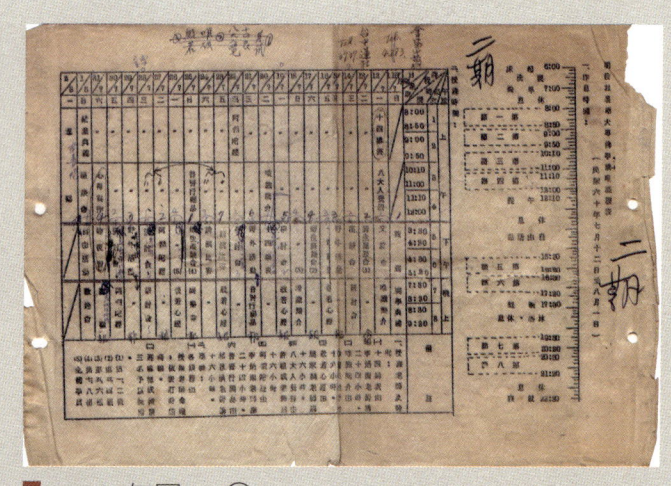

■ 1971年圖14②

■ 1971年圖14③

■ 1971年圖15

1971年（民國60年）・82歲

圖16 8月，多次前往菩提醫院探視朱鏡宙。①為兩位大德筆談手稿。②為朱出院後，備禮敬謝。

【釋文】

徐醒民，〈朱公鐸民老居士傳〉：嘗以病住菩提醫院靜養，雪廬老人訪之，晤談於院右之靈嚴書樓。時公患重聽，乃以紙筆代言。筆談之始，雪公書曰：「無病不裝病。」鐸公一見，似有機鋒，即答：「罵得好利害。」雪公轉曰：「多念佛就好。」鐸公曰：「我過去用功，知幻即離，極得好處，心身清淨，一無掛念，今後或須再用功一年。」雪公曰：「不可有壽者相，聽其自然。」二公續談用功之道，鐸公言，昔聞圓覺經，至「知幻即離」，即刻用此功夫，用功半年之後，微細妄念方起即覺。後來「業重」，為文字所障，如在四川時，友人以詩囑和，從此雜念紛起，離幻乃難。故知一切起念之事皆是障，因擬覓一清淨之所，善自修持。雪公則曰：「見思惑斷，方無妄念。」又曰：「提起正念，妄念自去。不失念，即是好法。不失念者，以自修之法不使斷去，所謂淨念相繼也。」鐸公深以為然，因憶初修離幻法，二六時中，綿綿密密，進步至速，「然虛老和尚語余，最好還是念佛。雲門每晚皆有坐香，亦殷殷以念佛相勖。」公用功之勤，可謂希有。唯其如此，方知持名之優異。

朱鏡宙，〈謝函〉：本來今早預定便道叩謁以答病中迭承枉駕之盛意，嗣據探馬報道：每晨駕鶴雲遊四大海，觀察人間善惡，申刻方返，無緣相見，只好作罷。容俟擇日齋戒沐浴，再行登門叩謝，以昭誠敬。外附太陽餅二盒，供養大菩薩。《六度》數十冊，分贈有緣。雪老大菩薩摩訶薩　罪障深重小弟朱鏡宙頓首叩上
（封文）太陽餅二盒，《六度》數十冊，便呈李老師安啟　宙拜懇

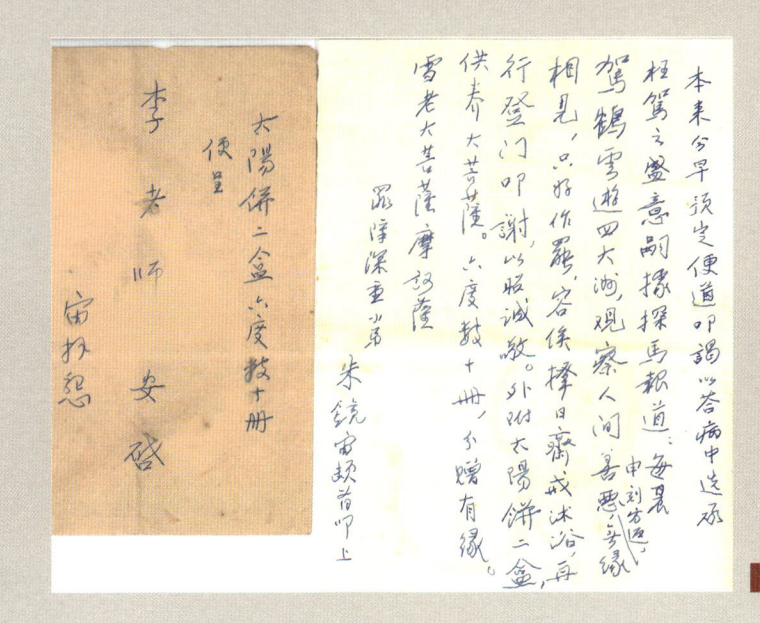

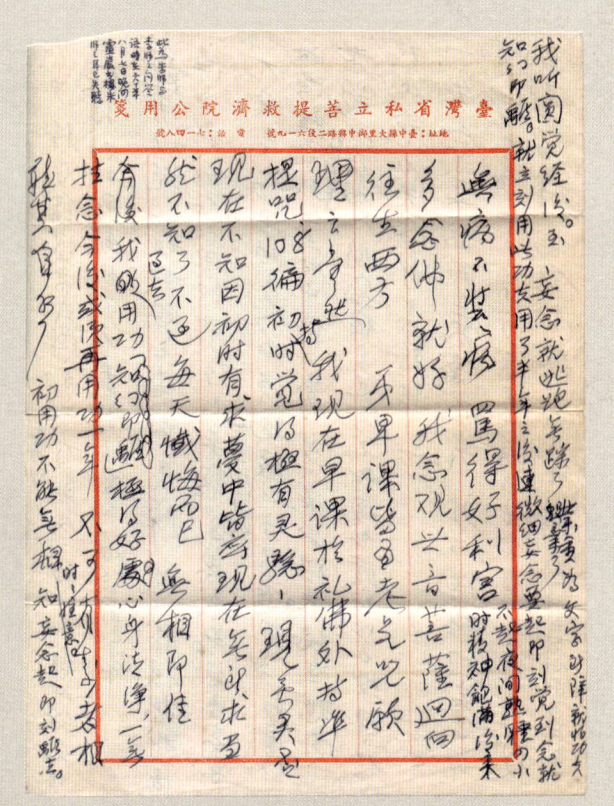

■ 1971年圖16①

■ 1971年圖16②

圖17 9月29日，在台中蓮社為佛教青年鄭勝陽、朱美枝婚禮福證。

圖18 9月，為《阿彌陀經要解講義》發行重校新版題書名並撰〈序〉。

圖19 9月，六十學年度持續擔任中興大學中文系三年級《禮記》、夜間部二年級「詩選」課程，及中國醫藥學院《內經》專課。①為中國醫藥學院醫二「內經」成績冊，②為中興大學夜間部中文系二年級「詩選」成績冊。

圖20 11月15日《慧炬》月刊發行十週年，題詩祝賀。

【釋文】

知君別有西來意，瘴癘蓬蒿長晝昏；不斷奇文冲斗去，從教佳士藹雲屯。霜鐘頻喚仙臺日，泮水交流祇樹園；十載殷勤行所願，度生淑世佛儒尊。

右律一首恭祝慧炬月刊十週年紀念　李炳南題贈

1971年圖17

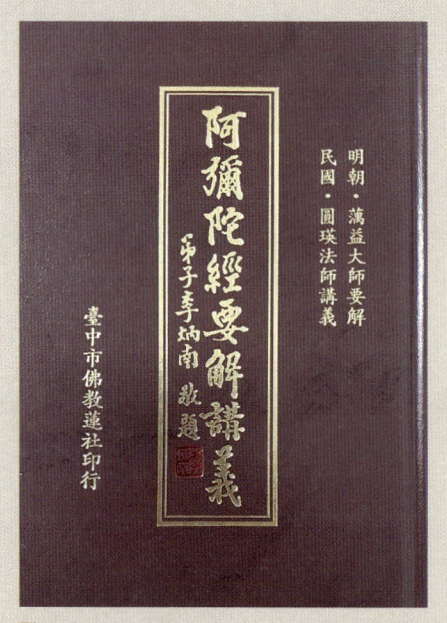

1971年圖18

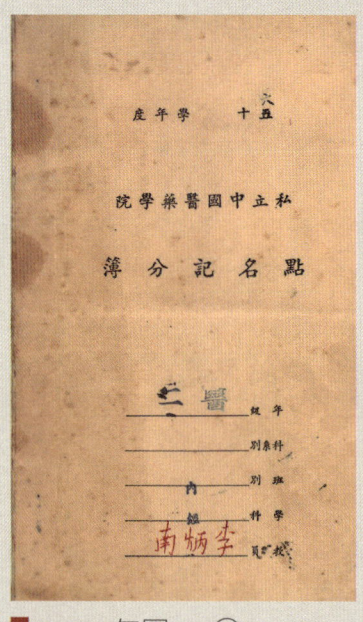

1971年圖19①

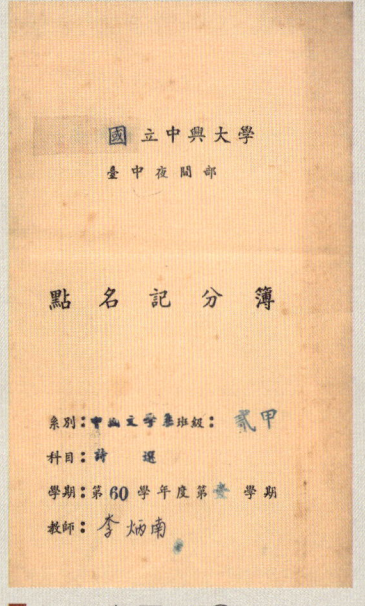

1971年圖19②

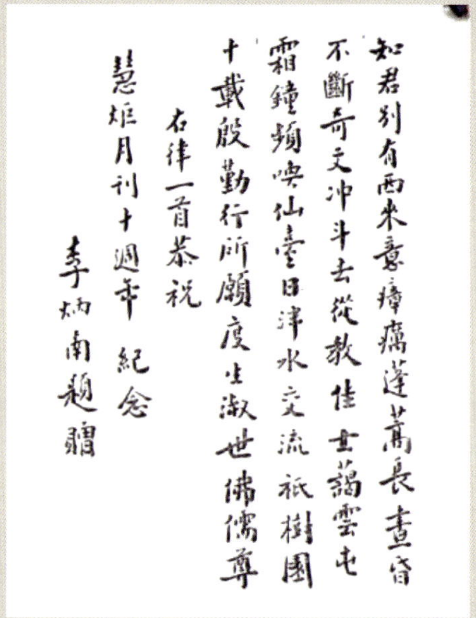

1971年圖20

圖 21　12月1日《華嚴經》講座，開講〈須彌頂上偈讚品第十四〉。

圖 22　12月8日，為《菩提樹》月刊發行二十週年題賀詞。

【釋文】
樹初有種，遇緣而生，歲緣具四，發其怒芽。再具四緣，芽乃厭長，隨風翻展，是之為葉。更結緣四，青蔥扶疏，高幹接風，曰菩提樹。復四緣合，連枝皆雙，越陌度阡，成為大林。又度四緣，濃綠其繁，培芸深厚，始固靈根。二十春秋，根生五力，左之右之，可獲多果。拜手稽首，贊歎曷極，覆蔭如雲，利眾無量。右俚詞為頌
菩提樹雜誌二十週紀念　　李炳南敬題

圖 23　12月27日，受邀至省立臺中高級家事商業職業學校演講，有〈中國文化之認識〉演講稿表。

圖 24　12月29日，《華嚴經》講座開講〈十住品第十五〉。

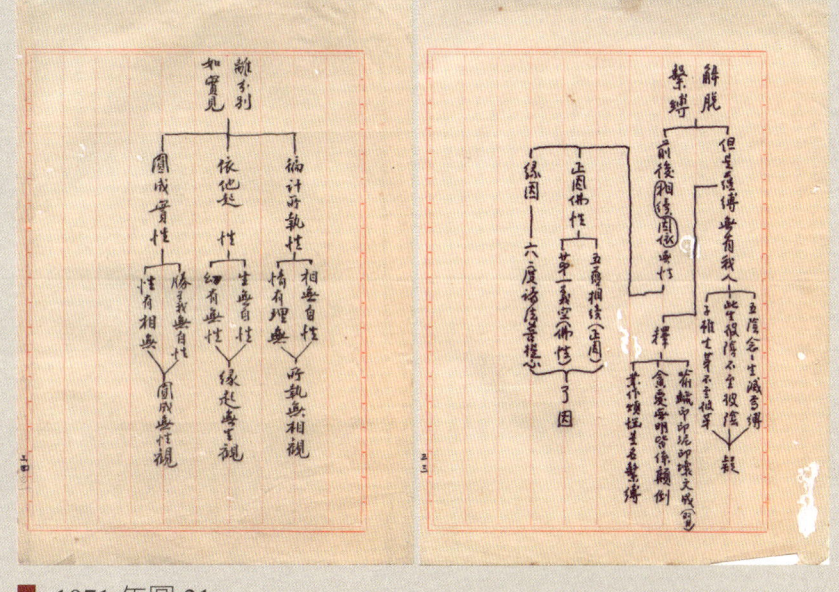

■ 1971年圖 21

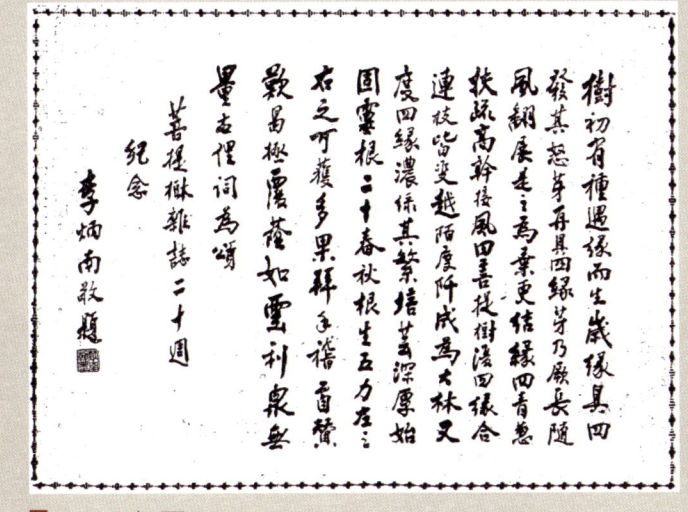

■ 1971年圖 22

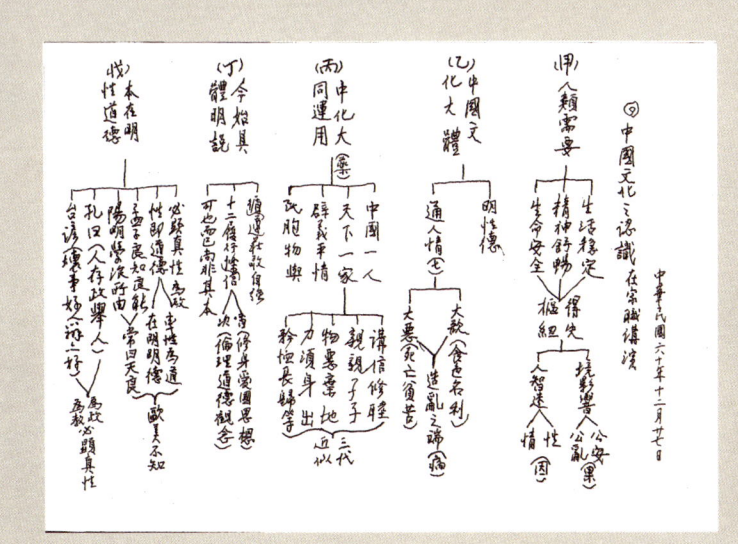

■ 1971年圖 23

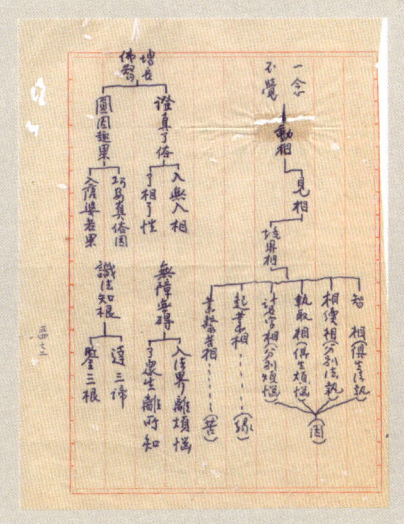

■ 1971年圖 24

1972年（民國61年）‧83歲

圖1　1月7日至28日，舉行第三期大專明倫講座，先生講授《阿彌陀經要解》並主持「問答法要」及念佛開示。首日開學典禮後合影，第一排右起：陳元暉、陳進德、徐醒民、徐祖成、炳南先生、劉汝浩、許炎墩、王炯如、鄭勝陽。第二排右起：盧崑源、陳阿教、朱辨絃、呂秀玉、李淳玲、古清美。第三排右起：鄭朝陽、陳炎輝、羅普慶，第六位焦國寶，第八位吳聰敏、巫錦漳，第十二位陳雍澤。最後排右起：劉森榮、陳榮發。（①，照片取自陳元暉，《晨曦憶往》）
期間舉行放生（②），並於結業時，題〈白衣學佛〉（③）贈送學員。

【釋文】
白衣學佛，不離世法，必須敦倫盡分；處世不忘菩提，要在行解相應。　李炳南

■ 1972年圖1①

■ 1972年圖1②

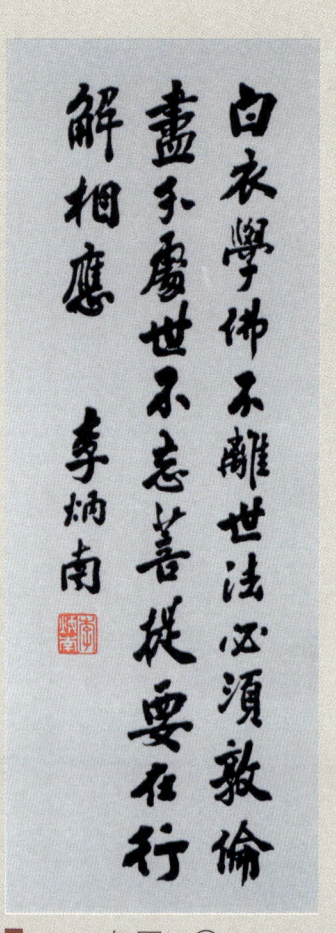

■ 1972年圖1③

1972年（民國61年）・83歲

圖2　3月18日中興大學智海學社第十一屆社慶，先生題辭祝賀。同時，該社成立圖書室，請先生題榜（周家麟代筆）。
　　　先生另又題辭指點：思無正之書，不入此室。

【釋文】
端心正意，不作眾惡，甚為至德，十方世界，最無倫匹。　　李炳南敬祝

天下治亂，即蒼生之安危。為之者政，發之者心。而心習聖則聖，習狂則狂，此治亂之分野。語言文字，其心之化機乎！思無正之書，不入此室，善矣。
　　智海學社圖書室成立紀念　　李炳南敬題

■ 1972年圖2

圖3　5月21日，參加中國醫藥學院醫王學社十週年社慶（①）。社慶期間又曾以佛為醫王勉社員（②）。（講表手稿：鄭如玲提供）

【釋文】
〈醫王學社十年紀念〉（②）
（甲）立身之道：（品德）自尊和羣，（技能）自利利眾。此必擇業求知
（乙）醫之原旨：（仁心）救人救世，（仁術）自利利眾。范文正問相
（丙）佛學原旨：（基本）慈悲一切，（方法）五明醫藥。以醫為重稱王
（丁）合之雙美：醫—職業性重、良心管制；佛—宗教性重、因果報酬。職業能欺，宗教難違；良心可昧，因果難容。
（戊）循環性：仁心（達）→信因果→術精→業隆（達）→仁心。（四者循環）

周孔醫世，歧黃醫境，和緩醫身，佛陀醫心。譬諸月魄，體無闕圓，用不其一，惟時所之。
醫王學社正　李炳南（③）

■ 1972年圖3①　　　■ 1972年圖3②　　　■ 1972年圖3③

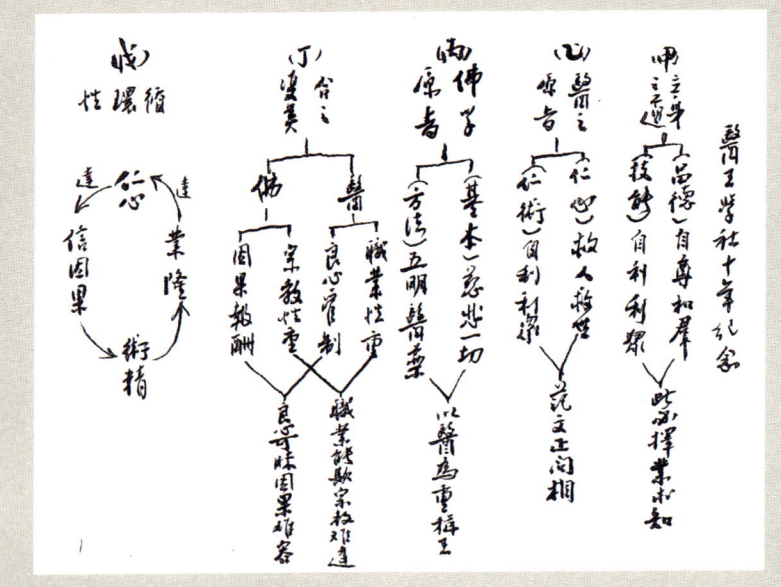

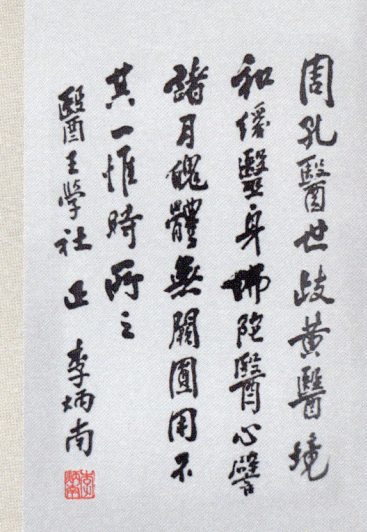

1972年（民國61年）・83歲

圖4　5月，臺中師專佛學社團勵德學社成立十週年，先生題辭祝賀。

【釋文】
德行問學，切磋琢磨，己達達人，己立立人。
慈悲喜捨，善巧方便，自行化他，自他兼利。
十年種樹，風雲滿柯，大材參天，清蔭覆遠。　壬子首夏
勵德學社十週紀念　　炳南敬祝

圖5　6月3日，復函劉建勳，寬慰其安心靜養。

【釋文】
建勳賢弟鑒：人生禍福無常，因緣複雜。只有逆來順受，靜心調養，達觀一切。古人云：「七分調養，三分醫藥。」又云：「不藥即中醫」。前事已成過去，不可再憶，徒增煩惱，來者多加小心，懺悔宿業，精進求道，必有好處。機緣一轉，幸福自然來臨也。　敬祝
健康　　侍李炳南合十　六月三日

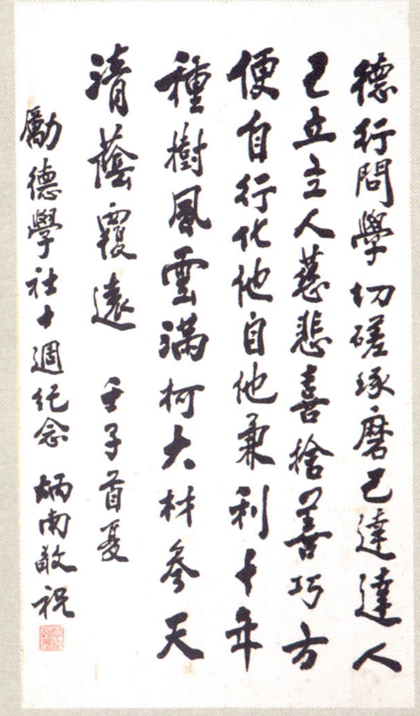

圖6　6月，中興大學智海學社應屆畢業生於畢業前夕禮請開示。（照片提供：謝嘉峰）

1972年圖4

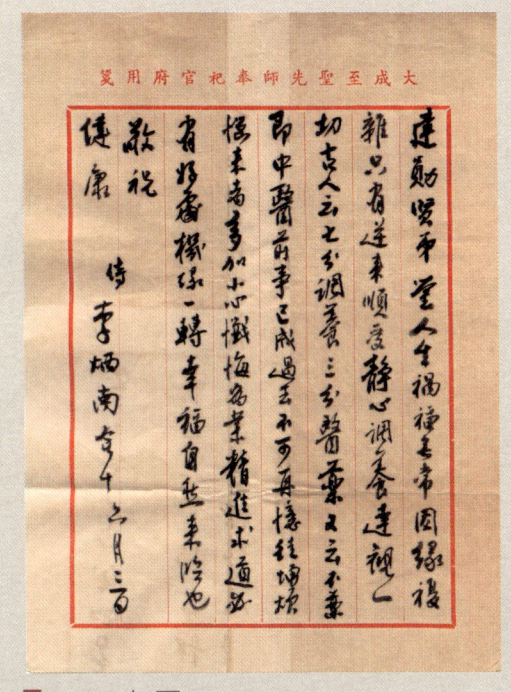

1972年圖5

1972年圖6①

1972年圖6②

圖7　7月8日，舉辦明倫講座第四期。①為該期課表，②為學員至太虛紀念館參加《無量壽經》長期講座，③為蓮社上課情形。（照片取自《菩提樹》）

圖8　7月30日，主持明倫講座第四期結業典禮，並題辭勉勵學員。

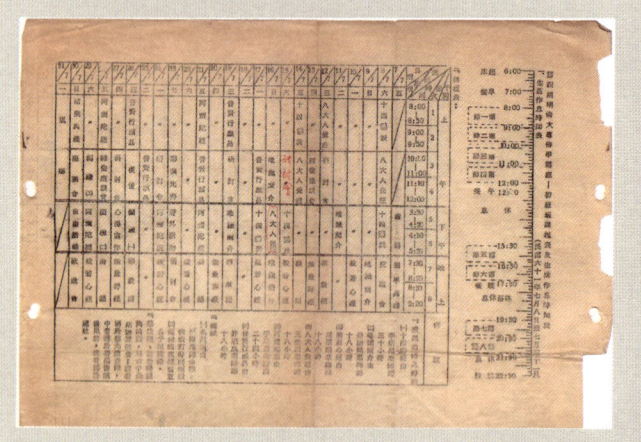

■ 1972年圖7①　　■ 1972年圖7②　　■ 1972年圖7③

【釋文】
欲明五倫，須備十義，此世法也。脩乎六度，行乎四攝，是覺世法也。

　　李炳南敬題

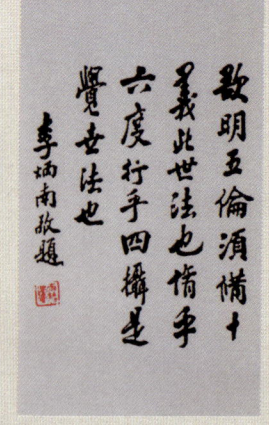

■ 1972年圖8①　　■ 1972年圖8②

1972年（民國61年）・83歲

圖9　8月2日，《華嚴經》講座開講〈梵行品第十六〉。

圖10　8月3日，受邀出任中國醫藥學院第五屆董事。該屆董事會係經教育部同意，由創辦人覃勤委託陳立夫重新改組而成。圖為1984年接受董事長陳立夫頒發榮譽狀。

圖11　8月13日台中蓮社召開信徒大會，改選董監事。新任董事會敦聘先生為導師。

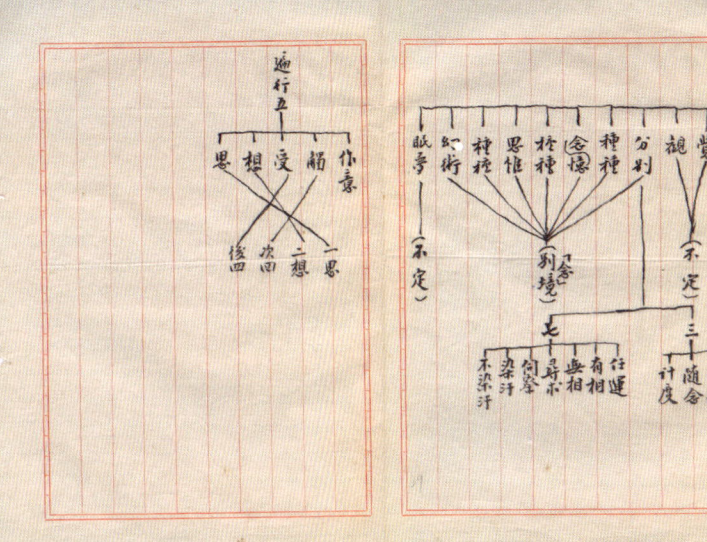

■ 1972年圖9 ①

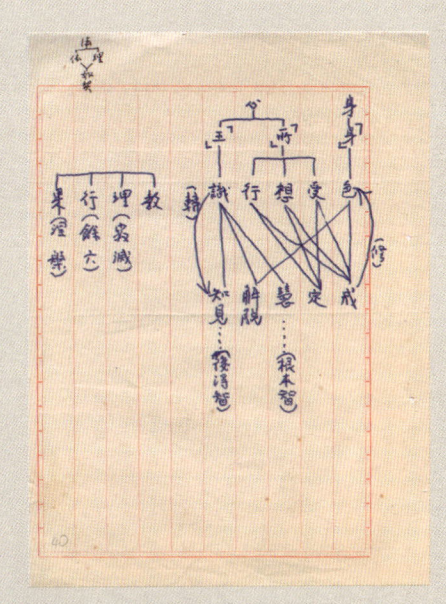

■ 1972年圖9 ②

■ 1972年圖10

■ 1972年圖11 ①

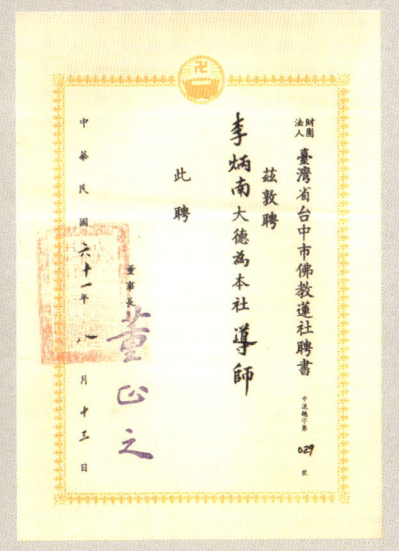

■ 1972年圖11 ②

圖12 8月，菩提救濟院董事趙茂林七秩壽慶，先生錄《無量壽經》偈句，題於江逸子所繪〈無量壽佛〉畫像祝賀。

【釋文】
諸佛告菩薩，令觀安養佛，聞法樂受行，疾得清淨處。
至彼嚴淨國，便速得神通，必於無量尊，受記成等覺。
其佛本願力，聞欲往生者，皆悉到彼國，自致不退轉。
茂林師弟七秩大慶　　李炳南錄偈敬祝

圖13 8月25日，臺中孔廟興建委員會禮聘為顧問。

圖14 9月5日，出席參加「臺灣省臺中孔子廟策劃興建委員會成立暨第一次委員會議」。②為臺中孔廟開會通知。

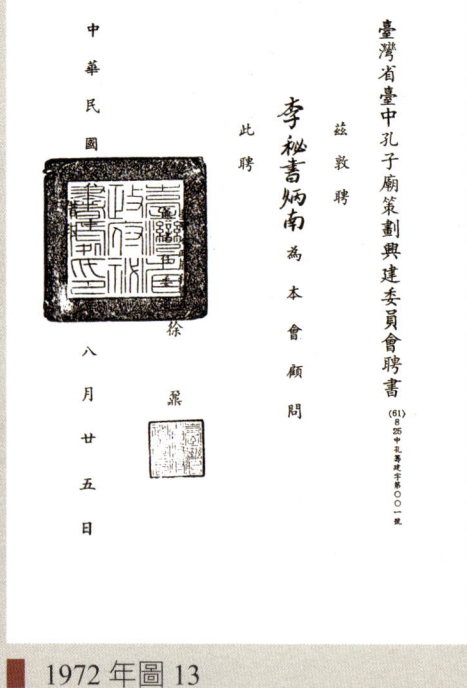

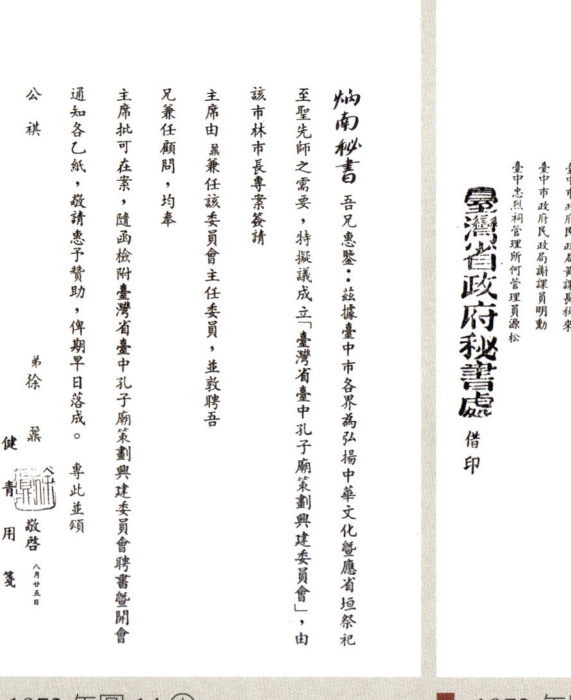

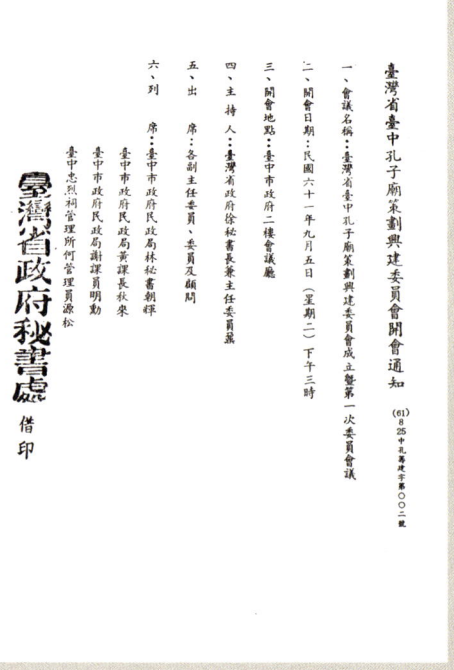

■ 1972年圖12　　■ 1972年圖13　　■ 1972年圖14①　　■ 1972年圖14②

1972年（民國61年）・83歲

圖15　12月21日，有詩〈壬子既望冬至前夕〉，許祖成、王禮卿、陳定山、明允中等均有詩唱和。
①為先生初稿與定稿對照。
②為王禮卿和詩及紀盛緣詩手稿。

【釋文】
起撥鑪灰夜未央，愁吟戍鼓六更長；再圓窗月餘寒盡，又發籤芸萬古香。曙色開天懸白日，物華待歲布青陽；海涯南望殷勤記，幾綫回歸是故鄉。

【釋文】
王禮卿，〈奉和雪老冬至前夕原韵〉：
時已窮陰歲未央，初陽待復歎宵長；衝寒楊柳春前意，耐雪梅花剝後香。律琯五更迎淑氣，天心一夜啟韶光；漢家盛事傳珠璧，極目風雲佇帝鄉。

王禮卿，〈雪老冬至詩一時競和吟紀盛緣〉：
傷時憂國少陵篇，賡和陽春羨眾賢；大海蒲牢才思捷，（定老詩頃刻立就）定香沙界妙音圓。（成兄詩深入禪機）明公盛藻花生筆，弓老新詞月在天；獨媿樗材叨驥尾，敢將下里綴如椽。

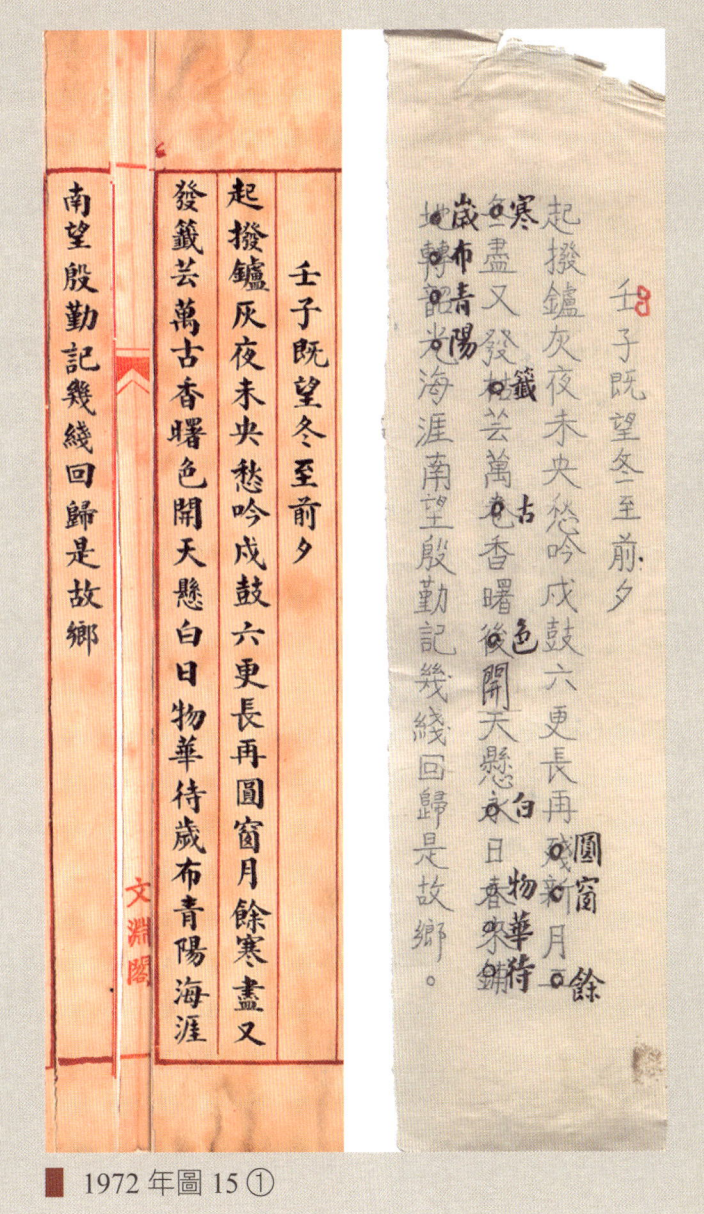

1972年圖15①

1972年圖15②

圖16 12月25日，為明倫社友講授「東方文化舉概」。該講內容原係應邀為靜宜大學師生講授，因意猶未盡，是日對明倫社友重再講授。（照片提供：鄭如玲）

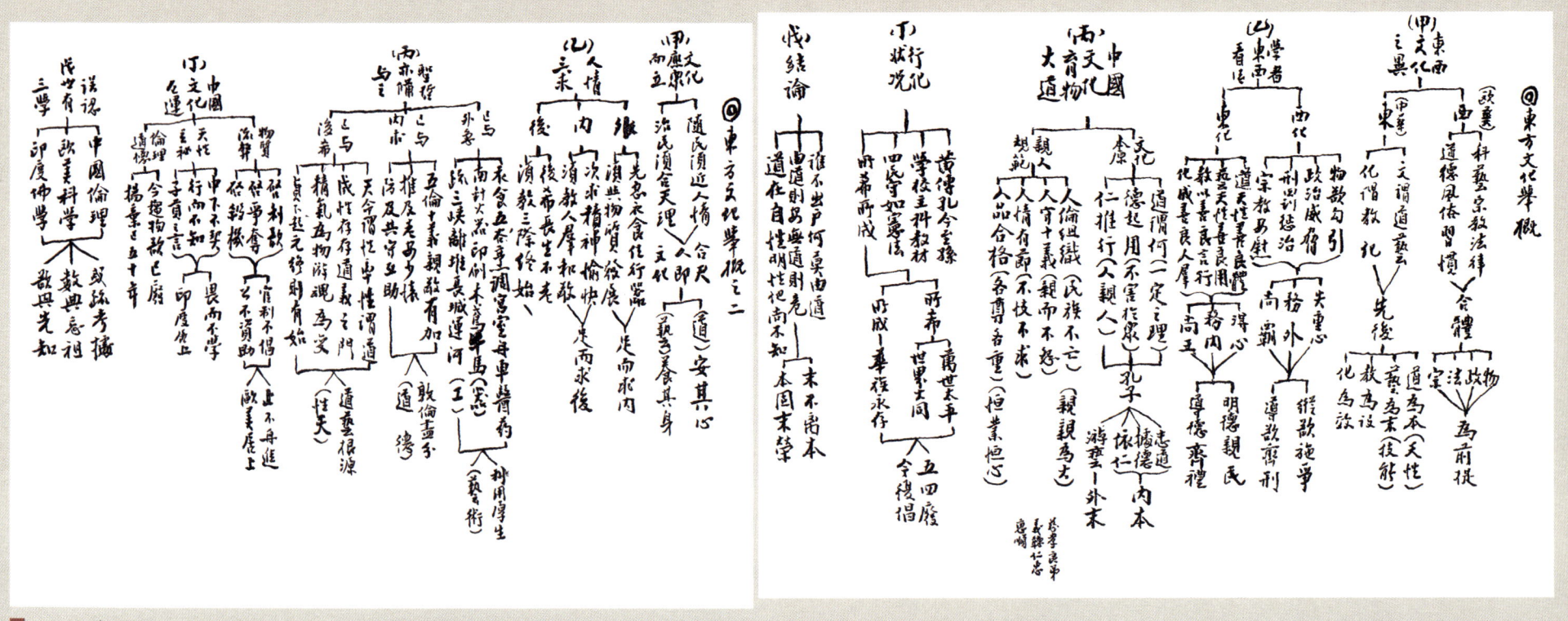

1972年 圖16

1973年（民國62年）·84歲

圖1　2月3日，夏曆癸丑年新正，團拜後與蓮社文藝班座談並合影。

圖2　2月3日，函復臺南市歐陽鍾裕賀年，並為擬調養藥方。

【釋文】
鍾裕賢契台鑒：昨接手翰，敬悉一切，承祝尤感。年後數日，我國風俗不免客多，又須回拜，不得不各處走走，又較忙也。今夕少靜，特為賢契擬一調養之方。先服湯劑，如和平，再加重分量、配丸常服。專此，並頌春祺　兄李炳南謹啟　二月六日

圖3　2月22日，致函周邦道，為其重印《無量壽經起信論》撰〈序〉完稿。

【釋文】
慶弟勛鑒：前囑為《無量壽論》作重印序，稿已就，但於句讀一旁加最微之點圈。因兄對標點符號每有錯誤，特請弟自加，將粗畫蓋小點無痕跡也。內容有不適處希正。原書及稿掛號另寄。專此順頌　勛祺　兄李炳南謹啟　二月廿二日

1973年圖1

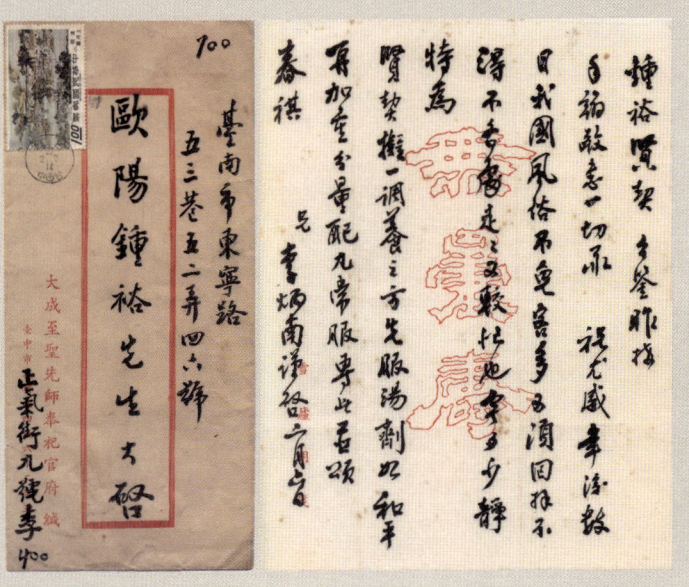

1973年圖2

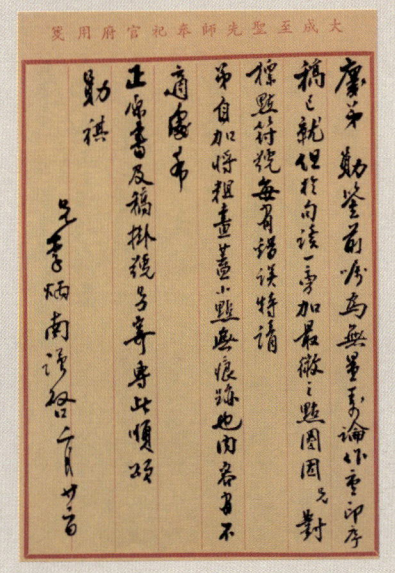

1973年圖3

圖4　3月18日，中興大學智海學社成立十二週年，發行社慶刊物。先生題辭勉勵。

【釋文】
正智圓鏡，海印無疆；學亦如此，不輟自強。　癸丑仲春
智海學社紀念　炳南

圖5　4月23日函告董正之，中興大學羅雲平校長關注佛法，可聯絡至臺中會談。

【釋文】
正之老弟鑒：前週興大下課，承羅校長邀談，大致鑒於世道艱危，非儒與佛莫可為力，尤對佛法甚感興趣，大有出任鉅肩之念。兄甚欽佩，極盼老弟先將佛教德學俱優之士周思，現有何人，以便預擬集合，對世有所貢獻。更希直接函商羅校長訂來中會談日期，兄願備素齋供養。凡初發心者莫不勇猛，我輩之增上緣有不可少緩者。專此并頌
淨祺　兄李炳南謹啟　四月廿三日

圖6　6月28日至7月6日，中興大學智海學社辦理初級班佛學營，為參加明倫講座高級班作準備。參加學員除該社幹部外，另有政治大學及靜宜文理學院等大專佛學青年。

圖7　7月7日至8月6日，舉辦第五期明倫講座，為高級班課程。

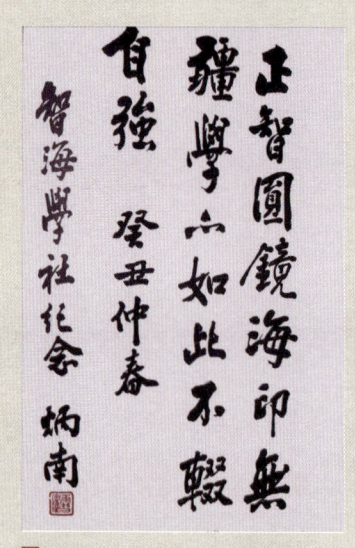

■ 1973年圖4

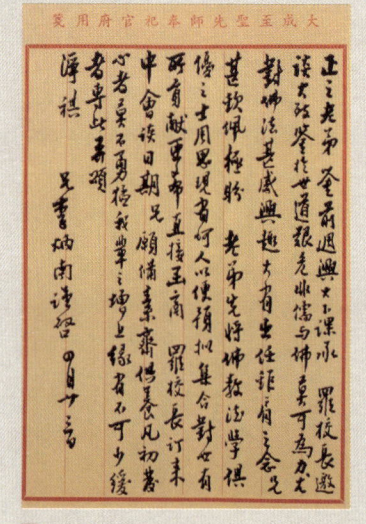

■ 1973年圖5

■ 1973年圖6

■ 1973年圖7

圖8　9月,為中興大學中國文學系日間部四年級新開設「佛學概要」課程,編有講義《佛學實況直介》十四表。

圖9　10月,於善果林太虛紀念館開講《五戒吉凶正史事證選》。(照片提供:陳雍澤)

圖10　10月25日,受聘擔任台中蓮社改建委員會總督導、財務管理委員會主任委員。

圖11　11月,題辭祝賀《慧炬》月刊十二週年。

【釋文】

萬法因緣生,因緣歸一如;以此平等心,炬光照處處。泮宮青衿子、龍鍾倚杖者、日韓碩尊宿、歐美初機士,咸捧讀不輟,賴此勤熏習,邪說漸能息,濁世化淨土。願祝無時際,亦不限空間;不著眾生相,俱成等正覺。

慧炬月刊十二週年紀念　　李炳南敬祝

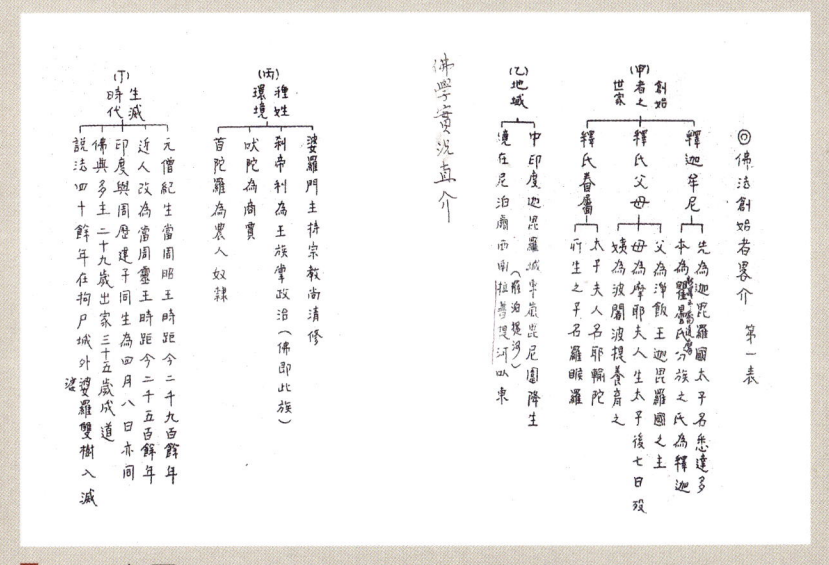

1973年圖8

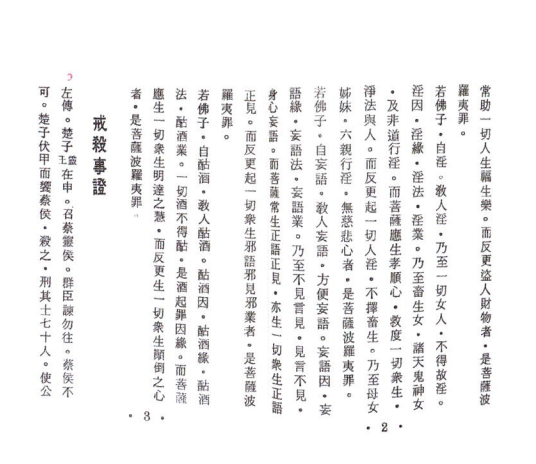

1973年圖9 　　1973年圖10①　　1973年圖10②　　1973年圖11

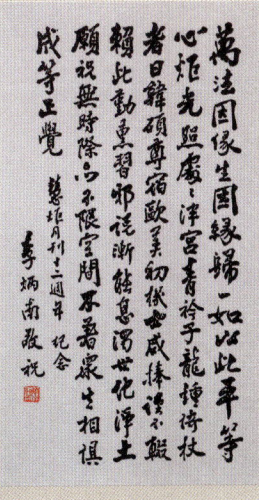

圖12 12月,美國佛教會駐台譯經院董事長沈家楨邀請主持佛典語譯,先生函復說明可先辦理譯注,並建議效法楊仁山創辦佛學院前例,設立培育人才機構。由此因緣,於是有「佛經注疏語譯會」及「內典研究班」之設立。

【釋文】

〈尺牘稿〉（致函沈家楨）：鑒辱承垂青,以追隨譯經院之事見委,不勝銘感。尤佩菩提大願,弘化心切。弟已與許巍兄晤談,以茲事重大,聊貢所知。按梵典在我國修持之法有三,其一為閱,但求定心,不尚思維。其二為讀,順文諷誦,作祈禱用,亦不尚解。其三為研解,專求義旨。一二兩法不須語體,第三解必看先聖哲古注,蓋注經先哲皆是悟證之人,未悟證者望文生義三世佛冤,不足為訓。大德所示「廣閱先聖釋注然後下筆」,實乃金科玉律,不能少違。所因難者,近日能解先聖注者,已鳳毛麟角矣,遑論經文。鄙意與其翻經,莫若翻注,果能注繙不錯,即功高須彌,已盡弘化契機之事矣。此有前例：《阿彌陀經蕅益要解》最為精確,但讀者不畏經反畏其注,是以圓瑛再作《要解講義》。此法大可仿也。但圓師講義為文言文,尚有人似解非解。今譯經院用語體解先聖釋注便大佳矣。更有要事,文言不精,不會有好語體。又聞古德云：「佛法無人說,雖智不能解」,培養人才似為根本問題。可否譯經院設一佛學研究班,考取五六人或八九人,給以費用,專門研經研文,如昔楊仁山大士之佛學院,後遂有歐陽漸、梅擷芸諸公及太虛法師、弘傘、智光諸賢,亦可稱佛教中興。特為提出,以貢參考。許巍兄年富力強,辦事精細,弟自當盡其所能。有人才薦人才,有所學知貢所學知,以副大德慈愍度眾之宏願。敢布悃誠,即希慧照。專肅並請

道安　　學弟李炳南頂禮

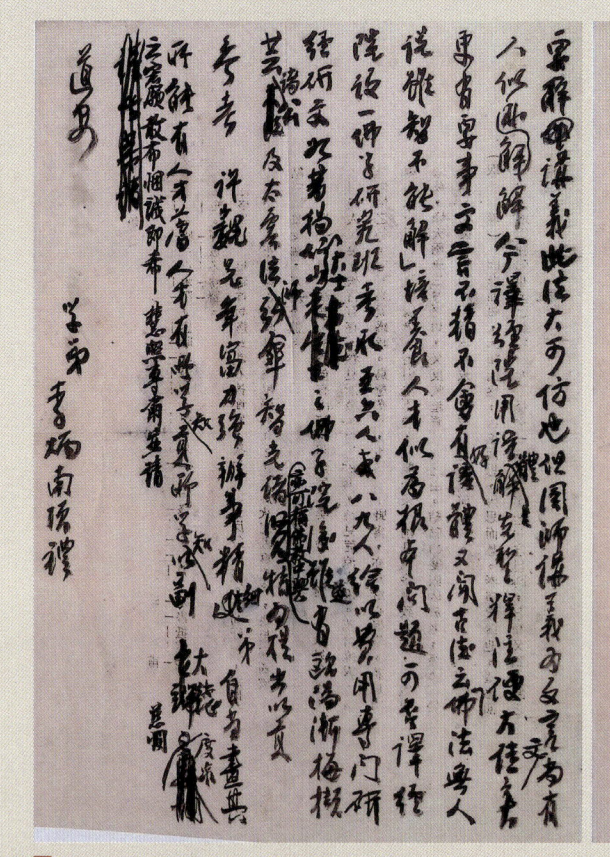

1973年圖12

1974 年（民國 63 年）· 85 歲

圖 1　1 月，董正之、周邦道、許巍文三人先後來函，極力勸請先生承擔育才與注經大業。2 月 28 日周邦道再度來函，勸請承擔譯注會工作時，莫太過刻苦。

【釋文】

雪公夫子大人函丈：獻歲發春，辰維萬福。沈家楨先生復函丈書業已讀過，渠既有此弘願，甚望函丈當仁不讓，開一嶄新局面。初期人員、場所、進行辦法請先訂一草案，然後約集若干友好商談。正之、子慎二兄電話中亦同此意，謹特肅陳，㪲裁是禱。虔叩

崇安　　受業周邦道頂禮　六十三年元月廿八日晚（①）

雪公夫子大人函丈：廿七日諭示，敬悉一是，經即焚去。快函賴副院長，請其速行商議，並提出意見以備參考。人心叵測，只有靜以待動也。日前與謝守正先生同車北返，談及函丈枵腹從公，咸覺不安。將來沈居士如何表示，務乞函丈隨緣隨喜為禱。耑稟敬敂

崇安　　受業周邦道頂禮　六十三年二月廿八日

「經注語譯會」須否冠「佛學」二字以示與他教經典有別，順乞裁㪲。（②）

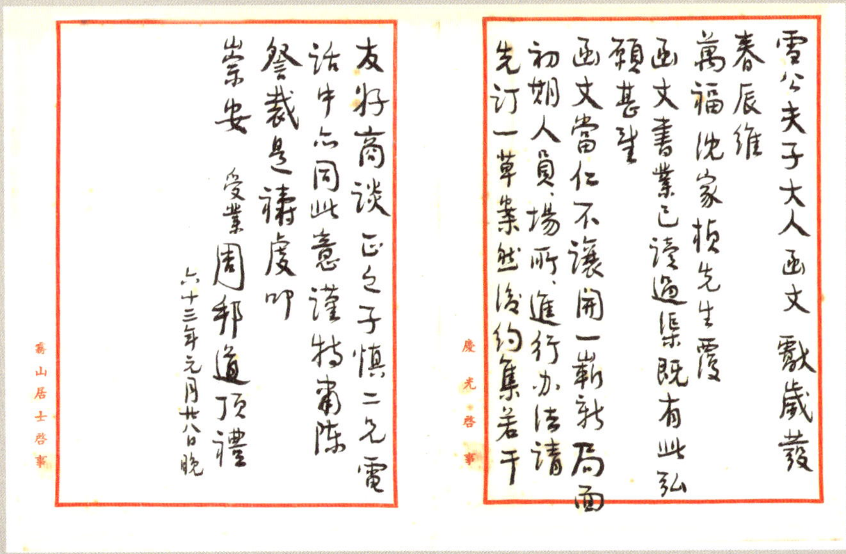

雪公夫子大人函丈 獻歲發
春辰維
萬福沈家楨先生覆
函丈書業已讀過渠既有此弘
願甚望
函丈當仁不讓開一嶄新局面
初期人員場所進行辦法請
先訂一草案然後約集若干
虔光啓事

友好商談正之子慎二兄電
話中亦同此意謹特肅陳
㪲裁是禱虔叩
崇安
受業周邦道頂禮
六十三年元月廿八日晚
雪山居士啓事

■ 1974 年圖 1 ①

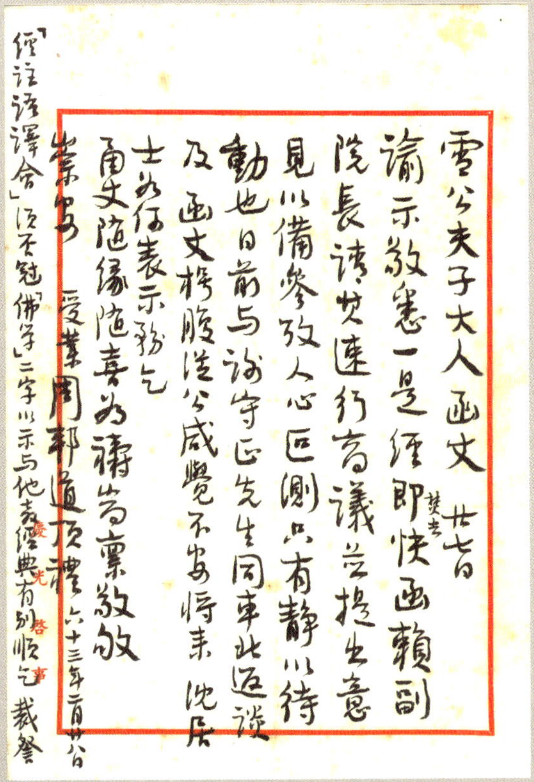

雪公夫子大人函丈 廿七日
諭示敬悉一是經即焚去快函賴副
院長請其速行商議並提出意
見以備參考人心叵測只有靜以待
動也日前與謝守正先生同車北返談
及函丈枵腹從公咸覺不安將來沈居
士如何表示務乞
函丈隨緣隨喜為禱耑稟敬敂
崇安 受業周邦道頂禮 六十三年二月廿八日
「經注語譯會」須否冠「佛學」二字以示與他教經典有別順乞裁㪲
虔光啓事

■ 1974 年圖 1 ②

圖2　1月29日至2月10日，於台中蓮社舉辦第六期明倫講座，為高級班課程。先生講授《阿彌陀經要解》。正式生三十餘名，自費及旁聽生六十餘人。

圖3　2月24日，於太虛紀念館召開「經注語譯會」籌備會。該會係受美國佛教會駐臺譯經院董事長沈家楨重託而成立。

圖4　3月26日，回復董正之，感冒已癒，請勿枉顧。並詢問至內典班任課事。

【釋文】
正之弟鑒：氣候不正，小有感冒，同人過愛，一致大驚小怪，今已全愈，照常上班矣。法會連忙七天，諒大家過於疲勞。希電話通知慶光弟，一切放心，萬不可輕勞動，來中枉顧，小題大作也。子慎、茂林如不知其事，甚佳。倘有所聞，希勞電話同樣通知，請皆放心，兄非故意粉飾太平也。譯經會附設之研究班，弟能來中認〔任〕課否？亦望速賜決定，此却是大事也。法會功德圓滿，數日天氣大佳，祥和可卜，專此并頌淨祺　兄李炳南謹啟　三月三日

1974 年圖2

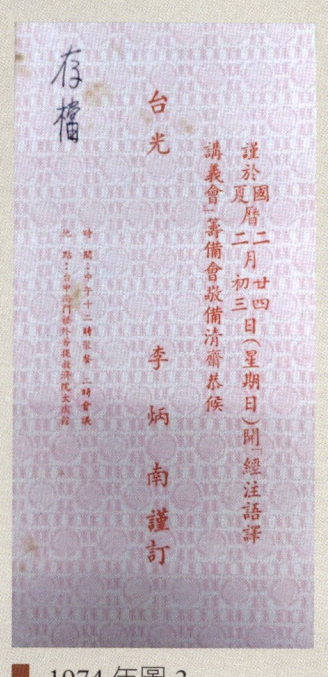

1974 年圖3

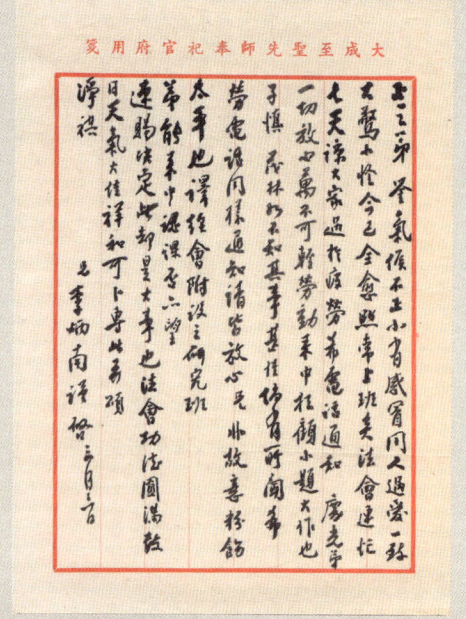

1974 年圖4

1974年（民國63年）・85歲

圖5　4月，菩提醫院聘請張靜雄醫師擔任院長，從此醫務漸趨穩定。照片為菩提救濟院董事會同仁於菩提醫院榕樹前合影。左起：鄭勝陽、游俊傑、徐醒民、黃火朝、于凌波、徐灶生、朱斐、趙茂林、蔣俊義、炳南先生、張靜雄、周宣德、周邦道、朱炎煌、林進蘭、黃雪銀、江秀英。

圖6　5月13日，函請董正之接洽印贈好文，引導社會大眾多讀儒佛書。

【釋文】

正之老弟鑒：昨談學說（辯證法）害人，而不解法執之誤，實為今人不讀孔佛之書，是受禍之因。今日閱《中央日報・副刊》載有穆超譯花村一平一文曰〈臺灣是現代「洪水」中的諾亞方舟〉，大與敝見相同。是文不獨有益我民族國家，實為全球生物界之警鐘。兄願募款十萬元，專印分贈各學校。不足之數，希大家發動。惟此文須經中央報社許可，方合手續。希弟聯合立院同人道志合一者，向《中央日報》商討辦理。倘得其允諾，出名贈送亦應有名之士列銜，方得人重視也。如何？乞復并頌

淨祺　　兄李炳南拜啟　五月十三日

眼宜每晨洗面時，手先洗淨，預泡熱鹽水待溫洗眼，日久不停，大佳。

1974年圖5

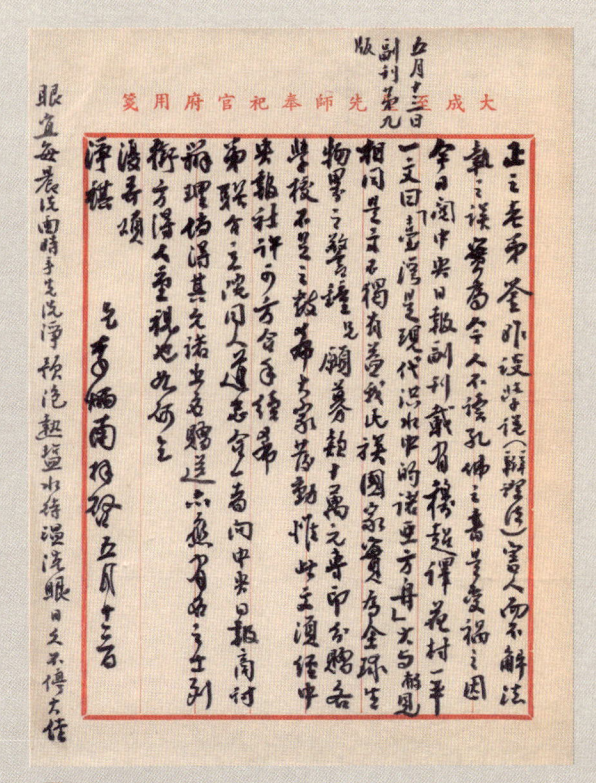

1974年圖6

圖7　6月、7月，蔡運辰函復收到「臺中佛經注疏語譯會」聘書，函復準時出席「佛經注疏語譯會」會議。

【釋文】
敬復者，奉到聘書，倍增惶恐。頹齡曲學，謬附開士之林；下里巴音，濫廁陽春之調。專此奉復，敬候教言。此致
台中佛經注疏語譯會　蔡運辰謹上　六月廿九日（①）

雪老座下：奉到大柬，欽仰莫名，既蒙寵召，本應准時趨赴，惟辰近日腰部不適，起坐困難，盛宴恕難參加。准於午後二時往陪末議，藉聆雅教。謹此奉陳　敬頌
道祺　蔡運辰拜啟　七月十一日（②）

圖8　7月12日，周邦道函復出席「佛經注疏語譯會」會議。

【釋文】
雪公夫子大人函丈：今日站一小時半，買得十四日39次來回車票，乃九時四十五分開，午後一時一刻始能抵達。時間改變，真是討厭。請午餐千萬不可等待，免增無端之罪過。生自備麵包，異常方便。到站後從容洽劃回程車次，二時以前趕來開會。耑肅，敬頌
崇安　學生周邦道頂禮　六十三年七月十二日晚

■ 1974年圖7①　　■ 1974年圖7②

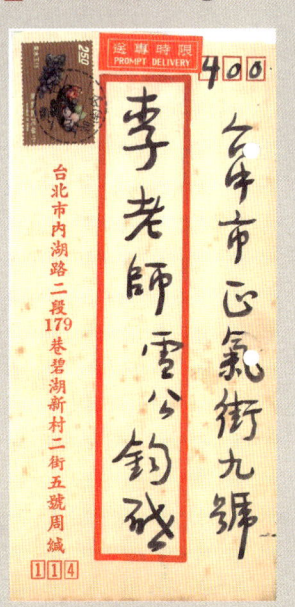

■ 1974年圖8

1974年（民國63年）・85歲

圖9 7月14日，召開「佛經註疏語譯會」工作協調會。③前排左起為：陳修善、周家麟、周邦道、謝守正、王禮卿、蔡念生、炳南先生、周宣德、許巍文、戈本捷、許祖成、徐醒民。

圖10 7月14日，召開「佛經註疏語譯會」工作協調會，提報語譯會及內典班開辦費用。

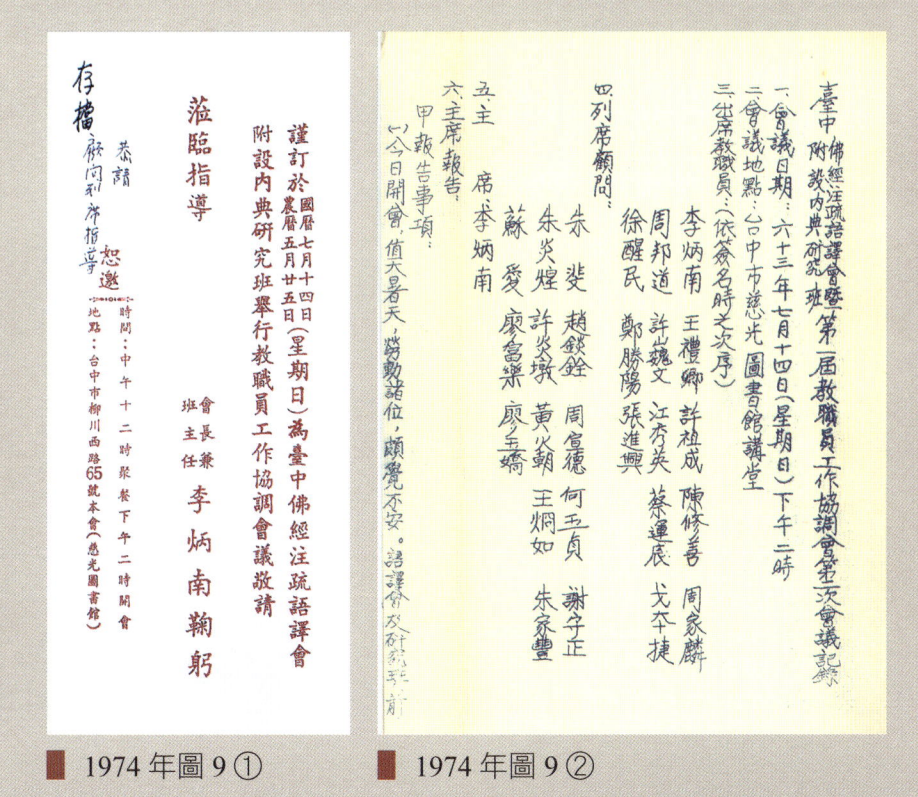

1974年圖9①

1974年圖9②

1974年圖9③

1974年圖10

圖11　7月7日至27日，舉行第七期明倫講座。結業後題辭勉勵學員作君子。（②）

【釋文】
求學須達到根柢，先修明性德，以真才能，貢獻社會。學佛要先無我，發願利眾，直心道場，不可浮誇。作慈善事，應知專為救他，萬勿假公濟私、沽名釣譽，則不失為君子。　李炳南敬題

圖12　7月28日，董正之來函為內典班開學典禮及擔任課程請假。

【釋文】
雪公師座慈鑑：內典研究開學有期，多載弘願，一旦實現，欣慰之情，殊難言喻。本擬躬與盛典，得聖揚兄書，決定暫緩。至「萬祖三經」，亦懇俯准請假，以俟海外歸來再行補上也。溽暑如焚，並請珍攝為禱。祇叩
　法安　　生正之頂禮　六三、七、廿八

圖13　7月，內典研究班籌辦初期，為籌謀經費使用及招生事宜，有〈蓮社庶務書籤〉備忘。

【釋文】
1. 撥來之三個月經費，從七月份作年度開始，但七月僅職員工作，而教員及學員費，須至八月始支，七月份之經費，當有結餘。
2. 研究班學員，雖有二名要求額外參加，擬先觀其動態若何，方始決定是否應追加經費，待十月份撥二次經費時，再定取捨。
3. 台中蓮社改建，聞尚未決定形式，正在畫圖中，須待其圖成估工後，方好與蓮社當局洽商。

1974年圖11 ①

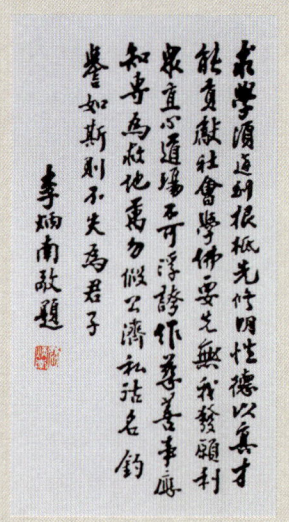

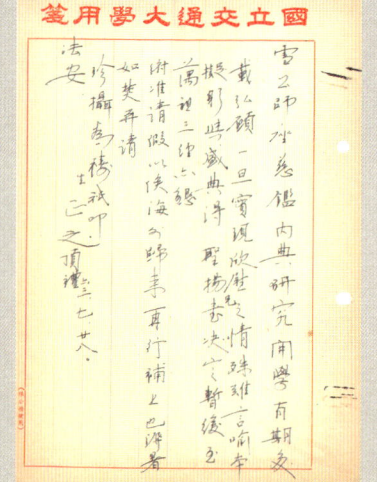

1974年圖11 ②　　1974年圖12　　1974年圖13

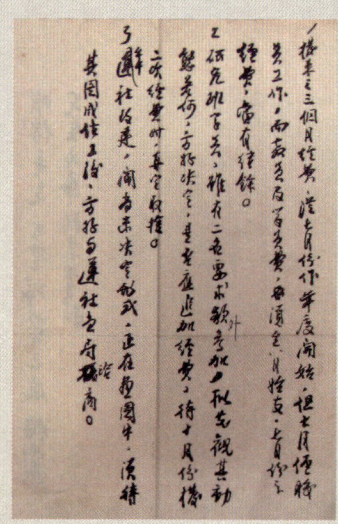

圖14 8月1日「臺中佛經註疏語譯會」成立，附設之「內典研究班」開學。圖為先生規劃內典班課程手稿、開學典禮合照及第一學年課表。

【釋文】

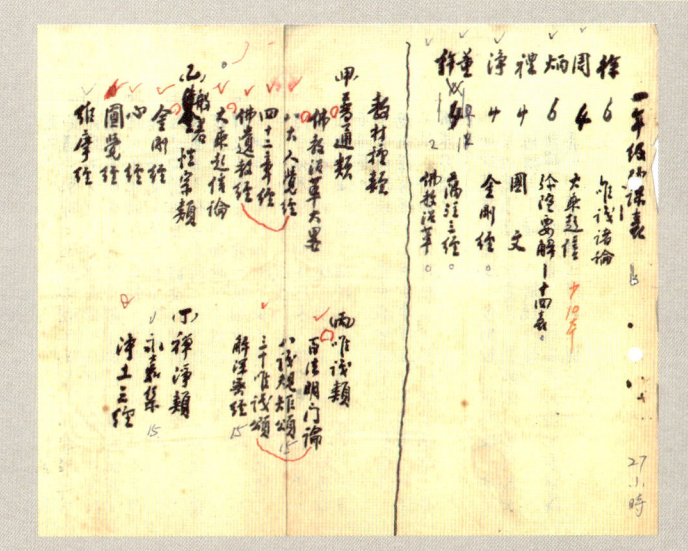

〈一年級功課表〉：

徐6：唯識諸論

周4：大乘起信

炳6：彌陀要解、十四表

禮4：國文

淨4：金剛經

董／許4：蕅註三經、佛教沿革

〈教材種類〉：

甲、普通類：佛教沿革大要、八大人覺經、四十二章經、佛遺教經、大乘起信論

乙、般若性空類：金剛經、心經、圓覺經、維摩經

丙、唯識類：百法明門論、八識規矩頌、三十唯識頌、解深密經

丁、禪淨類：永嘉集、淨土三經

③合照中前排為教師，左起：徐醒民、周家麟、淨空法師、炳南先生、王禮卿、許祖成；後排為研究生，左起：吳碧霞、連淑美、李榮輝、陳雍澤、劉國榮、李子成（後出家之果清法師）、吳聰敏、簡金武。

1974年圖14 ①

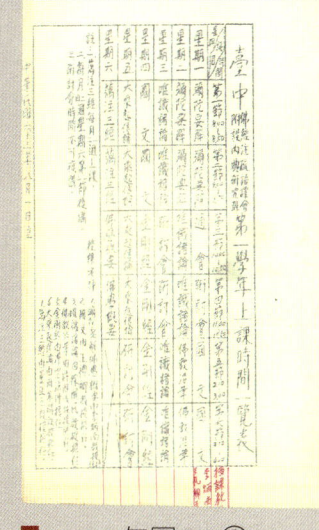

1974年圖14 ②

1974年圖14 ③

圖15 8月，先生頒示語譯會及內典班之「辦公室公約」（①），②為周家麟受命代筆。

圖16 8月，頒示「內典研究班班訓」（周家麟代筆）。

圖17 8月，經注語譯會成立，邀集多位教界大德擔任編輯委員。圖為禮請會性法師擔任經注語譯會編輯委員。

【釋文】

會性大法師猊座：此次叨蒙垂慈，蒞中度眾，至欽至感。惜各事忙，未得饒聞教益，自歎福薄。前曾懇求行化之外，為眾翻譯語注之事，未識有閒時間否？倘肯俯允，立即寄上稿紙。吾師道高學邃，台省尚有幾人？而翻注不翻經，尚不失為慎言慎行。祈示。《業報經》及《人生指津》均奉到，萬謝。恭叩

慈安　弟子李炳南頂禮　廿九日

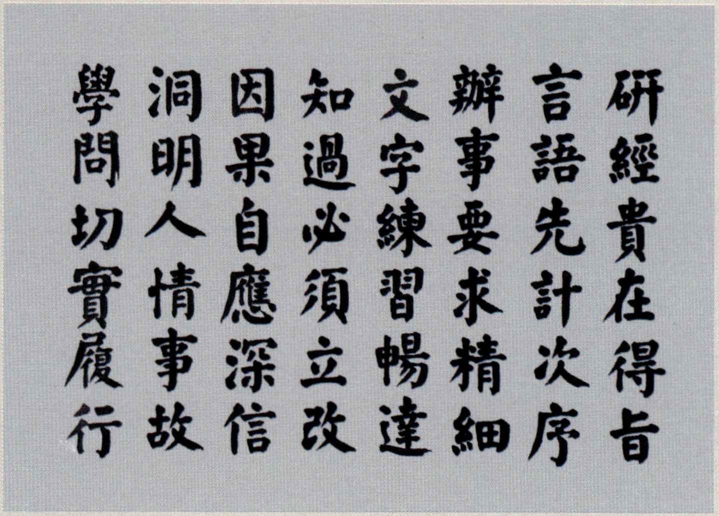

研經貴在得旨
言語先計次序
辦事要求精細
文字練習暢達
知過必須立改
因果自應深信
洞明人情事故
學問切實履行

■ 1974年圖16

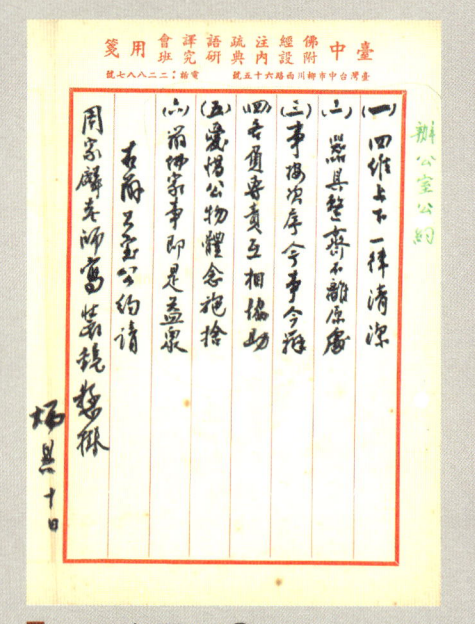

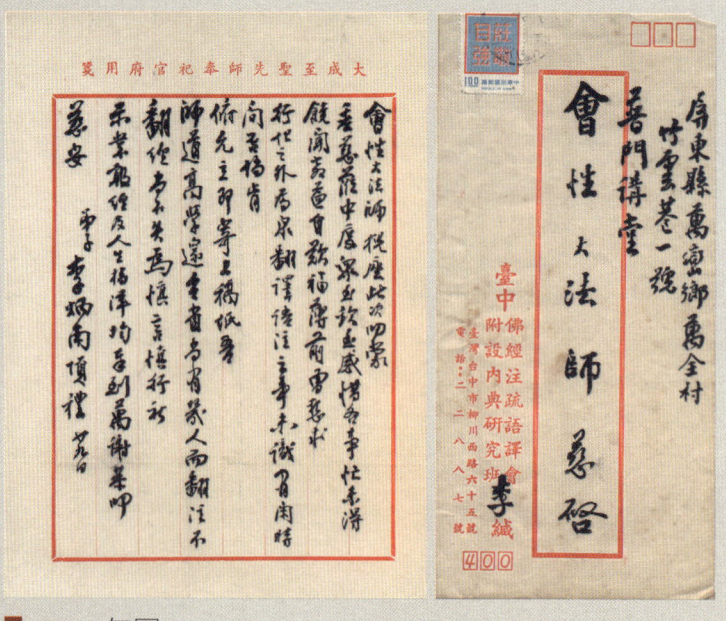

■ 1974年圖15①

■ 1974年圖15②

■ 1974年圖17

1974年（民國63年）・85歲

圖18 8月15日，函復戈本捷，婉拒並感謝沈家楨創辦人購車代步美意。

【釋文】

本捷師兄大鑑：奉手書，敬悉沈大居士多方厚愛，銘感萬分。以目前而論，各學生有宿舍，教授自有摩托車，弟寓距語譯會十分鐘可達。如開會接送客人，圖書館、育幼院兩處之車，均可任我使用。購置汽車一事，俟後事繁急需，再向沈大居士呈請不遲，得省者暫省。然此種厚意，已使同人振奮不淺也。吾兄從中關照，感激同深。此情懇代轉美方，表達萬謝之誠為禱。專此并請

道安　弟李炳南頂禮　八月十五日

圖19 9月22日，至台中蓮社參加改建工程籌備委員會會議。討論蓮社改建圖樣。（轉拍自菩提樹雜誌）

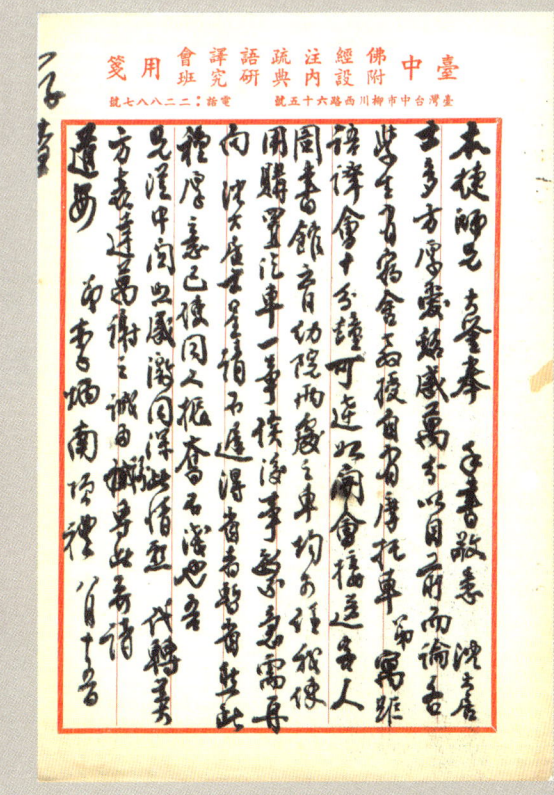

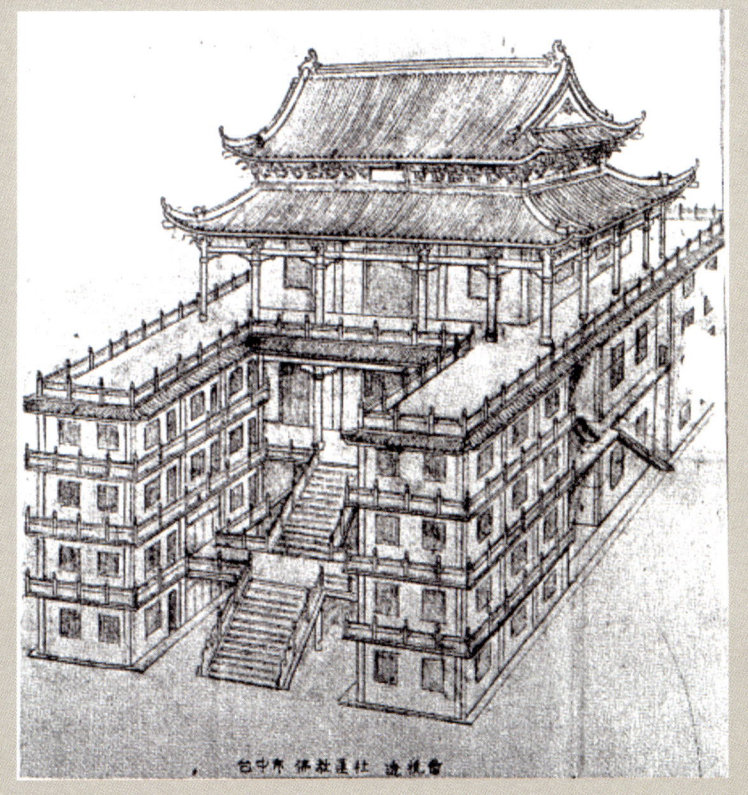

■ 1974年圖18　　　　■ 1974年圖19

圖20 11月,發布蓮社改建消息,呼籲臺中蓮友支持。圖為〈蓮社重建啟事稿〉、〈台中蓮社已經作出來的成績〉手稿。(澹寧齋收藏)

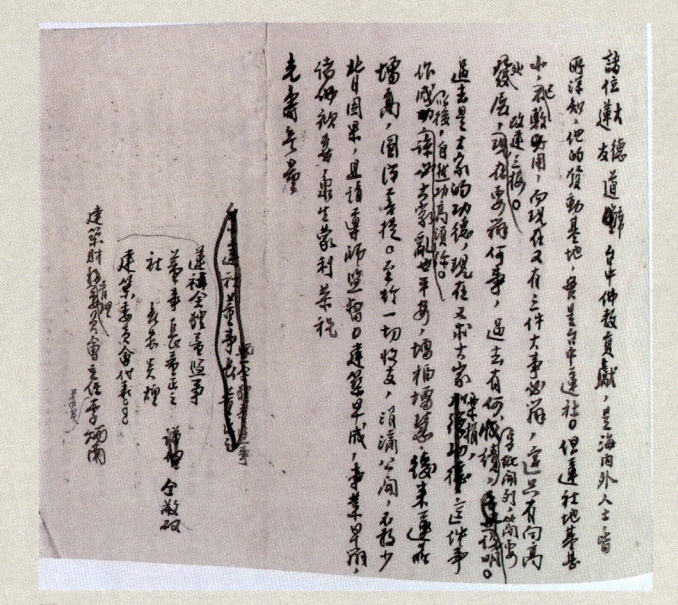

【釋文】
諸位大德蓮友道席:台中佛教貢獻,是海內外人士,皆所深知。他的發動基地,實是台中蓮社。但蓮社地基甚小,已不敷用,而現在又有三件大事必辦,這只有向高處發展,改建三樓。現在要辦何事,過去有何成績,另紙開列,簡要說明。過去是大家的功德,現在又求大家樂捐,這件事作成以後,自然功高須彌。諒必大家亂世平安,增福增慧;後來蓮品增高,圓滿菩提。至於一切收支,涓滴公開。不敢少背因果,且請導師監督。建築早成,事業早辦。諸佛歡喜,眾生蒙利。恭祝
光壽無量
　　蓮社全體董監事　董事長董正之　社長朱炎煌　建築財務管理委員會主任委員李炳南全敬啟（①）

〈台中蓮社已經作出來的成績〉:
(甲) 台灣光復以後,佛教一切活動,弘法利生、護法抗拒異教侵侮,皆是我們蓮社開始。弘法:如設立淨宗道場、結七念佛、按期講經、傳在家大戒、巡迴講演等,皆為蓮社首先提倡。護法:如外道鼓號結隊,侵入寺廟毀罵三寶、散發圖畫傳單、侮辱佛法等,也是蓮社出面與之周旋,摧其凶燄。經過二十餘年的不休息,計算皈依受戒的,有數萬修眾。各地受影響成立的道場(如二分埔、三分埔、彰化、鹿港、豐原、屏東、高雄、桃園、台北大寮坑)十數處。往生後,有舍利的十餘人。
(乙) 蓮社本部的工作:每星一集體念佛,星六講經。有念佛班六十餘單位、四十八願化導部、往生助念團、國文補習班、兒童德育週、女子中慧弘化班、夏令施醫會、冬令救濟會、放生會、印送經書會等。
(丙) 蓮社推廣的聯體機構:有慈光圖書館、慈光育幼院、菩提救濟院、菩提安老所、菩提施診所、菩提醫院、小康計畫、慈光托兒所、慈德托兒所、暑寒假大專學生佛學講座等。（②）

1974年圖20①

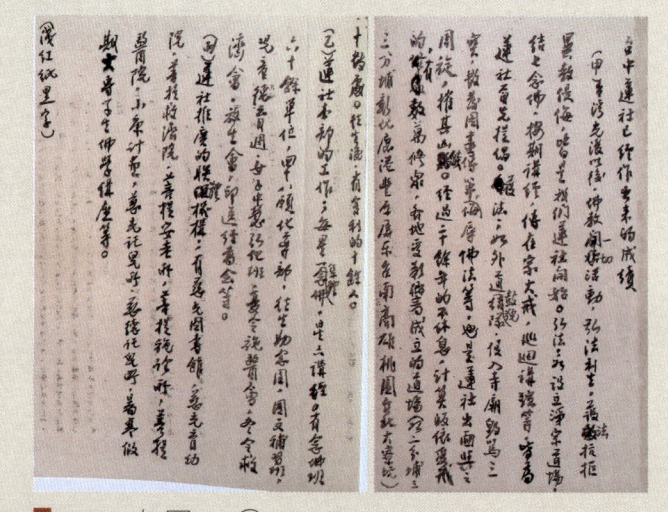

1974年圖20②

圖21 11月，有〈台中蓮社近來的新計畫〉，報告籌建委員會決議，蓮社改建旨在辦理三件大事：一、莊嚴往生蓮位。二、輔助大專明倫社接引大專學生薰修佛法。三、辦理語譯經注會及內典研究班。（澹寧齋收藏）

【釋文】

〈台中蓮社近來的新計畫〉

（一）莊嚴往生蓮位。中國人以孝為本，佛的出世法，孔子的世間法，皆以孝為第一大善。父母在日要孝，歿後要慎終追遠。此次建築正殿三樓，第一層為往生堂，將來講經，或一切法會，即在此處辦理，能使祖先飽嘗法味，蓮品增高。

（二）輔助大專學生明倫社。我們台中，在寒暑假中，開辦大專佛學講座，已經十四年的常久，教授的大專學生約在一千三、四百人之譜。他們自己組了一所明倫社，各處去講佛學、印送經冊，每天廣播佛法。各地佛教團體，現在都來爭取他們。但這些人才，是我們台中教成的，理當留在我們蓮社裏用。

（三）創辦語譯經注會及內典研究班。佛經甚深，經注更難懂，這要用白話翻譯經注，希望人人能看懂。學佛的青年雖多，但一曝十寒，這要辦一所四年常期的研究班，使青年大學生深造。但這兩件事，是一位美國華僑大菩薩，每年捐台幣一百萬元上下，委託蓮社承辦。這是我蓮社應當接受的。

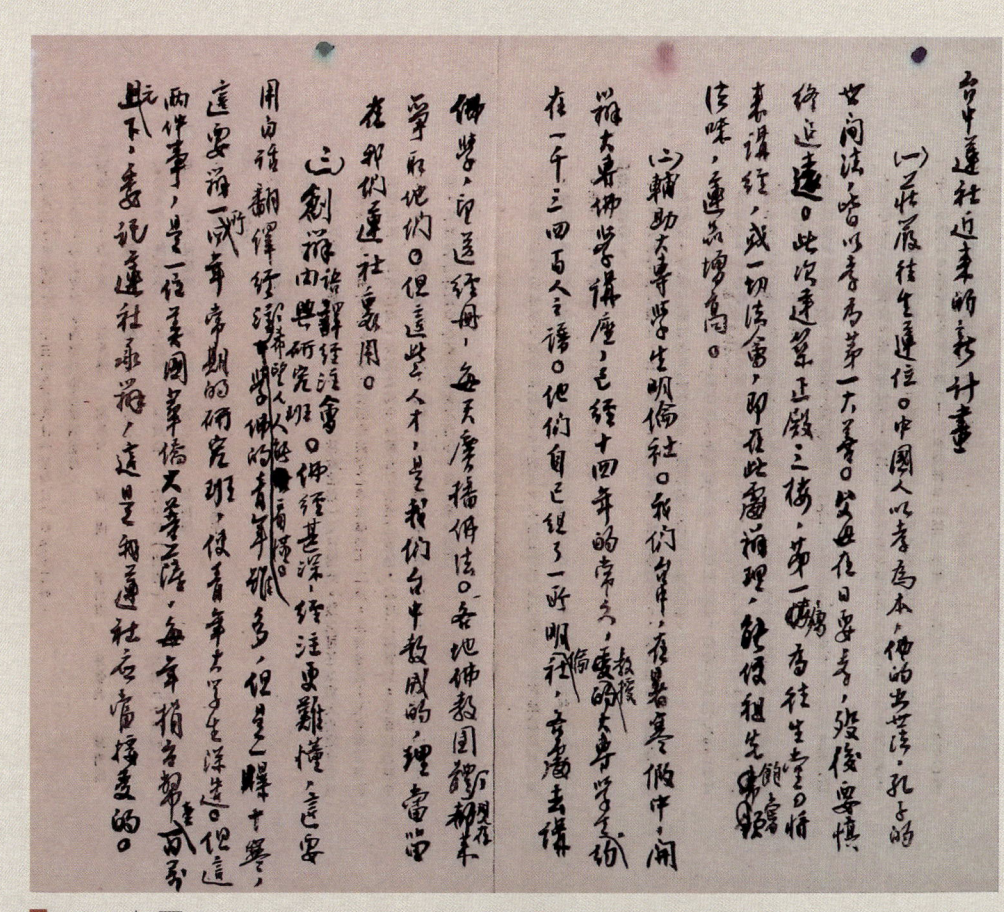

1974年圖21

圖22 11月22日，以「佛經注疏語譯會」會長，兼「內典研究班」班主任職銜，編製內典班第一學期學員狀況，陳報創辦人沈家楨。

圖23 12月2日，函復香港楊日霖，婉謝啟請編訂佛教婚喪儀規。

【釋文】

日霖道長尊鑒：辱蒙賜書，謬加獎飾，恭讀之餘，慚怍無似！樗櫟之材，無所成就，年際衰頹，何能益世？尊囑之事，有關世道人心。今之婚喪大禮，不中不西，早已禮壞樂崩，故舉世言行淆亂。佛教本為度世救心，亦趨同流合汙，自且不正，何堪正他？況弟一介匹夫，學德俱闕，焉敢僭分立法，強人約守。按禮儀乃政府大權，猶之憲典，非任人可為。孔子云，雖有其德，苟無其位；雖有其位，苟無其德，皆不敢作禮樂焉。此事問題極不簡單，道長菩薩心腸，使人五體投地，所惜委託非人，有損高明。既承錯愛，亦不能不盡一言。在野有心之士，只可尚質，潛培元和，我輩佛徒婚改拜天而禮佛，喪減吹打多誦經，婚喪待客一律素食，婚得吉祥，喪獲超薦，其餘表面文章，以待國家安定，諒有責者當能有所製作也。盲言愚妄，諸希鑑照并請

道安　小弟李炳南頂禮　十二月　日

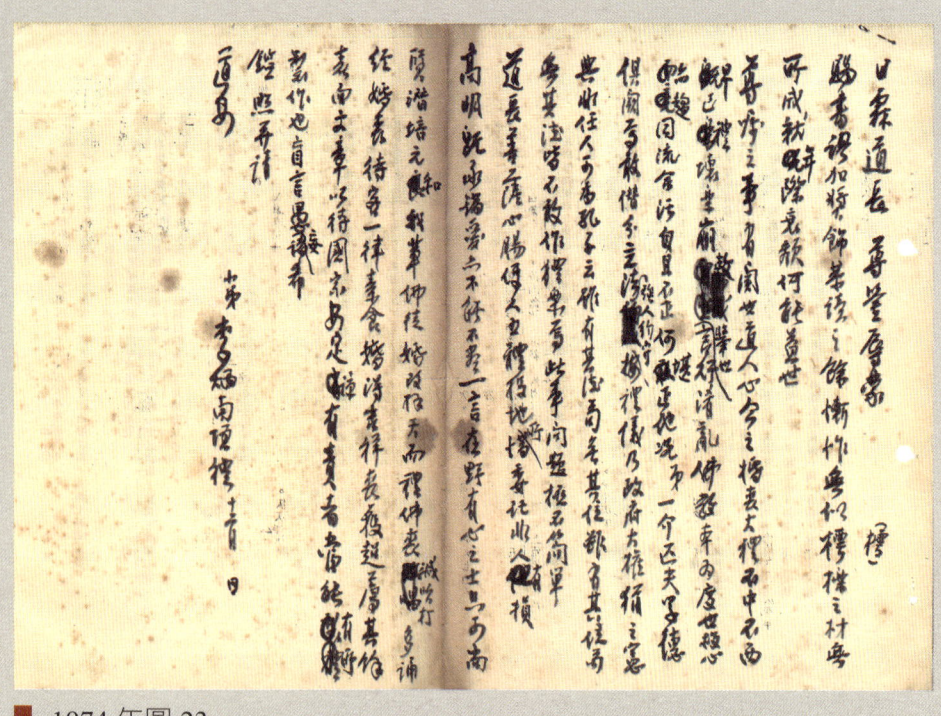

■ 1974年圖23

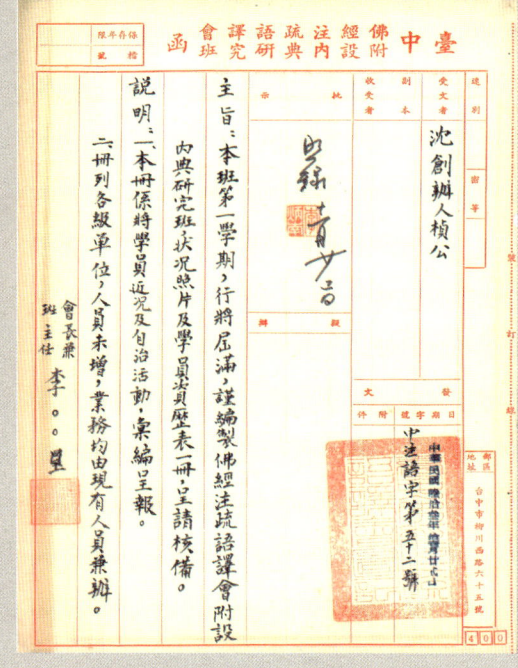

■ 1974年圖22

1974年（民國63年）・85歲

圖24 12月17日，淨空法師請辭內典研究班教職暨佛經注疏語譯會編輯工作（①）。先生復函准辭教職，慰留語譯會編輯一職（②）。

【釋文】
雪公師尊慈鑒：上週拜別歸來，又患腸胃病消化不良、疲勞過度、精神不振，遵醫者囑，需長時間調養，是以敢請吾師慈悲，准予辭去內典研究班教職，暨佛經語譯職務，以利休養，則感恩不盡矣。耑肅敬請
慈安　　受業淨空頂禮　十二月十七日
（郵戳：臺北木柵 63.12.17-16）

（復淨空法師函（稿））：淨空法師大鑒：函悉法躬四大不調，甚為系念。所云長時調養，言似尚早；諒蒙佛被，當可勿藥有喜也。此處之課，暫遣人代，亟希早復健康，繼續施教為盼。至譯經之事，暇時即辦，似不妨礙調養，更不必辭。專此慰留，並頌法祺。

圖25 12月19日，「內典研究班」研究生將第一學年第一學期研究成果陳報創辦人沈家楨。

【釋文】
楨公長老道席：海天遙隔，無機親侍（法）筵，忻逢元旦佳節，恭維福躬康泰，德履綏和，是頌是禱。茲屆學期終了，生等初期進度，均在諸尊師教導之下，如期完成。飲水思源，感篆莫銘。肅箋布意，敬頌慈安，並賀年禧　門生　李榮輝　簡金武　陳雍澤　吳聰敏　李子成　劉國榮　吳碧霞　連淑美　頂禮　十二月十九日

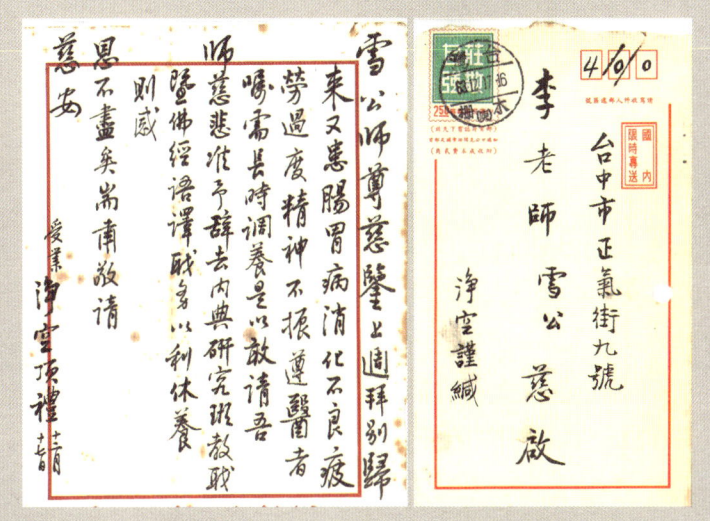

1974年圖24①

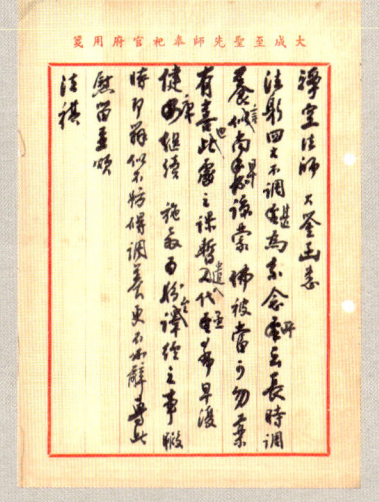

1974年圖24②

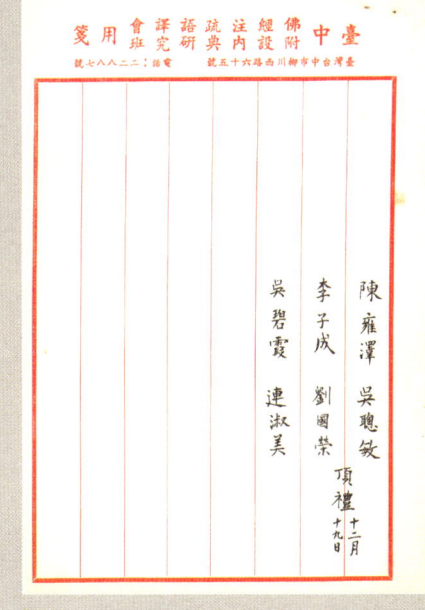

1974年圖25

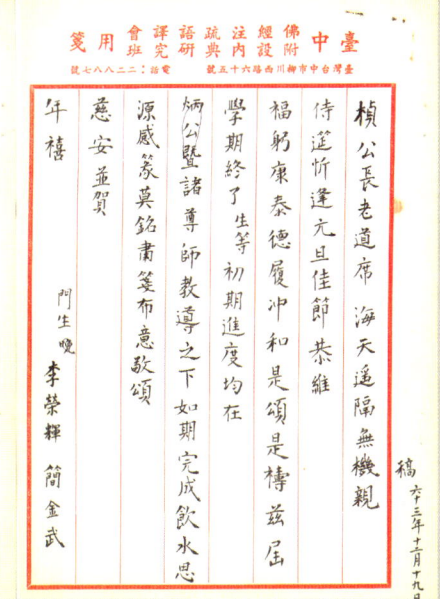

圖26 12月28日，函復戈本捷戈周騰伉儷，感謝惠贈電熱袋及所抄錄〈鳥窠禪師誦經心要〉。所抄法書擬義賣將所得捐作建設經費。

【釋文】

騰具壽鑒：接函及法書經文、電煖器等，承受之下，欣感無似。只以經言，一字一佛，書成而又恭誦，至誠之心，可格佛天。老拙何德而承賢具壽如此厚奉，慚愧萬端。此後自當加勤獻身佛教，勉事弘化。侍現承辦譯經注及研究班，已辭掉學校薪水，而在此事業中純盡義務。學生之兩季制服、各教授前一應酬答，皆暗中捐助，本捷兄諒已深知。此往當益自勵，勿負各方厚望。台中蓮社及慈光育幼院現俱有新建，即將此法書五十四分，裝裱義賣。化私為公，迴向具壽伉儷福慧雙尊，乃一舉數得也。至謝，並頌淨祺　　愚侍李炳南謹啟　十二月廿八

本捷兄前請安

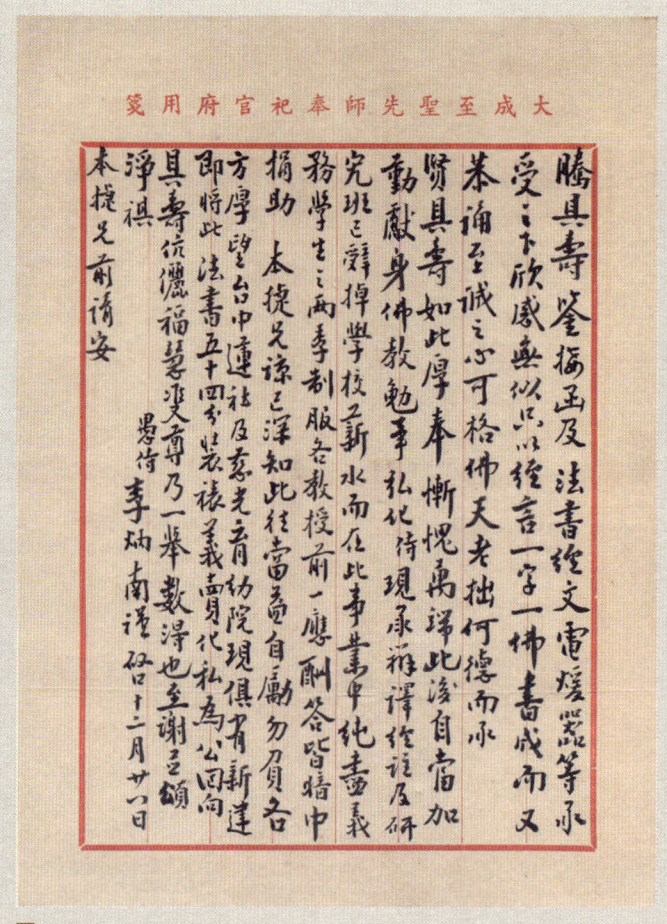

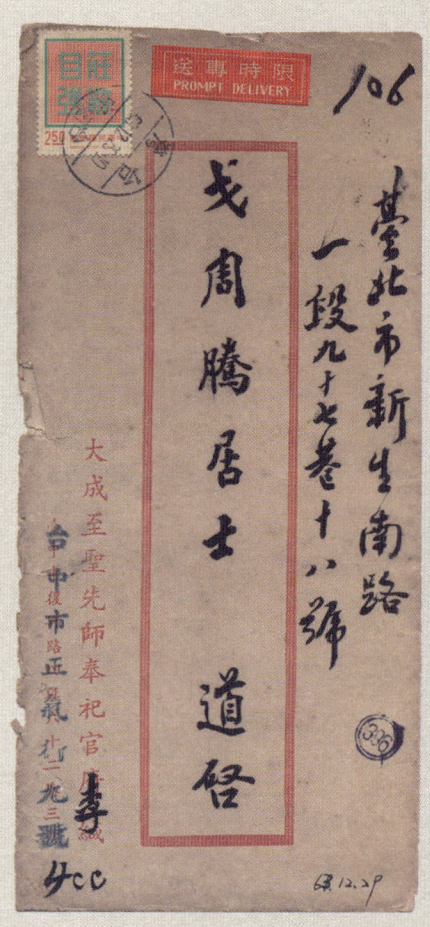

1974年圖26

1975 年（民國 64 年）· 86 歲

圖1　1月1日，函復香港李相楷（蓮階），為其託人贈款贈禮致謝，並指點詳讀、複讀《彌陀要解講義》。

【釋文】

蓮階老弟鑒：前旬顏公伉儷辱臨草舍，交下厚惠五百元作祝，並代明倫社捐蓮社建費亦五百元，感佩萬分。明倫社之款除照辦外，惠祝之款亦代捐入蓮社建費，彼正需款，化私為公，一舉三得。兩筆收據附上，希收。踰一周後，顏公遊阿里山返，又至草舍，交下弟惠香菇。值兄不家。以前次住教師會館，次日前往謝步。詎此次未住該館，無處尋訪，至感疏禮，希弟代向顏公致歉。至云前在中興新村所講佛法，乃是佛言祖訓，依教奉行，人人成就；不修、不信、不如法、不恆其德，則不成就，並無奇特。兄實博地凡夫，見思未斷，不過深信切願，數十年來未嘗少間，每遭逆境，益加振奮而已。弟性篤誠，修功雖淺，但宣揚之時如法述之，乃是知一說一、知二說二，述而不作，有何罪過！若求以後證果，要在知行合一，恆始恆終，決無唐捐。《彌陀要解講義》細心讀明五遍，明其理、行其事、不作豪語，決定往生。必將《要解》之理，洞澈無遺，自信此語不欺也。兄近周應各處之講，有小材料並附，希閱。專復謝，順頌

道祺　　兄李炳南謹啟
　　元月元日

圖2　2月，會客後，送客時久站門外，招受風寒，四大不調，有中風症狀。請病假十日。圖為先生送客必至門外，遠客則送至車站。

圖3　2月25日，發表〈華嚴晉唐三譯合刊序〉。

圖4　3月23日，患恙未癒，抱病北上赴約，至慧炬粥會演講。立者左起：周邦道、吳永猛、周宣德、炳南先生。（照片提供：慧炬社）

圖5　是年仲春，為游俊傑令媛式鈺畢業冊題字（照片提供：游青士）。

【釋文】

所謂人格，以忠孝立體，以莊敬為相，以博施濟眾起用，再出之於誠，守之以恆。為初學之基，亦成功之本。

式鈺吾孫紀念　　愚侍雪叟炳南題　　乙卯仲春

1975年圖4

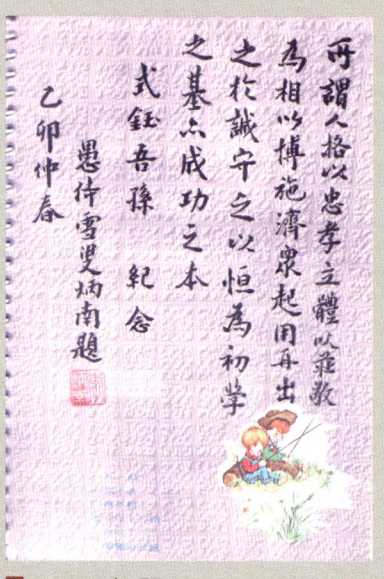

1975年圖5

1975年圖3

圖6　4月5日，總統蔣中正逝世，有文哀悼中華文化失一扶持。

【釋文】

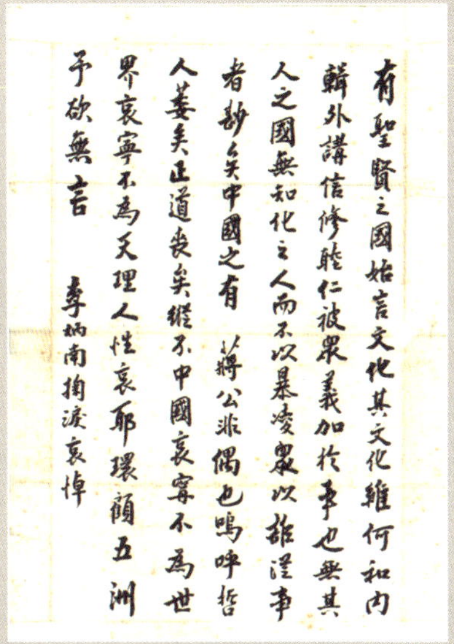

有聖賢之國始言文化。其文化維何？和內輯外，講信修睦，仁被眾，義加於事也。無其人之國，無知化之人，而不以暴凌眾、以詐從事者尠矣。中國之有蔣公非偶也。嗚呼！哲人萎矣！正道喪矣！縱不中國哀，寧不為世界哀？寧不為天理人性哀耶？環顧五洲，予欲無言。

　　　李炳南掬淚哀悼

圖7　5月中旬，蔡運辰、周邦道來函，請辭譯注編輯委員。先生一一函復說明譯注事並無時限，仍請繼續分勞。

【釋文】

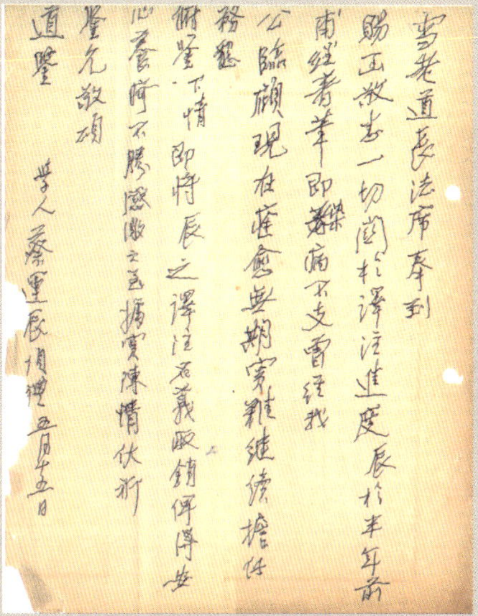

雪老道長法席：奉到賜函，敬悉一切。關於譯注進度，辰於半年前甫經著筆，即染病不支，曾經我公臨顧。現在痊愈無期，實難繼續擔任，務懇俯鑒下情，即將辰之譯注名義取銷，俾得安心養疴，不勝感激之至。據實陳情，伏祈鑒允。敬頌

道鑒　　學人蔡運辰頂禮　五月十五日（①）

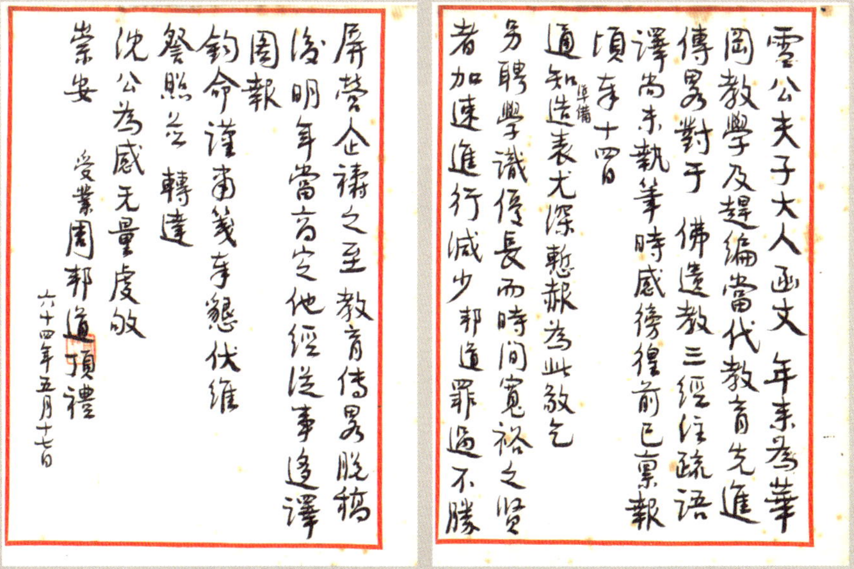

雪公夫子大人函丈：年來為華岡教學及趕編《當代教育先進傳畧》，對於《佛遺教經》注疏語譯尚未執筆，時感徬徨，前已稟報。頃奉十四日通知，準備造表，尤深愾報。為此，敬乞另聘學識優長，而時間寬裕之賢者，加速進行，減少邦道罪過，不勝屏營企禱之至。《教育傳畧》脫稿後，明年當商定他經，從事迻譯，圖報鈞命。謹肅箋奉懇，伏維詧照，並轉達沈公，為感無量。虔敬崇安　受業周邦道頂禮　六十四年五月十七日（②）

1975年圖6

1975年圖7①

1975年圖7②

圖8　5月25日，至慈光圖書館參加中部大專學佛青年演講比賽，擔任評審及講評。

圖9　5月26日，沈家楨函詢譯注會及內典班成效，以及日後組織、經費等之籌劃安排。

【釋文】

炳南大德慧鑒：頃奉寄下下年度預算六十七萬一千四百四十臺幣，自當同意，仍由謝守正兄按期匯奉。在茲生活程度高漲情況下，吾公堅維原定預算，想見管制節約之不易，衷心感佩。茲有兩事望公於便暇時賜知為禱。

一、公對此種訓練研究及譯注之做法，經此一年來之實際觀察，評判如何？能否符合公之原意及期望？

二、如經此一年之試驗，認為有作久遠舉辦之價值，則對今後組織、經費來源、人事主持、學員貢獻，有何籌劃或安排？楨遠在海外，殊多隔膜，一切均賴公妥為籌措，庶免隕越。

以上兩點，乃徵求公一人之意見，此函請勿公開，答覆亦不急。謹此敬候

法喜無量　　弟沈家楨合十　七五、五、廿六

1975年圖8

1975年圖9

1975年(民國64年)・86歲

圖10 7月,有詩〈登游生四樓平臺晚眺〉書贈游俊傑。先生常於週末至游府觀賞國劇並共餐(照片提供:游青士)。

【釋文】
落日高臺看遠山,行雲幾片共心閒;低垂無際天如海,久隱應知豹有斑。
樹裏人家歸宿鳥,眼前風物異鄉關;何妨待到中秋月,勞爾茶瓜扶再攀。
乙卯荷月登游生俊傑四樓平臺晚眺率成一律　　炳南

與君有緣,未細思立成詩一首,宜自保存以留紀念,他人則甚少贈詩也。
此外,有令堂壽誕添菜,及壽桃。煩呈轉為感。此致
俊傑弟　　侍李炳南敬啟　夏六月六日

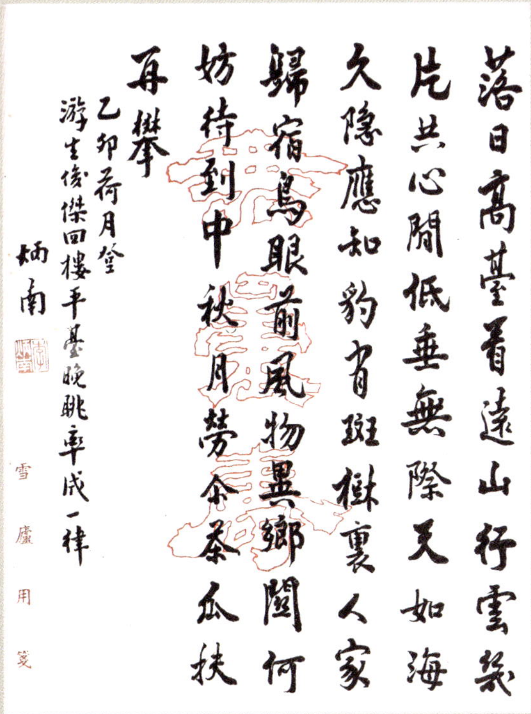

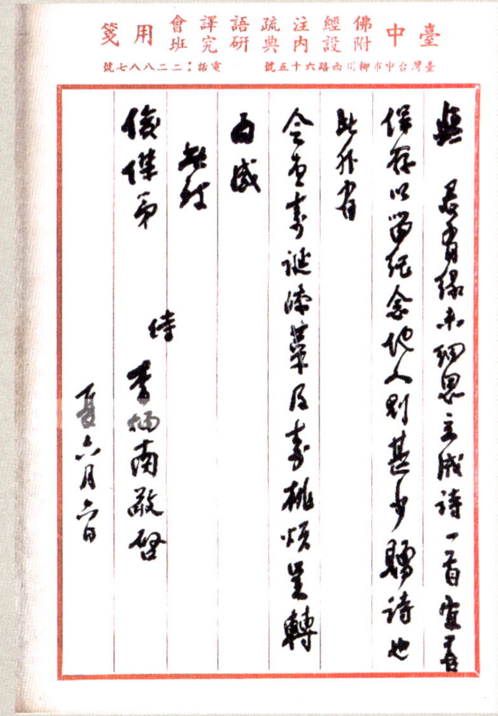

1975年圖10①

1975年圖10②

1975年圖10③

李炳南居士年譜圖冊

圖11 本學年度，於中興大學中文系四年級開設「李杜詩」，為該系首度開設此課程。該課程於日間部講授兩年後，改於夜間部講授一年，共開設三學年。圖為編授之講義：《杜詩習知類選》封面及目次。（照片提供：王家歆）

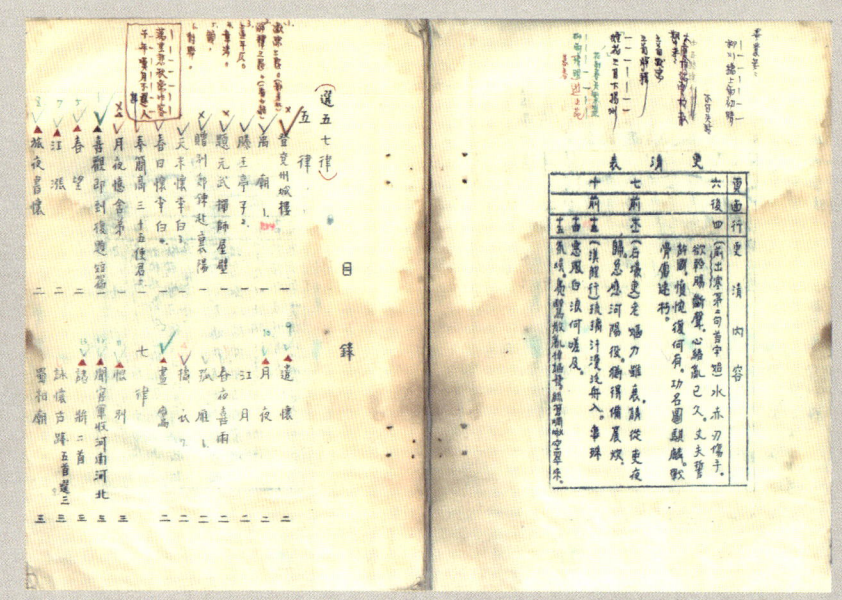

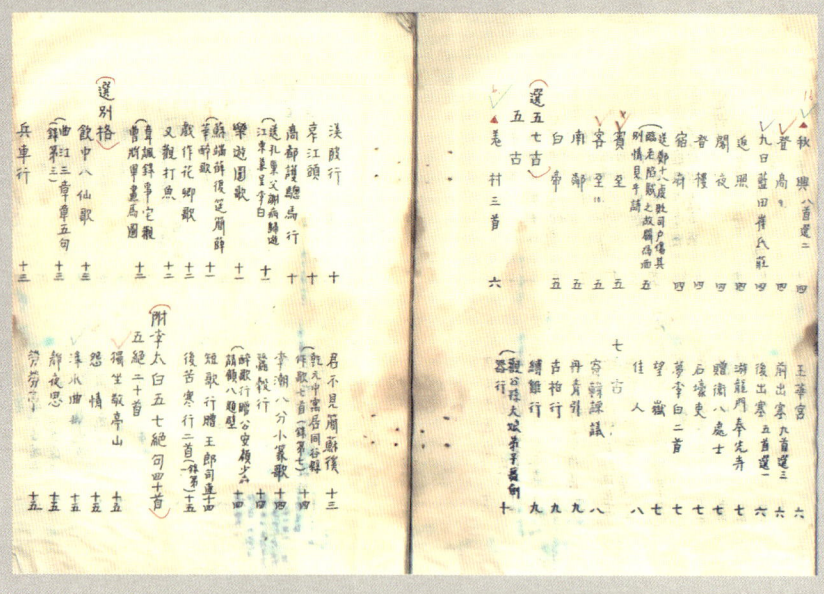

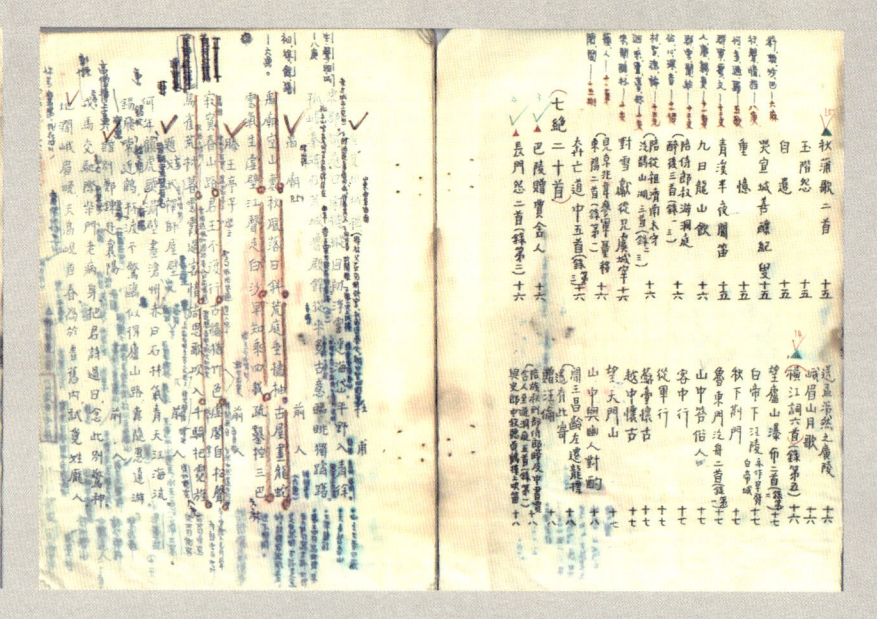

1975年圖11

1975年（民國64年）・86歲

圖12 9月（六十四學年度）起，至1980年7月（六十八學年度）止，應聘至東海大學中文研究所任教五年，教授「詩學專題研究」。圖為1977年7月聘書。

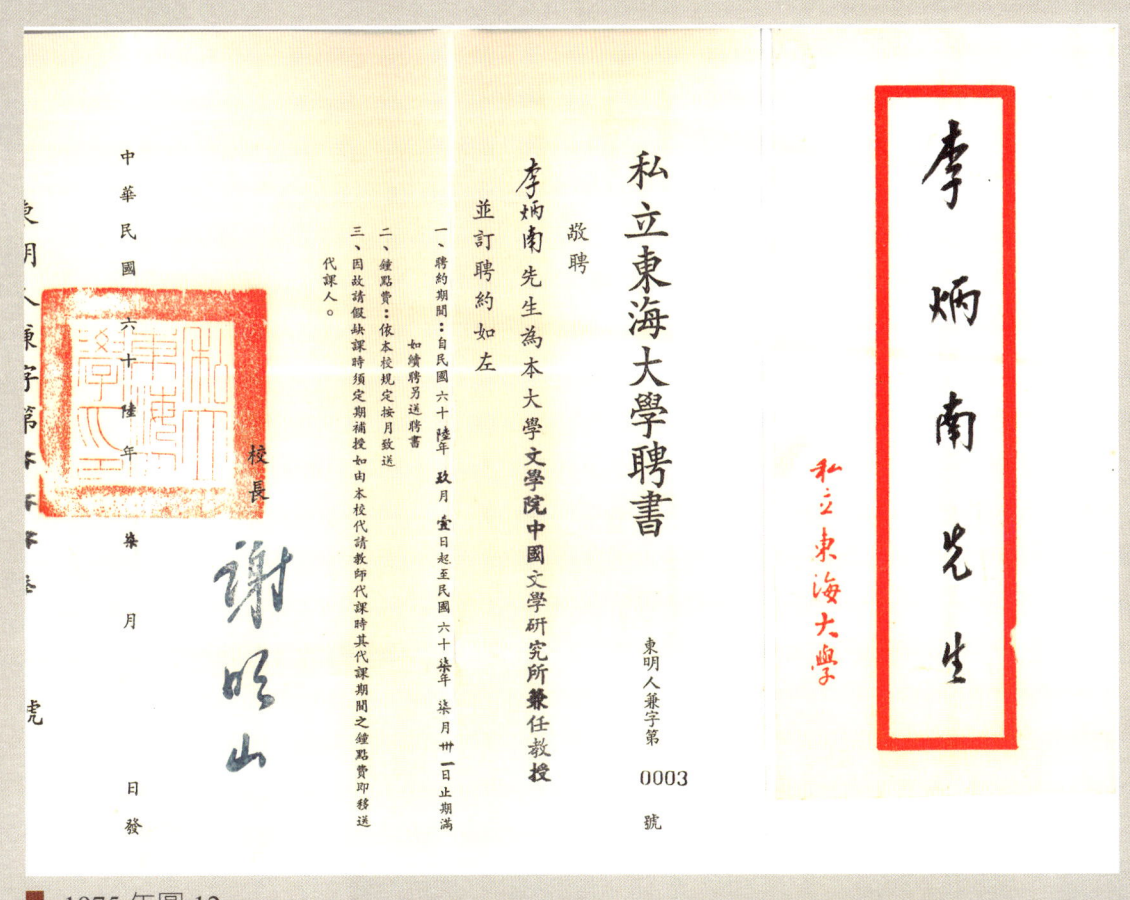

1975年圖12

1976年（民國65年）・87歲

圖1　1月31日，於蓮社一樓舉行新春團拜。時蓮社改建工程尚未竣工。

圖2　2月3日至7日，舉辦第十期明倫講座，為高級班課程。

圖3　2月10日，撰〈臨別贈言〉告示菩提救濟院同仁。

【釋文】

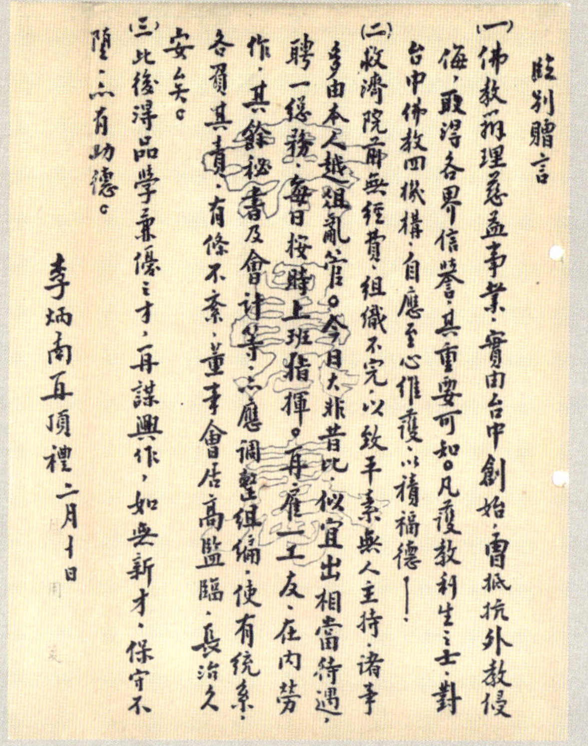

〈臨別贈言〉：

一、佛教辦理慈益事業，實由台中創始。曾抵抗外教侵侮，取得各界信譽，其重要可知。凡護教利生之士，對臺中佛教四機構，自應至心維護，以積福德。

二、救濟院前無經費，組織不完，以致平素無人主持，諸事多由本人越俎亂管。今日大非昔比，似宜出相當待遇，聘一總務，每日按時上班指揮。再雇一工友，在內勞作。其餘祕書及會計等，亦應調整組編，使有統系各負其責，有條不紊。董事會居高監臨，長治久安矣。

三、此後得品學兼優之才，再謀興作，如無新才，保守不墮，亦有功德。

　　李炳南再頂禮　二月十日

1976年圖1

1976年圖2

1976年圖3

圖4　3月22日，陳報東海大學中文研究所「詩學專題研究」課程進度概況。

【釋文】
〈本校研究所上學期詩學課程進度概況〉：
一、中國文藝以禮樂為首，詩為樂之章，樂必有聲韻。中國古今詩歌多類，總以聲韻為主，否則不能被諸管絃，更無所謂樂章。上學期使諸生先知四聲，運用喉舌高低開合之呼，俾發音準確，方能知詩格律。
二、中國詩歌，皆有韻腳，《切韻》、《廣韻》，至宋失習。但後之詩，皆依《平水韻》百零六目，至今仍之，亦必須使學者明了韻學。
三、詩至有唐，已登極峰，無體不備，格局多變，學詩不解唐詩，等於食不知味。特將絕律古今體之格局、聲調、取境、正變各語，分別舉例，編成講義，發給諸生，直授研習。
　　　　　李炳南報告　三月廿二日

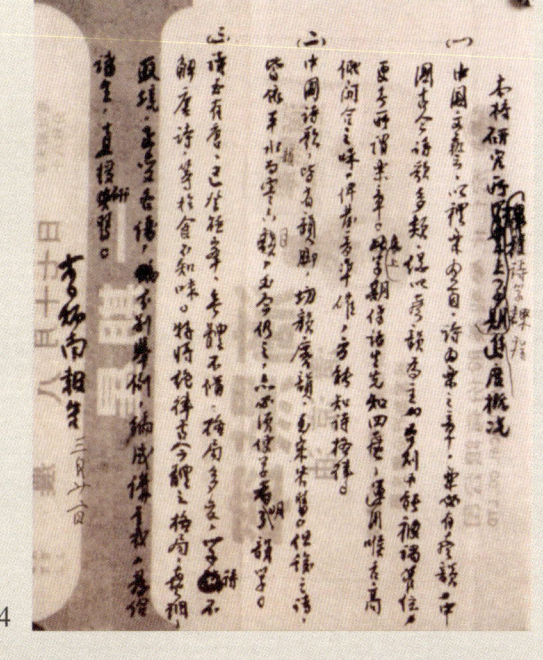

■ 1976年圖4

圖5　3月，於趙士英所繪蓮華圖，錄寫宋儒周濂溪〈愛蓮說〉，祝賀周榮富新居落成。

【釋文】
水陸草木之花，可愛者甚蕃。晉陶淵明獨愛菊；自李唐來，世人甚愛牡丹；予獨愛蓮之出淤泥而不染，濯清漣而不妖，中通外直，不蔓不枝，香遠益清，亭亭淨植，可遠觀而不可褻玩焉。予謂菊，花之隱逸者也；牡丹，花之富貴者也；蓮，花之君子者也。噫！菊之愛，陶後鮮有聞；蓮之愛，同予者何人；牡丹之愛，宜乎眾矣。
榮富老棣新第　誌喜
錄宋儒周濂溪〈愛蓮說〉　　李炳南祝

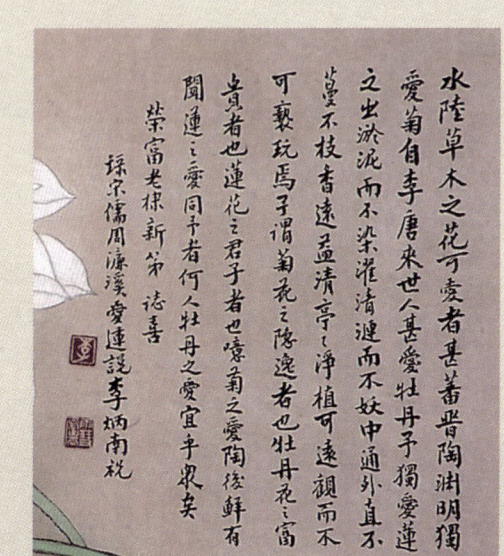

■ 1976年圖5（局部） 　　■ 1976年圖5

圖6　5月15日中部慧炬獎學金頒發，先生致詞。（轉拍自慧炬月刊）

圖7　先生於1973年9月起兩學年，為中興大學中文系四年級開設「佛學概要」課程。而後接續於夜間部中文系開設一學年。先生特為該課程編撰《佛學實況直介》講義，與《佛學概要十四講表》略有不同。
圖為該課程期末考試題。

【釋文】〈佛學概要試題〉：
一、「第一表」一切智，道種智，一切種智，如何解釋。
二、「第二表」研究諸法，須三分之，試三分為何？
三、「第四表」苦果種類，試舉之。
四、「第六表」有頭出頭沒之喻，所喻何事？
五、「第八表」二門並修，試按表列出。
六、「第九表」見思二惑之名，全述出。
七、「第十表」十善，試舉其名？
八、「第十一表」四諦法，能按表列者，畧言。
九、「第十二表」六度之名舉出，再將布施分幾種分言之。
十、「第十三表」行門捷徑，即淨土心宗，其三要法是何，舉出？

圖8　6月17日，去函許祖成，指示鐘點費請自留用。

【釋文】
成弟大鑒：此鐘費可留自用，因學生已畢業，無發獎金之必要矣。再下年度，佛學常識，兄不能再任講。弟斟酌情形，可任則任之；如無暇，即聽校中自去處理也。專此并頌
道祺　　兄李炳南謹啟　六月十七日

1976年圖6

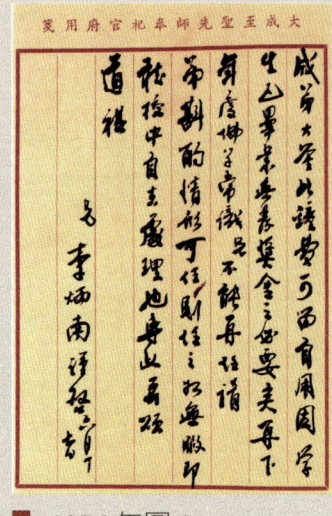

1976年圖8

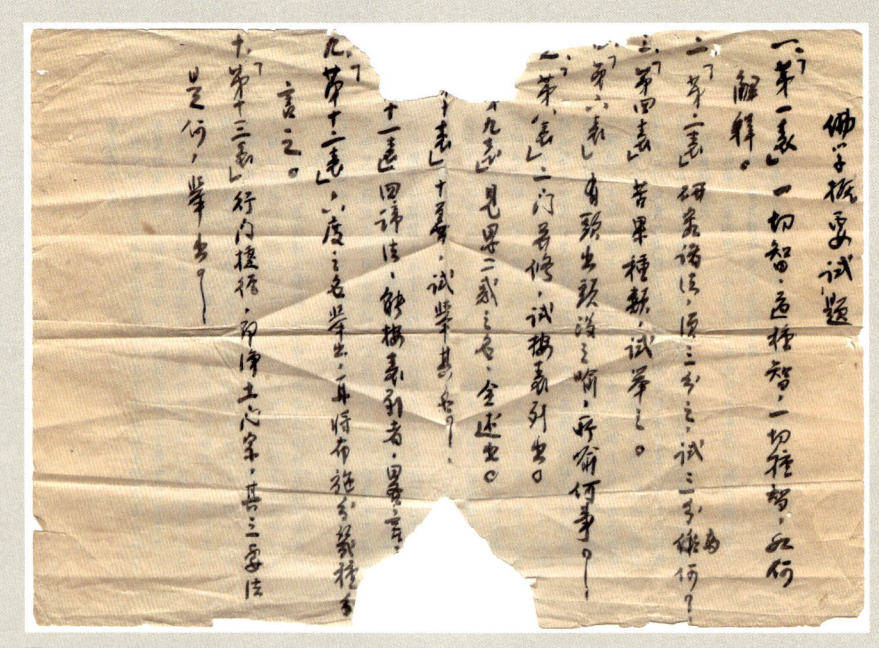

1976年圖7

1976年（民國65年）・87歲

圖9　6月，去函寶松慈善基金會發起人郭鄭真如，詢問基金會後續經營辦理意見。圖為函稿。

【釋文】

真如老居士道鑒：久違德輝，至深懷感。前旬貴眷郭鶴瑞、陳淑卿等四位大居士駕臨台中，參拜寶松大師遺像，藉以暢談，頗感歡悅。學人正有心事遂向署說大概。近中政府新令所有救濟院改組仁愛之家，新進董事，志道不一，甚難合作。且學人年近九旬，朝暮難保。寶松基金會若不提早計畫，恐後化為私爭。謹函說明現況，請示方針，藉以遵辦。專此順請

道安　　末學李○○頂禮

貢獻意見如後

一、事或停辦，除還借外，將現有基金全數匯寄貴處，另附月表可作參考。

二、聞貴眷在台住有多人，請派人接管。

三、現在負責辦理者係任該院之原發起人林進蘭居士。以後倘貴眷接管，林居士可從旁幫忙。

四、續辦以離開仁愛之家為妥。學人能另尋地址。

■ 1976年圖9

圖10　7月9日至30日，舉行第十一期大專明倫講座。

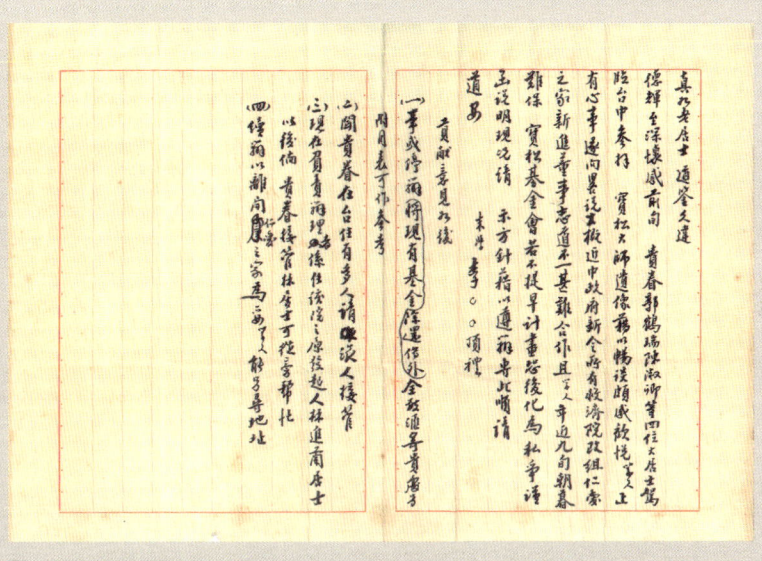

■ 1976年圖10

365

圖11 9月1日，修書寄董正之，勸告：佛家諍事以不訴訟、吃小虧、事化烏有，最為上策，以免佛面無光。

【釋文】

正之弟鑒：南洋之事，對方在北部已發傳單，諒已鑑及。且聞擬訴諸法律，兄甚以為憂。已託子慎向對方曉以大義，聞有退步之意。事已如此，終須解決，何必多生歧路？風雨滿城，千言萬語，總歸佛面無光。弟雖聰明，但感情用事過重，此是最吃虧處。初步已錯，不可再錯；應和平靜氣，細商辦法。須知現在人情多好幸災樂禍，惟恐天下不亂；有一分則宣傳十分，隔岸觀火、不踏汙泥。古人云：自己跌倒自己起。尋一魯仲廉〔連〕難得，久矣。此中情節樞紐，兄固不詳，然不訴訟、吃小虧、銷聲隱迹、事化烏有，最為上策。釜底抽薪為對，不宜揚湯止沸也。再貢區區，並頌

淨祺　兄李炳南謹啟　九月一日早

圖12 9月10日，指示寶松基金慈善會解散事宜，將基金款項寄還原捐款人。唯郭鄭真如表示捐出之款項不宜收回，因另組「寶松紀念館香燈會」，以生息作為每日供養之香燈，並以餘款推動慈善救濟等事。

【釋文】

寶松慈善基金，已函請郭老居士派人接辦。郭主張停辦。內中之款，十分之八，皆係本人之至友所出。為信用起見，不論大小數目，俟本人身體少健，自當清算明白，一一交還出錢人收回。至趙茂老經手之八萬郵寄趙茂老轉交南洋。此機構純屬私人團結，在合理之中，自應由發起此事之人，與出錢人共同解決。

炳具九月十日

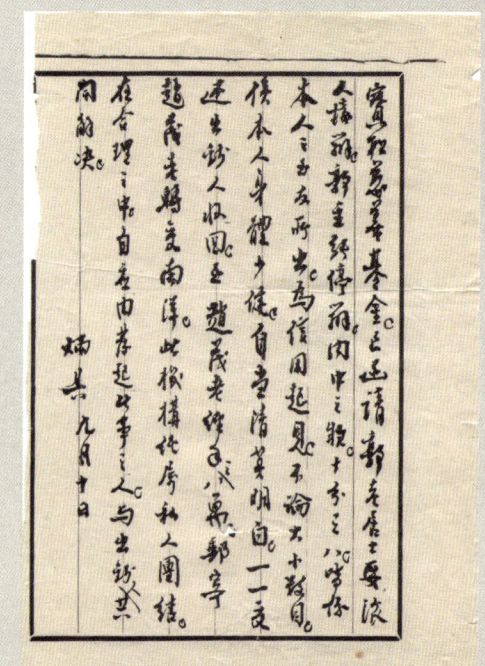

1976年圖11

1976年圖12

1976年（民國65年）・87歲

圖13 任教東海大學中文研究所第二年，教授「漢晉詩研究」及「陶謝詩研究」。「漢晉詩研究」有講義及備課手稿《漢晉詩選》一冊。

圖14 9月至11月，因病休養兩閱月。10月13日，尚未痊癒，即致函申謝各方慰問探病。

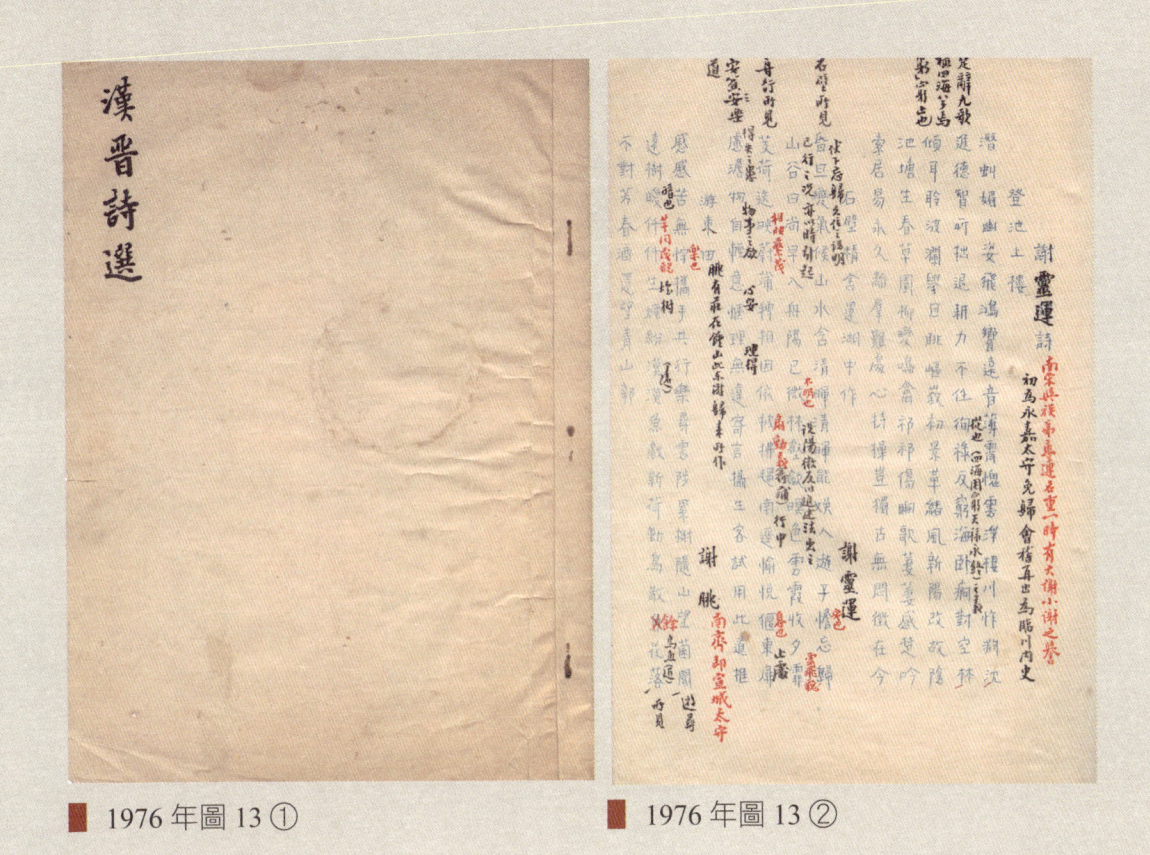

【釋文】

學人一時不慎，染重感冒，承蒙大德蓮友駕臨問候，或贈珍品，暨種種藥餌，拜受隆情，感激不盡。本當踵門叩謝，以現在尚未復元，謹先鳴謝，尚祈鑒原。並請道安　學人李炳南頂禮　民六十五年十月十三日週三

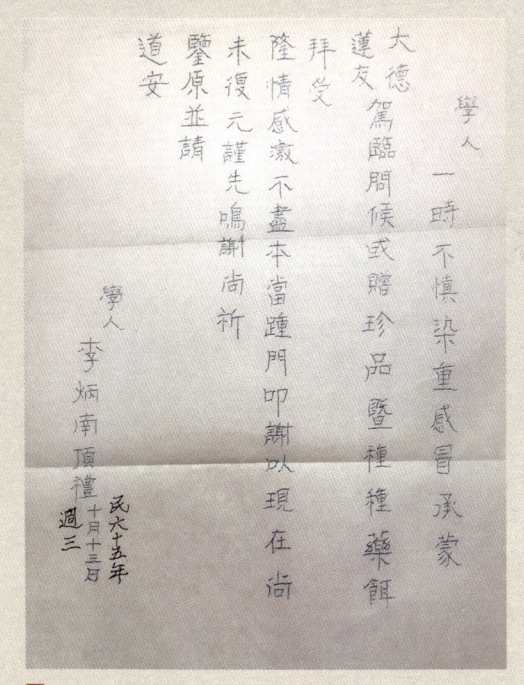

■ 1976年圖13 ①

■ 1976年圖13 ②

■ 1976年圖14

圖15　11月12日，為謝嘉峰、何美雪婚禮福證，此為蓮社改建後第一對新人。

圖16　11月15日，慧炬創刊十五週年，題辭祝賀。

【釋文】

基十五年，月十五圓。長眉長壽，自在安然。十無盡藏，一念現前。

慧炬雜誌創刊十五週年紀念

江逸子畫　　李炳南題贈

圖17　12月2日，發通函，敬告友人從來避壽之理由在於祖先訓示、印光大師示範，以及教界事多。請友朋莫為祝壽。

1976年圖15

1976年圖16

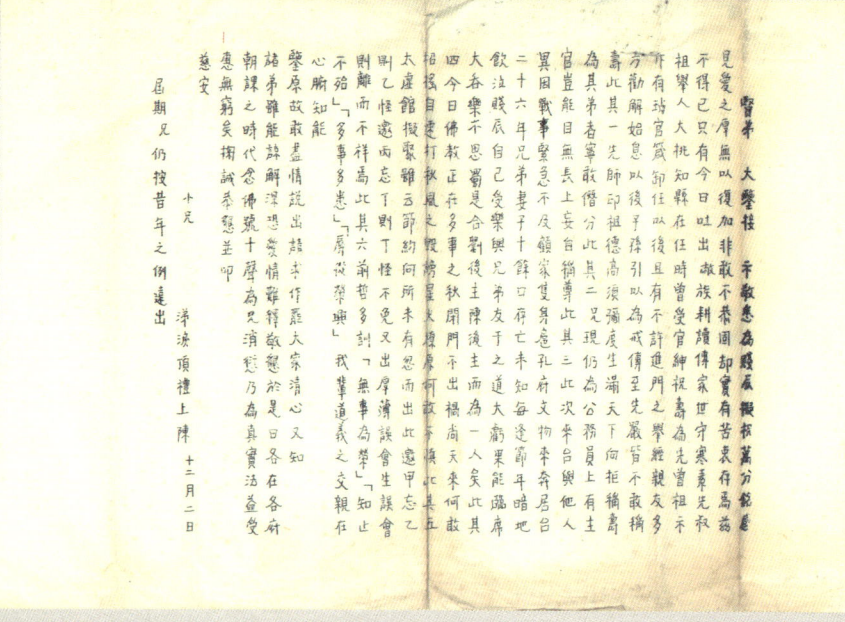

1976年圖17

1977 年（民國 66 年）· 88 歲

圖 1　1 月 1 日，為《太上寶筏圖說》題書名並題辭。

【釋文】
深信因果，諸惡莫作，為世間法萬福之源，亦為出世法正修之助緣。其習淨業而不能明教理者，權可藉此伏惑，帶業往生。善巧方便，皆成菩提。
　　雪叟

圖 2　1 月 21 日，道安法師捨報。有輓聯敬弔。

【釋文】
〈安公老法師示寂〉：
六度雖齊修，當此鬥諍方興，藹藹言行尤忍辱；
三臺胡不弔，那知因緣已盡，茫茫信向失皈依。
　　弟子李炳南恭輓

圖 3　2 月 7 日，至桃園蓮社弘法。該社門聯為先生撰擬。
　①為桃園蓮社大殿前合照。
　②為桃園蓮社側門前獨照。

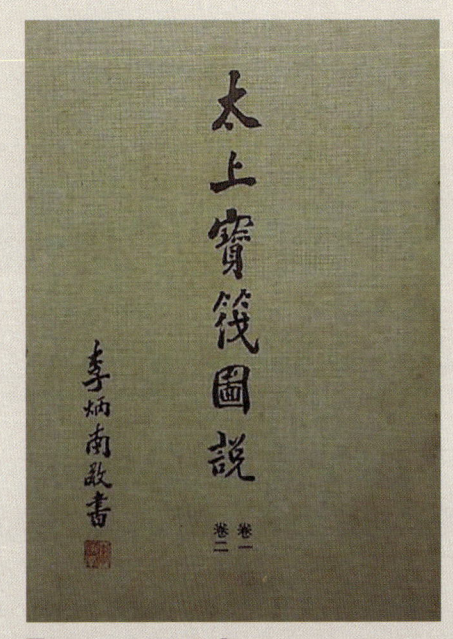

■ 1977 年圖 1 ①

■ 1977 年圖 1 ②

■ 1977 年圖 2

■ 1977 年圖 3 ①

■ 1977 年圖 3 ②

圖4　1月31日至2月9日，舉行第十二期明倫講座。

圖5　2月15日，璧還菩提仁愛之家榮譽家長聘書。

【釋文】

慶光、子慎、茂林、凌波、正之諸位董事惠鑒：前週蒙屈大駕送下菩提仁愛之家榮譽家長聘書，慚感交并。查炳南年近九旬，視聽皆衰。今秋大病以後，推卻各事，閉門潛修。社會業務，無力再事追隨，重招罪戾。謹將聘書璧還，至懇收回成命，遂我戒得之願。公務自有權限，私交久敬無央。掬誠上陳，敬請俯允。聘書附。並頌

公祺　李炳南謹啟　二月十五日

1977年圖4

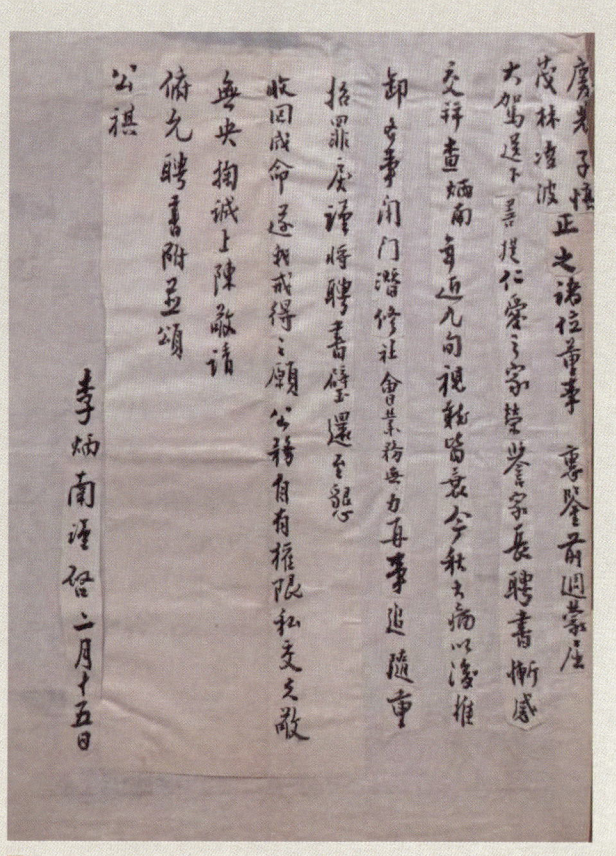

1977年圖5

1977年（民國66年）・88歲

圖6　4月22日，美國法界大學副校長恆觀法師蒞臨臺中，停留數日，駐錫菩提救濟院靈巖書樓。先生邀請至慈光圖書館演講，為內典班開示（②）。臨行時，內典班師生送行至火車站月台（③）。

■ 1977年圖6①

■ 1977年圖6②

■ 1977年圖6③

圖7　5月,題贈醫王學社十五週年。

【釋文】

阿伽陀藥,洗滌心塵,砥礪半世,圓鏡重新。

醫王學社十五週年紀念　　東魯李炳南敬題

圖8　6月8日《華嚴經》講座,開講〈十迴向品第二十五〉釋名本分。

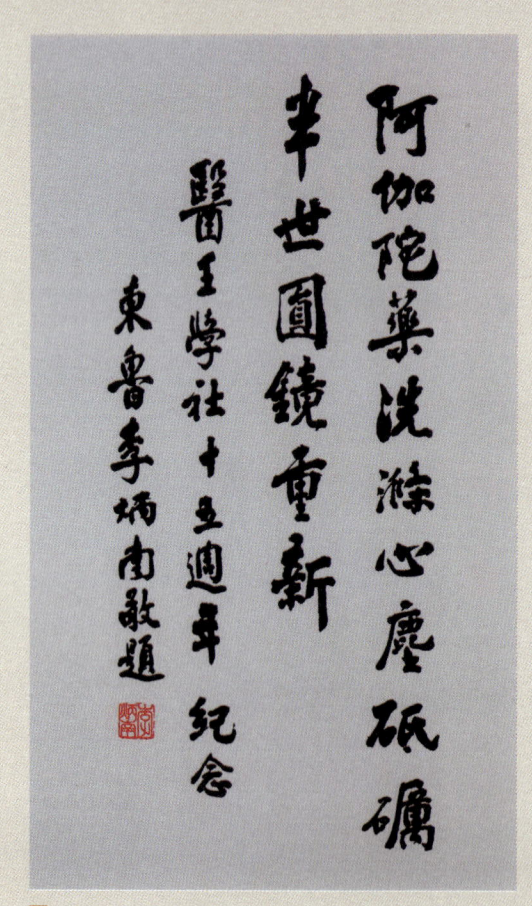

1977 年圖 7

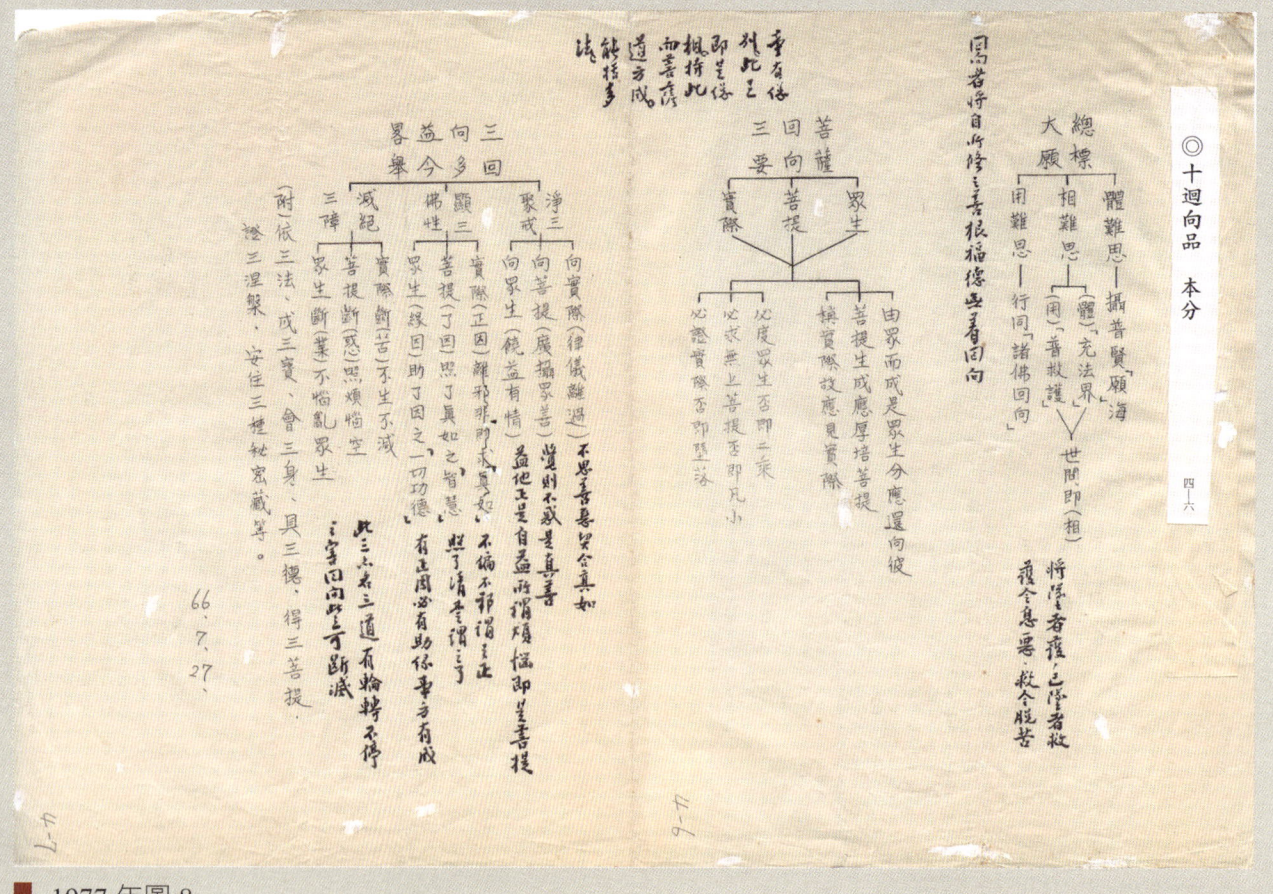

1977 年圖 8

圖9　6月，東海大學中文所研究生宋丘龍於期末報告後附〈課後感〉讚歎，先生評復：所任科目為詩學，自是正心誠意修身齊家之術。（照片提供：宋丘龍）

【釋文】

宋丘龍，〈課後感〉：

聞教二載，弟子感受最深者，乃夫子之道德教育。夫子學問之門牆，弟子或無由得窺；而夫子道德之感化，則如磁石之引針，使人心嚮往之。

夫子本身即為最好之道德教育教科書，凡接聞夫子教化者，莫不有同然之感。而夫子於課堂中時時耳提面命者，亦莫不是欲學生修習道德，作一好人。常掛口中者，其為人情世故之一事。蓋小至修身齊家，大至治國平天下，莫不是人情世故之運用。愛民如子，人情世故也；濟弱扶傾，人情世故也；己所不欲，勿施於人，人情世故也；乃至四維八德皆人情世故。

自西風東漸，於傳統之人情世故之事，多加屏斥，以謂不合時宜。而不合國情之西潮，遂壓倒東風。然謂道德標準可隨時代而變則可，而道德德目（如四維八德）之本質，則斷不可變。而今一般無識之徒所欲變者正在此，此動搖根本之舉實堪深憂。

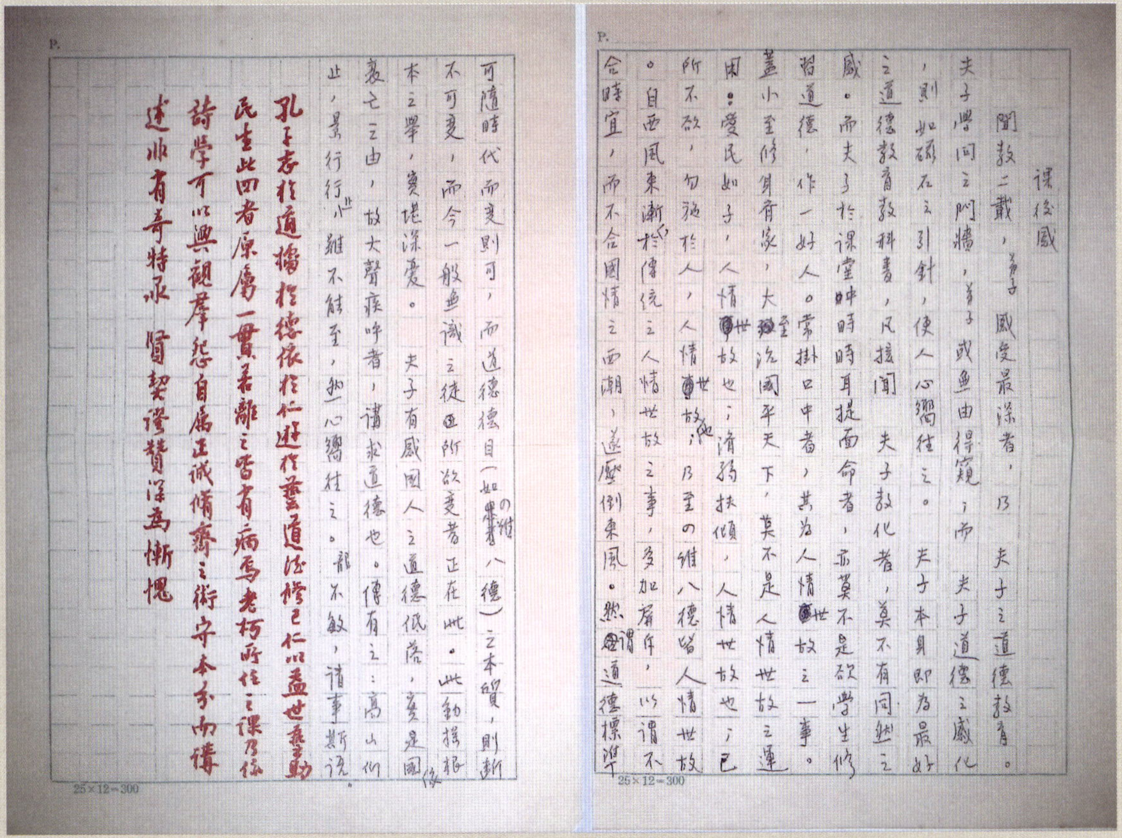

夫子有感國人之道德低落，實是國家衰亡之由。故大聲疾呼者，講求道德也。傳有之：高山仰止，景行行止；雖不能至，然心嚮往之。龍不敏，請事斯語。

〔先生批語〕：孔子志於道、據於德、依於仁、遊於藝；道、德修己，仁以益世，藝助民生，此四者原屬一貫，若離之皆有病焉。老朽所任之課乃係詩學，可以興觀羣怨，自屬正誠脩齊之術。守本分而講述，非有奇特。承賢契謬贊，深為慚愧。

圖10 7月9日至30日，舉辦第十三期明倫講座，參加學員三百多人。

圖11 8月19日，內典研究班於慈光圖書館舉行惜別晚會，向慈光圖書館郭阿花等工作人員致謝。該班因蓮社改建，借用慈光圖書館辦學。今改建完成，於第四學年遷回蓮社續辦。

■ 1977年圖11 ①

■ 1977年圖11 ②

■ 1977年圖10

1977年（民國66年）・88歲

圖12 9月14日周邦道來函，為赴日參訪，託先生轉請兩位畫家提供佛像書畫作為訪問結緣。

【釋文】
雪公夫子大人函丈：頃奉諭示暨題字譜系等項，經即轉與通甫兄。「繁」字經查中華大字典（歐陽溥存等編）「（八）繁，草名。爾雅釋草，繁，由胡。（按：廣雅釋草，繁母，蒡勃也，繁與蘩通）」。繁蘩既通，又「葉繁」連詞，閱者自甚順適也。日本靈友會定于十月廿七日招待中華佛教居士會常務理監事往東京一遊，會中推定李慎齋謇、蕭一葦、子慎、時英、邦道等前往，現準備書畫為禮物。子慎兄意擬請江錦祥逸子居士惠畫（佛象、山水）數幅（不題上款，亦不必裱），未識函丈方便代倩否？如渠同意，乞囑其交時英兄處，俾可與半僧先生畫併寄。耑此肅呈，順叩
崇安　　弟子周邦道拜上　六十六年九月十四日晚
烱如居士善繪畫佛象人物，擬亦請惠數幅，乞便中轉致，以資宣揚。

圖13 9月19日，內典研究班第四學年開學，遷返改建完成之台中蓮社上課。圖為內典研究班第一學年、第四學年課程表。

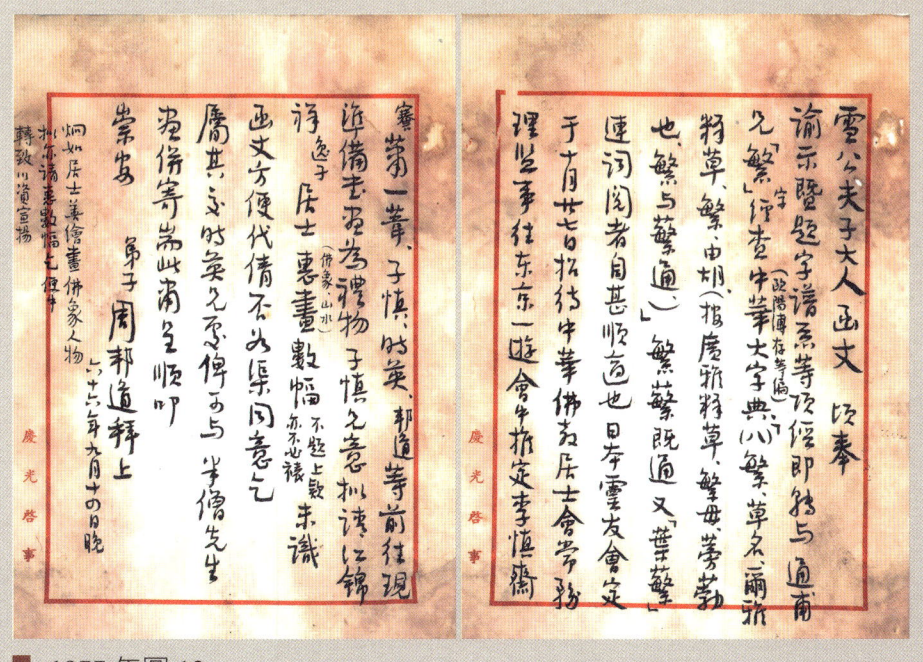

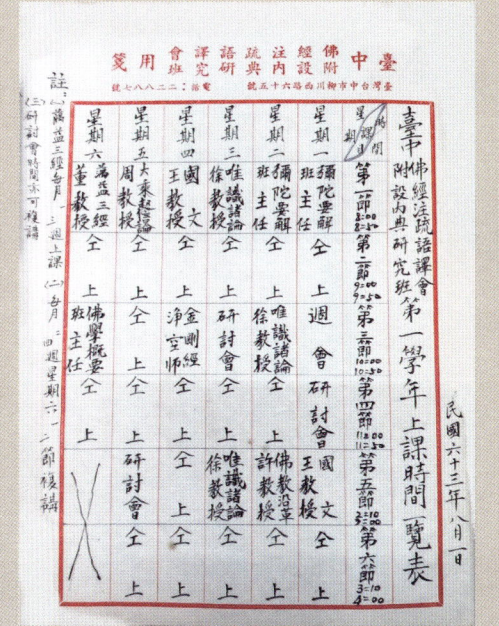

■ 1977年圖12　　　　■ 1977年圖13①　　　　■ 1977年圖13②

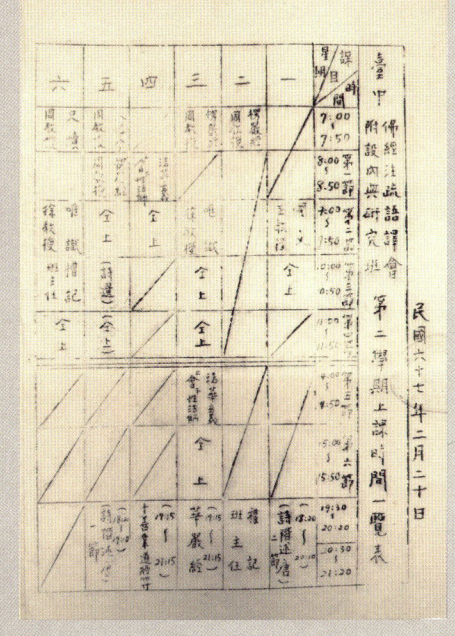

圖14 11月,為《菩提樹》創刊二十五週年,發行第300期,題辭紀念。

圖15 12月11日台中蓮社改建落成。先生於二樓大殿西方三聖像主持典禮（①）,②為一樓講堂。二樓大殿門匾保留1951年孔德成先生題寫之「萬德莊嚴」（④）,殿內1958年孔德成先生題寫之「親睹如來無量光」（⑤）,其餘各門楹先生皆另撰對聯,請名家書寫。③⑥書家為周邦道、⑦為周家麟、⑧為陳其銓。

〈台中蓮社一樓講堂〉（③）:
空諦假諦妙觀皆歸中道
柳川綠川同源復匯聖流

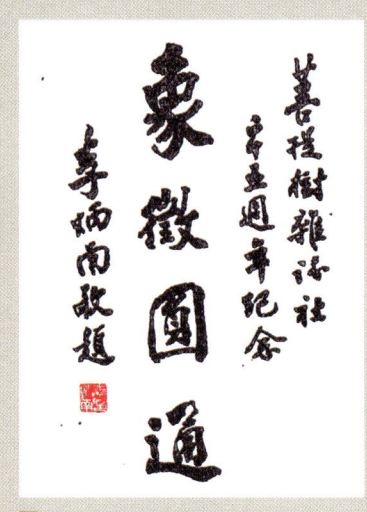

■ 1977年圖14

■ 1977年圖15③

■ 1977年圖15①

■ 1977年圖15②

■ 1977年圖14④

■ 1977年圖15⑤

1977年（民國66年）·88歲

〈台中蓮社二樓大殿內楹〉（⑥）：
無量光壽莊嚴聖號音聞真教體
雙運智悲輔彌化身剎海盡艘航

〈台中蓮社二樓大殿門聯〉（⑦）：
光明遍十方平等圓成清淨土
極樂無歧路率真悉發菩提心

〈台中蓮社三樓圖書室門聯〉（⑧）：
藏通別圓諸化法解行幾許
慈悲喜捨無量心悟入何時

■ 1977年圖15⑥ 　　■ 1977年圖15⑦ 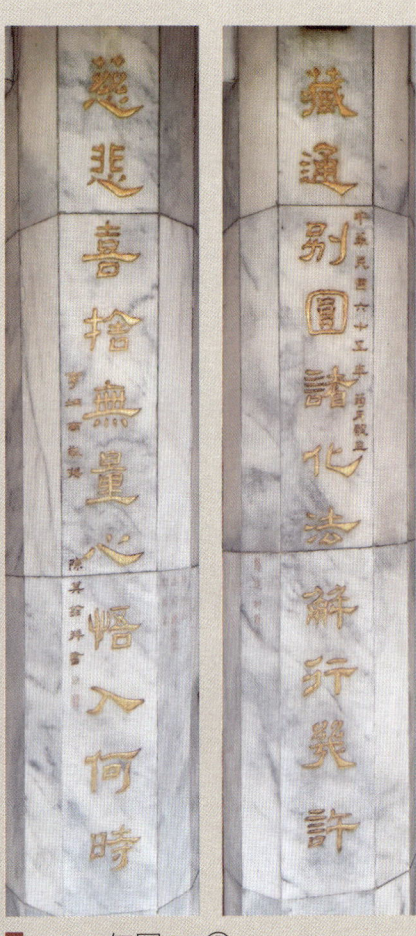　　■ 1977年圖15⑧

李炳南居士年譜圖冊

圖16　12月11日，台中蓮社舉行改建落成典禮。趙士英繪有〈九蓮圖〉，由先生錄《法華》要義題辭贈送蓮社。

【釋文】

是法微妙難思，無物堪喻，乃取蓮華以喻之，謂蓮華花果同時，喻妙法權實一體。蓮華有三義，可喻妙法：一為蓮故有花，可喻妙法，為此一實，故施三權；二華開則蓮現，可喻妙法，權開則實顯；三華〔落〕則蓮成，以其苞落而見，可喻妙法，權廢則實立。華妙法妙，故稱妙法蓮華。

臺中蓮社重建落成紀念　雲南趙士英繪贈

　　歷下李炳南敬題

圖17　12月20日，蓮社舉行「蓮社落成慰勉工作同仁茶話會」。先生慰勉大眾，並開示蓮社乃極樂世界一角落，佛像丈六金身，鼓勵大眾常來觀佛、憶佛。圖為蓮社二樓大殿西方三聖像。

圖18　是年，為佛教出版社發行之《印光大師全集》題寫書名。

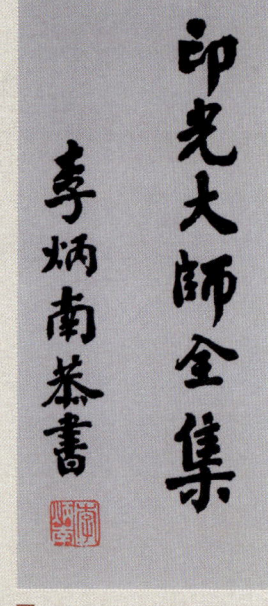

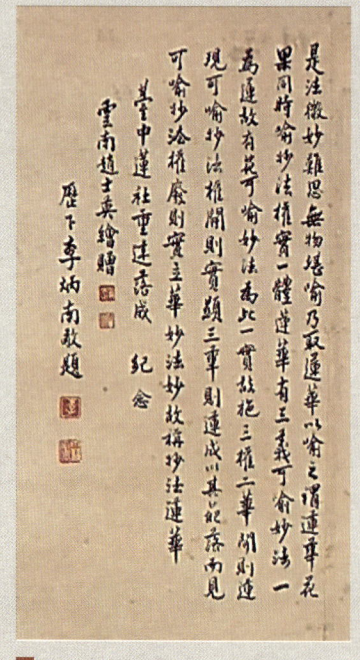

1977年圖16（局部）

1977年圖16

1977年圖17

1977年圖18

1978年（民國67年）‧89歲

圖1　1月6日，於東海大學中文研究所「詩學研究」課程，為研究生講授：「學詩二十字訣」。

【釋文】

外式句字聯段章，以及聲韻體譜格。超象穩響境氣神，考據事時人地義。
詩本分此二十端，作者當知前十五。講解更向後五求，庶不棄珠空買櫝。

圖2　1月，批閱東海大學中文研究所學生期末報告。評語略及教學重心。

【釋文】

聞一知多，又能博考廣引，是學者風度。所研各詩亦多心得，是可嘉處。但學作之要，須於博中選精。蓋詩話興後，固多名言，而偏執謬解者，實繁有徒，不可盡信其言也。以生大造之材，應知明辨。（①）

由來說詩之書，多尚議論，故專評文長短，少說技藝法度，終使初學無有入處，等於空言。實則文字與法度，兩不能離，偏執一方，如人有肉無骨，或有骨無肉，皆不可也。余授人詩，兩者並說，然亦有偏重法度之時。因評文者已汗牛充棟，論注者則寥若辰星，特救其偏，以求學者得實用也。平素所授之二十字，皆詩法之要，非獨聲調一端，必全知之，始能知古人之詩，始可弄翰自作也。觀君研究，已知修業時心有警悟，不憚贅言，期有深造。（②）

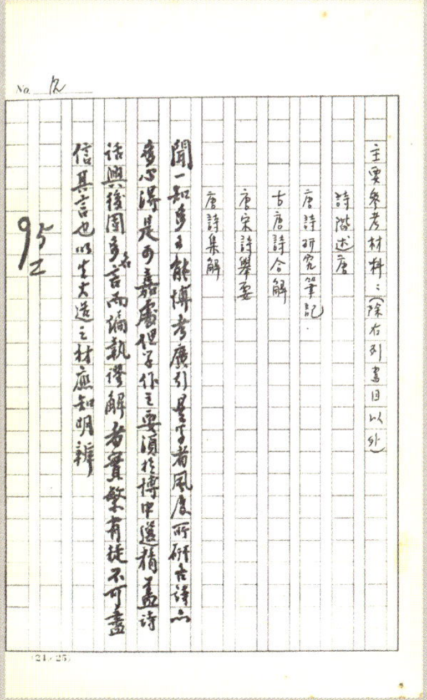

■ 1978年圖2①　　　■ 1978年圖2②

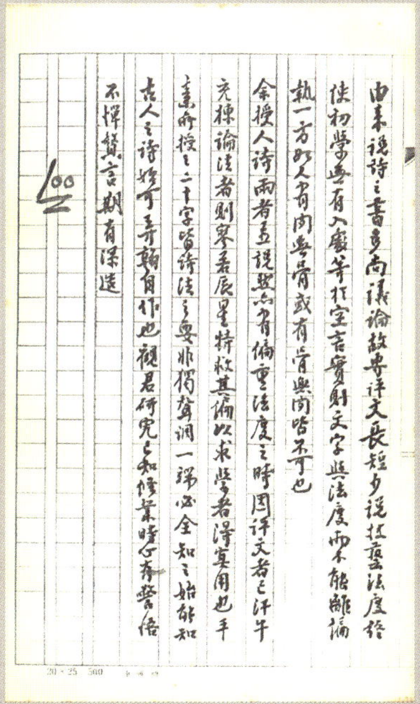

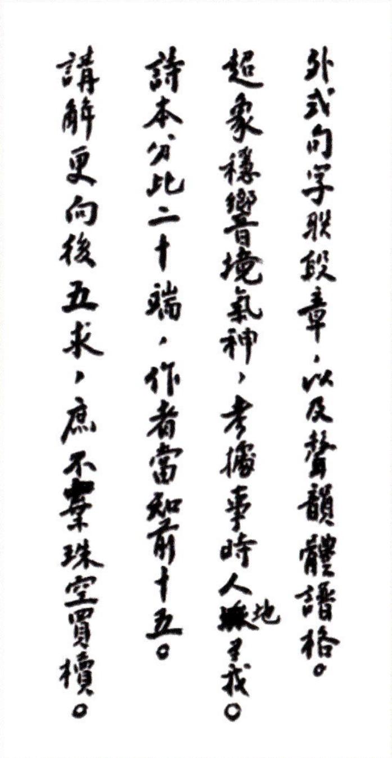

■ 1978年圖1

圖3　2月7日，主持台中蓮社戊午年新春團拜。

圖4　4月25日，受聘擔任東海大學研究生論文考試委員。

■ 1978年圖3①　　■ 1978年圖3②　　■ 1978年圖4

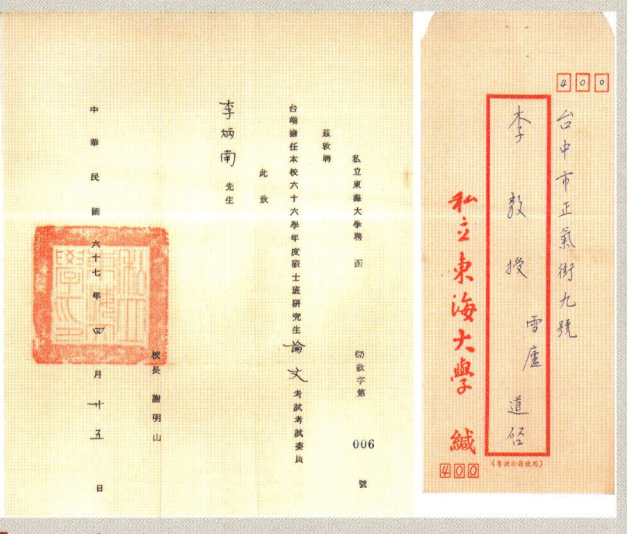

圖5　5月，游俊傑令媛游式鈺高中畢業，節錄〈禮運〉、〈樂記〉書贈勉勵。

【釋文】
何謂人情？喜怒哀懼愛惡欲，七者弗學而能。何謂人義？父慈子孝、兄良弟悌、夫義婦德〔聽〕、長惠幼順、君仁臣忠，十者謂之人義。講信修睦，謂之人利；爭奪相殺，謂之人患。故聖人所以治人七情、脩十義、講信修睦、尚辭讓、去爭奪，舍禮何以治之？
右節錄〈禮運〉
凡音者生於人心者也，樂者通倫理者也。是故知聲而不知音者，禽獸是也；知音而不知樂者，眾庶是也。唯君子為能知樂。是故審聲以知音，審音以知樂，審樂以知政，而治道備矣。是不知聲者不可與言音，不知音者不可與言樂。知樂則幾於禮矣！
右節錄〈樂記〉
式鈺賢世台紀念　　李炳南

■ 1978年圖5

圖6　6月25日，台中蓮社附設內典研究班舉行結業典禮，②前排為班主任炳南先生與蓮社當家何玉貞，後排為學員，左起：吳碧霞、連淑美、吳聰敏、簡金武、李榮輝、劉國榮、李子成、陳雍澤。

圖7　6月25日，內典班結業典禮結束，師長離席，依序為王禮卿、炳南先生、周宣德、許祖成等諸教授（①）。②為王禮卿賦詩〈贈內典班畢業諸生〉手稿。先生亦有詩唱和申謝。

【釋文】

王禮卿，〈贈內典班畢業諸生〉二首：

未羽迦陵已蘊真，早霑法雨滌根塵；四年文字傳般若，應自靈山一會因。

八代高文近百篇，詞林心法箇中傳；兩都鉅賦留餘帳（〈兩都賦〉講授未畢），珍重人生未盡緣。

1978年圖6①

1978年圖6②

1978年圖7①

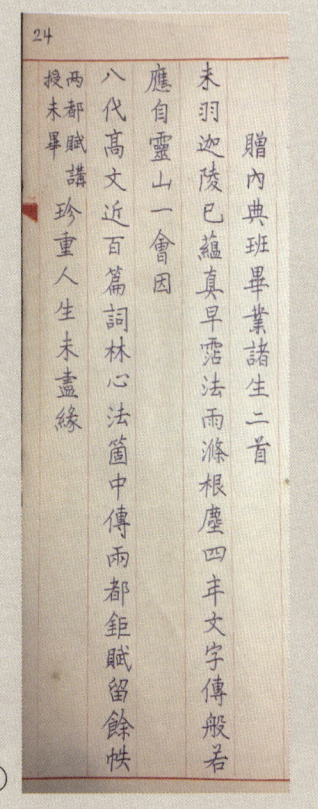

1978年圖7②

圖8　內典班八位學員，各得先生題辭留念。

圖9　先生為內典研究班畢業學員簡金武謀教職，請周邦道推薦。事成後，周謙稱非其功勞。

【釋文】

雪公夫子大人函丈：簡生事就，仰仗德望，邦道不過從中述敘聯繫而已。羅校長慨然俞允，道義情感成分居多。已立即馳謝，如貽儀物，恐渠不便接受。昨晚曾與秀英言及，敬乞考慮。至簡生北來道謝，則等於見外矣，萬乞尼止為禱。秀英在該校負會計重責，續聘中似亦具有不言之因緣也。謹此肅覆，虔頌

崇安　　學生周邦道頂禮　六十七年七月十八日午後二時

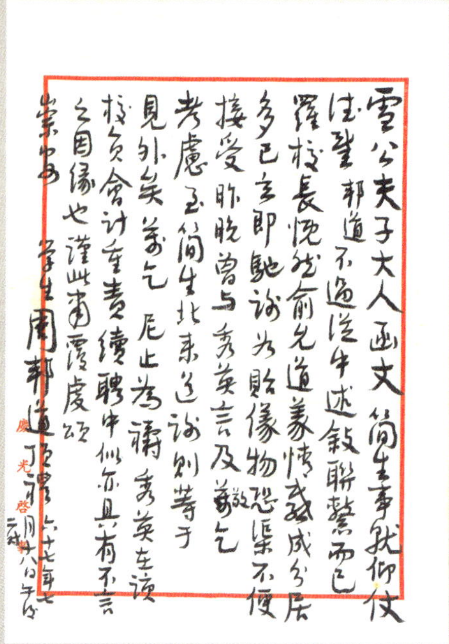

1978 年圖 9

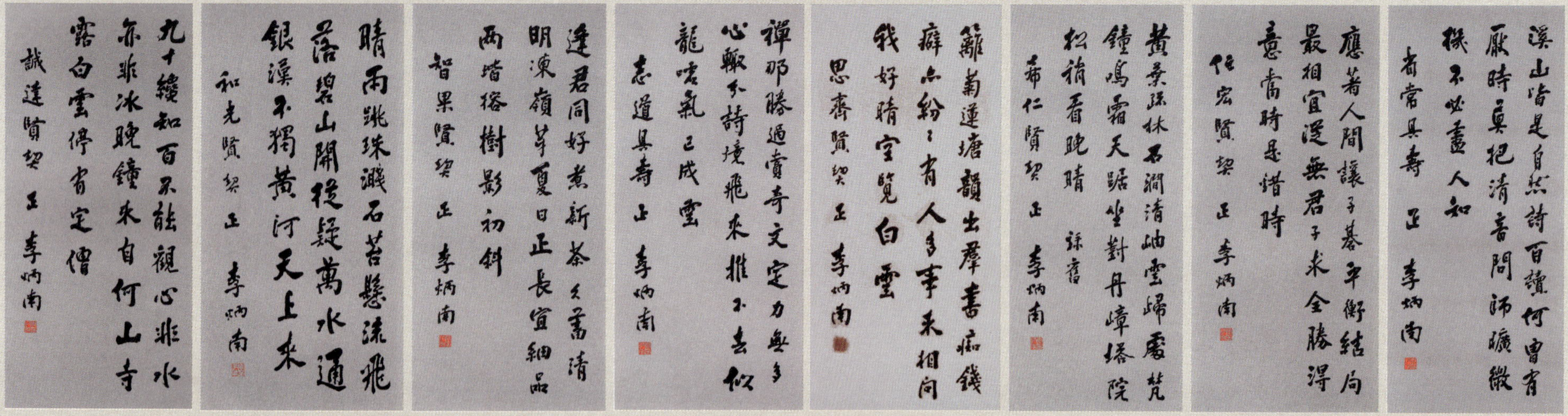

1978 年圖 8

圖10 是年夏,為靈山寺供奉之普賢菩薩像因緣撰識語,該像係先生自四川攜至臺灣者。(照片提供:陳雍澤)

【釋文】

歲戊寅,避寇入蜀。渝州山中大霧期間,空襲例停。友人遊峨嵋,於金頂寺得普賢大士印模,人皆以為寶。友知余好佛,歸遺之。後攜來臺,逢靈山寺建淨宗道場,謹供眾焉。至戊午夏,重加裝池。特識其因緣。

圖11 8月15日 復董正之書:傷逝李漢鳴立委,盼董正之把握學習時機。

【釋文】

正之弟鑒:此晤別後,即得漢鳴老友噩耗,痛極。益反省九十髦〔耄〕身,旦夕之暫矣。近日迭接家豐及進蘭口傳云,弟即來台中多住。諸學者皆喜,不獨兄心暢快也。但敬候至今未見光臨,未免渴思。實恐今歲時事多魔,善美難成,或有種種意外。雖然若發強剛毅、難忍能忍,未嘗不逢逆化順,諒不河漢斯言。兄思可與言者已不多矣,學佛者志不在了生死,修淨者不解一心不亂,佛家有六字治病之法,獨參禪者修之,他宗不聞。中國文化體道藝用而不知藝之本位亦分體用。文學一道乃文字般若,傳道藝不解文字,是無入門之徑。而詩為文學之祖,昔亡其義,今亡其文,尚奢誇是文學專家,真緣木求魚而已。弟撥障速來,當言其法要,希代傳來者為盼。并頌

時福　　兄李炳南拜啟八月十五日

唐詩云:有花堪折只〔直〕須折,莫待無花空折枝

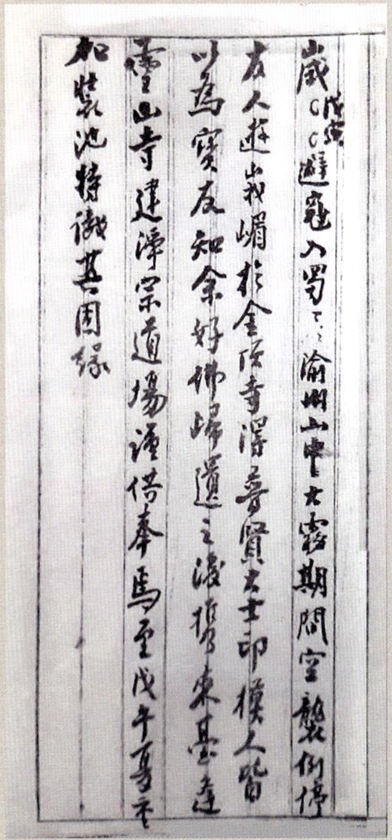

■ 1978年圖10

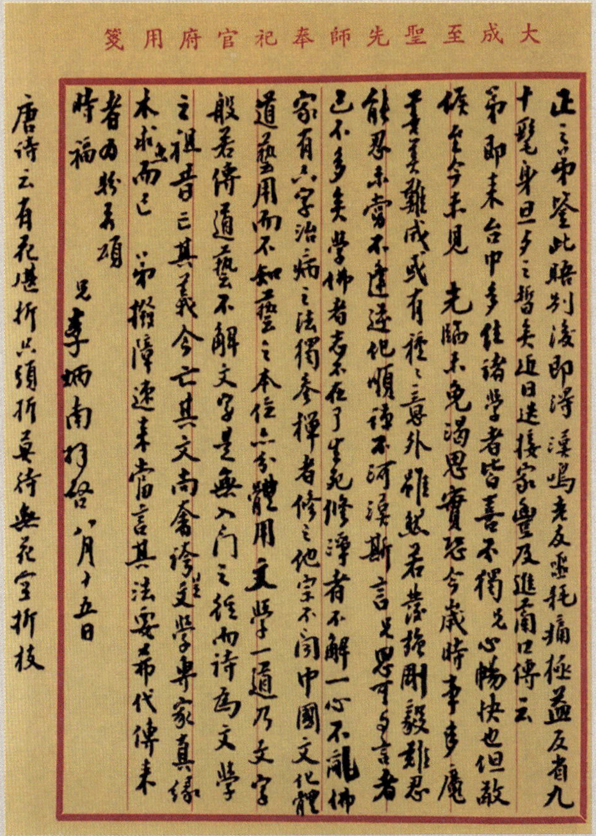

■ 1978年圖11

李炳南居士年譜圖冊

圖12 9月17日,中秋節,題江逸子畫黑馬。

【釋文】
何方得烏騅,鬣尾露雪泥;
壯志在千里,昂頭翻玉蹄。
空羣非冀北,返不瑤池西;
江生發逸興,思與韓趙齊。
硯田產龍媒,天岸御風嘶;
亦堪江漢上,破浪驚蛟驪。
伯樂不知畫,莫徵彼來題;
予亦不知馬,滄溟妄測蠡。
戊午中秋
　　雪叟李炳南歲九十敬觀

■ 1978年圖12

圖13 先生自1975年9月（六十四學年度）起,至1980年7月（六十八學年度）止,應聘至東海大學中文研究所任教五年。圖為1978年9月,於蓮社會客室授課。

■ 1978年圖13

1979年（民國68年）·90歲

圖1　1月5日，先生九十壽誕，弟子齊聚祝福。

圖2　2月10日至13日，舉辦第十四期大專明倫講座。本期課程除佛學外，另加《論語》，故講座名稱為「國學講座」。

圖3　3月，因應朱炎煌社長往生，指示蓮社應速推出臨時社長代理，並推薦育幼院董事遞補人選。

【釋文】

蓮社事多，不可一日無主。望速下列各件為禱。

　　　　　　李炳南謹建議　三月廿二日

1. 公推臨時社長代理名義（常務推即可）。
2. 推薦李榮輝居士補育幼院董事。用函聘。

即在本星期日舉辦即可，不再行招集。

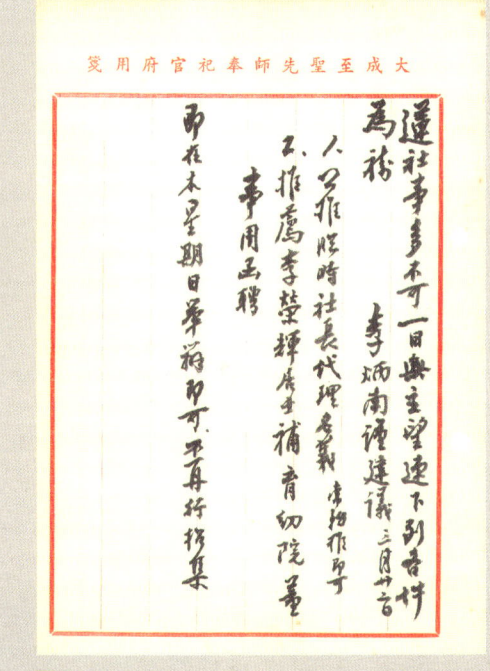

■ 1979年圖1

■ 1979年圖2

■ 1979年圖3

圖4　4月30日，孔德成先生來函商討官府預算及組織法等事宜。

【釋文】

趙明德兄來，今上午列席立院，會畢來報，一切尚好，惟最後劉錫五委員，質詢內部：（一）至聖府預算，可不必增加。（二）該府組織法，前數年曾詢及，今未送立院，何故？內部邱部長答：（在總合內部所輯總答時答）「（一）按例增列。（二）須從長計議。」

（甲）查劉委員，數年〔前〕確曾詢及此事（組法），兄應亦當尚憶之。組法事，是否由兄訪劉？此事兄酌後，請先與弟商之再定。（乙）此前是否由兄以兄名義函邱部長，述本府數十年之情形（有卷，可稽查之）？（丙）可由弟名義，函邱部長，謝其關照，（皆言謝其此次之關照，不必言及將來也。）並函謝內部民政司居司長（字伯均。民司，現是否仍居司長，請趙電詢黃科長。）、會計科黃科長（台甫？問趙），謝其關照。以上各節，當由趙兄再行面詳。匆此，即頌

炳兄公綏　　弟德成敬上　六八、四、卅　下午四時二十五分。
台北

圖5　5月10日，擔任東海大學中文研究所研究生王家歆畢業口試委員。

【釋文】

〈評語〉：體為集釋，自應述而不作。然所采各家校字注解韻釋等，均能捨繁取精，此其眼界高曠使然。至各按語，意皆允中。古書錯簡譌字在所不免，向多爭執，或涉偏激。茲著不尚武斷，且主闕疑待考，凡有所述，辭氣力求謙和，尤見修養俱可式也。文字方面，修辭簡潔、氣韻悠揚，取資古今兼收左右豐富組織、條目井然，頗為醒眼，堪稱九章之善注，獲讀者與有助焉。

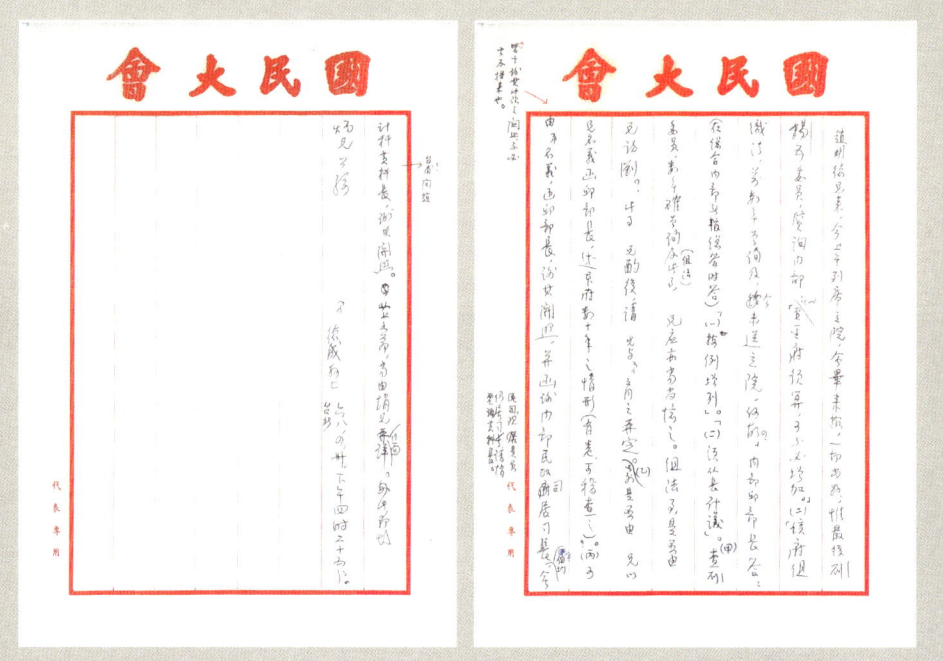

1979 年圖4

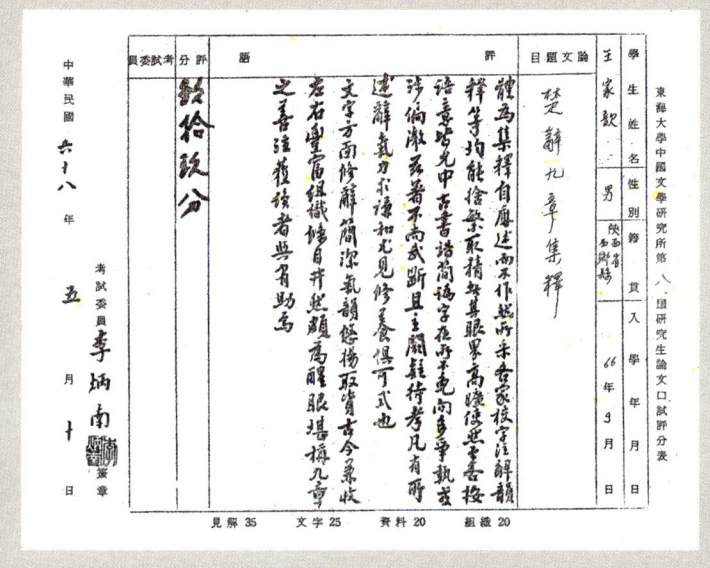

1979 年圖5

1979年（民國68年）・90歲

圖6　6月16日，至臺中省立圖書館參觀畫家楊鄂西全省巡迴個展。

圖7　6月，與慈德幼稚園結業生合照。師長席左起，一李子成（慈光育幼院文書組長），二沈漢從（慈光育幼院總務主任），六吳碧霞（慈光育幼院教保主任兼慈德幼稚園園長）、七炳南先生、八郭秀銘（慈光育幼院院長）、九連淑美（慈光育幼院副院長）。

圖8　6月，批改東海大學中文研究所研究生期末報告。圖為於王家歆期末報告〈柳宗元漁翁詩集釋〉之評語。（照片提供：王家歆）

【釋文】

「評語」：考據精詳，足盡研究之能事。但詩話一端，多失持平，不可盡信，庶不受其淆亂。君才超超，當以自見再加明辨，不難登極峰也。

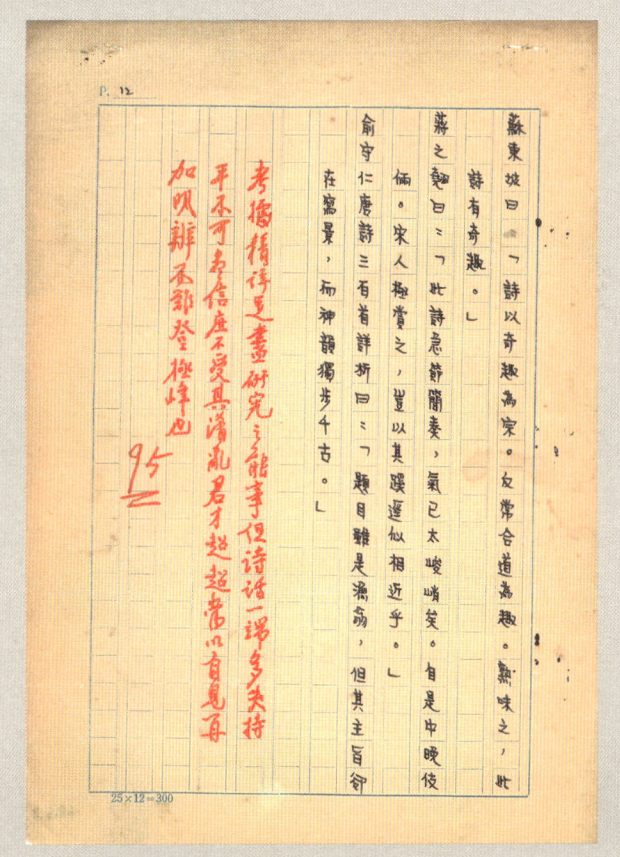

■ 1979年圖6①　　■ 1979年圖6②

■ 1979年圖7

■ 1979年圖8

圖9　是年夏，至臺中港遊覽，有詩〈臺中港觀海艦〉。

圖10　8月，蓮社首印「陀羅尼經被」五百條，送請先生加持。「陀羅尼經被」係李子成（今果清法師）依先生交付之原件，以毛筆臨摹手繪，且一筆一筆佛號加持。後續製版，印贈蓮友，助其生西。（照片提供：陳雍澤）

圖11　9月6日，退回補發調整待遇。

【釋文】

主官諭發本人六八年七、八、九等三箇月補發調整待遇三份。茲將原封拜託代為保管是禱。此致

瑋中主任。　李炳南具　九月六日

圖12　9月12日，成立明倫廣播節目供應社，提供各廣播電臺文化節目。明倫社自1973年3月開始，在彰化國聲廣播電臺開播「蓮友之聲」廣播節目。此係先生委託廣播界聞人黃懷中接洽辦理。爾後陸續擴展，有十一家廣播電臺，一百多個頻道播出本社弘法社教節目。因此成立供應社，擴大空中弘法。

■ 1979年圖9 　　■ 1979年圖10　　■ 1979年圖11　　■ 1979年圖12

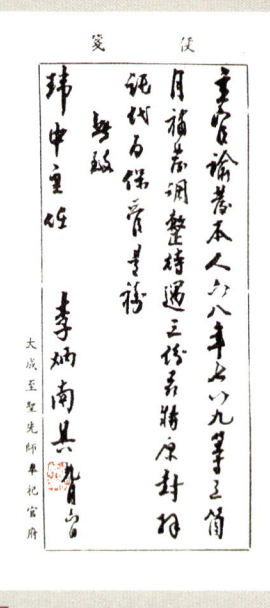

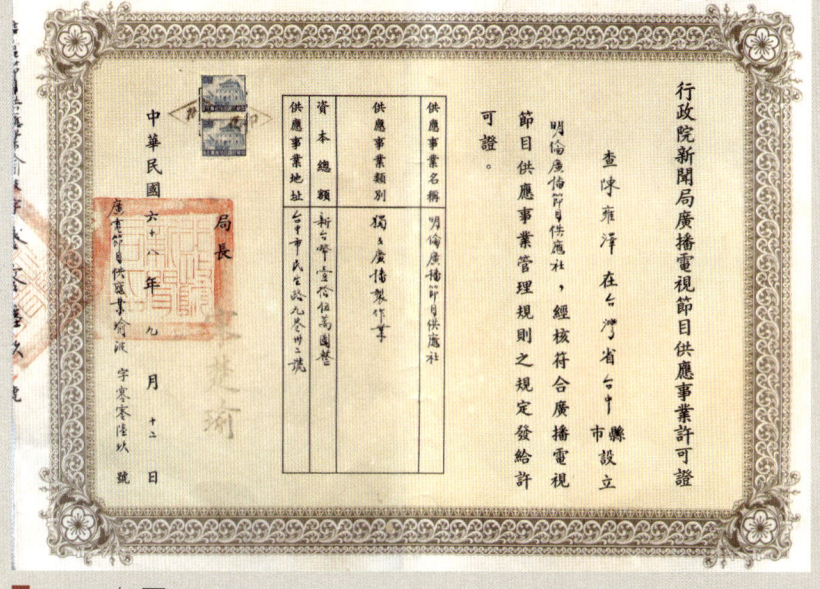

圖13 9月28日，請辭至聖奉祀官府主任祕書職。但因奉祀官孔德成先生堅留，未果。

【釋文】
奉祀官鈞座，謹稟者：職以年屆九旬，心力俱衰，屢懇辭退本府主任祕書一職均未蒙准，厚恩汪洋山海難喻，銘骨沒齒未或能忘。但以大局為重，安可因私廢公？然四十年追隨，驟然言辭，中心實如火焚，時勢所迫，無可如何而已。茲擬以公私兩全之法，請將主任祕書辭去以讓賢能，鈞座憐老念舊，另調職在本府任一閒散之職，依然常隨左右，備充資詢，借舊事告諸來者，俾減隔核〔閡〕。至府中預算，職深明了。此種計畫，決不影響經費。另有說明。語出至誠，時日迫人，萬懇睿察俯允，不勝企待之至。恭叩
鈞安　主任祕書李炳南謹呈　九月二十八日

圖14 10月3日，函復馬來西亞蔡榮華，寄去所需弘法教材。

【釋文】
榮華賢弟台鑒：天涯海角，相思如一。奉函欣悉法緣殊勝、菩提心廣，至以為頌。按世尊長隨眾千二百人皆是外道，能轉之歸正，善莫大焉，望好自為之，以觀將來之果也。囑索之《常識課本》，近年未曾重印，手中無存，屢與瑞成交涉，特檢出百本，謹寄上六十本，如後再用自當續印也。但得利生，理當盡力。他書亦檢數種一并發郵，到時希函示以免路途有悞。近來台中學佛之青年漸較前增加，亦好現象。但一般人藉此機會則假學佛而多網利，魔障亦甚於前也。兄年屆九旬，精力已衰，但事更忙，只有隨緣隨分盡其在我而已。書另寄。專此布臆并頌
道祺　兄李炳南謹啟　十月三日

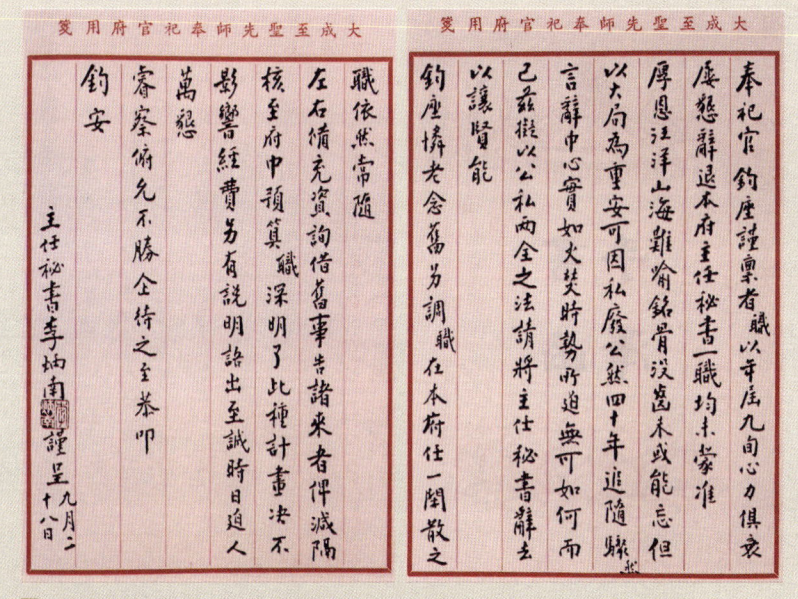

1979年圖13

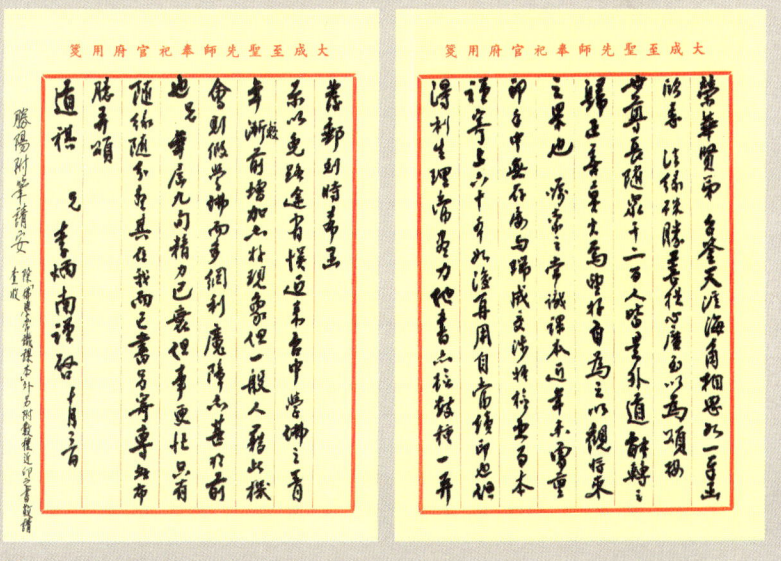

1979年圖14

圖15 10月,先生與弟子至谷關郊遊,於瀑布前合影。前排蹲者左起:黃雪銀、趙麗真、劉國榮,炳南先生左手邊為鄭勝陽,後側為游俊傑。(照片提供:趙麗真)

圖16 是年孟冬,有〈讀王禮卿教授詮證遺山論詩〉。王禮卿教授與先生為中興大學中文系、東海大學中文研究所同事,曾應先生邀請至內典研究班任教四年。所著《遺山論詩詮證》於1976年,榮獲教育部第二屆國家文藝獎。

【釋文】
水止月圓隨處觀,年來眼老始知難;
空遊五嶽仙何在,無術尋求換骨丹。

1979年圖15

1979年圖16

圖17 是年，為江逸子《普門品圖解》（①）題跋，讚其韻致，認為應以此為祖本，使之悠久。圖為畫冊跋（②）及草稿（③）。

【釋文】
法華此品專刊，由來已久，意甚善也。後人又繪圖增說，益啟讀者觀感，流通廣故，信而行者，因普焉。但古本展轉，不免漫漶，再詳考圖與說，亦有符節相違之處。有心者以江生逸子精繪業，而又研內典，遂有新畫重編之議。事成，以印場縮樣徵序，余即諾為之矣。然初見非墨稿。歲戊午，逸子以其墨稿囑跋，余曰：前已序矣，胡為重跋？曰：物各異也，事不一也。當翻復細審，欣然歎曰：誠不同也。墨與印，若月及江影，雖似而神非，水無聲，而風不鳴也。原與縮，如鏡及人身，雖類而韻少，綫乏力而烘缺潤氣。然則此貴而彼輕乎？曰：說不如是，應祖此為本，可珍襲藏之，使之悠久，永作規範。視彼為枝葉，宜繁衍茂之，使之廣普，便其流通。各得旨用，未可軒輕焉。論藝有殊，論道則一而已。　雪廬李炳南年九十跋

■ 1979年圖17①　　■ 1979年圖17②　　■ 1979年圖17③

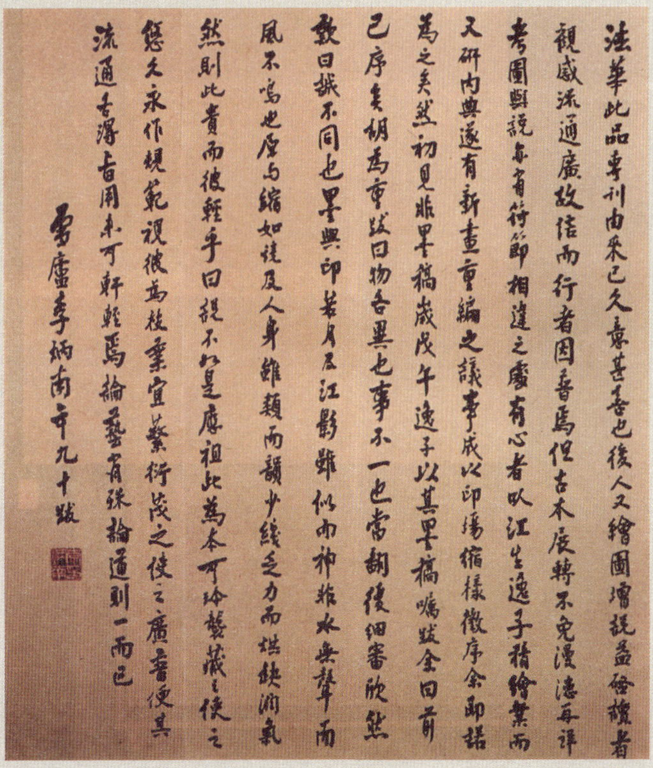

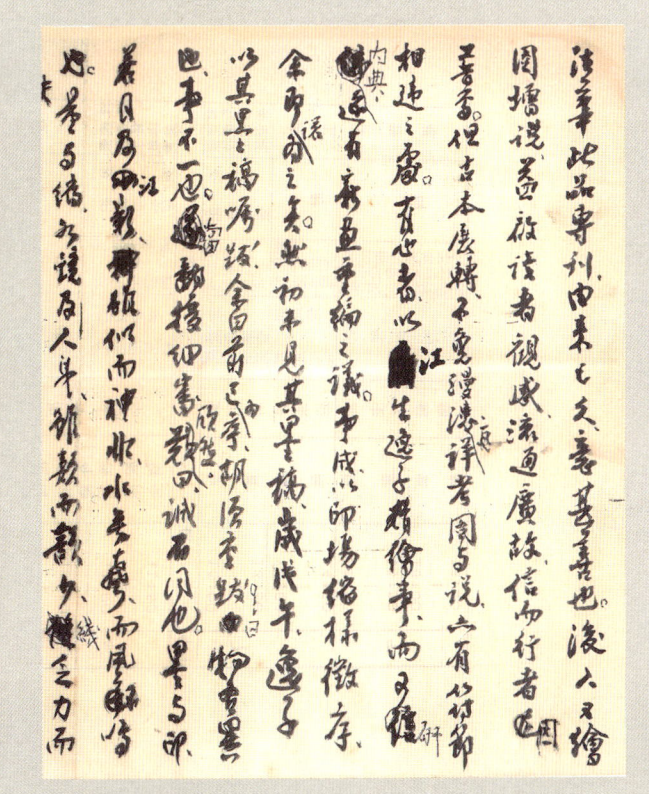

1980年（民國69年）・91歲

圖1　1月6日，應孫張清揚禮請，至臺中市向上路孫立人將軍府邸為其主持祖先牌位點主儀式。圖右為孫立人將軍。

圖2　2月24日，正月初九，赴豐原佈教所，為該所春季佛七開示，另並題辭。

【釋文】
念佛憶佛，分理與事。念茲在茲曰念，明記不忘曰憶；
斯可淨念相繼，道果易成。
豐原佈教所紀念　　李炳南

圖3　3月2日，函告董正之「論語講習班」開班事。
「論語講習班」經過半年籌劃，於八月經陳報臺中市政府備查成立，十月開學。為先生晚年最重要之教學組織，與蓮社弟子學佛路徑關係甚深，亦承受至聖奉祀官府之託付。

【釋文】
正之弟鑒：手書敬悉。世界多故，影響國政，立院繁忙，在所不免。又為佛寺護持，功等須彌，實亦潛培國之元氣也。至佩！政務之暇，抽時談道，較安。中部今歲，擬辦一論語講習夜班，藉助國家提倡文化之實質。雖知艱困，各盡其心而已。詳情晤談。順頌
春祺　　兄李炳南拜啟　三月二日

1980年圖1

1980年圖2

1980年圖3

圖4　5月中旬，中興大學臺中夜間部通知六十八年第二學期畢業考日程。②為該次試卷考題。

圖5　6月25日，孔德成先生來函，請勿拒受薪資。

【釋文】

炳兄侍史：手示奉悉。一切均合手續，千乞萬勿再行客氣，益使弟不安也。專頌

大安　　弟德成敬上　六九、六、廿五

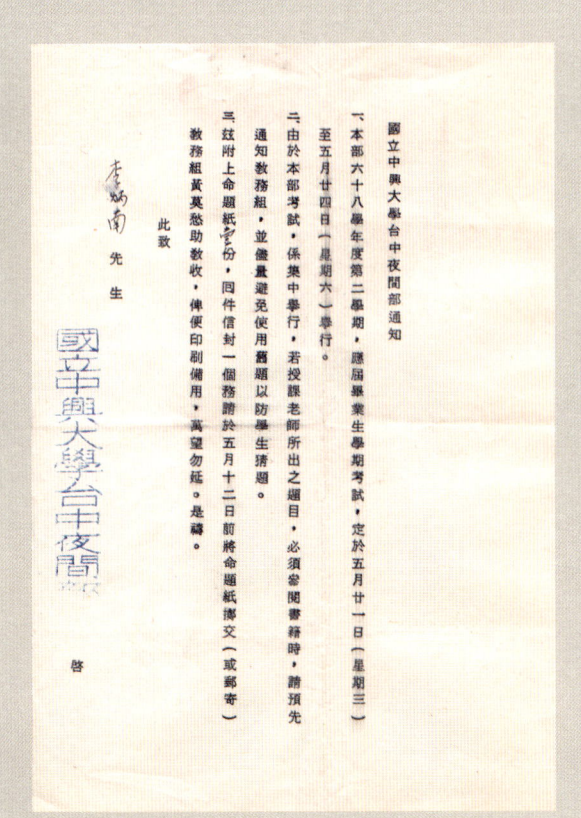

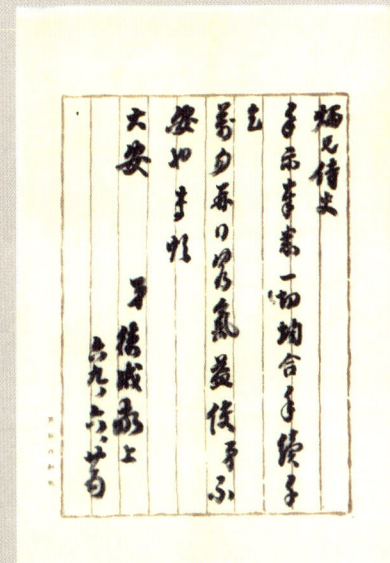

■ 1980年圖5

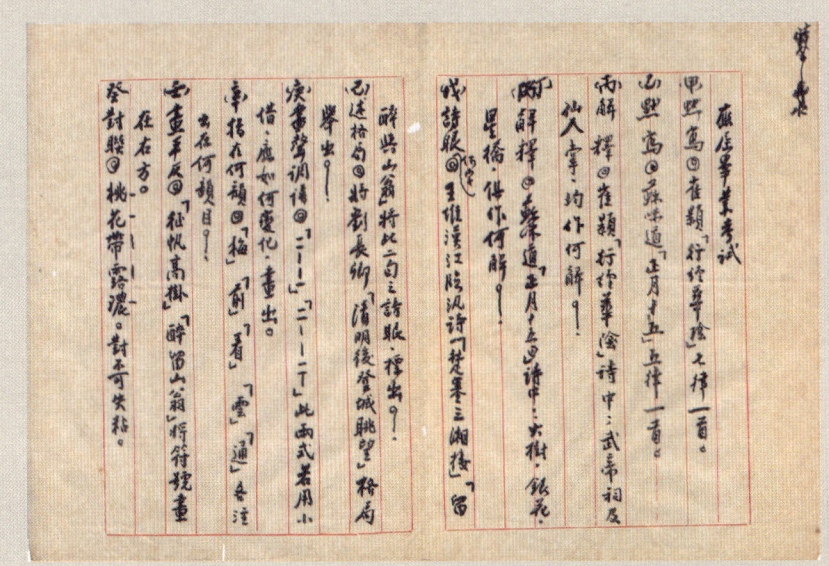

■ 1980年圖4①

■ 1980年圖4②

圖6　7月,成立「慈益基金會」,受推舉為董事長。圖為基金會立案證書。

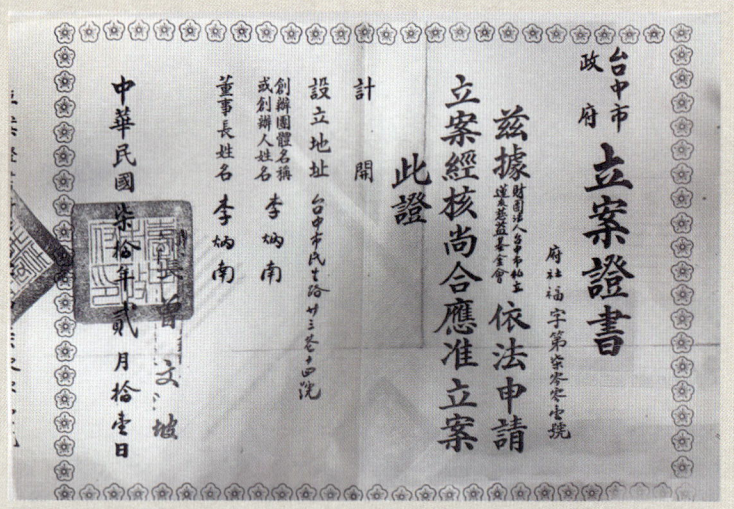

圖7　7月31日,去函山東老家,兒姪三人同函通訊,並附近日照片。此為兩岸隔離三十餘年後首度去函家書。

【釋文】

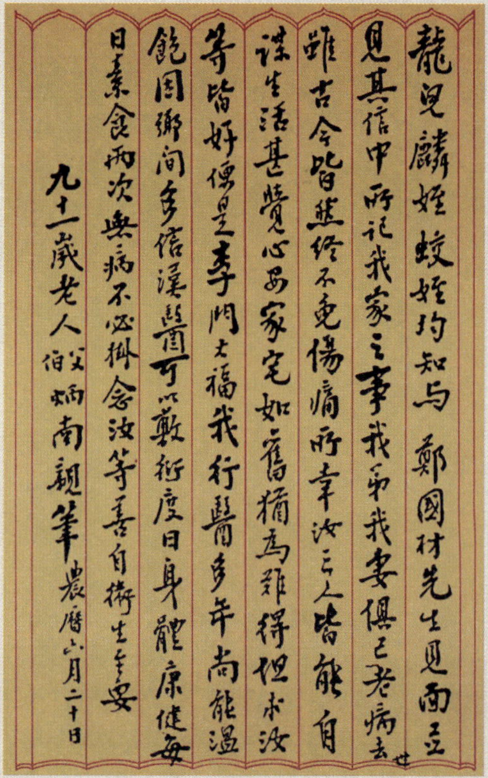

龍兒麟姪蛟姪均知:與鄭國材先生見面,並見其信中所記我家之事,我弟、我妻俱已老病去世,雖古今皆然,終不免傷痛。所幸汝三人皆能自謀生活,甚覺心安;家宅如舊,猶為難得。但求汝等皆好,便是李門大福。我行醫多年,尚能溫飽。因鄉間多信漢醫,可以敷衍度日。身體康健,每日素食兩次,無病,不必掛念。汝等善自衛生至要。

　　九十一歲老人父伯炳
　　南親筆　農曆六月二十日

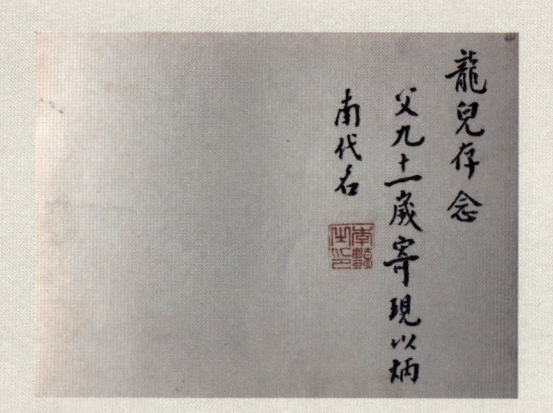

1980年圖6

1980年圖7①

1980年圖7①（背面）

1980年圖7②

圖8　8月7日，《明倫》發行十年百號，賦詩題辭紀念。

【釋文】
茫茫四塞蔽胡塵，禹甸堯天雨露新；
禮運萬邦俱不識，臺中高士獨明倫。
十載高登百尺竿，於茲進步更何難；
緣生自我無他秘，捧出心來與佛看。
明倫月刊十年百號紀念　　庚申立秋雨晨李炳南祝

圖9　8月，題江逸子〈會碁圖〉，並藉機教育孔府同仁辦事貴在通情達理。

【釋文】
應著人間讓子碁，平衡結局最相宜；
從無君子求全勝，得意當時是錯時。

1980年圖8

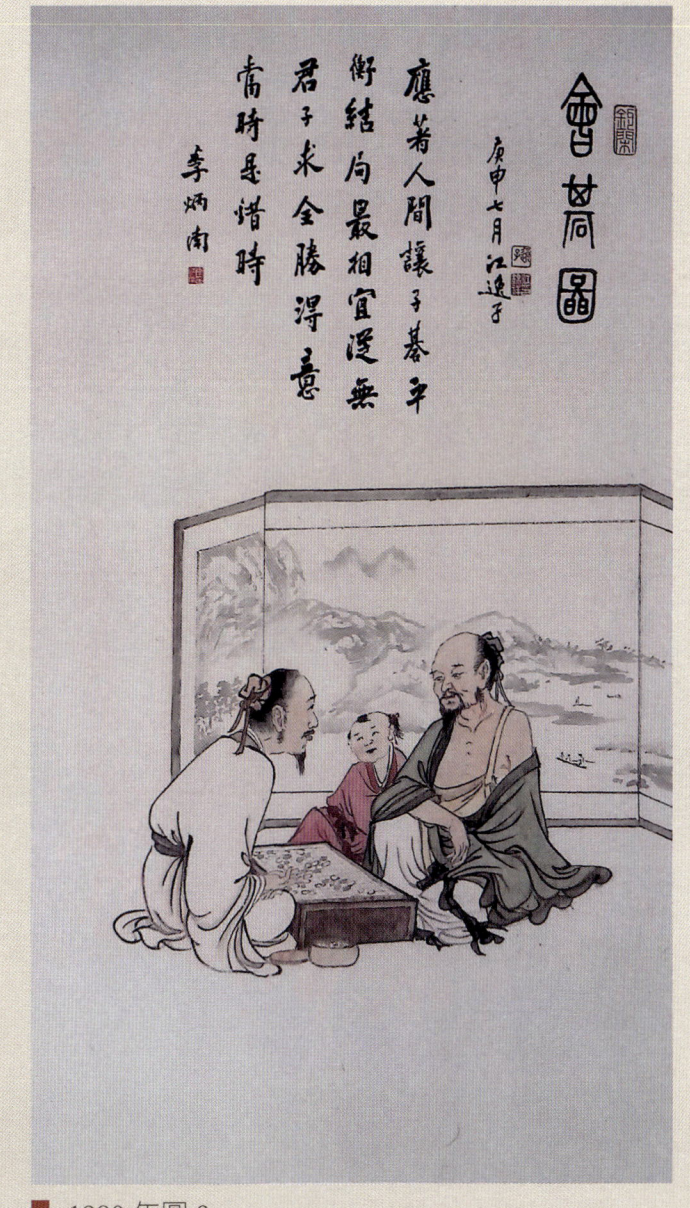

1980年圖9

圖10 9月18日，函復俊龍兒家書，慰勞二夫人德芳有德有福、對兒侄孝友表欣慰，並自述生活無虞，可免掛念。②為俊龍來函所附濟南家人照片。坐者為德芳夫人，後立者為子李俊龍、媳李華俊，前右為長孫女李珊，前左為次孫女李彤。

【釋文】

俊龍兒知悉。由王老先生轉來汝信，甚為詳細。多年家〔事〕全部明瞭。照片已經詳看，汝仍英俊瀟脫，新媽德芳更有忠厚之相，華俊莊重質樸，珊、彤兩女孫清秀聰明，是好家庭，至為歡喜。德芳汝上孝婆母、中友愛兄弟、下顧兒孫，有德行、有福氣，以後照顧珊彤長大成人，定比現在還好。龍兒，前鄭先生轉來俊蛟家信，已知汝母汝叔去世，痛餘皆為其各作功德。今聞汝嬸靈耗，同深哀悼，自當援例辦理。汝與林〔麟〕、蛟、元同在病牀盡心行孝，我甚安慰。家中有汝四人，又增兒女，是李門福象，甚佳甚佳。我今年九十一歲，教書行醫，小有勞苦。早點半調羹炒麵，中午一小碗飯，下午半小碗稀粥，不零食、無嗜好。睡眠六小時，起居動作皆有次序，無病健康，不必掛念。願汝和睦兄弟、善教子女、作事守規、存心公道，我即滿心歡喜。　父炳南親筆
農曆八月十日
麟姪蛟姪元姪同此不另。華俊兒媳將此信轉俊龍。年老寫字艱難，提筆忘字。

■ 1980年圖10 ①

■ 1980年圖10 ②

1980年（民國69年）・91歲

圖11 9月23日，中秋節。與諸弟子百餘人，於台中蓮社指月亭賞月，師長大德（①）、論語班學員（②）、小小威信班（國學啟蒙班前身）學員先後吟詩，有國樂合奏。指月亭賞月連續兩年舉行。③、④為1981年活動。

■ 1980年圖11 ①

■ 1980年圖11 ②

■ 1980年圖11 ③

■ 1980年圖11 ④

圖12 10月3日，論語講習班第一屆開學典禮。先生於典禮致詞特別說明，《論語》此門功課對學佛者之重要，在把人格站住。佛法奠基在人天二道，聖人就是天道，上《論語》，學中國文化學聖人，此為第一步，得人天小果；然後第二步再入佛法，成就便非常快。
①為正式生。②為全體學員。③為上課盛況。④為先生備課手稿。

■ 1980年圖12①

■ 1980年圖12②

■ 1980年圖12③

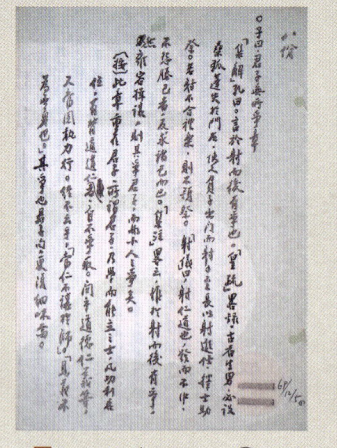

■ 1980年圖12④

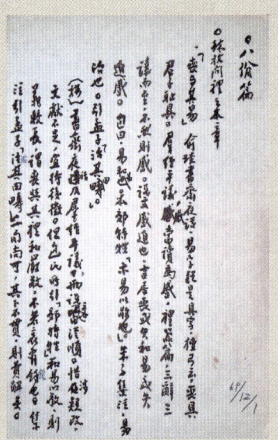

1980年（民國69年）・91歲

圖13　10月，為江逸子所作〈校史圖〉、〈校經圖〉分別題詩〈庚申九日校史〉（①）、〈入山校經〉（②）。

【釋文】
〈庚申九日校史〉：重陽東壁萬重秋，寫到新亭淚易流；四十年間皆國恨，三千里外作詩囚。菊開誰就田家飲，木落霜於客鬢留；擲筆登臺山滿眼，西風草偃不勝愁。
　　　九二雪叟李炳南觀題

〈入山校經〉：層巒疊嶂匝如屏，深處無塵可校經；識得詩書香味久，人同松柏歲常青。　　稷下李炳南拜觀

圖14　10月17日，重陽節，題贈游俊傑。（照片提供：游青士）

【釋文】
知足常樂。能忍自安。　庚申重陽節
俊傑賢契正　　九旬老人李炳南插菊登高書

圖15　是年秋，先生偕弟子多人，至澹寧齋觀賞江逸子〈江山無盡圖〉。

1980年圖13①

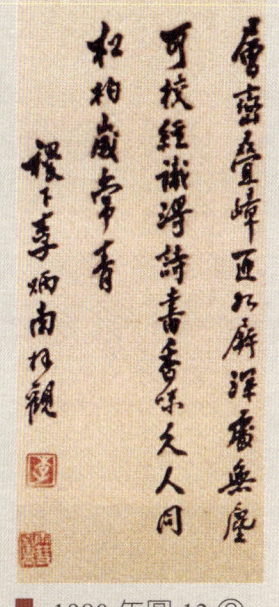

1980年圖13②（局部）

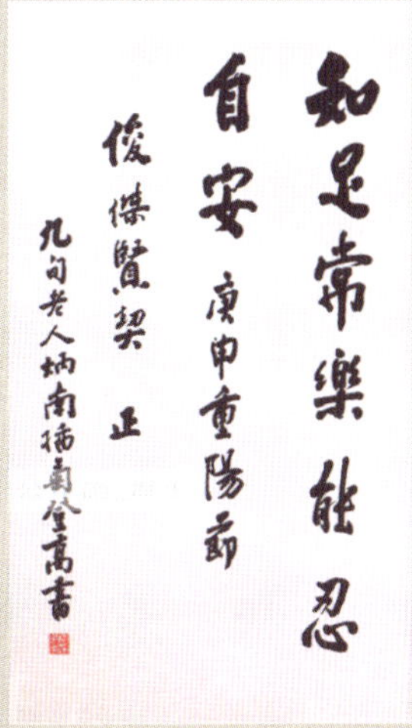

1980年圖14

1980年圖15

1980年圖13②

圖16 11月8日，為臺灣大學哲學系教授楊政河新著《華嚴經教與哲學研究》題辭。楊政河為1969年慈光講座學員。

【釋文】
《華嚴》一經為全藏之大部，號之曰王，有畢生而不能窮其義者；又喻旭日，惟高峰得照，低處依然無明也，其玄微更可想矣。楊君政河，壯歲英俊，精力卓越，治哲學喜梵典，匯所學而發之，得其要旨。如法界觀、妄盡還源觀、性起觀、十玄緣起觀等，俱能推演新義，以暢其懷。脩內典者，當作內學觀；治哲科學者，可分作哲科各學觀，體相圓融，不失隨緣不變之妙。是鴻著也，余讀而善之，聊述所見。

　　　　庚申立冬後稷下李炳南敬讀

圖17 是年，為中國醫藥學院醫王學社第十九屆學刊題辭。圖為草稿，先生常利用日曆紙背面擬稿。

【釋文】
療身之病，國手能之，喻為良相，是仁術也。去心之疾，為佛獨擅，喻為醫王，乃慈道也。兼而有之，慧命身命，俱獲永康，善莫大焉。

　　醫王學社十九屆學刊紀念　　李炳南敬祝

圖18 先生年高多勞，道躬衰弱。台中蓮社暨聯體機構，發出〈通啟〉，為先生婉謝會議、講演、聚處、文章、董事以及學校教學之邀約，俾能休養以待復元。
　　圖為〈通啟〉。

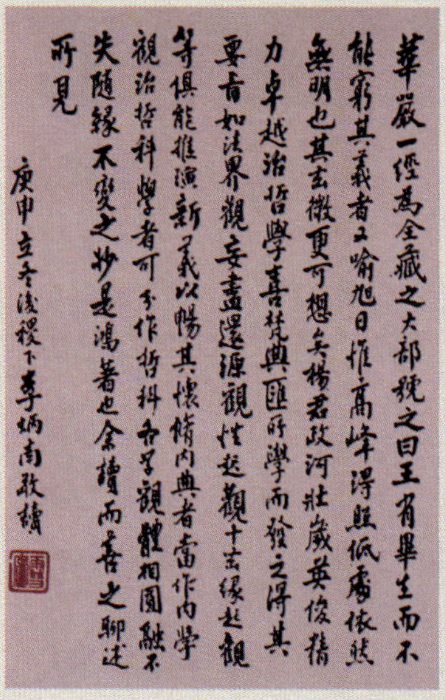

1980年圖16

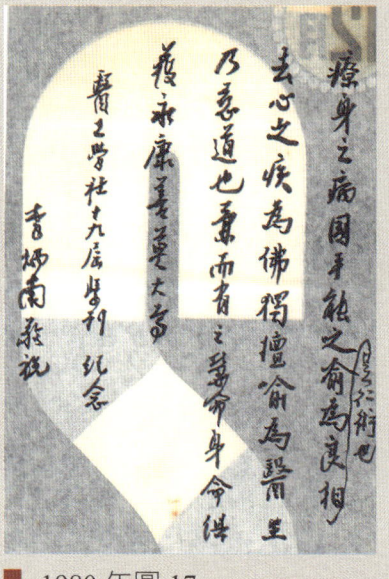

1980年圖17

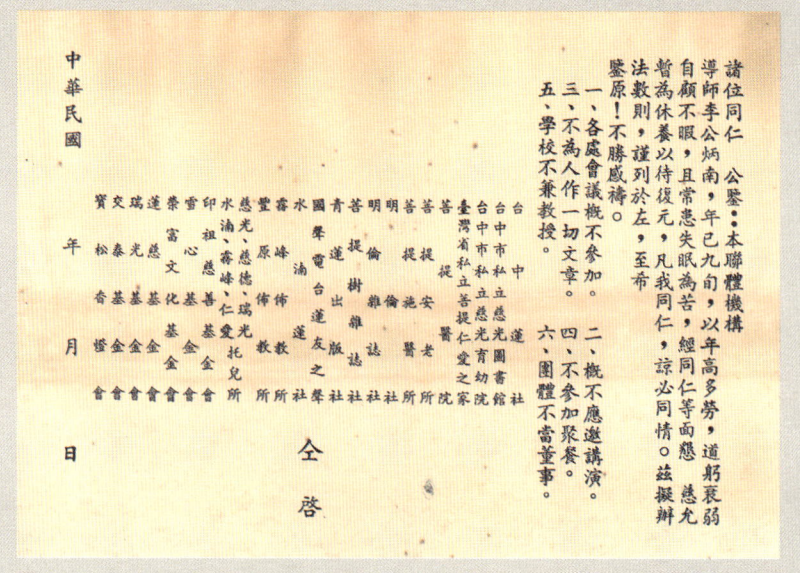

1980年圖18

1981年（民國70年）‧92歲

圖1　1月31日，六龜育幼院新建鵬程萬里樓落成。該院院長為同鄉老友楊誠樸牧師，因又另題辭祝賀。④為楊誠樸至正氣街拜訪時與先生合影。

【釋文】
魯多君子，厥有楊公。居處詩禮之鄉，出行博愛之道，能使幼有所長，壯有所用。脩齊治平先樹基本，風雲雷雨各得其時。樓高西北，鵬圖東南，蒼蒼天際無涯，豈止萬里已哉。
山地育幼院鵬程萬里樓落成紀念
　　稷下九二老人李炳南敬祝（①、②）

子夏曰，四海之內皆兄弟也，而能廣諸海外，是能昌之；孟子曰，幼吾幼以及人之幼，今之事業符如；韓氏曰博愛之謂仁，其信奉適然。君得斯三者，益信魯多君子矣。
誠樸牧師鄉兄　哂正　　九二老人稷下李炳南書於臺島（③）

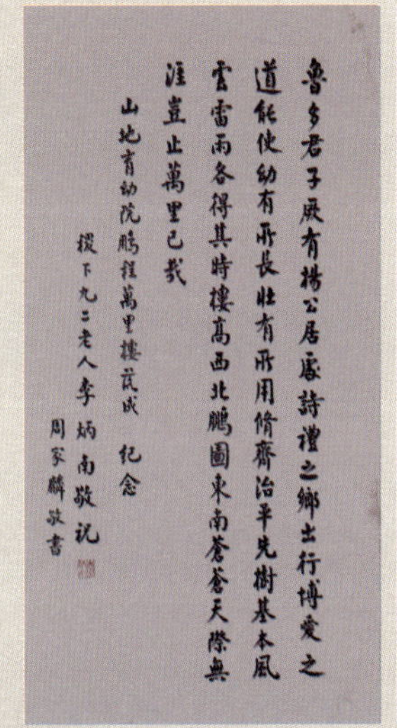

圖2　1月31日，至慈光育幼院與師生念佛共修，中午與師生來訪賓客圍爐聚餐。①右前為慈光育幼院院長郭秀銘，後為教保主任吳碧霞。遞香給先生者為文書組長李子成（後出家為果清法師）。②右一為省黨部主委宋時選，右二為院長郭秀銘，右三為炳南先生。（照片提供：詹前柏）

■ 1981年圖1①　■ 1981年圖1②　■ 1981年圖1③　■ 1981年圖1④

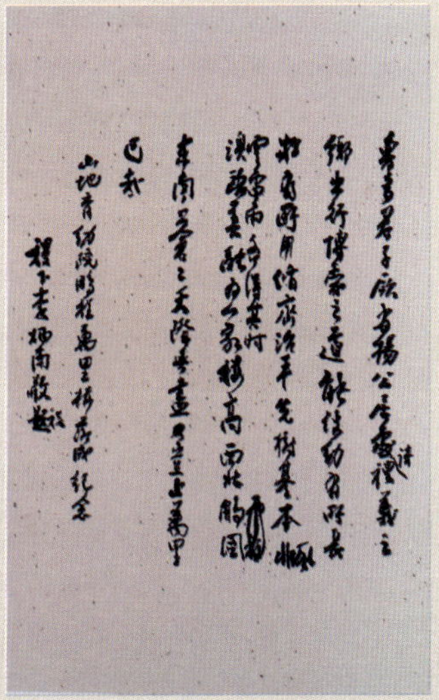

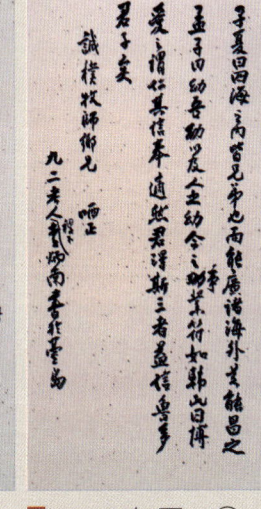

■ 1981年圖2①　■ 1981年圖2②

圖3 蓮友第二代蘇烱峰牙醫診所開業,先生賦詩題贈。

【釋文】
齒豁莫愁嘲老翁,人間有術補天工;疑君學得倉公祕,能使瓠犀與佛同。
烱峰賢世台　正　李炳南

圖4 2月22日,於慈光圖書館為弘法人員開示,有講表〈教儀略舉〉。(照片提供:陳雍澤)

圖5 3月18日,智海學社創社二十週年,題辭祝賀。

【釋文】
春秋冠歲,日月交光。般若文字,海印萬方。
智海學社二十週年紀念　李炳南題

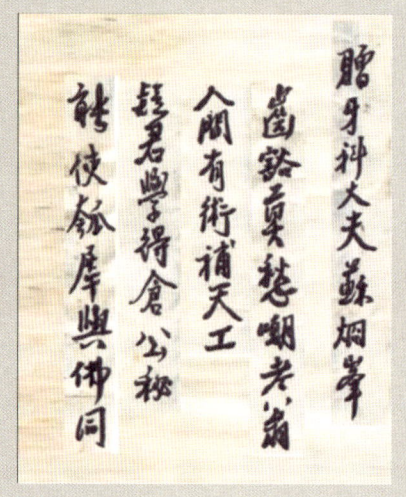

■ 1981年圖3①

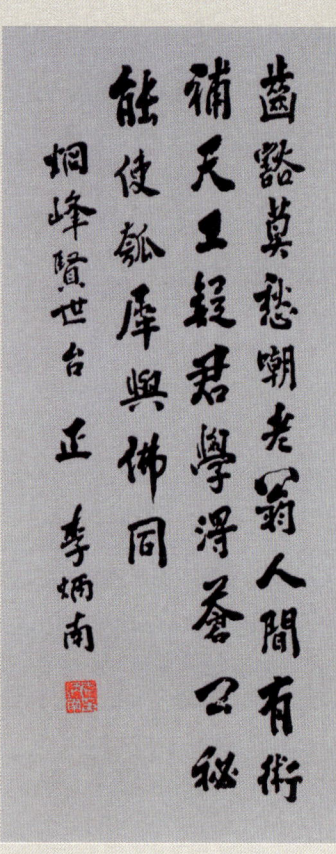

■ 1981年圖3②

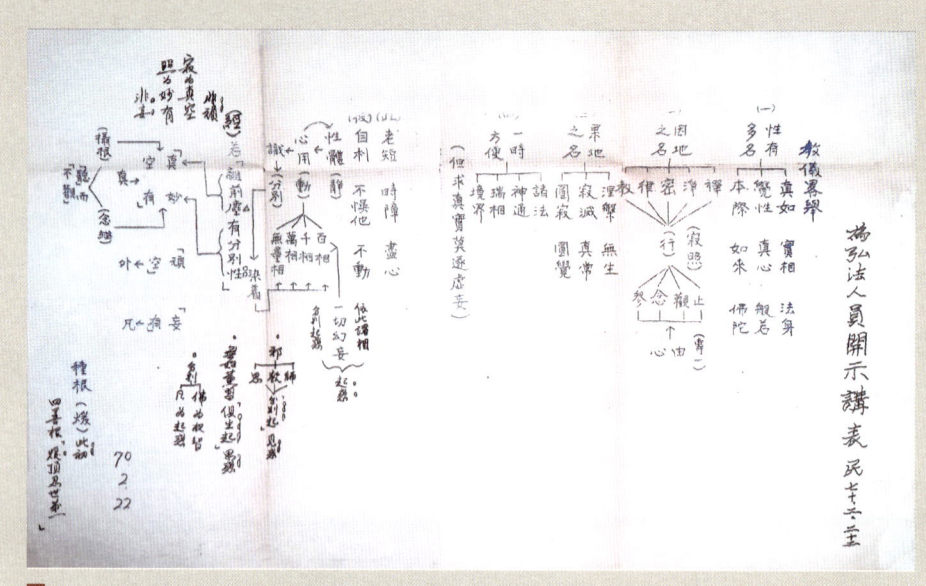

■ 1981年圖4

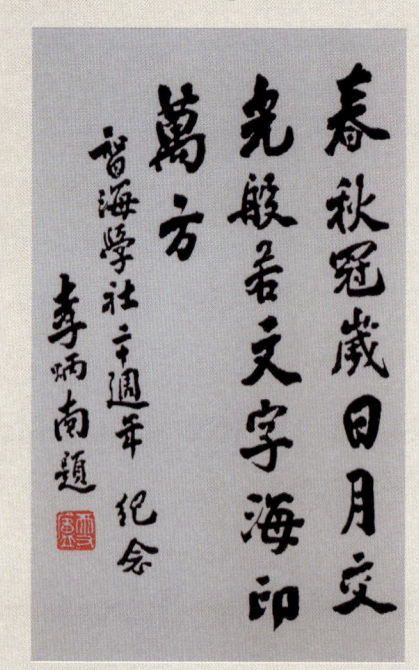

■ 1981年圖5

圖6　3月為江逸子畫作〈秋江漁隱圖〉、〈江天曠遠圖〉題辭。

【釋文】

江逸子所畫數筆，瀟灑瘦硬；楊叟亦風所題，亦用瘦筆。霜天勁風，俱生異趣。少陵云：書貴瘦硬，方通神。寧不信與！

歲辛酉仲春上浣　　九二老僧稷下雪僧敬觀（①）

江天曠遠入清秋，乘興攜琴訪舊遊；繞過長橋看樹杪，巒峯轉處半藏樓。　辛酉仲春李炳南觀（②）

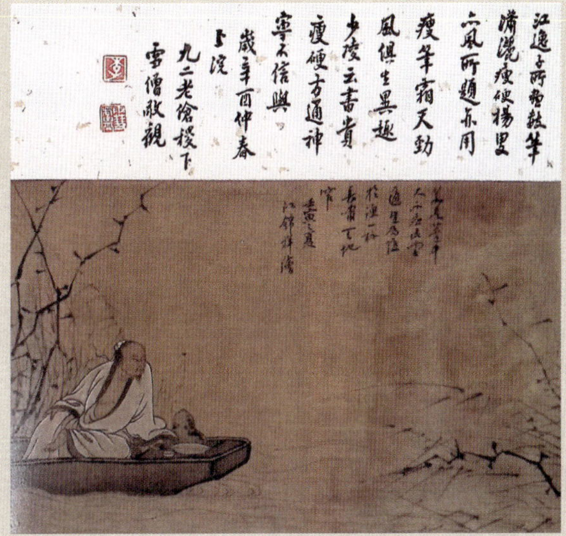

圖7　是年春，江逸子遊美國西南名勝，日後因得完成〈峽谷無垠圖〉巨幅。當時，赴美者多留駐不歸。行前，先生特題贈王維〈送別〉詢其意向。江逸子承諾：「一定歸」。

【釋文】

山中相送罷，日暮掩柴扉；春草明年綠，王孫歸不歸。

逸子老弟　正　　李炳南

圖8　4月，鹿港佈教所創辦人王銀基獨子王子哲在美行醫，近日皈佛寫經。先生甚為欣慰，賦詩題贈。

【釋文】

國風齊魯道三變，君子虛懷有誠明；昔之姚江今鹿港，枲比揮塵相崢嶸。大才未能作良相，和緩仁術醫羣生；扶桑紐約東西走，枯檜枯楊春復榮。近寫金經付鐫版，鯤島遙繼王舍城；人間天上無愧怍，羨君不息飛鵬程。

子哲賢契絳帳繼習醫兩洋活人無算近皈佛寫經欣焉題贈　　九二老人李炳南

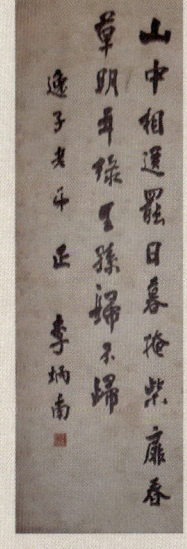

1981年圖6①（局部）

1981年圖6②

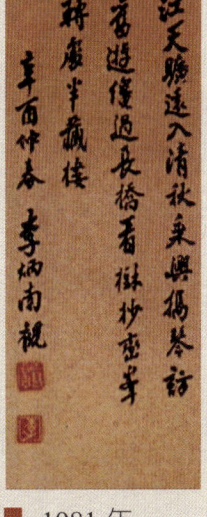

1981年圖6②（局部）

1981年圖7

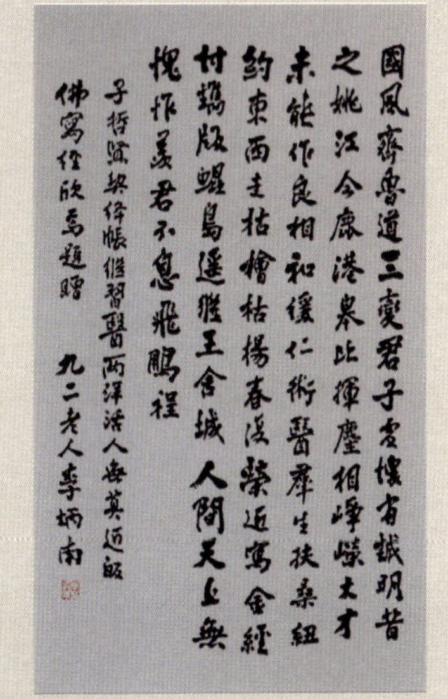

1981年圖8

圖9 4月8日，佛誕節遊行，蓮社聯體機構隊伍編排圖。臺中市佛教團體每年舉辦佛誕節遊行，蓮社聯體機構一向積極參與，參加人員眾多。先生早年亦皆率隊同行，晚年則在定點向大眾致意。

圖10 5月18日於台中蓮社「論語研習班」講授〈述而〉篇，有〈中華文化綱要〉講表兩張，詳說「志於道、據於德、依於仁、游於藝」章。

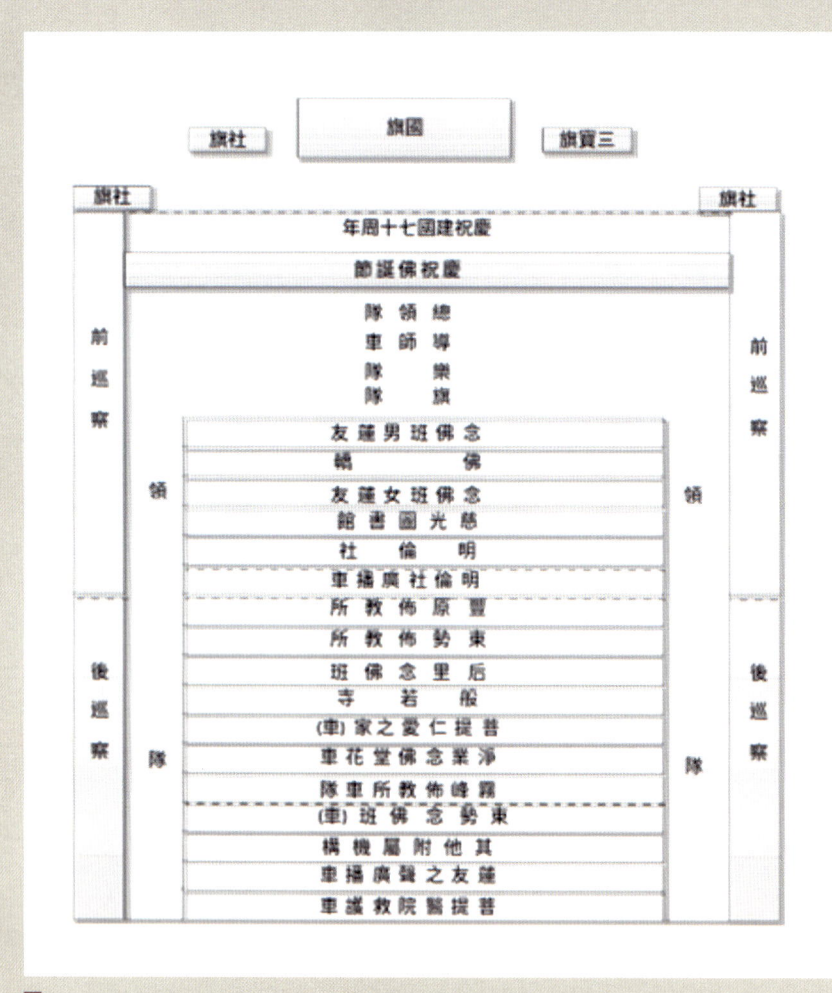

■ 1981年圖9

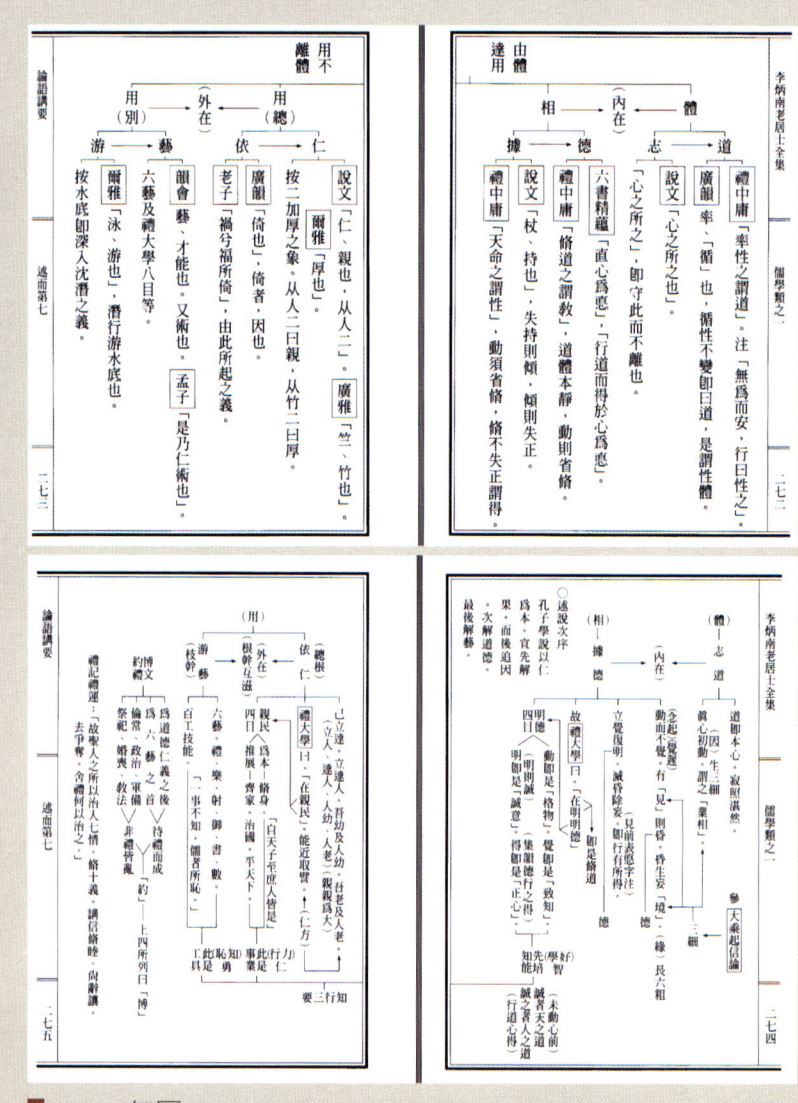

■ 1981年圖10

圖11 6月25日致函許智銘（志明），對教界近年有關「愛」與「慈悲」分辨之筆戰，勸其起而呼籲息諍。

【釋文】
志明師兄道席：昨承尊駕枉顧，至感。交下沈九老手書，讀餘益為傾佩。惜弟旦夕之人，時風之下，不能有為，況有四寶之嫌，久已退避九舍，埋頭幾二十年矣。兄台英俊多才，對愛字之諍，先得九老同意，起而呼籲停戰，以觀因緣如何也？可否之處，仍乞酌奪。豐原臺中交通便利，有機之時，亦甚願向座下請益。專肅謝步，並請
勳安　弟李炳南頂禮　廿五日

圖12 7月22日，劉汝浩來函，感謝日前寄贈近著《詩惑研討隨筆》。

【釋文】
雪公吾師座下：本月十七日接奉手教及《詩惑研討隨筆》一冊，欣感無似。生因事須於十九日赴台中，擬屆時晉謁叩謝。詎是日颱風告警，雨勢滂沱，上午十時抵達，下午二時事竣，即惶遽北返。門牆咫尺，未能叩謁，返後又稍有耽遲，致稽覆謝，罪咎難安，惟乞諒宥為幸。
暢詩作者主名，無關重要，不敢擾師清神，是以託勝陽師弟轉呈，乃蒙分神賜覆，感怍曷已。
《詩惑研討》於明倫誌中，拜讀數則，以為隨筆小品無多。接單行本，始悉為堂堂鉅著，於一般注解詮釋之外，詳闡聲調格局之法度。金針度人，嘉惠無窮。印刷錯字，向所難免。如有發現，當即上聞。肅此稟覆，敬請
慈安　弟子劉汝浩頂禮　七月廿二日

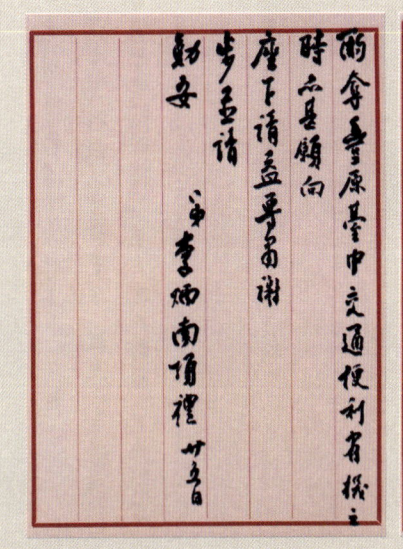

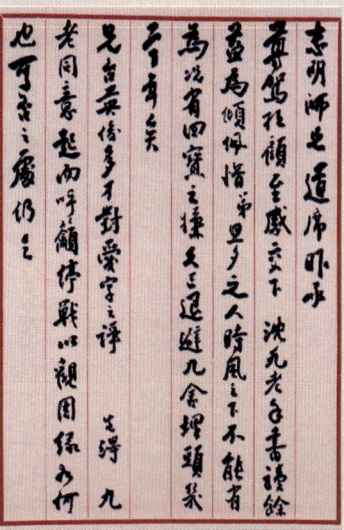

1981年圖11

1981年圖12

圖 13 8月20日，應邀擔任中國醫藥學院升等副教授論文審查委員。

圖 14 9月，偕同游俊傑家人至成功嶺探視大專暑期集訓之游青士（②），①為先生與游俊傑兒女。（照片提供：游青士）

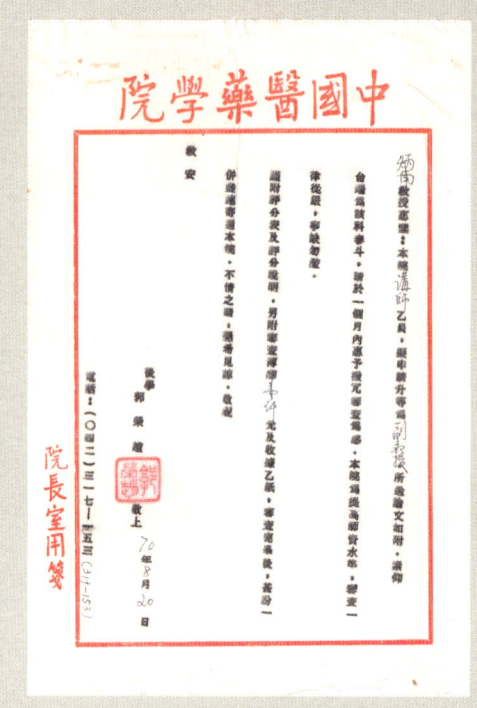

圖 15 10月6日，重陽節，值台中蓮社前社長許克綏夫婦九秩雙壽，蓮社董事長、社長請江逸子繪〈同樂徵壽圖〉，再請先生題辭，贈以為祝壽禮。

【釋文】

不著壽者相，如何是虛妄；白頭對黃華，勁秋兩無恙。日長月中天，永履春臺上。

歲次辛酉重九三度日長節來臨，本社正籌辦冬令救濟，恭逢創辦人克綏老居士伉儷九秩雙慶，謹作〈同樂徵壽圖〉為祝

臺中蓮社董事長董正之　社長王炯如恭贈

古闓江逸子繪　東魯九二雪叟李炳南題

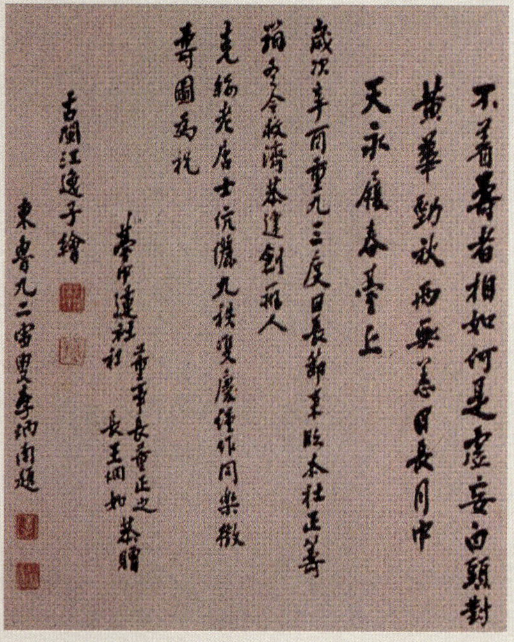

■ 1981年圖13

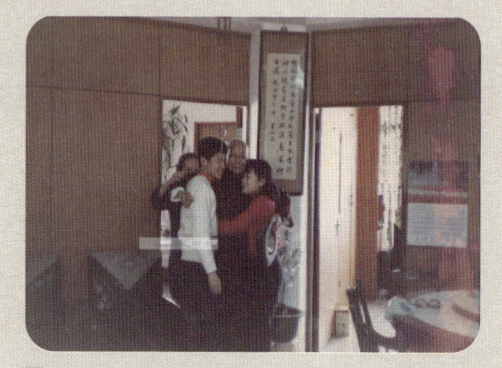

■ 1981年圖14 ①

■ 1981年圖14 ②

■ 1981年圖15（局部）

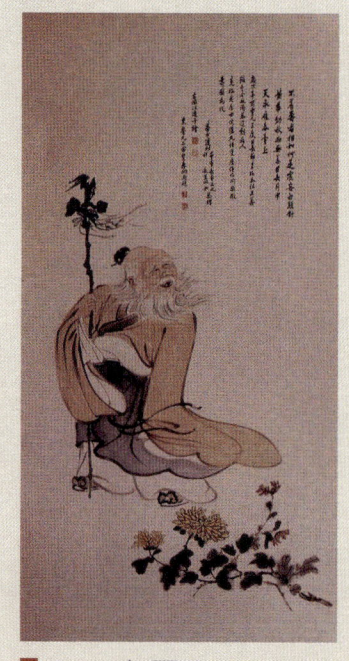

■ 1981年圖15

1981年（民國70年）·92歲

圖16　10月30日，孔德成先生來函，請先生於其出國期間，主持奉祀官府事務。

【釋文】

炳兄：不晤兼旬，時念起居。維禪定喜悅為頌。茲敬懇者：弟以下月出國，府中諸務無法主持，敢懇在十一月一月中，敬請偏勞。事出不得已，非敢有勞清神也。尚希伏〔俯〕允為叩。外，弟水晶陽文私章一枚、奉祀官孔德成簽名章貳棵〔顆〕，交鄭勝陽帶呈，即希詧收。此外，并已諭府中職司，諸務請示辦理。專此奉懇，敬頌

塵安　　弟孔德成敬上　七十、十、卅

圖17　11月22日，日本學者荒尾素次再度來訪先生及菩提醫院（①）。1985年，第三度來訪，贈醫院X光機一臺。是次來訪，先生有詩〈日儒荒尾樂為慈益事業聞予九旬且有同道之誼來訪〉題贈（②）：

儒林法苑道攸同，富士高瞻碧海東；萬里飛來山帶雨，蘭開九畹茂新叢。

■ 1981年圖17 ①

■ 1981年圖17 ②

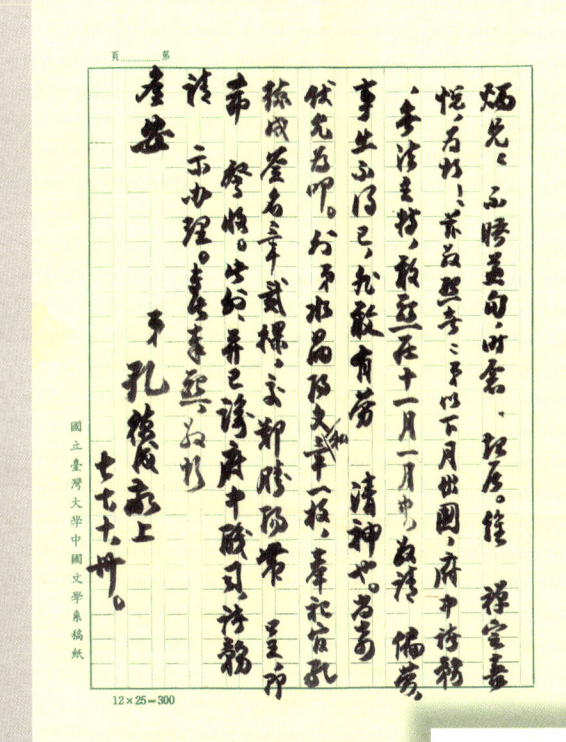

■ 1981年圖16

407

圖18 12月8日,《菩提樹》雜誌發行三十週年,題辭祝賀。

【釋文】

本立道生。雲蓋普蔭。

菩提樹刊三十週　紀念　李炳南敬賀

圖19 12月,「論語講習班」本學期課程結束。先生於論語班授課時,曾責備學員不夠用功。下次上課,學員上呈教鞭,請師嚴責。先生則以「教不會、師之過」自責,曰:「教鞭帶回去打自己。」

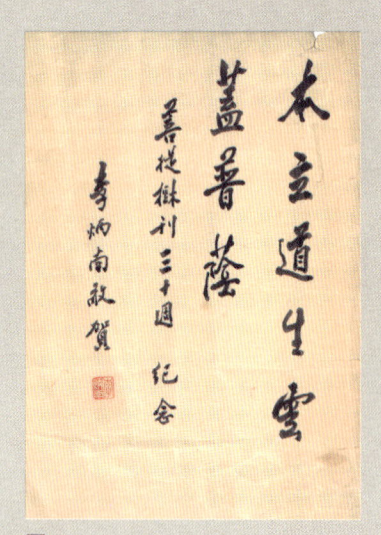

圖20 12月,為青衿居士所繪「往水閣觀瀑圖」賦詩一首題贈。

【釋文】

滴翠羣峰樹裊煙,飛瀧遙落入晴川;如舟水閣紅塵外,來是遊人住是仙。

青衿習畫作往水閣觀瀑圖,持而索題。善其心向國學,樂為隨緣,就其意境賦詩一首。

辛酉季冬九二雪叟李炳南

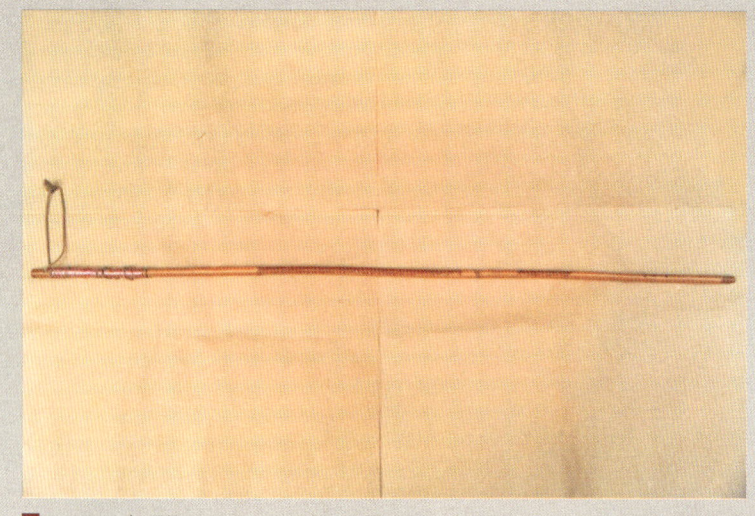

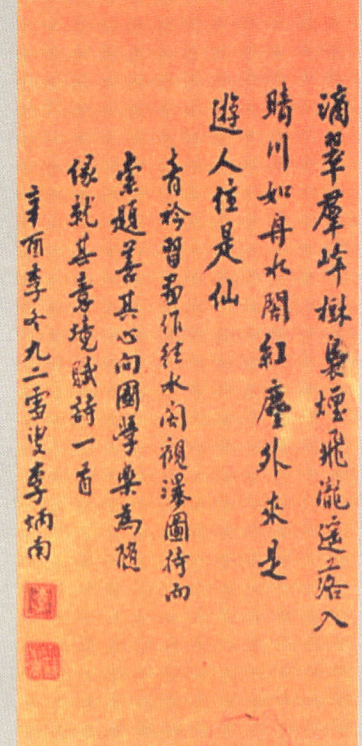

■ 1981年圖18　　■ 1981年圖19

■ 1981年圖20(局部) 　　■ 1981年圖20

1981年（民國70年）·92歲

圖21 是年，題辭勉勵至聖奉祀官府出納王瑋中。

【釋文】
以念佛力故，自然無懼。
錄經言作銘。　瑋中賢契雅囑　雪僧

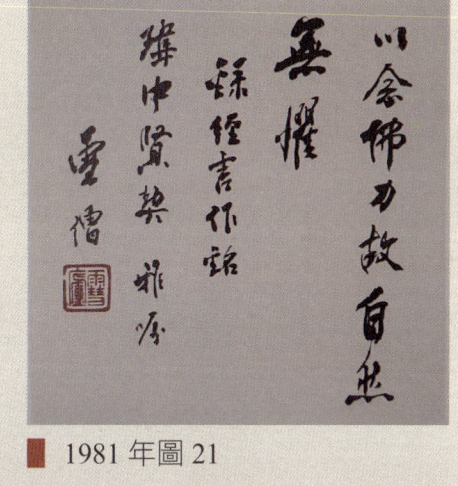

圖22 是年，為江逸子〈研經圖〉、〈松蔭論道圖〉題辭。兩幅畫結構類似，標題不同，題辭相同。

【釋文】
你說依法不依人，他說求心不求佛，我說依求兩俱遣，曾聞無智亦無得。
辛酉梅月敬觀應貞光賢契囑題
　　九二老者李炳南

你說依法不依人，他說求心不求佛，我說依求兩俱遣，曾聞無智亦無得。
　　九二老者李炳南題

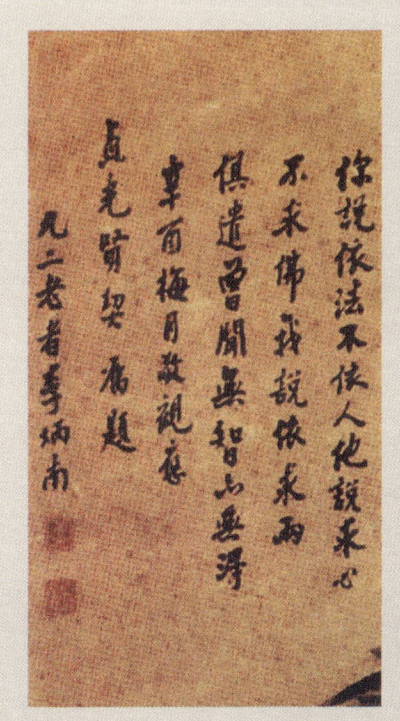

■ 1981年圖21

■ 1981年圖22①（局部） 　■ 1981年圖22①　■ 1981年圖22②（局部） 　■ 1981年圖22②

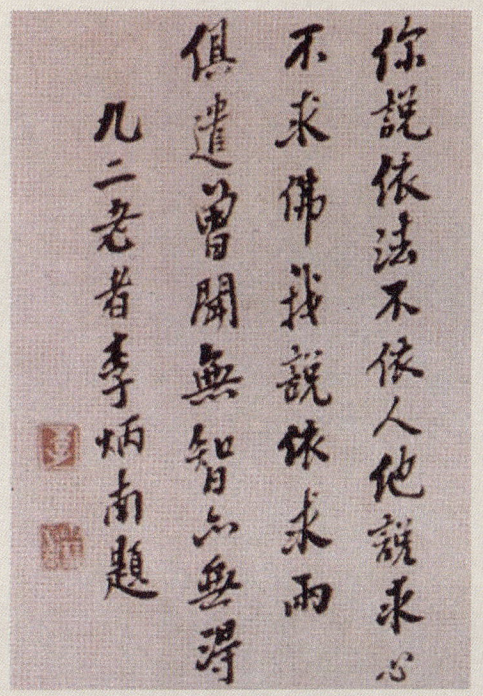

409

1982年（民國71年）・93歲

圖1 元旦，於慎齋堂以「出交天下士　入讀古今書」為題開示。「入讀古今書」有兩節：（一）世間三大文化，（二）佛法應時培信根。圖為部分講表手稿。（照片提供：鄭如玲）

圖2 元旦日為夏曆臘月初七，先生壽辰，論語班學員至正氣街九號先生住所寄漚軒拜年。

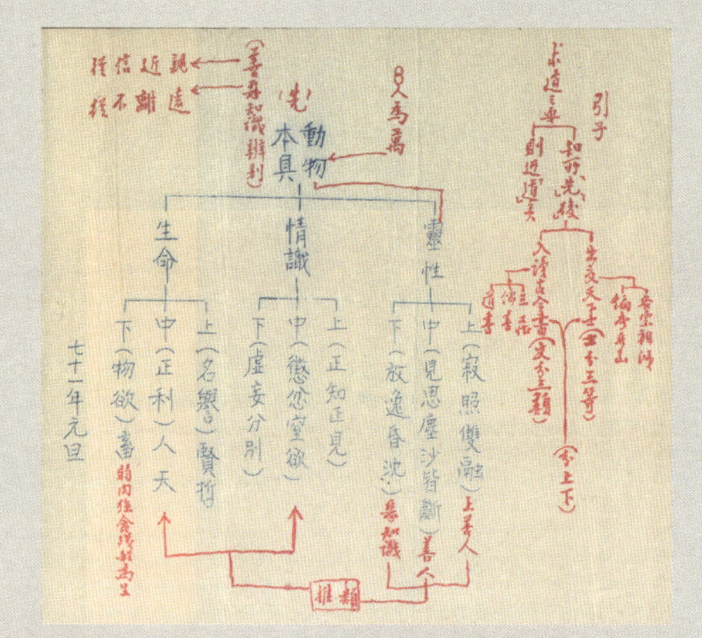

■ 1982年圖1①

■ 1982年圖2

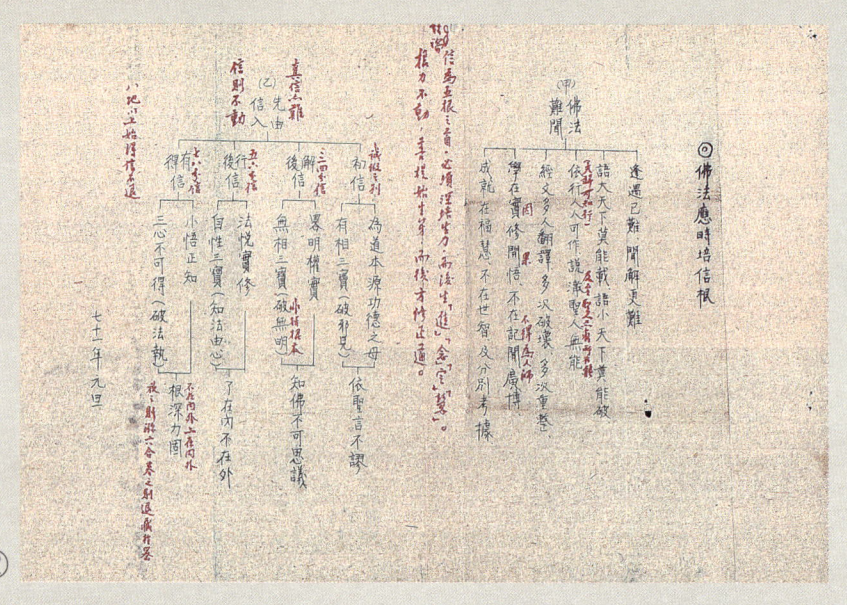

■ 1982年圖1②

圖3　1月12日,為蓮社辦事人員講授「統理大眾十要」。有講表手稿。(照片提供:鄭如玲)

【釋文】

〈統理大眾〉

一、直心辦道,二、言出必信,三、解經雙契,四、文字般若,五、威儀具足,六、公私分明,七、知人善用,八、調度有方,九、恆久不退,十、遠離名利。

一、二:原始,三、四、五:教義,六、七、八:處事,九、十:要終。

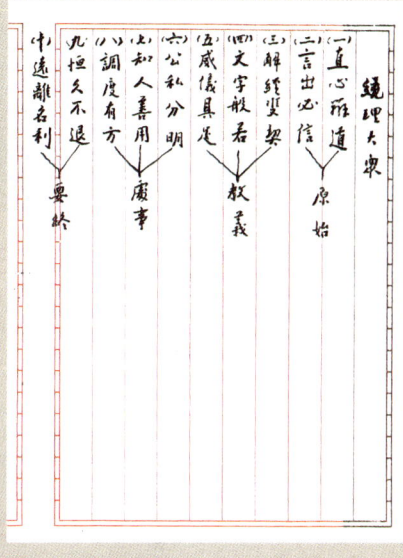

圖4　1月18日,函示至聖奉祀官府出納王瑋中,請璧還孔德成先生撥來之巨款。(照片提供:王瑋中)

【釋文】

交下長官撥來巨款陸拾伍萬元,至感。但府中無此餘款,恐生諸多困難,萬萬不敢接受。謹此敬璧,並請面繳長官收訖,代陳下情。來日方長,受恩之機後正多也。拜託,拜託　李炳南謹具　元月十八日

附「名片呈孔德成先生」:沐恩李炳南上叩　　心領萬感,敬璧懇原

圖5　1月25日,為劉國香新著《語體文譯大佛頂首楞嚴經》題辭。

【釋文】

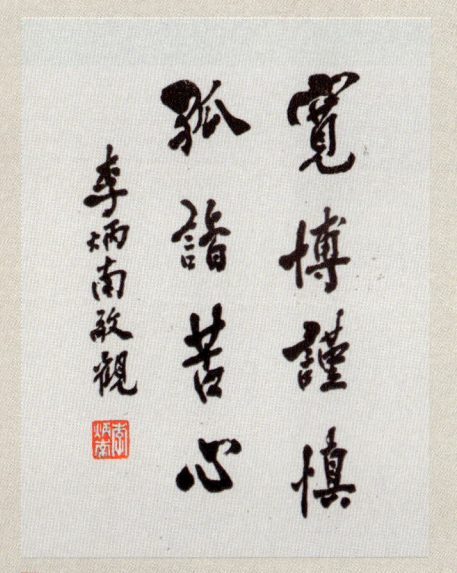

寬博謹慎,孤詣苦心　李炳南敬觀

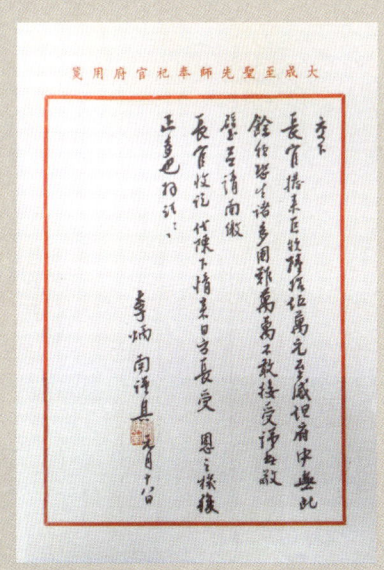

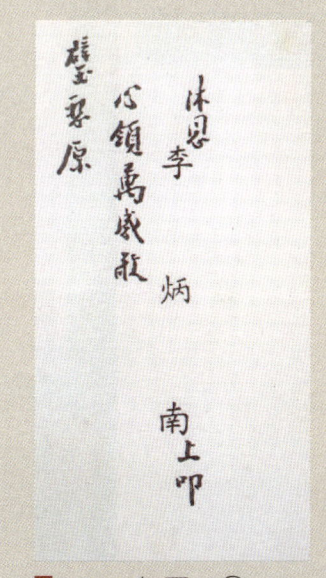

圖6　3月，第一屆論語班第二學年第二學期開學，選講《禮記‧月令》。

圖7　4月15日，孔德成來函謝贈禮。

【釋文】
炳兄道右：內子賤辰，承蒙厚貺，高誼隆情，敬謹拜登。遙瞻南天，百頓以謝。至屬「沐恩」，千萬勿爾，徒增添罪愆、折磨壽數也。敢乞俯誓為叩。專此奉謝，即頌

禪安　　弟德成敬上　七一、四、十一

圖8　5月上旬，於「論語講習班」講授《常禮舉要‧辰出門》，自述同仁送行時關車門不慎，右手被夾傷之舊事。當時，周邦道曾來函慰問；先生復函請釋念，勿勞遠來。

【釋文】
慶弟大鑒：前不自慎，手小受傷，指骨依然，甲亦不致脫落。勞弟遠注，銘感萬分。今已能握管草書矣，惟少覺節環強拒不柔耳。時正炎暑，萬勿遠勞。此信乃親筆所寫，可以釋注。謝謝，并頌

勛祺　　兄李炳南拜啟　七月二十日

■ 1982年圖6

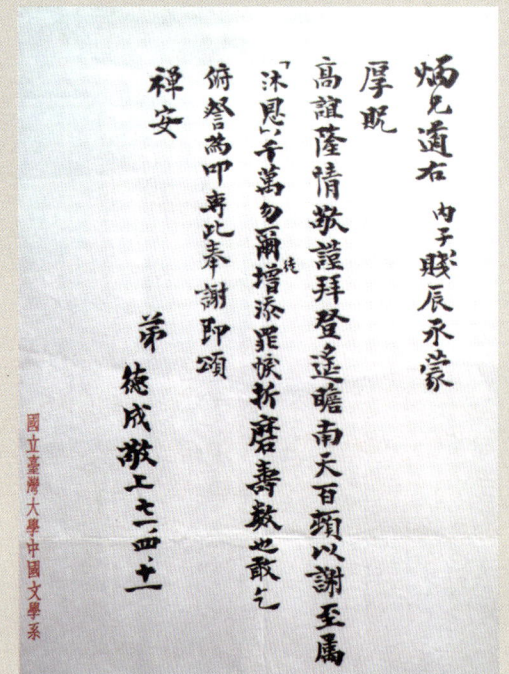

■ 1982年圖7

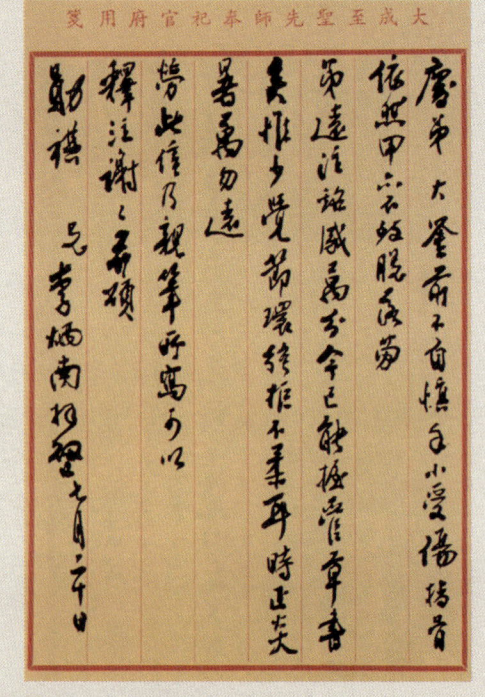

■ 1982年圖8

1982 年（民國 71 年）· 93 歲

圖9　6月22日，主持台中蓮社論語講習班第一屆結業典禮。

1982 年圖9 ①

1982 年圖9 ②

1982 年圖9 ③

1982 年圖9 ④

圖10 6月,題贈周家麟(①)、徐醒民(②)。兩位為常隨弟子,護持先生弘法甚力。③為先生與二人合影,右為徐醒民、左為周家麟。

【釋文】

鷲嶺來天竺,鯤臺接地靈;潭波僧眼碧,山靄佛頭青。香剎侵花雨,風簷語梵鈴;會心多法悅,不必定聞經。
右錄〈日月潭玄奘寺〉一首
歲壬戌仲夏應聖遊老棣雅囑
　　　九三雪叟李炳南

捨瑟猶能唱,海隅龍可聽;思存移弱水,聲落貫幽靈。天地元虛籟,宮商有妙形;湘君曲萬古,寂寞數峰青。
右錄舊作〈歌嘯〉一律,以應自民老棣台雅正
　　　九三叟稷下李炳南

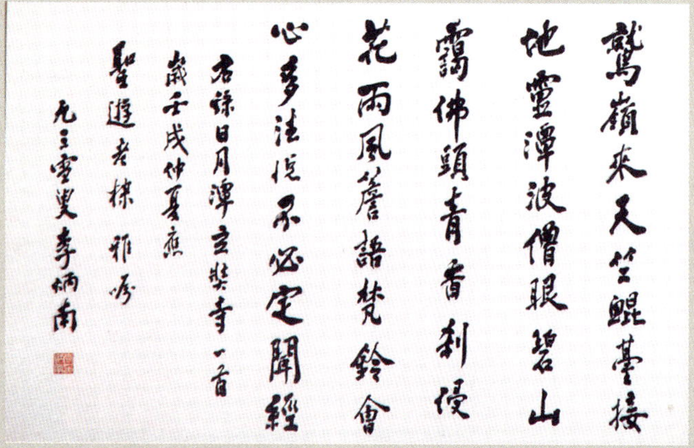

圖11 6月,中國醫藥學院醫王學社舉行二十週年社慶,發行學刊。禮請先生題辭。

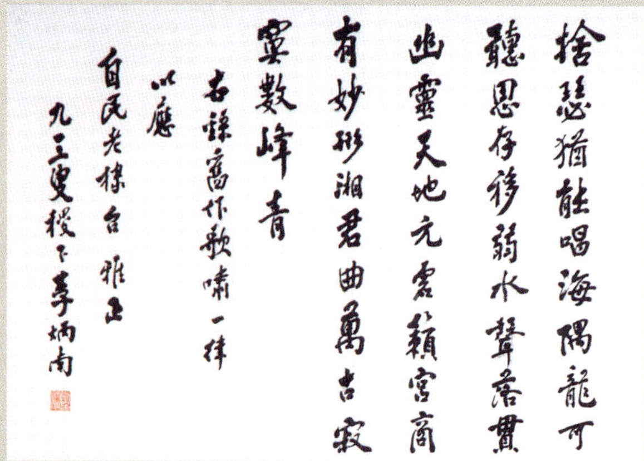

【釋文】

聖智醫心、國手益壽、明哲保身、奇技療病,是中國文化之醫學,亦其精神次第如是
中國醫藥學院醫王學社學刊紀念　　李炳南敬題

1982年圖10①

1982年圖10②

1982年圖10③

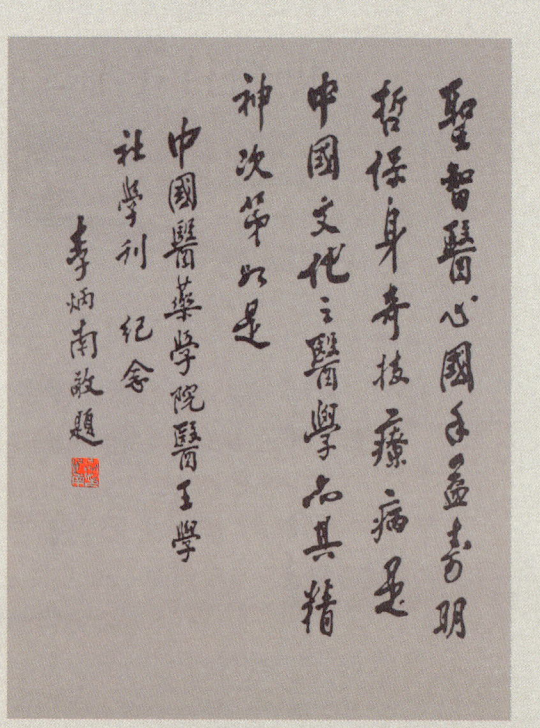

1982年圖11

1982年（民國71年）·93歲

圖12 7月，成立「國學啟蒙班」，書示：「蒙以養正聖功也」（①）。②為國學啟蒙班課表之一，③為1983年7月18日國學啟蒙班結業典禮於蓮社門口合照。

圖13 9月4日，奉祀官孔德成來函，請先生接受每月應得之薪餉。

【釋文】

炳兄道右：別來時在念中，惟起居多福、公私迪吉，為頌！此次弟遠遊美邦，以府事相煩，竟承惠允，銘感何已！雖屬會、出人員，每月另贈薄儀，聊表微忱。頃接內子函告：兄以他慮，拒而不受。如此，則亦不敢相強。但兄每月應得之薪餉，千萬毋再推辭，使弟更增愧慚不安也。千乞俯允，以減罪戾，是為盼禱！台中，想尚暑炙，務乞珍衛。專此，即頌

道安　弟德成敬啟　七一、九、四

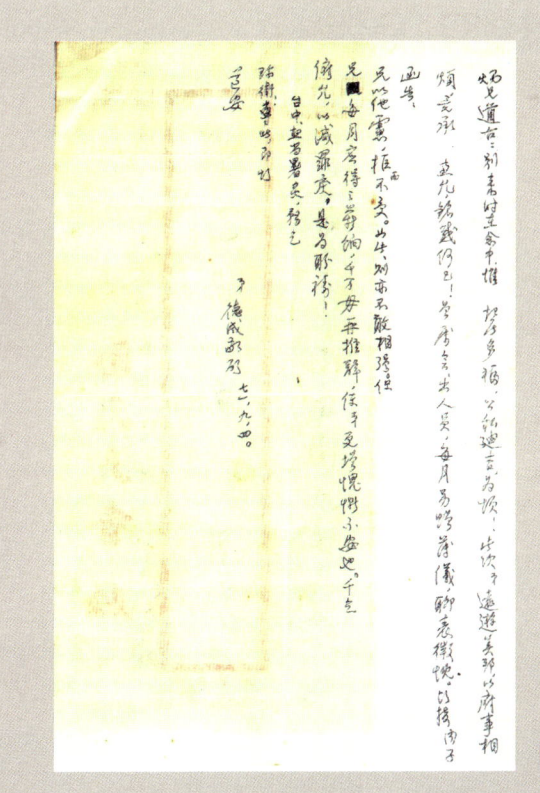

■ 1982年圖12 ①　　■ 1982年圖12 ②

■ 1982年圖12 ③

■ 1982年圖13

圖 14 9 月 28 日，主持第二屆論語班舉行拜師典禮。開學典禮於次週舉行。

■ 1982 年圖 14 ①

■ 1982 年圖 14 ②

■ 1982 年圖 14 ③

■ 1982 年圖 14 ④

1982年（民國71年）・93歲

圖15 10月10日，題辭贈游俊傑夫人林菊蘭。

【釋文】
孝慈雙運，為興家之良規；忠信有恆，乃供職之正義。遠非求道，是開慧之坦途；修淨生西，會超凡之聖眾。 壬戌雙十節為

菊蘭具壽索書撰文贈之希正　九三雪叟李炳南

圖16 12月22日，冬至，為江逸子〈雙樹高風圖〉題辭。

【釋文】
蕭颯高風落碧天，松濤詩思酒樽前；
持壺童子休多事，纏結跏趺境杳然。

酒未沾脣筆未濡，椶團權作夏安居；
枯榮雙樹還如昨，回向應歸心地初。
歲次壬戌冬至日　九三雪叟李炳南題

■ 1982年圖15

■ 1982年圖16（局部）

■ 1982年圖16

圖 17　是年，為玄空法師集述之《離苦得樂》印行題辭。

【釋文】

時際末法，專修淨土是最聰明；萬法緣生，不昧因果是正知見；依聖教量，述而不作是大覺悟；語無深淺，有益眾生是好文字。

　　　九三學人李炳南拜讀

圖 18　是年，題寫丹霞禪師詩偈贈張慶祝。

【釋文】

雲自高飛水自流，海天空闊漾虛舟，夜深不向蘆灣宿，迥出中間與兩頭。　慶祝賢契雅正　雪廬李炳南

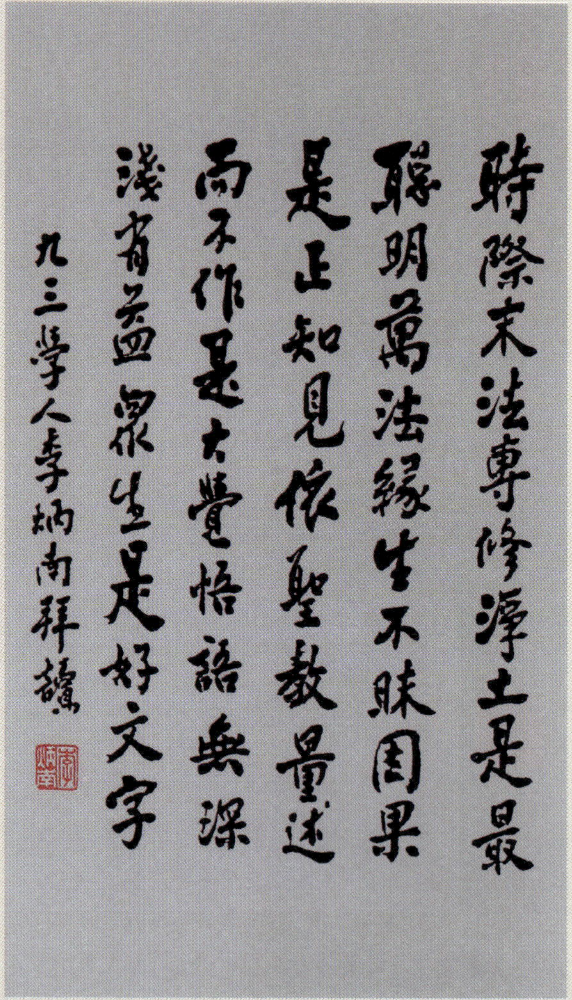

1982 年圖 17 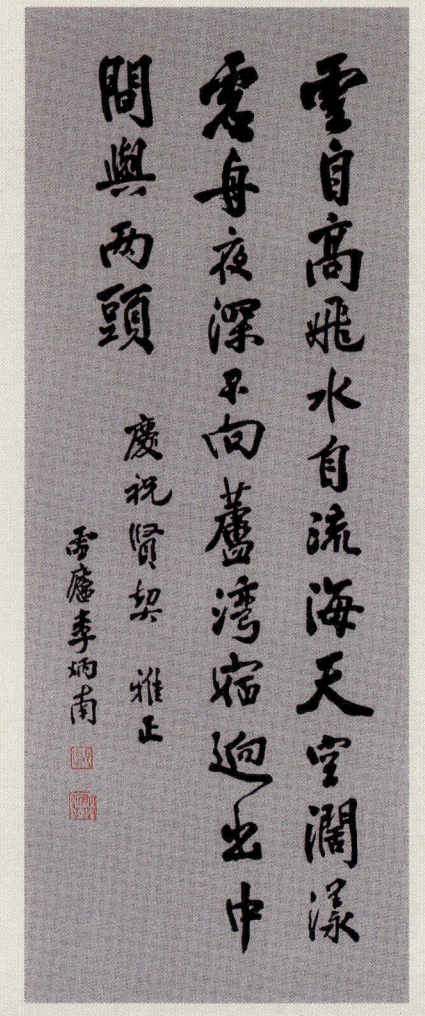　　　　1982 年圖 18

1983年（民國72年）・94歲

圖1　1月11日，孔德成先生來函，有關「論語講座」事，一以先生為主辦。

【釋文】
炳兄：昨鄭勝陽以「論語講座」有關文件屬閱。弟以此事，前當面曾與兄詳言：所有有關一切，弟不便過問，只每年可以兄之名義，寫一「簡報」即可。并承惠允矣。故鄭所呈文件，弟未便審閱也。知注，特聞。即頌
道安　　弟德成敬啟　七二、元、十一午

圖2　1月26日，《明倫》月刊發行第一二九期，本期起，版面擴增一倍，先生撰〈明倫月刊增廣頌〉祝賀。

【釋文】
〈明倫月刊增廣頌〉：
數篇論語安天下，六字洪名出世間；
易簡聖言辭不費，邦家文物誓追還。
雲興眾望龍行雨，霧久深藏豹澤斑；
魚墨氤氳終勿用，蛙鳴日夜厭癡頑。

圖3　2月9日，於正氣街寓所為蓮友張清泉、林秀惠福證。先生晚年，擔任婚禮福證，皆請新人蒞蓮社禮佛後，至正氣街寓所接受福證，而後於蓮社講堂宴請親友。

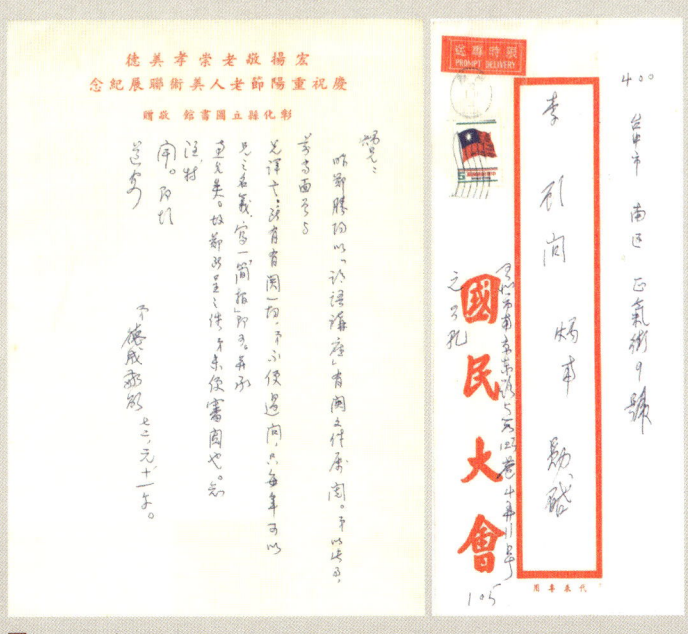

1983年圖1

1983年圖2

1983年圖3

圖4　2月10日，復函重慶舊友徐昌齡。徐夫人日前往生，先生特為佛前設位念佛祝禱。

【釋文】
願伯老兄尊鑒：前於臺中晤談匆匆，至感惘悵，諸多疏慢，尤覺不安。尊駕別後之第二日，即將嫂夫人沈女士神位供於佛前，每日焚香念誦為祝往生極樂，至廿九日星四圓滿。至囑題一節，日內遵即奉上。謹此布悃，敬請

冬安　弟李炳南拜啟　二十八日

圖5　2月13日，夏曆正月初一，至蓮社參加新春團拜。

■ 1983年圖4

圖6　是年元旦，向孔德成先生賀年，並賀誕辰。

【釋文】
奉祀官鈞鑒，新正雙雙吉辰，恭逢睿躬聖誕，忻欣無似。慚職體弱，未能趨前稱觴，至感心瘝，惟有遙瞻北斗，恭祝萬壽無疆，康強逢吉，寔為至禱。肅此上賀，敬請

崇安　職李炳南叩　癸亥元旦
閣潭均此祝福

■ 1983年圖5①

■ 1983年圖5②

■ 1983年圖6

圖7　2月14日（夏曆正月初二）起，連續兩日致函重慶旅居時期舊友徐昌齡，鼓勵持久念佛迴向其夫人，說明已特為其祝禱，並寄佛書數種，接引認識佛法。

【釋文】

願兄尊鑒：元旦大函拜讀。敬悉每日朝暮誦經念佛，此不獨超度沈嫂夫人，果能永久不輟，吾兄亦能得大成就，且可超升九世先靈，是為人之一大幸事。深願至心誠信。至前尊囑，臘月廿八日業已遵照，將來正月十二日及三月四日自當按規照辦，不敢或忘，諸希放心。肅此並請大安。兼祝

春福　　弟李炳南拜啟　正月初二日（①）

願兄尊鑒：人生八苦，家家不免，萬望達觀珍攝，預備自己前途。甚希深入佛學得一歸宿。但此學問甚深難悟，必先由淺而入畧知大概，再看經典，方能有所契合也。茲奉上小冊四種，讀後發生興趣再奉寄他經。至懇未雨綢繆，得大自由。是盼是盼。並請

冬安　　弟李炳南拜啟　三日（②）

圖8　2月17日（夏曆正月初五），至法華寺拜年。法華寺為先生初抵臺中時開展弘化之起點。

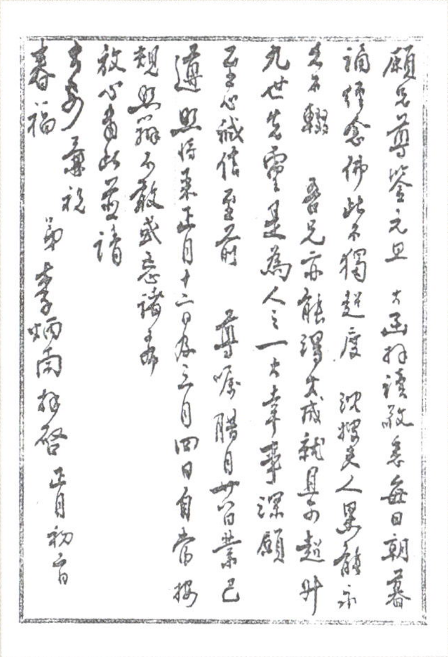

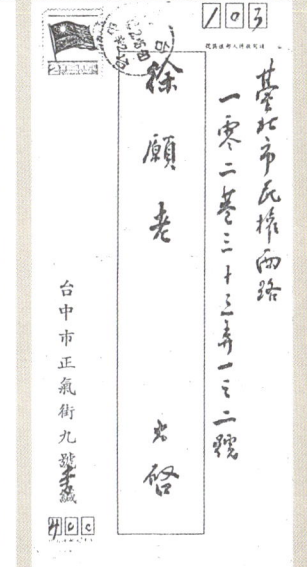

■ 1983年圖7①

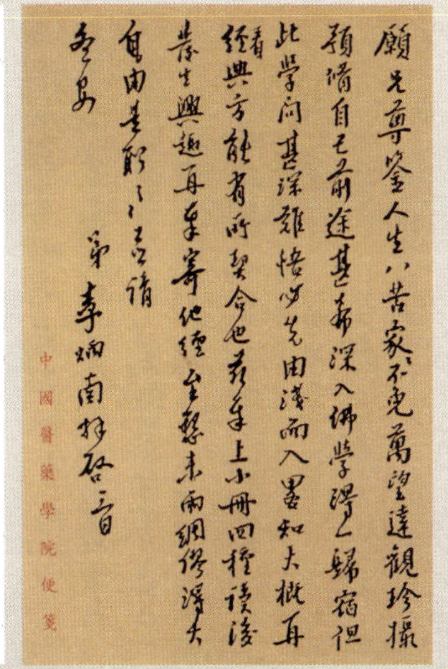

■ 1983年圖7②

■ 1983年圖8①

■ 1983年圖8②

圖9　2月18日，偕弟子至石岡水壩放生，念佛迴向。而後至當地五福神木遊覽，特為授皈依並題詠，有〈石岡五福神木〉。有多位詩人唱和，並有倡議刻詩立碑者。日後經聯繫勘察，於9月15日舉行樹碑典禮。友人王禮卿有〈和雪公五福神木碑詩〉，江逸子繪有〈五福神木圖〉及和詩。先生亦為題辭。

【釋文】
連理盤根五樹同，如雲結蓋自洪濛；高天永夕篩明月，勝地皆春暢惠風。文獻足徵箕子範，彝倫垂象舜臣功；菩提草木聞圓智，願汝今歸古大雄。歲癸亥仲秋敬觀　九五雪叟李炳南題（④）

王禮卿，〈和雪公五福神木碑詩〉：連柯共柢蔭晴空，五福嘉名美化工；榮悴全超交讓上，風煙長養保和中。文章一代寒陵匹，勝跡千秋峴首同；木石無情皆契法，雪公高韻躡生公（⑤）

■ 1983年圖9②

■ 1983年圖9③

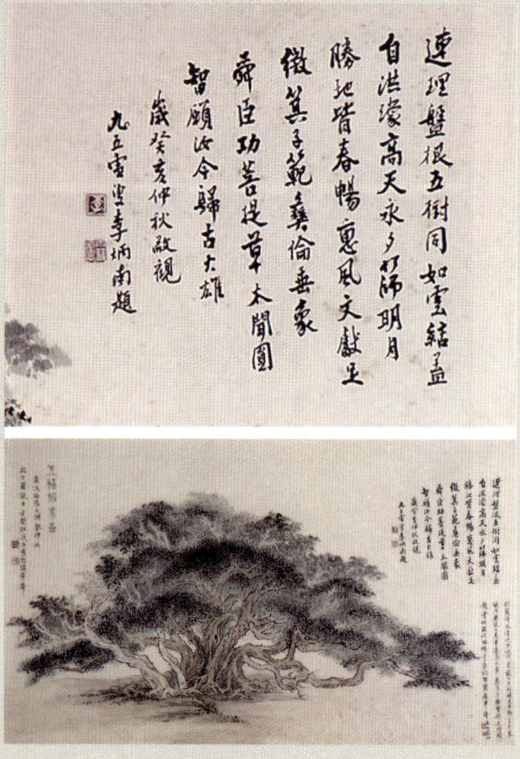

■ 1983年圖9①

■ 1983年圖9④

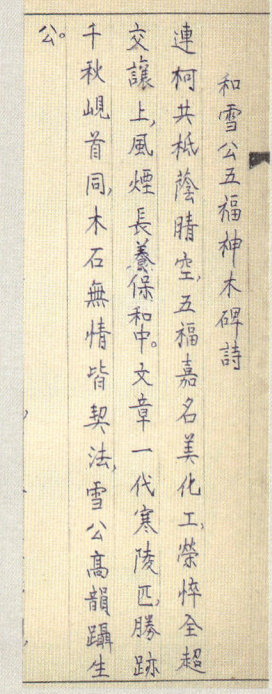

■ 1983年圖9⑤

1983年（民國72年）・94歲

圖10 2月，寄馬來西亞蔡榮華賀年卡，謝其所贈大作《佛學常識課本・附編教學指引》，並擬訂購以教授新生。

【釋文】
榮華賢棣台鑒：久別至想，敬讀惠賜大著甚佩且感，實為初機正途之指南。台灣佛運大異從前，邪說橫行、惟利是圖，傷哉！傷哉！正須此冊挽救少年。但後印有「版權所有」故亦不敢翻印。祈示知每冊印價若干，擬照數奉上。請購訂五十冊以便教授新生正知正見。實賢棣之大功德也。專肅並希示知為禱。
　　兄李炳南鞠躬

圖11 是年初春，為王梅南所作〈太平富貴圖〉、〈綬帶海棠圖〉題詩、題辭。

【釋文】
余遜清光緒庚寅歲生，與屈子同庚。而侘傺流離幾近百年，是怨尤甚於前哲也。今值中華次癸亥，客寓海嶠三十餘秋。有王生梅南精繪事，出此幀以示。審之，寓太平富貴之意。明歲復交甲子，得非泰來之兆歟。忻而識之。　　九五雪叟李炳南（①）

紫綿穠蕤燦春墀，只恨無香助藻思；天道忌盈誰共感，南豐文與杜陵詩。
涼天斜日近黃昏，重理殘妝帶淚痕；蟋蟀鳴秋腸欲斷，林泉隨處有詩魂。
　　歲次癸亥初春觀　　九五叟李炳南
海棠以紫綿為正，叟詩實詠此耳。次首皆秋棠，反襯寓意新奇。山愛夕陽，騷客幽怨，乃人情所同，特誌之。
　　古閩逸子拜觀并識（②）

■ 1983年圖10 　　■ 1983年圖11 ①

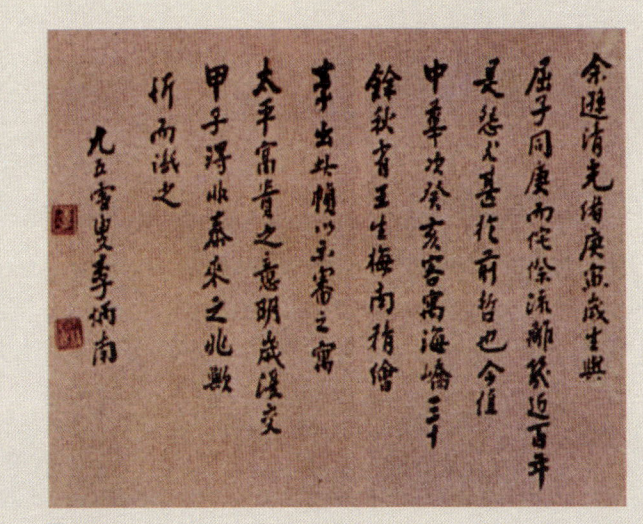

■ 1983年圖11 ①（局部）　　■ 1983年圖11 ②

423

圖12 3月7日，孔德成先生來函，請勿拒受所贈「薄儀」。同時間，孔先生亦發文通告奉祀官府同仁，先生主持「論語講座」為官府數十年新辦業務中最重大者。

函中所稱「薄儀」，當即1982年1月18日先生婉拒，移請奉祀官府出納王瑋中退還之「巨款」。經孔先生再三懇請，於是以該款成立「孔學獎金會」，用以鼓勵文化傳播。

【釋文】
炳兄道右：今午把晤，新春健體百福，允符私頌！吾兄主持本府論語講座，此乃府中最重要之事，亦為數十年來，府中最大之事，較主祕任責，重大之比，奚啻霄壤！贈送薄儀，本不足與工作成為正比，惟以預算所限，只好如此，已覺愧對萬分，若再拒受，使弟更無地自容矣。數十年手足之交，諒兄當不忍使弟為罪戾之人也。南望雲天，百拜以請。專此奉懇，即頌 道安 弟德成敬上 七二、三、七夜（①）

（孔德成，〈大成至聖先師奉祀官府通告〉）：李顧問炳南，自任顧問以來，并主持本府主辦之論語講座。論語講座，為本府數十年新辦業務中，最妥、最大之事。李顧問主持此事，較任主祕，責任更為重大。本府全體同仁，務希瞭解。特此通告。此致 各位先生 孔德成 七二、三、七（②）

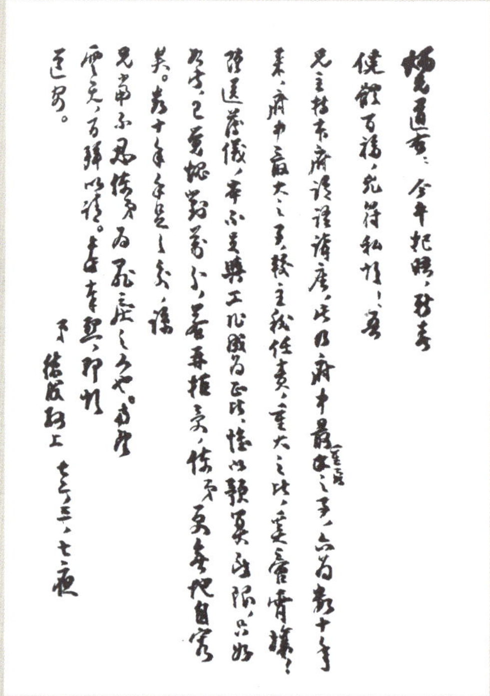

圖13 4月8日，晨七時，蓮社念佛班蓮友七百餘人，以及樂隊、隊旗、佛轎、廣播車、花車等，參加慶祝佛誕遊行。先生隨車遊行全程，沿途頻頻下車招呼蓮友。

圖14 4月21日，上午十時，《論語漢宋集解》作者錢地之回訪，先生於會客室款宴午餐。

■ 1983年圖12 ①　　■ 1983年圖12 ②

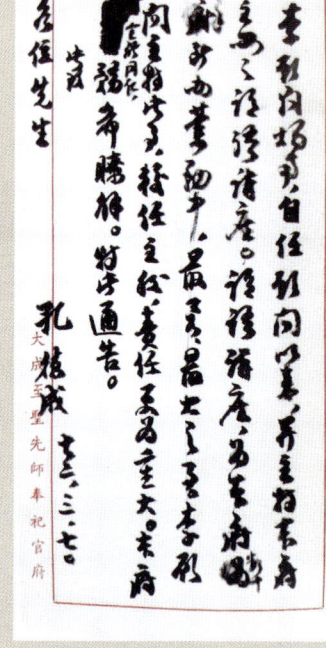

■ 1983年圖13 　　■ 1983年圖14

圖15　5月1日，錢地之初訪臺中北返後，來函致謝，並表達追隨學習之誠。

【釋文】

雪廬老鄉長尊鑒：地之此次晉謁鄉長，承蒙賜宴諸盛況，感激無涯。景仰鄉長犧牲小我以全大我之精神，地之無才願學步焉。人生不過百年（老鄉長之壽自不在此限），留些道德事業與後人，覺得比功名富貴更可貴。小女瞻吾等照影曰：觀其親情猶如父子，地之以為吾與尊長親者道與德耳。地之尊儒尊佛重篤行實踐，公居先也。今後永是後學弟子，猶恐不及，甚望時賜教誨，冀孔學重揚，使中國復漢唐匹三代，並駕堯舜。周雖舊邦，其命維新。結束宋明文化之厄，開揚聖教，不亦宜乎。祈勿回信，保重道體。肅頌

道祺　　鄉後學錢地之叩上　五月一日

高足李榮輝君來舍下，便託帶純正凍頂茶二小包用敬老鄉長。如對口味，地將下月再敬送。又及

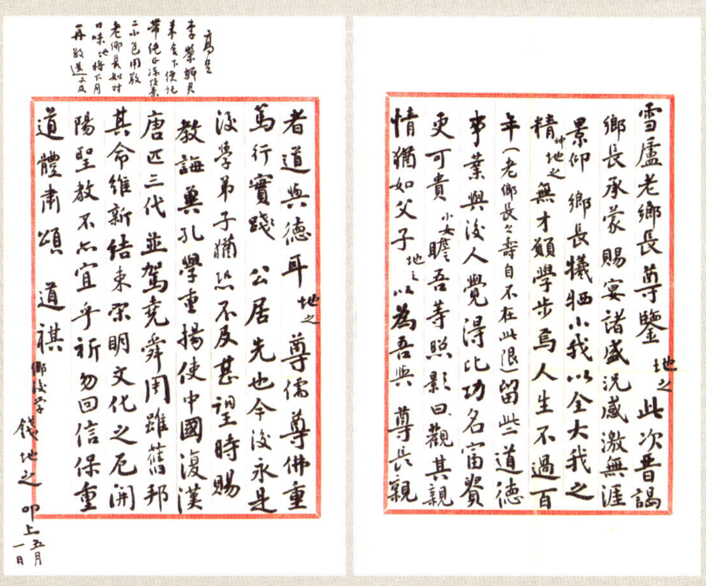

圖16　5月6日，錢地之再來函，說明撰作《朱子四書集註評述》進度。

【釋文】

雪廬老鄉長道鑒：邇來道履康寧，為頌為祝。地之正努力評述朱子《四書集註》，五月中《論語》廿篇、共三百六十餘章可以評定畢，其餘《學》、《孟》比較容易。程朱理學思想貫注於論語，寫來至為勞神。此是欲使孔孟歸孔孟、程朱歸程朱也。將來書成，再請老鄉長教正。地之於前次信上註明勿覆信者，恐怕勞動精神之故，無有他意。蓋年事長，不宜傷神，倘有要事需要面談者，由榮輝通知便好。又《明倫》稿已寄出，未知合適否？目前正安心完成此稿，短期內不擬趨府晉謁，希多珍攝道體，松柏長青也。肅頌

福安　　愚晚學錢地之叩上　五月六日

兩次敬奉之茶未知適口味否？告李榮輝同學，以便再購奉上。又及

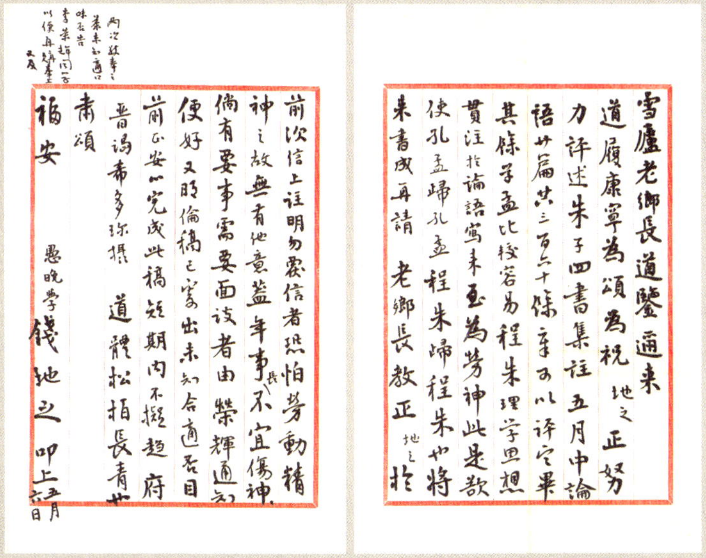

圖17 5月10日，對本期《明倫》月刊之編輯甚為嘉許，召集同仁談話。日後，又有多次嘉勉。

【釋文】
此次所編至為精美，出乎意料之外。惟內中少一二處，須小變動，果能如是延續，則與社教大益矣。至盼，至盼。
炳讀後妄評　腊月十三日

圖18 5月，至臺中孔廟瞻禮致敬。日前因食物中毒，病休一個月。是時病體初癒。

圖19 6月，《明倫》月刊發行第一三四期，先生指示，以五大綱領歸類文稿。

【釋文】
1.法音　2.孔學廣播錄存　3.因果律　4.游藝組　5.明倫采掇

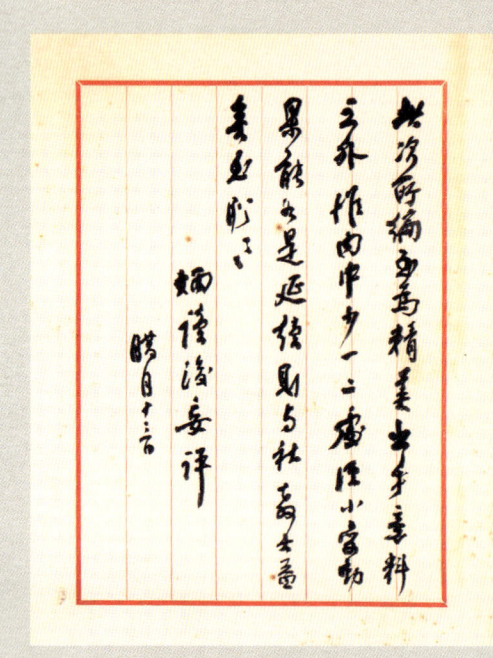

1983 年圖 17　　1983 年圖 18 ①　　1983 年圖 18 ②　　1983 年圖 19

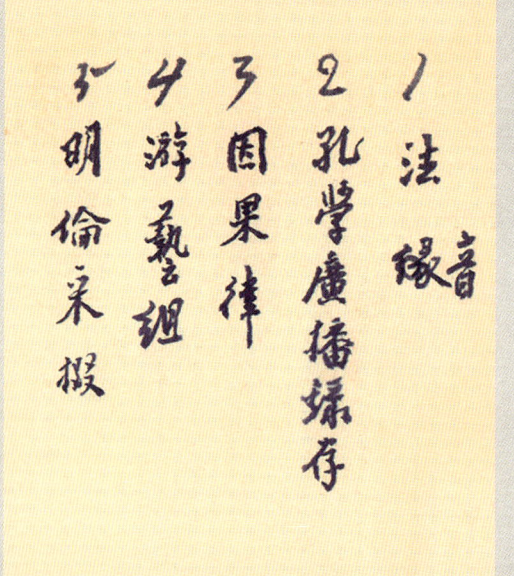

1983 年（民國72 年）· 94 歲

圖20 7月15日，錢地之來函，所著書《朱子四書集註評述》之《論語》部分已完稿，擬於近日攜往臺中面陳請先生匡正。（照片提供：鄭如玲）

圖21 7月，至慈光育幼院與慈德幼稚園第八屆畢業生合照。師長席左起第二位：詹前柏、郭基發、沈漢從、鄭勝陽、吳碧霞、炳南先生、郭秀銘、連淑美、張惠娟。

圖22 8月18日，復函趙天行，讚歎其文章益國利民，將發刊於《明倫》月刊。

【釋文】

天行鄉棣道鑒：奉示及大作，敬讀俱悉，是血性文章，對今詬病正是良藥，益國利民，功德甚大，極為贊佩。已交該刊主編，當在下期登錄。但時下所謂文豪者不過專尚辭藻而已，至於道之一字，則相去萬里，國勢所以亂耳。炳與台端久違，似能暢談一日方快。俟氣候少涼，定期面晤。為風俗不景象，尚有求教多事。興亡，匹夫有責，各盡其心，收穫可不問也。先此申謝，匆匆，順頌

撰祺　　小兄李炳南拜啟　八月十八日

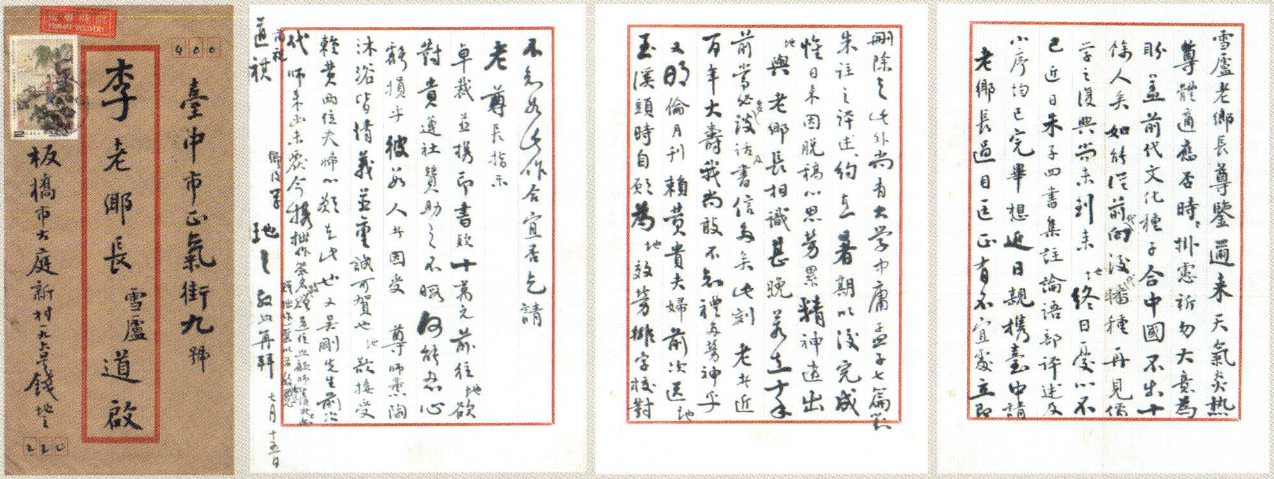

1983 年圖20

台中市慈德幼稚園第八屆畢業合照留念72年7月

1983 年圖21

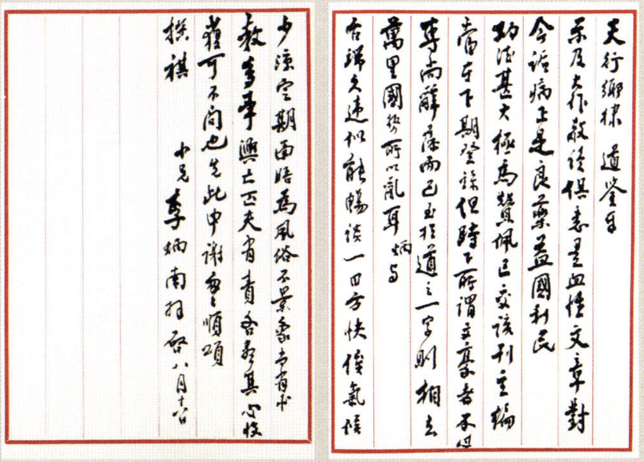

1983 年圖22

圖23 8月26日，箋示台中蓮社總務主任陳雍澤，著請將日前翻印之木刻善本《佛說阿彌陀經要解便蒙鈔》，廣為流通各界。

【釋文】〈函示陳雍澤〉：

雍澤賢契鑒：本星期內請將《便蒙鈔》全發對方如後。
1. 論語班同學。　　2. 聯體機構各職員。
3. 台省各圖書館。　4. 台省各校圖書館。
5. 慈光講座外埠聽經同人。（問鄭勝陽）
6. 各國圖書館。

　　兄李炳南謹啟　八月廿六日

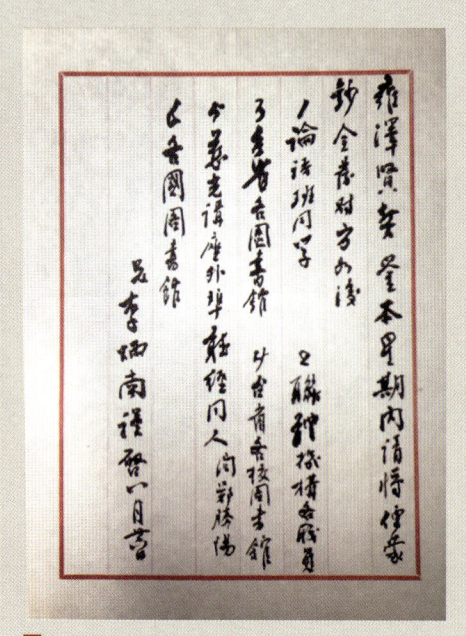

圖24 8月，為江逸子繪圖，作有〈題歸馬回顧圖〉、〈題猴戲圖〉。

【釋文】

〈題歸馬回顧圖〉（①）：

射雕歸馬萬方寧，天下無山可勒銘；
緩轡遙看後來者，不知誰與畫丹青。
華夏歲在癸亥　九五雪叟李炳南觀題

錦轡珠勒玉花驄，遊涉雲林與洛嵩；
回首少年豪氣在，中原攬轡據鞍雄。
　　江錦祥作

〈題猴戲圖〉（②）：

麟臺雲閣意如何，犬背猴冠弄劍戈；
不是村翁能造物，時機只在數聲鑼。
　　九五雪叟觀而戲題於台中

■ 1983年圖23　　■ 1983年圖24①　　■ 1983年圖24①（局部） 　　■ 1983年圖24②

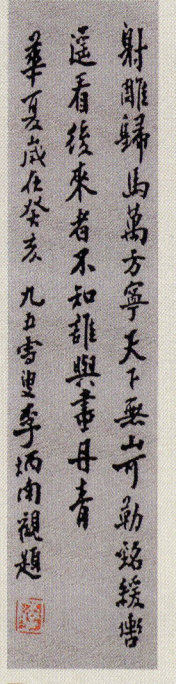

1983 年（民國 72 年）・94 歲

圖25 8月31日，周邦道來函（①），轉附周宣德致先生函（②），邀請擔任「淨土系列講座」主講。同時推介慧炬社三位核心成員才榮春、席淑媛、王熙元來學。（照片提供：鄭如玲）

【釋文】
雪公夫子大人函丈：瑣屑紛乘，稟候久疏，至為歉疚。子慎兄為端正慧炬社同仁學佛趣嚮，擬由才榮春、席淑媛、王熙元諸氏詣台中聆聽塵講淨土法門，並皈依座下執弟子禮。意極虔誠。因受業患結膜炎，致未即轉。茲稍瘥，謹附牋奉上，敬乞鈞鑒，伏祈俛允為禱無量。耑此，肅呈，順敬
崇安　受業周邦道頂禮　七十二年八月卅一日
勝陽師兄代為送禮，附此致謝（①）

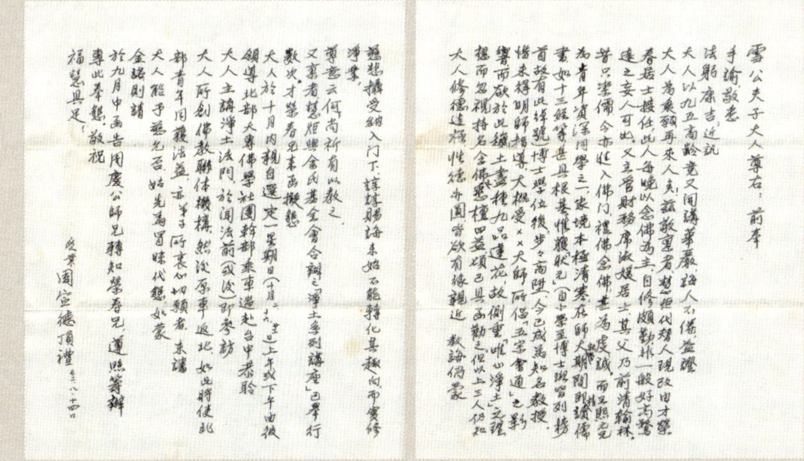

圖26 9月21日，中秋節，題寫王梅南所繪〈有斐君子圖〉，贈鄭惠文。

【釋文】
此寓意為有斐君子。得之者常省身，如切如磋，方不負友人所贈。歲癸亥中秋，應惠文具壽雅囑題于臺中正氣街
九五叟李炳南

■ 1983 年圖 26（局部）

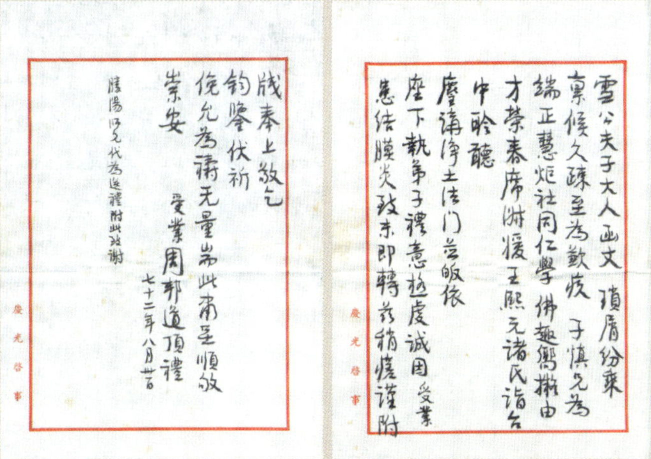

■ 1983 年圖 25 ①

■ 1983 年圖 25 ②

■ 1983 年圖 26

圖27 10月11日，創辦台中蓮社「明倫動畫研習班」（後改名「明倫美術班」，1985年改名為「社教科」），舉行開學典禮。

圖28 10月30日，臺北慧炬學社蒞臨台中蓮社，禮請先生擔任慧炬淨土系列第四場講座。

圖29 11月13日，參加中國醫藥學院董事會議。日後，董事長陳立夫來函，致贈當日相片一幀。

【釋文】

炳南先生：星期日午餐時，楊代表天生與先生談話時攝影一幀，寄奉以作紀念。專肅，敬請道安　陳立夫　七二、十一、十六

▪ 1983年圖28

▪ 1983年圖27

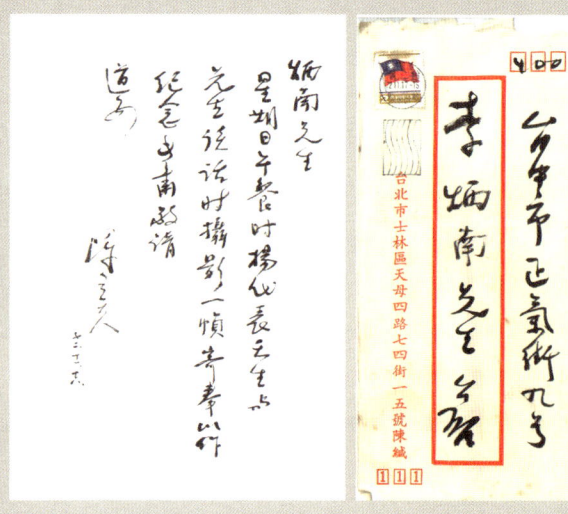

▪ 1983年圖29

圖30 11月15日，函復同鄉晚輩楊慧民。

楊父為先生在莒時至交楊子餘。楊子餘時任莒縣電報局長，1930年，代向蘇州弘化社申請印贈之佛書，先生由是知有印光大師及淨土法門。1935年，又合作組織莒縣救濟委員會，收容黃河水患災民。交誼密切。

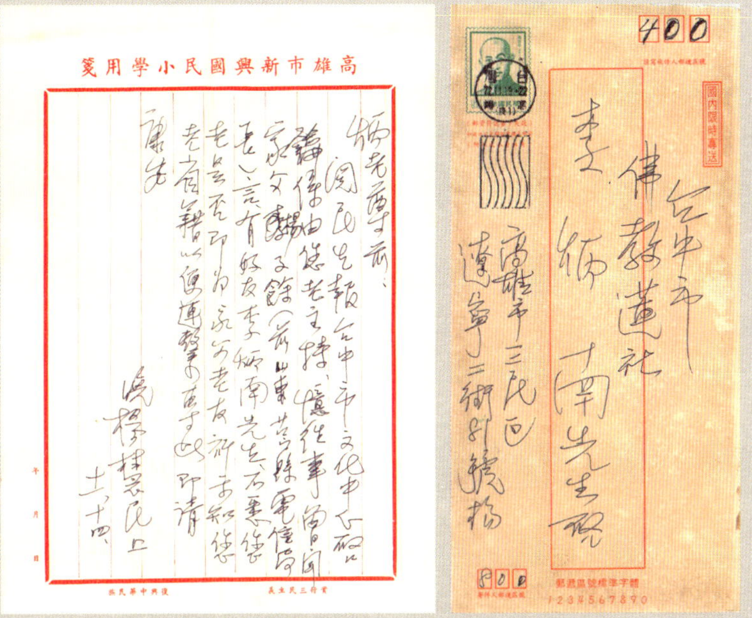

【釋文】

〈楊慧民來函〉：炳老尊前：閱民生報，台中市文化中心啟鑰係由您老主持。憶往事，曾聞家父楊子餘（前山東莒縣電信局長）言，有好友李炳南先生，不悉您老是否即為家父老友？祈示知您老省籍，以便連繫。專此，即請

康安　　晚楊慧民上　十一、十四（①）

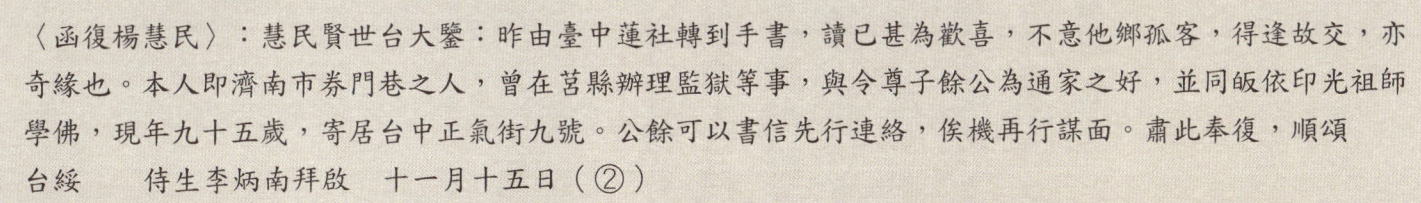

〈函復楊慧民〉：慧民賢世台大鑒：昨由臺中蓮社轉到手書，讀已甚為歡喜，不意他鄉孤客，得逢故交，亦奇緣也。本人即濟南市券門巷之人，曾在莒縣辦理監獄等事，與令尊子餘公為通家之好，並同皈依印光祖師學佛，現年九十五歲，寄居台中正氣街九號。公餘可以書信先行連絡，俟機再行謀面。肅此奉復，順頌

台綏　　侍生李炳南拜啟　十一月十五日（②）

圖31 11月，為許智銘編集之《內弘明集》題書名。該書係蒐集教界張澄基、吳汝鈞、沈九成等多位大德討論「愛、慈悲」異同之篇章而成。先生曾函勸許智銘引導息諍。

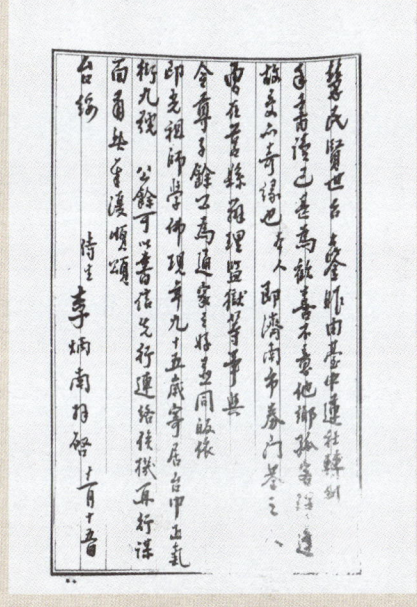

■ 1983年圖30①

■ 1983年圖30②

■ 1983年圖31

圖 32　12月22日，冬至。寄兩張近照回濟南老家，勉勵公子俊龍。

【釋文】

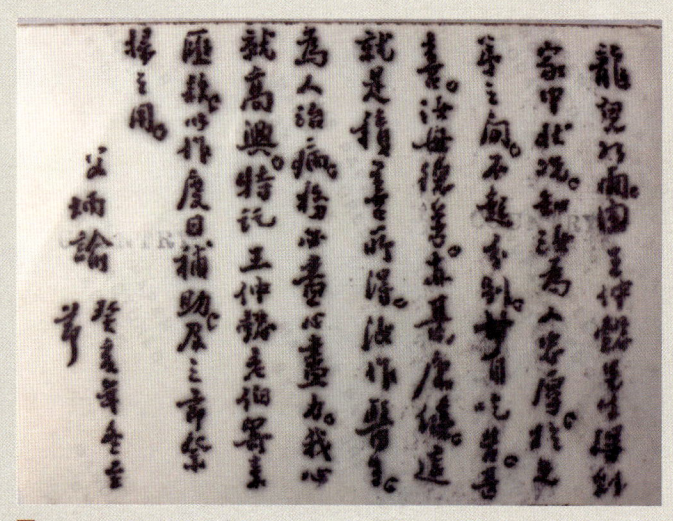

龍兒如面，由王仲懿先生得到家中狀況，知汝為人忠厚，於兄弟之間不起分別，甘自吃苦，甚喜。汝母德芳，亦甚康健。這就是積善所得。汝作醫生，為人治病，務必盡心盡力，我心就高興。特託王仲懿老伯寄來匯款，以作度日補助，及三節祭掃之用。

　　父炳諭　癸亥年冬至節

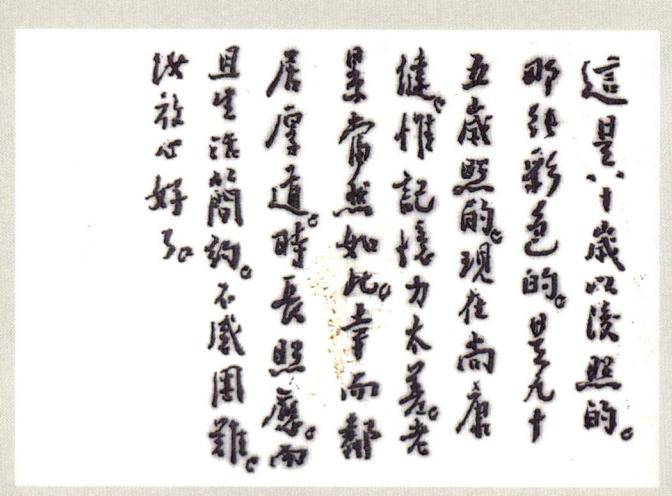

這是八十歲以後照的，那張彩色的，是九十五歲照的，現在尚康健，惟記憶力太差，老景當然如此。幸而鄰居厚道，時長照應。而且生活簡約，不感困難，汝放心好了。

1983 年圖 32 ①（背面）

1983 年圖 32 ①

1983 年圖 32 ②（背面）

1983 年圖 32 ②

1984 年（民國 73 年）・95 歲

圖1　1月17日，劉汝浩來函，為先生贈禮及指點《泗水縣志》主編事致謝。（照片提供：鄭如玲）

圖2　2月2日，夏曆春正月初一為淨空法師成立之「華藏講堂」、「華藏蓮社」題名。

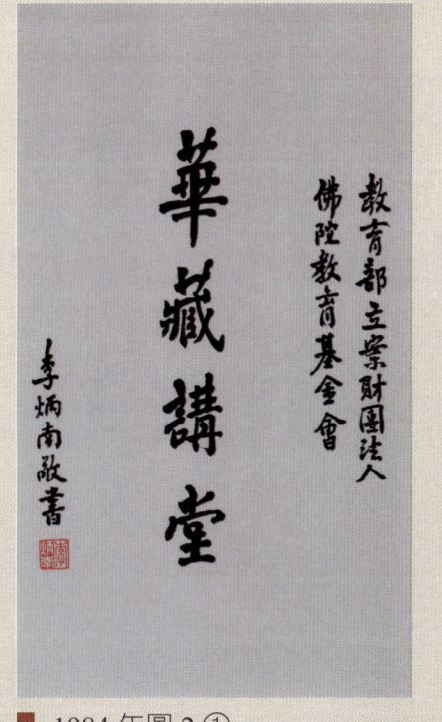

【釋文】

雪公我師慈鑒：翰示及文集斗方等件，先後奉悉，無任感愧。蓋泗誌主編之建議與生之冒昧轉陳，均屬不情之請，蒙師不加斥責，反詳示進行辦法，可謂憫其愚而嘉其志，曷勝銘感。經生面交賜件詳談，決即遵諭進行，並約生參助。肅此稟請釋注。敬請慈安　弟子劉汝浩頂禮　七三、一、十七

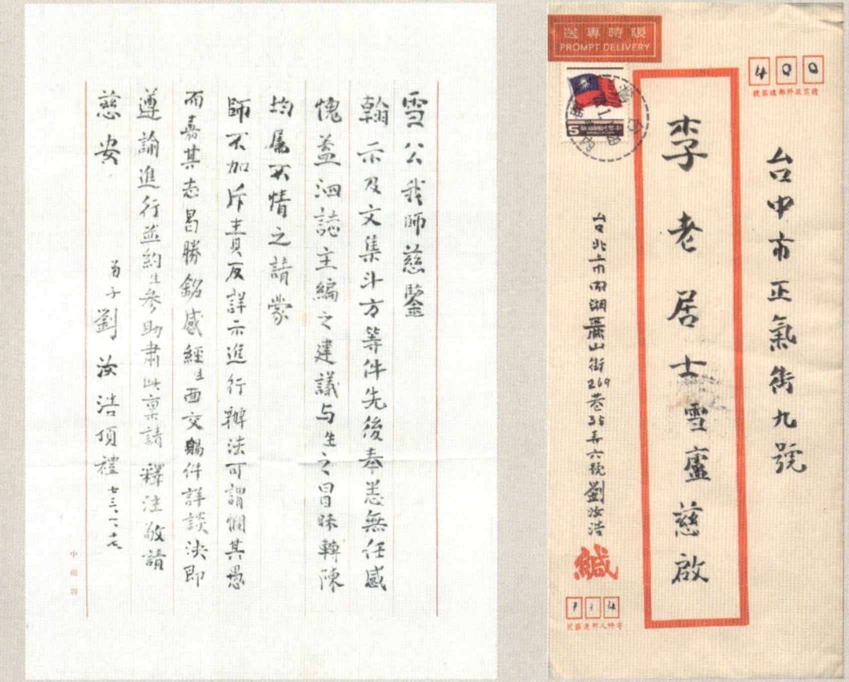

1984 年圖 1

1984 年圖 2 ①

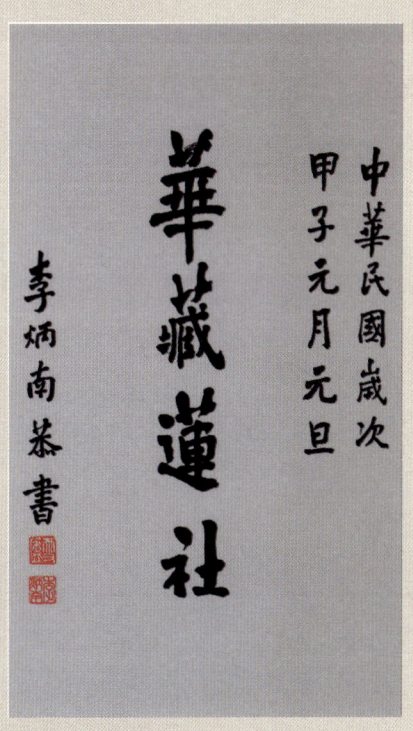

1984 年圖 2 ②

圖3　2月21日，夏曆正月二十日，致函會性法師，祈祝眼疾康復；並請注意飲食安全。此因先生1月下旬，因食物中毒致腳踝腫大，病休數日。新春年後開始講經，數次後又再示疾，養疴三個半月。

【釋文】

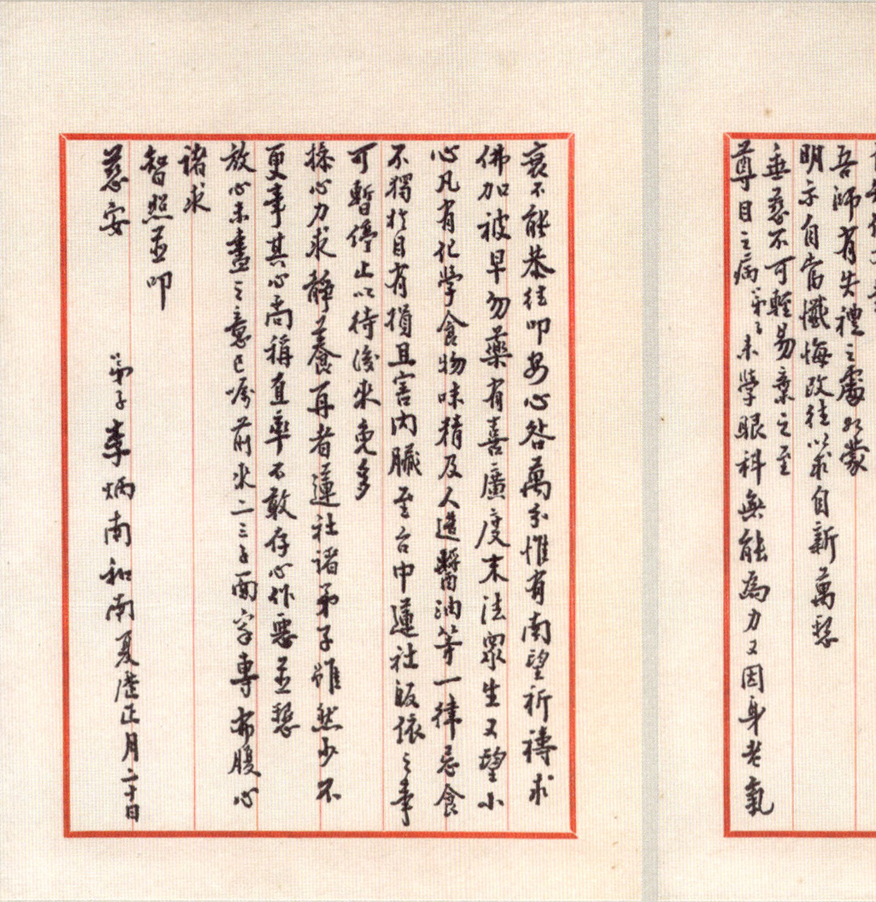

會公吾師猊座：近由蓮社辦事之人交讀吾師手示，內有皈依另請高僧之言，不勝駭異。按台中蓮社辦事皆係吾師所授弟子，恩誼非同泛泛。至全體社員及弟子本人，三十年來皆尊吾師為當代高賢，無不心誠悅服。但辦事諸人年少心粗，闕乏經驗，未免時常出錯；弟子年又衰頹，忘事昏瞶，亦不便處處多問。兩皆罪過，尚不自知。倘有對吾師有失禮之處，如蒙明示，自當懺悔改往以求自新；萬懇垂慈，不可輕易棄之。至尊目之病，弟子未學眼科，無能為力；又因身老氣衰不能恭往叩安，心咎萬分。惟有南望，祈禱求佛加被，早勿藥有喜，廣度末法眾生。又望小心，凡有化學食物味精及人造醬油等，一律忌食；不獨於目有損，且害內臟。至台中蓮社皈依之事可暫停止，以待後來，免多操心，力求靜養。再者蓮社諸弟子雖然少不更事，其心尚稱直率，不敢存心作惡，並懇放心。未盡之意，已囑前來二三子面稟。專布腹心，諸求智照，並叩

慈安　　弟子李炳南和南　夏曆正月二十日

1984 年圖3

1984年（民國73年）‧95歲

圖4　2月22日，慈光圖書館華嚴法筵，甲子年第一次開講，先生抱病宣講〈新元講席貢言〉。圖為先生講表油印講義，黑色字為先生手注。（照片提供：鄭如玲）

圖5　2月25日，先生公子李俊龍自濟南來信，回復收得2月去函、照片及匯款。

【釋文】

父親大人膝下：敬稟者，男已於二月初接到父親的來信及照片兩張。於二月十五日接到匯寄來的美金五百元，儲蓄到銀行，做為生活的補助。今年過年，全家過的都很愉快。母親身體也很健康，兩個孩子上學也很好。餘容再稟。即致　金安　　男俊龍叩　84年2月25日

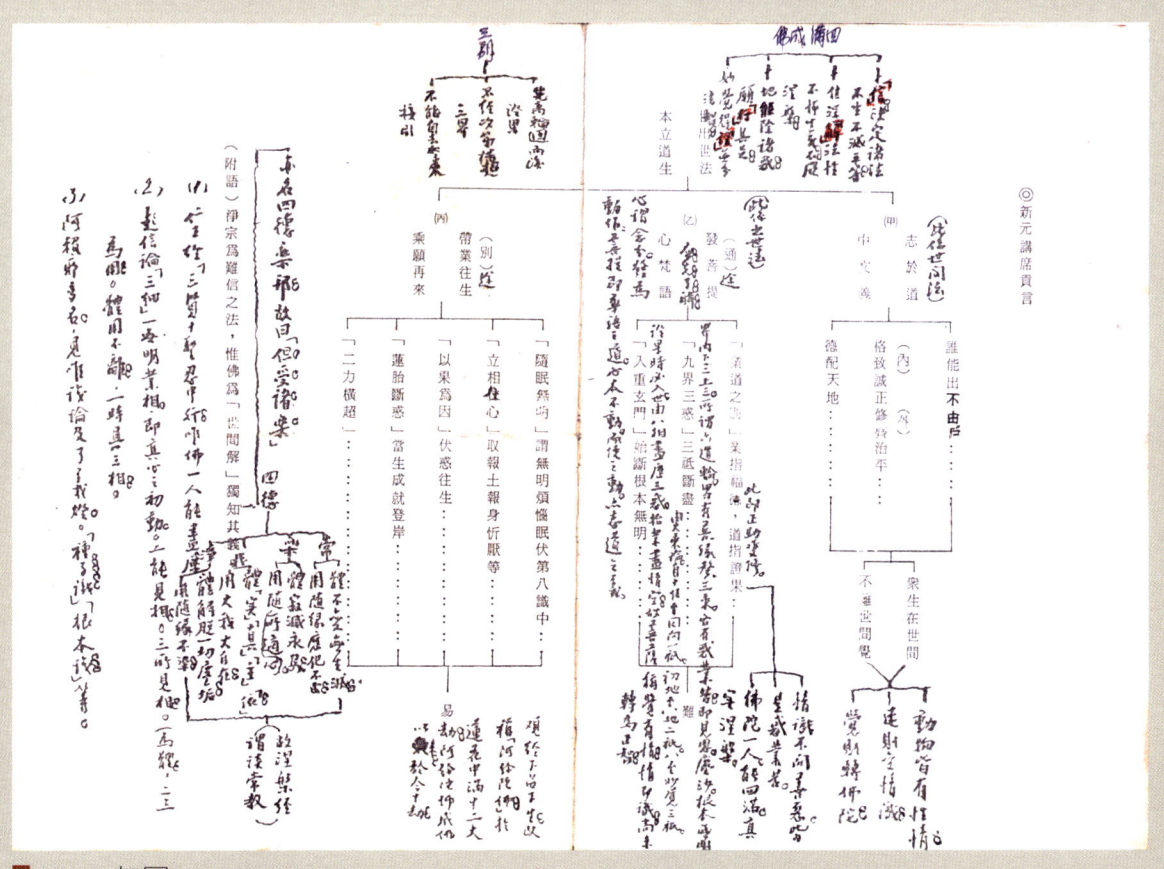

■ 1984年圖4　　　　　　　　　　　　　　　　　　　　　　　　　■ 1984年圖5

圖6　3月5日，孔德成先生至臺中慰訪，返臺北後函請住院檢查身體，同時請官府職員致贈水果。（照片提供：鄭如玲）

【釋文】
炳兄：今日訪候，尊體已漸康復，至慰。弟意，如須徹底瞭解病情，以進駐醫院（臺中榮總聞尚佳）檢查為宜。想兄當可俯采芻見也。內子特屬致候。專頌
瘥安　弟德成敬上　七三、三、五夜　臺北（①）

（孔德成便條）送李先生：綠蘋果廿個，梨廿個，香蕉十支，葡萄（美國的）兩斤。此
致會、出、總　先生　成　七三、三、五（②）

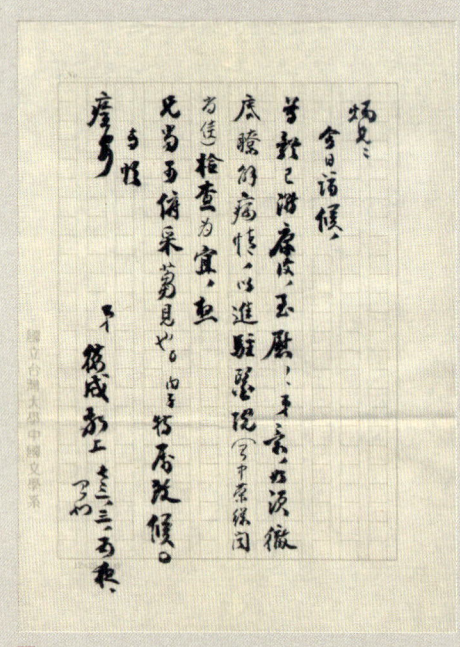

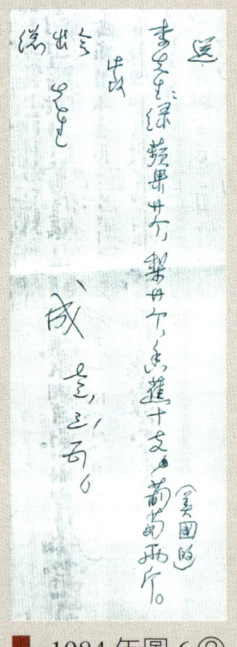

1984年圖6①

1984年圖6②

圖7　3月16日，發出通函，感謝各方問訊慰候。（代鈔）

【釋文】
敬啟者：學人因飲食中毒，發生腰腳之病，承蒙大德蓮友賜書垂問，或枉駕慰候，並贈珍品，暨種種藥餌，拜受隆情，銘感不盡。以現在尚未復元，不能一一踵叩，謹函申謝，尚祈鑒原，並請道安　學人李炳南頂禮　三月十六日

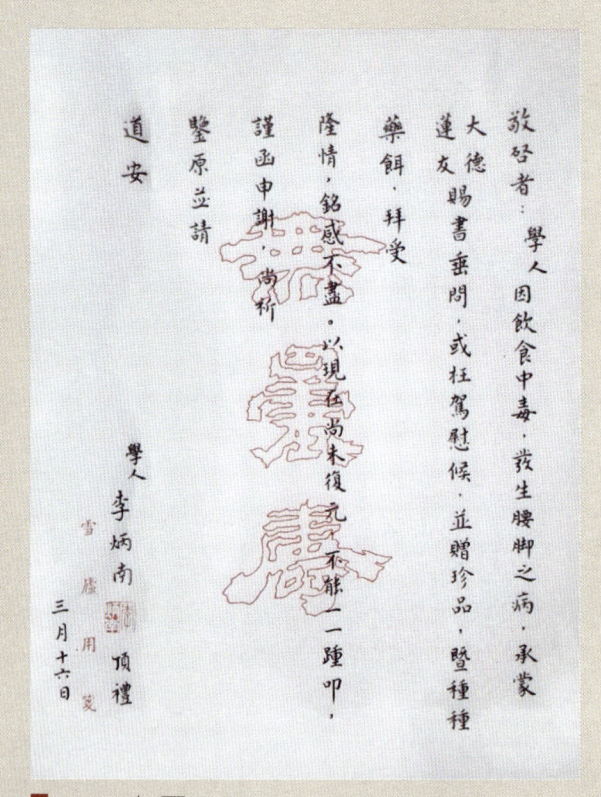

1984年圖7

1984年（民國73年）・95歲

圖8　4月17日，孔德成先生來函，託請推薦祕書人才。

【釋文】

炳兄：以府事相擾，至感不安，叨在愛末，或不以罪也。昨留二牋，交鄭勝陽君轉呈，諒譽典籤。弟託物色祕書一位，除面談之限制外，能文筆者最好；以所司乃祕書之職（以現組織法上如此），非主祕也。其待遇不一定照陳壯飛君之原數，以此數送上級，恐難照准。如「無退休」、「無撫恤」，及可遂〔隨？〕時解約等等諸端，務請與對方詳明說之，免有誤會。尊體雖已康復，但仍多須休養，至盼至禱。同仁處，弟已屬每日趨府面謁。

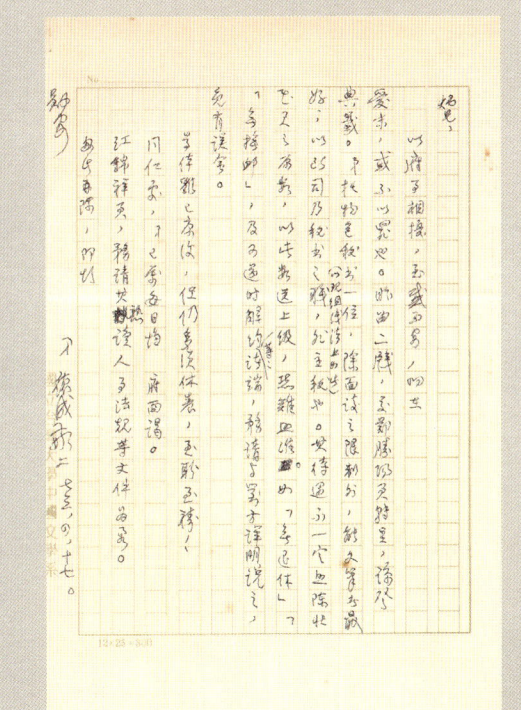

江錦祥君，務請其熟讀人事法規等文件為要。匆此再陳，即頌

勛安　弟德成敬上　七三、四、十七

1984年圖8

圖9　4月24日，淨空法師與徐醒民同至正氣街寓所探望先生。三人於先生臥榻合影。

1984年圖9

圖10　4月24日，中國醫藥學院董事長陳立夫來函慰問先生病情。
（照片提供：鄭如玲）

【釋文】

炳南先生：聞先生飲食中毒，想已用中藥解毒有效，恢復健康，至念。承賜毛筆及茶葉，病中猶以弟為念，感激不盡。茲另郵寄上韓蔘一匣，以之燉雞可助恢復也。專此申謝，並祝

痊安　弟陳立夫敬上　七三、四、廿四

1984年圖10

圖11 5月，至澹寧齋為江逸子新設佛堂之「西方三聖像」主持上供。「三聖像」係江逸子手繪，於癸亥臘八圓滿。先生親書對聯「清淨莊嚴超眾聖　慈悲喜捨度群倫」，並囑大量流通。圖為澹寧齋佛堂所供原畫。

圖12 5月中旬，遊蘆花峪，有詩〈旅臺遊蘆花峪憶齊州閔子墓〉、〈題蘆花峪攝影〉。先生於留影題詩，廣贈諸弟子。

【釋文】
故園東郭外，閔子舊佳城；喬木他年淚，蘆花今日情。
膠庠迂孝友，宇宙尚縱橫；莫決齊川水，遙涵海月明。
（濟東門曰：齊川）

〈再題〉：蘆花如雪亦如綿，回首鄉關禮昔賢；
憐我把看無限意，馳魂不獨入齊煙。　炳南

旅臺遊蘆花峪觸憶齊州閔子墓識感
　　歷下九五雪叟李炳南題　中華民國第二甲子清和月中浣

圖13 6月5日，孔德成先生來信，感謝賀節禮物。

【釋文】
炳兄：承賜節物，至謝。諸務叢脞，幸體力尚可支爾。府事尚希諸多費神。惟五衷至感不安也。尊體，勿〔務〕希珍攝為叩。專謝，即頌節安　弟德成敬上
　　　　內子附叩　七三、六、五
新請之祕書，其條件仍如前函所述，至要！

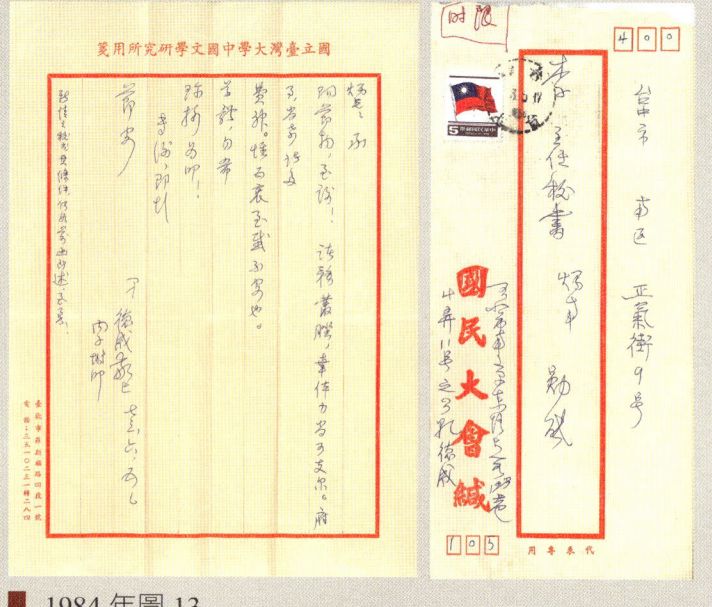

■ 1984年圖11

■ 1984年圖12

■ 1984年圖13

圖14 6月9日，復函周邦道，感謝其慰問。

【釋文】

慶棣賜鑒：拙習承獎，至感至慚。餘稿正在偷閒整理中，如無新忙，或可年終付刊。賤軀日衰乃理之當然，不需藥物，務懇釋念。惟提筆忘字可笑耳。他盡如命。專肅謝謝，並祝

康強多福　小兄李炳南謹啟　六月九日
　　再晚鄭勝陽附叩

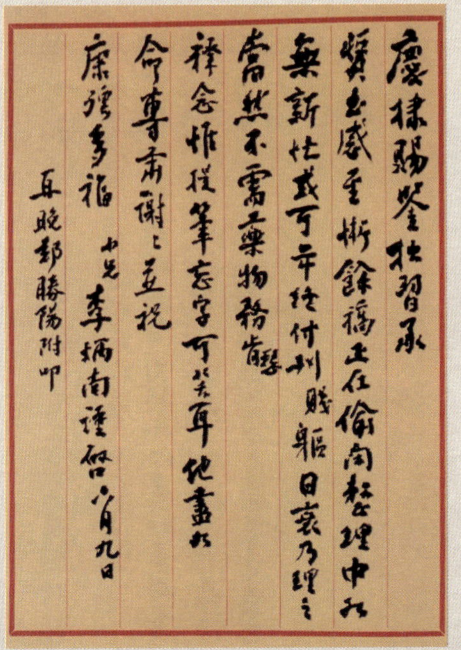

圖15 6月16日，錢地之來函，感謝贈禮，自述志願，並請先生教誨。（照片提供：鄭如玲）

【釋文】

雪廬老鄉長尊鑒：囑榮輝同學贈賜高麗蔘奉收，地之愧不敢當。於年齡輩份言之，地晚輩，禮當孝敬長輩。如此禮反行矣，心有不安。地之承蒙愛護，感激莫能形狀。此有緣也，當圖報之。地之為弘揚孔聖之道，遑遑不可終日，非是不知度德量力者，實不得已耳。蓋讀聖賢之書，積數十年道德勇氣，心中不平如火山之待發，最後導之中道，弘揚於世，即使世人明我道也。程朱二子晦其道者。此旋轉乾坤非我所能及，深望不棄，多加教誨。肅祝

體安　鄉後學錢地之頓首　六、十六

禮有之，晚輩上書者，可以不復。祈勿勞神。又及

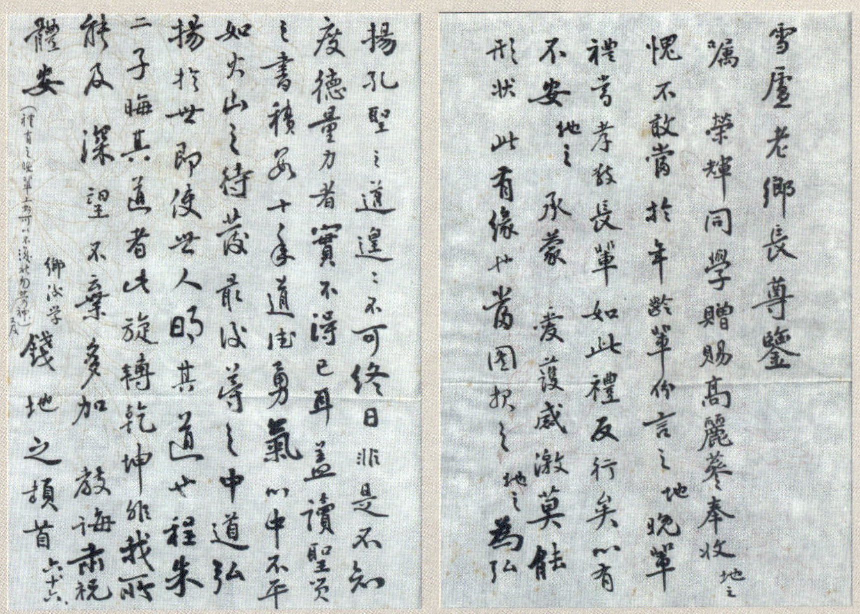

■ 1984年圖14

■ 1984年圖15

李炳南居士年譜圖冊

圖 16 7月5日，周邦道函請刊印先生佛七開示講表。先生於是月9日，去函周邦道，說明講演底稿並非「開示」，且未經校改，不宜刊佈，以免引發諍疑。（照片提供：鄭如玲）

圖 17 7月12日，周邦道回函：遵囑不印佛七開示，其他講演底稿擬請同意刊佈。（照片提供：鄭如玲）

1984 年圖 16

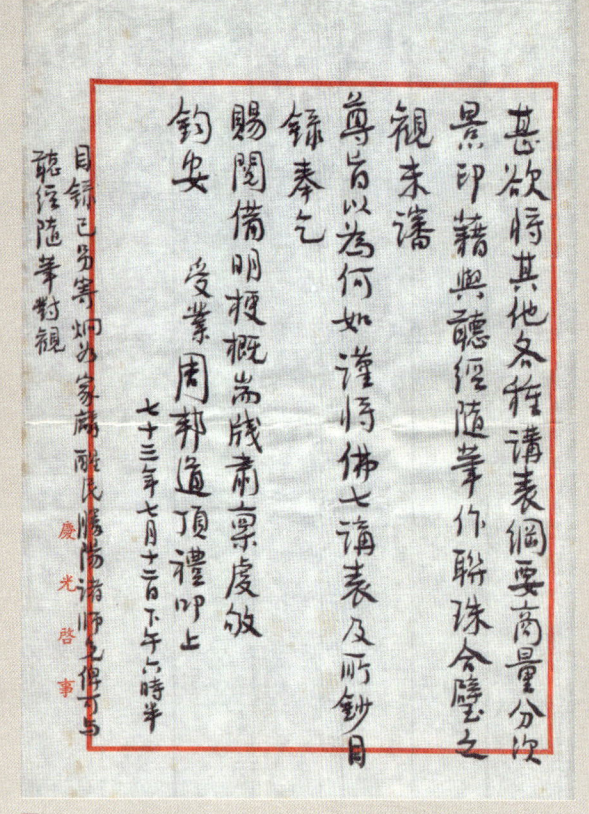

1984 年圖 17

1984年（民國73年）・95歲

圖18 7月31日，孔德成先生指示調整待遇原則，先生轉請人事、會計遵辦。

【釋文】

（孔德成來函）：頃與江、趙、王、鄭諸君商，加支準則，仍照上次標準為據。據江君四位意見，可以「薦十二」為準加。弟以不出三項為原則：（一）經費節餘多少，（二）公平，（三）以何為準。此商結果，不悉兄意如何？如有尊見，可飭人、會再議也。

炳兄　　弟成　七三、七、卅一。（①）

昨奉長官手諭。調整待遇之件，開出三種原則。自當遵擬編數列表。先行呈報主官審核批示，然後再依照向上級機關填報，庶不致悞。

炳轉原件附　八月一日
此上
人事處
會計處（②）

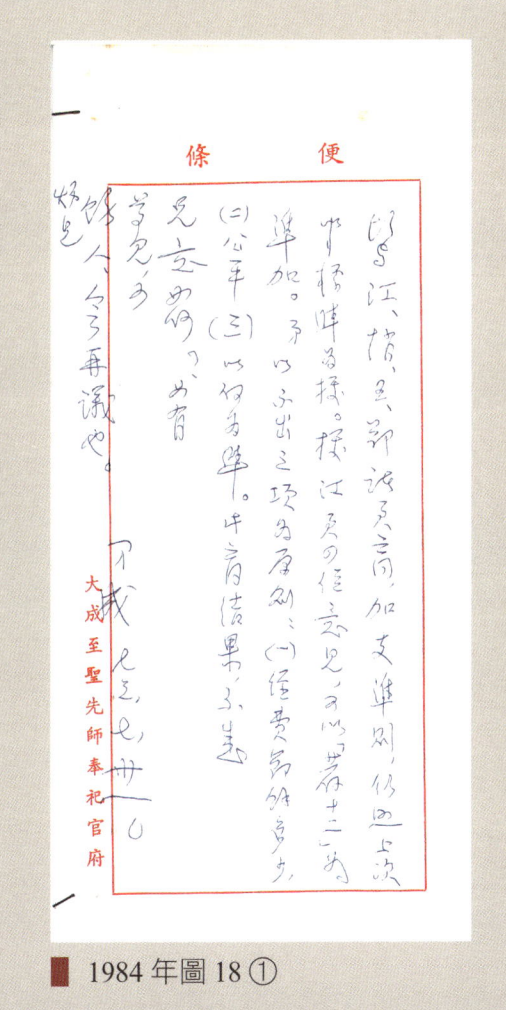

1984年圖18①　　1984年圖18②

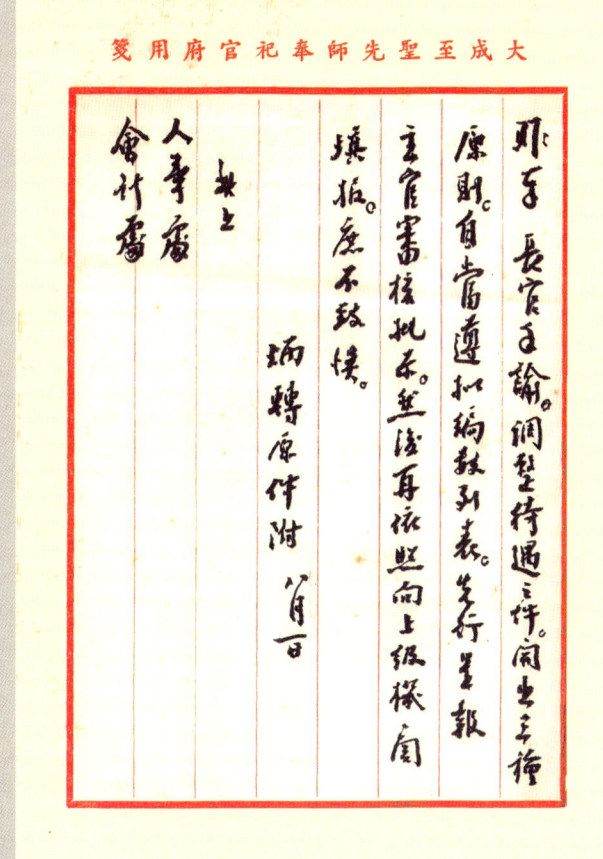

圖 19　8月10日，奉祀官孔德成先生出任考試院長，先生親為相關文化機構及奉祀官府同仁擬賀函。（照片提供：陳雍澤）

【釋文】

考試院長鈞鑒：久欽教恩，深銘五內。此次榮膺考院首揆，已兆文運中興、國步行健。仰維尼山生雲西來普敷鯤島，洙水翰澤所至助澄明潭，恢我漢京，講信修睦，由小康而進大同，或即基於此也。肅此申賀，恭請　誨安

孔學獎金會、論語講習班、明倫雜誌社、中華文化節目廣播社、明倫之聲全國廣播網、慈光圖書館　同上（①）

（奉祀官府職事人員致賀）

奉祀官鈞鑒：恭聞榮膺考試院長，曷勝忭欣，仰維木鐸重振，將化導於五洲；杏壇流芬，當啟蒙於萬類。建國以來，天開文運，展望前程，行看禮樂復興，兆民有慶。謹申賀忱，肅請　鈞安

職　郭基發、陳雍澤、江錦祥、趙明德、趙昭男、陳序同、王瑋中、簡輝雄、林欽勇、鄭勝陽、李炳南等同上　八月十日（②）

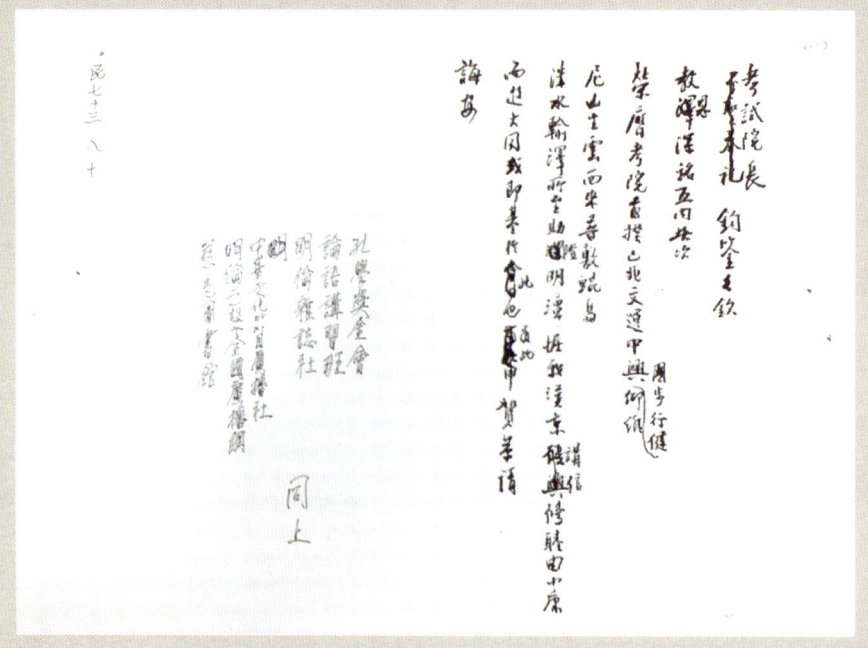

■ 1984年圖19①　　　　■ 1984年圖19②

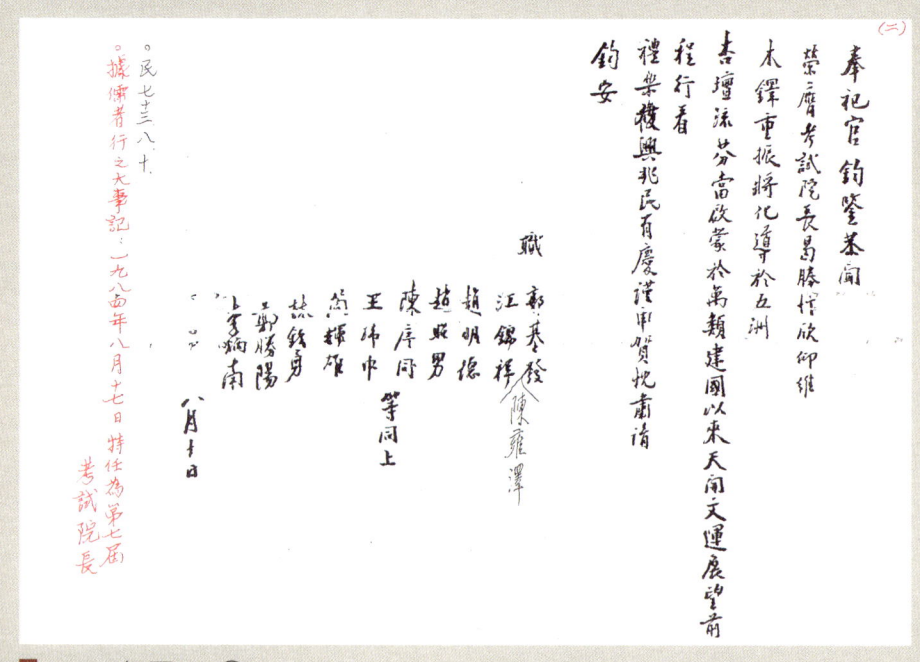

1984年（民國73年）・95歲

圖20 8月23日，孔德成先生復函致謝，並惜不得先生襄助院務。

【釋文】
炳兄：承賜賀，至感且謝。無才無學，膺此重命，惶恐之餘，只有惕勵黽勉，以報國恩。惜不得兄為助，此亦無可奈何者。本擬趨教，以遂〔隨？〕時有事，無法分身，電話又多不便，稍遲，定當一謝也。專此先復，即頌
時安　弟德成敬上　八、廿三
府事只好偏勞矣。百拜以謝

圖21 8月，至蓮社參觀明倫美術班學生習作展。

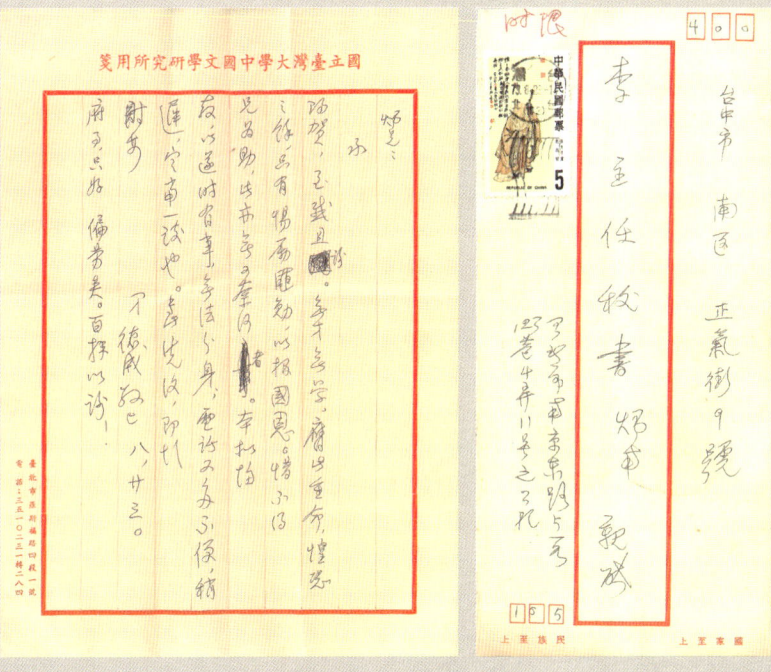

■ 1984年圖20

■ 1984年圖21①　　■ 1984年圖21②　　■ 1984年圖21③

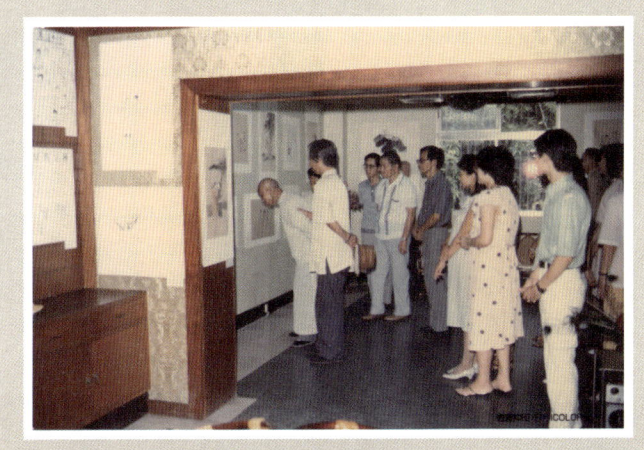

443

圖22 9月20日，錢地之來函致謝贈禮，自述所學為尊孔孟、反程朱。同時慰問先生足傷。

【釋文】

雪廬老鄉長尊鑒：承宏謀同學帶至老鄉長惠賜紅蔘及長生果乙袋，地之奉收，終身不敢忘恩。地之與老鄉長之遇，生平只有三人，即方公先覺將軍，楊公（臨沂）楊國大代表也。此種相遇為求之不可得者，實最珍貴。腦病初愈，始敢用筆。地之年來境況，儒學日近而痛苦日深。拙作成時，希望還在人間，是唯一之心願。地之為學尊孔孟、反程朱。彼等於四書注中詆毀周公孔子，安前聖往賢俱置其下。論其學不及漢儒，更難望孔門諸大弟子也。然觀孔門漢儒為學尚謙而不專私，程朱專私而不尚謙。乃如子程子曰之類，漢儒對其師未敢有此稱也。地之愚見，四書為孔門之書，作注書之序或為書作注，均不敢與聖門竝，何以有子程子曰之句，顯然有篡先儒之志，亦有不臣周孔之心。地之有先在明倫雜誌披露者，或已目覩之矣。聞宏謀言，近來老鄉長傷足，愈否？念念。所陳不一一。肅祝

道祺　　愚鄉晚錢地之再叩拜　　九月廿日

祈雪公勿拘小節，此晚輩信，不必勞神復也。又及

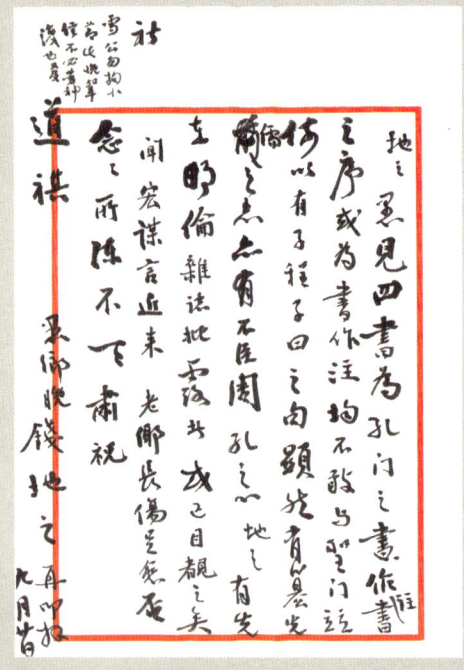

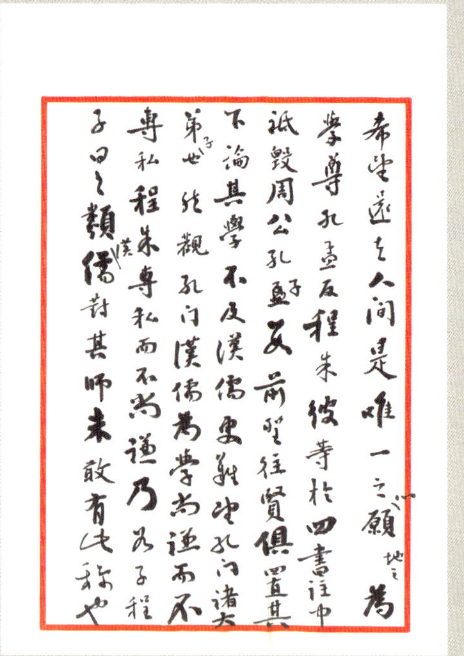

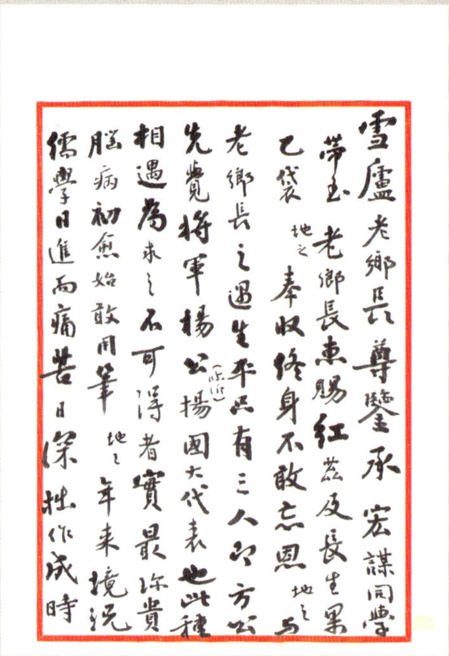

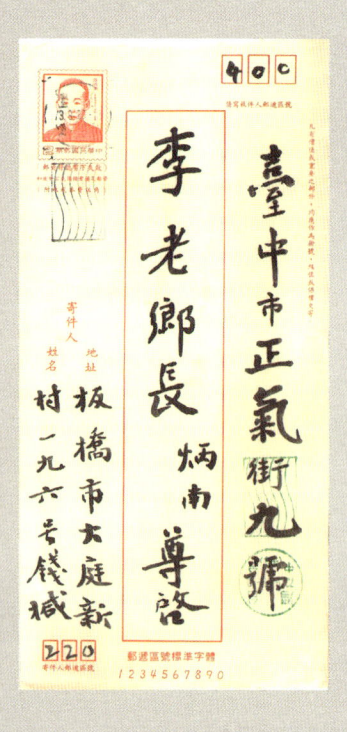

1984 年圖 22

圖23 9月，指示新進聖公府服務之郭基發，參加行將舉行之聖誕典禮。
（照片提供：郭基發）

【釋文】
基發、逸子二位賢棣：台中舉行聖誕典禮，應與市府索取入場券，本府同仁一律制服參加行禮（或觀禮）為妥也。並頌

台祺　　小兄李炳南拜啟　　廿四日

圖24 10月5日，函復錢地之，感謝念佛迴向，並寄贈宋進士王日休之《龍舒淨土文》供研閱。

【釋文】
地之賢棣尊鑒：奉讀手書，藉悉來日正值嵩辰榮慶，即於午夜恭誦阿彌陀佛聖號千聲為賤恙祈禱。奇哉！奇哉！諒為尊駕平生第一次之念佛，然亦深種德本、功高須彌矣！可賀之至。謹贈宋進士王龍舒文，乞詳讀之。文雖淺而義實深，能繼續不斷，儒佛真道自得之不遠。兄早立宏願，造次顛沛概不少移；「無生」二字乃永生不滅之哲理，非千言能以說明，乞勿誤解。「書另寄」。敬請

道安　　小兄李炳南百拜　　十月五日

圖25 11月11日，臺灣大學晨曦學社畢業社友組成之晨曦居士林一行四十五人，至台中蓮社參訪。（照片提供：慧炬雜誌社）

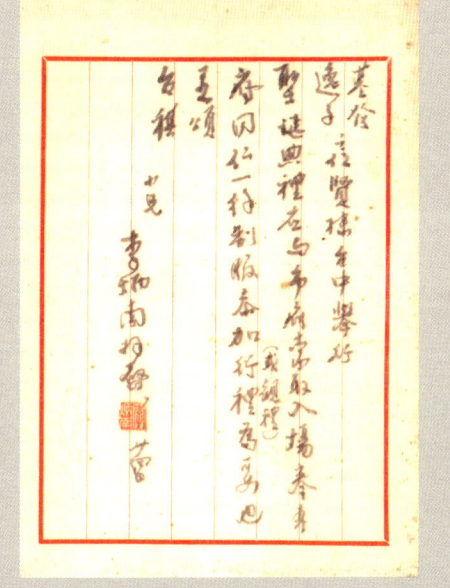

■ 1984年圖23 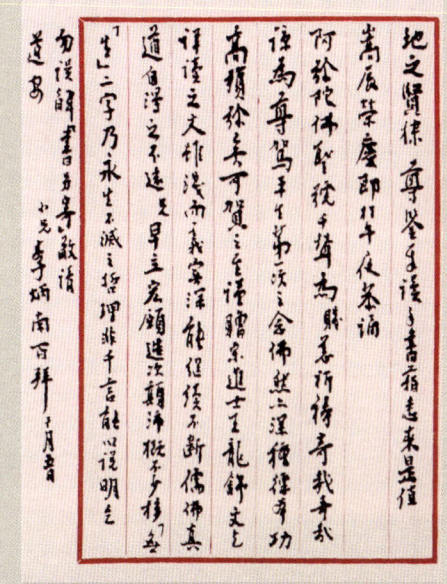　　■ 1984年圖24

■ 1984年圖25

圖 26 11月12日,上午,赴鹿港佈教所指導弘法。

圖 27 是年,錄舊作〈懷恩〉書贈《明倫》月刊主編黃潔怡。

【釋文】

老去逢春怯,簷前樹又高;多恩報不盡,萬事欲何勞。秉燭檢青史,臨風看寶刀;省身餘愧怍,未肯隱蓬蒿。　錄舊作一首　潔怡賢具壽　正　九五雪叟李炳南

1984年圖26

1984年圖27

1985 年（民國 74 年）・96 歲

圖1　元旦假期，下午二時半，循例於慎齋堂開示。主題為「人間八苦輪迴，不斷煩惱得涅槃」。圖為講綱講義。

圖2　1月7日，果清法師（內典班研究生李子成）來信，週三華嚴講座告假數次。

【釋文】

恩師慈鑑：時序嚴冬，天寒地凍，伏乞珍攝法體，為頌為禱。肅稟者，生近來居山，每週一、四、五、六、日，晝間仍研戒律（依弘公律師所示次第），週二、三讀誦《華嚴》並閱《疏鈔》（除預習週三師所講範圍外，並重頭研閱〈懸談〉），早晚則念佛靜坐，俾能解行相應，免墮說食數寶之誚。又稟者，最近家師將回香港，生陪侍北上送行。拜別後，擬止華藏講堂參加淨七（前回生陪上日下常法師曾向吾師所請示者，為兌現前約，故有此舉），並請益淨公暨常公二老。因此，週三華嚴講座，特向慈座告假數次，以免懸念。生居華藏時間大約一月，期滿回山，將過望尊座，請示一切也。肅此奉稟，恭請

慈安，並虔賀

年禧，伏乞代候勝陽、惠文大學長，並慰佩其侍師之勞。敬謝。又，家師囑候

慈座清安

　　方外生果清（子成）和南敬啟　元月七日

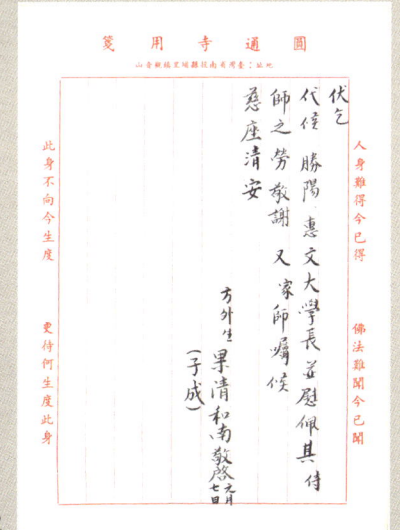

1985 年圖1

1985 年圖2

圖3　3月9日，應埔里蓮友盛邀，前往鯉魚潭小遊。

圖4　3月16日，孔德成先生來箋，請辦理友人弔慰事。經辦後，來信致謝。

【釋文】

炳兄：頃得趙明德兄家赴告其令尊仙逝。如何應酌，乞
酌辦。　　弟德成　七四、三、十六

炳兄：手示，并電話均悉。趙事尊處甚妥，特此致謝。即頌
勛安　　弟德成敬上　七四、三、十八

1985年圖3

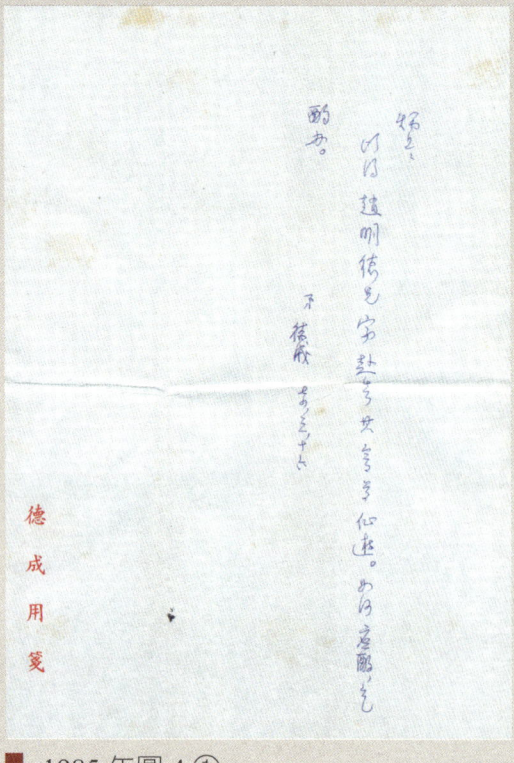

1985年圖4①

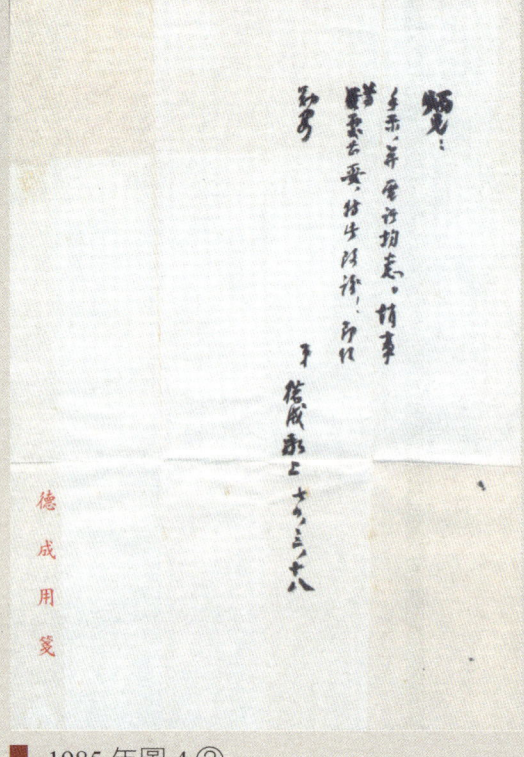

1985年圖4②

1985年（民國74年）・96歲

圖5　5月19日，與國學啟蒙班同仁至杉林溪郊遊。

圖6　5月21日，為賴道慧與美籍韓升修佛化婚禮福證，並致贈喜儀。

■ 1985年圖5①

■ 1985年圖5②

■ 1985年圖5③

■ 1985年圖5④

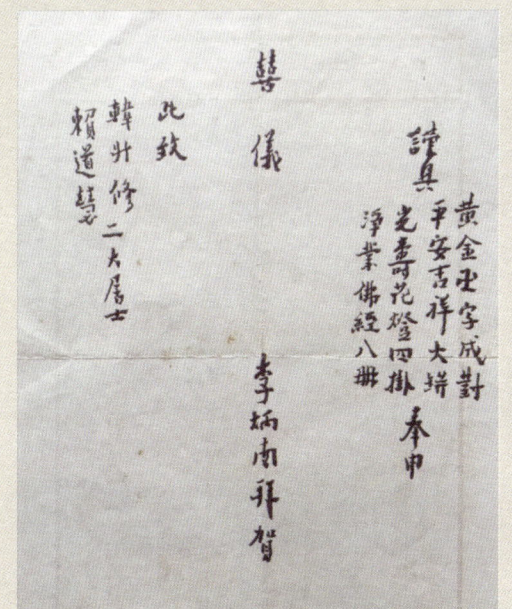

■ 1985年圖6①

■ 1985年圖6②

■ 1985年圖6③

圖7　5月，重過中興新村，有〈重遊中興佛社有感〉。圖為改動多次之詩稿。中興佛社之成立，先生助成有力。該社成立後，先生於1962年起，多次為該社舉辦長期講座，曾講授：《佛學概要十四講表》、《八大人覺經》、《般若心經》、《金剛經》等。

【釋文】
飛塵厚積數層樓，昔日嘗從舊雨遊；詩禮敦醇居宴適，煙嵐平遠俟晴秋。
無常聚散誰能主，想像林泉反惹愁；搔首欲歸歸不去，終教靈鷲住心頭。

圖8　6月21日，晚七時半，至蓮社講堂參加「論語講習班」第二期結業典禮，期勉學員「學習自立、實行做事、感化他人」。該期課程，先生因病，僅講授三學期，並未終篇。

■ 1985年圖7

■ 1985年圖8①

■ 1985年圖8②

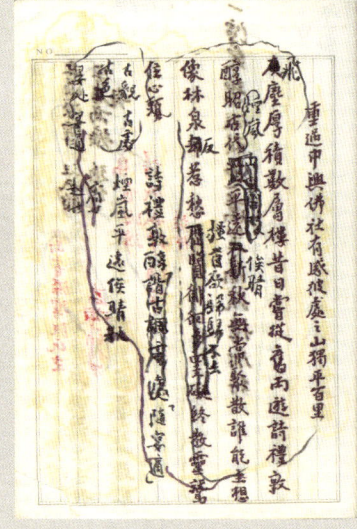

■ 1985年圖8③

1985 年（民國 74 年）・96 歲

圖 9　6 月 29 日，至蓮社參加明倫美術班結業典禮暨成果展，勉勵學員：學無止境，永不畢業。

圖 10　7 月 8 日，至蓮社參加第四期國學啟蒙班開訓典禮，並致詞訓勉：「禮貌」是啟蒙第一步（①）。7 月 14 日，參加結業式，並於蓮社大殿合照（②）。

1985 年圖 9 ①

1985 年圖 9 ②

1985 年圖 9 ③

1985 年圖 10 ①

1985 年圖 10 ②

圖 11 7月21日至30日，參加明倫社為大專佛學社團幹部舉辦之「暑期大專佛學講座」。

圖 12 7月，與蓮友至鳳凰谷放生郊遊。

■ 1985 年圖 11 ①

■ 1985 年圖 11 ②

■ 1985 年圖 12 ①

■ 1985 年圖 12 ②

■ 1985 年圖 12 ③

1985年（民國74年）·96歲

圖13 8月，抱病前往參加江逸子〈峽谷無垠圖〉等四件巨幅展，並題贈五絕一首。

【釋文】
道子人何往，風光在眼前；
筆涵經史久，四壁擁雲煙。
逸子老棣紀念　　雪廬李炳南題

圖14 10月11日，夏曆八月二十七日，參加第三期「論語講習班」拜師暨開學典禮。

圖15 10月25日，為朱鏡宙開頂助念。炳南先生、朱鏡宙、蔡運辰被稱為「臺中佛教三老」。圖為早期集會於太虛紀念館時留影。前排右起第二為蔡運辰（念生），第三為炳南先生，第四為朱鏡宙。

圖16 10月29日，孔德成先生行將赴美參加祭孔大典。行前託付奉祀官府公務。

【釋文】
炳兄：弟本月卅一日赴美，十二月八日返國。府事請多費神，至懇！匆頌
大安　　弟孔德成敬上　七四、十、廿九

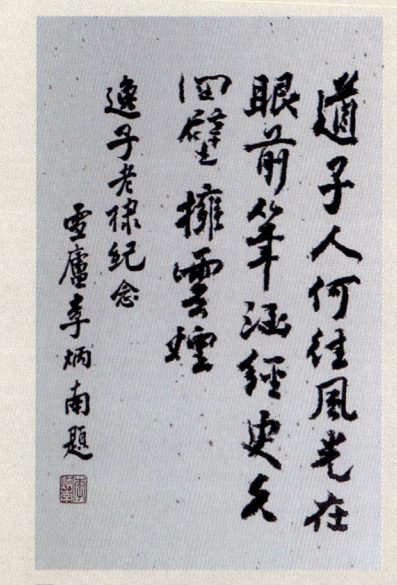

1985年圖13

1985年圖14

1985年圖15

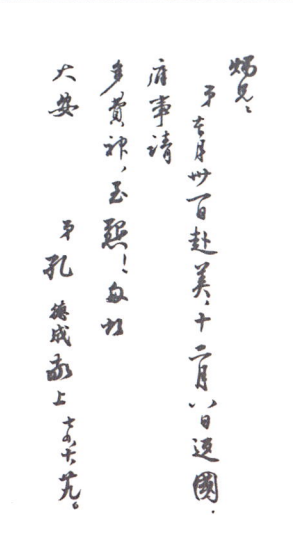

1985年圖16

圖17 11月1日,夏曆九月十九日,觀世音菩薩出家紀念日,主持社教大樓動土奠基大典,並取《易經》「謙卦」意,為大樓命名為「六吉樓」。

圖18 12月22日,上書孔德成奉祀官,是月起不再領薪。

【釋文】

恩公座下,敬稟如後。

(1) 已屢稟明,從本月起,職僅領配給一份,交通費月壹萬元正,其餘款另聘祕書一員。

(2) 本月份,會計出納仍照舊數發,職未敢接受。請諭彼收回。

(3) 我輩四十餘年關係,自當履行諾言,萬萬不敢更改,有負庭訊〔訓〕及莊師之教。千懇萬懇。肅請

鈞安　　顧問李炳南上叩　冬至節

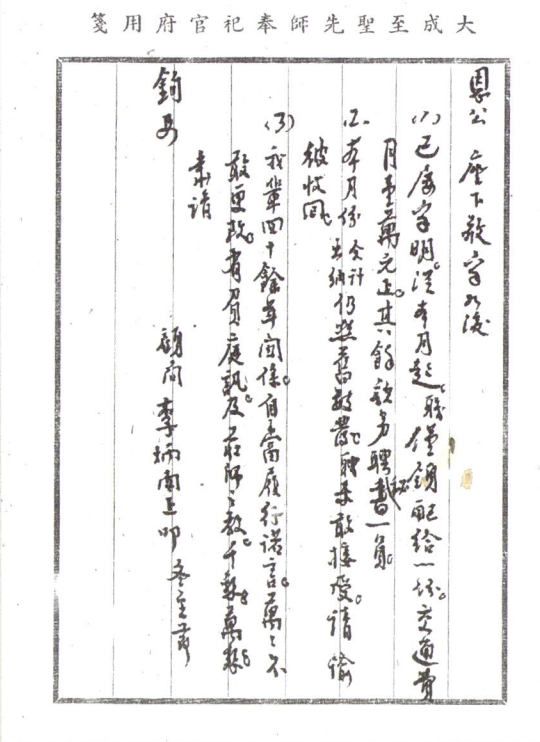

■ 1985年圖17 ①

■ 1985年圖17 ②

■ 1985年圖18

1985年（民國74年）・96歲

圖19 12月23日，靈山寺乙丑年佛七，禮請先生開示，以「務去慢障、切求一心」為主題指導淨宗法要。此為三十五年來先生在靈山寺佛七開示最後一次講話。圖為是日開示，板書有偈：
萬法精華六字包，聖言真量拔心茅；
持名容易難除慢，無價寶珠從此拋。

圖20 12月，夏曆臘月，赴廬山賞梅。有〈廬山攜友賞梅有感〉、〈供梅〉、〈贈梅誌感〉、〈還梅〉四題十首，為先生最後之作。癸亥年以來詩作，編為《雪窗習餘》，為《雪廬詩集》最後一集。

1985年圖19

1985年圖20 ①

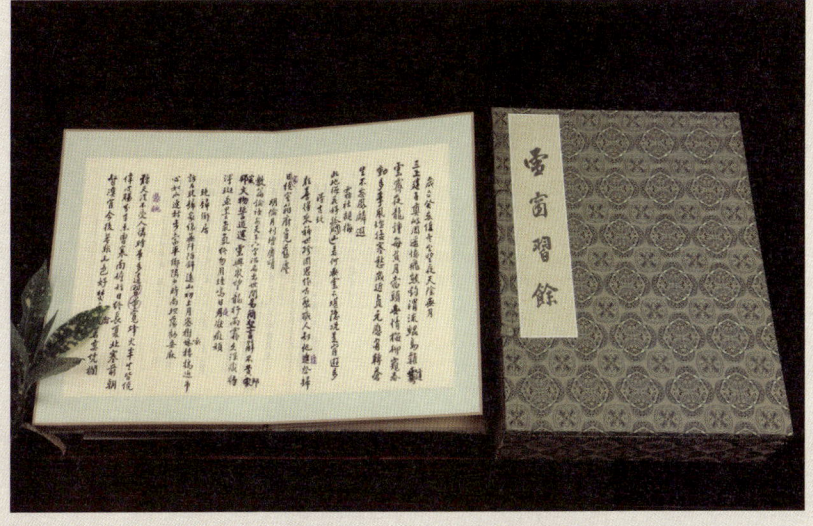

1985年圖20 ②

1986年（民國75年）・97歲

圖1　1月1日，循例應邀於慎齋堂元旦開示，講〈極樂真詮〉。講後提出預告：明年換人講。
　　　先生1950年元月在慎齋堂演說「阿彌陀佛因緣」，爾後持續每年於此有「元旦開示」一至三日不等。

1986年圖1

圖2　1月6日，孔德成先生來函，同意先生自二月份起離職，另聘尤宗周接任奉祀官府主任祕書。先生於信封上題「此件自當保存遵照備考」。

【釋文】
炳兄道台：去歲十二月卅一日尊示敬悉。頃悉已承召見尤宗周君，并已蒙旁達同意，當遵屬【囑】「公佈」。以後，務希隨時向同仁協調，是所百懇。新佈名單，隨函呈閱。（①）

近弟庶務叢脞，恐不能來中。南望雲天，諸維珍重。詳此佈復，不盡欲言。敬頌
道安　　弟德成敬復啟　七五、元、六日
新辦法，自本年二月份起。本月薪餉，請照舊收。至懇！又及。
外附四件影本，乞閱。（②）

一、派尤宗周為本府主任祕書，自民國七十五年二月份起。　德成　七五、元、六（③）
二、李顧問炳南，自七十五年二月份起，每月致送車馬費新臺幣壹萬伍仟元正。　德成　七五、元、六（④）
三、宗周：頃接瑞周電，知悉一切。請即於七十五年二月一日蒞職。外附條，希詧閱，可即公佈。附條，寄炳老一份。去歲十二月卅一日，炳老致我之函，今日復炳老該函，副本附閱。我輩交誼，不再作許多客套話矣。先謝！專此，即候公綏，并賀　年釐　孔德成手啟　七五、元、六　台北（⑤）

1986年圖2①

1986年圖2②

1986年圖2③

1986年圖2④

1986年圖2⑤

1986年圖2⑥

圖3　1月12日，於台中蓮社為游俊傑長女游式鈺與劉榮祥佛化婚禮福證。

圖4　1月13日，孔德成先生指示，至聖奉祀官府主任祕書自是年2月起，由尤宗周接任。先生顧問車馬費，孔先生自行處理。

【釋文】

（一）新任主任祕書，自七五年二月份起，更尤宗周名，照原主祕職級敘薪（照七十五年一月份「薪金領款清冊」）。

（二）李顧問每月車馬費，本人自行處理。

此致

郭祕書基發、江人事管理員錦祥、趙會計昭男、王出納瑋中

　　德成　七五、元、十三

■ 1986年圖3①　　■ 1986年圖3②　　■ 1986年圖4

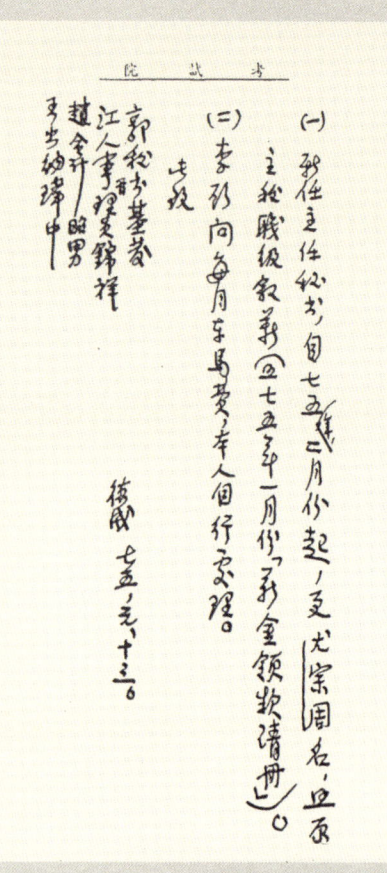

圖5　1月24日，周邦道來函，為日前來訪承接見及厚賜致謝，並祈望先生詩文集早日印行。先生於來信封文著記：「復，在整理中，至感。」

【釋文】

雪公夫子大人尊前：此次晉謁崇階，得承慈誨，又辱惠賜筆墨瓷筒，感仰無既。甘蔗之汁想已消散，康復勝常矣。函丈珍藏王獻唐先生詩文書翰，仲懿先生景印流布，至欽功德。邦道昔纂《近代教育先進傳略》（中國文化大學出版）已為王鴻一、叢禾生、丁鼎丞、傅孟真、杜毅伯諸公立傳（以省市為單位），今正蒐集資料為屈翼鵬先生等從事續傳。函丈詩文集甚望今年整理鋟印，藉慰海內外群眾之喁喁也。謹此肅稟，虔敬

崇安　　弟子周邦道百叩頂禮　七十五年元月廿四日

勝陽師兄順此候安

（先生於來信封文著記：）復，在整理中，至感。

圖6　2月4日，臘月二十六日，參加台中蓮社及聯體機構舉辦之年終圍爐。

圖7　2月8日，夏曆除夕，請弟子專程赴臺北致贈孔德成先生春節敬禮。孔先生函謝。

【釋文】

炳兄道右：除日尊使來，費賜多珍，拜嘉敬領。并悉尊體佳善，更慰遠懷。專此奉謝，即頌禪安，并祝

春釐　　弟德成敬上　丙寅三日

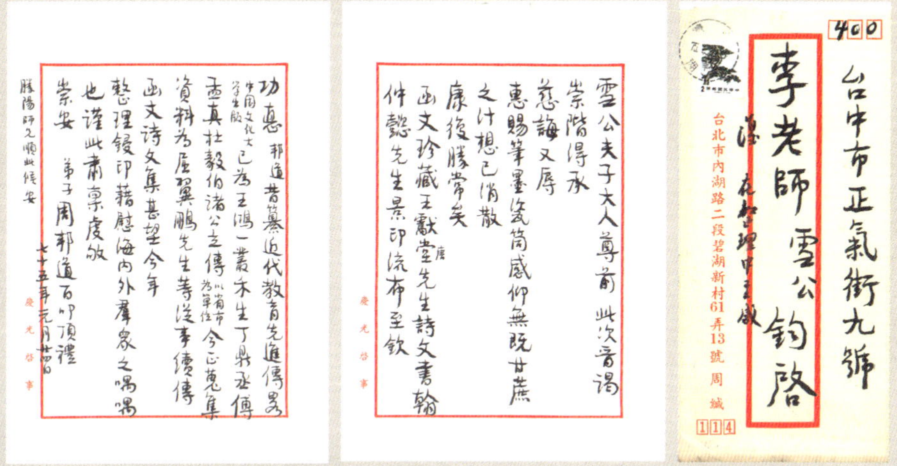

■ 1986年圖5

■ 1986年圖6①

■ 1986年圖6②

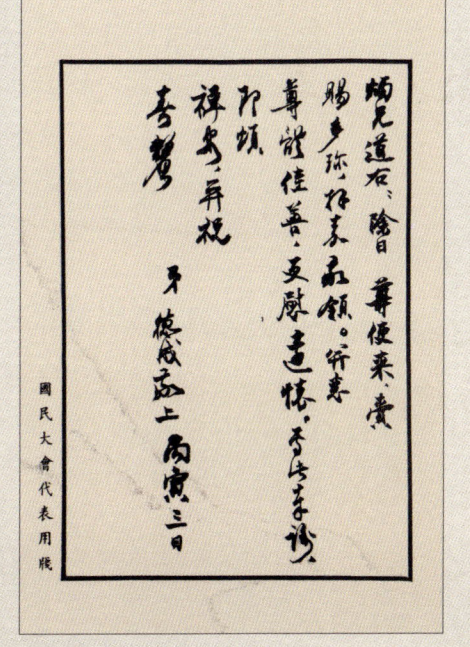

■ 1986年圖7

圖8　2月9日，夏曆丙寅年正月初一，循例於慈光圖書館、台中蓮社主持新春團拜。為最後一次主持蓮友新春團拜。

圖9　2月22日，為陳雍政、李碧桃佛化婚禮福證，為先生最後一次主持婚禮福證。

【釋文】
〈佛化結婚證書〉：
嘗聞：家庭和慈，應崇佛化；眷屬愛敬，端賴心同。茲有善男子陳雍政，善女人李碧桃，門楣相當，志道合一，具備六禮，燕序聯成，偕修良緣；結須彌之誓盟，增上德慧；被關雎之雅化，如鼓瑟琴。並蒂蓮開佳兆多孫多子；共命鳥和瑞徵宜弟宜兄。晝夜吉祥，永蒙三寶加護；人天歡喜，且納百福駢臻。花燭凝香，雲霞起蔚，菩提伉儷，咸慶雙圓。此證（②）

■ 1986年圖8①

■ 1986年圖8②

■ 1986年圖9①

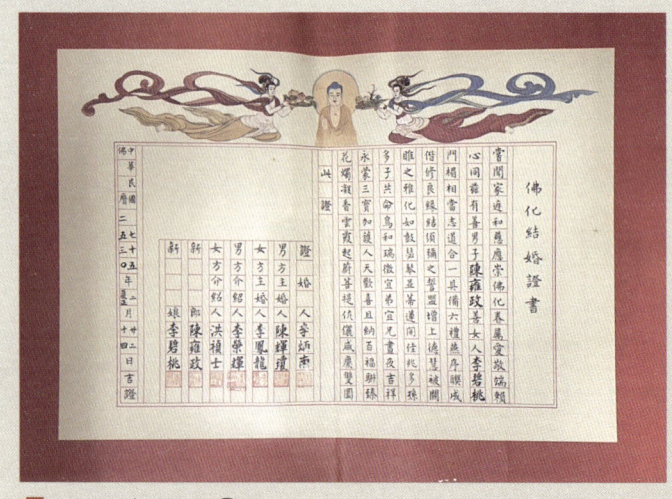

■ 1986年圖9②

1986年（民國75年）・97歲

圖10 2月，旅居美國蓮友林政彥，發心助印《明倫》海外版六千份，流通至美加地區。先生為海外版題書「明倫」二字，為先生最後墨寶。

圖11 3月19日，慈光圖書館週三《華嚴經》講座，開示「少說一句話，多念一句佛，打得念頭死，許汝法身活」。為先生最後一次講經。圖為是年華嚴經筵盛況。

圖12 3月23日，論語班第三期學員舉行念佛放生，迴向先生光壽無量，先生亦親臨本淨寺參加。

圖13 4月8日，佛誕日，先生於往生前一週，仍至佛誕遊行路線向大眾揮手致意。

■ 1986年圖10

■ 1986年圖11

■ 1986年圖12①

■ 1986年圖12②

■ 1986年圖13

李炳南居士年譜圖冊

圖14 4月13日，先生示寂，蓮友助念四十八小時後，更衣前之法相。老人神色安然，吉祥而臥。念珠則緊握在手中。

圖15 4月15日，先生往生蓮友助念後，由正氣街住所移靈至台中蓮社大殿。

圖16 雪公遺物——念珠

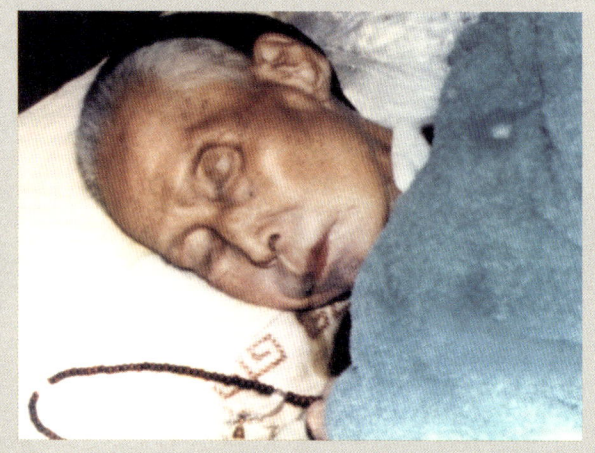

■ 1986年圖14

■ 1986年圖16

■ 1986年圖15①

■ 1986年圖15②

圖17 停靈期間，高僧大德及各界長者前來致敬意者甚眾。①為水里蓮因寺懺雲法師，②為埔里靈巖山寺妙蓮法師，③為菲律賓羅漢寺覺生法師等。

圖18 6月1日，移靈赴南投水里慈德寺荼毘場，禮請會性法師主持荼毘法會。

1986 年圖 17 ①

1986 年圖 17 ②

1986 年圖 17 ③

1986 年圖 18 ①

1986 年圖 18 ②

李炳南居士年譜圖冊

圖19 6月2日，撿取靈骨舍利。靈骨罐請至聖奉祀官孔德成先生題名。

■ 1986年圖19①　　■ 1986年圖19②　　■ 1986年圖19③　　■ 1986年圖19④

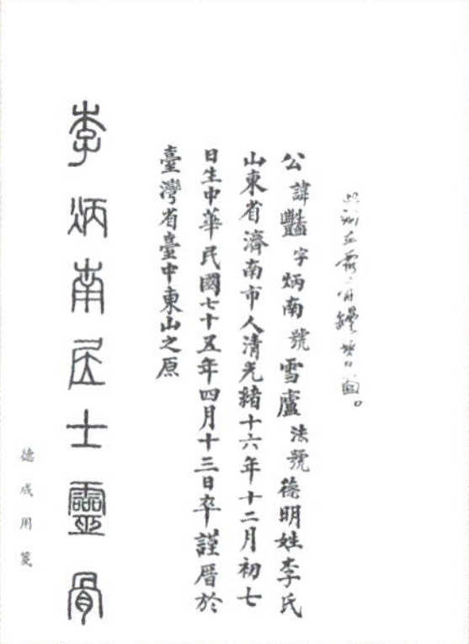

圖20 6月8日，於慈光圖書館舉行公祭。治喪委員會致祭，主祭為主任委員孔德成，第一排左起為周邦道、劉安祺、陳立夫（⑤）。先生靈堂、靈車、牌樓為江逸子率蓮社社教科一、二屆學生親子手工製作（①），典禮哀樂由先生創設之樂育國樂班演奏（②），臺中佛教會暨各寺院致祭（③）。

■ 1986年圖20①　　■ 1986年圖20②

1986年（民國75年）·97歲

1986年圖20③

1986年圖20④

1986年圖20⑤

1986年圖20⑥

圖21 參加紀念會者甚眾，各有祭文、輓聯。圖為台中蓮社暨聯體機構（①）及治喪委員會（②）〈祭文〉。

圖22 治喪委員會輓聯為孔德成先生手筆。

【釋文】
雪廬老人頌
道倡倫常道，心為菩提心
　　孔德成敬題

圖23 各界輓聯選錄。

【釋文】
〈恭輓 雪廬夫子〉，受業弟子周邦道
臺嶠棲遲近卅年，崇內典、融釋儒、建道場、弘教化、培人才、布書刊、播法音、利群萌；摯矻領同倫，最為第一。
蓮宗倡導懷諸老，許止淨、江易園、夏慈濟、梅擷芸、戰德克、徐蔚如、黃智海、王水鏡；寂寥悲碩果，誰復開先！（①）

〈哭李雪老〉，呂佛庭
聞道廬山梁柱折，不禁涕淚滿衣裳；
百年世壽悲緣盡，卅載知交感誼長。
諸部兼弘浴法海，一人不捨渡慈航；
遠公抱節結蓮社，子美飄零未返鄉。（②）

〈憶李炳南大德〉，沈家楨供養
世世常行菩薩道，原無所謂來去；
念念不離眾學子，示現本即無生。（③）

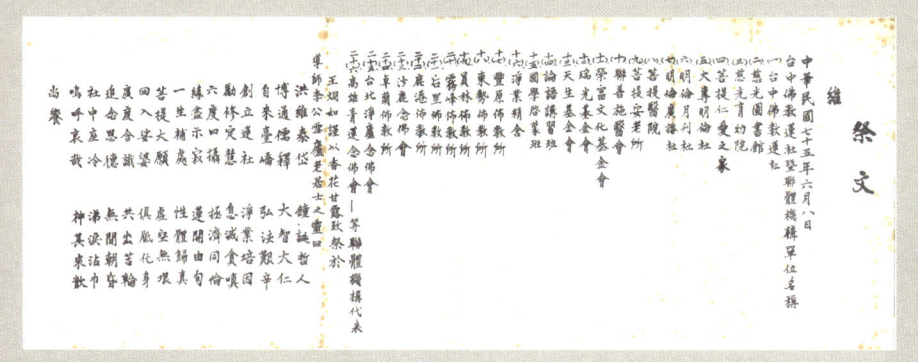

■ 1986年圖21①

■ 1986年圖21②

■ 1986年圖22

■ 1986年圖23①

■ 1986年圖23②

■ 1986年圖23③

1986年（民國75年）・97歲

圖24 各界輓聯選錄。

1986年圖24

【釋文】
〈故李老居士炳南教授千古〉：
道倡倫常道，心為菩提心。
　　　治喪委員會拜輓

〈炳南我兄千古〉：
數萬里流離備嘗甘苦與君共，
五十年交誼多歷艱難為我謀。
　　　弟孔德成、孔孫琪方
　　　率子維鄂、維益、維峽、維寧；
　　　　孫自平、垂梅、垂長、垂玖、舜蓉、喬治敬輓

〈炳南先生千古〉：
登期頤遐年，大德上壽；
為一代儒宗，亮節高風。
　　　陳立夫敬輓

〈雪公夫子大人西歸〉：
匡阜遞靈巖，淨土法門，
　　苦口婆心，經已弘揚繩祖武；
雪廬光稷下，等身玄箸，
　　高文至道，願當庋印廣師恩。
　　　受業弟子　周邦道頂禮拜輓

〈李故主任祕書炳公千古〉：
化雨春風，靄靄慈悲容已邈；
公門私室，諄諄啟迪訓常存。
　　　大成至聖先師奉祀官府全體同仁拜輓

〈炳公導師西歸〉：
鯤島揚德化，傳詩傳禮，文化傳承昭百世；
廬山嗣芳型，普佛普心，道風普被足千秋。
　　　台中佛教蓮社聯體機構敬輓

〈雪公恩師升西誌感〉：
遠宗廬阜，近法靈巖，淨土一宗揚寶島；
道俟龍舒，行齊安士，聖賢名錄續新篇。
　　　學生董正之頂禮敬輓

〈雪公夫子大人冥鑒〉：
釋儒翼並風徽，慧炬明倫，同循矩矱；
淨白薪傳盛業，靈巖廬阜，永仰師承。
　　　受業弟子周宣德頂禮拜輓

李炳南居士年譜圖冊

圖25 6月8日下午二時,先生靈骨迎回蓮社三樓導師堂安奉,百日念佛開始,一日三支香。

圖26 6月10日,蓮社論語班恢復上課。講師徐醒民先講述〈雪公恩師教範〉:儒學志在成聖,以人倫為根本,依據仁德,博學多能貢獻社會;佛學志在成佛,以人格為基礎,興慈運悲,普度眾生同登覺岸。

■ 1986年圖25①

■ 1986年圖25③

■ 1986年圖25④

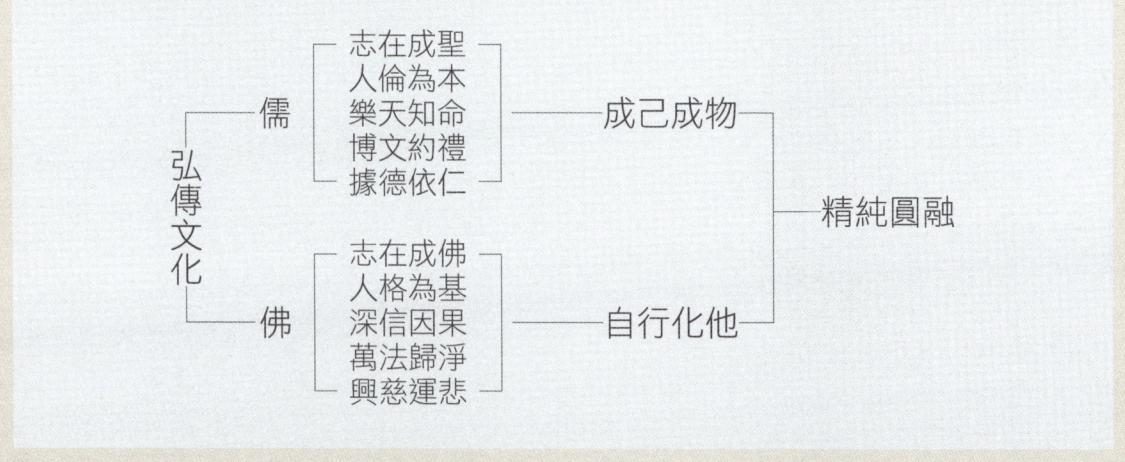

■ 1986年圖25②

■ 1986年圖26

弘傳文化
- 儒
  - 志在成聖
  - 人倫為本
  - 樂天知命
  - 博文約禮
  - 據德依仁
  — 成己成物
- 佛
  - 志在成佛
  - 人格為基
  - 深信因果
  - 萬法歸淨
  - 興慈運悲
  — 自行化他

— 精純圓融

1987 年（民國 76 年）先生往生 1 年

圖1　3月8日，台中蓮社各佈教所負責人至蓮社迎請先生舍利。①右為澹寧齋江逸子迎請，左為蓮社社長王炯如代表奉贈。

圖2　4月2日，先生往生週年紀念日。上午十時，於台中蓮社大殿舉行週年紀念會，各方緇素、地方長官、各聯體機構及佈教所代表、蓮友約八百人齊聚追思。

■ 1987 年圖 1

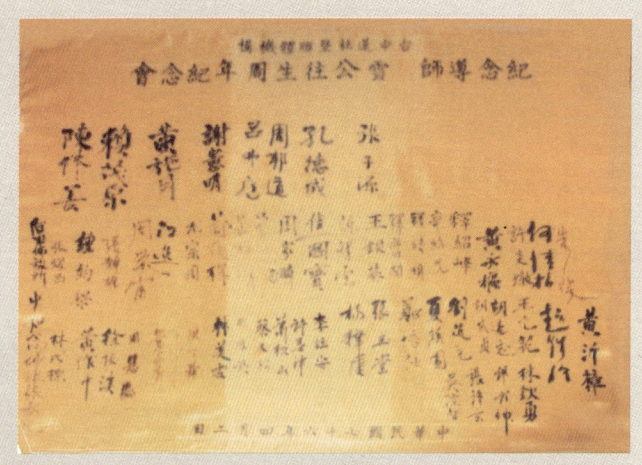

■ 1987 年圖 2 ①

■ 1987 年圖 2 ②

■ 1987 年圖 2 ③

1988 年（民國 77 年）先生往生 2 年

圖1　6月，先生之夫人及哲嗣李俊龍請求將先生靈骨及舍利子請回濟南故鄉安葬。台中蓮社、慈光圖書館、慈光育幼院、菩提仁愛之家等聯體機構各指派代表劉國榮、陳雍澤、連淑美、林進蘭等，請朱斐嚮導，恭送先生靈骨，經香港返歸山東濟南。李俊龍至香港迎請，同時於香港禮請智開法師舉辦法會。①為智開法師主法，後排右一左一為李俊龍、李華俊夫婦。②為聯體機構代表與先生家人合影。③為夫人、兒、媳及二位孫女。

■ 1988 年圖 1 ①

■ 1988 年圖 1 ②

■ 1988 年圖 1 ③

1989年（民國78年）先生往生3年

圖1　4月，《明倫》發行三週年紀念專輯。有多篇弟子懷念及記述教學文章。同時刊登1969年先生指導黃月蘭「歡迎困難」之手蹟。

【釋文】

1. 「亂心拜佛」：拜佛是身善，心亂是普通病，應該不管心亂不亂，一直拜下去，不必緊張，若說拜佛下地獄，罵佛就該升天堂？不要聽他的呆板話！
2. 「送佛書」：佛經須送給信者，勸人之學佛之小冊子，不問人信不信，一律送他，隨他因緣。
3. 「大專刊物」：此是另一功德，亦可隨緣，但不必說誰高誰低，但須查其內容而定。
4. 「說話小心」：見到對的事，要說是應該，但要和平婉轉，對方聽與不聽，由他作主。各有責任，各有權限，各盡其道。
5. 說話碰壁，遭遇拂逆，心不煩惱，行不退轉。凡作好事，必遭魔障，既發大願，不怕困難，困難愈多，功德愈大。歡迎困難，歡迎困難！

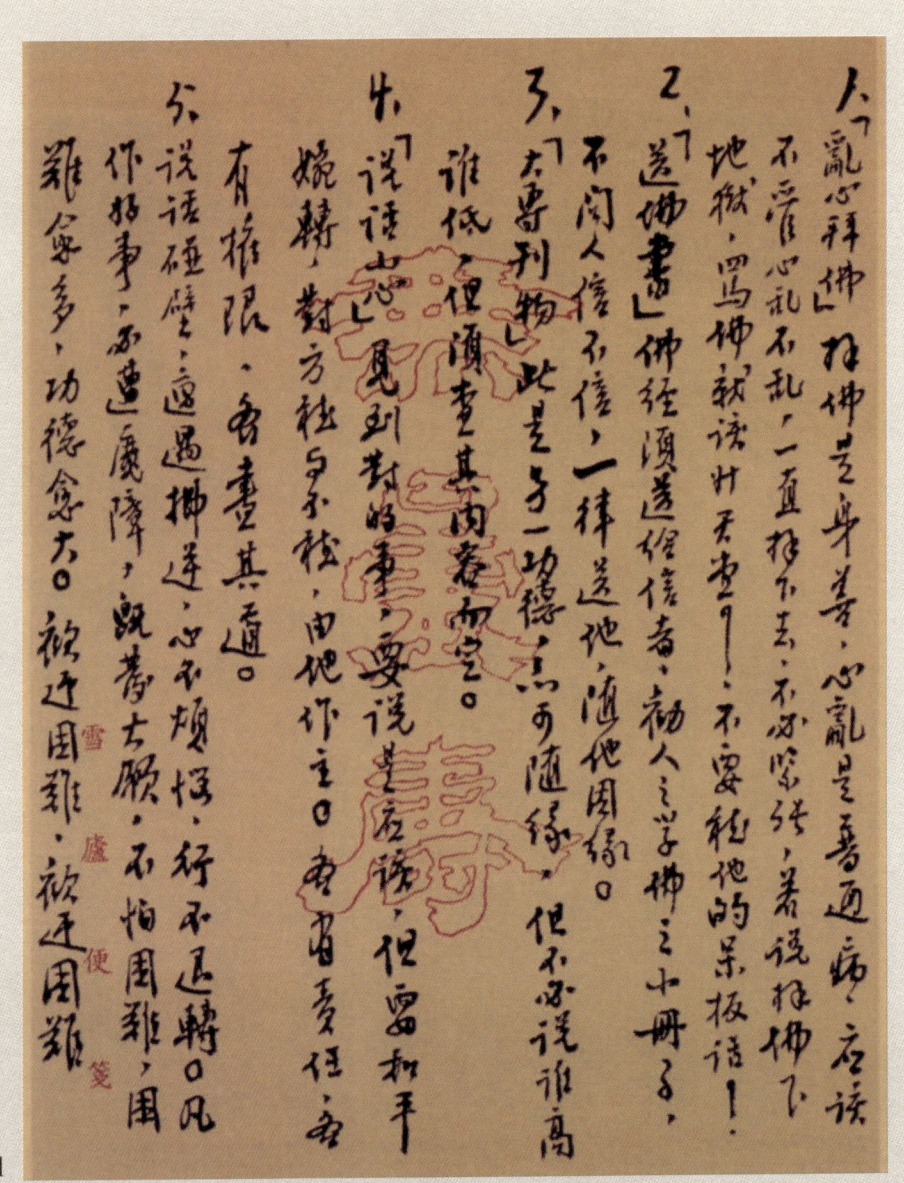

■ 1989年圖1

圖2　10月，山東濟南玉函山墓園修建完成。台中蓮社二十餘位蓮友代表，前往參加先生靈骨安葬典禮。先生墓碑左右，有台中蓮社、受業弟子分別樹立一紀念碑，記載先生生平事略及弘化事功。④為先生令郎俊龍於墓前行大禮。

【釋文】

〈先師李雪廬老居士舍利碑〉：師諱豔，字炳南，別號雪廬，法號德明。世居濟南。以儒入佛，皈依淨宗十三葉祖印光大師。教研諸宗，行持淨業。昔嘗從政於莒，德加於民。惟志不在人爵，乃與莊太史心如等諸鴻儒同纂《莒志》。事成，入衍聖公幕。孔上公尊其賢，待之以殊禮。己丑春，浮海寓臺中。次第興建臺中佛教蓮社、慈光圖書館、慈光育幼院、菩提仁愛之家。力倡復興文化，施濟窮民。常年在蓮社、圖書館，並應聘於大學院校，講演大乘經教，傳授《易》、《禮》、《詩》、《書》。

■ 1989年圖2 ①

凡述儒學，以道德仁藝為綱，以倫常禮教為基，勉諸學者樂天知命，希聖希賢。披演梵夾，必依祖注，以一大藏指歸持名，助以深信因果，務期當生有成。四方好學慕道之士，紛若而來。口授之外，復以筆傳。於是文答疑問，詩接風人。久而輯為《雪廬詩文集》、《詩階述唐》、《佛學問答類編》，以及《弘護小品彙存》等，著述多種，風乎海內外。因以被教獲度者遍臺灣，以至南洋歐美。

歲丙寅夏曆三月初五日寅時，化度圓滿，預知時至，念佛歸西，春秋九十有七。師母元配張夫人德馥，中道謝世。繼配趙夫人德芳，哲嗣俊龍，孫女珊、彤，俱在濟南。七七日後火化，得諸色舍利千餘顆。越二年，歸靈骨舍利於故里，卜地依制塔之。弟子等永懷師德，引領再來。故頌曰：

道弘瀛島，功遂退藏，群生喁望，再駕慈航。

臺中市佛教蓮社偕各聯體機構全體同仁敬立石

弟子廬江徐醒民敬撰文弟子阜陽周家麟敬書丹

民紀第二己巳年（佛紀二五三三年）桂月穀旦（②）

■ 1989年圖2 ②

1989年（民國78年）先生往生3年

〈先師李雪廬老居士舍利碑〉：

師諱豔，字炳南，別號雪廬，法號德明。世居濟南。本習儒業，淹貫諸經，旁及子史、法學、醫學，尤深於詩。其後入佛，學唯識於南昌梅擷芸大士，皈依淨宗十三祖印光大師，又從明師參禪學密，終發大悲心，自行化他，專宗淨土。

己丑春，浮海臺灣，安寓臺中。建蓮社道場，以內典、五經、論著、詩文、醫術普接群機，指歸持名念佛。言教所至，身教先之。感人至深，度說無數。歲丙寅夏曆三月初五日，應前一年預示，無疾歸西。春秋九十有七。荼毘得舍利千餘顆。元配張夫人德馥中道謝世，繼配趙夫人德芳，哲嗣俊龍，孫女珊、彤，俱在原籍，海天遙隔，越二年乃歸靈骨於故里。苦海慈航，依稀常在。敬屬文以頌之曰：

吾師悲願，弘化瀛洲，亦儒亦佛，淨業是求。
三根普攝，緣盡歸休，留諸舍利，猶識慈舟。

　　弟子日照王仲懿敬述
　　後學南陽呂佛庭敬書
民紀戊辰年夏曆四月初八吉日立（③）

圖3　11月11日至23日，臺中市文化中心與至聖奉祀官府、台中蓮社暨聯體機構聯合舉辦「李炳南老教授百歲紀念文物特展」，同時出版《紀念特刊》，記述先生行誼並列錄先生來臺三十餘年德澤影響。

1989年圖2③

1989年圖2④

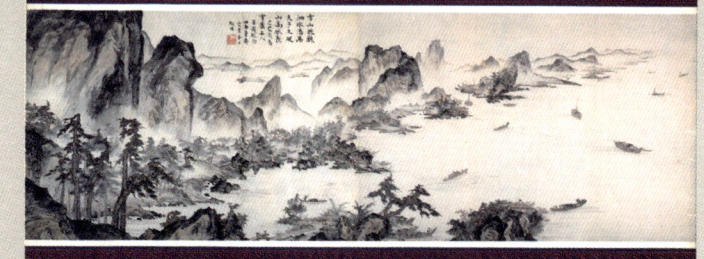

1989年圖3

1990年（民國79年）先生往生4年・百歲冥誕

圖1　7月，應美國沈家楨菹臺禮請，將先生衣冠供奉於美國莊嚴寺千蓮臺。

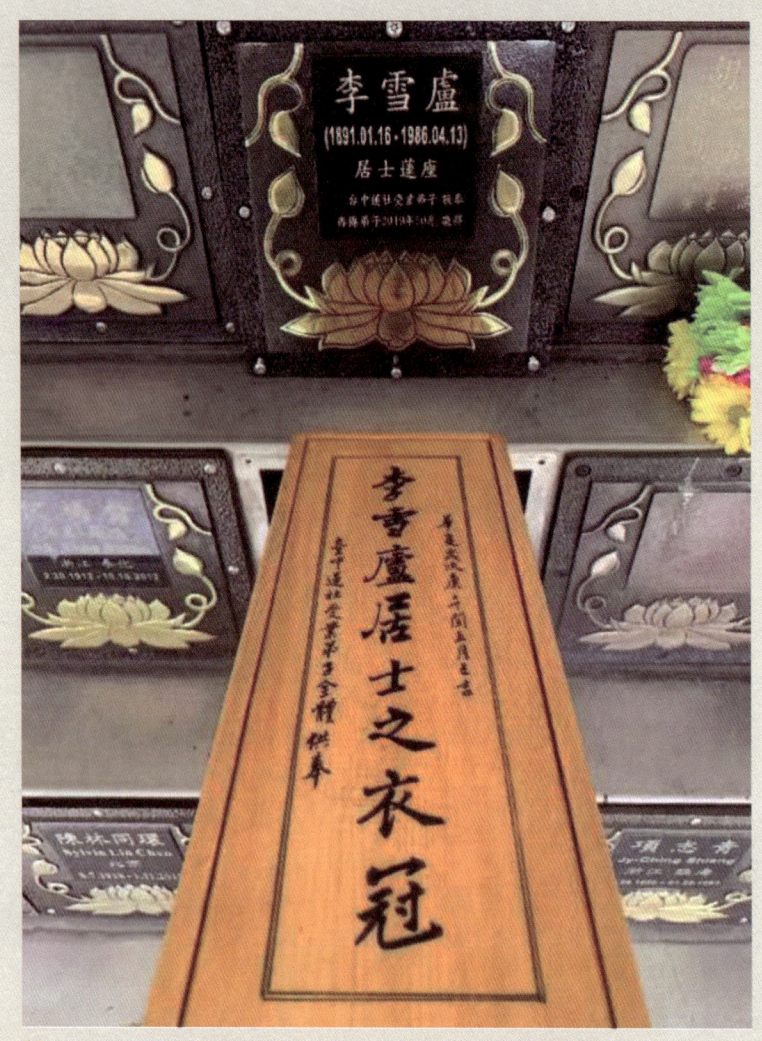

1990年圖1

1991年（民國80年）先生往生5年

圖1　4月，先生往生五週年，台中蓮社成立「雪廬紀念堂」。禮請孔德成先生題榜。

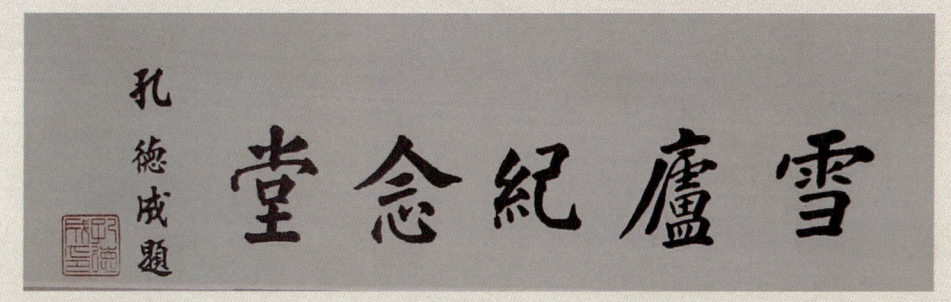

■ 1991年圖1①

■ 1991年圖1③

■ 1991年圖1②

1994年（民國83年）先生往生8年

圖1 8月12日，先生哲嗣李俊龍闔家蒞臺，整理先生故物委託蓮社管理、參訪各道場，並曾參加第七期論語講習班開學典禮。在臺歷時約兩閱月。

①為8月13日蓮社歡迎會，戴花環者左起為長孫女李珊、媳華俊、公子李俊龍、次孫女李彤。

②為參加台中蓮社論語講習班第七期開學典禮。

③為家人於正氣街九號先生故居前合影。

圖2 10月，于凌波創立李炳南居士紀念文教基金會。該會於翌年（1995年）10月，發行《李炳南居士與台灣佛教》，有于凌波、朱斐、高登海、王烱如等多篇紀念文字。

■ 1994年圖1①

■ 1994年圖1②

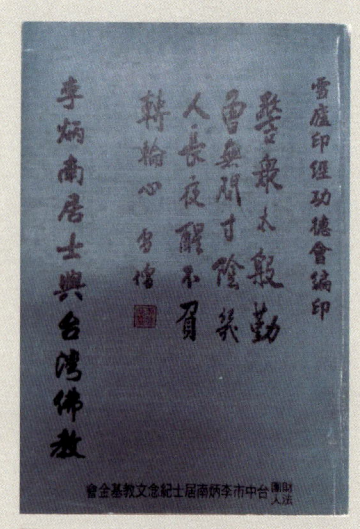

■ 1994年圖1③

■ 1994年圖2

1996年（民國85年）先生往生10年

圖1　4月，台中蓮社舉行「雪公往生十週年系列紀念活動」。於中興堂舉行「山高水長」詩樂演唱會，發行《詩樂演唱專輯》，播放〈雪廬道影〉影片。呂佛庭為先生往生十週年題辭。同時，由台中蓮社出版《雪廬老人淨土選集》。

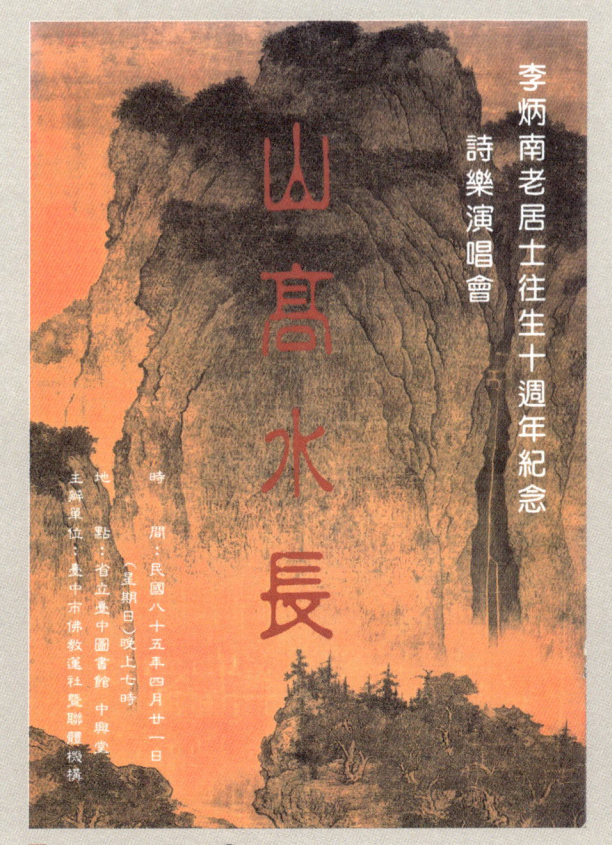

1996年圖1①

1996年圖1②

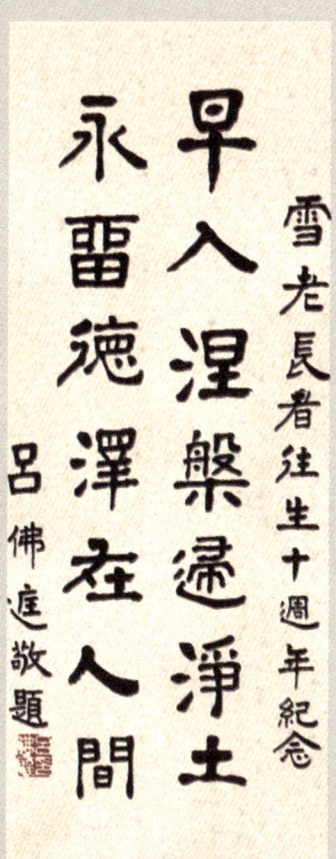

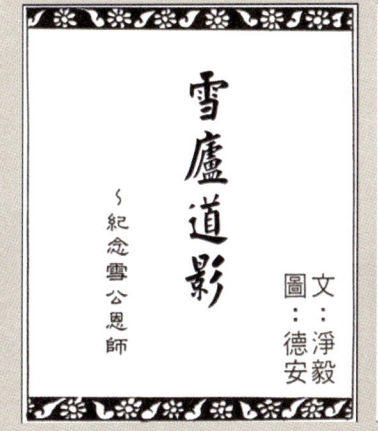

1996年圖1③

1996年圖1④

1996年圖1⑤

李炳南居士年譜圖冊

圖2 「雪公往生十週年系列紀念活動」，台中蓮社於雪廬紀念堂二樓，重現先生正氣街寓所——寄漚軒，格局、擺設，皆依照原樣呈現。正氣街寓所，客廳三點八八坪，佛堂一點七五坪，寢室兼書房，亦三點八八坪。總共九坪多。
①為空間布置圖，②為客廳，③為佛堂，④為寢室，⑤為書桌，⑥為天井。

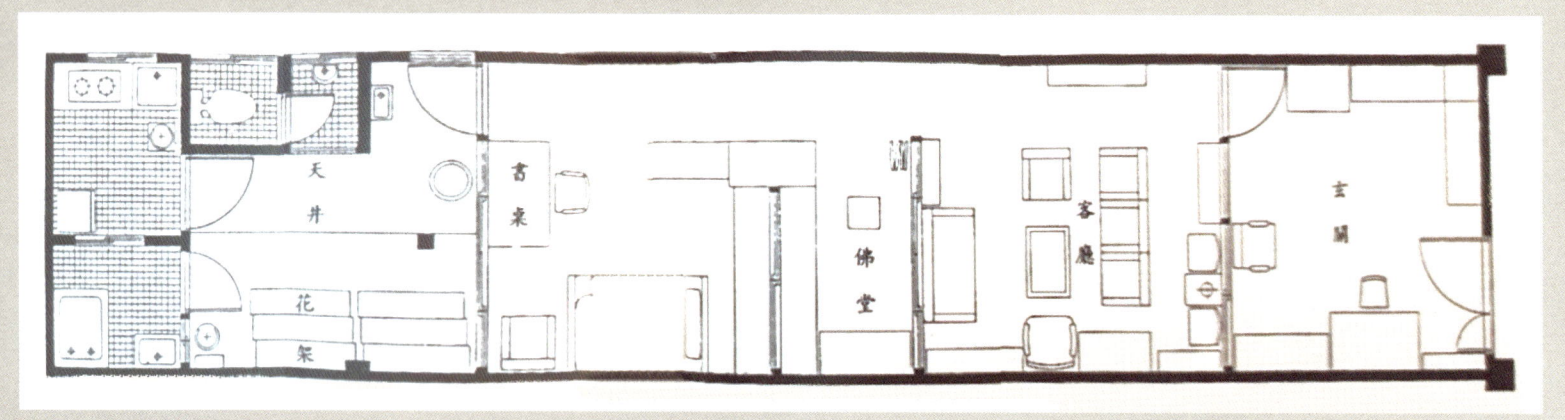

■ 1996年圖2①

■ 1996年圖2②　　■ 1996年圖2③　　■ 1996年圖2④

圖3　是年夏，呂佛庭造訪先生紀念堂，題句並書。同時，江逸子塑有先生銅像。

【釋文】

呂佛庭，〈謁李炳南居士紀念堂〉：

登堂拜遺像，淨室悵徘徊；衣冠猶挂壁，筆硯陳書臺。

憶昔接謦欬，春風霽色開；對塵嘗論道，法會頻追陪。

詩文契妙諦，度眾脫塵埃；往生歸淨土，乘願必再來。

　　丙子四月　　迂翁呂佛庭句并書

1996 年圖 2 ⑤

1996 年圖 2 ⑥

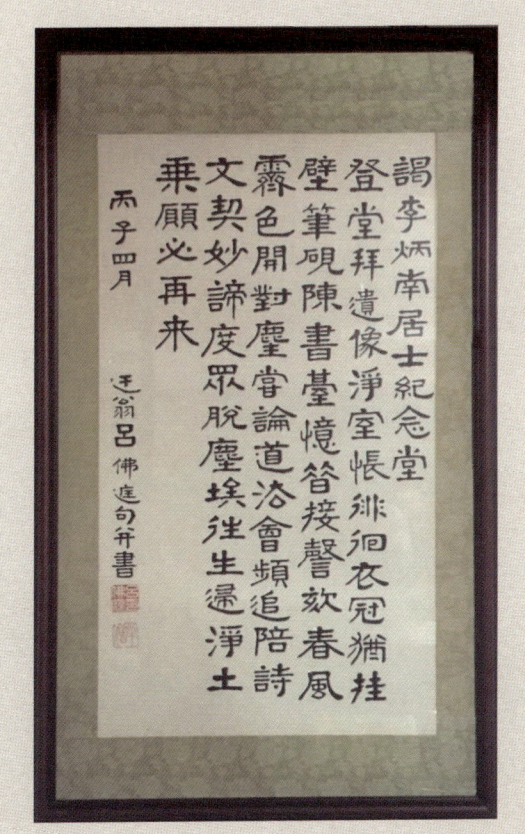

1996 年圖 3 ①

1996 年圖 3 ②

2006 年（民國 95 年）先生往生 20 年

圖1　4月，台中蓮社舉行「雪公往生二十週年系列紀念活動」。舉行文物展、紀念音樂會，發行《雪廬風誼》，播放〈未減清光照世人〉影片。另與中興大學中文系聯合舉辦「紀念李炳南教授往生二十週年學術研討會」。

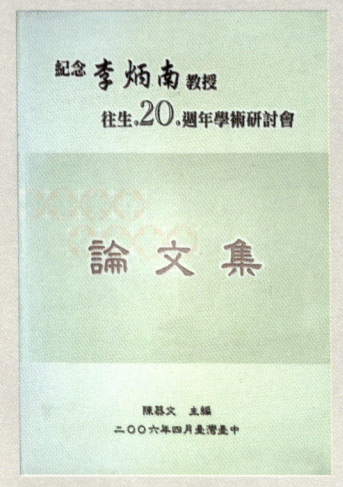

■ 2006 年圖 1 ①

■ 2006 年圖 1 ②

■ 2006 年圖 1 ④

■ 2006 年圖 1 ③

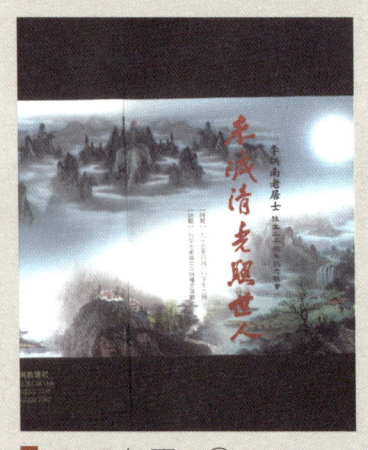

■ 2006 年圖 1 ⑤

2006年(民國95年)先生往生20年

圖2　6月1日至7月9日,臺中市政府舉辦先生文物展:「未減清光照世人——李炳南教授生命紀實」。

圖3　是年,江逸子作「雪公老人坐像」紀念,題為〈古道西風二十年〉。

圖4　是年,《李炳南老居士全集》完整刊行。將先生弘法授課之教材、講演內容文稿及詩文等著述,類分佛學、儒學、詩文、醫學、遺墨等,共十九類、十七冊。

■ 2006年圖2

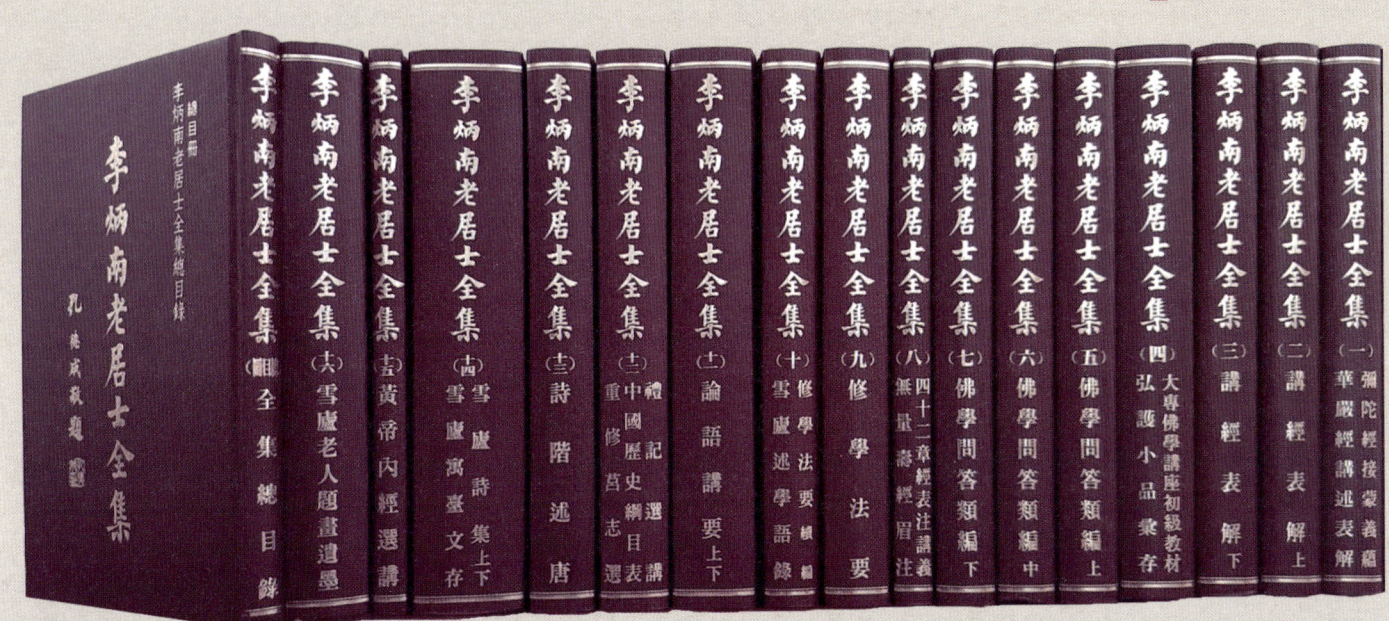

■ 2006年圖3

■ 2006年圖4

2010年（民國99年）先生往生24年

圖1　是年，成立編輯小組，執行國家科學委員會「李炳南先生教化作品與生活紀錄典藏計畫」。2012年完成。期間曾於2011年舉辦「臺中蓮社宗教文物資料——李炳南先生教化作品與生活紀錄數位典藏成果發表暨學術研討會」，發表成果。會後出版《論文集》。計畫主持人周玟觀日後將計畫完整集結，出版《李炳南先生學術與數位人文研究論文集》。

■ 2010年圖1①

■ 2010年圖1②

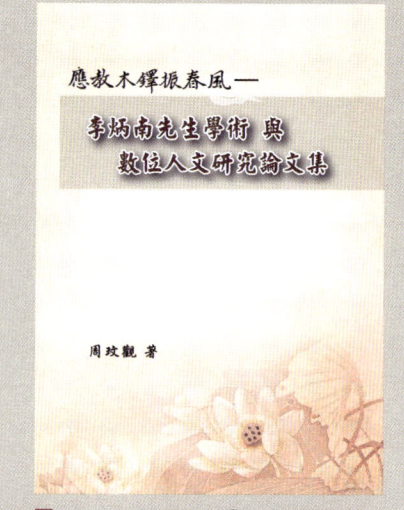

■ 2010年圖1③

2016年（民國105年）先生往生30年

圖1　4月9日，台中蓮社於中興大學惠蓀堂舉行「應教木鐸振春風——李炳南先生往生三十週年紀念音樂會」，選擇先生佛曲創作《梵音集》及詩作《雪廬詩集》，由啟蒙班學童及青壯學人以先生傳授方法吟唱演出。另並製作動畫〈雪公元宵節賞花燈走失的往事〉，及紀錄片〈探訪雪廬老人的故鄉——濟南〉。

2016年圖1①

2016年圖1②

2016年圖1③

2016年圖1④

2016年圖1⑤

李炳南居士年譜圖冊

圖2　5月12日至18日，於台中蓮社舉辦「雪廬老人往生三十週年文物展」，展出先生手稿、墨寶及生活器具，並發行先生原音重現之電子書（①）。②為蓮社師長與來賓合影。左起為：吳聰龍、黃泳、李珊（先生孫女）、孔垂長（至聖奉祀官）、吳聰敏、林淑貞（中興大學中文系主任）、張清泉、張式銘。

2016年圖2②

2016年圖2①

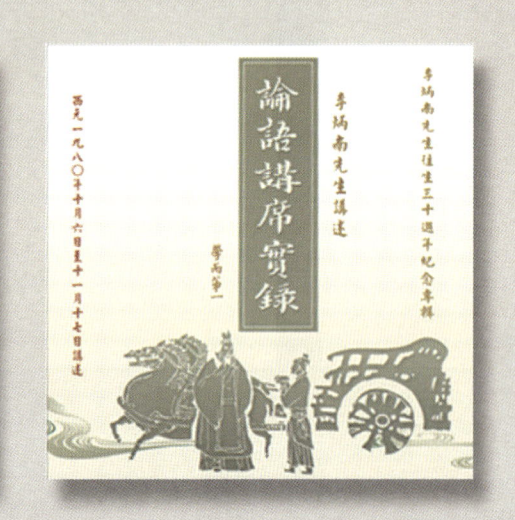

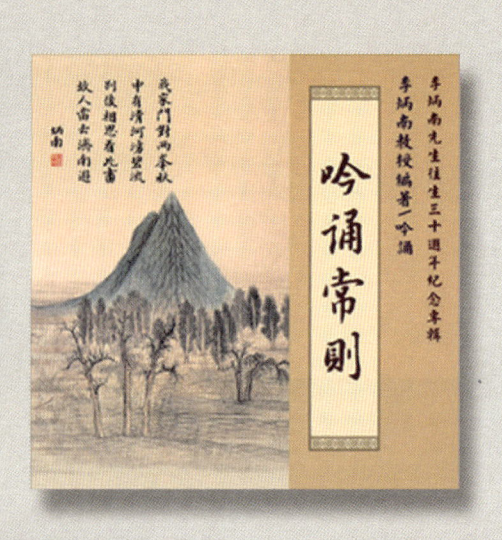

2016年（民國105年）先生往生30年

圖3　5月13日，於中興大學文學院舉行「應教木鐸振春風——紀念李炳南先生往生三十週年學術研討會」。

圖4　7月，舉辦一〇五年度國學啟蒙班（①）。先生往生後，其創立之各班隊組織如念佛班、助念團、論語講習班、國學啟蒙班（②）、明倫講座（③）、定期講經（④）、半月誦戒（⑤）……，皆持續不輟。三十年來，夏曆每月初一至初七，蓮友至蓮社念佛七天，迴向先生，早日迴入娑婆，度脫有情。

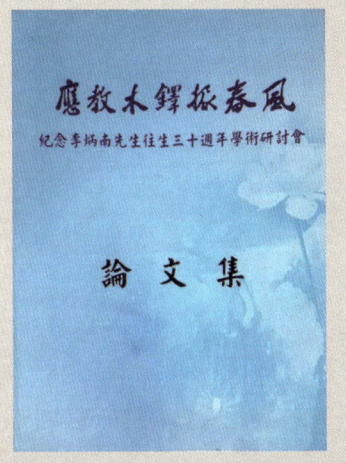

▌2016年圖3 　　　▌2016年圖4①　　　▌2016年圖4②

▌2016年圖4③　　　▌2016年圖4④　　　▌2016年圖4⑤

附錄一、李炳南居士弘化志業總表

年歲＼類別	公職經歷	精神宗旨	定期講經	弘化機構/組織	大專講座	佛法講演開示	文化社教事業	慈善公益事業	大學教育
1891-1937 1-48歲	歷城縣承審員 1913 歷城縣司法科長 1916 莒縣管獄員 1920-1934 臨時縣政委員會 1927-1930 重修莒志分纂官 1934-1936 山東省監獄 1936-1937 孔府祕書 1937-1948	求受三皈 1932 求受五戒、菩薩戒 1936				監獄教化 1920-	濟南通俗教育會 1912- 監獄教化 1920- 莒縣講演所 1923-	莒縣救濟委員會 1935	
1938-1945 49-56歲	孔府祕書 1937-1948		重慶歌樂山蓮社 1944-1945	重慶歌樂山蓮社 1944-1945		監獄教化 重慶長安寺 重慶歌樂山蓮社		（中央）振濟會委員 1942-1945	
1946-1948 57-59歲	孔府祕書 1937-1948		南京正因蓮社 1946-1948	南京正因蓮社 1946-1948		南京普照寺 南京正因蓮社 南京極樂庵			
1949-1960 60-71歲	孔府主任祕書 1949-1985	台中蓮社宗旨 1951 台中蓮社社風 1952	法華寺 1949-1954 靈山寺 1949-1957 蓮社 1952-1976 慈館週三 1958-1986	家庭念佛班 1949 台中蓮社 1951 監獄弘化/弘法班 1951 助念團 1952 三皈五戒會 1952 文藝班 1953 中慧班 1954 經學班 1958- 千人戒會 1960		法華寺 1949 慎齋堂開示 1949 靈山寺佛七開示 1950-1985 監獄教化 1951 台中蓮社 1952 臺灣北中南各市鎮	覺群主筆 1949-1950 覺生社長 1950-1952 佛化婚禮 1951 國文補習班 1952 兒童德育班 1954 菩提樹社長 1954 慈光圖書館 1958 慈光托兒所 1958 慈光半月刊 1959 慈德托兒所 1961	中醫義診 1949 放生 1949 冬令救濟 1952 促進保護動物、蔬食運動 1955 慈光育幼院 1959	中國醫藥學院 1958-1974

附錄一、李炳南居士弘化志業總表

年歲＼類別	公職經歷	精神宗旨	定期講經	弘化機構／組織	大專講座	佛法講演開示	文化社教事業	慈善公益事業	大學教育
1961-1970 72-81歲	孔府主任祕書 1949-1985	涵養道德厚培學問 〔明倫社訓〕四為三不 1964 講經之地例禁募捐 菩提救濟院四大誓願 1964	蓮社 1952-1976 慈館週三 1958-1986 善果林週四 1969-1976	霧峰佈教所 1963 善果林 1967 明倫社 1970	慈光講座（學期） 1961-1969 慈光講座（假期） 1964-1969	靈山寺佛七開示 1950-1985 慎齋堂元旦開示 1964-1986 中興佛社	暑期修身補習班 1961 菩提樹社長 1954-1966	菩提醫院 1963 菩提救濟院 1964 安老所 1970 施醫所 1970	中國醫藥學院 1958-1974 中興大學 1967-1982
1971-1980 82-91歲	孔府主任祕書 1949-1985	明倫精神 1972： 白衣學佛不離世法 辦公室規約 1974 內典研究班班訓 1974 論語講習班宗旨 1980	蓮社 1952-1976 慈館週三 1958-1986	經注語譯會 1974-1978 內典研究班 1974-1978 榮富助念團 1980	明倫講座（假期） 1971-1985 明倫講座（學期） 1972	靈山寺佛七開示 1950-1985 慎齋堂元旦開示 1964-1986	明倫雜誌 1971 明倫廣播社 1973 青蓮出版社 1974 蓮友子弟輔導團 1976 論語講習班 1980-	中國醫藥學院董事 1972-1986	中國醫藥學院 1958-1974 中興大學 1967-1982 東海大學 1975-1980
1981-1986 92-97歲	孔府主任祕書 1949-1985 孔府顧問 1986	題「蒙以養正聖功也」 勉勵國學啟蒙班 1982	慈館週三 1958-1986	台中蓮社巡迴弘法團 1983 內學質疑組 1985	明倫講座（假期） 1971-1985	靈山寺佛七開示 1950-1985 慎齋堂元旦開示 1964-1986	論語講習班 1980 國學啟蒙班 1982 社教科 1983 樂育國樂團 1984	中國醫藥學院董事 1972-1986 蓮友慈益基金會 1981	中興大學 1967-1982

附錄二、李炳南居士大事紀

1891 年（光緒 16 年）・誕生
- 一月十六日（夏曆十二月初七），出生於山東省濟南。

1895 年（光緒 20-21 年）・6 歲
- 入私塾，學習傳統經典。

1904 年（光緒 29-30 年）・15 歲
- 就讀高等小學堂，傳統經典外，亦修習現代教育諸多學科。

1908 年（光緒 33-34 年）・19 歲
- 高等小學堂畢業。

1910 年（宣統元年-2 年）・21 歲
- 至山東官立法律學堂就讀，接受司法教育。

1912 年（民國元年）・23 歲
- 與濟南學界人士組成通俗教育會，任會長，推展社會教育，有心匡扶時政。
  數年間有詩〈得劍〉、〈猗蘭〉、〈春望〉等多首。

1913 年（民國 2 年）・24 歲
- 山東公立法政專門學校（原「法律學堂」改名）畢業，任職歷城縣府承審員。

1914 年（民國 3 年）・25 歲
- 親近梅光羲居士，初學唯識。

1916 年（民國 5 年）・27 歲
- 反抗袁世凱稱帝，被拘捕，旋開釋。升任縣府司法科長。
  有詩〈甲寅歐洲大戰日攻膠澳據之遍植櫻花逢春輒召我國官紳與會賞花〉，慨嘆青島受德日租占。

1918 年（民國 7 年）・29 歲
- 入山東省立監獄專修科進修。

1920 年（民國 9 年）・31 歲
- 山東省立監獄專修科畢業，出任莒縣管獄員（典獄長）。
  有詩〈莒州道上〉、〈巨寇擄民鎮軍坐視不救縣警拒之弔戰亡者〉。

1921 年（民國 10 年）・32 歲
- 主持獄政，多有興革。寓教於刑，善待囚犯，辦技藝班輔導就業；每日講善書，以陶冶性情，轉化劣習。
  有詩〈送趙阿南〉、〈省里〉、〈返莒州客館適蓺菊盛開〉。

1923 年（民國 12 年）・34 歲
- 主獄政有聲望。又得縣知事（縣長）周仁壽支持與教育局長莊厚澤合作，設講演所，任講演主任，開展社會教育工作。社教成績，為魯省冠。

有詩〈讀威海續租草約並聞英艦來東示威〉、〈呂綬宸今山昆季留夜飲〉。

1927年（民國16年）・38歲

- 國民軍北伐，縣知事（縣長）田立勛避走，先生出面維持治理，與先後來軍協商。爾後數年皆在軍匪來犯間協商維持。事平後，縣民來謝，並擬舉為縣長，有詩〈長揖謝盛情〉婉謝。又有詩〈哭董臨沂〉、〈重九寄弟〉。

1928年（民國17年）・39歲

- 四月、八月，匪眾多次犯莒，先生受託再出維持治理。外患內憂交迫，外有日人在濟南故鄉生事之五三慘案，有詩〈南北之戰浩劫遍地聞日夷借故參加炮擊稷門弟實美久無家書淚逐憂來不能自已〉，內則有莒城屢受兵匪侵擾，有詩〈法院罷職雜詠〉、〈餞傅警局長解職歸里〉。

1929年（民國18年）・40歲

- 中央軍楊虎城攻莒，劉桂堂部據莒要脅，有賴先生兩方勸解。俄軍襲陷吉林同江，守軍英勇抵禦來犯俄軍，先生有詩〈戰同江〉讚之。有詩〈贈別李科長〉。

1930年（民國19年）・41歲

- 二月至七月，莒城被圍半年，民不聊生。期間，先生縋城與圍軍斡旋。圍困中偶讀《護生畫集》，立願護生茹素。解圍後獲讀弘化社郵贈佛書。有詩〈陷城〉、〈哀時〉五首、〈莒城圍困數月夜聞碾磑之聲應軍役也斷續酸楚森動人魄依其聲以為短歌〉、〈餉億〉、〈拉夫〉、〈炮聲〉、〈撤軍〉、〈解圍〉等多首。

1931年（民國20年）・42歲

- 春，於淨居寺從真空法師學禪，並與可觀法師同參究。
詩稿《雪廬吟草》初次編成。有詩〈題張愚談山水畫冊〉，為先生諸多題畫詩之首篇。

1932年（民國21年）・43歲

- 八月十四日（夏曆七月十三日），大勢至菩薩聖誕，通信依印光大師皈依三寶。爾後數年，與印光大師通信請問法要，郵遞頻繁。熱心弘化，並常引介信眾皈依，甚得大師嘉許。
有詩〈錦州失陷雜詠〉。

1933年（民國22年）・44歲

- 與莊陔蘭等共同重修莒縣城西浮來山古寺——定林寺。

1934年（民國23年）・45歲

- 三月起，任莒縣《重修莒志》分纂，總纂為前清翰林莊陔蘭。
- 十二月二十二日，赴蘇州報國寺參謁印光大師。有詩〈楓橋〉、〈蘇州報恩寺瞻塔〉。
- 是年，獲中醫師執照。

1935年（民國24年）・46歲

- 持續於賈園編輯《重修莒志》。期間與師友論史論詩，情意相通、德學相輔，為「賈園盛集」。
- 七月，黃河大堤決口，洪患劇烈。與電報局楊子餘局長等成立莒縣救

濟委員會，設收容所賑濟災民。

1936年（民國25年）・47歲
- 春，《重修莒志》編輯事訖，自莒縣調職回濟南。臨行時，前往送行者三百餘人。返回濟南，任職山東省監獄。
- 八月，於濟南淨居禪寺求受五戒。
- 九月，於濟南女子蓮社求受菩薩戒。
- 是年因公旅次武昌、開封。有〈過武昌與傅覺夢宴黃鶴樓〉、〈過開封寄懷〉各詩。

1937年（民國26年）・48歲
- 濟南任職，有〈返里度歲有憶〉、〈故鄉〉、〈久客歸來風物多改感而誌之〉、〈舊店〉等詩多首。
- 七月，蘆溝橋事變爆發，有詩〈日軍突襲蘆溝橋名城繼陷京師震動〉。
- 十一月，入奉祀官府任祕書職。

1938年（民國27年）・49歲
- 元月，伴隨至聖府奉祀官孔德成先生南遷，先經武漢，再遷重慶。有〈征車行〉、〈歲晏避亂重過蛇山梅嶺〉、〈避亂入蜀過漢皋小住重逢傅蘧廬〉、〈武漢早春〉、〈過荊門山〉八首、〈入蜀〉等詩多首。
- 三月，與梅光羲居士重逢，加入太虛大師創辦之中國佛學會為會員，從學於兩位大士。
受太虛大師交付至重慶附近監獄弘化，間亦於長安寺講演。有〈淨宗三障〉講表。

結識中國佛學會謝竹存、王曉西、虞愚等，過從甚密。
- 家書傳遞有賴太虛大師安排及友人轉寄。有〈濟南陷後骨肉未卜存亡尺素付郵每不能達幸賴故人傅覺夢在漢皋百計轉寄烽火三月初得家書開緘釋然感激賦贈〉、〈亂中聞弟實美在鄉辦理收容災童事喜而寄贈〉、〈寄母〉、〈寄內〉、〈懷莊心如太史〉。又有〈題宋范塔磚拓本〉、〈七哀（紀丁丑戊寅所見）〉、〈極樂世界依正頌〉等詩。

1939年（民國28年）・50歲
- 五月，遷居龐家岩。屈萬里至奉祀官府任文書主任，與先生來往密切。有詩〈早春奉書莊師心如〉、〈龐家岩避兵雜詠〉六首。
- 八月，日機猛烈轟炸，奉祀官府寓所全被炸毀。先生險遭不測。有詩〈紀厄〉、〈轟炸書憤〉、〈寇機〉。
- 十二月遷入歌樂山上新建奉祀官府「猗蘭別墅」。前後有〈歌樂山夜起散步〉、〈病中〉、〈歌樂山楼嶺望雲頂寺〉、〈避亂歌樂山蘭墅望獅子峰紅葉〉等詩。
- 是年，開始編撰《佛說阿彌陀經義蘊・接蒙》等書，多次演說淨土精要。

1940年（民國29年）・51歲
- 九月，前川康區稅務局局長朱鏡宙來住歌樂山，與先生論交。有〈猗蘭別墅雪夜宴集〉、〈遊國府主席林公歌樂山館〉、〈邊春寄弟〉、〈詶莒州趙阿南〉、〈九日蘭墅宴集〉等詩。
- 十月，王獻唐移居重慶歌樂山雲頂寺，與先生等多所往來。
屈萬里去夏來奉祀官府任文書主任，是月別去，有詩〈餞別屈翼鵬赴長生橋〉。
- 十二月二日，夏曆十一月初四，印光大師預知時至，安詳捨報。印光

大師捨報後，弟子向外徵集大師函稿。先生特選印光大師函示有關論道者，悉數付郵。惜因戰亂佚失，未能寄達。

1941年（民國30年）·52歲
- 一月，至長安佛學社參加「印光老法師追薦會」。
- 五月，協助孔德成先生於歌樂山雲頂寺成立「中華孔學會」。
- 七月，請王獻唐、熊夢賓、孫奐崙、劉君復、陳名豫、孔德成先生等多人為〈宋張璪史氏造像磚拓片〉題詞。歷時一年有餘。
- 有詩〈望雲頂寺〉、〈山齋供花〉、〈讀馬一浮避寇集〉二首。

1942年（民國31年）·53歲
- 二月，太虛大師交付歌樂山雲頂寺弘化任務。
- 三月，食物中毒，以致上吐下瀉，蓋廚師料理食用油雜入桐油所致。
- 五月，王獻唐為孔德成先生繪製〈猗蘭別墅著書圖〉。
- 六月，獲聘為國府「振濟委員會」專員，奔走於硝煙彈雨之間，賑濟災民。
王獻唐繪贈〈山居圖〉。
- 十一月，王獻唐辭國史館職，先生有詩〈餞別王獻唐辭國史館撰修赴樂山〉。此後與先生書函來往密切。
- 十二月，獲豐子愷慨贈數幀護生畫作。

1943年（民國32年）·54歲
- 春，有〈春日憶莒縣諸友〉、〈和莊太史心如歲暮寄懷次韻〉二首、〈清明懷陳雪南〉、〈清明懷王獻唐〉等詩。
- 夏，慈母病逝濟南。
- 九月，開始持午。

王獻唐繪贈〈雪廬圖〉。

1944年（民國33年）·55歲
- 六月，經向梅光羲居士借得《阿含經》摘鈔。
- 十一月，梅光羲老居士六十晉七大慶。重慶學佛同仁於佛學社念佛祝壽。
- 是年，組建歌樂山九道拐蓮社。

1945年（民國34年）·56歲
- 二月，獲考試院重發「醫師考試及格證書」。
歌樂山蓮社弘化。
- 八月十五日，日本無條件投降。與孔德成先生放鞭炮歡呼慶祝。有詩〈歲乙酉秋聯盟國美利堅以原子彈轟炸日本廣島長崎寇降〉。後，又有〈題與梅慕賢吳仲宣諸友合影時同避亂渝州歌樂山寇降後皆作還鄉之計故攝影紀念〉。
- 十月，致函如岑法師，報告學佛過程。獲認可為正信，接受其介紹社員皈依。一年介紹依如岑法師皈依三寶者上百人。有〈致函如岑法師〉（十月）、〈李炳南居士上如岑法師書，釋一西附識〉（十二月）。

1946年（民國35年）·57歲
- 在蜀八年，重遇梅光羲居士，得以學習唯識八年。蜀地近康藏，得以親近西藏活佛，學習密宗八年。結識謝健、朱鏡宙等至交，與王獻唐、屈萬里等密切往來，與呂今山、孔德成等朝夕相處。作詩一百一十五題，二百五十九首，輯為《蜀道吟》。
- 九月，隨奉祀官府從重慶遷至南京。重慶歌樂山蓮社解散，有〈歌樂

山蓮社成滅因緣及修眾的感應〉及詩〈歌樂山蓮社〉。

至南京後組建正因蓮社，有〈正因之義〉講表。

太虛大師指派擔任普照寺佛學會委員兼弘講。

莊陔蘭在曲阜逝世。

- 十一月，中國佛學會第七屆會員代表大會改選理監事，獲選為候補理事。
- 是年有詩〈還京〉、〈小圃〉、〈鳳遊寺〉及〈金陵懷古十詠〉。

1947年（民國36年）·58歲

- 三月，太虛大師捨報。
- 四月，陪同孔德成先生自南京啟程擬返曲阜。但因軍事未靖，留滯徐州（彭城）數日後，中途折回。有詩〈還京逢清明〉、〈還鄉撿所采紅豆擬贈親友〉、〈彭城懷古〉、〈快哉亭〉。
- 五月，梅光羲居士捨報。
- 六月、八月，兩度陪同奉祀官赴曲阜。有〈寇平陪孔上公返魯〉三首、〈重過九槐書屋懷莊師心如〉二首、〈還京後鄉路猶阻寄慨〉、〈戰後陪孔上公三返曲阜以濟路尚阻難歸感賦〉。

蒙四川定光寺如岑法師慈允，於南京正因蓮社舉行皈依典禮，引薦蓮友依如岑法師皈依三寶。有〈函如岑法師書〉（六月）、〈函如岑法師書〉（七月）。

- 九月，離家十二年後首次也是最後一次返回濟南，有〈還家〉四首、〈濟垣雜興〉八首。至山東女子蓮社、崇實佛學會演講，有〈早立正見快棄三毒——在女子蓮社講詞〉講表、〈在崇實佛堂講詞〉講表。
- 十月，撰〈靈巖印光大師靈骨入塔〉一首。
- 十二月，陪同奉祀官孔德成先生第四度返曲阜。
- 是年，曾至金陵刻經處，禮敬楊仁山居士像。

1948年（民國37年）·59歲

- 三月，奉祀官孔德成先生赴美文化考察遊學。有詩〈送別孔上公赴美考察文化〉二首。

奉祀官行前，有會議決議擬移運孔府文物至京，唯因時局緊迫而未果。

- 四月，山東濰縣失守，有詩寫昌濰之圍：〈昌濰之圍守軍多為民兵屢求援而不至於時當局適有取消民間武力之謀〉。
- 七月，蒙四川定光寺如岑法師慈允，於南京正因蓮社舉行皈依典禮，引薦蓮友依如岑法師皈依三寶。有〈函如岑法師書〉（六月）、〈函如岑法師書〉（七月）。
- 九月，濟南失守。有〈聞濟南失陷〉詩三首，感慨未能與家人共患難。此後三十餘年，與家人音訊斷絕。
- 十月起，於南京鐵作坊聽應慈法師講《華嚴經》。
- 十二月，奉祀官孔德成先生指示，準備遷移至臺灣。
- 在京三年，成詩一百七十六題，二百二十一首，輯為《還京草》。

1949年（民國38年）·60歲

- 二月，自南京押運奉祀官府卷箱行李遷抵臺中。有〈南遷〉、〈浮海〉、〈舟中吟〉二首，為《還京草》結卷之作。又有〈避亂舟發臺灣〉、〈舟次玩海心月影〉、〈渡海〉等，為《浮海集》之開卷。
- 四月，於法華寺演講「辨別邪正」講表，為臺灣首度弘化。結識劉智雄、賴棟樑。

有詩〈聞南京放棄後大火〉、〈答客問京華〉、〈憶京〉、〈避亂臺灣春日懷舊〉、〈台灣竹枝詞〉八首、〈弔呂今山〉等。

- 五月起，於法華寺宣講《般若心經》，為抵臺講經之始。又有〈法華寺淨場初成講詞〉講表。許克綏、李鋐榮、張慶祝、林進蘭等，從此

成為常隨眾。

同時於法華寺施診,並有印經、放生等法務。

因戰亂交通等因素,奉祀官府薪俸未能及時發放,一時米糧無存。先生出面借糧求援,有詩〈與屈君翼鵬避亂來臺同作流民君忽得祿先施之〉、〈遷臺阮囊已空饔飧不繼漂母張氏憐而貸金幸不餓莩誌德弗忘〉。

- 七月起,陸續於靈山寺宣講《阿彌陀經》、《觀世音菩薩普門品》。
- 十二月,抵臺灣後首次實踐助念往生。

於慎齋堂演講,有〈慎齋堂彌陀聖誕紀念〉講表。

擔任佛教雜誌《覺群》主筆,《佛學問答》及《阿彌陀經義蘊》開始連載。

- 八月,於法華寺宣講《盂蘭盆經》。

於北屯慈善堂宣講《阿彌陀經》。

- 九月,於臺中寶善寺宣講《觀世音菩薩普門品》。
- 十一月,於法華寺宣講《勸發菩提心文》。
- 十二月,靈山寺舉行佛七,為臺灣舉辦佛七之始。是年起至一九八五年,均受禮請開示念佛法要。

舉行「印光大師入寂十周年紀念日」追思大會。有〈印光大師涅槃十周年紀念疏文〉、〈印光大師圓寂十周年紀念回憶錄〉。

弘法範圍從臺中擴及豐原、彰化等鄰近城市。

《阿彌陀經摘注接蒙》、《阿彌陀經名數表解》、《阿彌陀經義蘊》初次印行。

1950年(民國39年)·61歲

- 一月,法華寺舉行世尊成道日慶祝會,領眾禮四川如岑法師行皈依禮。原擬北遷,應大眾懇求,遂續留駐臺中。

赴臺中監獄弘法,受聘為名譽教誨師。

- 二月,於靈山寺宣講《觀世音菩薩普門品》圓滿。接續宣講《無量壽經》,有講表及眉注。圓滿後,宣講〈大勢至菩薩念佛圓通章〉。
- 三月,應贊化鸞堂之邀講《阿彌陀經》,有〈應乩壇請說因果〉講表。講經圓滿,堂主及多位鸞生皈依三寶。
- 六月,於寶善寺演講,有〈為何學佛及為學步驟〉講表;於鹿港龍山寺演講,有〈學佛挽回劫運〉講表。
- 七月,擔任佛教雜誌《覺生》月刊社長,有〈覺生月刊創刊詞〉。

法華寺、靈山寺分別舉行先生「講經週年紀念會」,會後輯成《李老居士講經週年紀念特刊》,先生題辭,有「願各手栽蓮萬頃,從教剎海遍清芬」句。

1951年(民國40年)·62歲

- 一月,台中蓮社籌組成立,獲選為理事長兼社長。覓地建設。
- 二月,於靈山寺宣講《無量壽經》一年圓滿,續講《觀無量壽佛經》。

於慎齋堂首度主持佛化婚禮。

有〈臺中市佛化進展的大概〉(寄漚生)。

- 三月,舉辦佛學講演訓練班,開始培育弘法人才。

會性法師至臺中,首度相識。法師時年二十四歲。

- 五月,弘化屏東,於東山寺每天日夜兩場宣講《阿彌陀經》,並協助成立念佛會。
- 六月,《佛學問答》初次結集發行。

於菩提場宣講《八大人覺經》四次。

台中蓮社由許克綏、朱炎煌購得一處屋舍,仍需籌募大殿建築費用,有〈臺中蓮社講堂大殿籌建緣起〉。

- 八月，至彰化曇華堂宣講《八大人覺經》。
  孔子誕辰，應邀至中山堂演講，有〈八月二十七日中山堂講演〉講表。
- 九月，靈山寺講座《觀無量壽經》圓滿，接續宣講《往生論》。
- 十月，於台中蓮社成立弘法團，男眾至監獄弘法，女眾至家庭、社區弘法。先生編有講表教材，團員先行講習，而後外派。女子弘法團有「十姊妹」，各學一部經，先生教導詳盡。
- 十一月，於靈山寺宣講《大乘起信論》。
  於法華寺宣講《勸發菩提心文》圓滿，續講《四十二章經》。

1952年（民國41年）‧63歲

- 一月，臺中市佛教蓮社成立一週年，大殿兼講堂落成。
  手訂〈蓮社社務〉、〈蓮社社風〉。
  台中蓮社舉辦首次冬令救濟，從此每年辦理。
  成立「天樂班」，日後成為蓮社參加佛誕節遊行、蓮社講演活動之重要文宣團隊。
  〈敬對佛徒兼修龍華先天等教者進一忠告〉發布於《覺生》月刊。
- 二月，在蓮社開講佛學，爾後每週講經。
  禮請證蓮老和尚蒞社傳授三皈五戒。
  靈山寺宣講《大乘起信論》。
- 三月，於《覺生》月刊開始連載〈素菜譜〉。
- 四月，創辦「國文補習班」。
- 五月，再度南下屏東弘化。
  經臺灣省政府、臺中市政府核可，開設「炳南中醫診所」。
- 七月，於法華寺宣講《四十二章經》圓滿，續講《佛遺教經》，至夏曆臘月望日圓滿。
- 八月，有〈四十一年孔子聖誕在中山堂講辭〉講表。
  《佛學問答第二集》由覺生月刊社發行出版。
- 十月，北上桃園、新莊、楊梅等地弘法。至樂生療養院探視開示，返中後撰文呼籲幫助病友籌建佛堂。
  有詩〈九日憶京〉、〈瘦〉、〈詩厄〉。
- 十一月，於靈山寺宣講《大乘起信論》圓滿（1951年11月起）。
  於法華寺講《仁王護國經》七日。
  辭《覺生》社長職。
- 十二月，《菩提樹》月刊創刊，撰有〈菩提樹月刊創刊辭〉，篇末偈〈攬鏡自感〉，有「也識節勞延歲月；為他無計避心忙。」又發表〈參觀癩病樂生療養院因緣記〉，呼籲各方捐助，幫助病友籌建佛堂。兩年後新建佛堂落成，請先生命名為「棲蓮精舍」，其後常受邀對院內蓮友開示。
  《菩提樹》月刊同期，開始連載《佛學常識課本》。
  撰有〈台中蓮社碑記〉，記結社因緣及建築盛事。
- 是年，組織蓮社念佛班、成立助念團。
  除固定講經演講，常在蓮社「聯誼會」榻榻米小教室指導學眾。亦常至附近火車平交道失事地點超度亡者。
  弘化漸廣，除臺中附近縣市，亦北上基隆、桃園、新莊、楊梅，南下臺南、高雄、屏東等各地弘法。

1953年（民國42年）‧64歲

- 一月，蓮社社長任滿讓賢不續任。大會改聘為名譽社長，以導師身分為蓮社服務。
- 二月，春節舉辦弘法班員講演大會。爾後每年定期舉行春節講演大會。

- 三月，於台中蓮社週六講座宣講《阿彌陀經》，與靈山寺週日講座成為固定經筵。靈山寺講座由蓮社弘法班派員輪講。
- 五月，遠赴宜蘭弘法一週。
- 六月，台中蓮社第二期國文補習班開辦。台中蓮社與靈山寺合辦第二期「佛學講習班」。
- 八月，臺中縣大安鄉颱風重創，前往救災。
- 十月，於台中蓮社宣講《梁皇寶懺》（1953年10月至1956年1月）。
- 十一月，於台中蓮社教授弘法班員講演技巧，編有《實用演講術要略》教材。
- 十二月，應草屯碧山巖寺之聘，前往弘法一週，有詩〈赴碧山巖禪寺講經早課初罷〉。
  於《菩提樹》月刊及此前《覺生》，曾與外道及基督教友筆戰數次，針對其侮辱佛教之作為，回應駁斥。有〈答辯嘉義真耶穌教的傳單：無事生非．大罵佛教〉等文。
- 是年，為國文補習班結業學員成立文藝班、中慧班，為蓮社培養弘法、文宣人才。

1954年（民國43年）．65歲

- 一月，禮請白聖法師在蓮社傳授三皈五戒。皈依者八人，受戒者一百一十七人。
  《佛學常識課本》發行單行本。
- 二月，於慎齋堂宣講《阿彌陀經》連續九天。
  夏曆正月初六起連續五天，於蓮社舉行新年佛學演講大會，由八位弘法班員擔綱。
- 三月，於靈山寺開講《妙法蓮華經》（1954年3月至1957年3月）。
- 四月，蓮社慶祝佛誕，舉行講演大會。由青年弘法班員十二人擔任講演及翻譯。爾後每年佛誕節定期舉行青年講演大會。
  有詩〈泰國龍華佛教社於香港迎太虛大師舍利建塔徵題〉。
- 五月，應屏東東山寺之請，第三度前往弘法。並及鳳山、高雄、岡山等地。
  出任《菩提樹》月刊社長。
  第三期國文補習班開辦。
- 六月，教授弘法班講經，撰有《內典講座之研究》。
  慈航法師奉安坐缸大典，先生有聯敬輓：「慚我負夙期鬚髮未現比丘相，與師成長別香花遙供舍利身。」
- 九月，創辦「兒童德育週」研習班。
  《菩提樹》月刊本期刊出「本社短評」〈從臺灣省政府限制修建寺廟說起〉，反對八月臺灣省政府頒佈之〈臺灣省政府修建寺廟庵觀應注意事項〉，認為該法違背憲法，應該收回。
- 十月，懺雲法師自高雄來，留宿蓮社。與先生初識。
  先生德配張德馥在濟南逝世，享壽六十八歲。因兩岸隔絕，多年後始知。
- 十一月，至桃園弘法一週。於新莊樂生痲瘋病院棲蓮精舍講《阿彌陀經》，於桃園蓮社講〈淨法解脫要義〉。
  發表〈敬為在家眾新受菩薩戒諸尊進一言〉，鼓勵精進，成就菩薩事業。
- 十二月，《菩提樹》月刊刊載《臺中佛教蓮社天樂班歌集》之一：〈佛教青年〉。
  於法華寺宣講《般若心經》八日。
- 是年，於台中蓮社持續宣講《梁皇寶懺》（1953年10月至1956年1

月)。
- 是年,《常禮舉要》由瑞成書局出版。
- 是年,周家麟至蓮社聽經相契,成為常隨眾,為先生重要入室弟子。

1955年(民國44年)・66歲
- 一月,蓮社社員大會,續受聘為名譽社長,德欽法師連任社長。
  春節初六起,舉辦連續五日男青年講演大會,由文藝班擔綱。圓滿日,有〈乙未春季青年演講結束致詞〉講表。
- 三月,靈山寺春季佛七開示。
  於蓮社理監事會提議應積極辦理慈務工作,優先促進保護動物會及蔬食運動。並以「戒殺、護生、保護動物」為主題,舉行連續五天之佛教通俗講座。有講演稿表〈戒殺是息刀兵之本〉、〈因果可轉變〉、〈殺是兇暴最傷天和〉、〈解釋戒殺的幾個疑問〉、〈歐美慈性的進展〉,及《佛教通俗講座》講記。
  發表〈為一個小佛國呼援〉,呼籲各界贊助樂生療養院蓮友醫療基金。
- 五月,編撰教材,訓練蓮社二十位女青年,於佛誕節舉行講演大會。
- 六月,禮請斌宗老和尚,於台中蓮社傳授菩薩戒。
- 七月,台中蓮社首次舉行佛化婚禮,應邀福證。
- 九月中至十二月中,靜養,暫停講經。
- 十月,「影印大藏經環島宣傳團」至臺中宣化,經先生大力推薦,臺中蓮友共訂四十餘部,為全省之冠。
- 十一月,協助籌組一年之桃園蓮社落成,受聘為名譽社長。
- 十二月,《佛學問答類編》(朱斐編本)出版。
  《菩提樹》月刊本期(第37期)起至第六十七期為止,有「卷頭語」刊佈,後多收入《弘護小品彙存》之《逆耳言》。

- 是年,於台中蓮社持續宣講《梁皇寶懺》(1953年10月至1956年1月)。
  於靈山寺持續宣講《妙法蓮華經》(1954年3月至1957年3月)。
  江錦祥(逸子)由國畫教師呂佛庭介紹,從學於先生。

1956年(民國45年)・67歲
- 一月,於台中蓮社宣講《梁皇寶懺》圓滿。
- 三月,在台中蓮社開講《金剛般若波羅蜜經》(1956年3月至8月)。
- 七月,發起籌設臺中佛教文化圖書館。
- 九月,在台中蓮社開講「唯識境略舉」(1956年9月至12月)。
- 是年,於靈山寺持續宣講《妙法蓮華經》(1954年3月至1957年3月)。

1957年(民國46年)・68歲
- 二月,在台中蓮社講授《常禮舉要》。
  應基隆佛教蓮社禮請,於該社佛七宣講淨宗法要,有〈丁酉年基隆結七開示〉稿表。
  至新莊棲蓮精舍、桃園佛教蓮社分別開示念佛要義、開講〈大勢至菩薩念佛圓通章〉,有〈樂生療養院結七開示〉稿表、《楞嚴圓通章筆記》稿表。
- 三月,於靈山寺宣講《妙法蓮華經》圓滿(1954年3月至1957年3月)。
- 五月,流行性感冒襲臺,在台中蓮社義診施醫。
- 七月,於台中蓮社成立「四十八願」念佛班,指導弘法、接引學佛。
  菲律賓佛教訪問團至台中蓮社參訪。

在蓮社小講堂講「唯識」，編有《八識規矩頌筆記》表解稿。
- 九月，「慈光圖書館」核准成立，經推舉為第一任董事長。
成立台中蓮社太平佈教所。
- 十二月，保護動物會成立，獲選為監事。
撰〈台中蓮社國文補習班第六期結業生同學錄小序〉，講明國文補習班創辦宗旨在提倡文化禮樂之人性教育。
- 是年，周家麟至蓮社聽經相契，成為常隨眾，為先生重要入室弟子。

1958年（民國47年）・69歲

- 三月，台中蓮社改組為財團法人，出任董事長。
- 五月，慈光圖書館開幕，兼任館長，開講《佛說尸迦羅越六方禮經》（1958年6月至8月）。從此經筵長年不息。
- 六月，靈山寺創辦靈山佛學苑，應聘任教席。
- 七月，徐業鴻（後出家之淨空法師）由朱鏡宙老居士介紹，至臺中依止先生求學。
- 是年夏，於蓮社小講堂開設「經學班」，教導徐業鴻、周家麟、張慶祝等約十餘人學習古文、學習講經。
- 九月，於慈光圖書館開講《阿彌陀經》（1958年9月至1959年1月）。
有〈插劍皈佛〉、〈書歎〉等詩。（〈書歎〉經修改文句，改題〈講學十年來者日眾因招嫉謗述懷〉）。
- 十月，私立中國醫藥學院成立，受聘為招生委員會委員；十二月開學，受聘任教四書、國學。
- 十二月，有〈印光大師示寂十八週年紀念祝文〉。

1959年（民國48年）・70歲

- 二月，於慈光圖書館宣講《觀世音菩薩普門品》（1959年2月至7月），有《妙法蓮華經觀世音菩薩普門品筆記》。
任中國醫藥學院中國醫藥教材編審委員。
佛教歌曲集《梵音集》出版發行。
- 四月，創辦《慈光》蓮友通訊半月刊，俾各念佛班藉此觀摩、研究、進修。
籌設「慈光育幼院」於瑞光街九號，受聘為第一任董事長。
有詩〈殘燭〉：「未改心腸熱，全憐暗路人；但能光照遠，不惜自焚身。」
- 七月，於慈光圖書館宣講〈大勢至菩薩念佛圓通章〉（1959年7月至9月），有《大勢至菩薩念佛圓通章筆記》。
- 八月，發動臺中蓮友樂捐，響應救助八七水災受難同胞，展開救濟慰問。
- 九月，於慈光圖書館開講《普賢行願品》（1959年9月至1960年5月），有《大方廣佛華嚴經普賢行願品筆記》。
擔任中國醫藥學院《內經》專課教授。
- 十月，虛雲老和尚示寂於江西雲居山。台中佛教蓮社與慈光圖書館於每週一晚定期念佛迴向，由先生主持。並有詩〈聞虛雲禪師示寂〉及〈贈虛雲上人〉。

1960年（民國49年）・71歲

- 一月，於霧峰、后里成立佈教所，親往主持典禮。
有〈新春敬為臺中蓮友進一言〉。
- 五月，於慈光圖書館宣講《普賢行願品》圓滿（1959年9月至1960年5月），續於慈光圖書館開講《維摩詰經》（1960年6月至1962

年 1 月），有《維摩詰所說不可思議解脫經筆記》。
- 六月，台中佛教蓮社創社十週年，禮請證蓮老和尚、隆泉老法師、靈源老法師開傳「居家千人戒會」。
  發表〈創建臺中市私立慈光圖書館碑記〉。
- 七月，佛教蓮友創辦之「慈光育幼院」，舉行動土典禮。
- 八月，於《菩提樹》月刊刊登「止謗啟事」。
  為會性法師所編《蕅益大師淨土集》撰〈序〉，讚歎會性法師，摘錄精粹，有如蕅祖之成時。
  慈光圖書館館長二年屆滿，不再續任。
  辭台中佛教蓮社附設國文補習班班主任。
- 十月，《菩提樹》月刊刊行「楊仁山居士紀念專輯」，先生以私淑弟子題〈楊仁山老居士像贊〉。
  有詩〈中秋步月憶京〉、〈谷關山中觀瀑〉。
- 十二月，《菩提樹》第九十七期刊行「印光大師生西二十週年紀念專號」，有詩〈吾師印祖涅槃二十年追思〉十首，追念印祖。
  同期刊載〈印光大師墨寶〉八件，並撰〈印光大師墨寶跋〉說明大師墨寶收存因緣。

1961 年（民國50 年）· 72 歲
- 二月，有〈新春敬向同修恭喜〉，勉勵在一元復始之時，認真返觀，真心懺悔。
  應呂佛庭邀約，與蔡念生、蔡北崙等諸友至其寓所觀賞其手植水仙。
  有〈題呂佛庭西園雪夜七友賞水仙圖〉五首。
- 三月，出席臺中農學院「智海學社」成立大會。
- 五月，創辦「慈光學術講座」（週末班），每週六為中部大專青年講授佛學、詩學，以《佛學概要十四講表》、《詩學宗唐》為教材。

- 六月，「慈光育幼院」落成，為佛教界第一所慈幼機構。
- 八月，於台中蓮社，為國小、初中學童舉辦「暑期修身補習班」。
- 十月，辭卸台中蓮社董事長職。
  為歷屆國文補習班結業學員宣講《八大人覺經》，有《八大人覺經講錄》。
  有詩〈編明湖夢影錄自傷〉二首、〈詠藏〉四首。
- 十一月，辭卸慈光圖書館、慈光育幼院董事長職，專心從事教學與講經。
- 十二月，有〈辛丑十一月望正逢冬至夜看月當頭有感余新辭退蓮社圖書館孤兒院諸務時也〉、〈冬至記所見〉。
- 全年，於慈光圖書館持續宣講《維摩詰經》（1960 年 6 月至 1962 年 1 月）

1962 年（民國51 年）· 73 歲
- 一月，《維摩詰所說經》宣講圓滿。歷一年七閱月，七十二講次。
- 二月至十二月，於慈光圖書館週三講座宣講《金剛經》，有《金剛般若波羅蜜經講述筆記》講表。
- 三月，在慈光圖書館「國學講座」，宣講《禮記》。
  週六大專慈光學術講座講授《佛學概要十四講表》、《詩學宗唐》。
  台中蓮社第十一期國文補習班擔任《論語》課程。
- 四月，《詩階宗唐》由臺中瑞成書局印行。
- 五月，至省會中興新村，參加中興佛社成立大會，該社係省府各廳處公務員及眷屬組成。
- 六月，《佛學問答類編》（陳慧劍編本）出版發行，將先生十二年來「佛學問答」專欄分類整編。
  出席中國醫藥學院學生佛學社團「醫王學社」成立大會。

- 七月起，每週二赴省政府所在地南投中興新村「中興佛社」宣講「佛法大意」十四講，聽眾百餘人。有詩〈題中興佛社〉。
- 是年夏，有詩〈孔上公官邸夏夜逭暑話故鄉古剎正覺寺〉，又有〈時計鐘〉：「警眾太殷勤，曾無間寸陰；幾人長夜醒，不負轉輪心。」
- 八月，台中蓮社舉辦「暑期修身補習班」，為輔導中小學生生活教育。
- 九月，中秋節，重展〈猗蘭別墅圖〉有慨，錄昔日所作詩〈孔上公歌樂山猗蘭別墅寄興〉並題識。前後又有〈送劉梅生歸菲律賓以鵲華秋色圖贈之〉等詩。
- 十一月，詩稿《雪廬詩集》開始在《菩提樹》月刊連載。
  因推行社會教育有功，與趙麗蓮、陳致平、郝更生，同獲教育部頒獎。先生事前未悉，不及婉謝。
  成立「佛教菩提醫院」董事會，以創設佛教醫院。推舉林看治為董事長，聘請于凌波醫師為院長。
  應慎齋堂邀請，宣講《八大人覺經》七日。
  應邀至中國醫藥學院「大體解剖慰靈祭典」演講，此後賡續數年與祭並演講。
  有詩〈為諸生講諸葛亮出師表誌感〉。
- 是年，住處遷至和平街九十八號。

1963 年（民國52 年）· 74 歲

- 一月，赴合歡山賞雪。朱斐、王燗如、呂佛庭等同行，有〈壬寅小寒合歡山降雪與門人往觀兼寄半僧〉二首、〈題合歡山賞雪友儕合影〉。
  為孔德成先生所藏〈王獻唐畫猗蘭別墅著書圖〉題跋，追念歌樂山故友王獻唐。有〈題王獻唐畫猗蘭別墅著書圖〉三首。

- 二月，慈光圖書館週三講座，宣講《地藏菩薩本願經》，有《地藏菩薩本願經筆記》講表。
- 四月，「佛教菩提醫院」門診部開幕，擬試辦兩年後擴大辦理。
  台中佛教蓮社國文補習班第十二期開學。本期講授《論語》課程。
- 五月，主持台中蓮社霧峰佈教所講堂落成典禮，開示：「安靜、改心、有恆」。
- 五月起，每週一至中興佛社宣講《八大人覺經》、《阿彌陀經》。
  每週四，應省政府主辦之「中興新村公務人員進修班」邀聘，前往宣講《論語》。
- 七月，成立「佛教菩提醫院籌建委員會」。而後遵照社會法令，於十月，將「佛教菩提醫院董事會」改名為「菩提救濟院董事會」。
- 九月，受禮聘為台中蓮社名譽董事長。
- 十月，中國醫藥學院附設中醫診所啟用，與諸名醫，輪流前往應診。
  呂佛庭〈長城萬里圖〉長卷展出，有〈題呂佛庭萬里長城圖〉及〈展前述見〉、〈讀後書感〉。
- 十一月，出席臺中師範專科學校佛學研究社團潮音學社成立大會。
- 是年，應中興大學之聘為農經研究所同學講授《唯識概要》。

1964 年（民國53 年）· 75 歲

- 一月，元旦應臺中慎齋堂禮請，宣講《唯識簡介》三日。從此成為每年例行弘化要務，直至往生當年。
- 二月，四位大學生自臺北至台中蓮社求學，係慈光講座假期密集班之第一屆。
- 三月至五月，開辦第三屆學期中慈光大專佛學講座，講授《八大人覺經》。
- 三月，印順法師與演培法師、續明法師，共同捐助巨款支持佛教菩提

醫院，建築「太虛紀念館」。先生感謝三寶加被，囑咐同仁確實實踐本院四種誓願：施診施藥、精神安慰、祈禱法會、助念往生。
徐醒民春節後元宵節前舉家遷來，從學於先生。有七人之經學班，以及十餘人國學班之教導。
慈光圖書館週三晚間講座，開講《大佛頂首楞嚴經》。
台中佛教蓮社附設國文補習班第十三期開學。
至臺中中山醫專參加該校學生佛學社團能仁學社成立大會。
- 四月，至中興佛社宣講《般若心經》。
- 五月，「臺中市私立菩提救濟院」改組為「臺灣省私立菩提救濟院」。先生為董事長。聘林看治為救濟院首任院長。
奉派擔任國家特種考試中醫師考試典試委員。
- 七月，至桃園蓮社宣講《佛說盂蘭盆經》。
- 八月，馬來西亞僑生蔡榮華歸返僑居地。行前請先生講授《普賢行願品》。先生送行時應其請將所著之長衫卸下相贈。
臺灣大學晨曦學社以及政治大學東方文化社十二位學員，至臺中慈光圖書館求學，為（寒暑期）慈光講座第二屆。
- 九月，應呂佛庭邀請詳覽所作〈長城萬里圖〉，後撰成〈呂半僧萬里長城卷子歌〉題贈。
- 十一月至十二月，第四屆（學期中）慈光大專學術講座，分兩班，初級班由中興大學教授許祖成主講「佛學概要」，高級班由先生主講「唯識學」。
- 十一月，先生與許祖成教授共同領導中興大學智海學社同學至后里郊遊，先生宣說學佛之應為與不應為。四為：為求學問、為求解脫、為轉移汙俗、為宏護正法；三不：不借佛法貪名圖利、不以佛法受人利用、不昧佛法同流合汙。

1965年（民國54年）・76歲

- 一月，元旦起三天，於慎齋堂宣講《仁王護國般若波羅蜜經・護國品》。
- 二月，舉辦「五十四年度冬令班」大專佛學講座，為（寒暑期）慈光講座第三屆。爾後於每年寒暑假舉行。
- 三月，每週六於慈光圖書館慈光大專講座（學期間），講授《阿彌陀經》。
- 三月起，於中興大學主持「國學講座」。該講座由智海學社承辦，舉辦至一九七〇年，歷時六年。講授〈大學〉、〈中庸〉、〈曲禮〉、〈樂記〉等課程，有〈國學體用概言〉、〈大學講前小言〉、〈大學眉注〉、〈大學表注〉、〈中庸眉注〉、〈中庸表注〉、〈中庸講述筆記・介言〉。
- 四月，菩提救濟院醫療大樓興工建築。
- 五月，每週六於慈光圖書館慈光大專講座講授《金剛經》。至十二月圓滿。
- 六月，為林清坡摹繪王獻唐所繪〈雪廬圖〉，作〈雪廬圖題詞・有引〉。
應呂佛庭邀請，參觀近日完成之鉅作〈長江萬里圖〉，有詩〈題呂佛庭長江萬里圖〉。
- 七月，禮請印順法師於菩提救濟院建地舉行太虛紀念館之動土奠基典禮。
- 八月，舉辦暑期「慈光大專學術講座」，分兩期進行，各為十一日。於第二期特別開講修學淨土法門之大要：〈淨宗簡介〉。圓滿後，並撰有〈慈光大專講座通訊錄序〉。
- 九月，遷入臺中市南區正氣街九號，命名「寄漚軒」。房舍占地約五十六平方米。有詩〈遷居〉、〈小院〉、〈菊籬〉、〈看竹〉。來臺

多年，首度住所保有院落。

1966年（民國55年）·77歲

- 一月，元旦，受邀於慎齋堂講演，講授唐朝天台宗高僧荊溪湛然之《始終心要》，有《始終心要講表》。
  臺灣大學晨曦學社社長吳明陽帶領社員鄭振煌、楊惠南等六人前來求學，歷時一週。
- 二月，菩提救濟院附設菩提醫院之醫療大樓全部竣工。醫院請王祖祥為院長，于凌波、崔玉衡任副院長。
- 三月，菩提救濟院聖蓮室及靈巖書樓動土典禮。「聖蓮室」係為病人臨終助念而設，「靈巖書樓」原以先生法名命為「德明樓」，經先生囑咐紀念印光大師改名。
- 四月，與臺中蓮友至阿里山遊覽，有詩〈遊阿里山〉二首。
  全國大專佛學社團聯誼會中部分會舉辦「第一屆演講比賽」，擔任評審。中部各大專院校派代表參加。
- 五月，赴中興新村，為中興佛社興建佛堂工程主持奠基動土典禮。
  於中興大學「國學講座」開始講授〈曲禮〉。有〈曲禮眉注〉、《曲禮講述筆記》並附《常禮舉要》；講前有〈曲禮選講介言〉。
- 六月，獲任命擔任本年度中醫師特種考試典試委員。
- 七月，主持菩提救濟院院舍落成暨附設菩提醫院開幕典禮。
  辭去菩提救濟院、台中蓮社、慈光圖書館、慈光育幼院、菩提樹雜誌各機構董事長、董事、社長等職，將專心致力於教學講經等弘化事宜。
  於慈光圖書館舉行五十五年度暑期「慈光大專學術講座」，分兩期舉行，各十二天。主講《佛學概要十四講表》、「般若大意、心經」、《阿彌陀經》及「國學」；圓滿後撰有〈民國五十五年暑期大專學生慈光講座同學錄序〉。
  奉祀官孔德成先生舉家搬遷至臺北，惟奉祀官辦公室仍駐臺中。
- 十月，菩提救濟院董事會改組，推選周邦道為董事長。菩提醫院院長王祖祥請辭，由救濟院院長徐灶生兼代。
  菩提救濟院安老所動土典禮。
  重陽節，有詩〈詩味〉、〈九日憶故鄉登高〉。
- 十二月，太虛紀念館落成典禮，禮請印順老法師、演培法師剪綵開光。「聖蓮室」亦同時落成。撰有〈承侍太虛大師因緣記〉。

1967年（民國56年）·78歲

- 一月，慈光圖書館週三講座宣講《大佛頂首楞嚴經》圓滿。計開講三年整。
  於中興大學「國學講座」開始講授《禮記·樂記》，有〈樂記眉注、表注〉。
- 三月，菩提救濟院附設醫院開幕以來，經營困難，負債五十餘萬元，醫院院長辭職，救濟院院長徐灶生兼代亦請辭兼職。
  慈光圖書館週三講座，開講《大方廣圓覺修多羅了義經》。
- 四月，至水湳機場空軍眷屬區，主持水湳佛教蓮社動土典禮。
- 五月，至省政府所在地中興新村，參加中興佛社佛堂落成典禮，請先生啟鑰。
- 七月，連續二十四日，於慈光圖書館舉行五十六年度暑期（第七屆）「慈光大專學術講座」。共二百多位學員參加。先生講授《般若心經》、《阿彌陀經》。
- 八月，成立「佛教善果林」，推舉周宣德為首任董事長。「善果林」係由太虛紀念館、靈巖書樓、功德堂、聖蓮室等四單位聯合組織，為菩提救濟院興辦弘法、助念等法務之組織。

- 九月，應聘擔任省立中興大學中國文學系國學講座，講授《禮記》。
  菩提救濟院第二屆董事會第一次董事會議。周邦道蟬聯董事長。
  菩提救濟院附設醫院暫停營業。
- 十月，高雄佛教堂落成，應邀助講慶賀。因便至左營春秋閣遊覽，有詩〈秋日遊春秋閣〉。
- 十一月，於省府中興新村中興佛社，宣講《金剛般若波羅密經》。

1968年（民國57年）・79歲
- 二月，撰〈淨土三經合刊序〉。
- 四月，於慈光圖書館週三講座開講《大方廣佛華嚴經》。此為先生經筵最長一部經，也是最後一部，歷時十八年，至一九八六年往生前一個月為止。有《華嚴經講述表解》。
- 五月，至臺中商專參加該校佛學社團等觀學社成立大會。
  菩提救濟院新聘附設醫院院長陳江水醫師到任。
- 六月，撰〈中華大典印光大師文鈔序〉。
- 七月，連續二十九日，舉行五十七年度暑期（第八屆）「慈光大專學術講座」。先生講授《阿彌陀經》。
  撰〈唯識新裁擷彙序〉。
  菩提救濟院，召開第二屆第四次董事會議，籌款增加醫療設備，原有建築及藥款負債由炳南先生設法彌補。
- 九月，教育部、內政部聘請學者、專家組成「祭孔禮樂工作委員會」，制定祭孔儀典。先生纂輯《闕里述聞釋奠選錄》提供委員參考。
  擔任中興大學中文系國學講座教授。
- 十月，撰〈重刊印光大師文鈔菁華錄序〉。
- 十二月，赴臺中縣沙鹿弘光護理專科學校，參加該校佛學社團覺苑學社成立大會。
- 是年，推薦江逸子入奉祀官府掌文獻、社教、人事諸要職。

1969年（民國58年）・80歲
- 一月，元旦應慎齋堂禮請，演講〈徹悟禪師轉變因果開示〉。
  先生八十壽辰。門下弟子組成「李炳南老居士八秩祝嘏委員會」，纂輯《雪廬述學彙稿》八種：一、阿彌陀經摘注、接蒙及義蘊，二、大專學生佛學講座六種，三、佛學問答類編，四、弘護小品彙存，五、內經摘疑抒見，六、內經選要表解，七、詩階述唐，八、雪廬詩文集。
- 四月，應《海潮音》雜誌「紀念太虛大師八十誕辰專輯」，發表〈紀念太虛大師說今昔因緣〉。
  於善果林太虛紀念館大殿開設定期佛學講座。先有五日通俗演講，而後每週四，宣講《四十二章經》。
  於中興大學「國學講座」講授《曲禮》選講。
  菩提救濟院董事會組建財務管理委員會，請先生出任主任委員。菩提醫院重興一年來，醫務漸見起色；財務方面經先生暨諸董事極力籌還債務一百餘萬元，亦趨穩定。
- 五月，台中蓮社第十八期國文補習班開辦，擔任「國文」課程教師。
- 七月，於慈光圖書館舉行五十八年度暑期（第九屆）「慈光大專學術講座」，為期二十一天。共有二十五所大專院校二百一十位學員參加。開設六門課程。先生講授《阿彌陀經》及《佛學概要十四講表》。
- 九月起，受聘為中興大學中國文學系夜間部二年級開設「詩選」課程，主要授課內容為《詩階述唐》。此一課程持續十二年，至一九八一年七月六十九學年度結束。

- 十月，宣講〈大勢至菩薩念佛圓通章〉，有《大勢至念佛圓通要義》。
- 是年，有詩〈客臺二十年憶故友莊太史〉、〈八十自嘲〉。

1970年（民國59年）・81歲

- 一月，應臺中市慎齋堂邀請，宣講《大乘伽耶山頂經》大意，有《大乘伽耶山頂經選講記略》。
- 三月，因慈光講座停辦，各大專院校佛學社團同學進修無門，慧炬社周宣德來訪懇求恢復，先生乃設立「明倫社」，負責接引大專青年。
- 四月，慈光講座第一屆學員馬來西亞蔡榮華，帶領當地蓮友返回臺中學習。
- 八月，先生與新成立之明倫社諸友，經南投至廬山、梨山二日遊。
- 十月，明倫社同仁發行《明倫》月刊零刊號。先生撰有〈明倫發刊詞〉，闡述「明倫」在弘揚佛家五明之內明精微及推闡儒家的五倫法則。
  菩提救濟院安老所落成典禮，先生簡報說明創辦緣起及未來各期規劃。
- 十二月，淨土宗第十三祖印光大師涅槃三十週年紀念，集會善果林之靈巖書樓，為大師法像舉行安座典禮。
- 是年起，每週六下午，先生與弟子數人至游俊傑家觀賞電視國劇。授課時亦常引介國劇劇情，稱賞其教忠教孝。

1971年（民國60年）・82歲

- 一月，元旦應慎齋堂之邀，開示「西方合論修持門選講」。有〈庚戌臘月望〉，迎接辛亥年。此為《雪廬詩集》第六集《辛亥續鈔》開篇第一首，有〈辛亥續鈔小引〉簡述詩旨。
- 二月，明倫社假台中蓮社舉辦第一期「明倫大專佛學講座」，為期二週，講授《彌陀要解》、「實用講演術」等專課，並撰〈明倫社庚戌寒假佛學講座同學錄序〉述「明倫社」組織緣起，及講座之創設。
  於善果林開講《觀世音菩薩普門品》，有〈妙法蓮華經觀世音菩薩普門品講表〉。七月圓滿後，續講〈大勢至菩薩念佛圓通章〉。
- 四月，有詩〈慈益事困則人避興則有爭余任退三再引退〉。
- 六月，菩提救濟院附設寶松和尚紀念療養院落成啟用，有〈古閩寶松和尚紀念療養院碑〉。
- 七月，明倫社舉辦第二期大專佛學講座，為期三週，講授《佛學概要十四講表》及《阿彌陀經》。
- 八月，與台中蓮社弘法人員赴桃園蓮社，弘法二天。
- 九月，於善果林太虛紀念館開講《佛說無量壽經》，有〈無量壽經講述提要〉講表。
  為《阿彌陀經要解講義》發行重校新版撰〈序〉。
- 十月，身為聯合國創始國之中華民國退出聯合國。有詩〈我國退出國聯〉、〈哀國聯〉記其事。又有〈友亡必有所贐年輒百人計廿三年矣其數當逾兩千驚悼曷已〉。
- 十二月，為臺灣印經處發行之《淨土叢書》撰〈序〉。

1972年（民國61年）・83歲

- 一月，元旦應慎齋堂邀請演講三天，開示「已聞佛法不可空過」、「淨法解脫要義」、「念佛一心必知」。
  台中蓮社念佛班假善果林靈巖書樓打佛七，開示「信自、信他、信因、信果、信事、信理」。
  在台中蓮社舉辦第三期明倫講座，講授《阿彌陀經要解》。結業時，題辭勉勵：「白衣學佛，不離世法，必須敦倫盡分；處世不忘菩提，

要在行解相應。」

有詩〈黔婁辭徵武丐興學皆吾鄉窮人也〉、〈自負〉。

- 三月，至臺北蓮友念佛團開示「淨學知要」。
- 四月，臺中水滴蓮社成立週年紀念，應邀慶賀並開示法要。
有詩〈國家復興文化裏贊多歧甚有主西化者〉、〈春禊綠川對月時有填建市場之議〉。
- 五月，中國醫藥學院醫王學社十週年社慶，先生任指導老師，特蒞臨慶祝並演講。
- 七月，明倫社舉辦第四期大專佛學講座，為期二十一天，講授《佛學概要十四講表》、《阿彌陀經》。結業時，題辭勉勵：「欲明五倫，須備十義，此世法也。脩乎六度，行乎四攝，是覺世法也。」
- 八月，中國醫藥學院董事會由教育部重新改組，先生應聘出任董事。菩提救濟院董事趙茂林七秩壽慶，翻印《觀無量壽經妙宗鈔》廣施，先生為撰〈趙居士祝壽印施觀經疏妙宗鈔序〉。
- 十一月，台中蓮社大專青蓮念佛班舉行三天佛法研習，講授「蕅益大師法語」。
- 十二月，冬至前夕，作有〈壬子既望冬至前夕〉；許祖成、王禮卿、陳定山、明允中等均有詩唱和。

1973年（民國62年）·84歲

- 一月一日起連續三日，應請於慎齋堂講開示。有〈癸丑新正開示〉。
- 二月，菩提救濟院董事長周邦道為母百歲冥誕印贈《無量壽經起信論》，先生為撰〈景印無量壽經起信論序〉。
- 三月，因廣播界友人黃懷中倡議，於彰化國聲廣播電臺開播「蓮友之聲」、「中華文化」節目，獲九所民營電臺聯播，開展空中弘法事業。

中興大學智海學社同學拜訪，請示學佛因緣。先生自述學佛歷程，有〈訪雪公老師談學佛因緣〉。

- 四月，於善果林宣講《佛說無量壽經》圓滿，接續宣講《勸發菩提心文》。
有詩〈臺灣寒食值世淆亂惟臺端正禮俗有小康之象〉。
- 六月，印光大師舍利輾轉蒞臺，供於菩提救濟院之靈巖書樓，前往參拜，並設齋供養。
- 七月，明倫社舉辦第五期大專佛學講座研究班，為期一個月，講授《大乘起信論》。
- 九月，中興大學中文系增闢「佛學概要」選修課程，應聘授課，特編撰《佛學實況直介》講義。
- 十月，台中佛教蓮社籌備改建，受聘為「改建工程籌備委員會總督導」。同時成立台中佛教蓮社「財務管理委員會」，受聘為主任委員。
有詩〈退休索居〉。
- 十二月，〈詩階述唐〉刊載於中興大學《學術論文集刊》第二期。

1974年（民國63年）·85歲

- 一月，慈光圖書館新建「藏經樓」，主持動土奠基。
明倫社舉辦第六期大專講座，屬高級班，為期十三天，講授《阿彌陀經要解》。
於圖書館內籌建「蓮友之聲」錄音室竣工，精製佛教廣播節目。
- 二月，承美佛會沈家楨居士之助，開辦「佛經注疏語譯會」，培養譯注人才。
於善果林宣講《佛說孛經》。
- 三月，成立「青蓮出版社」，專責出版儒佛典籍。

- 是年春，有詩〈羈身孤島不論文久矣憶莊太史〉、〈中興大學新蟬詩社第三集題辭〉二首、〈抒憤〉五首。
- 七月，明倫社舉辦第七期大專佛學講座，為期二十一天，講授《佛學概要十四講表》、《阿彌陀經》。有〈為明倫講座第七期學員開示念佛方法〉，及結業期勉辭。
- 是年夏，有詩〈雜感〉六首、〈月下啜茶懷李謫仙〉。
- 八月，佛經注疏語譯會附設「內典研究班」開學，有〈人格是學佛的初基——內典研究班開學講話〉。該班為期四年，專門造就弘護人才。前兩年經費由美國佛教會沈家楨支持，後兩年則獲周榮富支持。先生擔任班主任，並講授《阿彌陀經要解》、《八大人覺經》、《御批歷代通鑑輯覽》、《常禮舉要》等專課。先生並制定「辦公室公約」以為辦公規範，制定內典研究班「班訓」，做為研究學習方針。
- 九月，《雪廬詩文集》再版發行。
  中秋節，有〈八月十五夜客思〉、〈讀詩話數有薄太白者〉、〈答人問詩境口號〉二首。
- 十一月，台中蓮社改建籌備，有〈蓮社重建稿〉、〈台中蓮社的成績稿〉、〈蓮社新計畫稿〉等手稿。
  山東友人籌集為同鄉劉汝浩祝壽，先生撰〈郯城劉居士霜橋八秩壽序〉。
- 十二月，於善果林太虛紀念館開始宣講《法句譬喻經》。

1975年（民國64年）・86歲

- 一月，明倫社舉辦第八期大專佛學講座高級班，為期十三天，講授「三十七道品」。
- 二月，有〈華嚴經晉唐三譯合刊序〉。又為刊行受業師梅光羲居士大作《相宗綱要正續合刊》撰序。
- 三月，主持台中蓮社改建工程動土奠基典禮。
- 春夏之間，有多首詩檢視聯合國作為及回顧抗戰時事：〈世道〉八首、〈回憶日人入寇避渝山居〉六首。
- 五月，受周榮富大德委託成立「榮富文化基金會臺中辦事處」，興辦多項文化慈善公益事業。
- 六月，端午節，有詩〈端午〉；又有〈觀棋〉：「應著人間讓子棋，平衡結局最相宜；從無君子求全勝，得意當時是錯時。」
- 七月，明倫社舉辦第九期大專佛學講座，為期二十一天，講授《佛學概要十四講表》及國學。
  於游俊傑改建完成之府宅四樓遠眺，有詩〈登游生四樓平台晚眺〉題贈游俊傑。先生於游宅改建前即常於週末至游府觀賞國劇並共餐，改建後亦然。前後又有〈國劇臉譜〉二首、〈聞鐘〉、〈遊日月潭玄奘寺〉。
- 八月，受臺中監獄趙典獄長邀請，至臺中監獄專題演講。從此之後，每逢週五分派弘法團弟子，前往弘法佈教。
- 九月，六十四學年度開學，於中興大學中文系四年級開設「李杜詩」，於夜間部中文系五年級開設「佛學概要」，均為該系之首次開課，各二學分。
  首度應聘至東海大學中文研究所任教，講授「詩學研究」。該所為中部唯一之中文研究所。
- 十月，於內典研究班講授《彌陀要解》圓滿，續講《八大人覺經》。
  重九，有詩〈九日雜詠〉七首、〈九日故人贈菊留飲〉二首，又有〈偶輯詩稿有慨〉。
- 十一月，於內典研究班講授《顯密圓通成佛心要集》。
- 十二月，於靈山寺佛七開示兩次：〈乙卯靈山寺佛七開示〉、〈千斤鐵板壓皮球〉。

1976年（民國65年）・87歲

- 一月，元旦起，應慎齋堂邀請演講兩天，開示《彌陀要解》中「善根福德因緣」要義，有〈丙辰年（六十五年）元旦慎齋堂講話——淨土精華〉。
- 二月，於台中蓮社新建大殿，與蓮友舉行新春團拜。
  明倫社舉辦第十期大專佛學講座高級班，講授《華嚴經・十無盡藏品》之「慚愧二藏」與「國學提要」。
  於內典研究班「修身」課講授《御批歷代通鑑輯覽》。
  《佛學問答類編（二續）》發行。
  辭菩提救濟院導師一職，特書〈臨別贈言〉分送菩提救濟院各董事。
- 三月，於慈光圖書館創辦「蓮友子弟輔導團」，課餘輔導蓮友子弟。
  中慧念佛班結期念佛，開示〈知果畏因宜謹慎，逢緣遇境好修行〉。
- 四月，在台中蓮社新建講堂，每逢週四晚上開講《法句譬喻經》。
- 春夏間，讀史有感詩作多首：〈朋蠱〉、〈讀魏公子傳〉、〈蘇季子〉、〈浣紗女子漂母〉、〈陳子昂〉、〈李謫仙〉、〈鬼谷〉、〈金谷〉。又有自述經歷清末、民初、洪憲、復辟、北伐易幟、東遷之〈六朝夢〉。
- 七月，明倫社舉辦第十一期「大專佛學講座」，為期二十一天，講授《佛學概要十四講表》及「國學提要」。
  有詩〈兵戈流離五十餘年處患難而心不能無憾故為文辭多怨尤雖知而不改難矣哉〉。
- 八月，王仲懿輯王獻唐手稿為《向湖遺墨》，請先生題跋。
- 九月至十一月，因病休養，停止講經。各講座由諸師代理。
- 十月，有〈丙辰閏八月十五玩月〉二首、〈孤月〉、〈城市閑居雜詠〉二十二首。

1977年（民國66年）・88歲

- 一月，元旦，應邀於慎齋堂開示。採《華嚴疏鈔》引《瑜伽師地論》中之「進修九善」為主題。
  明倫社於慈光圖書館舉辦第十二期大專佛學講座高級班，為期十天。先生講授〈大勢至菩薩念佛圓通章〉。
- 是年春，有詩〈正月十六夜〉、〈三退已遠歸舊隱〉、〈春夜看花遲歸〉、〈力衰〉、〈贈狂狷〉、〈憂世〉。
- 初夏，台中蓮社改建大樓，外觀大致完成。欣而有作：〈台中蓮社創基三十年今因地狹改建重樓飛甍啄檐極為壯麗位於綠川南湄水西流繞川鐵路輪常轉焉〉二首，又有〈台中蓮社晚歸〉。
- 六月，本學年課程結束後，辭兼中興大學日間部中文系課程，有〈却聘〉詩作。總計在該系兼任十年。該系夜間部課程則仍持續。
- 七月，明倫講座第十三期大專佛學講座，於慈光圖書館舉行，為期二十一天。講授《佛學概要十四講表》。
- 八月，內典研究班遷回蓮社。
- 十二月，台中蓮社舉行重建落成典禮。有〈台中蓮社重建落成典禮開示〉指示：蓮社重在研究學術，辦理社會教育及慈善公益事業。
  靈山寺丁巳年佛七開示，指點以伏惑為目標，伏惑即可得一心，得一心即能帶業往生。有〈靈山寺佛七開示之四〉。

1978年（民國67年）・89歲

- 一月，元旦起，應慎齋堂邀請演講兩日，開示「雲棲法彙節要」，有〈戊午年（六十七年）元旦慎齋堂講話——在家學佛之道〉。
  東海大學中國文學研究所「漢晉詩學研究」課程詩選課畢，特別將作詩與講解詩之要訣，撰成〈詩法二十字訣〉教授諸生。
  夏曆臘八，有〈臘雷〉、〈丁巳臘八雷雨〉。

- 二月至四月，為內典研究班講授《禮記》，有《禮記曲禮選講講記（二）》。
- 三月，台中蓮社春季祭祖，禮請屏東會性法師蒞社，為眾舉行皈依典禮。爾後，每年春、秋二次祭祖，皆依此例舉行皈依禮，直至八十四年止。
- 六月，於台中蓮社講堂舉行「內典研究班」畢業典禮。有詩：〈和王教授贈內典班畢業諸生〉二首、〈申謝〉。
- 七月，為蓮社董事長董正之開示念佛法要。八月，又以《華嚴經·十迴向品》要旨為其開示〈通顯迴向　一心不亂〉。
- 八月，夏曆七月十三日，為大勢至菩薩聖誕日，先生蒞蓮社上香致敬，以為慣例。
- 九月，有詩〈歲九十自輯詩稿有感〉：「搜腸嘔血識辛酸，不入朱絲丁字闌；七十春秋千五首，天教留與後人看。」
- 十月，台中蓮社附設國文補習班第二十二期開辦，先生講授《禮記》。
- 十一月，慈光育幼院改組。由郭秀銘任院長，連淑美任副院長、吳碧霞任教保主任。
  於蓮社召開「新念佛班聯合成立大會」。
- 十二月，夏曆十一月初四日，為印光祖師生西三十八週年紀念日，蒞蓮社祖師堂禮拜、供養，其後成為慣例。
- 夏曆十一月二十七日，赴台中蓮社往生堂，祭拜梅光羲先生，並舉行放生迴向，其後亦成為慣例。
  有〈題畫〉二首（〈太白畫贊〉、〈太白黃鶴樓送孟浩然〉）、〈李太白詩傷時憂國體多興比鮮有識者名高毀來宋人詩話謗之尤甚〉等詩。又因美國卡特總統宣布與我國中斷邦交，賦詩〈楚懷王〉及〈美卡特政府突與我國絕交誌憤〉五首。

1979年（民國68年）·90歲

- 一月，元旦起，應慎齋堂邀請演說兩日，開示「蓮池大師警眾法語」。
- 二月，成立「蓮慈基金救濟會」。
  明倫講座停辦一年後，於台中蓮社舉辦第十四期大專國學講座。於佛學外，另加授《論語》。有〈論語時需講要〉。
  重慶舊友、奉祀官府同事屈萬里病逝，有〈屈院士萬里註經未竟瘁恨以沒哭之〉三首；七月，又有〈薦故友屈翼鵬抗日時同寓重慶〉。
- 四月，桃園蓮社八十多位蓮友，聯袂參訪台中蓮社，為開示「正知正見之要及末法修行正途——淨土念佛法門」。
- 五月，將「陀羅尼經被」樣本交付李子成（日後出家之果清法師）臨摹手繪。歷三閱月圓滿，於八月，由蓮社首印五百條，贈送蓮友。
- 六月，於台中蓮社錄音室，指導中興大學中文系夜間部學生「唐詩吟誦」，錄製成吟詩錄音帶。
- 九月，由於電臺廣播成績斐然，成立「明倫廣播節目供應社」，擴大空中弘法事業。
  發表「明倫四科舉要」，為明倫社訂定：研經、言語、文章、辦事，四項學習內容。
  於孔子誕辰紀念日祭禮後，向奉祀官孔德成先生提辭職。未獲允。
- 十月，台中蓮社附設國文補習班第二十三期開辦，續講授《禮記》。
- 十一月，有〈讀王禮卿教授詮證遺山論詩〉，王教授為中興大學教授，任教內典研究班四年。

1980年（民國69年）·91歲

- 一月，元旦，於慎齋堂開示念佛法要。
- 二月，赴豐原佈教所春季佛七開示。

- 三月，至台中蓮社青蓮念佛班會開示〈念佛班修學之道〉。
- 四月，為重印《莒志》作序，並賦詩〈重印莒志應序〉三首。
- 六月，獲周榮富大德之助，成立「臺中論語講習班」，有詩〈論語講習班成立誌感〉，又有〈論語各疏宋儒而後注家詡有心傳每外牽佛老力闢之行成薄俗〉二首。
  指導中興大學夜間部中文系學生，於錄音室錄製吟詩錄音帶。
- 七月，創立「財團法人臺中市私立蓮友慈益基金會」。
  輾轉得知滯留大陸家人近況，得以書信聯繫。
- 八月，台中蓮社「榮富助念團」成立大會，為蓮友開示〈助念團辦事要領〉，聆法者約四百人。九月又講述〈臨終助念方法〉。
  《明倫》月刊發行百期，賦詩〈祝明倫雜誌十年百期〉二首。
- 九月，中秋節之夜，與諸弟子約一百六十人，於台中蓮社指月亭賞月。
  兩岸分隔多年後首度接獲家書，有詩〈得家書〉記其事：「似有衡陽雁，孤飛涖海濱；穿雲雙翼健，寄我九州春。數語家無恙，深思淚滿巾；難將故鄉事，説與旅臺人。」
- 十月，「臺中論語講習班」開學。每週上課四天，為期兩年。先生講授《論語・上論》及《禮記・月令》、《常禮舉要》。有〈庚申歲論語講習班開學貢言〉、〈論語講前介言〉。講授圓滿後，筆記集成《論語講要》及《論語講記》（網路版）。
  重陽節，為江逸子所作〈校史圖〉題詩〈庚申九日校史〉，有「四十年間皆國恨，三千里外作詩囚。」
- 十一月，籌購「弘道樓」，其後，闢為明倫社、月刊社、出版社等辦公之用。

1981年（民國70年）・92歲

- 一月，元旦起，應慎齋堂邀請演講兩日，開示「往生問答」。
- 四月，春假期間，於蓮社講堂為大眾講授《易經・艮卦》。
  應周榮富大德伉儷之邀，與論語班學員及蓮友等，至新竹六福村野生動物園參觀，復參觀明德水庫。
- 五月，論語班授課，詳說「志於道、據於德、依於仁、游於藝」章，有〈中華文化綱要〉講表兩張。
- 七月，於蓮社念佛班共修會中，開示念佛法要。
- 八月，明倫講座第十五期「大專國學講座」於台中蓮社開辦。先生講授「法要研究」，有〈研求佛法之次第〉講錄。
- 九月，中秋節，有〈辛酉中秋夜重陰午夜雲歛與諸生賞月〉，前後有〈題蜀山猗蘭別墅舊居攝影〉。
- 十月，於台中蓮社，為青蓮念佛班員開示修淨法要。

1982年（民國71年）・93歲

- 一月，元旦應慎齋堂邀請開示，有〈出交天下士，入讀古今書〉。
- 二月，本學期為第一期論語講習班同學講授《禮記・月令》、《常禮舉要》，有〈月令表注〉、《常禮舉要講記》。
- 三月，於蓮社念佛班共修會中，開示念佛法要。
  有〈緣〉詩，特誌與孔府奉祀官之因緣：「風雨同舟四十年，霧花籠眼雪盈顛；心違展墓薦洙水，夢有聞經登杏壇。浮海何曾輸季路，歸槎恐不伴張騫；聖門松柏春長在，了却瘋僧一段緣。」
- 四月，臺大晨曦學社社員來訪，有〈佛學與學佛——臺大晨曦社訪雪公座談會〉，開示「佛學」與「學佛」各是一偏，兩者必得合一。
- 六月，第一期論語講習班結業典禮。
- 七月，於蓮社開辦「國學啟蒙班」，招收國小、國中、高中之蓮友子

弟。
- 八月，有〈淨土頌〉。
- 九月，第二期論語講習班開辦，講授《論語・下論》。
- 十二月，為馬來西亞蔡榮華及論語班班員講授〈儒佛大道〉，開示儒佛融通要義。

1983年（民國72年）・94歲
- 一月，元旦應慎齋堂邀請，開示「業相略舉——淨土法門為當生成就佛法」。
- 臺北慧炬雜誌社淨廬念佛會參訪台中蓮社，特為開示「消業往生」說之謬誤，有〈壬戌年（七十二年）為淨廬蓮友講話——淨土法門惟佛乃能究盡〉。
- 《明倫》月刊本期起，版面擴增一倍，撰〈明倫月刊增廣頌〉祝賀。指示編輯應佛儒雙弘而不夾雜、多刊語體文方便閱讀，不自我宣傳讚歎。
- 二月，偕弟子至石岡水壩放生，而後至當地五福神木遊覽，特為授皈依並題詠，有〈石岡五福神木〉。於是有倡議刻詩立碑者。
- 三月，捐薪設立「孔學獎金會」鼓勵儒學作品之寫作，以充實《明倫》月刊及電臺廣播之稿源。
撰有〈蓮友之聲十週年紀念宣言〉。
指示《明倫》月刊，將「四依法」及明倫社訓「四為三不」，每期刊載以提醒大眾。
- 四月十一日至五月二日，病假，「《論語》班」由徐醒民代課；四月十三日至四月二十日，「《華嚴經》講座」由周家麟代理講《徹悟禪師語錄》。
- 四月下旬，臺北錢地之先生蒞中專訪。於蓮社招待數日，並請為論語班學員演講。
- 五月，大專佛學社應屆畢業同學聯誼會在台中蓮社舉行，應邀開示，勉勵學子精進不退。
- 六月，與蓮友七十餘人，同遊石岡鄉五福神木，與鄉長會勘立碑地點。
召集《明倫》月刊座談會，闡述創辦《明倫》月刊之目標、原則，並將《明倫》內容歸納為「法音、孔學廣播錄存、因果律、游藝組、明倫采掇」等五大主題。
- 八月，成立「台中蓮社巡迴弘法團」。
- 九月，至石岡舉行「五福神木碑」豎立落成典禮。
- 十月，「論語講習班」第二期第二學年上學期開學，指點：《論語》幫助大家做人、學佛。有「論語研習班第二學年開學講話」。
創辦「明倫美術班」（後改名「社教科研習班」）培養弘法人才。
臺北慧炬月刊社師生蓮友約百人，蒞臨蓮社參訪，禮請先生開示淨土法要。
重陽節，有〈九日島上閑居〉、〈臺俗重陽祀祖氣候猶熱〉、〈九月九日對菊〉、〈九日憶歷山菊會〉等詩。
- 十二月，為立委董正之先生及諸弟子講述《大學・首章》要義，有〈大學首章解〉。
- 冬至。寄兩張近照去濟南老家，勉兒俊龍積善利人，並自述此地得有厚道鄰居照應，請家人放心。

1984年（民國73年）・95歲
- 一月，元旦應慎齋堂邀請講演兩日，開示「脩淨須知、世間解簡述」。
下旬，因食物中毒致腳踝腫大，有〈今之一切食物皆含毒劑〉。

- 二月，夏曆甲子年正月初一，蓮社新春團拜，先生於一週前因食品中毒，未能參加。
  新春《華嚴》經筵開講，抱病開示，有〈新元講席貢言：世出世法，本立道生〉。
  獲黃懷中之助，於復興廣播電臺及臺灣區漁業廣播電臺開播「明倫之聲」，全省聯播。
  於慈光育幼院，為輔仁大學大千社儒佛講座學員開示法要。
- 三月初，因四大微恙，週三《華嚴經》講座請周家麟代理，宣講《徹悟祖師語錄》；論語班停講。
- 五月，佛誕日，赴臺中太平鄉，為台中蓮社聯體機構淨業精舍落成啟鑰。
  為江逸子所繪〈西方三聖像〉圓滿上供，親書對聯，並囑大量流通。
  遊蘆花峪，有〈旅臺遊蘆花峪憶齊州閔子墓〉、〈題蘆花峪攝影〉，前後又有〈世風〉、〈采石磯月〉、〈伏惑〉等詩。
- 六月中，休養十四週後，恢復講經，於《華嚴》講座續講「新元講席貢言」，計十九講次圓滿。
- 八月，國學啟蒙班舉辦師資座談會，蒞臨勉勵大眾「志道據德依仁游藝」。
- 十月，臺北錢地之蒞中，探視先生足疾。先生函謝，並寄贈王日休《龍舒淨土文》。
  重陽節，有〈天末重陽憶故國佛山賞菊〉，前後又有〈甲子九月之初〉、〈野居秋興〉、〈憶金陵〉、〈秋思西望〉等詩。
- 十一月，臺灣大學晨曦學社畢業社友至台中蓮社參訪，先生開示：學佛人須斷煩惱、發菩提心，若受辱委屈正好修行。
  赴鹿港佈教所弘法，題為「苦口婆心話放下」。此後走訪全臺佈教所或念佛會進行巡迴演講，可視為往生前極重要之修行提點，亦先生向蓮友辭行。
  馬來西亞蔡榮華居士，回臺參學。先生特為多次開示。
- 十二月，至豐原佈教所指導弘法，以「憶佛念佛」為題提示大眾。
- 是年病癒後，講經弘法未歇。然為免淨手頻繁，講經授課當日以禁斷飲食方式控制，體力由是更加虛弱。

1985年（民國74年）‧96歲

- 一月，元旦應慎齋堂邀請開示，有〈不斷煩惱得涅槃〉。
  於臺中靈山寺甲子年冬季佛七開示：「快刀斬亂絲」。
- 二月，夏曆正月初一，依例參加台中蓮社新春團拜，主持新置鐘、鼓啟叩之儀。
- 三月，出席國學啟蒙班國學背誦觀摩會，講述啟蒙教育理念與原則。
  乙丑年《華嚴經》講座，因足疾不良於行，由陪侍者奉抱登上講臺。
  召集台中蓮社暨聯體機構幹部，囑咐精進道業，並要約一年之期。
- 四月，至東勢念佛會開示淨土法要。
  參加「明倫廣播節目供應社」同仁聯誼會，先生開示，不依賴時下教育、政治，從文化上自助自救。
- 是年春，遊賞谷關，有〈乙丑歲復遊谷關今昔相距歷二十年之久一草一石鬼斧天工俱含詩意並嗟建設之奇才〉五首。先生一九六〇年秋初遊谷關。
- 五月，大專佛學社團在台中蓮社舉行講習活動，應邀開示「淨念相繼」。
  與國學啟蒙班任課老師暢遊杉林溪。
- 六月，《華嚴經》宣講至第十迴向「安住梵行」，據善導大師《觀無量壽經四帖疏》講述「淨土安心法門」十九週次。
  第二期論語講習班結業，期勉學員「學習自立、實行做事、感化他

人」，有〈保住人格來學佛〉講錄。

參加明倫美術班結業典禮暨成果展，勉勵學員：學無止境，永不畢業。

- 六月起主持多次「內學質疑」，為弟子開示修行法要，並解答研學內典相關的疑問。
- 七月，參加國學啟蒙班開訓典禮、結訓典禮，致詞訓勉：「禮貌」是啟蒙第一步。

明倫社舉辦第十六期暑期「大專佛學講座」，開示青年學子「如何修學淨土法門」。

- 八月，至臺中太平淨業精舍，以「契道之法」為主題開示蓮友：學佛即修道，修道當修德。
- 十月，夏曆八月二十七日，出席第三期「論語講習班」於拜師暨開學典禮開示：先學世間法，人格成，才能說出世間法。有〈學《論語》鋪底子〉講錄。

至蓮社參加社教科開學典禮。

至太平佈教所，以「乘三資糧發願・憶念」為主題開示。

至臺中醫院為老友朱鏡宙開頂助念。

重陽節，有〈乙丑重陽憶佛山菊會〉、〈重陽遙憶〉、〈羈客三世逢節誌感〉等詩。

- 十一月，蒞蓮社主持「六吉樓」動土奠基大典。將做為國學啟蒙班、明倫廣播社及社教科辦公上課之用。

至鹿港佈教所，開示：「學佛求成佛，成佛仗彌陀」。

臺北劉汝浩往生，於蓮社親領大眾念佛迴向。

- 十二月，夏十一月初四，為印光祖師生西四十五週年，先生蒞台中蓮社三樓祖師堂禮拜祖師。
- 冬至日，上書孔德成先生，堅辭奉祀官府主任祕書職務。

靈山寺乙丑年佛七，禮請先生開示，以「務去慢障、切求一心」為主題指導淨宗法要。此為三十五年來靈山寺佛七最後一次開示。

- 十二月二十八日，至廬山溫泉沐身，有〈廬山攜友賞梅有感〉、〈供梅〉、〈贈梅誌感〉、〈還梅〉四題十首，為先生最後之作。

1986年（民國75年）・97歲

- 一月，應慎齋堂邀請元旦開示，有〈極樂真詮〉。講後預告：明年換人講。
- 二月，臘月二十六日，參加台中蓮社及聯體機構舉辦之年終圍爐。

九日，夏曆正月初一，於蓮社主持最後一次蓮友新春團拜。

二十二日，為陳雍政、李碧桃佛化婚禮福證，為先生最後一次主持婚禮福證。

台中蓮社舉辦第十七期寒假明倫大專佛學講座，為期四天，於結業式以「志於道，據於德，依於仁，游於藝」為題，期勉大專學子，有〈七十五年寒假明倫大專佛學講座結業講話〉。

美僑林政彥伉儷發心印贈《明倫》月刊海外版，先生囑以「遍撒菩提種子於美洲」，並另親題「明倫」為海外版刊首，此為先生最後墨寶。

- 三月十九日，於週三《華嚴》經筵上，以「少說一句話，多念一句佛；打得念頭死，許汝法身活」，切囑大眾精進修行。為最後一次上臺講經。

三月二十三日（夏曆二月十四日），赴霧峰本淨寺，主持放生。

孔德成院長南來探視，力勸就醫。

- 四月，六日，預告「要走了！」

十一日，赴霧峰本淨寺，禮拜寺前阿彌陀佛像。

十二日，下午，以「一心不亂」囑在側諸弟子。

十三日，夏曆三月初五，清晨五時四十五分，吉祥右臥，持珠念佛，於眾弟子念佛聲中，往生於臺中正氣街寓所。即起助念四十八小時。下午，孔德成先生南下主持治喪委員會，決定程序。
- 六月，一日，荼毘。
二日，撿取靈骨，有各色舍利珠千餘顆。
八日，公祭。治喪委員會由孔德成先生領銜，有輓聯「道倡倫常道，心為菩提心」。
- 九月，成立「李炳南老居士全集編輯委員會」。

1987年（民國76年）・往生週年
- 一月六日，先生誕辰。蓮友齊聚台中蓮社念佛七日。
- 四月二日，夏曆三月初五日，先生往生週年紀念日。於台中蓮社大殿舉行週年紀念會，各方代表、蓮友約八百人齊聚追思。《明倫》月刊發行專輯紀念。
- 六月十四日，台中蓮社六吉樓落成大典，禮請周榮富啟鑰，同時舉行「雪公老恩師文物展」。
六月二十四日，先生德配趙夫人德芳致函孔德成先生，感謝支持照顧，並請求運回先生遺骨。

1988年（民國77年）・往生2年
- 六月，應先生家屬請求，台中蓮社、慈光圖書館、慈光育幼院、菩提仁愛之家等聯體機構指派代表，恭送先生靈骨，經香港返歸故鄉山東濟南。

1989年（民國78年）・往生3年
- 十月，台中蓮社二十餘位蓮友代表，前往山東濟南玉函山墓園，參加先生靈骨安葬典禮。先生墓碑左右，台中蓮社、臺灣山東同鄉會分別樹立一座紀念碑，記載先生生平事略及弘化事蹟。

1990年（民國79年）・往生4年
- 七月，台中蓮社指派代表護送先生舍利及衣冠赴美國紐約，於美國佛教會莊嚴寺千蓮台舉行供奉儀式。
- 是年，先生二夫人趙德芳在濟南逝世。享壽七十九歲。

1991年（民國80年）・往生5年
- 六月，台中蓮社「雪廬紀念堂」舉行開幕典禮，禮請考試院長、至聖奉祀官孔德成先生剪綵。

1996年（民國85年），往生10年
- 台中蓮社舉行「雪公往生十週年系列紀念活動」，於中興堂舉行「山高水長」詩樂演唱會，播放《雪廬道影》影片。同時，出版《雪廬老人淨土選集》，《明倫》月刊發行「雪公往生十周年特刊」。
- 山東濟南大學成立「雪廬儒學研究室」，並舉行儒學研討會，發揚先生之學術貢獻。

2000年（民國89年），往生14年
- 十一月三日，先生哲嗣李俊龍在濟南病逝，享壽七十六歲。

2006年（民國95年）・往生20年
- 四月一日，台中蓮社暨聯體機構舉行「李炳南老居士往生二十週年紀念晚會」，發行《雪廬風誼》，並播放《未減清光照世人》影片。
- 四月八日，台中蓮社與中興大學中文系聯合舉辦「紀念李炳南教授往

生二十週年學術研討會」，會後出版《論文集》。
- 六月至七月，臺中市政府舉辦先生文物展：「未減清光照世人——李炳南教授生命紀實」。
- 《李炳南老居士全集》完整刊行。《全集》經二十年陸續整理編成，類分佛學、儒學、詩文、醫學、遺墨等，共十九類、十七冊。

2012年（民國101年）‧往生26年
- 台中蓮社執行國家科學委員會「李炳南先生教化作品與生活紀錄典藏計畫」，以兩年時間完成，將先生教化作品與生活紀錄數位化以永久典藏。

2016年（民國105年）‧往生30年
- 三月二十八日至三十日，臺灣企業精英孝廉文化聯合會舉行「雪廬老人學誼道風論壇」，紀念先生往生三十週年。
- 四月九日，台中蓮社於中興大學惠蓀堂舉行「雪公生西三十週年紀念音樂會」，演唱先生佛曲創作《梵音集》及詩作《雪廬詩集》。
- 五月十二日至十八日，於台中蓮社雪廬紀念堂及德明樓，舉辦「雪廬老人往生三十週年文物展」。發行先生原音重現之電子書：《吟誦常則》、《華嚴講席實錄》、《論語講席實錄》及《唐詩講席實錄》。五月十三日，在中興大學舉行「應教木鐸振春風——紀念李炳南先生往生三十週年學術研討會」，會後出版《論文集》。
- 七月，舉辦一〇五年度國學啟蒙班。
- 先生往生後三十年來，夏曆每月初一至初七，蓮友至蓮社念佛七天。先生創立之各班隊組織皆持續不輟。

李炳南居士年譜圖冊（非賣品）

2025年3月初版
有著作權・翻印必究
Printed in Taiwan.

編　　著	林　其　賢
主　　編	胡　琡　珮
校　　對	楊　俶　儻
內文排版	胡　常　勤
封面設計	李　偉　涵
編務總監	陳　逸　華
副總經理	王　聰　威
總 經 理	陳　芝　宇
社　　長	羅　國　俊
發 行 人	林　載　爵

編輯委員　吳聰敏(召集人)
吳碧霞、紀海珊、張式銘、張清泉、連文宗、郭惠芯、陳雍澤
陳雍政、黃潔怡、詹前柏、詹曙華、賴建成、鍾清泉、林其賢

出　版　者	聯經出版事業股份有限公司
地　　　址	新北市汐止區大同路一段369號1樓
叢書編輯電話	(02)86925588轉5305
台北聯經書房	台 北 市 新 生 南 路 三 段 9 4 號
電　　　話	（ 0 2 ） 2 3 6 2 0 3 0 8
印　刷　者	文聯彩色製版有限公司
總　經　銷	聯 合 發 行 股 份 有 限 公 司
發　行　所	新北市新店區寶橋路235巷6弄6號2樓
電　　　話	（ 0 2 ） 2 9 1 7 8 0 2 2

行政院新聞局出版事業登記證局版臺業字第0130號

本書如有缺頁，破損，倒裝請寄回台北聯經書房更換。　　4711132385571（精裝）
聯經網址：www.linkingbooks.com.tw
電子信箱：linking@udngroup.com

國家圖書館出版品預行編目資料

李炳南居士年譜/林其賢編著．胡琡珮主編．初版．新北市．
聯經．2025年3月．年譜共3880面．圖冊516面．年譜14.8×21公分．
圖冊21×29.7公分
ISBN　978-957-08-7614-7（全套精裝）

1.CST：李炳南　2.CST：年譜

783.3986　　　　　　　　　　　　　　　　　　114001345